Informatik-Fachberichte

Herausgegeben von W. Brauer
im Auftrag der Gesellschaft für Informatik (GI)

56

Simulationstechnik

1. Symposium Simulationstechnik
Erlangen, 26. – 28. April 1982
Proceedings

Herausgegeben von M. Goller

Springer-Verlag
Berlin Heidelberg New York 1982

Herausgeber

Manuel Goller
Institut für Mathematische Maschinen und Datenverarbeitung (IV)
Universität Erlangen
Martensstraße 3, 8520 Erlangen

CR Subject Classifications (1980): 8. 1

ISBN-13:978-3-540-11605-9   e-ISBN-13:978-3-642-68602-3
DOI: 10.1007/978-3-642-68602-3

CIP-Kurztitelaufnahme der Deutschen Bibliothek.

Simulationstechnik: proceedings / 1. Symposium Simulationstechnik,
Erlangen, 26.-28. April 1982. Hrsg. von M. Goller.-Berlin; Heidelberg;
New York: Springer, 1982.
(Informatik-Fachberichte; 56)
ISBN-13:978-3-540-11605-9

NE: Goller, Manuel [Hrsg.]; Symposium Simulationstechnik <01, 1982,Erlangen>; GT

2145/3140 – 5 4 3 2 1 0

VORWORT

Das erste Symposium Simulationstechnik wurde vom 26.- 28.April 1982
in Erlangen veranstaltet vom Lehrstuhl IV des Instituts für Mathe -
matische Maschinen und Datenverarbeitung (IMMD) der Universität
Erlangen - Nürnberg.
Die 56 Beiträge des vorliegenden Bandes enthalten die Hauptvorträge,
die Beschreibung der beim Symposium verfügbaren Simulationsmodelle,
und die Vorträge der Fachgruppen Methodologie, Modellbau, Medizin,
Regelungstechnik, Technische Anwendungen, Simulationsrechner und
Simulationssprachen.
Ein breites Einsatzgebiet der Simulation wird damit erfasst, wenn-
gleich es auf der ersten Veranstaltung dieser Art in Deutschland
noch nicht zu erwarten war, alle Anwendungsgebiete des relativ neuen
Verfahrens aufzeigen zu können.

Ich möchte allen danken, die dieses Symposium besucht und erfolgreich
gestaltet haben.
Den Vortragenden danke ich für die Beiträge und ihre Zusammenarbeit
im Hinblick auf diesen Bericht über das Symposium.
Den Mitarbeitern des Lehrstuhls IV, besonders Frau E. Roth und Herrn
R. Rimane danke ich für die große Hilfe bei der Organisation der
Veranstaltung.
Dem Springer-Verlag danke ich für die freundliche Unterstützug bei
der Erstellung des Tagungsbandes.

Erlangen, im Juli 1982   Manuel Goller

INHALTSVERZEICHNIS

Das 1. Symposium Simulationstechnik

Simulation ist ein Handwerkszeug, daß in sehr vielen Fachgebieten
eingesetzt wird. So gibt es Simulation in der Medizin, Simulation
in der Technik, Simulation in den Wirtschaftswissenschaften, Simulation in der Ökologie usw.
Auf den Tagungen der entsprechenden Fachgebiete steht in der Regel
das fachliche Problem im Vordergrund. Die Werkzeuge, mit deren Hilfe
die Ergebnisse erzielt worden sind, bleiben weitgehend unbeachtet.
Im Gegensatz dazu konzentriert sich das Symposium Simulationstechnik
auf das Handwerkszeug.
Das Symposium Simulationstechnik hat ein dreifaches Ziel:

* Zunächst sollen Fragen und Probleme der Modellbildung und Simulationstechnik behandelt werden, die fachübergreifend sind. Es gibt
  zahlreiche Fragen und Probleme, die sich nicht auf ein Anwendungsgebiet beziehen wie z.B. auf Medizin, sondern die die Simulationstechnik ganz allgemein betreffen.

* Zweitens sollen die Vertreter eines Faches Gelegenheit haben,
  die Anwendung der Simulationstechnik auf ihrem jeweiligen Gebiet
  zu diskutieren.
  Besondere Probleme des Einsatzes der Simulation in der Medizin,
  Volkswirtschaft usw. sind damit gemeint.

* Drittens soll den Entwicklern und Herstellern von Simulationswerkzeugen die Möglichkeit geboten werden, mit den Anwendern in
  Kontakt zu kommen, die diese Werkzeuge einsetzen sollen.
  So sollen z.B. die Entwickler von Simulationssprachen, Modell-
  beschreibungssprachen oder von Spezialrechnern mit denen diskutieren können, die die entwickelten Verfahren zu ihrem Vorteil verwenden wollen.
  Die Herstellung von Handwerkszeug ist niemals Selbstzweck, sondern
  immer anwendungsbezogen.

Wirft man einen Blick ganz allgemein auf die derzeitige Wissenschafts-
entwicklung, so beobachtet man zwei einander entgegenlaufende Tendenzen:

Einmal stellt man die fortgesetzte Spezialisierung, die fortgesetzte
Vertiefung auf einem individuellen Fachgebiet fest.

Dazu kommt - gewollt oder ungewollt - die Abschottung gegen die Nachbargebiete. Ein Mittel, mit der diese Abschottung erreicht wird, ist die Entwicklung einer Fachsprache, die nur den Dazugehörigen verständlich ist.

Die zweite Tendenz geht von dem Bestreben aus, nicht die Teilkomponenten eines Systems immer genauer zu untersuchen, sondern sich vielmehr auf das Zusammenspiel der Komponenten im Gesamtsystem zu konzentrieren. Dieses Vorgehen verlangt eine breite, globale Beobachtungsweise.

Die großen uns bedrängenden Probleme tun uns nicht den Gefallen, in das von uns entwickelte Raster der wissenschaftlichen Fachgebiete zu fallen, sondern liegen fast immer quer dazu.
Aufgrund ihres breiten Einsatzgebietes erweist sich die Simulation als fachübergreifende, die fachspezifische Verengung überwindende, allgemeine wissenschaftliche und technische Disziplin. Bei der Behandlung globaler Systeme kommt ihr besondere Bedeutung zu.

Der Aufgabenstellung des Symposiums entspricht der Ablauf:
Die drei Hauptvorträge zeigen in anschaulicher Weise die Breite des Einsatzgebietes für Simulation. Im Vordergrund stehen hierbei anwendernahe und praxisbezogene Probleme.
Der Vortrag von F. Vester "Über die Notwendigkeit neuer Denkhilfen und Verfahrensinstrumentarien zum Verstehen und Planen offener Systeme" betont die Notwendigkeit, die fachspezifische Vereinzelung zu überwinden und zu einer globalen Problemsicht zu kommen. Darüber hinaus bemüht sich F. Vester, über die Beschränkung der Fachsprache hinauszugehen. Nur die Allgemeinverständlichkeit garantiert öffentliche Wirksamkeit, insbesondere politische Wirksamkeit.

Der zweite Vortrag von M. Mresse "Der internationale Flughafen Zürich-Kloten als Simulationsmodell" zeigt, wie Modelluntersuchungen, im vorliegenden Fall Modelluntersuchungen mit Hilfe der Simulation, zu brauchbaren Grundlagen für eine rationale Entscheidungsfindung führen. Am Modell lassen sich Eigenschaften und Verhalten eines Systems noch vor dessen Realisierung untersuchen. Der Vortrag macht in besonders praxisbezogener Weise die Schwierigkeiten deutlich, die mit einem großen Modellprojekt verbunden sind. Probleme der Datenbeschaffung und der Modellakzeptanz stehen im Vordergrund.

Der dritte Vortrag von R. Breuer "Simulation 3-dimensionaler physikalischer Prozesse?" gibt einen Einblick in die Leistungsfähigkeit neuer Verfahren der Modellbildung und Modelluntersuchung. Aufgrund sehr

schneller Rechner rücken Modelle einer Größenordnung ins Blickfeld,
die sich noch vor wenigen Jahren der Behandlung entzogen.

Eine Besonderheit des 1. Symposiums Simulationstechnik sind die drei
Modelle, die implementiert worden sind und mit denen die Teilnehmer
arbeiten konnten. Es wurde von der Annahme ausgegangen, daß es für
die Teilnehmer interessant und lohnend sein müßte, ein Modell, das
durch irgendeine Eigenschaft herausragend ist, selbst bedienen und
sozusagen auf den Prüfstand nehmen zu können.
Das Modell GLOBAL ist das bekannteste. Es beruht auf dem Modell
WORLD I von Forrester und ermöglicht langfristige Prognosen der Welt-
entwicklung /1/.

Das Modell HUMAN ist das weitreichendste. Es berücksichtigt fast alle
Organsysteme wie z.B. Herz oder Lunge und alle wichtigen physiologischen Funktionen. Dieses Modell zeigt besonders offentsichtlich
die Tendenz, das Verhalten eines Gesamtsystems zu untersuchen und
insbesondere das Zusammenwirken der Komponenten ins Blickfeld zu
nehmen /2/.

Das Modell CAPSIM ist das praktischste. Es zeigt, wie organisatorische Entscheidungen in einer Behörde oder in einer Firma vor der
Realisierung am Modell überprüft werden können. Es ist von besonderem
Interesse für alle, die sich für organisatorische Fragen interessieren /3/.

Alle Modelle sind sog. parametrisierte Simulationsmodelle. Das bedeutet, daß der Modellaufbau und der Modellablauf ausschließlich
durch Eingabedaten durchgeführt wird. Der Benutzer eines parametrisierten Simulationsmodells sieht selbst vom Simulationsprogramm
nichts /4/.

Trotz des breiten Einsatzfeldes der Simulation in den verschiedenen
Fachgebieten, gibt es Fragen und Probleme, die fachübergreifend sind
und die die Simulation ganz allgemein betreffen.
Um trotz aller Vielgestaltigkeit der Anwendung das gemeinsame An-
liegen zu betonen, wurde in der Plenarsitzung ein Themenkreis behandelt, der sich in grundsätzlicher Weise mit der Methodologie der
Modellbildung befaßte. Hierbei ergab sich eine Begriffsbestimmung
für Simulation und eine Abgrenzung gegen andere Verfahren.

Sehr breiten Raum nahm die Darstellung von fachspezifischen Modell-
untersuchungen ein. Um gute Diskussionsmöglichkeit zu bieten, wurden
Fachgruppen wie z.B. Simulation in der Medizin, Simulation in der
Regelungstechnik, Simulation in der Technik usw. gebildet.

Es wird die zukünfte Aufgabe sein, die fachspezifischen Arbeitsgruppen zu fördern und weitere Arbeitsgruppen ins Leben zu rufen.

Es war der Wunsch der Veranstalter des 1. Symposiums Simulationstechnik, die vielfältigen Aktivitäten auf dem Gebiet der Simulation
zusammenzuführen und miteinander bekannt zu machen. Hierbei sollte
bei aller Verschiedenheit der Anwendungsgebiete die der Simulationstechnik gemeinsame, allgemeine Vorgehensweise besonders betont werden.

B. Schmidt

Erlangen, April 1982

Literatur:

/1/   J.W. Forrester, World Dynamics,
       Wright-Allen Press, 1971

/2/   T. G. Coleman, 'HUMAN', A Mathematical Model of the Human
       Body in Health, Disease and During Treatment, Private Pub-
       lication, Department of Physiology and Biophysics, University
       of Mississippi, Medical Center, 2500 North State Street,
       Jackson, Mississippi, 39216

/3/   B. Brandenburg, H. Krcmar, A.-W. Scheer, Auswirkungen des CPA
       auf Arbeitsprofile, Angew. Informatik 8, 1979

/4/   B. Schmidt, Die Simulation zeitdiskreter Systeme - Ein Blick
       über die Schulter, Informatik Spektrum 2, 1979

Frederic Vester, München

Meine sehr verehrten Damen und Herren,

Ich darf dem Veranstalter zunächst sehr herzlich für die ehrenvolle
Einladung danken, das Eröffnungsreferat zu diesem Symposium zu halten.
Denn es ist gewiß ein wenig ungewöhnlich, dazu einen krassen Außen-
seiter wie mich - von Hause aus Biochemiker - zu bitten. Zwar sind
mir die kybernetischen Grundlagen und, wenn Sie so wollen, der 'Urgrund
der Informatik, der ja wohl unzweifelhaft im Bereich der Lebensvor-
gänge zu suchen ist, relativ vertraut, dafür verstehe ich jedoch von
der Simulationsforschung, ihrer Mathematik und Technik äußerst wenig.
Nehmen Sie daher das, was ich zu sagen habe, in erster Linie als einen
Beitrag von der Anwenderseite. Letztenendes ist diese es ja auch, die
dem Forscher neben der Entdeckerfreude dann das eigentliche Erfolgs-
erlebnis verschafft.

Ein Symposium über Simulationstechnik kann sich daher auch nicht darin
erschöpfen, Referate und Diskussionen über den Gegenstand selbst abzu-
halten. Gerade aus dem Thema heraus, aus den Aufgabenbereichen der
Simulation heraus wissen wir alle nur zu gut, daß jeder technische
Bereich mit allen anderen Lebensbereichen in Verbindung steht und je
nach der Gesamt-Konstellation dort eine oft sehr komplexe Rolle spielt.
Das ist ja der Grund, weshalb Abläufe simuliert werden, um in diese
Wechselwirkungen hineinzuschauen. Und so müssen wir natürlich auch die
Simulationstechnik als Ganzes verstehen, nämlich erneut als Teil inner-
halb des Gesamtgeschehens.

Unsere Welt hat sich enorm verändert - nicht zuletzt durch die Zunahme
der Menschendichte und all dessen, was diese Menschen tun und gestalten.
Nicht zuletzt auch durch das intensive Durchdringen jedes Lebensbe-
reiches mit den neuen Kommunikationsmitteln, durch die, auch wenn
nicht mehrere Menschen zusammensitzen, die etwa 10fache Populations-

dichte wie im Mittelalter und eine entsprechend enge Vernetzung haut-
nah zu spüren ist. Das Verblüffende ist, daß bei all diesen enormen
Veränderungen und den völlig anderen Ansprüchen an die heutigen Entscheidungsträger unsere Planungsinstrumentarien im Prinzip die gleichen geblieben sind.

Die Teilbereiche eines Lebensraumes werden immer noch getrennt voneinander behandelt, obgleich ihre Vernetzung, wie die vielen uner-
warteten Folgewirkungen zeigen, immer stärker zu Tage tritt. Krampf-
haft hält man in den Behörden an bestehenden Planungsinstrumenten
fest, wie wir es gerade wieder beim Bundesministerium für wirtschaftliche Zusammenarbeit erlebt haben, oder auch beim Umweltbundesamt,
während die ersten regionalen Planungsverbände,aber auch einige auf-
geschlossene Unternehmer längst die Notwendigkeit erkannt haben, von
der bisherigen isolierten Planung von Einzelobjekten abzugehen und
dafür geeignetere, d.h., auf das Gesamtsystem bezogene Instrumenta-
rien zu benutzen.

Die Unzufriedenheit mit herkömmlichen Planungshilfsmitteln und Prog-
nosemöglichkeiten wächst jedoch von Tag zu Tag. So vorzüglich sie
beim Entwurf und beim Bau einer Maschine funktionieren, so unzulänglich,
ja absurd ist ihre Anwendung bei komplexen Systemen. Denn dort führt
eine deterministische Planung weder zu der durch die Planung beabsichtigten Entwicklung oder gar zu einer verläßlichen Vorhersage über
das Eintreten bestimmter Ereignisse (deterministische Prognosen für
offene Systeme sind und bleiben Humbug, so verbreitet sie auch sind),
noch führen sie zu einer Beurteilung des möglichen Systemverhaltens,
also zu einer Abschätzung der Reaktionen eines Systems auf irgendwelche Ereignisse oder Störungen hin.

Doch gerade diese Beurteilung des möglichen Systemverhaltens brauchen
wir. Wir brauchen Auskünfte über die Art seiner Stabilität, die Entwicklung seiner Abhängigkeiten, seiner Flexibilität, seiner Regene-
rierbarkeit und andere kybernetische Systemkriterien, die alleine
über die Art der Wirkungen eines Eingriffs Auskunft geben können.
Leider sind auch die herkömmlichen Systemmodelle, etwa diejenigen
des IIASA in Laxenburg, nur Pseudohilfen, die, da sie letztlich durch
Addition deterministisch untersuchter Einzelentwicklungen statt über
ein makroskopisches Wirkungsgefüges zustandekommen, auf eine vollständige Erfassung aller beteiligten Daten und Einflußgrößen angewiesen sind. Da diese Vollständigkeit aber bei offenen Systemen -
und andere gibt es nicht in der Realität - immer Illusion bleiben
muß, sind allein schon aus diesem Grunde solche Systemmodelle von
vornherein zum Scheitern verurteilt.

Das ließ uns nach neuen Wegen suchen.

Mein Institut war in den letzten Jahren vor allem von drei Seiten mit
der Untersuchung von Systemzusammenhängen beauftragt worden. Einmal von
Seiten des weltweiten Umweltprogramms der UNESCO "Man and the Biosphere",
wo man in einigen Projekten, selbst im ökologischen Bereich, nicht mehr
weiter kam und sich auch hier mit einer unvernetzten Betrachtungsweise
ebenso ins Detail zu verlieren drohte wie in vielen anderen Entschei-
dungsbereichen der heutigen Entscheidungsfindung. Zum anderen wurde
mein Institut von Seiten der in der Praxis stehenden Planer herangezogen: von Wirtschaftsgruppen, regionalen Planungsgemeinschaften, Stadt-
entwicklungsreferaten und solchen der Landesentwicklung.
Die dritte Seite war diejenige einzelner Unternehmer, die den System-
zusammenhang neuer Vorhaben intuitiv erkannten und dies statt mit der
üblichen, nur auf das Objekt gerichteten Planung, auf der Basis einer
Sensitivitätsstudie durchführten. Diese Seite war für mich die interes-
santeste. Denn hier blieb es nicht bei Vorschlägen und Programmen, sondern ich konnte den Systemansatz bis zur Realisierung des Projektes
durchziehen. Der sichtbare Unterschied zur bisherigen Planung - und
daher vielleicht auch die Angst mancher autokratischer Entscheidungsträger vor einem solchen Vorgehen liegt darin, daß durch das in die
Planungsphase durch Simulation, kybernetische Interpretation und Evaluation hereingenommene Feedback mit dem Gesamtsystem auch das Vorhaben
selbst sich wandelt und man dann vielleicht etwas völlig anderes tut,
als man ursprünglich vorhatte. Doch dafür lag das auf dem Tisch, was
man für eine Entscheidungsfindung wirklich brauchte, nämlich welchen
langfristigen Effekt ein bestimmter Eingriff in eine Region oder in ein
anderes reales System auf dessen Gesamtentwicklung und damit auch wieder
auf das geplante Objekt haben kann und wie dieses Objekt aussehen muß,
damit es zu einer möglichst profitablen Symbiose innerhalb des Systems
führt. Die bisherige Anwendung unserer ersten Versuche, hier einen
neuen Weg aufzuzeigen, gab dieser Initiative mehr als erwartet recht.
Bereits die im Auftrag des Umweltbundesamtes durchgeführte Vorstudie
"Ballungsgebiete in der Krise",mit der der Ansatz dargelegt wurde,
wurde von den unterschiedlichen Planungsgruppen in Ost und West herangezogen und ist auch als Grundsatzpapier in die MAB-UNESCO-Kommission
eingegangen. Dadurch hat sie in einigen Entwicklungsländern, aber z.B.
auch bei deutschen Unternehmen bis hinein in die Bauwirtschaft, in die
Betriebswirtschaft und in das Controlling zu einer Neuorientierung geführt.

Der Vorteil ist, daß es sich bei diesem biokybernetischen Systemansatz -
was es mit dem "bio" auf sich hat, werde ich gleich noch erläutern -
nicht etwa um eine weitere Fachdisziplin handelt, sondern zunächst einmal um einen neuen Denkansatz, der natürlich noch sehr ausbaufähig ist,
mit dem man aber auf neue Weise versuchen kann, sowohl das Verhalten
von Systemen auf bestimmte Eingriffe hin zu erkennen, als auch das Verhalten einzelner Technologien und Organisationen in Systemen. Biokyber-
netik, im Unterschied zur Kybernetik der Regeltechnik, bedeutet nun,
daß wir uns dabei nicht an erdachten oder errechneten theoretischen
Planungsmodellen orientieren, noch an geschlossenen Maschinen, sondern
an den Steuerungsvorgängen in lebenden Systemen, sozusagen an den Orga-
nisationsprinzipien der Biosphäre, die letztlich auf alle dynamischen
Systeme anwendbar sind.

Wenn wir uns klar machen, daß die Biosphäre, also die biologische Natur,
das einzige lebensfähige System ist, das es auf diesem Planeten gibt,
und daß auch wir selbst nur ein Teil dieses Systems sind, liegt es auf
der Hand, daß es für die Gestaltung unserer Umwelt unumgänglich ist,
dieses System und seine Organisationsformen tiefer zu verstehen. Und je
mehr wir uns bei der Art der Erfassung und Planung menschlicher Lebens-
räume und ihrer technischen und administrativen Teilsysteme an den Gesetzmäßigkeiten des biologischen Systems orientieren, umso eher haben
wir eine Chance, daß solche von uns geschaffenen Strukturen mit dem
Gesamtsystem überleben. Man braucht sich nur klarzumachen, daß Hinweise,
die aus dieser speziellen Quelle stammen und damit aus einem Unternehmen,
das immerhin fast vier Milliarden Jahre ohne Konkurs über die Runden gekommen ist, daß Hinweise aus dieser Quelle weit eher zu wirklich lebens-
fähigen Lösungen führen dürften (allein schon aufgrund ihrer enormen
Garantiezeit in der Praxis), als wenn wir sie irgendwelchen akademi-
schen Überlegungen politischer, soziologischer oder auch wirtschafts-
theoretischer Art entnehmen, die ja, wie die Erfahrung zeigt, eigentlich immer nur zu kurzfristigen Scheinlösungen geführt haben.

So ist z.B. die Biosphäre das einzige System, das weder Energie-
noch Abfallsorgen hat, denn für jedes Abfallprodukt stehen Organismen
und Enzyme bereit, die es gleich wieder in ein neues Ausgangsprodukt
verwandeln. Ein System ohne Rohstoffsorgen, ohne Energieprobleme und
ohne Arbeitslose, das eine wahre Fundgrube an technischen Raffinessen,
an energiesparenden Tricks und eleganten Kombinationen hochentwickelter
Technologien darstellt, um nur einmal diesen technischen Aspekt zu
nennen.

Ich möchte Ihnen nun sowohl die angesprochene Notwendigkeit neuer Hilfen
als auch die Ergiebigkeit dieser Quelle für das Verstehen und Planen
offener Systeme mit einigen Bildern veranschaulichen, die man sich in
diesem Zusammenhang immer wieder vor Augen halten sollte. Wir wollen
ja gerade auch mit unseren neuen Informationstechniken nicht nur, wie
es mit Worten geschieht, die verbal-abstrakten Partien unseres Gehirns
ansprechen, sondern auch die bildhaften Wahrnehmungsfelder unseres Gehirns, die wiederum eine andere, ebenso wichtige Ebene des Verstehens
abdecken. Lassen Sie mich also zunächst einige Aspekte unserer Zivili-
sationsgesellschaft im Licht biokybernetischer Gesetzmäßigkeit charakterisieren.

Beginnen wir mit einem Stück lebendiger Natur. In einem trügerischen
Glauben an ihre unbeschränkte Pufferkapazität, an die Unbegrenztheit
ihrer Reserven, aber auch an die Unbegrenztheit des technisch Machbaren,
haben wir im Laufe der Menschheitsgeschichte ziemlich unbekümmert in
dieses große, bis dahin gut funktionierende Globalsystem dadurch einge-
griffen, daß wir nach und nach eine immer größere Zahl künstlicher
Einzelsysteme in die Biosphäre hineingesetzt haben: Fabriken, Kraftwerke und landwirtschaftliche Großbetriebe. Siedlungen, Stauseen, Ver-
kehrsnetze, Brücken und Häfen. Sodaß aus ehemaligen Urlandschaften, wie
hier in Nordamerika, oft in wenigen Jahrzehnten riesige Ballungsgebiete
wurden.

All diese Teilsysteme haben wir - als Einzelobjekte konzipiert - in die
Biosphäre hineingepflanzt in der Annahme, daß sich ihr Zusammenspiel,
ihre Kommunikation - so wie ich das hier an einigen Punkten schematisch
angedeutet habe -, daß sich dieses Zusammenspiel wohl schon von alleine
regeln würde. Und wenn nicht, dann würden sich irgendwelche entstehen-
den Mängel durch weiteren technischen Einsatz und einen entsprechenden
Energieinput schon reparieren lassen. Etwa Mängel in der Luftreinhaltung,
in der Bodenfruchtbarkeit, in der Energieversorgung, im Wasserhaushalt
oder auch - durch Medikamente - im psycho-sozialen Bereich.

Im Vertrauen auf diese Reparaturmöglichkeiten haben wir uns aber weder
darum gekümmert, ob diese künstlichen Systeme selber überlebensfähig
sind, noch ob sie - wie hier auf dieser Skizze - mit den übrigen zu
einer funktionierenden Einheit verbunden werden können, noch ob die
Reparaturen von den vorhandenen Wechselwirkungen verkraftet werden
können.

Genauso verfahren wir auch heute noch: Tag für Tag starten wir weitere Entwicklungsprojekte und setzen sie in bestehende Systeme hinein, ohne überhaupt zu wissen, daß wir es mit Systemen zu tun haben, geschweige denn, daß es so etwas wie Gesetzmäßigkeiten für das Verhalten und damit für das Überleben von Systemen gibt, Gesetzmäßigkeiten, die gerade Fachexperten völlig unbekannt sind und daher oft das Ergebnis der bestausgeklügeltsten Investitionspläne über den Haufen werfen können.

Man kann diesen Experten keinen Vorwurf machen, denn sie sind an isolierten Ausschnitten der Wirklichkeit ausgebildet worden. Und schließlich war es auch bis vor wenigen Jahren unbekannt, daß wir in einem komplexen System eigene Gesetzmäßigkeiten finden und daß diese ebenso grundlegende Naturgesetze sind wie etwa die Energieerhaltungssätze, diejenigen der Schwerkraft oder der Mechanik.

Damit haben wir folgendes Dilemma: Wir greifen zwar laufend in Systeme ein, ohne sie jedoch als Systeme zu betrachten. Wir behandeln etwas, vielleicht was lange Zeit kein System war, das durch die zunehmende Dichte aber auf einmal zum System geworden ist, weiterhin wie eine heterogene Menge von Einzeldingen. Längst sind z.B. diese Aktivitäten und Lebensbereiche durch gegenseitige Beeinflussung zu einem Systemgefüge geworden. Sie werden jedoch wie früher getrennt behandelt, so wie die Fächer in der Schule, als wenn es diese Beeinflussung nicht gäbe.
Der Systemcharakter - ausgedrückt durch die schwazen Pfeile - entschlüpft unserer Betrachtung. Ein System also, dessen einzelne Elemente wir zwar kennen, bis zum Exzeß studieren, ohne jedoch die Beziehungen zwischen ihnen zu erfassen. Ein System, dessen Gesetzmäßigkeit wir ignorieren, dessen Wechselspiel wir nicht beachten, weil es die Fachdisziplinen überschreitet und das deshalb in unseren Hörsälen und Forschungsstätten keinen Platz findet.

Damit aber, meine Damen und Herren, findet auch dort die Realität wie sie ist, im Grunde keinen Platz. Auch nicht in Planungsprozessen.
Im Bereich der Maßnahmendurchführung, also der <u>Operatoren</u> selbst, wendet man zwar ausgeklügelte Netzwerktechniken wie die CPS-Methoden (Critical Path Scheduling) oder die Pert-Netzplantechnik (Programme Evaluation and Review Technic) an. Auf der strategischen Ebene hat man sich jedoch kaum mit Systemzusammenhängen befaßt.
Hier sehen Sie einen typischen Katalog von Ressorts aus dem Bereich der Regionalplaner. Für jeden Begriff gibt es eine Abteilung oder zumindest einen Sachbearbeiter, der dafür kompetent ist und diese Kompetenz

ängstlich gegenüber anderen abschirmt. Was zwischen diesen Einzelbe-
reichen geschieht und wie sie in der Realität aufeinander wirken, wird
nur bruchstückhaft erfaßt. In diesem Dilemma stecken derzeit die
meisten Planungs- und Entwicklungsbehörden.

Das liegt zum Teil daran, daß wir die Dinge, mit denen wir zu tun haben,
also die Straßen, Häuser, Fabriken, Rohstoffe, Wälder, Kraftwerke und
Menschen immer nur als Straßen, Häuser, Fabriken, Rohstoffe, Wälder,
Kraftwerke und Menschen sehen. Und so behandeln wir sie auch.
Wir kennen sie dagegen nicht in ihrer kybernetischen Funktion, nicht
in ihrer Rolle in jenem großen vernetzten System, das die betreffende
Region darstellt.

Diese Systemrolle geht über die naive Darstellung der Dinge, so wie sie
durch ihre Wortbegriffe fixiert sind, weit hinaus. Sie kommt erst
durch die Verbindungen zwischen den Dingen zustande. Aus dem Einzel-
ding heraus ist sie nicht erklärbar.

Es ist ihre Rolle als Regler, Stellglied, Meßfühler, Stauglied, Nachschubgröße, Grenzwert usw. Eine Straße ist aber nicht nur einfach eine
Straße. In einem Fall, etwa zwischen zwei Ortschaften, ist sie ein ver-
bindendes Glied, im anderen Fall ist sie, auch wenn sie genauso aus-
sieht, ein trennendes Glied, etwa wenn sie zwei früher eng kommunizie-
rende Häuserzeilen eines Dorfes als Schnellstraße durchschneidet.
Im dritten Fall mag sie ein Regler sein, der dafür sorgt, daß die Ver-
teilerknoten am Ende nicht überlastet werden; im vierten Fall, wenn
sie zu einem Depot führt, ist sie vielleicht nur eine reine Nachschubgröße. Doch für viele Administrationen, Planer und Ingenieure ist sie
einfach nur eine Straße, bei der es darauf ankommt, daß man sie gut
und rationell baut. Wie gesagt, ihre eigentliche Rolle ignorieren wir.
Geschweige denn kennen wir den kybernetischen Charakter eines aus solchen Dingen gebildeten Systems: Damit meine ich seine Stabilisierungs-
tendenz, seine Störanfälligkeit, sein Fließgleichgewicht, seine Außen-
und Innenabhängigkeiten, die Verschachtelung seiner Regelkreise oder
seine Diversität. Man konzentriert sich auf Einzelbereiche, untersucht
und analysiert Details, aber scheut das Ganze. Denn um dieses zu erfassen, muß man das Muster ihrer Verflechtungen, ihrer Wechselwirkungen
studieren. Und dafür ist im allgemeinen niemand kompetent. Wenn man es
jedoch tut, läßt sich das Muster dieser Wechselwirkungen kybernetisch
interpretieren und bewerten und sich daraus äußerst interessante Strategien entwickeln und anwenden, die, da sie auch letzten Endes seit
Millionen von Jahren von der Natur angewendet werden, immerhin jene
unerläßliche Erfolgsgarantie aufweisen.

Als positives Beispiel hierfür zeige ich Ihnen die beiden Wirkungsgefüge aus der Sensitivitätsanalyse eines neuen Freizeitzentrums.

Die wichtigste Erkenntnis der Systemanalyse war, daß das Teilsystem
Freizeitzentrum bei klassischer Gestaltung alleine nicht stabil ist.
Denn Teilszenarios aus diesem Gefüge ergaben nur sehr wenige Regelkreise. Es galt daher, das System gegen Störungen abzusichern. Störungen
wie neue Modewellen, wirtschaftliche, politische, soziale oder energetische Krisen und wie man das Teilsystem Freizeitzentrum in dem übergeordneten System seines Einzugsgebietes so gestalten kann, daß es
auch dem Interesse der Symbionten entspricht. Also der Gemeinde, den
einzelnen Besuchern und den Betrieben.

Das interne Wirkungsgefüge des Systemmodells zeigte dann neben der
Wirtschaftlichkeitsanalyse auch die psychologischen und Verhaltens-
bedingungen. Ob kleine oder große Systeme, die Art des Ansatzes ist
dieselbe: Sei es ein einzelnes Unternehmen oder das Wirkungsgefüge
einer ganzen Region wie z.B. des Oberrheingrabens, dessen Umwelt-
und Verkehrssituation derzeit mit diesem Instrumentarium untersucht
wird.

Um nun mit diesen Vernetzungen fertig zu werden, ja um sie - wie es
die Natur ja auch tut - sogar möglicherweise zu nutzen, brauchen wir
für das Verstehen solcher Systeme das anfangs erwähnte makroskopische
Denken. Es orientiert sich nicht an starren monokausalen Einzelbe-
ziehungen, sonder an dynamischen Wirkungsgefügen. Die Dynamik habe ich
hier durch die kleinen roten Kurven angedeutet. Und nun kommt ein
wichtiger Punkt: Es wäre falsch, auf dieser untersten Simulationsebene
stehen zu bleiben und dieses Gefüge nun wieder wie eine geschlossene
Maschine laufen zu lassen. Damit würden wir erneut in den deterministischen Ansatz hineinrutschen. Wir müssen vielmehr, von der darüberlie-
genden Ebene aus, den Charakter dieses Wirkungsgefüges und die Rolle
seiner Teile kybernetisch interpretieren. Damit haben wir einen nicht-
deterministischen kybernetischen Ansatz, durch den wir schon einiges
erfahren, um automatisch gewisse Grundfehler in der Planung zu vermeiden.

Ich will versuchen, dieses makroskopische Denken, das wir z.B. auch
in der Synergetik von Herman Haken, in den Problemlösungsansätzen des
Systempsychologen Dietrich Dörner und natürlich auch in den Arbeiten
des französischen Biologen Joel de Rosnay oder des belgischen Chemikers
Ilja Prigogine über die "Thermodynamik sich wandelnder Strukturen"

finden, etwas näher zu charakterisieren. Denn auf ihm beruht ja auch
der Ansatz unseres Sensitivitätsmodells, auf das ich dann am Schluß noch
zu sprechen komme.

Ähnlich wie es Digitalcomputer und Analogcomputer gibt, die sich in der
Informationsverarbeitung grundlegend unterscheiden, zeigt auch die
Informationsverarbeitung in unseren Nervenzellen, daß wir mit ganz verschiedenen Gehirnbereichen arbeiten, je nachdem, ob wir unzusammen-
hängende Details speichern wollen oder ob wir uns für ein Gesamtbild,
für die Aussage eines Systems interessieren. Für die Erkennung eines
Gesamtbildes benutzen wir u.a. die Funktionen des Pattern Recognition,
der Mustererkennung, ein Bereich der Interpretation des Wesentlichen,
der bekanntlich Computern ganz besonders schwer fällt.

Ich zeige das immer gerne an diesem Computerbild. Wenn man sich die
unterschiedlich hellen Quadrate dieses Dias anschaut, läßt sich von
nahme nicht einmal ohne weiteres erkennen, daß es sich um einen menschlichen Kopf handeln soll. Doch selbst diese paar Vierecke geben ganz
unverwechselbar die Gesichtszüge des amerikanischen Präsidenten Lincoln
wieder, sobald man das Bild unscharf stellt, vor allem, wenn man dann
noch ein wenig blinzelt oder die Brille abnimmt.

In diesem Moment setzt die Fähigkeit der Mustererkennung ein, der Erkennung des Wesentlichen. Sobald die Quadrate undeutlich werden, schalte
unsere Wahrnehmung auf andere Partien des Gehirns um, die dann die wahr-
genommenen Bruchstücke trotz fehlender Teile zu einem Ganzen ergänzen.
Ähnlich wie dies bei einem Hologramm der Fall ist. Erst wenn wir uns
nicht mehr auf die Quadrate fixieren, können nämlich die Beziehungen
<u>zwischen</u> ihnen stärker hervortreten, und nur <u>die</u> lassen uns sozusagen
das System erkennen.

Dieses Beispiel zeigt uns, daß eine noch so genaue Studie der einzelnen
Vierecke unseres Fotos (scharf stellen) im Gegensatz zu dem unscharfen
Gesamtmuster zwar den genauen Grauwert, die Abmessungen der Kanten oder
eine Tabelle der nach Helligkeit geordneten Vierecke mit entpsrechenden
Prozentzahlen bescheren kann - so entstehen ja normalerweise die Doktor-
arbeiten -, diese Studie der Quadrate wird uns jedoch nie erkennen lassen, ob es sich um ein Porträt von Abraham Lincoln oder um sonst etwas
handelt. Für die Erfassung eines Systems ist daher die Katalogisierung
von Einzeldaten, das Sich-fest-haken an immer aufwendigerer Detaillierung offenbar die falsche wissenschaftliche Methode. Und die wird auch
dadurch nicht richtiger, daß man sie nun mit besonderer Akribie betreibt

Viele mathematische Darstellungen, Prognosen und Trendanalysen arbeiten
jedoch noch nach wie vor mit einer von einzelnen Daten ausgehenden
extrapolierenden Betrachtungsweise, die innerhalb kleiner Abschnitte
und Zeiträume ihre Gültigkeit haben mag, die jedoch logischerweise
völlig blind ist gegenüber Phänomenen, die man nicht hochrechnen kann,
wie sie jedoch in größeren offenen Systemen ständig stattfinden:
Umkippeffekte, Umstülpungen, irreversible Vorgänge, Wirkungen mit Zeit-
vergrößerung, Grenz- und Schwellenwerte. So exakt und mit so viel Daten-
materila diese Analysen auch durchgeführt sein mögen, für komplexe
System sind sie, wie gesagt, die falsche wissenschaftliche Methode.

Ich hoffe, daß ich ein wenig deutlich machen konnte, von welcher Art
die Modelle sein müssen, mit denen wir komplexe dynamische Systeme
adäquat beschreiben können.

Als ein kleines Übungsmittel, sich in die Wechselwirkungen und Funktionen eines Systems hineinzudenken, haben wir ein Computerspiel entwickelt, bei dem es gilt, die Lebensqualität in einem der Realität
nachempfundenen Phantasieland namens Kybernetien zu verbessern.
8 Lebensbereiche, nämlich Politik, Produktion, Umweltbelastung, Lebensqualität, Umweltschutz, Aufklärung und Bevölkerungsentwicklung sind
hier durch unterschiedliche, nichtlineare mathematische Beziehungen
so verknüpft, daß jede Entscheidung eine Kette von Wirkungen und Rück-
wirkungen nach sich zieht. Hier der Bereich Umweltbelastung. Das Ganze
geht auch ohne Computer auf einem Spielplan, wobei sich der Wirkungs-
verlauf automatisch aus dem Verrücken der Spielsteine ergibt, was jeweils wieder die Stellung der anderen Spielsteine beeinflußt.
Dieses Spiel, das auch in der Null-Nummer der Zeitschrift "Natur" ver-
öffentlicht wurde und jetzt vom Umlandverband Frankfurt als Sonder-
druck herausgegeben wurde, kann von meinem Institut oder vom Umlandverband bezogen werden.

Je nach Art der zwischen den Teilbereichen ablaufenden Prozesse und
ihrer Steuerung kann ein solches System nun für längere Zeit überlebensfähig sein oder nicht. Um diese Überlebensfähigkeit zu erreichen,
müssen sich die Bestandteile gegenseitig so regulieren, daß sie gewissen Systemgesetzmäßigkeiten gehorchen, wie man sie aus den hoch-
entwickelten Organisationsformen natürlicher Ökosysteme ablesen kann.

Das frappierende ist ja, daß diese Systemgesetzmäßigkeiten nicht nur
in der uns umgebenden Natur zu erkennen sind, sondern genauso bei
komplexen künstlichen Systemen, sobald sie eine bestimmte Dichte und
einen entsprechenden Vernetzungsgrad erreicht haben.

So besteht z.B. jedes System wieder aus Teilsystemen - wie hier dieses
Anwesen in einer Dorfgemeinschaft in der afrikanischen Republik Mali.
Und jedes System ist wieder Teil eines größeren. Sie alle sind Systeme,
und je besser die Kybernetik in einem Teilsystem funktioniert, umso
lebensfähiger ist das Ganze und damit - nun in Rückwirkung - noch einmal das Teilsystem. Die Organisation solcher verschachtelter Systeme
läßt sich nur durch Kenntnis ihrer übergeordneten Struktur und die
Dynamik ihrer internen und externen Kommunikationswege erfassen -
ganz gleich, wie groß das System ist. Sei dies eine einzelne Körper-
zelle mit ihren gut 10.000 kybernetisch gesteuerten Stoffwechselab-
läufen oder das Körpergewebe eines ganzen Organs mit seiner übergeordneten Struktur, sei es Krebs - ohne Struktur, so wie ungeordnetes
Wachstum -, sei es das System eines Ballungsgebietes mit seinen technischen, ökonomischen und sozialen Wechselwirkungen oder dasjenige
der Populationsdynamik der Wasservogelarten am Unteren Inn.
Die Rolle der Einzelelemente ergibt sich jeweils aus der Vernetzung.
Denn was ist eine Ente? Weit mehr als eine Ente, sobald man sie in ihren
Beziehungen, d.h., in ihrer kybernetischen Rolle erfaßt.

In all diesen Fällen kann man sagen, daß wir zur Beurteilung des Verhaltens von Systemen und von vernetzten Abläufen in Systemen die Art
der bisherigen kausalanalytischen Modelle verlassen und mit Modellen
arbeiten müssen, in denen Strukturen und Muster von Wirkungsgefügen
dargestellt sind.

Damit komme ich zum letzten Teil meines Vortrages: Zu einem auf dieser
Basis entwickelten Planungsinstrumentarium, dem im Rahmen des UNESCO-
Projektes MAB 11 entwickelten Sensitivitätsmodell. Mit dem Wort
"Modell" ist hier nicht ein statisches oder dynamisches Abbild der
Wirklichkeit gemeint, sondern das Modell einer Vorgehensweise, man
könnte sagen, ein Verfahrensmodell, das zugleich Denkhilfe und prak-
tikables Instrumentarium ist, das es dem Planer erlauben soll, einen
menschlichen Lebensraum als biokybernetisches System zu verstehen und
daraus Entscheidungshilfen zu gewinnen. Unsere Zielbeschreibung, das
dürfte aus dem Vorangegangenen deutlich geworden sein, definiert diese
Entscheidungshilfen als solche, die geeignet sind, die Überlebensfähigkeit des betrachteten Systems zu erhöhen. In diesem Fahrplan haben
wir die einzelnen Schritte stark zusammengefaßt. Das Ganze beginnt mit
einer neuen Art der Variablenerfassung und ihrer Beziehungen, geht
über die Aufstellung eines Wirkungsgefüges bis zur Simulationsebene,
ganz gleich, ob man das nun in Art eines Bilanzmodells oder nach der

Systems Dynamics-Methode aufbaut. Diese Ebene wird dann mit Hilfe von verschiedenen Teilmodellen kybernetisch interpretiert und das Ergebnis auf einer nächsthöheren Ebene mit Hilfe weiterer neuartiger Teilmodelle, wie z.B. einer Skala der kybernetischen Reife, im Hinblick auf Überlebenskriterien bewertet. Daraus ergibt sich dann ein makroskopisches Gesamtbild mit genügend Hinweisen für brauchbare Operatoren, aus denen dann nach Prüfung über einen Policy Test und unter Rückgriff auf die reale Systembeschreibung die geeignete, umsetzungsreife Strategie entwickelt wird.

Doch beginnen wir von vorne. Wie geht man an den Aufbau eines solchen Sensitivitätsmodells heran.

Eine wichtige Voraussetzung, daß die Aussage des zunächst als Grobraster herzustellenden Wirkungsgefüges funktioniert, ist, daß die erfaßten Einflugrößen, mögen sie noch so lückenhaft sein, einen systemrelevanten Variablensatz darstellen. Mit dieser Auflage sind wir natürlich schon mitten in den speziellen kybernetischen Anforderungen an unser Instrumentarium. Denn als erstes wird sich jeder sofort fragen, wie er überhaupt wissen kann, ob er mit seiner aus einem umfangreichen Datenangebot getroffenen Auswahl die richtigen Variablen hat.

Hierzu wurde als Hilfsmittel eine kybernetische Kriterienmatrix entwickelt, die so angelegt ist, daß der Variablensatz unter anderem immer die sieben wichtigsten Systembereiche miteinbezieht:
Die Matrix sorgt jedoch nicht nur dafür, daß der Variablensatz diese sieben Einflußbereiche des Systems abdeckt, sondern auch die drei physikalischen Grundkriterien (Materie, Energie, Information), weiterhin die dynamischen Kriterien (Struktur und Fluß) und die wichtigsten Systemkriterien (wie Vernetzungsgrad, Input/Output-Verhältnis, Diversitätsgrad, Irreversiblitäten usw.). Durch eine Sichtlochprüfung läßt sich dann jeder noch so umfangreiche Datensatz schnell auf ein Minimum an relevanten Indikatordaten reduzieren. Auf diese Weise kann z.B. bereits aus minimal 14 Schlüsselindikatoren ein erstes Wirkungsgefüge der zu untersuchenden Region aufgebaut werden, welches dem Planer bereits eine ganz neue Sicht gibt, was die Einflußgrößen seines Systems betrifft.

Der nächste Schritt besteht in der Aufstellung der Beziehungen zwischen den Variablen, die von drei Seiten her kontrolliert werden: aus der historischen Datenentwicklung und Abhängigkeit, aus der wissenschaftlichen und planerischen Fachkenntnis von Zusammenhängen und aus Be-

gehungen und Befragungen am Ort mit den beteiligten Menschen, und zwar
nach einem entsprechend der Kriterienmatrix gegliederten Fragebogen,
oder besser nach einem Fragenetz, das zunächst einmal auf einem
"heuristischen", also vorläufig als richtig angenommenen Wirkungsgefüge basiert und, z.B. wenn es um die Regionalplanung geht, sogar
eine Aktivierung und Anhebung der Bürgerpartizipation bewirkt. Hierbei werden von vorneherein nicht nur lineare, sondern auch nichtlineare Beziehungen und solche höhere Ordnung in Form von Table funk-
tions aufgestellt, die jederzeit an veränderte Bedingungen angepaßt
werden können.

Der nächste Schritt ist die Simulation, also das dynamische Durch-
spielen des daraus entwickelten Wirkungsgefüges. Sei es in Form eines
Schleifendiagramms oder eines Systems Dynamics-Modells. Diese Simulation hat nun, das habe ich schon angedeutet, bei unserem Verfahren
ganz andere Aufgaben, als etwa bei den Modellen von Forrester. Sie
dient nicht dazu, das Modell als geschlossene "Maschine" laufen zu
lassen und auf der Basis verschiedener Ausgangswerte "Wenn-Dann-
Prognosen" für die nächsten 50 Jahre zu entwerfen, sondern die Dynamik des Systems wird lediglich angetippt, um sie dann sofort auf einer
höheren Ebene mit fünf übergeordneten sogenannten Interpretationsmodellen kybernetisch interpretieren zu können. Die daraus ermittelten
Angaben über positive und negative Rückkoppelungen, puffernde, aktive
und kritische Elemente, Vernetzungsgrad und Input/Output-Verhältnisse
werden in weiteren Teilmodellen über die Wirkung von Diversität, Depe-
denz und Durchfluß zu höheren Kriterien kombiniert.

Damit haben wir ein mit den konventionellen Methoden kaum erfaßtes
Material zusammen, das nunmehr auf einer weiten Ebene für eine bio-
kybernetische Bewertung des untersuchten Systems geeignet ist.
Diese Bewertung erfolgt zum Teil mit Hilfe von Checklisten und Matrizen,
zum Teil durch Computerläufe mit wiederum fünf Bewertungsmodellen im
Hinblick auf die kybernetische Reife des Systems, die Art seiner Sta-
bilität (Robustheit gegen Störungen) und seine Flexibilität (Anpassungs-
fähigkeit an Neuentwicklungen). Weiterhin kann auch die Wirkung von
Systemteilen auf die energetische Effizienz des Gesamtsystems und die
Systembelastung mit ihren Risiken erfaßt werden, wie es zum Teil schon
durch das Zusammenwirken der Interpretationsmodelle erkennbar ist.
So ergibt sich z.B. die Bewertung der Selbstregulationstendenz aus den
Wechselwirkungen zwischen Diversität, Vernetzungsgrad und Rückkoppelung.

Natürlich braucht man für jede Bewertung eine höhere Instanz, an der man sich orientiert. Grundlage für unsere Systembewertung sind hierzu drei Quellen:

- Mathematische Systemgesetze (Beispiel: Optimierung des Vernetzungsgrades, Katastrophenmodelle).

- Thermodynamische Systemgesetze (Beispiel: Aussage irreversibler Abläufe, Hysterese-Erscheinungen, Umipp-Effekte).

- Biokybernetische Gesetzmäßigkeiten, wie ich sie zu 8 Grundregeln überlebensfähiger System zusammengefaßt habe.

Erst auf dieser Bewertungsebene baut sich dann, als letzte Ebene, diejenige der Strategie auf. Sie orientiert sich an dem Ziel einer optimalen Vereinbarung von Überlebensfähigkeit des humanökologischen Systems mit dessen Entwicklungsfähigkeit und der materiellen, gesundheitlichen und sozialen Lebensqualität.

Es ist klar, daß sich durch diesen Aufbau eine völlig andere Art von Hinweisen und Entscheidungshilfen aus der Strategieebene ergibt, als sie von Planungsmodellen normalerweise kommen kann.
Der Entscheidungsträger kann das selbstverständlich vorab prüfen, indem er die Gesamtwirkung irgendwelcher Maßnahmen anhand eines Policy-Tests im Modell durchspielt. Der Bau einer Autobahn, die Erweiterung eines Flughafens, die Attraktivität eines Erholungsgebietes oder die Neubesiedlung eines Ortsrandes spiegeln sich dann in der oft sehr unterschiedlichen Sensitivität des Gesamtsystems wider.

Natürlich braucht man für eine erste Antwort nicht schon das gesamte Instrumentarium durchzuspielen. Denn dieses ist durch seinen Aufbau aus manuellen und computerisierten Teilmodellen gegenüber einem Zugriff so offen, daß auch bereits die unteren Ebenen einen praktischen Nutzen haben. Zum Beispiel, indem sie den Planer schon gleich zu Anfang nach Beziehungen fragen lassen, an die er üblicherweise gar nicht denkt, oder indem ihm bereits die ersten Interpretationsmodelle die tatsächlichen systemrelevanten Rollen der verschiedenen Systemteile aufzeigen.
Hier erfährt er zum ersten Mal, ob nun die Erweiterung einer Ausfallstraße ein Stellglied oder eine Nachschubgröße ist und in welcher Art Regelkreis sie überhaupt eingreift. Er erfährt, ob er durch eine neue Bepflanzung eine negative Rückkoppelung einführt oder entfernt, ob die Einrichtung einer Schnellbahn ein Regelglied oder ein pufferndes Glied ist und so fort.

Damit dürfte auch deutlich geworden sein, daß ein solches Instrumentarium nicht etwa die herkömmlichen Planungsschritte ersetzt, sondern eine zusätzliche Hilfe neben den klassischen Planungsvorgängen ist. Denn es zeigt ja vor allem die kybernetische Beziehung der Systemteile zum Systemverhalten und interpretiert sie im Hinblick auf die Kriterien der Überlebensfähigkeit des ökologischen und sozio-ökonomischen Gesamtsystems. Ein solches Instrumentarium prognostiziert also nicht, wie hoch der SO_2-Gehalt einer Gemeinde oder die Wassergüte eines Flußsystems nach Installation eines weiteren Chemiewerkes in fünf Jahren sein wird, als vielmehr, welche Tendenzen innerhalb der Gesamtregion durch diesen Eingriff verringert oder vergrößert werden; ob die Flexibilität gegenüber Störungen sinkt, die Abhängigkeit ansteigt, ob Selbstregulationen aufgebrochen werden oder gar gefährliche, sich aufschaukelnde Rückkoppelungen eingeführt werden.

In allen Fällen bleibt dabei der Benutzer immer selbst Teil des Systems. Eine Herauslösung des Steuervorgangs aus dem System ist durch die in den höheren Interpretationsmodellen verankerte Interdependezn unterbunden. Die Gefahr einer von außerhalb des Systems wirkenden Weisungshierarchie, die bei einem Gremium von Superkybernetikern (in der Science-Fiction-Literatur als Kyborg bekannt) gegeben wäre und die in jedem Falle zu einem absoluten Dirigismus statt zu kleinräumiger Selbstregulation führen würde, ist hier vermieden. Sie ist übrigens in der biologischen Welt, die vielleicht deshalb seit vier Milliarden Jahren überlebt hat, nirgendwor anzutreffen. Statt Dirigismus und Weisungshierarchie finden wir hier ausschließlich Feedbackhierarchie.

Zum Schluß noch ein Wort zur Hardware des Sensitivitätsmodells. Das bewußt klein und damit praktikabel gehaltene Instrumentarium, welches aus einer Reihe von Lochkarten, Matrizen, Checklisten und anderen sogenannten "Papiercomputern" besteht, arbeitet lediglich noch mit einem erweiterten Tischcomputer. Alles Geräte, deren Preis unter DM 10.000,-- liegt.

Die Zusammenstellung eines computer-manuellen Hybridsystems hat unter anderem auch einen wichtigen didaktischen Effekt. Sie erleichtert es dem Benutzer, auch dem Laien, den Vorgang zu durchschauen, und ermöglicht, daß dieser durch den ständigen Dialog mit dem Modell eine Bewußtseinsschulung durchmacht, die ihn befähigt, allmählich ein neues Verständnis der Wirklichkeit zu gewinnen. Die mathematischen Bezüge dienen hier lediglich als vereinfachende

Hilfe - nicht als hinzunehmendes Orakel, ebenso wie die strategischen
Hinweise mehr Ideenhilfe zur Problemlösung sein sollen als Anweisungen.

Die Arbeit mit solchen Verfahrensinstrumenten, die als Denkhilfe vor
allem den Zugang für ein vielfach verschüttetes Systembewußtsein wieder
öffnen sollen, können durchaus dazu beitragen, daß unsere Entscheidungsträger, die ohnehin in der letzten Instanz aus der Intuition handeln müssen, die Basis dieser, ihrer Intuition durch eine solche Schu-
lung im systemischen Denken erneuern. Langfristig gesehen, betrachte
ich solche instrumentelle Hilfen als Übergangslösung, die uns befähigen,
schließlich in vielen Fällen auch ohne Computer eines Tages intuitiv
das Wesentliche zu erkennen, das Richtige zu tun und das Falsche zu
vermeiden. Sie können uns den Weg zeigen zu einer klugen Zusammenarbeit
mit der Biosphäre und den anderen Menschen unter Nutzung der aus dieser
Biosphäre stammenden kybernetischen Überlebensregeln. Eine erneute
Integration in die Natur auf technologisch und organisatorisch hoher
Ebene, ohne das so viel befürchtete "Zurück zur Steinzeit".

DER INTERNATIONALE FLUGHAFEN ZUERICH-KLOTEN

ALS SIMULATIONSMODELL

Dr. M. Mresse, Zürich

Zusammenfassung: Die ständige Zunahme des Flugverkehrs und der Einsatz grösserer Flugzeuge, wie auch die begrenzte räumliche Ausweitungsmöglichkeit des Flughafens Zürich-Kloten, verursachen Probleme bei der reibungslosen Abwicklung des Flugverkehrs.

Um die Zuteilung von Standplätzen an die landenden Flugzeuge bereits im voraus planen zu können, wurde für den Flughafen Zürich-Kloten ein Modell entwickelt. Es zeichnet sich vor allem durch seine grosse Flexibilität aus und kann für beliebige Flughäfen mit frei wählbaren Flugplänen eingesetzt werden.

Im Flughafen Zürich-Kloten wird das Modell für die Belegungsplanung des gegenwärtigen Flugplatzsystems und für die Untersuchung der Auswirkungen zukünftiger Umbauarbeiten eingesetzt.

Das Modell wird erweitert. Es soll zusätzlich zum Verkehr auf dem Tarmac auch noch die Pistenkapazität und die Buskapazität, sowie gewisse Aspekte der Luftraumüberwachung berücksichtigen.

Summary: Most Simulations are designed to test the feasibility and/or performance of systems. Once the result is obtained, the simulation model is often of no further use. The model described below, however, is slightly different in being applied periodically for manifold purposes, as for instance:

- to optimize the use of the apron (the airport tarmac)
- to calculate the impact of changes on the apron caused by various construction activities
- to get the ramp-control officers familiar with a computer aided solution to their daily problems.

1. Die Situation auf dem Flughafen Zürich-Kloten

In Zürich-Kloten werden zur Zeit etwa 8 Mio. Passagiere pro Jahr abgefertigt. Täglich werden 150-200 Flüge registriert. Die meisten dieser Flüge müssen jeweils am Vormittag abgefertigt werden. Dies sind an sich noch keine umwerfenden Zahlen. Wegen folgenden Punkten nimmt der Flughafen Zürich-Kloten unter Europas Flughäfen eine Sonderstellung ein:

- Die Platzverhältnisse auf dem Flughafen sind prekär. Wenn man die Anzahl der Standplätze pro Quadratmeter Tarmac berechnet, kommt man auf eine Belegungsdich-

<u>te</u>, die kaum von anderen Flughäfen erreicht wird.

- Der Flughafen ist auf <u>allen</u> Seiten durch Siedlungen und/oder Hügel begrenzt. (Nachtflugverbot, Lande- und Startbeschränkungen).

- Die günstige Lage des Flughafens innerhalb Europas führt dazu, dass viel Transitverkehr bewältigt werden muss.

- Fast der gesamte Verkehr in Kloten ist international, was zur Folge hat, dass sämtliche Passagiere von und nach Zürich durch die Zollabfertigung geschleust werden müssen.

Schon vor Jahren suchte man deshalb beim Amt für Luftverkehr des Kantons Zürich nach Methoden, um den vorhandenen Raum optimal zu nutzen. Manuelle und analytischen Optimierungsverfahren fielen ausser Betracht, da die Verhältnisse für diese Methoden zu komplex sind. So ist zum Beispiel die Anzahl Standplätze abhängig von der Grösse der Flugzeuge, die abzufertigen sind. Es ist möglich, dass zu einer bestimmten Zeit ein grosses Flugzeug auf einem Platz steht, welcher ein andermal für mehrere kleine Flugzeuge verwendet wird. Einige Rollwege sind nur benutzbar, wenn bestimmte Abstellplätze nicht oder nur durch kleine Flugzeuge belegt sind. Erschwerend kommt hinzu, dass sich durch die Bautätigkeit auf dem Flughafenareal Grösse und Einteilung des Rollfeldes ständig ändern. Es lag deshalb nahe, nach einem Verfahren zu suchen, welches diese dynamischen Aspekte berücksichtigt.

2. Die Standplatzzuteilung

Der Flughafen umfasst heute nebst dem Rollfeld (Tarmac, Apron) und den Abfertigungsgebäuden (Fig. 1) drei Lande- bzw. Startpisten. Gelandet wird vorwiegend auf den Pisten 14 und 16, der Abflug erfolgt hauptsächlich von Piste 28, in selteneren Fällen von den Pisten 16 oder 34.

Stark vereinfacht lässt sich folgendes Vorgehen festhalten. Sobald ein Flugzeug den Landeanflug beginnt (Fig. 1 (1)), erhält die Bodenkontrolle eine erste Meldung. Der Rollwart nutzt die Zeit bis zum Ende der Landung, um einen passenden Standplatz auf dem Rollfeld auszuwählen (Fig. 1 (2)). Nach der Landung meldet sich der Pilot der gelandeten Maschine bei der Bodenkontrolle, um den Standplatz (Fig. 1 (3)) zu erfahren.

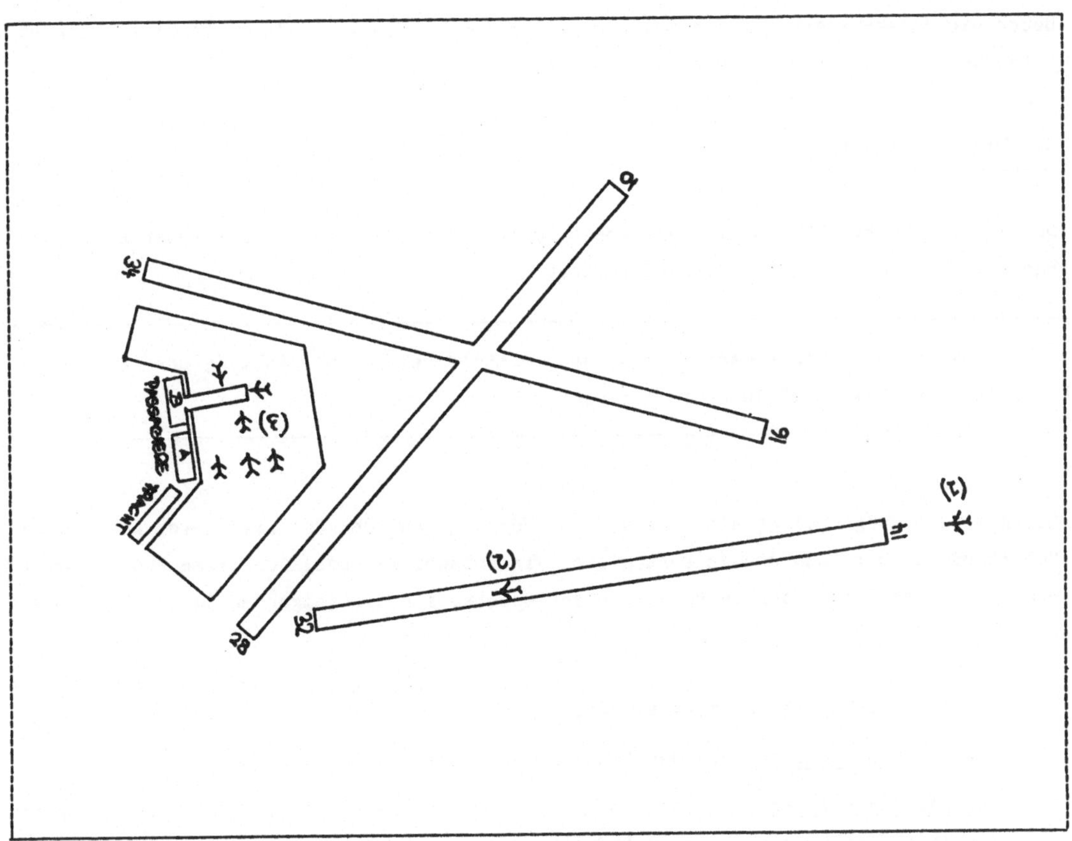

Fig. 1: Uebersichtsplan des Flughafens Zürich-Kloten

3. Die Problemstellung

Es scheint vorerst unverständlich, warum diese Standplatzzuordnung jeden Tag neu erarbeitet werden muss. Es sollte doch möglich sein, einen Plan zu erstellen, bei welchem alle Kurse einen bestimmten Platz erhalten. In grösseren Bahnhöfen, mit ähnlichen Zuordnungsproblemen, wird üblicherweise im voraus mitgeteilt, auf welchen Geleisen die Züge ankommen und abfahren. Ein fester Belegungsplan des Rollfeldes würde die Abfertigung eines Fluges durch die Bodenkontrolle und die Flugzeugwartung, wie auch die Abfertigung der Passagiere erheblich erleichtern. Warum wird ein solcher Plan nicht erstellt? Der Grund liegt in der Komplexität des Flughafensystems, im Mangel an Plätzen und in der - im Vergleich mit den Bahnen - ungenauen Einhaltung des Flugplanes. Für einen Teil der ankommenden Flugzeuge ist Zürich der "Heimatflughafen" (Swissair). Dies hat zur Folge, dass oft kurzfristige Aenderungen im Einsatz der Flugzeuge vorgenommen werden. Ein Flugzeug kann sich dann länger als geplant auf seinem Standplatz aufhalten. Ausserdem ist ein Teil der Ankünfte (Charterverkehr) nicht im voraus bekannt.

Ueber die Belegungsstrategieen bei der praktizierten Platzzuteilung konnten vorerst keine Details in Erfahrung gebracht werden.

4. Die Zielsetzung

Das Amt für Luftverkehr wollte die geschilderte Situation genauer untersuchen lassen und erteilte uns deshalb folgenden Auftrag:

> Es soll eine Methode erarbeitet werden, mittels welcher die Nutzung der Stand-plätze auf dem Rollfeld optimiert werden kann.

Diese Zielsetzung bedingt eine Analyse der Vorgänge auf dem Rollfeld, wie auch eine Ueberprüfung der Zuordnungsstrategieen. Wir entschieden uns, für diese Untersuchung ein Modell des Flughafens zu konstruieren, welches für die folgenden Aufgaben herangezogen wird:

- für die Planung der Platzbelegungen

- für die Kontrolle der bei der Planung erstellten Zuordnungspläne

- zum Experimentieren mit beliebig definierten Rollfeldern. Dies setzt eine flexible Platzbeschreibung im Modell voraus.

- zum Untersuchen (mit Simulation) beliebiger Zuordnungsstrategieen untersucht werden können.

Das Simulationsprogramm wurde in der Programmiersprache PL/1 unter Verwendung von MOSIM realisiert. Dieses Simulationskonzept wurde beschrieben in: M. Mresse, MOSIM – ein Simulationskonzept basierend auf PL/I, Birkhäuser Verlag Basel, 1977.

5. Das Modellkonzept

Die Struktur des Simulationsprogramms ist denkbar einfach. Nur vier Prozesse werden benötigt:

- Prozess zur Durchführung der Landungen
- Prozess für die Platzzuteilung und Ueberwachung
- Prozess zur Durchführung der Abflüge und der damit verbundenen Freigabe der Plätze
- Prozess zur Ueberwachung der Kommunikation mit dem Benützer

Die technische Seite des Simulationsprogramms bereitete keine Schwierigkeiten. Das Problem lag darin festzustellen, welche Daten für unser Modell benötigt werden und welche allenfalls zur Verfügung stehen. Zu Beginn der Arbeit wurde zum Beispiel angenommen, dass das Beschaffen von Verspätungsstatistiken für die Ankunfts- und Abflugzeiten einfach sei. Diese Annahme erwies sich als falsch. Ueber die Ankunfts- und Abflugzeiten wurde zwar genau Buch geführt; über die Ursachen von Abflugverspätungen jedoch nicht. Bei näherem Betrachten wird die Tragweite dieses Mangels offensichtlich: Es gibt keine Grundlagen, nach welchen entschieden werden kann, ob ein zu spät eingetroffener Flug pünktlich abfliegt oder nicht. Eine unabhängige Berechnung der Abflugzeit könnte jedoch dazu führen, dass ein Flugzeug vor seinem Eintreffen abfliegt, was natürlich keinen Sinn ergibt. Das Erarbeiten gangbarer Lösungen für dieses und ähnliche Probleme nahm weit mehr Zeit in Anspruch, als die Arbeit mit dem Computer.

6. Die Datenbeschaffung

Verschiedene der von uns benötigten Informationen konnten wegen mangelnder Motivation der Leute von der Bodenkontrolle nicht oder nur teilweise in Erfahrung gebracht werden. Wir befanden uns offensichtlich in einem Teufelskreis:

- Um die Hilfe der Mitarbeiter der Bodenkontrolle zu erhalten, muss zuerst bewiesen werden, dass das Projekt am Ende eine Erleichterung der Arbeit bringt, ohne die Arbeitsplätze der Rollwarte zu gefährden.

- Um die Erleichterung nachzuweisen, muss das Modell realisiert werden.

- Um das Modell zu realisieren braucht man Eingabedaten.

- Die Eingabedaten erhält man nur mit der Hilfe der Mitarbeiter der Bodenkontrolle.

Die Kernfrage lautete: Wie erhält man Angaben von Mitarbeitern, welche vorerst von Simulationstechnik nichts verstehen und auch kein Interesse haben, ihre "Berufsgeheimnisse" einem Aussenseiter preiszugeben?

Im wesentlichen können diese Daten auf drei Arten beschafft werden:

- durch Befragung,
- durch Beobachtung oder
- druch Provokation der betreffenden Personen.

6.1. Datenbeschaffung durch Befragung

Bei dieser ersten Variante wird versucht, die Auskunftspersonen im Gespräch zu moti-
vieren, um sich dann durch gezielte Fragen die nötigen Informationen zu beschaffen.

Diese Art der Datenbeschaffung funktioniert gut, wenn es sich um genau quantifizier-
bare Grössen handelt. Solche Daten können meistens vorhandenen Statistiken entnommen
werden.

Beispiele:

  - die tägliche Anzahl Bewegungen (Abflüge und Landungen) und
  - die technischen Daten der Flugzeuge (Längen und Spannweiten).

Sind die gesuchten Angaben nirgends genau festgehalten, können dem Befragten eine
Auswahl von Antworten (Multiple Choice) oder Schätzwerte in Form von Kurven oder
Tabellen vorgelegt werden. Seine Aufgabe besteht dann darin, jene Darstellungen zu
bezeichnen, welche seiner Meinung nach der Wirklichkeit am nächsten kommen (Beispiel:
die minimalen Standzeiten eines Flugzeuges zwischen Landung und Start).

6.2. Datenbeschaffung durch Beobachtung

Bedeutend schwieriger wird die Datenbeschaffung, sobald es um die Erfassung von Vorgehensweisen geht. Die Fragen nach der Art, wie ein Angestellter seine Arbeit ver-
richtet, wird - sofern dies überhaupt möglich ist - oft nur ungern beantwortet. Um
dies zu umgehen, ist man versucht, den Betroffenen bei seiner Arbeit zu beobachten
und das Gesehene entsprechend zu interpretieren.

Auch in diesem Projekt blieben uns ausgedehnte Beobachtungen an Ort und Stelle nicht
erspart. Verschiedene Fragen, darunter solche, die erst durch die Beobachtung aufge-
taucht waren, konnten auch nach ausgedehnten Besuchen im Flughafen nicht abschlies-
send geklärt werden. So war es unmöglich zu erfahren, nach welchen Kriterien die Zuteilung der Plätze auf dem Rollfeld geschieht. Wir suchten deshalb nach einer anderen
Technik, um auch diese Fragen zu beantworten. Warum sollte nicht das Modell selbst
zur Lösung dieser Probleme beitragen?

6.3. Datenbeschaffung durch Provokation

Das Modell wurde in der Folge so ausgebaut, dass es dem Rollwart eine dem Flughafen möglichst ähnliche Umgebung vortäuscht. Alle Entscheide, über welche im Zeitpunkt des Modellbaus noch Unklarheit herrschten, und welche der Rollwart in Wirklichkeit ad hoc fällt, wurden entweder vom Benützer interaktiv erfragt, oder es wurden von uns Annahmen getroffen. Dabei wurden vorzugsweise _falsche_ Prämissen gewählt. Es wurde dann versucht, einen Angestellten zum harmlosen Zuschauen beim Spiel mit dem Computer zu gewinnen. Wenn sich der Zuschauer durch die ähnlich gestaltete Umgebung angesprochen fühlt, wird er in der Regel spontan auf die von uns falsch getroffenen Entscheide reagieren. Um den Effekt dieser Technik noch zu verstärken, wurde beim Gestalten des Flughafenmodells spezielles Gewicht auf die Möglichkeit gelegt, Aenderungen schnell und dynamisch zu realisieren. So konnten wir unmittelbar auf die Kritik des zuschauenden Rollwartes reagieren. Es war (und ist) möglich, ohne grossen Aufwand andere Zuordnungstrategieen zu implementieren, die Definition der einzelnen Felder (Grösse und Lage) auf dem Rollfeld zu ändern und den Flugplan frei zu bestimmen. Dieses Vorgehen hat sich bewährt. Die Angestellten wurden, durch die interaktive Arbeit mit dem Rechner motiviert, auf einfache Art in die Probleme der Simulationstechnik eingeführt. Sie gaben dann bereitwillig Auskunft über ihre Arbeit.

Wir fanden auf diese Art und Weise heraus, dass die Zuteilung eines Platzes unter anderem nach folgenden Kriterien vorgenommen wird:

- Flugzeuge von gleichen Gesellschaften werden vorzugsweise nebeneinander gestellt. Dem Flughafenbesucher soll die Präsenz einer bestimmten Gesellschaft auffallen (public relations).

- Aus betrieblichen Gründen werden zwei hintereinander ankommende Flugzeuge möglichst weit voneinander plaziert.

- Nachdem ein Platz frei geworden ist, muss er während einer bestimmten Zeit frei bleiben, bis das nächste Flugzeug darauf parkiert werden kann.

- Die Parkgebühren sind niedriger für Plätze, die vom Abfertigungsgebäude weit entfernt sind. Am teuersten sind die Plätze am Fingerdock. Flugzeuge, welche über Nacht in Zürich bleiben, werden auf billigen Plätzen abgestellt.

- Die Grösse des Flugzeuges, die voraussichtliche Abflugpiste und anderes mehr, spielt bei der Zuteilung ebenfalls eine Rolle.

7. Die Verwendung des Modells

Das fertige Modell wird eingesetzt:

- um Belegungspläne zu erstellen und

- um Anhaltspunkte über die Auswirkungen der Bautätigkeit auf dem Flughafen zu erhalten.

Bei der Erstellung der Pläne hat sich folgendes Vorgehen herauskristallisiert:

1) Es wird ein Flugplan erstellt.

2) Ein Rollwart wird beauftragt, im interaktiven Spiel mit dem Rechner, unter Einhaltung der Zuteilungsrestriktionen, jedem Flugzeug einen Standplatz zuzuweisen. Der Rollwart hat die Möglichkeit, sich jederzeit am Terminal über die aktuelle (simulierte) Belegung des Rollfeldes zu orientieren.

3) Der Plan wird ausgedruckt, kontrolliert und manuell korrigiert.

4) Der nun erarbeitete Plan wird als Eingabe für einen weiteren Simulationslauf verwendet. Die Parameter werden dabei so gesetzt, dass die Flugzeuge gemäss den statistischen Wahrscheinlichkeiten "unpünktlich" eintreffen.

5) Wenn die Simulationsläufe die Erwartung bestätigen, dass der Belegungsplan auch in Wirklichkeit eingehalten werden kann, werden die für die Bodenkontrolle nötigen Unterlagen erstellt. Ein Ausschnitt aus einem Belegungsplan zeigt Fig. 2. Das beschriebene Vorgehen (Punkt 2 bis 5) kann beliebig oft wiederholt werden.

```
STD  08          09          10          11          12
MIN  00    30    00    30    00    30    00    30    00
     :     :     :     :     :     :     :     :     :
A01        ....................SR 706----------------------..... . . .
A02        ........................SR 624------------------...
A03        ...LH 239--....AF 1697---------....AF  685--------....
A04        ........AF 683----------------.....OS 202---........
B31        .MA 580-----------------------------------..........
B32        ....SR 101-----------------------------------------
B33        SR 111----------------------------....SR 121-------

Legende :   Zeilenbeginn : Platzbezeichnung
            Punkte       : der Platz ist frei
            Striche      : der Platz ist besetzt
            SR, AF,...    : Kursbezeichnung
```

Fig. 2: Ausschnitt aus einem Belegungsplan

8. Weiterentwicklung

Die weitere Entwicklung des Modells geht in zwei Richtungen.

Eine erste Version des Modells wird für die on-line Ueberwachung des Flughafen-
areals erstellt. Datenterminals am Arbeitsplatz sollen es den Rollwarten ermöglichen, ihre Platzzuteilungen (ohne viel Papier) in direkter Zusammenarbeit
mit dem Computer vorzunehmen.

Eine zweite Version soll als Entscheidungshilfe eingesetzt werden, wenn es darum
geht, weitere Landungen (und Starts) in Kloten zu bewilligen. Während der Stoss-
zeit wird heute nur ungern ein weiterer Flug angenommen, ohne dass der genaue
Grund für die Absage immer angegeben werden kann. Das Modell muss dementsprechend neben der Tarmac-Kapazität, auch die Kapazitäten des Pistensystems, des
Luftraumes und der Zubringerbusse berücksichtigen.

SIMULATION 3-DIMENSIONALER PHYSIKALISCHER PROZESSE ?

Reinhard A. Breuer, Garching

<u>Zusammenfassung</u>.Mit sehr schnellen Großrechenanlagen lassen sich neue Kategorien von wissenschaftlichen Problemen behandeln. Die Simulationen erreichen einen hohen Grad an Wirklichkeitsnähe. Drei Beispiele aus der Astrophysik werden besprochen: Stern - explosionen (Supernovae), Galaktische Düsenströmungen, Zusammenstöße von Galaxien.

<u>Summary</u>.Very fast computers make the treatment of new scientific problems possible. Simulations acheive a high degree of realism. We discuss three examples from astrophysics: Stellar explosions (Supernovae), galactic jets, collisions of galaxies.

Vorbemerkungen

Meine erste Bemerkung gilt dem, was ich hier vortragen möchte. Die Ergebnisse - sie wurden im letzten oder diesen Jahr erzielt - stammen nicht von mir selbst. Ich trete hier nur als Vermittler von Ergebnissen auf, die zeigen, welcher Typ physikalischen Problemen in letzter Zeit durch die modernen Großrechner zugänglich geworden ist.

Meine zweite Vorbemerkung gilt der Rechenmaschine, auf die ich mich ausschließlich beziehen werde: Die CRAY-1, die im Rechenzentrum des MPI für Plasmaphysik am Forschungsgelände in Garching bei München steht. Die CRAY-1 arbeitet im Verbund mit zwei Front-End-Rechnern, einer Siemens 7870 S und einer Amdahl V6. Die letzteren haben jeweils einen Arbeitsspeicher von 8 Megabyte und absolvieren ca 5 Millionen Rechenoperationen pro Sekunde. Sie sind über schnelle Datenkanäle mit der CRAY-1 als Hintergrundrechner verbunden. Deren Arbeitsspeicher umfaßt 64 Megabyte und sie führt 80 Millionen Rechenschritte mit Gleitkommazahlen pro Sekunde aus. Damit ist die CRAY-1 einer der leistungsfähigsten Rechner überhaupt, die heutzutage erhältlich sind. Durch geeignete Programmierung, die die Vektortechnik der CRAY-1 ausnutzt, kann die Rechengeschwindigkeit noch gesteigert werden. Unter Benutzern wird ein Zeitgewinn um den Faktor 20 erreicht. Pro Jahr verbraucht das Zentrum etwa 10 000 Std CPU-Zeit.

Ein Vergleich ist hier angebracht: Die Z4 von Korad Zuse, einer der ersten programmierbaren Rechner überhaupt, hätte für die Rechenleistung einer Sekunde auf der CRAY-1 noch 8 Jahre gebraucht.

Drei Themen

Mit solchen Rechengeschwindigkeiten, so ist klar, lassen sich eine neue
Kategorie von wissenschaftlichen Problemen anpacken - Probleme, die
numerisch gelöst werden müssen (wie die naturwissenschaftlichen Fragen
mit Realismusanspruch), die bisher aber zuviel Rechenzeit erfordert
hätten. Beispiele sind realistische Wettervorhersagen oder die Erforschung der kontrollierten Kernfusion.
Für die Praxis der Wettervorhersage etwa zählt Datenfülle und Rechengeschwindigkeit. Die Prognose hat nur dann einen Sinn, wenn die Rechnungen etwa hundertmal schneller ablaufen als die realen Wettervorgänge.
Vorhersagen bis zu 7 Tagen gelten inzwischen als relativ zuverlässig.
Dafür wird eine Maschenweite von 2oo Kilometern mit 15 Höhenschichten
verwendet. Bei der Kernfusion zur Energiegewinnung aus der nuklearen
Verschmelzung von Atomkernen des Wasserstoffs ist die Situation so, daß
die Großexperimente der 8oer Jahre ohne Rechner wie CRAY-1 gar nicht
mehr entworfen werden könnten.
Die Komplexität liegt dabei in der Berechnung von raffinierten, ring-
förmigen Magnetfeldern, in denen einmal Plasmen bei Temperaturen bis zu
100 Millionen Grad in einer Art Magnetfeldkäfig eingeschlossen werden
sollen.
Was man eigentlich berechnen will, möchte ich an einem Wunschtraum
darstellen: Man nehme beliebig viele Atome verschiedener Elemente,
alle ihre Ionen und Elektronen, dazu neutrale Staubteilchen, und schließlich beliebige elektrische, magnetische und Gravitationsfelder und lasse
alles miteinander in Wechselwirkung treten. Die zeitliche Entwicklung
dieses Systems in drei Raumdimensionen zu verfolgen möchten die Fusions-
physiker, aber auch Astrophysiker aller Art wären darüber sehr glück-
lich. Damit würden Vorgänge erfasst,die im Innern von heißen Sternen,
in Quasaren, in der irdischen Magnetosphäre oder im Sonnensystem ablaufen, im interstellaren Staub, in Molekülwolken oder in den Spiralarmen jeder Galaxie, bei Sternentstehung oder beim Urknall.
Leider ist das viel zu kompliziert. D.h., daß auch mit der CRAY-1 die
genannten Probleme nur mit Vereinfachungen, Idealisierungen in der
Physik und Näherungsmethoden in der Mathematik berechnet werden können.
Drei Beispiele will ich Ihnen im größeren Detail vorführen. Dabei wird
auch jeweils klar werden, worin diese notwendigen Simplifizierungen
bestehen. Trotzdem ist dabei der Grad an Wirklichkeitsnähe z.T. schon
so groß,daß man sagen kann, daß Simulation einem numerischen Experiment entspricht; daß also, fast wie bei einem Laborexperiment, gewisse
Experimente - die sich im Labor z.T. gar nicht realisieren lassen
würden- im Computer abgewickelt werden. In gewissen Testfällen lassen

sich Laborexperiment und numerisches Experiment direkt miteinander ver-
gleichen. Die drei Beispiele, die ich nun besprechen werde, betreffen
Gebiete moderner Astrophysik:
- Sternexplosionen (Supernovae)
- Galaktische Düsenströmungen
- Zusammenstöße von Galaxien

Supernova im Krebs

Der Krebsnebel ist eine Supernova, die 1054 n. Chr. von chinesischen
Hofastronomen der Sung-dynastie ein Jahr lang beobachtet wurde. 23 Tage
Tage lang war die Supernova heller als die Venus, sogar am Tage zu sehen,
ein Jahr lang noch nachts. Der Krebsnebel ist von der Erde 5000 Lichtjahre entfernt. Die Wolke treibt noch heute mit 1100 km/sek auseinander,
urprünglich - vor 1000 Jahren - mit ca. 10 000 km/sek. In der Mitte des
Krebsnebels sitzt eine "kosmische Uhr". Sie tickt etwa 30 mal pro Sekunde mit einer Genauigkeit von einer tausend-milliardstel Sekunde. Es handelt sich dabei um einen sog. Neutronenstern, eine Kugel von 20km Größe,
mit 1.5 Sonnenmassen und der Dichte eines Atomkerns. Dreißigmal pro Sekunde trifft uns, wie in einem Leuchtturm, ein Radiostrahl. Daher der
Name "Pulsare" für diese Objekte. Pulsare pulsieren aber nicht, sie ro-
tieren.
Zwei andere Supernova-Reste: Cassiopeia A, 300 Jahre alt (Supernova
nicht beobachtet) und Tycho de Brahes Supernova von 1572 sind aus der
jüngeren Vergangenheit bekannt. Supernovae entstehen etwa pro Galaxie
dreimal alle 100 Jahre.
Warum ist Supernova-Forschung wichtig? Einmal werden in den Sternexplosionen die schweren Elemente an das interstellare Gas verteilt, die
in den Sternen vorher durch Atomkernverschmelzung "erbrütet" wurden.
Ohne Supernova hätte es aber auch die Elemente nicht geben können, aus
denen irdisches Leben entstand. Zweitens sind die Stoßwellen, die von
Supernovae ausgesandt werden für die Entstehung neuer Sterne verantwortlich. Auch das Sonnensystem verdankt wahrscheinlich einer nahen
Supernova, die vor ca. 5 Milliarden Jahren in einigen Lichtjahren Ab-
stand auftrat, ihre Existenz.
Die Hauptidee zur Erklärung der Supernova-Explosion läuft wie folgt:
Der Stern erbrütet aus Wasserstoff und Helium die schweren Elemente,
die sich in seinem Inneren in Schichten wie Zwiebelschalen anordnen.
Bei genügender Massenkonzentration im Zentrum wird dieses instabil und
es beginnt der gravitative Kollaps, bis dort aus Eisen und Nickel ein
Neutronenstern entsteht. Die durch den Rückprall der Materie ausgesandte
Stoßwelle soll die am wenigsten gebundene Sternhülle abschleudern.

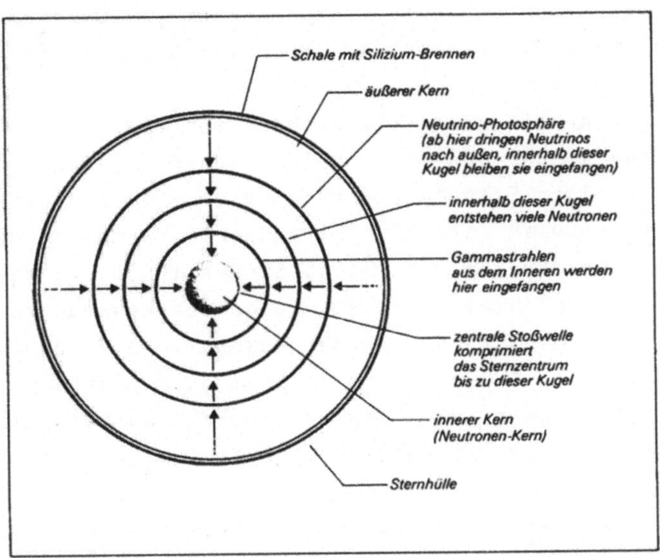

Abb. 1   Eine Supernova-Explosion beginnt mit dem Kollaps eines Stern-
zentrums. Während außen noch Kernfusionsprozesse ablaufen
(Silizium), entstehen in Millisekunden im Innern ein Neutronen-
kern und energiereiche Strahlung (Gammastrahlung, Neutrinos).

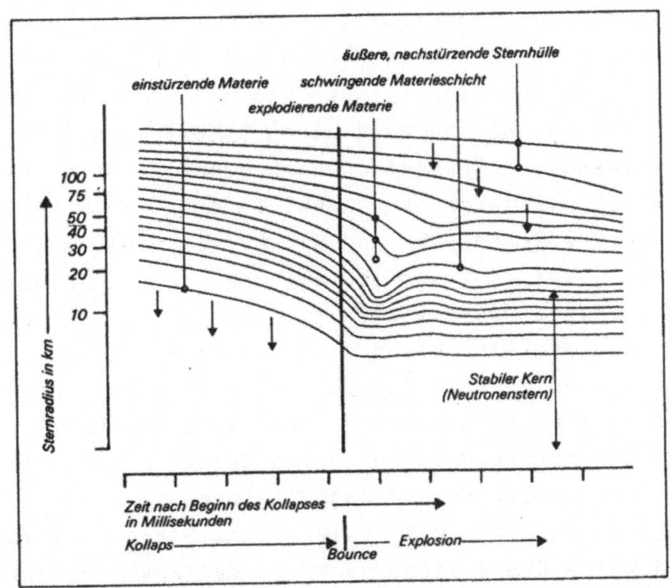

Abb. 2   Die Computersimulation einer "Supernova" zeigt anfänglich
Sternschichten, die kollabieren. Es entsteht ein stabiler
Kern (ein Neutronenstern), an dem die nachstürzende Materie
zurückprallt. Statt zu explodieren, schwingt sie jedoch nur
einigemale auf und ab.

Schon ein kleiner Bruchteil der im Neutronenstern gespeicherten Gravi-
tationsenergie würde ausreichen, um die Hülle erfolgreich abzustoßen.
Soweit die Idee.
Trotz 15-jähriger Arbeit an diesem Mechanismus lieferten die aufwen-
digen numerischen Rechnungen keine Detonation der Sternhülle. Die Rech-
nungen berücksichtigen Effekte der Kernphysik - im Netzwerk von Kern-
reaktionen - Astrophysik (Strahlungstransport, Wärmeleitung etc.) und
Relativistische Hydrodynamik (Kollaps, Stoßwellen). Die mathematischen
Schwierigkeiten des Problems sind aus folgenden Angaben zu ersehen:
Vom Beginn des Kollapses an dauert der wesentliche Prozeß in Realzeit
weniger als eine halbe Sekunde. Die Stoßwelle, die dann mit ca. 20% der
Lichtgeschwindigkeit nach außen läuft, erreicht nach 20 Minuten die
Hülle. Dann erst kann die eigentliche, optisch sichtbare, Supernova
einsetzen.
Die ersten 0.4 Sekunden werden für die Numerik in 4000 Zeitschritte aufgelöst. Pro Zeitschritt wird der gesamte Stern berechnet: Das sind für
die Kernphysik 500 nichtlineare Gleichungen für jede von 10 Gleichungen der Hydrodynamik, das ganze für jeweils für 80 verschiedene zwie-
belartige "Massenzonen". Das erfordert pro Zeitschritt die Lösung von
400000 zum Teil nichtlinearen Gleichungen. Das ist bisher vollständig
überhaupt nur in der eindimensionalen Vereinfachung lösbar. Der Stern
wird als kugelsymmetrisch, nichtrotierend und ohne Magnetfelder angenommen. Die eine Raumdimension ist der Radius des Sterns (bzw. eine
Schale gleicher Masse). Da man nach einem 1%-Effekt sucht, ist klar,
daß durch die notwendigen Vereinfachungen sehr leicht ungewollt der
entscheidende Effekt verlorengehen kann. In der Vor-CRAY-Zeit wurden
in diesem Problem die Kernphysik und die Hydrodynamik getrennt gerechnet. Mit der CRAY-1 war es erstmals möglich, sowohl die nukleare Mikro-
Physik und die stellare Hydrodynamik gleichzeitig zu rechnen. Durch
Programmoptimierung profitiert man dabei um einen Faktor 15-20 an Re-
chenbeschleunigung. So dauert ein Lauf bis zum Kollapsende - entsprechend 0.4 Sekunden - 6-10 Stunden CPU auf CRAY, die restliche Sekunde
ca. 20 Stunden. Entsprechend länger wären Zeiten bei 2-dimensionalen
Codes mit Rotation des Sterns und Magnetfeldern.
Die Ergebnisse bisher, hier am Beispiel eines Sterns mit 25 Sonnenmassen, zeigten keine Expression. Nach dem Kollaps schwingt der Kern
noch, aber der zu schwache Rückprall der Materie wird durch nachstür-
zendes Material abgefangen. Das gleiche Bild zeigt sich im Geschwin-
digkeitsprofil der Materie.
Bis vor kurzem sagten deshalb die Supernova-Spezialisten: "Wenn wir
die Supernova nicht sähen, würden wir glatt behaupten, daß es sie gar-
nicht gibt."

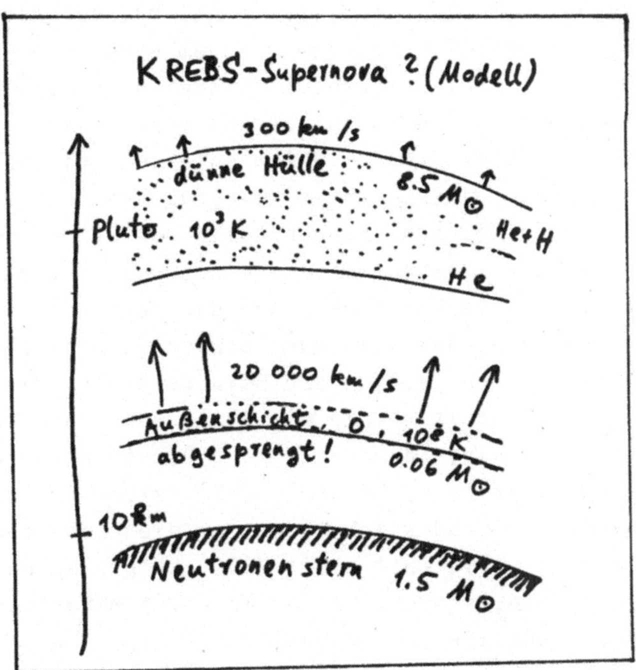

Abb. 3   Ein Modell für den Krebsnebel könnte die erste Supernova -
Simulation sein, bei der der Stern am Ende seiner Entwicklung
tatsächlich explodiert. In dem Modell (nach Ref. /1/) kolla-
biert ein Stern von 8-10 Sonnenmassen, der schon vorher seine
Wasserstoff- und Heliumhülle abgestoßen hat. Nach dem Kollaps
entsteht im Innern ein Neutronenstern und zusätzlich wird eine
dünne Außenschicht abgesprengt, die mit ca. 2oooo km/sec die
Wasserstoffhülle einholt, durchdringt und die Supernova zum
Leuchten bringt.

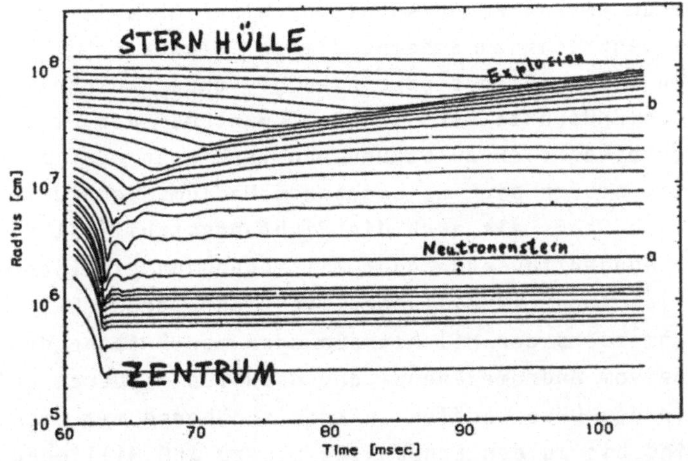

Abb.4   Die Explosion des Sterns, der die Supernova im Krebs von
1054 n. Chr. erklären soll, zeigt, wie die Stoßwelle (gestrichelte Linie) nach dem Kollaps nach außen eilt und die
Sternhülle absprengt.

Erst vor vier Wochen hat ein Astrophysiker am MPI für Astrophysik, Wolfgang Hillebrandt, einen Fall gefunden, in dem eine Supernova zu erwarten ist - ein Modell für die Exkursion im Krebsnebel und damit die erste erfolgreiche Supernova-Rechnung überhaupt /1/.
Ausgangspunkt ist ein Stern von 8-10 Sonnenmassen. Dieser entwickelt
nach 30-40 Mill. Jahren einen dichten Kern aus Neon und Silizium von
1.5 Sonnenmassen und einer sehr dünnen Hülle von 8.5 Sonnenmassen. In
dieser Endphase ist der Stern bereits ein Roter Riese, etwa so groß wie
der Durchmesser der Jupiterbahn. Wenn nun das Neon nuklear zündet, so
treiben die sog. Neon-Flashes, die nur schwach gebundene Hülle aus Wasserstoff und Helium mit ca. 300 km pro Sekunde davon. Dieser Stern leuch-
tet dabei etwa 10^5-mal so stark wie die Sonne. Der Rest entwickelt sich
zu einem Eisenkern mit einer dünnen, etwa 0.06 sonnenmassenstarken Hülle
aus Sauerstoff und etwas Neon, Mangan und Silizium. Der Kollaps und die
resultierende Stoßwelle sind stark genug, um die diese dünne Hülle mit
$5 \cdot 10^{50}$ erg abzusprengen. Sie trifft mit 20000 km pro Sekunde und 10^8 Grad
auf die vorher schon abgestoßene Hülle. In ca. 1 Monat durchdringt die
nachgeschossene Schicht die äußere Hülle. Folge: Helium und Wasserstoff,
aber keinen schweren Elemente dringen nach außen; ein Neutronenstern
bleibt zurück. Das Rechenergebnis zeigt, wie der Sauerstoffmantel ab-
geschleudert wird.

Galaktische Düsenströmungen

Ein zweites Beispiel aus der Astrophysik sind die sog. Radiodoppelquel-
len. Es gibt am Himmel eine Reihe von Objekten, die aussehen wie zwei
Radioblasen oder wie Zwillingsstrahlen. Ihnen gemeinsam ist, daß sie
von einem Zentrum herzustammen scheinen, einer Galaxie. Die Strahlen
stehen jeweils senkrecht zur Scheibe dieser Galaxie.
Die Konturen in diesem Bild sind Linien gleicher Radiohelligkeit. Manchmal leuchten die Endpunkte der Strahlen, manchmal der Strahl selbst.
Die Strahlen scheinen sich zu stauen, zu verbiegen oder zu verdrehen,
schneepflugartig stoßen sie ins umgebende Medium. Verblüffend sind sowohl die absolute Größe als auch die Richtungsstabilität dieser Objekte.
Sie sind meist hunderttausende oder Millionen von Lichtjahren ausgedehnt. 3C 236 ist sogar 19 Millionen Lichtjahre groß. Das ist das 190-
fache des Durchmessers der Milchstraße oder das 9-fache des Abstands
der Milchstraße vom Andromedanebel, der nächsten größeren Galaxie. Die
Gase strömen in den Düsenkanälen anfangs annähernd mit Lichtgeschwindigkeit und sind bis zu den Endpunkten bis zu 100 Millionen Jahre unter-
wegs - und strömen immer noch in der gleichen Richtung. Dieses "Rich-
tungsgedächtnis" ist äußerst bemerkenswert und blieb lange unverstanden.

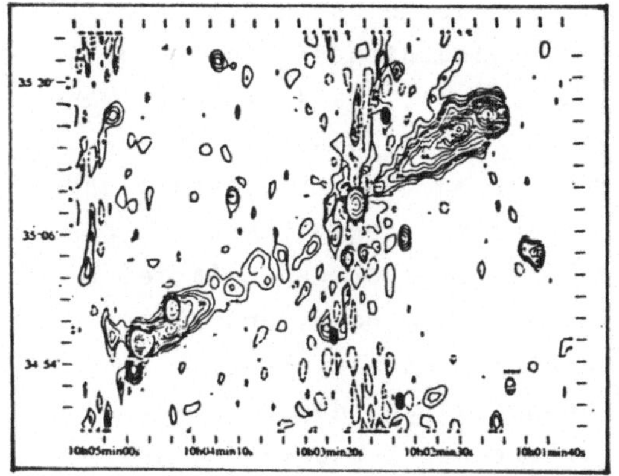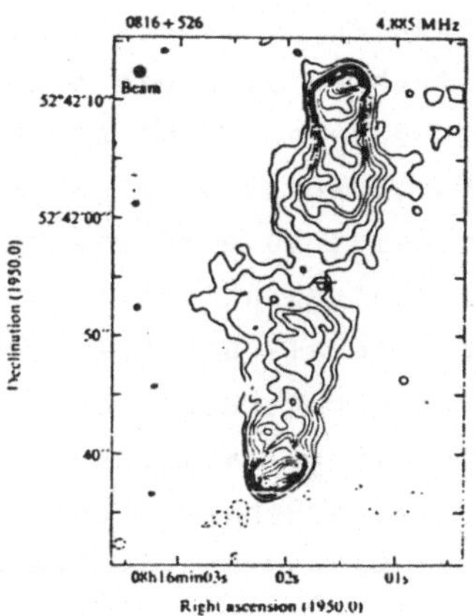

Abb. 5   Galaktische Düsenströmungen treten als Zwillingsstrahlen auf,
an deren Ursprung eine Galaxie steht. Das Objekt 3C 236 (links)
ist mit 19 Millionen Lichtjahren Ausdehnung die größte bekannte
Radioquelle im Kosmos. Das entspricht dem 190-fachen des Durchmessers der Milchstraße (nach Willis, Strom & Wilson, 1974).
Rechts die Radiodoppelquelle 0616+526 (nach Burns & Christian-
sen, 1980). Das Kreuz in der Mitte kennzeichnet die zentrale
Galaxie.

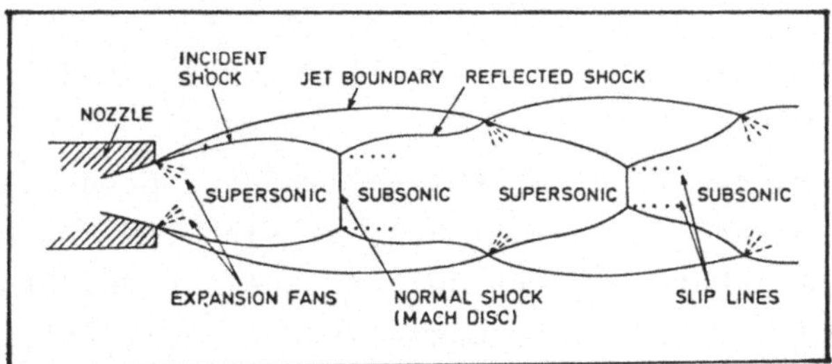

Abb. 6   Anatomie eines Überschalldüsenstrahls, der aus einer Labordüse
in ein Gas eindringt. An der "Machscheibe" tritt der Strahl vom
Überschall- in den Unterschallbereich. Anschließend wird das Gas
wieder überschallschnell und das Phänomen wiederholt sich.

Die Strahlen sollten sich eigentlich rascher aufgelöst haben. Die Zwillingsstrahlen sind die größten und zugleich leuchtenden Windfahnen im Kosmos. Unbekannt ist die Ursache der Strömungen, das Kraftwerk. Man weiß nur, daß es sehr klein sein muß: Nicht größer als unser Sonnensystem, 10-mal so groß wie der Radius der Erdbahn (Saturnabstand); und aus diesen, galaktisch gesehen kleinen Volumen dringen Energien, die größer sind als der Gesamtenergieausstoß der zugehörigen Galaxie. Die Strahlen durchbrechen die Galaxienhülle, den sog. Halo, und bohren sich dann in das galaktische Medium. Kandidaten für das "Kraftwerk" sind z.B. supermassive Schwarze Löcher mit 10^{10} Sonnenmassen; die Richtung der Strömung wäre dann die Drehachse des rotierenden Schwarzen Loches.

1974 wurde von englischen Astrophysikern vorgeschlagen, daß es sich dabei um Überschallströmungen handeln könnte, die durch einen Düseneffekt entstünden. Ein Gas, das durch eine sich zunächst verengende, dann wieder erweiternde Düse strömt, beschleunigt sich dabei von Unterschall- auf Überschallgeschwindigkeit (de Laval-Düseneffekt). Die Überschallgeschwindigkeit wirkt stabilisierend auf die Strömung. Dies ist das sog. "Doppelauspuffmodell". Schallgeschwindigkeit in heißen aber dünnen Gasen kann über die halbe Lichtgeschwindigkeit anwachsen!

Astrophysiker aus München und USA haben die letzten 6 Jahre zur Überprüfung dieses qualitativen Modells investiert. Diese Ergebnisse sind ebenfalls erst vor kurzem vorgelegt worden /2/.

Bevor ich auf die simulationstechnischen Aspekte eingehe, will ich auf die "Anatomie" einer Laborüberschallströmung aus einer de Laval-Düse eingehen. Beim Austritt aus der sich erweiternden Düse erreicht die Strömung sofort Überschallgeschwindigkeit, die an der Machscheibe wieder in den Unterschallbereich übergeht. Da die Strömung mehrmals expandiert und kontrahiert, gibt es auch öfter Übergänge von Unterschall- in Oberschallbereiche.

Im Einzelnen: Wenn der Druck im Düsenstrahl den Gasdruck der Umgebung überwiegt, dann expandiert der Strahl, um sich dem Umgebungsdruck anzupassen. Dadurch dehnt sich der Jetrand aus und das Gas auf der Jetachse verdünnt sich. Die Expansionszelle wird dort reflektiert und geht als Kompressionswelle nach innen. Wo sie sich überschneiden bilden sie entlang des Schnittes die "innere Stoßwelle". Diese wird bei kleinem Druckunterschied an der Achse reflektiert oder bei größerer Druckdifferenz an einem Tripelpunkt an der Machscheibe reflektiert.

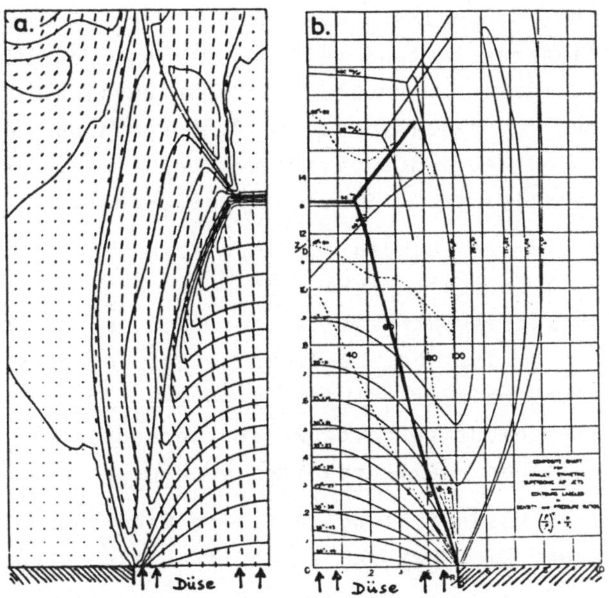

Abb. 7   Vergleich der numerischen Simulation (a) eines Labordüsenstrahls mit dem Experiment (b). Das Gas fließt von unten aus einer Düse nach oben in eine mit Luft gefüllte Kammer. Gezeigt ist jeweils nur die Hälfte des Strahls. Die in (a) ausgezogenen Linien verbinden Punkte gleicher Dichte, die Striche zeigen das Geschwindigkeitsfeld in den Gitterpunkten (nach Ref /2/).

Diese Laborsituation hat schon 1895 Ernst Mach erstmals in Wien untersucht. An diesem stationären Zustand testeten die Autoren ihr Programm. Hier lassen sich die numerischen Probleme und die physikalischen Vereinfachungen demonstrieren: 1. Axialsymmetrie, 2. Berechnung von einem 2-dimensionalen Feld von 60x240=14400 Gitterpunkten. Ein voller Lauf mit 10000 Zeitschritten benötigt ca. 3 Std. CRAY-1 CPU-Zeit.

Gelöst werden jeweils die Gleichungen für ideale, kompressible Gase. Die Stoßwellen werden mit künstlicher Viskosität behandelt. Entscheidend ist die Behandlung der Kontaktdiskontinuitäten zwischen dem Düsen- und dem Umgebungsgas. Hierfür wird das sog. Le Blanc Interface-Tracking benutzt, das von einem der Wissenschaftler entwickelt wurde, mit der sie als echte dynamische Flüssigkeitsschicht verfolgt werden können. Auch Dichtesprünge um den Faktor 10000 zwischen 2 Gitterpunkten werden so kein Problem mehr.

Im Fall der galaktischen Düsenströmung läßt sich Eindringung, Ausbreitung und Stabilität studieren. Hier hat man keine Strahlexpansion (Druckgleichgewicht).

Die Kontaktdiskontinuität (KD) trennt die Bogenstoßfront von dem Intergalaktischen Medium (IGM). Ein heißer Mach 6-Düsenstrahl strömt von links nach rechts, wird gebremst und bewegt sich am Kopfende mit Mach 4 durh das IGM. Da die KD sich mit Überschall bewegt, bildet sich eine "Bugwelle" vor der KD. Da die KD langsamer ist als der Düsenstrahl, muß sich innerhalb des Strahls eine Stoßfront entwickeln, die die Strömung abbremst, bevor sie auf die KD auftrifft.

Die Simulation zeigt, daß galaktische Düsenstrahlen enden wie überschalldüsenstrahlen im Labor. Zur Stabilisierung des Strahls baut dieser ein eigenes Schutzsystem auf: den Kokoon. Wenn die seitliche Rückströmung vom Kopfende selbst überschallschnell wird, dann wird der Strahl stabil für lange Zeit.

In der Abb. sieht man die seitliche Abströmung um ein Tiefdruckgebiet und die Ausbildung von Buchten. Diese Instabilität versucht durch "Elefantenrüssel" den Strahl aufzulösen (Rayleigh-Taylor-Instabilität). Diese wächst an durch einen zweiten Typ von Instabilität (Kelvin-Helmholtz-Instabilität).

Die Abbildung zeigt die zeitliche Entwicklung eines heißen Mach 6-Jets. Die Elefantenrüssel berühren den Düsenkanal und lösen dort Stoßwellen aus, der Strahl bleibt aber zunächst stabil. Dann ist langsame Auflösung des Strahls erkennbar, der Kokoon hat keinen Nachschub. Die Verbeulung am Kopfende pflanzt sich entlang des Jets fort und stößt in das Innere.

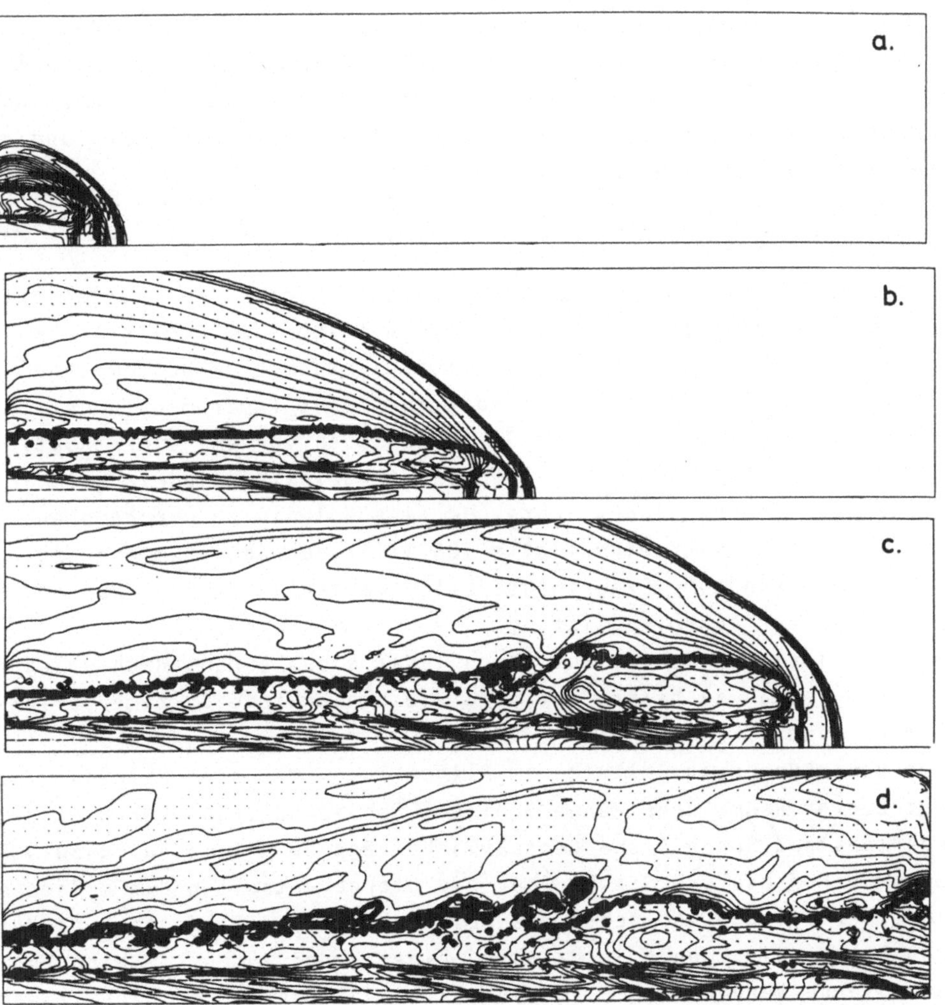

Abb. 8   Galaktische Düsenstrahlen in der Computersimulation. Gezeigt
ist die zeitliche Entwicklung eines Düsenstrahls, der von einer
Öffnung im linken Eck mit Mach 6 in ein zehnmal so dichtes Gas
einströmt. Jedes Bild zeigt die Hälfte des Strahls, der nach
Annahme axialsymmetrisch ist.

Die Exsistenz eines Überschallkokoons garantiert die Stabilität des
Düsenstrahls und erklärt die lange Lebensdauer der Zwillingsstrahlen.
Langsamere Strömungen sind instabiler, der Kopf weitet sich aus wegen
Druckaufbaus am Kopfende. Folge: Der Hurrikanpilz wird größer und die
Instabilitäten zerstören rasch den Kokoon.

Galaxienkollisionen

Ein drittes Beispiel numerischer Experimente bieten die Zusammenstöße
von Galaxien. Galaxien sind Sterninseln mit 100 - 1000 Milliarden Sternen. Sie sind groß: 100 000 - 1 Million Lichtjahre im Durchmesser. Sie
sind Millionen Lichtjahre voneinander entfernt (Andromeda-Nebel: ca.
2 Millionen Lj.), die weitesten Galaxien haben von uns einen Abstand
von 1 Milliarde Lichtjahren. Bewegungen in Galaxien sind langsam: Ein
Stern braucht 100 Millionen Jahre, um eine Galaxie zu durchqueren. Die
Milchstraße dreht sich einmal alle 300 Millionen Jahre um die eigene
Achse. Der Wunsch ist, Experimente mit Galaxien zu machen, was im Labor
natürlich leider unmöglich ist.
Warum Galaxienexperimente? Aus ihnen lässt sich lernen, nach welchen
Systemen Ausschau zu halten ist, und wie beobachtete Systeme zu interpretieren sind.
Einige Bemerkungen zu Galaxien im Allgemeinen. Was sind Galaxien? Vor
allem: Leerer Raum, sehr dünne Gebilde. Das Verhältnis (Durchmesser der
Sonne)/(Abstand Sonne-Alpha Centauri) beträgt 50 Millionen. Dazwischen
findet man nur Gas und Staub. Aber die Sterne enthalten die meiste Materie einer Galaxie und geben das meiste Licht ab. Dies hat zwei Konsequenzen: 1. Wir können in Galaxien hinein- und durch sie hindurch-
sehen; Sterne werden selten verdunkelt. 2. Sterne stoßen nicht zusammen, auch nicht bei Galaxienkollisionen.

Galaxien treten in verschiedenen Formen auf. Solche wie die Milchstraße
scheinen flach zu sein: Scheibenförmig mit eingebetteten Spiralarmen.
Sterne umkreisen das Zentrum auf Kreisbahnen, die Gravitationskraft
aller Sterne wird durch ihre Zentrifugalkraft ausgeglichen. Das Problem der Spiralgalaxie ist ihre Stabilität. Sie würden nach ca. 100
Millionen Jahren auseinander laufen. Dies wurde durch Computerrechnungen
"bewiesen". Die Existenz der Spiralgalaxien zeigt aber, daß sie stabil
sind.
Deshalb hat man seit Anfang der 70-er Jahre ein Modell entwickelt, das
dieses Problem lösen könnte. Die meiste Masse einer Spiralgalaxie wäre
danach unsichtbar und in einer Kugel versammelt, die sich bis zu 300000
Lichtjahre ausdehnt. Die sichtbare Scheibengalaxie wäre dann nur eine
sichtbare Spur, eingebettet in das kugelförmige Gesamtgebilde.

Die massereiche, stabile Galaxie wird als ihr "massiver Halo" bezeichnet. Wie ebenfalls durch Simulationsrechnungen gezeigt wurde, werden
Scheibengalaxien durch massive Halos stabilisiert. Die Scheibenmasse
beträgt etwa 1% der Gesamtmasse, während das galaktische Scheibenlicht
ca. 50% der Gesamthelligkeit ausmacht.
Galaxien treten in relativ dichten Haufen auf. Jede Galaxie hat deshalb
auch ca. 1 Kollision in ihrer Lebenszeit. Man hat die seltsame Situation
Dicht gepackte Haufen von Galaxien, die selbst sehr dünne Gebilde sind.

Wie würde es am Himmel aussehen, wenn die Milchstraße mit einer Nachbar-
galaxie kollidieren würde? Es wären ca. doppelt so viele Sterne sichtbar, zusätzliche helle Sterne; Sterne mit großen Geschwindigkeiten
(1000 km/s) würden auftreten. Im Abstand Alpha Centauri entspräche diese
Bewegung einem Monddurchmesser alle 9 Jahre. Vielleicht wäre auch eine
zweite Milchstraße sichtbar.
Dies ist nicht der Fall; die Milchstraße kollidiert derzeit nicht. Aber
der Andromeda-Nebel bewegt sich mit ca. 100 km/s auf die Milchstraße
zu, d.h. eine Kollision in 1-2 Milliarden Jahren ist denkbar.

In dem Film von Robert H. Miller der Universität von Chicago, z.Z.
München, werden die Galaxienkollisionen numerisch dargestellt /3/.

- Die Simulation ist 3-dimensional; dies ist hier ausnahmsweise möglich, da die Newton'sche Gravitationskraft eine extrem einfache Wechselwirkung darstellt.

- 100000 Teilchen werden benutzt, die sich alle gegenseitig anziehen,
  d.h. 50000 pro Galaxie. Davon werden im Film 2000 Teilchen gezeigt.
  Jedem Zeitschritt (jedem Einzelbild) entsprechen 8 Millionen Jahre.
  In jedem Schritt wird über die Poissongleichung das Newton'sche Potential berechnet, aus dem Potential wird dann für jeden Stern die
  Newton'sche Bewegungsgleichung gelöst, d.h. 100000 solcher Gleichungen.

- Berechnet wird ein kubusförmiges Volumen, das in jeder Dimension in
  63 Zellen unterteilt ist, entsprechend 240000 Zellen insgesamt;
  Sterne, die dieses Volumen verlassen, werden gestrichen. Der Film
  zeigt 4 Fälle aus jeweils 3 Raumrichtungen.

- Der gezeigt Film wurde mit einer Illiac IV der NASA hergestellt; mit
  einer CPU-Zeit von etwa 11.5 Stunden pro Lauf. Auf der CRAY 1 reduzierte sich der Aufwand auf ca. 20 Minuten.

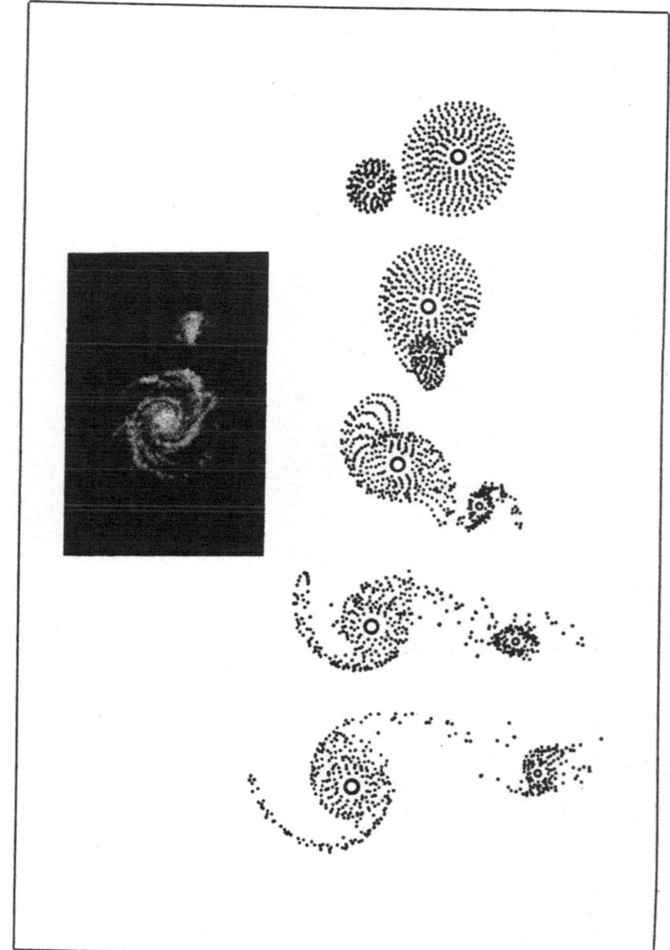

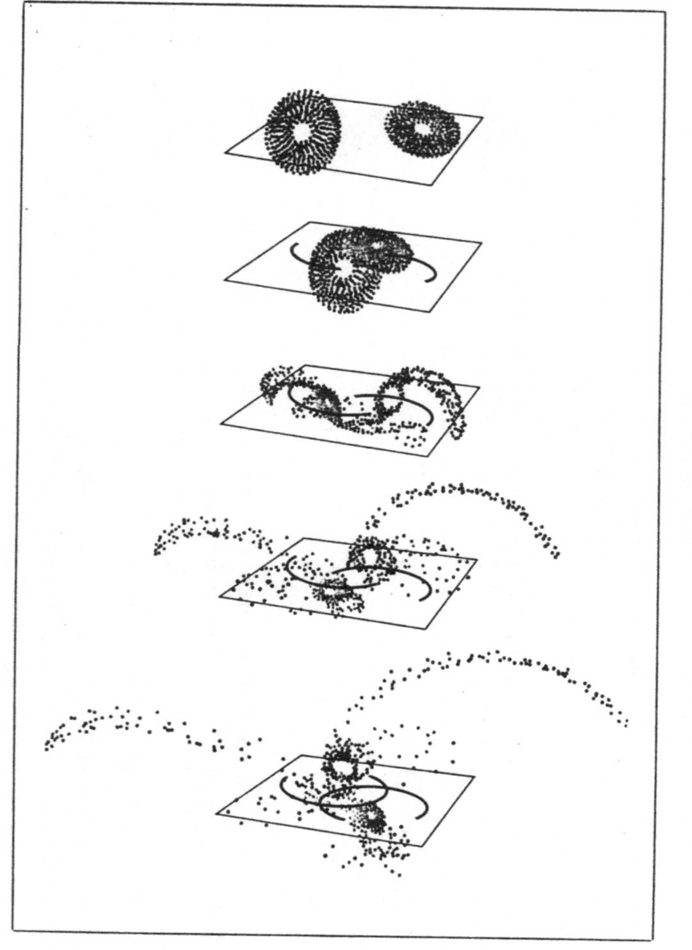

Abb. 9   Computersimulationen kollidierender Galaxien dienen u.a. zur Interpretation von Vorgängen,die in der Natur mehrere hundert Millionen Jahre dauern und auf einer CRAY-1 in ca. 20 Minuten nachvollzogen werden. Links die Simulation der Galaxien NGC 4038 und 4039, rechts Foto und Simulation der Galaxie M51 und ihrem Begleiter NGC 5195 (nach A.& J.Toomre, 1972).

2 besondere physikalische Effekte werden im Film deutlich:

- Bei der Durchdringung der Scheibengalaxie verdoppelt sich die Gravitationskraft, das Gleichgewicht wird gestört: Galaxien kontrahieren maximal kurz nach Durchdringung.

- Nach Durchgang ist die Gravitation wieder auf der ursprünglichen Stärke. Die Sterne schießen durchs Zentrum ungebremst nach außen. Als Folge blasen sich Galaxien auf. Es bilden sich Ringe und Teilchen wirbeln in Vorwärtsrichtung.

Diese Beispiele demonstrieren, daß mit den jetzt verfügbaren Hochgeschwindigkeitsrechnern numerische Experimente für physikalisch interessante Probleme durchgeführt werden können. Nur in Fällen sehr einfacher Wechselwirkung ist eine 3-dimensionale Simulation möglich. Für kompliziertere, magnetohydrodynamische (und/oder allgemein relativistische) Systeme wird dies sicher erst in der nächsten oder übernächsten Computergeneration übernommen werden können.

Referenzen

/1/   Hillebrandt, W. 1982 "A Model for the Crab-Supernova?",
         MPI für Astrophysik, preprint

/2/   Norman, M.L., Smarr, L., Winkler, K.-H.A., Smith, M.D.,1982
         "Structure and Dynamics of Supersomic Jets", MPA 6, preprint

/3/   Miller, R.H., Smith, B.F. 1980, Astrophysical Journal 235,
         421-436:
         "Galaxy Collisions: A Preliminary Study"

CAPSIM - Computer-am-Arbeitsplatz-Simulation[1]
Ein Hilfsmittel zur Gestaltung wirtschaftlicher CAP-Systeme

Volker Brandenburg, Helmut Krcmar, Saarbrücken

Zusammenfassung:

CAPSIM ist ein Programmpaket zur Analyse organisatorischer Auswirkungen des Einsatzes dezentraler Datenverarbeitungssysteme durch Simulation. Die Gestaltungsalternativen der Ablauforganisation werden als Netz beschrieben. Die Beschreibung erfolgt im Dialog. Datengruppen definieren neben der Netzstruktur die Bearbeitungs- und Übergangszeiten sowie Prioritäten und Reihenfolgeregelungen durch das Netz. Anhand dieser Beschreibung wird automatisch ein Simulationsprogramm generiert. Die Ergebnisse der Simulation wie Warteschlangenlängen vor Knoten oder Bedienstationen oder Durchlaufzeiten stehen dem Anwender über einen Dialogablauf zur Verfügung. CAPSIM ist ein Softwarepaket, das dem Benutzer die Verwendung von Simulationsergebnissen erlaubt, ohne spezifische, über die Problemkenntnis hinausgehende Kenntnisse der Simulationstechnik zu verlangen.

Summary:

CAPSIM is a software package for the analysis of the effects of decentralized data processing through simulation. The different work flow designs are described as nets via an online program. Several groupings of data define the net structure, the work and routing times as well as priorities and rules of flow through the net. Using these data a simulation program will be automatically generated. The results of a simulation run such as queue length ahead of nodes or work stations and turn-around times are presented to the user via a conversational program. CAPSIM is a software package, which allows a user to work with simulation results without enforcing him to know the simulation technique and to concentrate on the problem itself.

1. Gründe für die Entwicklung von CAPSIM

Der Einsatz dezentraler Datenverarbeitungssysteme eröffnet weitreichende Gestaltungsmöglichkeiten bei der Planung von Vorgangsabläufen /1/ . Besonders bei der Planung von Computer-am-Arbeitsplatz-Systemen sind ex-ante Untersuchungen dringend erforderlich. Im Mittelpunkt der Untersuchungen stehen Ergebnisse wie Durchlaufzeiten, Wartezeiten oder Auslastungsgrade. Es liegt nahe, die auftretenden Fragestellungen durch ein entsprechendes Werkzeug oder Verfahren quantitativ zu analysieren.

Das auszuwählende Verfahren muß daher in der Lage sein, ausgehend von einer ablauforientierten Darstellung der Unternehmenssituation, den Fluß von Transaktionen (Geschäftsvorfälle, Tätigkeiten, Arbeitsschritte) durch ein System von Bedienungsstationen (Abteilungen, Arbeitsplatzgruppen, Arbeitsgruppen, Arbeitsschritte) nachzuvollziehen. Ausgehend von der Initiierung von Transaktionen an Randstellen des Wartesystems bzw. Netzes

---

1) CAPSIM wurde seit 1978 am IWi Institut für Wirtschaftsinformatik an der Universität des Saarlandes unter Leitung von Prof. Dr. A.-W. Scheer entwickelt.

wird die Kommunikation der einzelnen Bedienungsstationen untereinander durch Erzeugung bzw. Weiterleitung der Transaktionen bis zu Verlassen des Systems an Ausgangsschnittstellen analysiert. Dieser Transaktionsfluß ist durch folgende Merkmale gekennzeichnet:

o   stochastische Ankünfte

o   stochastische Bearbeitungs- und Übergangszeiten

o   stochastische Übergänge

o   zeitverbrauchende Vorgänge

o   Kapazitätsbeanspruchung

o   logische Abhängigkeiten (Erzeugung bzw. Zusammenfassung von Transaktionen)

o   gegenseitige Beeinflussung von Transaktionen (dynamische Betrachtung).

Daneben muß ein solches Werkzeug benutzerfreundlich sein, d.h. dem Benutzer die Möglichkeit geben, sich primär um Fragen der Modellierung, der Datengewinnung und der Auswertung der Ergebnisse zu kümmern. Von den rechentechnischen Probleme, wie Schreiben der entsprechenden Programme usw. soll der Benutzer weitgehend entlastet werden. Da mögliche Verfahren wie

o   Warteschlangentheorie

o   CPM (Critical Path Method)

o   PERT (Program Evaluation and Review Technique)

o   GERT (Graphical Evaluation and Review Technique)

o   Q-GERT (Queue - Gert)

o   Auswertungsnetze

die durch die Merkmale des Transaktionsflußes verlangten Anforderungen nicht benutzerfreundlich abdecken, wurde das Verfahren CAPSIM - Computer-am-Arbeitsplatz-Simulation entwickelt /2/,/3/.

2. Darstellung von Ablaufstrukturen mit CAPSIM

Zur Darstellung von Ablaufstrukturen verwendet CAPSIM eine Notation, die sich an GPSS (general purpose simulation system) anlehnt. Es werden 5 Knotentypen unterschieden:

o   Anfangsknoten zur Generierung der Transaktionen

o   Endeknoten zur Beendigung des Transaktionsflusses

o   innere Knoten zur Weiterleitung und Bearbeitung von Transaktionen

o   Split-Knoten zur Erzeugung paralleler Transaktionen

o   Assemble-Knoten zur Vereinigung paralleler Transaktionen.

Die Knoten sind über gerichtete Kanten miteinander verbunden. Bei CAPSIM wird jedem Knoten ein Vorgang zugeordnet.

Die Anfangs-, Ende- und inneren Knoten sind gekennzeichnet durch:

o   Zwischenankunftsverteilung (bei Anfangsknoten)

o   Transaktionsname

o   Bedienstationsname

o   Kapazität der Bedienstation

o   Verteilung der Bearbeitungsdauer

o   Bearbeitungsroutine.

Die Split- und Assemble-Knoten haben lediglich die logische Funktion des Erzeugens bzw. Zusammenfassens von Transaktionen. Bei der Darstellung werden diese Funktionen ihren Vorgänger- (Split) bzw. Nachfolgerknoten (Assemble) zugeordnet.
Die Kanten haben als Parameter

o   Übergangswahrscheinlichkeit

o   Auswahlstrategie aus der Warteschlange

o   Verteilung der Übergangsdauer.

3. Der Aufbau von CAPSIM

Das Verfahren läuft in mehreren Stufen ab. Diese sind:

o   Dateneingabe

    o   Dateneingabe nach Datengruppen

    o   Funktionseingabe nach Funktionsnummern

o   Datenaufbereitung

o   Simulationsprogrammgenerierung

o   Simulationslauf

o   Auswertung.

Einen Überblick über die Programmstufen gibt Abb. 1. In der ersten Stufe werden die Daten über das betriebliche Geschehen über den Bildschirm angefordert.Die erhobenen Daten über Abläufe und Strukturen werden aufbereitet und dem Simulationsprogrammgenerator in mehreren Dateien zur Verfügung gestellt.

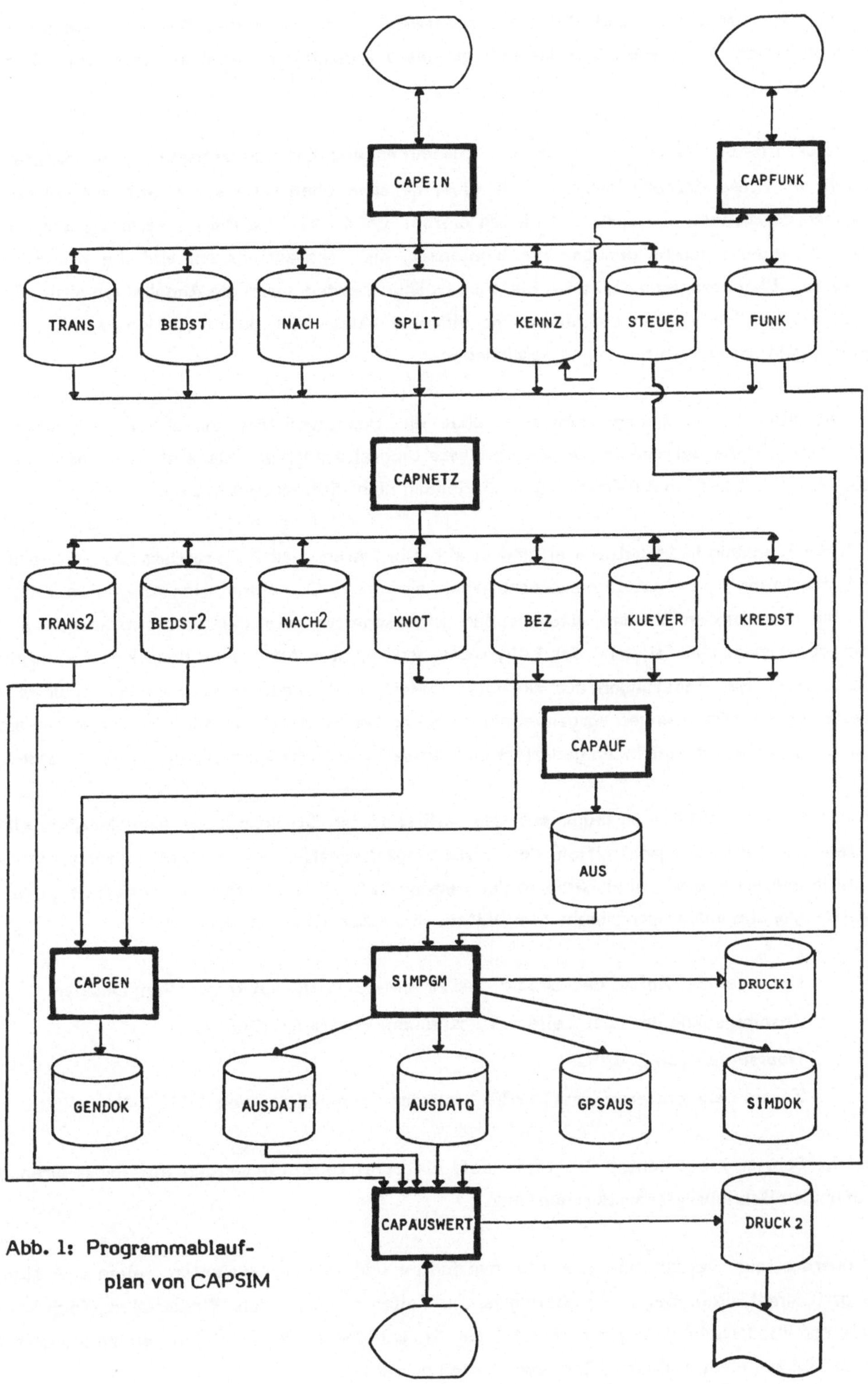

Abb. 1: Programmablauf-
plan von CAPSIM

Ziel ist, den Erhebungs- und Generierungsaufwand auch bei vielen Gestaltungsalternativen gering zu halten. Aus diesen Gründen erfolgt eine Trennung der Daten in Strukturdaten und in aktuelle Daten.

Die Strukturdaten bilden den logischen Zusammenhang der betrachteten organisatorischen Abläufe ab. Diese Abläufe lassen sich in einer netzähnlichen Darstellung mit wohldefinierten Einheiten darstellen. Als Einheiten zählen hierbei die Knoten und die Knotenbeziehungen. Zur Definition eines Knotens genügen die Knotenart, die Transaktionszahl und die Knotenebene gemäß dem Ebenenschema /1/. Die Knotenübergänge werden durch die Angabe von absendenden und empfangenden Knoten definiert. Der einzelne Knoten ist durch die Knotenart und die Einbettung in das Netz hinreichend beschrieben.

Die aktuellen Daten geben Auskünfte über die Besetzung der einzelnen Parameter des Simulationsmodells bei den betrachteten Gestaltungsalternativen. Sie enthalten die weiteren Daten zu Knoten und Knotenübergängen, die jedoch nicht Strukturdaten sind.

Durch die Trennung in Strukturdaten und in aktuelle Daten wird insbesondere der Aufwand bei der Betrachtung von Gestaltungsalternativen verringert. Das Simulationsprogramm muß nur noch bei Änderungen in den strukturellen Eigenschaften der Gestaltungsalternativen neu generiert werden. Das ist dann der Fall, wenn neue Knoten oder wenn neue Knotenübergänge hinzukommen. Bei Änderungen der aktuellen Datenausprägungen müssen an der Struktur des Modells keine Veränderungen vorgenommen werden. Das Simulationsmodell kann also nur durch Angabe der Strukturdefinitionen generiert und auf seine logische Zulässigkeit geprüft werden.

Das Programm CAPGEN erzeugt aus den aufbereiteten Strukturdaten der Netzdarstellung (Knoten- und Verbindungsdefinition) der Gestaltungsalternative ein Simulationsprogramm. Als Simulationssprache wird dabei GPSS in der Version GPSS-F-II-CAPSIM /4/ verwendet. Um ein ablauffähiges Simulationsprogramm zu erhalten, sind 4 Schritte erforderlich:

1.   Erzeugen der Zeilen des GPSS-F-II-CAPSIM-Rahmens auf temporären Dateien
2.   Zusammenkopieren der Teile aus 1 zu einem Programm CAPPGM.
3.   Übersetzen von CAPPGM.
4.   Zusammenmontieren von CAPPGM mit den Lademodulen von GPSS-F-II-CAPSIM.

Dabei ist Schritt 1 ein echter Programmlauf, die Schritte 2 - 4 werden mit Prozeduren des betreffenden Betriebssystems durchgeführt.

Je Generatorlauf werden die generatorinvarianten und modellinvarianten Zeilen nur einmal erzeugt (Einmalfolge). Bei den modellvarianten Zeilen ergeben sich Wiederholungsfolgen. Die Anzahl der Wiederholungsfolgen entspricht der Anzahl Knoten des zu simulierenden Modells, das bei CAPSIM aus einer endlichen Zahl von Knoten besteht.

Dies bedeutet, daß in Abhängigkeit von Art und Einbettung der Knoten die Zeilen des Modells zu generieren sind. Dabei entstehen Einlese-Befehlsfolgen zur Versorgung des Knotens mit aktuellen Daten, Adressverteiler-Befehlsfolgen zur programminternen Steuerung und Knoten-Befehlsfolgen je Knoten, die die "eigentliche" Simulation eines Vorgangs auf einer Bedienstation abbilden (modellvariante Teile in CAPPGM).

Jeder Knoten wird in CAPSIM durch eine entsprechende Knotenbefehlsfolge abgebildet.Jede Knotenbefehlsfolge teilt sich in drei Teile auf:

KBF1:   Bestimmung der Herkunft einer Transaktion,

Bestimmung der entsprechenden Übergangszeit,

Fortschreiben dieser Zeit der Transaktion.

KBF2:   Einreihen in die Warteschlangen der Bedienstation und der Knotenstation,

Fortschreiben der Zeit,

Freigabe der Transaktion.

KBF3:   Bestimmung des Nachfolgeknotens,

Berechnung der Übergangszeit,

Ansteuerung Nachfolgeknoten.

Die Knotenbefehlsfolgen bestehen aus den GPSS-F-II-CAPSIM-spezifischen CALLs und den für diesen Aufruf notwendigen Parameterzuweisungen.

4.Die Eingabeschnittstelle von CAPSIM

Viele Simulationsansätze scheitern daran, daß zwar die Modellformulierung mit mehr oder minder großem Aufwand durchführbar ist, daß aber dem Problem der Datengewinnung nicht genügend Aufmerksamkeit gewidmet wurde. Dies zeigt sich dann insbesondere darin, daß

o   die Anzahl der zu erhebenden Daten zu groß ist

o   einzelne Daten nur unter sehr großem Erhebungsaufwand zu gewinnen sind

o   die Daten zwar ohne großen Aufwand zu gewinnen sind, aber nur nach umfangreichen

Modifikationen programmgerecht vorliegen

o   zur Gewinnung der benötigten Daten keine abgesicherten Verfahren vorliegen

o   einige der Verfahren zur Datengewinnung sich gegenseitig ausschließen oder

o   die Daten nicht erhebbar sind.

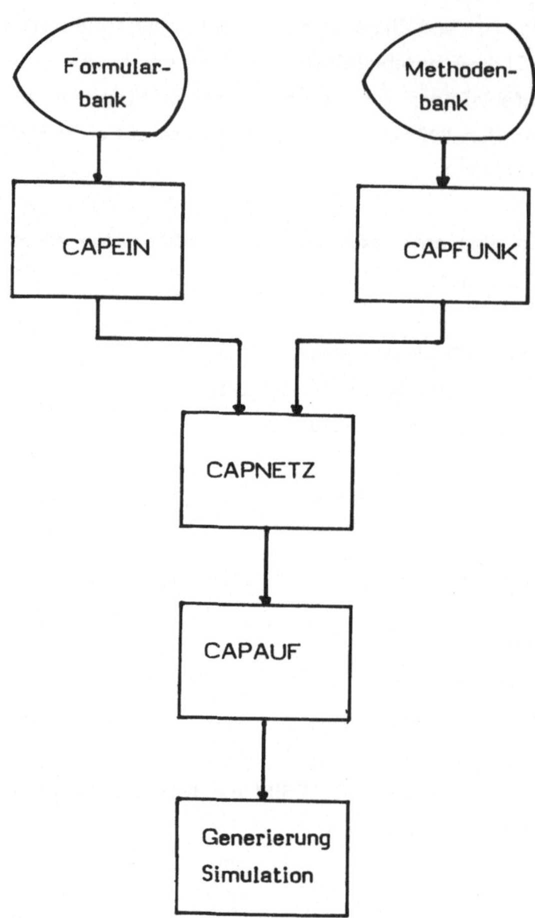

Abb. 2: Eingabeschnittstelle von CAPSIM

Diese Probleme vergrößern sich noch bei der Parametrisierung der Simulationsmodelle. So ermöglicht zwar eine Parametrisierung einerseits eine flexiblere Handhabung der Simulationsmodelle und entlastet den Anwender weitgehend von der Notwendigkeit, über spezifische Kenntnisse des Simulationsverfahrens zu verfügen, andererseits ist er gezwungen, die Bedeutung und die Abhängigkeiten der Simulationsparameter zu kennen.Aufgrund dieser Aspekte führt die Handhabung eines (parametrisierten) Simulationsmodells oft zu erheblichen Akzeptanzproblemen.

Entweder ist der betreffende Sachbearbeiter, der zwar über Kenntnisse und Interpretationsmöglichkeiten der Eingabedaten verfügt, bei der Erstellung der Steuerparameter überfordert, oder der Programmierer bzw. der Organisator, der für die Initiierung der Programme verantwortlich ist und somit über den Programmablauf die Bedeutung der Steuerparameter kennt, ist mit der Eingabe und Analyse der Inputdaten überfordert. Daher werden bei CAPSIM die benötigten Daten zur Simulation über eine Dialogschnittstelle abgefragt. Der Input erfolgt durch die sequentielle Eingabe von Datengruppen, wobei zu Korrektur- und Kontrollzwecken auch bereits eingegeben Datengruppen angesprochen werden können. Bei CAPSIM werden zur Zeit 18 Datengruppen unterschieden (vgl. Abb. 3.). Mit diesen Datengruppen wird die Ablaufstruktur der zu untersuchdnden Gestaltungsalternative beschrieben.Die Erhebbarkeit der in den 18 Datengruppen geforderten Daten kann als gegeben bezeichnet werden. Sie wird hier nur kurz geschildert.

Steuerdaten.
   für den Eingabeablauf
   für den Simulationslauf
Knotendaten
   Transaktionsliste
   Bedienstationsliste
   Kapazität der Bedienstation
   Zuordnung der Transaktion zu Bedienstationen
   Knotenart
   Split - / Assemble - Funktion
Übergangsdaten
   Nachfolger
   Split - / Assemble - Beziehung
   Übergangswahrscheinlichkeit
Zeit - und Mengendaten
   Belastungstransaktionen
   Bearbeitungsdauer
   Übergangsdauer
Prioritätsdaten
   Policies
   Vorrangsregelung
   Reihenfolgeregelung
   Übergangsregelung

Abb. 3: Datengruppen in CAPSIM

Generell können die meisten Datengruppen in Gruppendiskussionen mit den betreffenden Abteilungsleitern, Sachbearbeitern und Vertretern der Organisationsabteilung gewonnen werden. Problematisch ist hierbei das ablauforientierte Vorgehen von CAPSIM, da die Organisation in den Unternehmen meist von der aufbauorganisatorischen Seite betrachtet wird. Auf der Ebene der Arbeitsplätze kann die Diskussion in starkem Maße durch schriftliche Befragungen der

Stelleninhaber ersetzt werden. Auch Selbstaufschreibungen und Schätzverfahren geben hier wertvolle Hilfen. Durch die Beobachtung des Arbeitsablaufs können zahlreiche Daten ermittelt werden, ohne in den Ablauf selbst eingreifen zu müssen.

Größere Probleme ergeben sich bei der Ermittlung der Bearbeitungs- und Übergangszeiten an bzw. zwischen den Bedienungsstationen. Neben Sekundäranalysen aus vorhandenen Unterlagen bereits durchgeführter Zeitschätzung bieten sich hier folgende Verfahren an:

- Multimoment-Studien
- Systeme vorbestimmter Zeiten
- detaillierte Zeitschätzung.

5. Die Ausgabeschnittstelle von CAPSIM

In der (online-) Ausgabeschnittstelle werden die bei dem Simulationslauf gewonnenen Daten zugänglich gemacht. Über verschiedene Menues kann der Benutzer sich die Ergebnisse zu ad-hoc-Analysen auf dem Bildschirm ausgeben lassen oder für Detailanalysen ausdrucken lassen. Die Ergebnisse bleiben weiterhin gespeichert (SPOOL-Konzept) und stehen somit jederzeit für weitere Untersuchungen zur Verfügung. Dabei werden die in Abb. 4 aufgeführten Werte zur Verfügung gestellt.

```
Warteschlangenanalyse ( je Knoten und Bedienstation )
   Momentane Länge
   Maximale Länge
   Anzahl Zugänge
   Anzahl Abgänge
   Anzahl Nulldurchgänge
   Gesamtwartezeit abgefertigte Transaktionen
   Gesamtwartezeit
   Zeitpunkt der letzten Veränderung
   Durchschnittliche Länge
   Anteil Nulldurchgänge
   Durchschnittliche Wartezeit ( nur abgeschlossene und alle Transaktionen )
   Durchschnittliche Verweilzeit ( nur abgeschlossene und alle Transaktionen )
   Durchschnittliche Bedienzeit ( nur abgeschlossenen und alle Transaktionen )
   Auslastunggrad ( Nach Zeit und Menge )
Transaktionsanalyse
   Durchschnittliche Wartezeit
   Durchschnittliche Bedienzeit
   Durchschnittliche Transportzeit
   Durchschnittliche Durchlaufzeit
   Durchschnittliche Anzahl durchlaufener Knoten
```

Abb. 4: CAPSIM - Ausgabe - Werte

6.   Einsatzmöglichkeiten

CAPSIM wurde bisher in Pilotanwendungen in unterschiedlichen Branchen angewendet:

o   Analyse der Auftragsannahme eines Stahlwerkes

o   Bestimmung des optimalen Terminalbestandes im Sparkassenbereich

o   Untersuchung der Auftragsannahme bei der Automobilzuliefererindustrie

o   Beurteilung des Ablaufs einer Speditionsfirma

Bei diesen Anwendungen wurde insbesondere deutlich, daß CAPSIM nicht nur zur Analyse alternativer CAP-Systeme, sondern darüber hinaus auch zur Untersuchung von Ablaufstrukturen, die nicht durch den CAP-Einsatz bedingt sind, eingesetzt werden kann.

CAPSIM eignet sich

o   zur Organisationsanalyse von DV-Änderungen bei Großunternehmern,

o   zur Organisationsanalyse von Modellunternehmen für Unternehmensverbände,

o   zu Strukturuntersuchungen von EDV-gestützten Arbeitsplätzen für öffentliche Stellen und Gewerkschaften

o   zum Einsatz bei Beratungsunternehmen zur Analyse und Bewertung von Organisationssystemen.

Das Programmsystem ist in FORTRAN geschrieben und auf jeder Anlage mit entsprechendem Compiler ablauffähig. Nähere Informationen können beim IWi Institut für Wirtschaftinformatik, Universität des Saarlandes, 6600 Saarbrücken 11, angefordert werden.

LITERATUR

/1/   Brandenburg, V., Krcmar, H.; Simulation organisatorischer Abläufe mit CAPSIM, im gleichen Band.

/2/   Scheer, A.-W., Brandenburg, V., Krcmar, H.; Entwicklung eines Systems zur Analyse der Auswirkungen des Distributed Processing auf Tätigkeitsprofile und Arbeitsabläufe - Abschlußbericht -, Saarbrücken 1982,
(zugleich: Dokumentation und Benutzerhandbuch von CAPSIM).

/3/   Scheer, A.-W., Brandenburg, V., Krcmar, H.; CAPSIM - Computer-am-Arbeitsplatz-Simulation, in: Veröffentlichungen des Instituts für Wirtschaftinformatik (Hrsg.: A.-W. Scheer), Heft 14, 2. Auflage, Saarbrücken 1980.

/4/   Schmidt, B., GPSS-FORTRAN, Version II, Berlin-Heidelberg-New York 1978.
GPSS-F-II-CAPSIM baut auf GPSS-FORTRAN auf, alle Aufrufe wurden generatorbedingt angepaßt.

GLOBAL, EIN "WELTMODELL"

Manuel Goller, Erlangen

Zusammenfassung. Die Struktur eines einfachen Weltmodells wird beschrieben. Bei der Simulation dieses Systems hat der Benutzer die Möglichkeit, durch Kommandos den Modellablauf zu modifizieren. Die Ergebnisausdrucke zweier Simulationsläufe werden gezeigt.

Summary. The structure of a simple world-model is described. During the simulation of this system the user has the opportunity to modify the model's behaviour by means of commandos. The results of two simulations are shown.

1. Einführung

Das System GLOBAL ist ein vereinfachtes Abbild des von J.W. Forrester vom MIT (Massachusetts Institute of Technology) im Auftrag des "Club of Rome" entworfenen ersten Weltmodells WORLD1 /1/, /2/, das später erweitert wurde und große Popularität erlangte durch den Bericht von D. Meadows et al.: "Die Grenzen des Wachstums" /3/.

In GLOBAL werden die vier Variablen:

    Bevölkerung   B
    Rohstoffe   R
    Kapital   K
    Verschmutzung   V

über die zugehörigen Veränderungsraten miteinander in Verbindung gebracht.

2. Die Struktur des Weltmodells

In der Darstellungsweise von System - Dynamics stellt sich die Struktur von Global folgendermaßen dar /4/ :

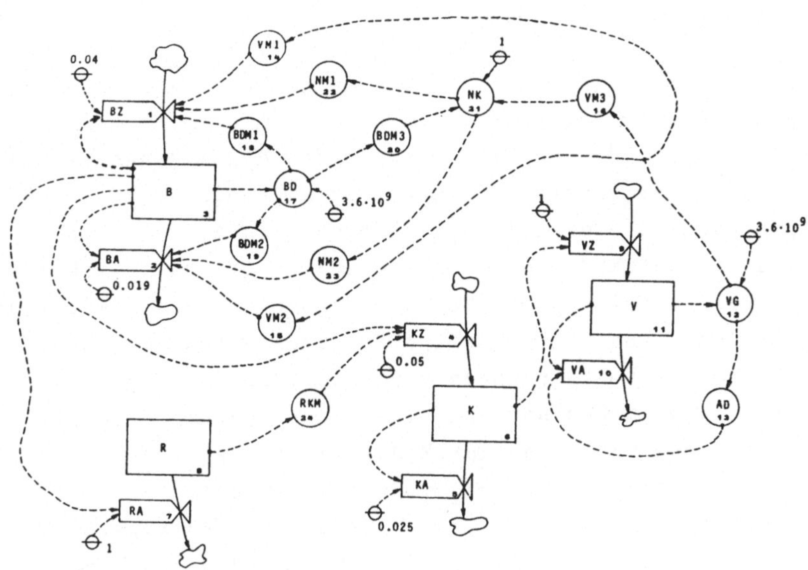

Zustandsvariable sind durch Rechtecke gekennzeichnet, Zugangs- bzw.
Abgangsraten durch Ventilsymbole, deren Bezeichnung mit Z bzw. A endet,
Einflußfunktionen durch Kreise.
Die letzteren stellen den Einfluß des Wertes einer Zustandsgröße auf
Zugangs- bzw. Abgangsraten dar. Beispielsweise wird aus der Bevölkerungszahl B die Bevölkerungsdichte BD gebildet, die über den Bevölker-
ungsdichtemultiplikator BDM1 auf die Geburtenrate BZ wirkt: Ab einem
Grenzwert impliziert steigende Bevölkerungsdichte fallende Geburten-
zahl. Entsprechend wirkt BDM2 auf die Sterberate (steigende Bevölkerungsdichte ⟶ steigende Sterberate) und BDM3 auf die Nahrungsmittelproduktion NK (steigende Bevölkerungsdichte ⟶ weniger Fläche zur
Nahrungsmittelproduktion), die über VM3 noch vom Verschmutzungsgrad
abhängt (steigende Verschmutzung ⟶ weniger Nahrung). Geburten- und
Sterberate werden zusätzlich von Nahrungsmittelproduktion (NM1, NM2)
und Verschmutzung (VM1, VM2) beeinflußt (weniger Nahrung, mehr Verschmutzung ⟶ fallende Geburtenrate, steigende Sterberate). Die Roh-
stoffabnahme RA ist der Bevölkerungszahl B proportional, ebenso die
Kapitalerzeugungsrate KZ, auf die zusätzlich ein Rohstoffkostenmulti-
plikator RKM wirkt, welcher angibt, daß bei knapper werdenden Rohstoffen
mehr Kapital zu deren Abbau benötigt wird. Vom Kapital wird eine 40-
jährige Nutzungsdauer angenommen. Verschmutzung wird durch die mit dem
Kapital geschaffenen Anlagen erzeugt und unterliegt natürlichem Abbau,
der umso langsamer erfolgt, je größer der Verschmutzungsgrad VG ist.

3. Zur Implementation von GLOBAL

Die Einflußfunktionen sind über Stützwerte gegben; Zwischenwerte werden
berechnet mit linearer Interpolation.
Die in System - Dynamics zur Beschreibung des dynamischen Verhaltens der
Zustandsvariablen verwendeten Differenzengleichungen sind in GLOBAL
durch entsprechende Differentialgleichungen ersetzt.
Von bestimmten Anfangsbedingungen ausgehend zeigt das in tabellarischer
und graphischer Darstellung vorliegende Ergebnis eines Simulationslaufes
das zeitliche Verhalten der Systemgrößen gemäß deren im Modell durch
gekoppelte Differentialgleichungen vorgeschriebener Vernetzung.
Dem Benutzer stehen am Beginn des Simulationsprogrammes vom Terminal
aus verschiedene Möglichkeiten zur Modifikation der Modell-läufe zur
Verfügung (eine Standartvorbesetzung ist vorhanden):
- Festlegung der Dauer eines Laufes und Wahl der Anfangszeiten
- Wahl der Genauigkeit des Ergebnisausdruckes (die Zeiteinheit ist
  das Jahr; der Zustand der Systemgrößen kann in frei wählbaren
  Intervallschritten festgehalten werden).
- Beliebige Besetzung der Anfangswerte der Variablen
- Diskrete Änderungen der Variablenwerte zu beliebigen Zeiten inner-
  halb eines Modell-laufs (etwa Festsetzung auf einen beliebigen
  Bruchteil des dann erreichten Wertes einer Variablen oder Fest-
  setzung auf einen bestimmten vorgegebenen Wert).
- Veränderungen am Verlauf der Einflußfunktionen zu beliebigen
  Zeiten.

Mit der letzten Möglichkeit können die im Modell vorhandenen Abhängigkeiten modifiziert werden. Zum Beispiel kann untersucht werden, wie sich
eine in 20 Jahren einsetzende drastische Senkung des Einflusses der
Umweltverschmutzung auf das System auswirkt, indem die von der Verschmutzung abhängenden Funktionen VM1, VM2, VM3 in ihrem Verlauf verändert werden..

GLOBAL wurde implementiert auf einer TR 440 unter Benutzung des
Simulators GPSS - FORTRAN Version 3 /5/. Eine ausführliche Beschreibung
ist vorhanden /6/.

4. Ergebnisausdrucke

Zur Illustration seien die Ergebnisse zweier Läufe in graphischer Form angegeben.

- Lauf 1 : Standartlauf 600 Jahre, Schrittweite zum Festhalten des Systemzustandes 5 Jahre
- Lauf 2 : Wie 1, zusätzlich jedoch wird alle 120 Jahre der Rohstoffbestand auf den Anfangswert gesetzt.

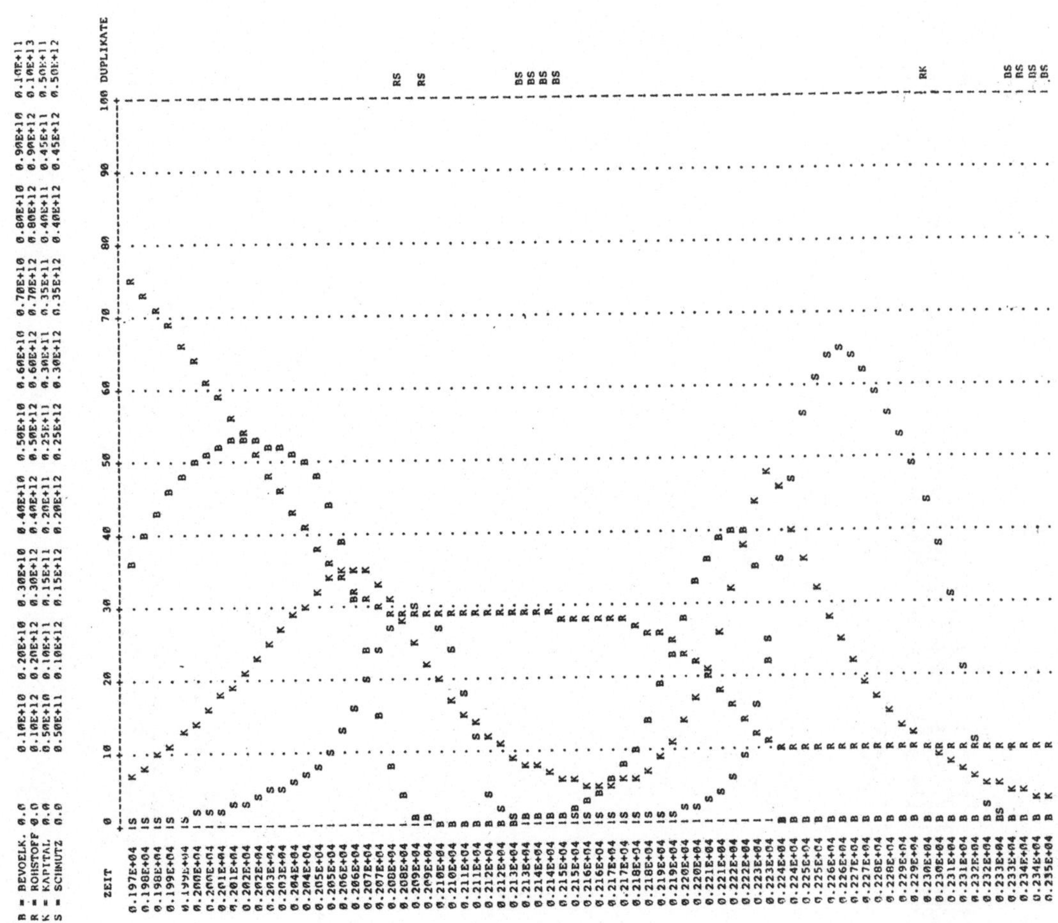

Lauf 1

(B ... Bevölkerung ,   K ... Kapital,
  R ... Rohstoffe   ,   S ... Verschmutzung)

```
B = BEVOELK. 0.0       0.10E+10  0.20E+10  0.30E+10  0.40E+10  0.50E+10  0.60E+10  0.70E+10  0.80E+10  0.90E+10  0.10E+11
R = ROHSTOFF 0.28E+12  0.33E+12  0.38E+12  0.43E+12  0.48E+12  0.53E+12  0.58E+12  0.63E+12  0.68E+12  0.73E+12  0.78E+12
K = KAPITAL  0.0       0.20E+10  0.40E+10  0.60E+10  0.80E+10  0.10E+11  0.12E+11  0.14E+11  0.16E+11  0.18E+11  0.20E+11
S = SCHMUTZ  0.0       0.20E+11  0.40E+11  0.60E+11  0.80E+11  0.10E+12  0.12E+12  0.14E+12  0.16E+12  0.18E+12  0.20E+12
```

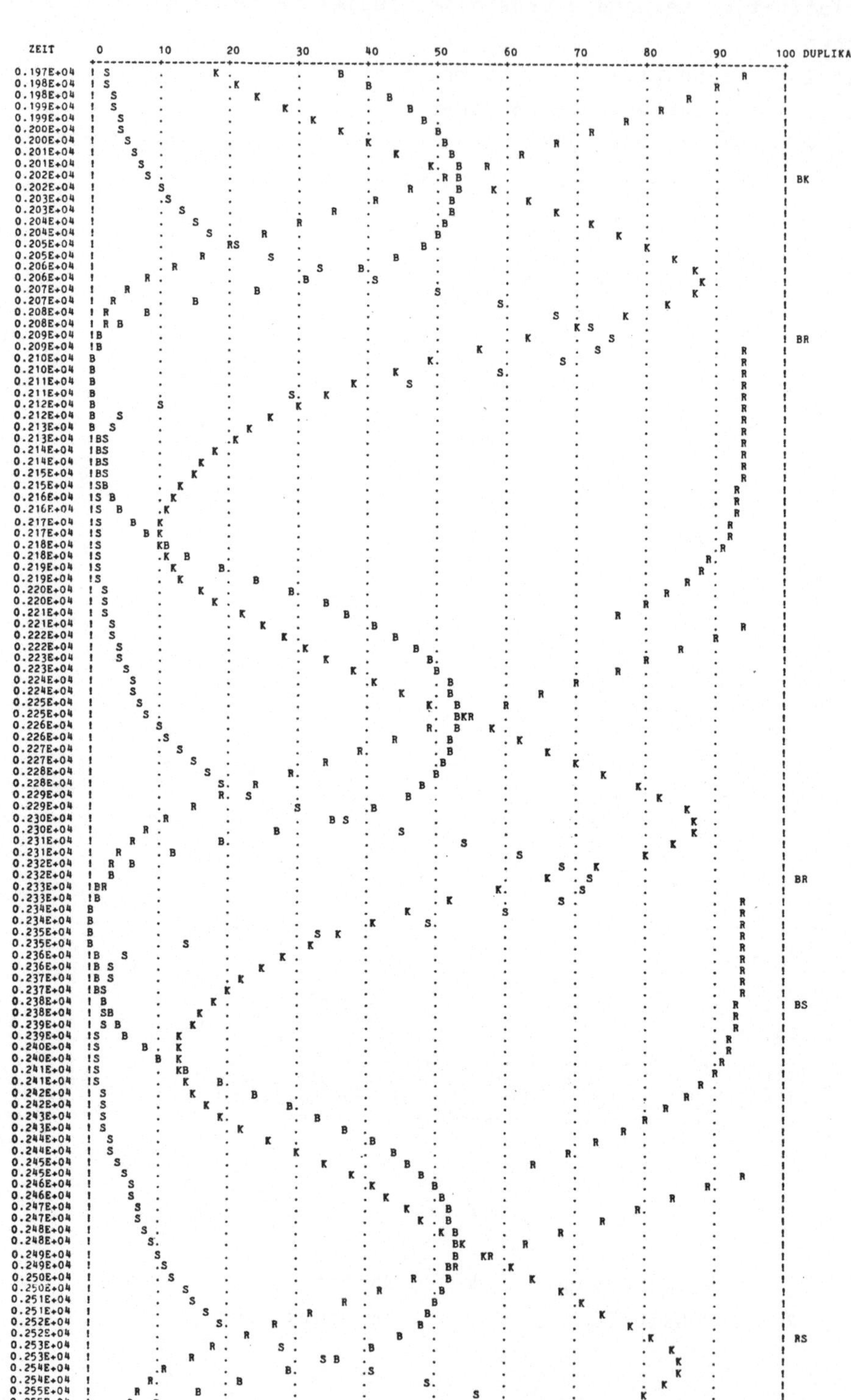

Die Maßstäbe sind bei diesen Darstellungen für jede einzelne Variable
verschieden, ebenso unterscheiden sie sich bei den beiden Läufen. Diese
Art des Ergebnisausdruckes ist nicht die einzig mögliche, in jedem Fall
erlaubt eine zugleich ausgegebene Tabelle den genauen Vergleich der Werte
der Systemgrößen.

5. Literaturverzeichnis

/1/   J.W. Forrester   World Dynamics
                          Wright-Allen Press, Cambridge, Mass. (1971)
/2/   J.W. Forrester   Der teuflische Regelkreis
                          DVA, Stuttgart (1971)
/3/   D. Meadows et al   Die Grenzen des Wachstums
                          rororo, Reinbek bei Hamburg (1973)
/4/   G. Niemeyer   Systemsimulation
                          AVG, Frankfurt (1973)
/5/   B. Schmidt   GPSS - FORTRAN Version 3 (im Erscheinen), siehe
      B. Schmidt   GPSS - FORTRAN
                          John Wiley & Sons, New York (1980),   oder
                          GPSS - FORTRAN Version 2 , Informatik Fachber. Bd6
                          Springer, Berlin Heidelberg New York (1978)
/6/   M. Goller   Ein "Weltmodell". Beschreibung und Anleitung zu
                          dessen Gebrauch
                          Institut für Mathematische Maschinen und Daten-
                          verarbeitung IV, Universität Erlangen (1982)

Kreislaufsimulationsmodell HUMAN

A. Geiger, A. Schmidt, Nürnberg

HUMAN ist ein Simulationsmodell, in dem physiologische und pathophysiologische Reaktionen des menschlichen Kreislaufsystems nachgespielt werden. Das Modell stammt von T. Coleman (Universität von Jackson Mississippi)[1] und basiert auf den Ergebnissen langjähriger experimenteller Arbeit am Physiologischen Institut in Jackson unter Leitung von A.C.Guyton. Um das Kreislaufsystem hinreichend genau beschreiben zu können, müssen auch andere Organsysteme einbezogen werden. So werden berücksichtigt: Herz, periphere Durchblutung, Lungenfunktion, Niere, Flüssigkeitsräume, Säure-Basen Haushalt, Temperaturregulation, Muskel-Metabolismus und einige Hormone. Im einzelnen wird der Zustand des Kreislaufsystems beschrieben durch 220 Zustandsgrößen, die unterteilt sind in sogenannte "Parameter" (75) und "Variable" (145). Parameter sind Größen, die von außen beeinflußbar sind, z.B. Training, Elektrolyt- und Wasserzufuhr und Medikamentengabe; Variable verändern sich auf Grund äußerer Einflüsse im System und sind zwar jederzeit in ihrem Wert abfragbar, aber ebenso wie im realen Organismus nicht direkt beeinflußbar. Variable sind z.B. Atemfrequenz, Blutdruck, Körpergewicht, Plasmavolumen etc. Die Wechselwirkungen der Zustandsgrößen untereinander sind durch algebraische Beziehungen und durch Differentialgleichungen beschrieben, deren mathematische Formulierung auf experimentellen Ergebnissen basiert. Manche Zustandsgrößen sind am Menschen direkt meßbar, andere sind tierexperimentell gewonnen.

Das Modell wurde an den Computern Cyber und TR 440 des Rechenzentrums der Universität Erlangen-Nürnberg mit kleineren Modifikationen

---

1 Thomas G. Coleman
  Department of Physiology and Biophysics
  University of Mississippi Medical Center
  2500 North State 81
  Jackson, Mississippi 39 216

installiert. Es ist ein interaktives FORTRAN-Simulationssystem, d.h.
der Benutzer wickelt im Gespräch mit dem Rechner einen Simulationslauf
ab. Das System arbeitet zeitlich linear, d.h. es kann nur vorwärts
simuliert werden. Im Manual befindet sich eine alphabetische Aufli-
stung der mnemotechnischen Kurzbezeichnungen für alle vorkommenden
Variablen und Parameter (siehe Abb. 1). Ihr Wert ist jederzeit abrufbar. Darüber hinaus hält das Programm eine Anzahl von sinnvollen Kombinationen mehrerer Werte, die en bloc ausgegeben werden, bereit:

- verfügbare Medikamente
- zur Zeit applizierte Medikation
- chemische Urinanalyse: Na, K, Harnstoff, Eiweiß, pH, Osmolarität
- 24 Stunden Sammelurin mit chemischer Analyse
- chemische Blutanalyse: Hb, HK, Na, K, Bicarbonat, Harnstoff, Eiweiß,
  Osmolarität
- Kreislaufwerte: Drücke (mittlerer arterieller, systolischer, diastolischer, Pulmonalarterie, rechter Vorhof, linker Vorhof)
  Strömungen (HMV, links-rechts Shunt, rechts-links Shunt)
  regionale Strömungen (Gehirn, Koronararterien, Muskel, Niere, Haut,
  andere Organe, periphere AV-Fistel)
- Lungenfunktion: Ventilation, alveoläre Ventilation, Atemkapazität,
  alveolärer pO_2 und pCO_2, O_2-Aufnahme, CO_2-Abgabe, arterieller pO_2
  und pCO_2
- Blutgasanalyse: pO_2 (arteriell, Muskel, gemischt venös, im rechten
  Herzen) pCO_2 arteriell und venös
- Körpervolumina: Blutvolumen (Zellen, Plasma, Hk) extracelluläres
  Volumen, Gesamt Körper H_2O, Zell H_2O, Körpergewicht, Ödeme (0-++++)
  Wassergehalt der Lunge
- Muskel-Metabolismus: Durchblutung, O_2-Zufuhr, O_2-Verbrauch, pO_2
  arteriell, pO_2 im Muskel venös, O_2-Schuld, Temperatur, Schweiß-
  produktion, Hautdurchblutung, pH, Plasma Bikarbonat, Plasma Laktat,
  O_2-Schuld im Gehirn
- Nierenwerte: arterieller Druck, renaler Perfusions Druck, renale
  Durchblutung, renaler Plasma-Fluß, glomeruläre Filtrationsrate,
  Exkretion von H_2O, Natrium, Kalium, Harnstoff, Eiweiß, sauren
  Valenzen, pH, Plasma Renin Aktivität, Aldosteron Konzentration und
  Antidiuretisches Hormon.

Diese vorgegebenen Wertekombinationen ermöglichen eine schnelle und
komfortable Information über die Situation im gerade untersuchten
Bereich. Die Zusammenstellung zeigt die Komplexität der durchführ-
baren Experimente am Modell.

Indem der Benutzer beliebige Parameter verändert, kann er im zeitlichen Verlauf die Reaktionen und Zustandsänderungen, die daraufhin im System auftreten, beobachten. Er kann jederzeit wieder eingreifen und weitere Parameter verändern. Es können also, wie im realen System, durch Änderungen der Außenbedingungen pathologische Zustände erzeugt und durch entsprechende therapeutische Maßnahmen wieder behoben werden. Sollte der fiktive Patient während des Simulationslaufs sterben, so ist ein Autopsiebericht verfügbar.

Aus didaktischen Gründen können beim Start zwei verschiedene Formen des Simulationslaufs gewählt werden:

1. Physiologische Experimente. Hier ist der Ausgangspatient ein gesunder Mann mit Normalwerten. Alle Variablen und Parameter sind jederzeit abrufbar. (Die Unterteilung in verschiedene Experimente bietet eine für das entsprechende Experiment sinnvolle Zusammenstellung der Haupttabelle, es können in jedem Experiment alle Parameter verändert werden). Es werden die folgenden Experimente zur Erprobung des Systems vorgeschlagen: Training, Salz-Restriktion, Transfusion, periphere A-V-Fistel, Nierenarterienstenose, Anämie, cardiopulmonaler rechts-links Shunt, komplette Sympathicusblockade, Einfluß von Hitze und Kälte, Nephrektomie, CO_2-Inhalation, Salz-Infusion, Nephrose, Dehydration, Herzinsuffizienz, Hyper- und Hypotonie, Hypoxie und Höhenklima, metabolische Azidose, Kaliumbilanz, künstliches Herz, Änderung der Kapillarpermeabilität, erhöhter pulmonaler Widerstand. Selbstverständlich steht es dem Benutzer frei, jede Art von Experiment selbst zu entwerfen.

2. "Patienten". Hier befindet sich der Ausgangspatient in einer pathologischen Situation. Es ist Aufgabe des Benutzers, die Diagnose zu stellen und die Therapie durchzuführen. Abrufbar sind nur die Variablen und Parameter, die im realen Klinikbetrieb zugänglich sind. (Durch eine einfache Eingabe kann die Blockierung der übrigen Werte wieder aufgehoben werden). Das System enthält 13 pathologische Zustände, die zu diagnostizieren sind, u.a. Blutung, hypertone Krise, Anämie.

Das Kreislaufsimulationsmodell hat ein breites Anwendungsspektrum. Im physiologischen Praktikum kann es viele Tierversuche ersetzen und gibt dem Studenten die Möglichkeit, selbst die verschiedensten Organfunktionen am Modell zu untersuchen. Dem klinisch tätigen Arzt kann das Modell wertvolle Hilfe geben dadurch, daß die Auswirkungen verschiedener Therapieformen vor dem Einsatz am Patienten am Modell überprüft werden können.

```
*** VARIABLE ***

ZTIME     Elapsed Time (Minutes)
ADH       Plasma Antidiuretic Hormone Concentration (4. pg/ml)
ALDO      Plasma Aldosterone ( 8. ng/dl )
AP        Mean Arterial Pressure (100. mmHg)
APMEAN    AP - Long Term Average (100. mmHg)
AVENT     Alveolar Ventilation (4100. ml/min)
AVENTL    AVENT in liters (4.1 L/Min)
AVFLOW    A-V Fistula Flow (ml/min)
BH2OL     Body Water in Liters (56. L)
BICARB    Plasma Bicarbonate (24. mMol/L)
BLAC      Blood Lactate (1. mMol/L)
BMR       Basal Metabolic Rate (1.17 Cal/Min)
BODCAL    Body Calories (2460. Calories)
BODH2O    Body Water (56000. ml)
BRAINF    Brain Blood Flow (750. ml/min)
BUN       Blood Urea Nitrogen ( 15. mg-N/dl )
BV        Blood Volume (5000. ml)
BVO       Blood Volume - Unstressed (3500. ml)
CALP      Total Calories Produced ( 1.17 Cal/Min )
CELH2O    Cell Water (41000. ml)
CH2OL     Cell H2O in liters (41. L)
CK        Cell Potassium (140. mEq/L)
CO        Cardiac Output (5500. ml/min)
CO2A      CO2 Content - Arterial (.46 ml/ml)
CO2EXP    Expired CO2 (200. ml/min)
CO2T      Tissue CO2 Concentration (.5 ml/ml)
CO2V      CO2 Content - Veins (.5 ml/ml)
COL       Cardiac Output (5.5 L/Min)
COND      Total Vascular Conductance (55 ml/min/mmHg)
CORFLO    Coronary Blood Flow (225. ml/min)
CVP       Central Venous Pressure (5. mmHg)
DBP       Diastolic Blood Pressure (80. mmHg)
DIGBL     Digitalis Blood Level (ng/ml)
DSPCE     Dead Space ( 150. ml )
DYV       Dialysis Ultrafiltration Rate ( 4.16 ml/min )
ECFV      Extracellular Fluid Volume (15000. ml)
ECFVL     ECFV in liters (15. L)
EDEMA     Edema (0. to ++++)
ERYTH     Erythropoiesis (1. X Normal)
EXBIC     Excretion of Bicarbonate (-.05 mMol/Min)
EXH2O     Excretion of Water ( 1.0 ml/min )
EXK       Excretion of Potassium (.042 mEq/Min)
EXNA      Excretion of Sodium (.118 mEq/min)
EXPR      Excretion of Protein (.00035 G/Min)
EXUR      Excretion of Urea (8. mg-N2/min)
FCO2R     Fractional CO2 in Lungs (.05)
FF        Filtration Fraction ( .19 )
FO2R      Fractional O2 in Lungs (.137)
GFR       Glomerular Filtration Rate (125. ml/min)
H2OIN     Water Intake (1.05 ml/min)
HCT       Hematocrit (45%)
HEMRT     Hemorrhage Rate (ml/min)
HGB       Hemoglobin (15. g/dl)
HGHT      Height (175. cm)
HGHTIN    Height in inches (69. inches)
HION      H+ Ion Concentration (40. nanoMol/L)
ICOP      Interstitial Colloid Pressure (6.2 mmHg)
IFP       Interstitial Fluid Pressure (-5. mmHg)
IFRT      Infusion Rate (ml/min)
IFV       Interstitial Fluid Volume (12250. ml)
IFVL      IFV in Liters (12.2 L)
L2RS      Left-to-Right Shunt Flow (ml/min)
LAP       Left Atrial Pressure ( 6. mmHg )
LHOUT     Left Heart Output (5500. ml/min)
LHS       Left Heart Strength (1.0 X Normal)
LUNGF     Lung Flow (5500. ml/min)
LYMPH     Lymph Flow (2.5 ml/min)
MAXVR     Maximum Possible Venous Return ( 7100. ml/min )
MCFP      Mean Circulatory Filling Pressure (7 mmHg)
MDEL      Muscle O2 Delivery (64. Ml/Min)
MFLOL     Muscle Blood Flow in Liters/Min (1.1 L/Min)
MTK       Pulmonary Membrane Thickness (100%)
MUSFLO    Muscle Flow (1100. ml/min)
NMDEL     Non-Muscle O2 Delivery ( 187. ml/min )
O2A       Arterial Oxygen Content ( .194 ml/ml )
O2DEBT    Muscle Oxygen Debt (0. ml)
O2PV      O2 Content - Pulmonary Vein ( .194 ml/ml )
O2RH      O2 Content - Right Heart (.15 ml/ml)
O2UPTK    Oxygen Uptake (250. ml/min)
O2V       O2 Content - Mixed Venous (.15 ml/ml)
OTHERF    Other Tissue Flow ( 1825. ml/min )
PCAP      Capillary Pressure (17. mmHg)
PCO2      Venous and Tissue CO2 Tension (45. mmHg)
PCO2A     Arterial CO2 Tension (40. mmHg)
PCO2R     CO2 Tension - Lungs ( 40. mmHg )
PCOP      Plasma Colloid Pressure (28. mmHg)
PH        Blood pH (7.4 pH units)
PIFP      Pulmonary IFP (-6. mmHg)
PK        Plasma Potassium (4.4 mEq/L)
PNA       Plasma Sodium Concentration ( 144. mEq/L )
PNOR      Plasma Norepinephrine Concentration ( .2 ng/ml )
PO2A      O2 Tension - Arterial ( 98. mmHg )
PO2AT     O2 Tension - Inspired Air ( 160. mmHg )
PO2M      Muscle pO2 ( 33. mmHg )
PO2PV     O2 Tension - Pulmonary Vein ( 105. mmHg )
PO2R      O2 Tension - Lungs ( 102. mmHg )
PO2RH     O2 Tension - Right Heart (40. mmHg)
PO2V      O2 Tension - Mixed Venous (40. mmHg)
POSM      Plasma Osmolarity (304. mOs/L)
PP        Pulse Pressure (40. mmHg)
PPR       Plasma Protein (7.3 g/dl)
PRA       Plasma Renin Activity (1. ng-AI/ml/hr)
PULAP     Pulmonary Artery Pressure (13. mmHg)
PULCAP    Pulmonary Capillary Pressure ( 9. mmHg )
PULFLU    Pulmonary Fluid (340. ml)
PULR      Pulmonary Vascular Resistance ( .0013 )
PULSE     Heart Rate (72. Beats/Min)
PV        Plasma Volume (2750. ml)
R2LS      Right-to-Left Shunt (ml/min)
RAP       Right Atrial Pressure (0. mmHg)
RAR       Renal Afferent Resistance (.033)
RBF       Renal Blood Flow (1200. ml/min)
RCM       Red Cell Mass (2250. ml)
RENPP     Renal Perfusion Pressure - Post Clamp (100. mmHg)


RENR      Renal Resistance (.08)
RESPRT    Respiration Rate (12. per minute)
RHOUT     Right Heart Output (5500. ml/min)
RHS       Total Right Heart Strength (1. X Normal)
RPF       Renal Plasma Flow ( 660. ml/min )
RVR       Resistance to Venous Return (.00127)
SBP       Systolic Blood Pressure (120. mmHg)
SHIV      Shivering Heat Consumption (Cal/Min)
SKNFLO    Skin Blood Flow ( 400. ml/min )
SVOL      Stroke Volume ( 76. ml )
SWETC     Sweat Caloric Loss ( .29 Calories/Min )
SWETNA    Sweat Sodium Concentration (20. mEq/L)
SWETV     Sweat Volume per Minute ( .5 ml/min )
SYMPNA    Sympathetic Nerve Activity (1. X Normal)
TEMP      Body Temperature (37. Centigrade)
TEMPF     Body Temperature - Fahrenheit (98.6 F.)
TIDVOL    Tidal Volume (500. ml)
TPR       Total Peripheral Resistance (.018)
TRNRT     Transfusion Rate (ml/min)
UACID     Urine Total Acid ( 50. mMol/L )
UK        Urine Potassium ( 42. mEq/L )
UNA       Urine Sodium ( 118. mEq/L )
UOSM      Urine Osmolarity ( 760. mOs/L )
UPH       Urine pH (7.1 pH Units)
UPR       Urine Protein (.035 g/dl)
UUREA     Urine Urea Nitrogen ( 800. mg-N/dl )
VAGNA     Vagal Nerve Activity (1. X Normal)
VENT      Ventilation Rate (6. L/Min)
VENTO2    O2 Consumed by Respiratory Muscles ( 4.5 ml/min
VISC      Blood Viscosity (1. X Normal)
WGHT      Body Weight (80. kg)
WGHTLB    Body Weight in Pounds (176. lbs)


*** PARAMETER ***

A2INF     Angiotensin II Infusion ( 0. to 100. ng/kg/min )
ADHB      ADH - Basic Concentration (1.0 X Normal)
AGE       Age (40. Years)
ALDOB     ALDO - Basic Concentration ( 8. ng/dl )
ALDOP     Primary Aldosteronism ( 0. to 10. )
ARRT      Artificial Respiration Rate ( 15. per Min )
ARTFLO    Artificial Heart Flowrate ( 5500. ml/min )
ARTHRT    Artificial Heart Switch (1. = On, 0. = Off)
ARTRES    Artificial Respiration Switch (1. = On, 0. = Off)
ARVOL     Artificial Respiration, Tidal Volume (500 ml)
ATROP     Atropine ( to .5 mg/kg I.M. ) ** Single Dose **
AVFIST    A-V Fistula (Fraction of CO)
BACID     Basic Acid Production (72. mMol/day)
BAROP     Barometric Pressure (760. mmHg)
BMRB      BMR - Basic (1.17 Cal/Min)
CAD       Coronary Artery Disease (0. = None, 1. = Bad)
CEI       Converting Enzyme Inhibitor (to 600 Mg/Day) ** Cont
CHLORO    Chlorothiazide (to 1000. mg/day) ** Continuous Dose
CLAMP     Renal Artery Clamp (Added mmHg)
DIAL      Dialysis Switch (0=No, 1=Dialyze) ** For 8 Hours **
DIETK     Dietary Potassium (60. mEq/Day)
DIETNA    Dietary Sodium (180. mEq/Day)
DIETPR    Dietary Protein (70. G/Day)
DIGIT     Digitalis (to .5 mg/day) ** Continuous Dose **
DSPCEB    Basic Dead Space ( 150. ml)
ERYTHB    ERYTH - Basic (1.0 X Normal)
EXER      Exercise (0. to 10. L-O2/Min) ** Check XERMIN **
EXPRB     Protein Loss - Basic (.00035 G/Min)
FCO2AT    Fractional CO2 in Atmosphere (0.)
FDH2O     Water in Food (1000. ml/day)
FL2RS     Fractional Left-to-Right Shunt (X CO)
FO2AT     Fractional O2 in Atmosphere ( .21 )
FOOD      Relative Food Intake (1. X Normal)
FR2LS     Fractional Right-to-Left Shunt (X CO)
FUROSE    Furosemide (to 80. mg I.V.) ** Single Dose **
H2OMAX    Water Intake - Maximum (100. ml/min)
H2OMIN    Water Intake - Minimum (0. ml/min)
HEMMIN    Hemorrhage Timespan (Minutes)
HEMVOL    Total Hemorrhage Volume (ml) ** Check HEMMIN **
HYDRAL    Hydralazine (to 75. mg/day) ** Continuous Dose **
IFBIC     Infusion Bicarbonate (mMol/L)
IFK       Infusion Potassium (mEq/L)
IFMIN     Infusion Timespan (Minutes)
IFNA      Infusion Sodium (mEq/L)
IFPR      Infusion Protein (g/dl)
IFVOL     Total Infusion Volume (ml) ** Check IFMIN **
LHSB      Basic Left Heart Strength (1. X Normal)
LMIB      Left M.I. - Basic (0. = None, 1. = Complete)
MEMPER    Capillary Membrane Permeability ( 8. ml/min/mmHg )
MSA       Pulmonary Membrane Surface Area (100%)
NITRO     Nitroglycerin Dose (to 1. mg) ** As Needed **
NITROS    Nitroglycerin Prescription Switch (1.=Take It)
NOREPI    Norepinephrine ( to 50 mcg/min ) ** Check NORMIN **
NORMIN    Duration of Norepinephrine Infusion ( Minutes )
PHEO      Pheochromocytoma (0. = None, 3. = Severe)
PHOXY     Phenoxybenzamine (to 60. mg/day) ** Continuous Dose
PULRB     Basic Pulmonary Resistance ( .0013 )
PULSHN    Pulmonary Physiological Shunt ( .02 of Total LUNGF )
RELHUM    Relative Humidity (.3, Fractional)
REMASS    Renal Mass (1. X Normal)
RENDIS    Renal Disease (0. = None, 4. = Severe)
RHSB      Basic Right Heart Strength (1. X Normal)
RMIB      Right M.I. - Basic (0. = None, 1. = Complete)
SEX       Sex (1. = Male. 2. = Female)
SYMCL     Clamped Sympathetic Level (1=Norm) ** Check SYMSW **
SYMSW     Sympathetic Switch (0=Norm, 1=Clamp) ** Check SYMCL **
TEMAB     Ambient Temperature (27. Centigrade)
TEMSET    Hypothalamic Temperature Set-Point (37. C)
THY       Thyroxine Secretion (100. ng/min)
TRNHCT    Transfusion Hematocrit (%)
TRNMIN    Transfusion Timespan (Minutes)
TRNVOL    Total Transfusion Volume (ml) ** Check TRNMIN **
U24       24-Hour Urine Collection (0. = No, 1. = Do.It)
UP        Posture Control (0.=Automatic,1.=Upright,-1.=Prone)
VENCON    Selective Venoconstriction (1. X Normal)
XERMIN    Duration of Exercise (Minutes)
```

Abb.1   Verfügbare Zustandsgrößen im Modell HUMAN

MÖGLICHKEITEN UND GRENZEN DER ANALYTISCHEN MODELLBILDUNG VON WARTESCHLANGENSYSTEMEN

Ian Fuat Akyildiz, Erlangen

Gunter Bolch, Erlangen

Zusammenfassung. Die Untersuchung komplexer Systeme mit Hilfe von Warteschlangenmodellen hat sich in vielen Fachgebieten als sehr wirkungsvoll erwiesen. Der analytischen Modellbildung kommt dabei besondere
Bedeutung zu wegen der einfachen Implementierung und der leichten Interpretation der Beziehungen zwischen Modellparametern und Leistungsgrößen und der damit verbundenen leichten Optimierung. Allerdings
unterliegt ihre Anwendung Beschränkungen, die aber durch die Entwicklung neuer Methoden in vielen Fällen überwunden werden konnten.
In dieser Arbeit werden die wichtigsten analytischen Methoden vorgestellt, erläutert und deren Möglichkeiten und Grenzen zur Analyse realer Systeme behandelt.

Summary. The popularity of queueing network models for the analysis
of complex systems in many areas has increased in the last decade.
Analytic modelling has the advantages that it can be designed and
implemented very quickly, it is easier to give interpretations to
the relationships between model parameters and performance measures.
Near the advantages analytic modelling has some limitations which could
be partly removed by the development of new techniques.
In this work the most important analytic methods, their advantages and
limitations are presented and explained.

1. Einfache Warteschlangensysteme

Ein einfaches Warteschlangensystem besteht aus einem Warteraum (Warteschlange) und aus einer oder mehreren Bedieneinheiten, Fig. 1.

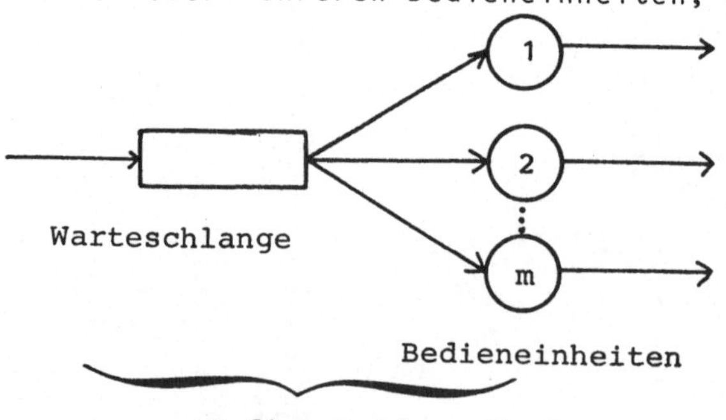

Fig.1   Ein Warteschlangensystem

In der Warteschlangentheorie wird das Warteschlangensystem auch als
Bedienstation bezeichnet. Täglich begegnen wir Warteschlangensystemen,
z.B. im Supermarkt, in der Bank, im Postamt, in der Arztpraxis, usw.

Ein Warteschlangensystem ist charakterisiert durch

a) Die Art der Ankünfte der Kunden mit der Rate λ .
b) Die Bedienzeiten der Kunden mit der Rate μ.
c) Die Anzahl der identischen Bedieneinheiten $(m \geq 1)$.
d) Die Warteschlangentheorie, d.h., nach welchem Prinzip die Kunden
    bedient werden, z.B. FIFO, LIFO, usw.

Die Besonderheit der Warteschlangensysteme besteht vor allem darin,
daß der Zugang der Kunden in der Regel zufällig erfolgt und die Zeit
für deren Abfertigung auch eine Zufallsgröße ist. Die Zufallsvariablen
werden durch ihre Verteilung charakterisiert. Eine häufig angenommene
Verteilung ist die Exponentialverteilung, weil sie die Markoff-Eigen-
schaft (daher in Kurzform mit M bezeichnet) besitzt, d.h., das jetzt
auftretende Ereignis ist unabhängig von der Vergangenheit. Andere Verteilungen sind z.B.:

Erlang-k Verteilung E_k
k Phasen Hyperexponentialverteilung H_k
Deterministische Verteilung D

Für beliebige Verteilung verwendet man die Bezeichnung G. In der Warteschlangentheorie benutzt man die folgende Kurzschreibweise: z.B.
M/G/m-FIFO (d.h., exponentiell verteilte Ankunftszeiten, beliebig verteilte Bedienzeiten, m Bedieneinheiten und FIFO Warteschlangenstrategie).
Solche Warteschlangensysteme können zu einem Netz zusammengefaßt werden,
um komplexe und umfangreiche Bediensysteme zu modellieren und zu untersuchen.

2. Warteschlangennetze

Es gibt 3 Arten von Warteschlangennetzen: offene, geschlossene und gemischte Warteschlangennetze.

a) Offenes Warteschlangennetz.
   Ein Warteschlangennetz ist offen, wenn Ankünfte der Kunden von außen
   und Abgänge nach außen von jeder Bedienstation möglich sind.

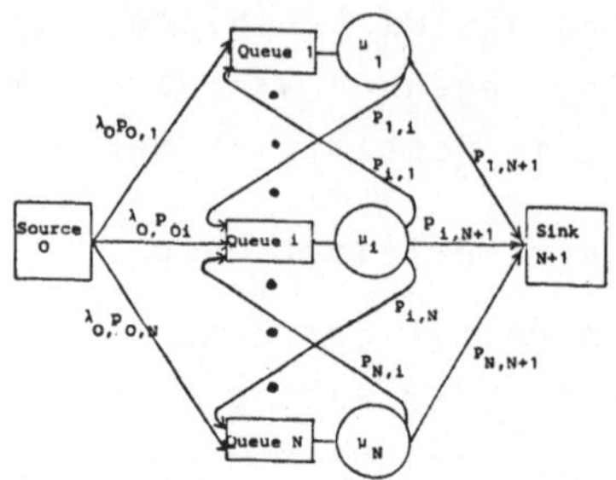

Fig.2 Ein offenes Warteschlangennetz

Beispiel:

Wir betrachten eine Klinik, die aus verschiedenen Abteilungen besteht,
z.B. Abteilungen für Röntgenaufnahmen, Blutuntersuchungen und für Diagnose. Die Patienten kommen von der Außenwelt in die Klinik. Z.B. gehen
10% der Patienten in die Röntgenabteilung, 20% der Patienten in das
Labor für Blutuntersuchungen und 15% zur Diagnose. Nach den Röntgenaufnahmen kann ein Patient die Klinik verlassen oder in das Labor für Blutuntersuchungen oder auch zur Diagnose gehen und umgekehrt. Die Patienten
zirkulieren also durch die Klinik und irgendwann einmal verlassen sie
sie wieder.

b.) Geschlossenes Warteschlangennetz.
   Ein Warteschlangennetz ist geschlossen, wenn die Anzahl der Kunden
   im Netz immer konstant ist, d.h., Ankünfte von außen und Abgänge
   nach außen nicht erlaubt sind.

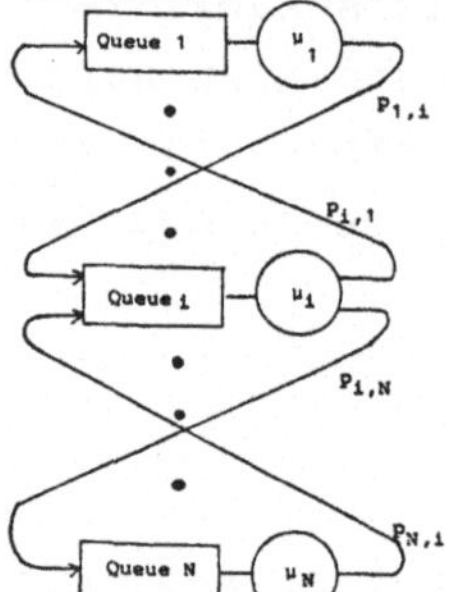

Fig.3 Ein geschlossenes Netz

Beispiel:

Ein Krankenhaus, das konstante Anzahl von Betten hat und dadurch nur
konstante Anzahl von Patienten stationär aufnehmen kann.

c) Gemischtes Warteschlangennetz.

Gemischtes Warteschlangennetz besteht aus offenen und geschlossenen
Teilnetzen.

Beispiel:

Ein Rechensystem mit Terminalbetrieb und Batch-Betrieb kann als ein
gemischtes Warteschlangennetz modelliert werden. Der Terminalbetrieb
wird durch geschlossenes Netz (die Anzahl der Benutzer konstant), der
Batchbetrieb durch offenes Netz modelliert.

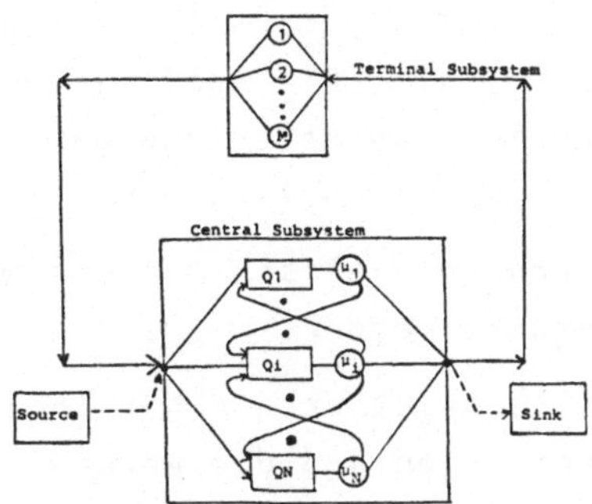

Fig.4 Ein gemischtes Warteschlangennetz

3. Die Leistungsanalyse der Bediensysteme

Die Erfahrungen und Studien haben gezeigt, daß die Warteschlangennetze
sehr geeignet sind zur Planung, Entwicklung, Vergleich und Verhaltens-
analyse komplexer Bediensysteme aus verschiedenen Fachgebieten wie z.B.
Informatik (Rechnersysteme und Rechnernetze), Betriebswirtschaftslehre
insbesondere Operations Research (Kliniken, Bankinstitute, Supermärkte
usw.), Verkehrswesen (Straßenverkehr, Flughäfen), Vermittlungstechnik
usw.
Die Leistungsanalyse der Bediensysteme kann auf zwei Wegen durchgeführt werden. Wenn das System existiert, kann die Leistung direkt durch
Meßgeräte ermittelt werden. Da das Ablaufgeschehen mancher Bediensysteme
zu komplex ist, um nur durch Messung erfaßt oder vorhergesagt werden zu
können, werden zur Analyse Modelle (Warteschlangennetze) verwendet.

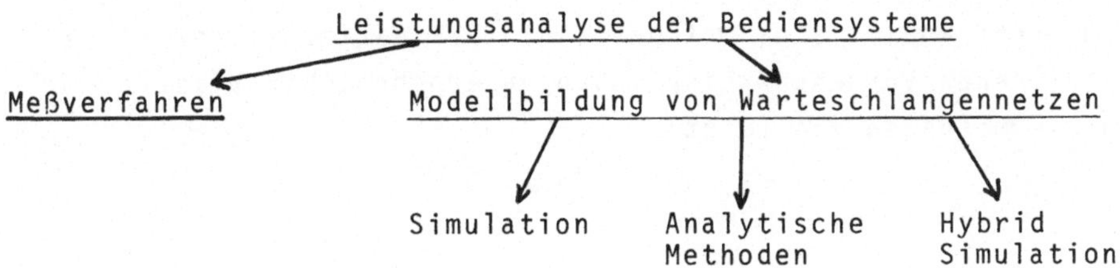

Wie in dem Schema ersichtlich ist, können die Warteschlangennetze auf
verschiedene Vorgehensweisen untersucht werden:

i)   Simulation

ii)   Analytische Methoden

iii)   Hybrid Simulation, die eine Kombination der beiden Techniken ist.

Die analytischen Methoden versuchen auf mathematischem Wege, die Beziehungen zwischen fundamentalen Systemparametern, z.B. Bedienzeiten,
Anzahl der Kunden, Übergangswahrscheinlichkeiten, usw. und relevanten
Leistungsgrößen, z.B. Auslastung, Durchsatz, Warteschlangenlänge, Wartezeit, Verweilzeit usw. herzuleiten. Die analytische Modellbildung hat
in den letzten Jahren zunehmend an Bedeutung gewonnen. Die Gründe dafür sind:

a) Analytische Methoden können vielfach mit minimalem Aufwand (Blei-
    stift/Papier) durchgeführt werden.

b) Für umfangreichere Fälle existieren Algorithmen, die in den letzten
    Jahren entwickelt worden sind und die Anwendungen erleichtert haben
    oder es existieren bereits Programmpakete, z.B. RESQ, QNET4, PNET,
    COPE.

c) Beziehungen zwischen Modellparametern und Leistungsgrößen können
    leicht interpretiert werden, dadurch sind die Optimierungen leicht
    durchführbar. Wegen dieser Vorteile sollte analytische Modellbil-
    dung dort, wo es möglich ist, auch angewandt werden.
    Im Vergleich zur analytischen Modellbildung können bei der Simula-
    tion realistischere Annahmen über das zu untersuchende System ge-
    macht werden und dadurch hat sie einen größeren Anwendungsbereich.
    Nach unserer Meinung sollten die beiden Modellbildungstechniken
    nicht konkurrieren, sondern sich gegenseitig ergänzen, z.B. sollte
    ein Modell, das analytisch untersucht worden ist, mit Simulation,
    wenn es nicht aufwendig ist, validiert werden und umgekehrt, ein
    Simulationsmodell, wenn es möglich ist, analytisch validiert werden.

4. Analytische Methoden

Es gibt mehrere analytische Methoden, die für Warteschlangennetze
auf verschiedener Vorgehensweise Lösungen ergeben. Wir klassifi-
zieren diese Methoden wie folgt:

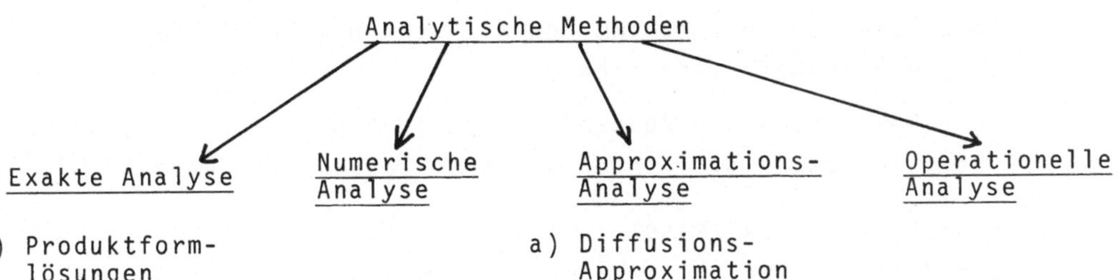

a) Produktform-
   lösungen

b) Mittelwert-
   analyse

c) LBANC

a) Diffusions-
   Approximation

b) Parametrische
   Analyse
   und iterative
   Approximation

c) Dekompositions-
   Approximation

1. Exakte Analyse

Exakte Lösungen für die Leistungsgrößen von Warteschlangennetzen
erhält man mit der MVA, dem Local-Balance Algorithmus und den Verfahren, welche Produktformlösungen ergeben.

a) Produktformlösungen (JACK 63, BCMP 75)
   Produktformlösung bedeutet, daß die Zustandswahrscheinlichkeiten
   im Gleichgewicht aus Faktoren bestehen, die die Zustände der einzelnen Knoten beschreiben. Aus diesen Zustandswahrscheinlichkeiten können dann die Leistungsparameter, wie z.B. Auslastungen
   der einzelnen Bedienstationen, Warteschlangenlängen, Wartezeiten, Verweilzeiten, usw. bestimmt werden.

Möglichkeiten:

i)   Die folgenden Bedienstationstypen, die zu einem Netzwerk
       zusammengefaßt werden können, liefern Produktformlösungen:

       - $M/M/m_i$ - FIFO   (z.B. E/A-Geräte, Platten, Trommel)

       - $M/G/1$ - RR /PS/ (z.B. CPU's)

       - $M/G/\infty$ - .   (Genügend viele Bedieneinheiten, da-
                            durch entsteht keine Warteschlange;
                            z.B. Terminals)

       - $M/G/1$ - LCFS-Preemptive Resume

ii)   Netze mit diesen Bedienstationstypen und mit mehreren
       Klassen können auch analysiert werden.

Grenzen:

i)   Andere Bedienstationstypen, z.B. $E_2/G/1$-FIFO; M/M/m-SJF,

die zu einem Netz zusammengefaßt werden können, liefern
keine Produktformlösungen.

ii) Die Berechnung der Zustandswahrscheinlichkeiten insbesondere
bei den Netzen mit mehreren Kundenklassen ist aufwendig.

b) Mittelwertanalyse (REIS 80)

Bei der Mittelwertanalyse werden im Gegensatz zu den Produktformlösungen die Zustandswahrscheinlichkeiten und die Normali-
sierungskonstante nicht berechnet, sondern mit Hilfe von 3 fundamentalen Gleichungen die mittlere Verweilzeit, Durchsatz und
mittlere Anzahl von Aufträgen iterativ von k=1, ..., K (Anzahl
von Aufträgen im System) Mittelwerte von Leistungsgrößen bestimmt. Aus diesen Größen können auch alle anderen Leistungsgrößen bestimmt werden.

Möglichkeiten:

i)   Die Gleichungen können leicht interpretiert werden.

ii)   Alle Netze mit Produktformlösungen können untersucht werden.

iii) Die Berechnung der Normalisierungskonstanten ist nicht
erforderlich.

Grenzen:

i)   Extrem große Speicherplatzanforderung, da alle Mittelwerte
der Anzahl der Kunden parallel berechnet werden.

ii)   Die Zustandswahrscheinlichkeiten werden nicht berechnet.
Man erhält nur Mittelwerte der Leistungsgrößen.

iii) Nur Netze mit Produktformlösungen können untersucht werden.
Andere Netze mit einem Bedienstationstyp z.B. $H_2/M/1$-FIFO
nicht.

c) LBANC (Local Balance Algorithm for Normalizing Constants)(SAUE 81)

Diese Methode ist von der Mittelwertanalyse abgeleitet worden,
wobei aber im Gegensatz zur Mittelwertanalyse hier die Normali-
sierungskonstante iterativ von k=1, ..., K berechnet wird.

Möglichkeiten:

i)   Die Gleichungen können leicht und schnell implementiert
werden.

ii)   Netze mit Produktformlösungen können analysiert werden.

iii) Sehr geringer Speicherplatz wird angefordert.

Grenzen:

i)   Auf Netze ohne Produktformlösungen nicht anwendbar.

2. Numerische Analyse

ist besonders geeignet zur Analyse von Warteschlangennetzen, die
eine kleine Anzahl von Kunden und Bedienstationen haben. Sonst sind
sie sehr aufwendig und brauchen viel Speicherplatz.

3. Approximationsanalyse

Wenn bei komplexen Systemen die exakten Methoden nicht anwendbar
und die numerischen Methoden zu aufwendig sind, dann können die
Approximationsverfahren angewandt werden, die unter bestimmten Voraussetzungen sehr gute Ergebnisse liefern.

a) Diffusion Approximation (KOBA 74)
   Diese Methode verwendet die Diffusionsprozeßtheorie für die Untersuchung der Warteschlangenmodelle. Die schwierigen algebraischen
   Ableitungen hindern viele Analytiker, diese Methode anzuwenden.
   Es ist aber möglich, die Formeln der Diffusionsmethode einfach
   anzuwenden, ohne deren Ableitungen zu verstehen.
   Die Ableitung dieser Methode kann folgendermaßen zusammengefaßt
   werden:
   Der diskrete Prozeß (die Anzahl der Kunden in der Bedienstation)
   $k(t)$ wird durch einen kontinuierlichen Prozeß $x(t)$ (Diffusions-
   prozeß) approximiert und eine Normalverteilung für die Schwankungen der Anzahl der Kunden angenommen mit Mittelwert β und
   Varianz α. Die Wahrscheinlichkeitsverteilung des kontinuierlichen Prozesses $x(t)$ kann durch die sogenannte Fokker-Planck
   Gleichung (oder auch Diffusionsgleichung genannt) beschrieben
   werden. Die Lösung dieses Gleichungssystems unter gewissen Bedingungen ergibt dann die approximierten Zustandswahrscheinlichkeiten.

   Möglichkeiten:

   i)   G/G/1-FIFO (d.h., beliebig verteilte Ankunftszeiten, belie-
         big verteilte Bedienzeiten, 1 Bedieneinheit und FIFO-Strate-
         gie).

   ii)   Die Ergebnisse, die mit dieser Methode erzielt werden, lie-
         gen bei den exponentiell angenommenen Verteilungen nahe den
         exakten Werten.

Grenzen:

i)   Bedienstationen mit nur einer einzigen Bedieneinheit analy-
     sierbar.

ii) Für Netze mit mehreren Kundenklassen noch keine Lösungen.

iii) Noch kein Algorithmus für die Berechnung der Normalisie-
     rungskonstante.

b) Parametrische Analyse und Iterative Approximation (CHAN 75)
   Diese Methode basiert auf einer Anwendung des bekannten Norton -
   schen Theorems aus der elektrischen Netzwerktheorie (Kurzschluß-
   schaltung) bei Warteschlangennetzen.
   Wir betrachten das folgende Warteschlangennetz in dieser Figur
   mit N Bedienstationen und K Kunden.

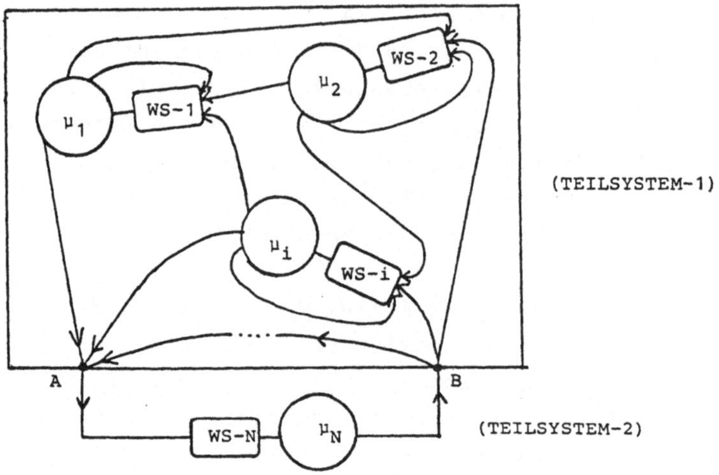

Fig.5   Ein geschlossenes Warteschlangennetz

Aus diesem Gesamtnetz wird eine Bedienstation herausgeschnitten
(hier die N-te Bedienstation). Die Verbindung zum Gesamtnetzwerk
wird genau an zwei Stellen unterbrochen, nämlich an einer Zufluß-
stelle A und einer Abflußstelle B von Kunden.
Das Teilsystem-2 wird dann "kurzgeschlossen", d.h., die mittlere
Bedienzeit der N-ten Bedienstation wird gleich 0 gesetzt. Dann
ist die Gesamtanzahl der Kunden im Teilsystem-1 konstant.

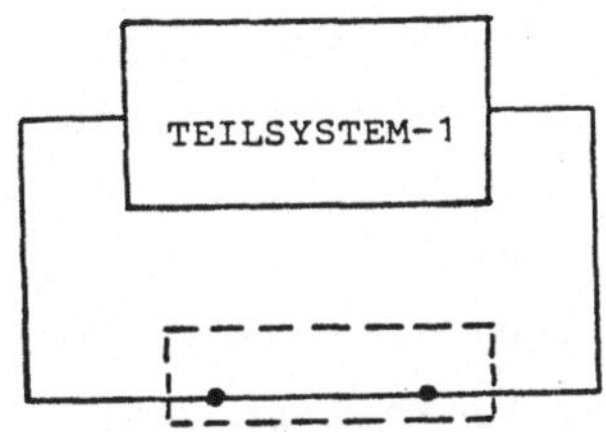

Fig.6 Das kurzgeschlossene System

Das Teilsystem-1 wird untersucht und die Durchsatzgrößen $\lambda(k)$ der mittleren Bedienstationen unter jeder möglichen Anzahl von Kunden berechnet.

Im letzten Schritt wird das Teilsystem-1 durch eine einzige äquivalente Bedienstation im Gesamtsystem ersetzt. Das heißt, daß wir aus einem Netz mit N Bedienstationen ein Netz mit zwei Bedienstationen erhalten.

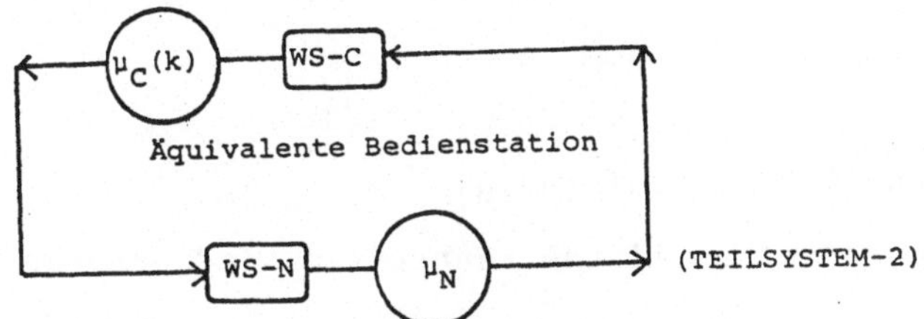

Fig.7 Das resultierende System

Möglichkeiten:

i)   Diese Methode liefert für Netze mit Produktformlösungen exakte Ergebnisse.
Für Netze mit Bedienstationstyp z.B. H_2/G/1-FIFO sind die Ergebnisse approximativ.

ii)   Diese Methode kann mit anderen Methoden, z.B. numerische Methoden, Produktformlösungen kombiniert werden.

Grenzen:

i)   Für große Anzahl von Kunden und Bedienstationen ist die Methode aufwendig.

c) Decompositionsapproximation (COUR 77)
Bei dieser Methode wird das Gesamtnetz so in Teilnetze zerlegt, daß Aktivitäten zwischen den Teilnetzen nahezu vernachlässigbar

sind gegenüber der Aktivitäten innerhalb der Teilnetze. Solche
Netze nennt man fast-vollständig-zerlegbar.
Bei der Analyse solcher Netze untersucht man die Teilnetze völlig
isoliert vom Gesamtnetz. Man tut also so, als ob es keine Aktivi-
tät zwischen dem Teilnetz und seiner Umgebung gäbe. Da diese
Aktivitäten zwischen den Teilnetzen aber sehr gering sind, er-
gibt sich aus deren Vernachlässigung nur kleine Fehler.
Diese Methode nennt man auch Aggregation.

Möglichkeiten:

i)   Alle Arten der Bedienstationstypen sind analysierbar.

ii) Die Zustände der Systeme können reduziert werden.

iii) Kombinationsmöglichkeiten zwischen dieser Methode und anderer
     Methoden, z.B. Operationelle Analyse, Simulation, Numerische
     Methoden, usw.

Grenzen:

i)   Sehr komplex und aufwendig.

ii) Sehr gute mathematische Kenntnisse sind erforderlich.

4. Operationelle Analyse (DENN 78)

Bei Anwendung dieser Methode wird das System in einem gewissen Zeitraum beobachtet und dabei werden bestimmte einfach zu erfassende
Größen, sogenannte Basisgrößen, gemessen. Die Basisgrößen sind,

T die Länge des Beobachtungszeitraumes
A die Anzahl der Zugänge während T
B die Belegungsdauer des Gerätes während T
C die Gesamtanzahl der Abgänge während T.

Aus diesen Basisgrößen können anschließend andere Leistungsgrößen abegeleitet werden, wie z.B. die Auslastung $\rho = \frac{B}{T}$ oder
der Systemdurchsatz $X = \frac{C}{T}$, usw.

Möglichkeiten:

i)   Keine stochastischen Prozesse und wahrscheinlichkeitstheo-
     retische Konzepte werden gebraucht.

ii) Der mathematische Aufwand wird verringert, weil man nur mit
     meßbaren Größen arbeitet.

iii) Es müssen keine Annahmen über die Verteilungen gemacht werden.

iV) Alle Modelltypen (offene, geschlossene und gemischte Netze)
sind analysierbar.

Grenzen:

i) Es ist sehr aufwendig, das Systemverhalten zu beobachten
und Messungen durchzuführen.

Zum Schluß möchten wir noch auf unseren Arbeitsbericht /AKBO 81/
und unser Buch /BOAK 82/ hinweisen, in dem diese Methoden ausführlich beschrieben und anhand von Beispielen erläutert sind.

Bemerkung:

Wir bedanken uns sehr bei unserem Kollegen, Herrn Dr.-Ing. H. J.
Fromm für seine Hinweise und konstruktive Kritik.

Literatur

/AKBO 81/   Akyildiz, I.F.; Bolch, G.:
              Analytic Solution Techniques for Queueing Network
              Models of Computer Systems.
              Arbeitsberichte des Institutes für Mathematische Ma-
              schinen und Datenverarbeitung (Informatik), Universi-
              tät Erlangen-Nürnberg, Band 14, Nr. 4, Erlangen,
              Juni 1981

/BCMP 75/   Baskett, F.; Chandy, K.M.; Muntz, R.R. and Palacios,
              G.F.:
              Open, Closed and Mixed Network of Queues with Different
              Classes of Customers.
              Journal of the ACM, Vol. 22, 2, Apr. 1975, pp. 248-260

/BOAK 82/   Bolch, G.; Akyildiz, I.F.:
              Analyse von Rechensystemen.
              Teubner Verlag (in Vorbereitung), Herbst 1982

/COUR 77/   Courtois, P.J.:
              Decomposability: Queueing and Computer System Applica-
              tions.
              Academic Press, Inc., New York, 1977

/DENN 78/   Denning, P.J. and Buzen, J.P.:
              Operational Analysis of Queueing Networks.
              Computing Surveys 10, 3, Sept. 1978, pp. 225-261

/FROM 80/   Fromm, H.J.:
              Zur Modellierung der Speicherinterferenz bei hierar-
              chisch organisierten Multiprozessorsystemen.
              Arbeitsberichte des IMMD der Universität Erlangen-
              Nürnberg, Band 13, Nr. 3, Erlangen, April 1980

/JACK 63/   Jackson, J.R.:
             Jobshoplike queueing systems.
             Management Science, 10, 1963, pp. 131-142

/KOBA 74/   Kobayashi, H.:
             Application of the Diffusion Approximation to Queueing
             Networks:
             Part I: Equilibrium Queue Distributions.
             Journal of the ACM, Vol. 21, 2, Apr. 1974, pp. 316-328
             Part II: Nonequilibrium Distributions and Computer
             Modelling.
             Journal of the ACM, Vol. 21,3, July 1974, pp. 459-469

/REIS 80/   Reiser, M.; Lavenberg, S.S.:
             Mean Value Analysis of Closed Multichain Queueing Networks.
             JACM, Vol. 27, No. 2, Apr. 1980, pp. 313-322

/SAUE 81/   Sauer, C.H. and Chandy, K.M.:
             Computer Systems Performance Modelling.
             Prentice-Hall Inc., Englewood Cliffs, N.J., 1981

HYBRIDES SIMULATIONSMODELL FÜR DIE
SYSTEMFAMILIE NIXDORF 8860:
ZIELE, METHODIK, KONZEPTE

Wilfried Eickholz, Paderborn

Zusammenfassung. Das hybride Simulationsmodell SIM8860 ist ein Werkzeug zur leistungs- und kostengerechten Konfigurierung von Installationen des Systems Nixdorf 8860. Für seine Leistungsprognose verwendet das Modell gleichzeitig analytische und simulative Verfahren. Der Einsatz dieser hybriden Methode ist durch die Zielsetzung motiviert, bei Nutzung der Vorteile simulativer Modellierung (hoher Genauigkeitsgrad der Nachbildung komplexer Systemkomponenten) deren Nachteile (hoher Modellerstellungs-, Rechenzeit- und Speicheraufwand) zu mildern. Dazu werden diejenigen Teile des Systems, für die eine approximative analytische Modellierung hinreichend ist, mathematisch im Modell abgebildet. Nach einer generellen Erläuterung der Methodik wird die spezielle Funktionsweise der Kopplung zwischen simulativem und analytischem Modellteil im SIM8860 exemplarisch dargestellt.

Summary. The SIM8860 hybrid simulation model is a tool for optimal configuring Nixdorf 8860 systems with respect to performance and costs. The model employs both analytic and simulation techniques to predict the performance of the installation. The advantages gained through this approach are high degree modelling precision and reduced model construction and evaluation overhead. The analytic method is applied to those system components for which an approximative analytic model is sufficient. After a description of the method in general the connection of the simulative and the analytic parts of the model SIM8860 is demonstrated by an example.

1. Notwendigkeit und Aufgaben des Leistungsprognose-Werkzeugs SIM8860

Die Vielfalt der Anwendungs- und Konfigurierungsmöglichkeiten des Informationssystems Nixdorf 8860, insbesondere im Rechnerverbund, erfordert bei der Installationsplanung ein Instrument zur Prognose des Systemleistungsverhaltens. Dabei kommt es in erster Linie darauf an, Antwortzeitenund Auslastungsgrade des Systems bzw. einzelner Systemkomponenten bei vorgegebener Anwenderlast und Konfiguration zu bestimmen. Ein weiteres Anwendungsgebiet dieses Werkzeuges ist die Lokalisierung und Ursachenanalyse leistungsbegrenzender Systemengpässe beim Einsatz in der Phase des Feintunings bestehender Installationen.

Dieses Instrument zur Leistungsvoraussage und -bewertung wurde in GPSS-FORTRAN als hybrides Simulationsmodell SIM8860 realisiert, das die wechselseitigen Abhängigkeiten im System genau erfaßt und auch gegebenenfalls für einzelne Systemkomponenten detaillierte Untersuchungen erlaubt. Daher ist das Modell auch zur Bewertung von Maßnahmen zur Weiterentwicklung für eine Reihe von Systemkomponenten gut geeignet.

2. Anwenderschnittstelle: Modellergebnisse und System-/Lastbeschreibung

Um den genannten Zielen und Aufgaben gerecht zu werden, ermittelt das Modell SIM8860 u. a. folgende Performance-Parameter:

- Antwortzeiten für verschiedene Transaktionstypen
  Die Definition einer einheitlichen "Systemantwortzeit" gestaltet sich für verschiedenartige Transaktionstypen schwierig. Deshalb bietet SIM8860 dem Benutzer hier ein erhebliches Maß an Flexibilität an. Neben der Berechnung der vollen Zykluszeit der gesamten Transaktion hat der Modellanwender die Möglichkeit, in der Ablaufbeschreibung der Transaktionstypen an beliebigen Stellen Meßpunkte einzubringen, die zur Berechnung einer definierten Antwortzeit verwendet werden können.

- Durchsatzraten für Batchprogramme
  Häufig laufen neben den zeitkritischen Dialoganwendungen zusätzlich Batchprogramme im Hintergrund ab, deren Durchsatzraten dem Anwender als Leistungsmaß angegeben werden.

- Auslastungsgrade der Hardware-Ressourcen CPU, Platten, Leitungscontroller, Leitungen zu den Arbeitsplätzen bzw. zu weiteren angeschlossenen Systemen
  Sowohl bei der Konfigurationsplanung in Pre-Sales-Phasen als auch beim Feintuning bestehender Anwendungen besteht die wichtigste Aufgabe darin, eventuelle leistungsbegrenzende Engpässe der Hardware- (und Systemsoftware-) Ressourcen anhand ihrer Auslastungsgrade herauszufinden, die Ursachen zu analysieren und Maßnahmen zur Behebung der Engpässe vorzuschlagen. Die Wirkung dieser Maßnahmen ist anhand weiterer Modelläufe zu überprüfen.

Zur Durchführung der Simulationen müssen dem Modell folgende Parametergruppen bereitgestellt werden:

- Systemkonfiguration
  Die den Untersuchungen zugrundeliegende Systemkonfiguration wird in das Modell analog den Daten zu einer Systemgenerierung eingegeben.

- Anwenderbelastungsprofil
  Die Leistungsfähigkeit eines Rechensystems kann stets nur im Zusammen-
  hang mit dem Anwendungsprofil beurteilt werden. Deshalb wurde im
  SIM8860 großer Wert auf komfortable und anwendungsbezogene Möglich-
  keiten zur Beschreibung der Anwenderlast gelegt. Bei der Definition
  des Anwenderbelastungsprofils wird der reale Transaktionsmix auf eine
  Menge von Programmklassen abgebildet, wobei jede Programmklasse einen
  Transaktionstyp beschreibt. Programmklassen werden aufgebaut aus

  - logischen Betriebsmittelanforderungen

  - Kontrollstrukturen (Schleifen, alternative Programmpfade)

  - Unterprogrammaufrufen (Makrotechnik)

- Betriebssystemparameter
  Die Einstellung von Betriebssystem-Generierungsparametern spielt
  für das System-Leistungsverhalten eine bedeutende Rolle. Wichtige
  Parameter wie Multitaskinggrad bei Indexdateibearbeitung, Window-
  größe bei Leitungsübertragung usw. fließen deshalb in das Modell ein.

3. Methodik des hybriden Modellierungsansatzes

In den zur Computer-Performanceanalyse eingesetzten Modellen finden in
erster Linie mathematische (analytische, numerische) oder simulative
Verfahren Verwendung. Diese Modellverfahren weisen spezifische Nachteile
auf, die einen praktischen Einsatz erschweren bzw. unmöglich machen.
Mit analytischen Methoden läßt sich nur eine eingeschränkte Problemklasse
die auf eine Produktformlösung führt, exakt bearbeiten. Die numerischen
Techniken erweitern zwar die potentiellen Modellierungsmöglichkeiten,
benötigen allerdings bei großen Zustandsräumen einen beträchtlichen
Evaluierungsaufwand, der einen intensiven Einsatz einschränkt. Verschiedene relevante Systemaspekte (wie benötigte Puffergrößen, kompliziertere
Abfertigungsstrategien an Modellservern, Synchronisationsprobleme,
parallele Abläufe im System) sind in einem analytischen Modell kaum
detailliert nachzubilden. Dazu kommen die Schwierigkeiten bei der Berechnung analytisch nicht exakt behandelbarer statistischer Bedienzeitverteilungen, die aber von erheblicher Praxisrelevanz sind (z. B. Log-
normalverteilung der Benutzerdenkzeiten). Weiterhin sind häufig für
Ergebnisparameter nicht die Verteilungsfunktionen, sondern nur die
ersten Momente berechenbar.

Für eine analytische Modellierung von Systemressourcen sprechen
dagegen:

- relativ geringer Aufwand für die Modellerstellung

- geringer Rechenzeit- und Speicherbedarf für die Modellevaluierung

In einem Simulationsmodell wiederum können komplizierte statistische Bedienzeitverteilungen und Abfertigungsalgorithmen realitätsnah dargestellt werden. Für eine Simulation von Systemressourcen spricht auch die häufige Forderung nach einer besonders genauen Analyse des Verhaltens von Betriebssystemkomponenten und die im Gegensatz zu analytischen Modellen gebotene Möglichkeit der Nachbildung dynamischer Interdependenzen zwischen zeitparallelen und zeitsequentiellen Prozessen. Außerdem können in einem Simulationslauf beliebig verfeinerte Histogramme der Ergebnisparameter aufgebaut werden, woraus auf die Form der Verteilungsfunktion   geschlossen werden kann.

Allerdings muß für die Erstellung eines Simulationsmodells ein erheblich höherer Implementierungsaufwand als für ein analytisches Modell angesetzt werden. Hinzu kommt ein beträchtlicher Rechenzeit- und Speicherbedarf bei der Ausführung eines Simulationsmodells.

Um diese Schwierigkeiten überwinden zu können und die Vorteile der simulativen und mathematischen Modellierung zu vereinen, steht die Technik der hybriden Modellierung (kombinierter Einsatz beider Verfahren), basierend auf der Idee der Dekomposition (vgl. L6), zur Verfügung.

Bei der Dekompositionsmethode wird das Gesamtmodell derart in mehrere Submodelle zerlegt, daß die Submodelle untereinander nur relativ seltene Interaktionen aufweisen (externe Interaktionen). Im Vergleich dazu treten innerhalb der Submodelle erheblich größere Interaktionsintensitäten auf. Das bedeutet eine Aufteilung des Modells in mehrere (in diesem Fall zwei) Schichten, die mit unterschiedlichem Ereignisabstand ausgestattet sind. Ist eine solche Zerlegung möglich, heißt das Modell "nahezu vollständig zerlegbar" (Nearly Completely Decomposable NCD). Bei Anwendung der Dekompositionsmethode liegt der wichtigste und schwierigste Verfahrensschritt in der Aufgabe, das Gesamtsystem in eine Menge von Subsystemen mit beherrschbarer Komplexität und klaren Schnittstellen zu zerteilen.

Die Vorgehensweise bei der Evaluierung sieht dann prinzipiell folgendermaßen aus:

1. Innerhalb der Subsysteme werden lokal die Zustandswahrscheinlichkeiten auf dem Mikro-Level berechnet (Mikro-Level: kurze Ereignisabstände). Dabei werden keine externen Interaktionen berücksichtigt.

2. Die Subsysteme werden zu einem fluß-äquivalenten Ersatzserver mit zustandsabhängiger Bediengeschwindigkeit aggregiert.

3. Die Zustandswahrscheinlichkeiten des Gesamtsystems werden unter Verwendung der Ersatzserver berechnet (Makro-Level: größere Ereignisabstände).

Zur Lösung der Teilmodelle bieten sich sowohl analytische (ggf. auch numerische) als auch simulative Methoden an.

Häufig können sogar analytisch nicht lösbare Gesamtmodelle unter Zuhilfenahme von hierarchischer Modellierung und Dekomposition mit im Vergleich zur reinen Simulation reduziertem Aufwand gelöst werden. Dazu werden zunächst diejenigen Submodelle, die einer analytischen Behandlung zugänglich sind, unter Einsatz mathematischer Methoden zu einem Ersatzserver aggregiert. Im zweiten Schritt wird das Netzwerk, bestehend aus den restlichen Servern und den Ersatzservern, durch eine simulative Analyse berechnet.

Die Güte der Resultatsgenauigkeit bei Anwendung der Dekomposition hängt entscheidend von der Größenordnung der Interaktionen zwischen den Submodellen ab. Beim Vorhandensein von Produktformlösungen ist sogar eine exakte Aggregierung möglich; ist das nicht der Fall, besteht wegen der kleineren Zustandsräume der Submodelle die Möglichkeit der Anwendung aufwendiger approximativer Lösungsverfahren. Um die obere Grenze von solchen Fehlern, die aufgrund der Unabhängigkeitsannahme der Subsysteme entstehen, abzuschätzen, sind geeignete Methoden entwickelt worden (vgl. L7). Weitere Verfahren zur Fehlerschätzung verwenden die unter Annahme der Unabhängigkeit erhaltenen Zustandsvektoren als Startwerte für den Einsatz von Iterationsverfahren, die näher an die exakte Lösung heranführen. Die Distanz des erzielten Resultatvektors vom Startvektor ergibt ein Maß für den Grad an Interaktion zwischen den Subsystemen.

Folgende Punkte sollen zusammenfassend besonders betont werden:

- Geeignete Zerlegung des zu untersuchenden Systems in Moduln mit klaren Schnittstellen und geringen Interaktionen nur bei genauester Systemkenntnis möglich

- Möglichkeit der Benutzung jeweils problemangepaßter Analysemethoden
  für die Subsysteme (Simulation, BCMP-Modelle (vgl. L1), iterativ-
  numerische Verfahren)

- Einsparung von Rechenzeit, weil der Aufwand für die Berechnung der
  kleineren Subprobleme deutlich stärker als linear mit der Größe des
  Zustandsraumes abfällt (vgl. L2).

4. Konzept des hybriden Simultionsmodells SIM8860

Das Modell SIM8860 verfolgt einen pragmatisch orientierten hybriden
Modellierungsansatz. Das Zentralsystem (CPU, Leitungscontroller und
Magnetplatten) weist eine komplexe Struktur von Puffern und parallel
ablaufenden Prozessen auf. Daher kommt zur Gewährleistung der Modell-
gültigkeit bei der Nachbildung dieser Komponenten nur das simulative
Modellverfahren in Frage.

Wie bei allen Dialogsystemen wird die Responsetime des Systems 8860
stark durch das Zeitverhalten auf den DFÜ-Leitungen zu den Arbeitsplätzen und zu anderen Systemen beeinflußt. Es existiert eine außer-
ordentliche Vielzahl von Konfigurationsmöglichkeiten, d.h. Zuordnungen
von Leitungen, Arbeitsplätzen und Systemen. Ein simulatives Nachvollziehen aller überhaupt möglichen Konfigurationen würde einerseits den
Modellierungsaufwand und andererseits vor allem auch den Rechenzeit-
bedarf zur Durchführung der Modelläufe beträchtlich in die Höhe treiben. Da die Berechnung des Zeitverhaltens auf den Datenübertragungs-
leitungen zu den Arbeitsplätzen und zu anderen Systemen im Verbund
warteschlangentheoretisch relativ leicht abzuhandeln ist, wird sie
analytisch vorgenommen. Weitere periphere Geräte wie Magnetband-
stationen, Schnelldrucker und Arbeitsplatzperipherie werden ebenfalls
nicht als simulative Modellserver nachgebildet, weil ihr Einfluß auf
das Leistungsverhalten relativ einfach analytisch bestimmt werden kann.

Das Grobkonzept des gewählten Warteschlangennetzes wird aus Abbildung
1 ersichtlich.

Die Kopplung der simulativen und analytischen Teilmodelle erfolgt über
einen dynamischen Datenaustausch. Dabei werden über eine spezielle
Schnittstelle zwischen simulativem und analytischem Modellteil die analytisch berechneten Komponentenauslastungsgrade in periodischen Zeitabständen an den aktuellen Simulationslauf adaptiert. In dieser Kopplung
liegen die methodischen Hauptschwierigkeiten des Modells. Auf der einen

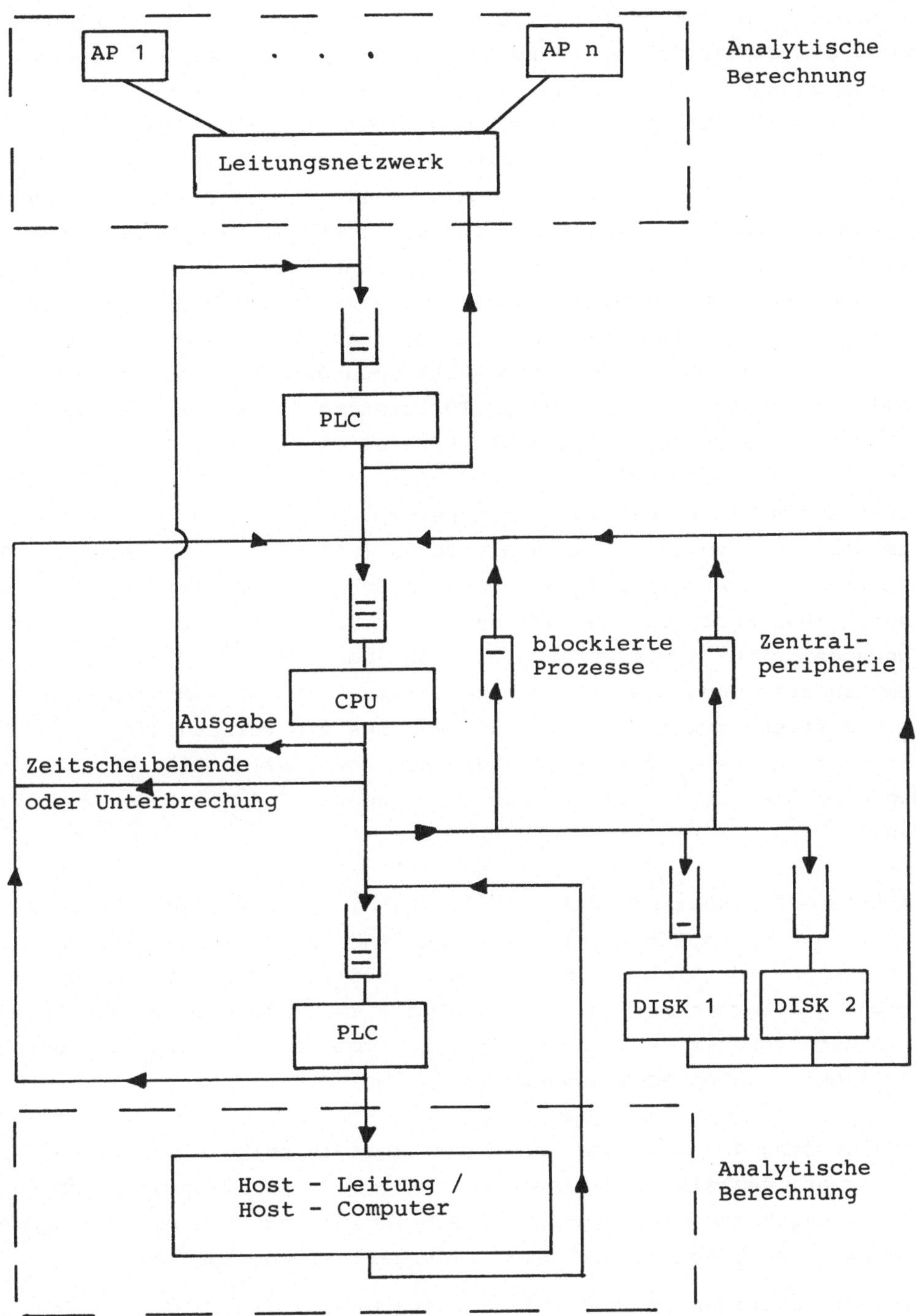

AP = Arbeitsplatz
PLC = Programmierbarer Leitungscontroller

Seite handelt es sich beim analytischen Verfahren um eine statische Methode, die stationäre Systemzustandswahrscheinlichkeiten berechnet und davon ausgehend die Auslastungsgrade der Systemkomponenten, die Warteschlangenlängen und Wartezeiten vor den Komponenten usw. ermittelt. Andererseits ist die Simulation eine dynamische Technik, die die Zustandsübergänge des Systems möglichst realitätsnah schrittweise nachvollzieht und in einer statistischen Endberechnung die Werte der gesuchten Performanceparameter ermittelt. Diese Merkmale beider Techniken machen eine Kombination analytischer und simulativer Verfahren unmöglich,sobald die untersuchten Teilsysteme durch Interaktionen stark gekoppelt sind und daher erhebliche Rückkopplungseffekte auftreten. Nur im Fall der schwachen Kopplung der Teilsysteme ist die Anwendung hybrider Modelle zu vertreten (vgl. Kapitel 3).

Im folgenden soll am Beispiel der Arbeitsplatzleitungen gezeigt werden, wie im SIM8860 simulative und analytische Teilmodelle miteinander verknüpft sind. Die Arbeitsplätze werden im System 8860 mit einem Polling-Verfahren (HDLC-Prozedur) angesteuert. D.h. die Plätze werden vom Leitungscontroller zyklisch angesprochen, wobei je ein Block in Sende- und Empfangsrichtung übertragen wird (Frame-Paar). Das Modell geht stets von einem streng zyklischen Pollrhythmus aus und vernachläßigt den Effekt, daß solche Arbeitsplätze, die nur sehr selten Ein-/Ausgaben vornehmen oder die ausgeschaltet sind, in längeren Zeitabständen gepollt werden.

Der mittlere Pollabstand (MPA) spielt für die Geschwindigkeit der Bedienung von Arbeitsplätzen eine entscheidende Rolle; denn wenn ein Ausgabeauftrag für Platz i im Leitungscontroller vorliegt, muß mit der Übertragung gewartet werden, bis der Platz im Pollzyklus angesprochen wird. Analog verhält es sich bei Eingaben vom Arbeitsplatz, die durch den Poll entgegengenommen werden.

Im SIM8860 sind die Leitungen und Arbeitsplätze keine simulativen Modellserver; deshalb wird hier die Verzögerung der Transaktionen für die Ein-/Ausgabemodellierung ohne die Belegung von Servern vorgenommen. Die gesamte Verzögerungszeit setzt sich seriell zusammen aus:

- Leitungsübertragungszeit für Ein-/Ausgabe

- softwaremäßige Reaktionszeit (auf HDLC-Niveau) von Arbeitsplatz und Leitungscontroller

- evtl. Denkzeit des Benutzers

- Wartezeit auf Poll

Die ersten drei Teilzeiten sind entweder aus den internen Systemdaten
bekannt oder aus den logischen Betriebsmittelanforderungen zu ermitteln.
Lediglich die Wartezeit auf den Poll, die als der halbe mittlere Pollabstand angenommen wird, muß errechnet werden. Der mittlere Pollabstand
wird im analytischen Teil in festen periodischen Zeitabständen auf der
Basis des (bekannten) Zeichenaufkommens auf der Leitung (im vorigen
Intervall) berechnet, wobei durch die zusätzliche Berücksichtigung der
letzten drei Zeitintervalle eine Glättung der MPA-Kurve vorgenommen
wird. Für die Dauer des folgenden Zeitintervalls wird dann der MPA als
fest angenommen. Bei der Kopplung des simulativen und des analytischen
Modellteils traten einige verfahrenstechnische Probleme auf, die inzwischen behoben sind bzw. durch die Implementation schon entworfener
Lösungsansätze behoben werden sollen. Insbesondere können durch starke
Belastungsschwankungen der Leitungen Ungenauigkeiten durch eine zu langsame Anpassungsfähigkeit des Modells auftreten, die durch Einführung
eines flexiblen Intervallrasters beseitigt werden können.

5. Ausblick

Die Erfahrungen mit dem Modell zeigen, daß die integrierte Anwendung
simulativer und analytischer Techniken in einem Modell ein vielver-
sprechender Ansatz ist, um die Vorteile beider Methoden zu nutzen und
gleichzeitig ihre Nachteile zu mildern. Diese positiven Erkenntnisse
haben bei Nixdorf zu der Entscheidung geführt, auch bei der Nachbildung
von NCN-Rechnernetzen (NCN: Nixdorf Communication Network) hybride
Modellierungstechniken einzusetzen.

6. Literatur

L1:   Baskett, F., Chandy K., Muntz, R., Palacios, F.,: Open, Closed
       and Mixed Networks of Queues with Different Classes of Customers,
       in: Journal of the ACM, Vol. 22, Nr. 2, 1975

L2:   Beilner, H.: Hybride (heterogene) Modellierung, in: Informatik-
       Spektrum Band 4, Heft 1, Springer Verlag, Berlin - Heidelberg 1981

L3:   Bordewisch, R., Eickholz, W.: Ein hybrides Simulationsmodell für
       die Systemfamilie Nixdorf 8860, in: Angewandte Informatik 6/81,

Vieweg Verlag, Braunschweig - Wiesbaden 1981

L4:   Chabowski, K., Bordewisch, R.: Das Nixdorf-Bankenterminalsystem 8864. Betriebssystem und Leistungsdaten, in: GMD-Studie Nr. 49, Betriebssystem - Systemvergleich, Birlinghoven 1979

L5:   Courtois, P.J.: Decomposability, Instabilities, and Saturation in Multiprogramming Systems, in: CACM, Vol. 18, Nr. 7, 1975

L6:   Courtois, P.J.: Decomposability, Queueing and Computer Systems Applications, Academic Press, New York 1977

L7:   Courtois, P.J.: Error Analysis in nearly-decomposable stochastic systems, in: Econometrica 43, 4 (1975)

L8:   Ferrari, D.: Computer Systems Performance Evaluation, Prentice Hall, 1978

L9:   Kobayashi, H.: Modeling and Analysis, Addison-Wesley 1978

L10:   Nixdorf 8860 Systembeschreibung
       Best.-Nr.: 27058.00.0.93, Paderborn 1982

L11:   Sauer, C.H., Chandy, K.M.: Computer Systems Performance Modeling, Prentice Hall, 1981

L12:   Savory, S.: Performance Modeling of two commercial minicomputers. In: SIGMINI. First Symposium on Small Systems. ACM New York 1978

L13:   Schwetman, H.D.: Hybrid Simulation Models: A speed-Up technique combining analytic and discrete-event modeling, in: Modelle für Rechensysteme, Informatik-Fachberichte 9, Springer Verlag, Berlin Heidelberg 1977

L14:   Stewart, W.J. : A Comparison of Numerical Techniques in Markov Modeling, in: CACM, Vol. 21, Nr. 2, 1978

ZUR ANWENDUNG UNTERSCHIEDLICHER SIMULATIONS-STRATEGIEN AUF DASSELBE MODELLOBJEKT

Gerhard Fischer und Heinrich C. Mayr, Karlsruhe

Zusammenfassung

Vergleichsstudien im Bereich der Simulationstechnik beschränkten sich bislang auf die
Gegenüberstellung rechnergestützter Simulationsinstrumente zur selben Simulationsstrategie, also entweder zu diskreter oder kontinuierlicher Simulation. Die vorliegende Arbeit weicht hiervon ab und zeigt, daß man in vielen Anwendungsfällen grundsätzlich nach beiden Strategien vorgehen könnte. Anhaltspunkte dafür, wann und mit
welchen Vorteilen welche Strategie vorzuziehen ist, werden am Beispiel der Simulation
einer Flaschenabfüllanlage aufgeführt.

Summary

Many studies have been carried out in order to compare simulation techniques developed
for the same simulation strategy, i.e., discrete or continous simulation. Little is
said, however, concerning the choice of the strategy. This paper starts from the
observation that in many practical situations both strategies might be employed, and
it brings their advantages face to face with their disadvantages.

1. Einleitung

Kein dynamisches System ist rein diskret oder rein kontinuierlich. Die Klassifikation
nach einer dieser beiden Richtungen bedeutet also einen Abstraktions-, d.h. Modellie-
rungsschritt. Nach welcher Richtung aber soll man diesen Schritt tun, d.h. welches
"Strukturkonzept" [Sch 82] soll man anwenden, wenn man für beide Strategien rechnergestützte Simulationsinstrumente zur Verfügung hat?

Die vorliegende Arbeit stellt einige Kriterien zur Beantwortung dieser Frage zusammen.
Sie resultieren aus einer Vergleichsstudie, bei der für dasselbe reale System sowohl
ein diskretes instanzenorientiertes als auch ein quasi-kontinuierliches gleichungs-
orientiertes Modell erstellt wurden [Fi 81] - eine völlig andere Vorgehensweise als
die herkömmliche Gegenüberstellung unterschiedlicher Instrumente zur selben Simulationsstrategie.

In welcher Hinsicht können Simulationsstrategien überhaupt verglichen werden? Kap. 2
behandelt diese Frage und nennt eine Reihe von Aspekten, bzgl. derer zumindest ein
überschlägiger Vergleich möglich ist. Kap. 3 stellt kurz das betrachtete reale System

vor: die Flaschenabfüllanlage einer Brauerei. Typisches Ziel der Simulation einer solchen Anlage sind Kriterien zur Durchsatzmaximierung wie optimale Einstellparameter für die einzelnen Maschinen, Aussagen über die erforderlichen Kapazitäten der Sturäume zwischen den Maschinen etc. Kap. 4 und 5 behandeln die von dieser Anlage gebildeten Modelle. Die zur Ersatzsystem-Formulierung verwendeten Simulationssprachen GPSS-F [Sch 78] und DYNAMO [Pu 63, Bu 75] werden dabei als bekannt vorausgesetzt. Die Wahl dieser Sprachen spielt im übrigen eine untergeordnete Rolle, da ja der Vergleich von Methoden im Vordergrund steht und nicht derjenige von Instrumenten.

2 Vergleichskriterien

Es gibt weder formal definierbare noch exakt meßbare Beurteilungskriterien für Simulationsstrategien. Insbesondere beeinflußt auch das jeweilige Simulationsziel die Adäquatheit einer Strategie.

Eine ganz ähnliche Situation liegt im Bereich der Spezifikationsmethoden für Software-Systeme vor: auch hier gibt es keine eindeutigen Bewertungsmaßstäbe, immerhin hat man jedoch im Lauf der Zeit einige Kriterien identifiziert [LZ 75, LB 79], die zumindest eine informelle Einschätzung und Gegenüberstellung erlauben. Die meisten dieser Kriterien lassen sich auch auf Simulationstechniken anwenden. Wir beschränken uns hier auf die Nennung der vier wichtigsten:

- Konstruktivität: Die Strategie soll es erlauben, Modelle auf möglichst "natürliche" Weise und mit "angemessenem" Aufwand zu bilden. Unter "natürlicher Modellierung" ist dabei zu verstehen, daß die interessierenden Aspekte des betrachteten Systems möglichst direkt in entsprechende Modellkomponenten abgebildet werden können, also ohne trickreiche Gedankenspiele. Bzgl. der "Angemessenheit" des Modellierungsaufwandes spielt natürlich die Komplexität des betrachteten Systems eine Rolle und es wird vorausgesetzt, daß der Modellierer sowohl das System als auch die Simulationsstrategie beherrscht.

- Vollständigkeit: Die Methode erlaubt die Modellierung relevanter Aspekte in allen gewünschten Details. Im geplanten Anwendungsbereich soll man also nicht zu ungerechtfertigten Abstraktionen gezwungen werden.

- Minimalität: Der Modellierer soll auch nicht mehr als die relevanten Aspekte modellieren müssen; Minimalität vermeidet also ungerechtfertigte Detaillierung.

- Unabhängigkeit: Es muß möglich sein, unabhängige Subsysteme auch unabhängig voneinander zu modellieren und später zusammenzufügen; dies ermöglicht eine strukturierte, modulare Modellbildung.

Weitere, für die praktische Anwendung wichtige Eigenschaften sind z.B. Verständlichkeit und Erlernbarkeit, Anwendungsbreite, nachträgliche Änderbarkeit und mögliche Rechnerunterstützung, Ausführbarkeit etc.

Es ist klar, daß diese Eigenschaften nur Anhaltspunkte geben können und bzgl. des jeweiligen Simulationsziels zu gewichten sind. Darüberhinaus unterliegt ihre Bewertung subjektiven Einschätzungen.

3 Kurzbeschreibung des betrachteten Systems

Ziel dieser Arbeit ist der Vergleich von Simulationsstrategien und nicht etwa die Erstellung eines besonders ausgereiften Modells für ein bestimmtes Modellobjekt. Infolgedessen haben wir uns bei der Wahl des zu modellierenden Systems auf den relativ einfachen und überschaubaren Fall der Flaschenabfüllanlage einer Brauerei beschränkt und darüberhinaus bei der Systempostulierung weitgehend von technischen Details abstrahiert. Daraus ergab sich die in Bild 1 dargestellte Konfiguration eines geschlossenen Kreises mit dem Gabelstapler als Randstelle.

Paletten mit Kästen leerer Flaschen werden vom Stapler ins System eingebracht, Paletten mit Kästen gefüllter Flaschen aus dem System entfernt. Der Auspacker räumt die Paletten schichtweise ab, entnimmt die Flaschen aus jeweils 3 Kästen, stellt sie auf das Transportband zur Reinigungsmaschine und führt die leeren Kästen der Kastenwaschanlage zu.

Die Flaschen werden gereinigt (REINIGUNG), auf Sauberkeit und Unversehrtheit geprüft (INSPEKTOR), gefüllt (FÜLLER), etikettiert und ggf. stannioliert (ETIKETTIERER), in gereinigten Kästen gesetzt und diese auf Paletten geladen (EINPACKEN). Als Anhaltspunkt für die Auslegung der betrachteten Anlage gelte der beobachtete Gesamtdurchsatz von ca. 22000 Fl./Stunde.

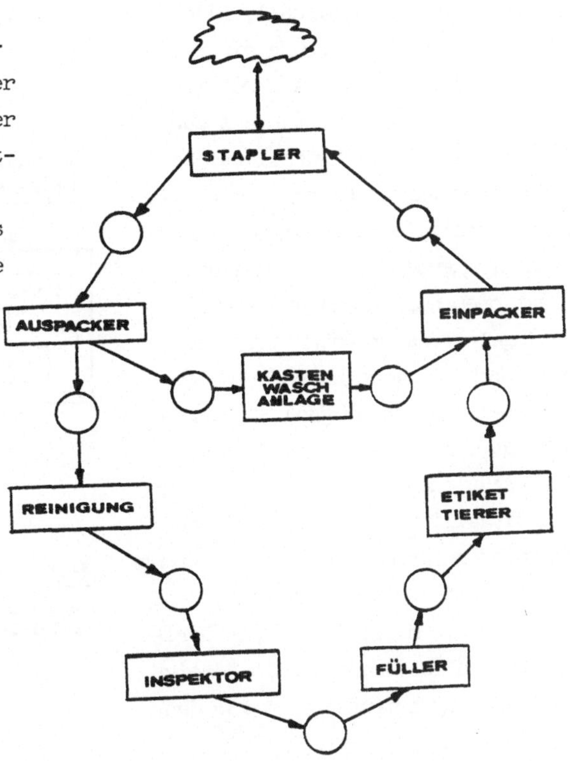

Bild 1: Instanzennetz der Abfüllanlage

4 Diskretes instanzenorientiertes Modell

Bei der instanzenorientierten Strategie liegt es nahe, die (physischen) Elemente des betrachteten Systems unmittelbar durch entsprechende Modellinstanzen nachzubilden. Bei der Verwendung von GPSS-F als Simulationsinstrument führte dies zu folgender Zuordnung:

Reales System		Modell
Maschine	$\longrightarrow$	Facility bzw. Multifacility
Transportband	$\longrightarrow$	der nachfolgenden (Multi-)facility zugeordnete Warteschlange
spezielle Bedingung	$\longrightarrow$	Gate
Strömungsgröße	$\longrightarrow$	Transaktion
Störung	$\longrightarrow$	Transaktion, die aufgrund höherer Priorität "normale" Transaktionen verdrängen

Bild 2 zeigt das Gesamtmodell, Bild 3 detailliert die Modellierung einer Instanz: Der Einpacker ist als Multifacility mit 3 Bedienelementen und zugehöriger Warteschlange modelliert. Das Gate zwischen Warteschlange und Facility prüft spezielle Bedingungen (z.B. kann nachfolgende Warteschlange noch Transaktionen aufnehmen) und sperrt ggf. eingelaufene Transaktionen. Bei (von einer bestimmten Wahrscheinlichkeitsverteilung abhängigen) Störungen werden aus einer speziellen Quelle Störtransaktionen erzeugt, die die in der Multifacility gerade bearbeiteten Transaktionen für die Dauer der Störung verdrängen und somit die Instanz blockieren. Die Modellierung der übrigen Instanzen ist analog, Bild 4 zeigt den GPSS-F-Programmausschnitt für den Einpacker.

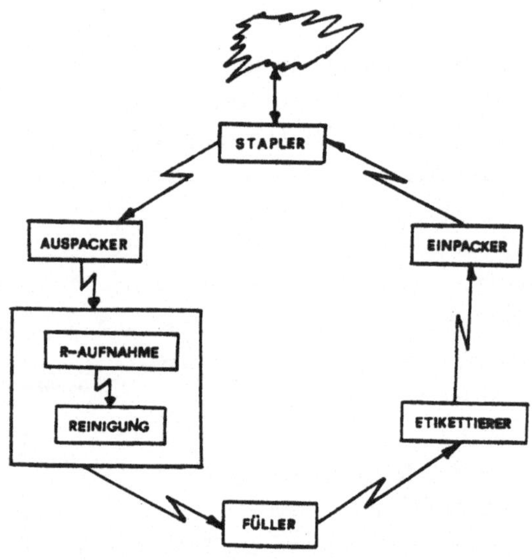

Bild 2: GPSS-F-Modell (vereinfacht)

(Vom Inspektor und von der Kasten-Waschanlage wurde zur Vereinfachung abstrahiert)

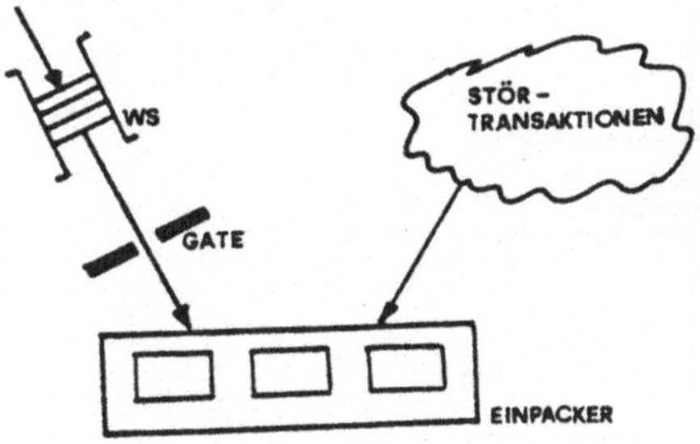

```
C
C      *** EINPACKER ***
C
C
C      *** STOERUNG DER MASCHINE   ***
C
44     RAND = R1(19)
       IF(ST5) GOTO 49
       IF(RAND.LT.0.76) GOTO 49
45     CALL ERLANG(MEAN1,1,0.,10000.,20,RAND,&1006)
       CALL TABULA(RAND,0.,500.,500.,10,TAB9)
       STZ = IFIX(RAND + 0.5) + T
       CALL EVENT(STZ,46,4,&1005,IPRINT)
       ST5 = .TRUE.
       GOTO 49
46     CALL GENERA(T,1,1,46,&1005,IPRINT)
       ST5 = .FALSE.
       CALL SPLIT(3,47,&1006,IPRINT)
       CALL ERLANG(MEAN3,1,0.,10000.,21,RAND,&1006)
       CALL TABULA(RAND,0.,200.,200.,10,TAB10)
       STO = IFIX(RAND + 0.5)
47     CALL MPREEM(4,47,0,&1005,&1006,IPRINT)
48     CALL MWORK(STO,4,48,1,&1005,&1006,IPRINT)
       CALL MCLEAR(4,&1005,&1006,IPRINT)
       CALL ASSEMB(1,3,&1005,IPRINT)
       CALL TERMIN(&1005,IPRINT)
C
C
C      *** EINPACKEN ***
C
C
49     IF (.NOT.(D1)) GOTO 490
       IF (PL2.NE.PAL)GOTO 490
       D1 = .FALSE.
490    CALL GATE1(D1,0,5,49,0,&1005,1)
50     CALL MSEIZE(4,50,1,&1005,&1006,IPRINT)
       CALL DEPART(5,1,&1006,IPRINT)
51     CALL MWORK(EPZ,4,51,0,&1005,&1006,IPRINT)
       CALL MCLEAR(4,&1005,&1006,IPRINT)
       DF = DF + TR(LTR,19)
       PL2 = PL2 + 1
52     CALL TERMIN(&1005,IPRINT)
```

Bild 3: GPSS-F-Modell des Einpackers

Bild 4: GPSS-F-Programmausschnitt (Einpacker)

5 Quasikontinuierliches gleichungsorientiertes Modell

Bei der gleichungsorientierten Methode stehen Beziehungen zwischen quantifizierbaren
Größen im Vordergrund. Bei der Verwendung von DYNAMO als Simulationsinstrument führte
dies i.e. zu folgender Zuordnung:

Reales System		Modell
Maschinen	⟶	Rate (der Ablagen auf nachf. Band)
Band (inhalt)	⟶	Level
spezielle Bedingung	⟶	Kaskade von Hilfslevels/-Raten
Störungsgrößen	⟶	— (quantitativ erfaßt)
Störungen	⟶	bedingte Ratensprünge

Bild 5 zeigt das Gesamtmodell, Bild 6 greift einen Level mit Eingangs- und Ausgangs-
rate heraus, Bild 7 zeigt den zugehörigen DYNAMO-Ausschnitt.

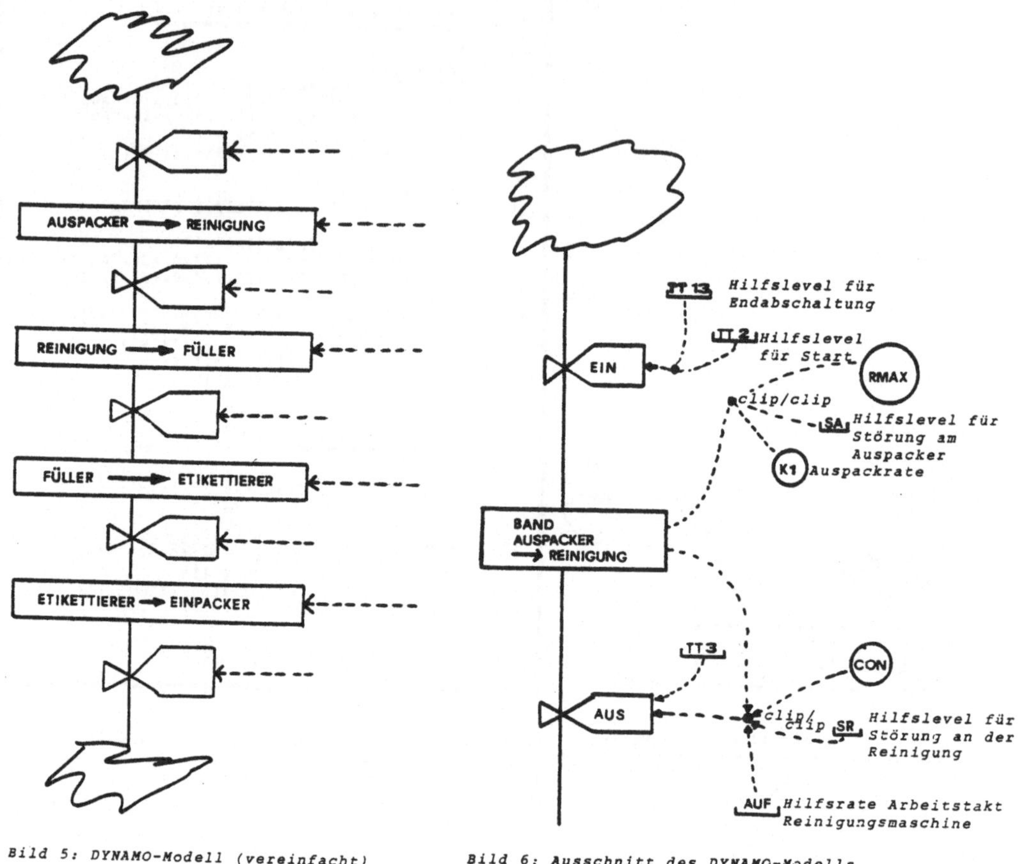

Bild 5: DYNAMO-Modell (vereinfacht)

Bild 6: Ausschnitt des DYNAMO-Modells

Bild 7: DYNAMO-Programmausschnitt (Auspacker)

6 Ergebnisse der Vergleichsstudie

Beide Modelle wurden mehreren Simulationsexperimenten mit jeweils äquivalenten
Szenarien unterworfen. Die Ergebnisse dieser Experimente stimmen weitgehend überein:
Die Modelle liefern ähnliche Durchsatzkurven und Störhäufigkeiten.

Hinsichtlich der in Kapitel 2 aufgeführten Vergleichskriterien ergab sich folgendes
Bild:

- Konstruktivität: Auf den ersten Blick scheint hier der instanzenorientierte Ansatz
  für technische Systeme aller Art eine sehr natürliche 1:1-Übertragung von Systemelementen in Modellkomponenten zu ermöglichen. Ein gewisser Mindestdetaillierungs-
  grad ist jedoch erforderlich. Die Modellierung von elementübergreifenden Abhängigkeiten (z.B. Vorwärts-Konflikte) ist teilweise mühsam. Schwierigkeiten, die sich
  bei der Modellierung von Störungen ergaben, sind nicht der Strategie, sondern dem
  verwendeten Instrument zuzuschreiben (GPSS-F erlaubt z.B. kein "Abschalten" von
  Stationen).
  Bei der gleichungsorientierten Modellierung muß von den einzelnen Strömungsgrößen
  abstrahiert werden, d.h. es handelt sich um eine überschlägige Vorgehensweise. Die
  quantitativen Eigenschaften des realen Systems lassen sich recht problemlos mit
  Gleichungen erfassen und darstellen. Dagegen sind Ereignisse, die über simple Raten-
  sprünge hinausgehen (z.B. Störungen) nur recht kompliziert nachzubilden.

- Vollständigkeit/Minimalität: Mit Ausnahme der Abstraktion von einzelnen Strömungsgrößen beim gleichungsorientierten Ansatz sind beide Methoden grundsätzlich vollständig. Insbesondere ist in beiden Fällen ein beliebiger Detaillierungsgrad anwendbar, und dies zumindest beim instanzenorientierten Ansatz ohne Verlust der
  Übersichtlichkeit. Bei zunehmender Detaillierung werden Konstruktivität und Minimalität verletzt, letzteres stärker beim gleichungsorientierten Ansatz.

- Unabhängigkeit: Sie ist beim instanzenorientierten Ansatz stets gegeben, da hier
  grundsätzlich jede Instanz als Subsystem modelliert wird, das mit seiner "Umwelt"
  nur über seine Schnittstelle kommuniziert. Für gleichungsorientierte Modelle gilt
  dies zwar theoretisch auch, wegen der teilweisen Vermaschung von Gleichungen ist
  hier die Unabhängigkeit jedoch nach der Integration schwerer zu überschauen.

- Änderbarkeit: Sie hängt mehr von den verwendeten Instrumenten als von der gewählten
  Strategie ab. In beiden Fällen erforderten Änderungen viel 'Fingerspitzengefühl'.

- Ausführbarkeit: Der instanzenorientierte Ansatz ist gegenüber dem gleichungsorientierten bei hoher Anzahl von Strömungsgrößen zwangsläufig rechenintensiv und
  speicheraufwendig.

Insgesamt läßt sich also feststellen, daß zumindest für technische Systeme der betrachteten Art beide Simulationsstrategien infrage kommen. Für quantitative Untersuchungen ist allerdings die gleichungsorientierte Methode vorzuziehen, da sie von den einzelnen Strömungsgrößen a priori abstrahiert und sich durch einen erheblich geringeren Betriebsmittelbedarf auszeichnet.

Qualitative Untersuchungen, bei denen das funktionale Verhalten einzelner Systemelemente im Vordergrund steht (z.B. lokale Schwachstellenanalyse) sind dagegen eher ein Anlaß für die instanzenorientierte Vorgehensweise.

In Zweifelsfällen liefert die Anwendung beider Strategien Sicherheit durch gegenseitige Validierung.

Literatur

[Bu75]   DYNAMO User's Manual. Burroughs Corp. 1975.

[Fi81]   Fischer, G.: Vergleichende Studie von Simulationstechniken am Beispiel einer Flaschenabfüllanlage. Diplomarbeit, Fakultät für Informatik, Universität Karlsruhe, 1981.

[LB79]   Liskov, B.H.; Berzins, V.: An Appraisal of Program Specifications. In: Wegner, P. (ed.): Research Directions in Software Technology. MIT Press.

[LZ75]   Liskov, B.H.; Zilles, S.N.: Specification Techniques for Data Abstractions. IEEE Trans. on Software Eng., Vol. SE-1, Nr. 1, pp. 7-19.

[Pu63]   Pugh, A.L.: DYNAMO User's Manual. MIT Press, 1963.

[Sch78]   Schmidt, B.: GPSS-FORTRAN Version 2.
          Informatik Fachberichte Bd. 6, 2. Auflage, Springer Verlag.

[Sch82]   Schmidt, B.: Informatik und allgemeine Modelltheorie - eine Einführung. Angewandte Informatik, 1982, Heft 4, pp. 35-42.

SIMULATIONSMODELL FÜR FAHRZEUGINSASSEN UND FUSSGÄNGER BEI VERKEHRSUNFÄLLEN

Dr. Walter Schmid, Sindelfingen

Zusammenfassung: Ein mathematisches Modell für das dynamische Verhalten von Fahrzeuginsassen und Fußgängern bei Verkehrsunfällen betrachtet einzelne Körperteile als starre Körper, die durch geeignete Gelenke miteinander verbunden sind. Bei der mathematischen Formulierung wird der Roberson-Wittenburg-Algorithmus angewendet. Die Berechnung der Gelenkkräfte wird durch geeignete Schaltbedingungen rechnergerecht vereinfacht, wobei auch unrealistische Schwingungen vermieden werden, die bei einer zu einfachen Simulation Coulombscher Reibung entstehen würden.

Summary: A mathematical model describes the dynamical behavior of a car passenger or a pedestrian in case of a traffic accident. The different parts of the human body are simulated as rigid bodies connected with hinges qualified for. The Roberson-Wittenburg-algorithm has been used. The computation of the forces within the hinge points is simplified by using a switching condition, that also evades the scattering usually caused by Coulomb-friction.

1. Simulation des Verhaltens menschlicher Körper

Die Erforschung der Verletzungsmechanismen bei Verkehrsunfällen und daraus abzuleitende konstruktive Maßnahmen zur Vermeidung von unnötigen Verletzungen erfordert unter anderem auch die Simulation solcher Vorgänge einerseits in geeigneten physikalischen Experimenten und andererseits in Rechenmodellen.

2. Versuchspuppen

In physikalischen Experimenten wird der menschliche Körper ersetzt durch Versuchspuppen, deren mechanisches Verhalten möglichst gut dem des menschlichen Körpers angepaßt sein sollte. Man hoffte damit auch relevante Indikatoren finden zu können, mit denen man z. B. auf eine Hirn-Verletzung, Knochenbrüche oder Traumen schließen könnte. Solche Indikatoren sind beispielsweise Verletzungskriterien wie das "Head-Injury-Criterium" (HIC) und der GADD-Index (SI). Beide Größen berechnen sich aus der resultierenden Beschleunigung des Kopfes beziehungsweise des Brustkorbes der Versuchspuppe. Beschleunigungen lassen sich tatsächlich verhältnismäßig einfach bestimmen. Hängen Verletzungen aber immer ursächlich mit solchen meßbaren Beschleunigungen zusammen? Beim Seitenaufprall wird z. B. der an der gestoßenen Seite sitzende Insasse von einem neben ihm Sitzenden erheblich belastet, ohne daß die dabei auftretenden Kräfte an Kopf, Brust oder Becken meßbare Beschleunigungen hervorrufen können, da er zwischen eindringender Seitenwand und Nebensitzer eingeklemmt wird. Schnitt- und Stichverletzungen sind ebenfalls nicht durch besonders hohe Beschleunigungen des getroffenen Körperteiles gekennzeichnet. So muß ein Experimentator stets beachten, daß gemessene Beschleunigungen an Versuchspuppen nur dann geeignet sind, Verletzungen am menschlichen Körper abzuschätzen, wenn diese durch stumpfe, einseitig in eine Richtung wirkende äußere Kräfte (und Momente) hervorgerufen werden.

Knochenbrüche dadurch zu simulieren, daß wirklichkeitsnahe ausgestaltete Puppenteile wie Rippen, Wirbelsäule, Arm- und Beinknochen beim Test zu Bruch gehen, hat sich nicht durchsetzen können. Einerseits sind die dabei anfallenden hohen Reparaturkosten nicht akzeptabel und andererseits ist diese Simulation auch nicht aussagekräftiger als eine Messung der Verformung an derart überdimensionierten Teilen, daß ein Bruch sicher vermieden wird.

Außer diesen prinzipiellen Vorbehalten bei der Verwendung von Versuchspuppen erwies sich die erhebliche Meßunsicherheit, die sich durch große Streuungen der Ergebnisse bei gleichartigen Versuchen bemerkbar macht, als einen nicht zu unterschätzenden Mangel dieser Untersuchungsart. So kann oft nicht durch wenige, in der Regel sehr teuere Versuche nachgeprüft werden, ob eine gewisse konstruktive Änderung das Verletzungsrisiko tendentiös verkleinert oder gar vergrößert. Der Effekt verschwindet allzuoft im Meßfehler.

3. Rechenmodelle

Diesen Fehler haben Rechenmodelle nicht. Mit derselben Modellstruktur, denselben Anfangs- und Randbedingungen werden stets und auf jedem leistungsfähigen Rechner dieselben Ergebnisse erzielt. In der Reproduzierbarkeit und der Trennung des Einflusses verschiedenster äußerer und innerer Bedingungen sind Rechenmodelle unschlagbar.

Um jedoch mit vernünftigem Aufwand akzeptable Ergebnisse zu erhalten, müssen weitere Vereinfachungen getroffen werden. Zweckmäßig ist die Simulation der einzelnen Körperteile durch starre Massen, die durch Gelenke miteinander verbunden sind. Naturgemäß ist dies eine weitere

Einschränkung der Aussagekraft.

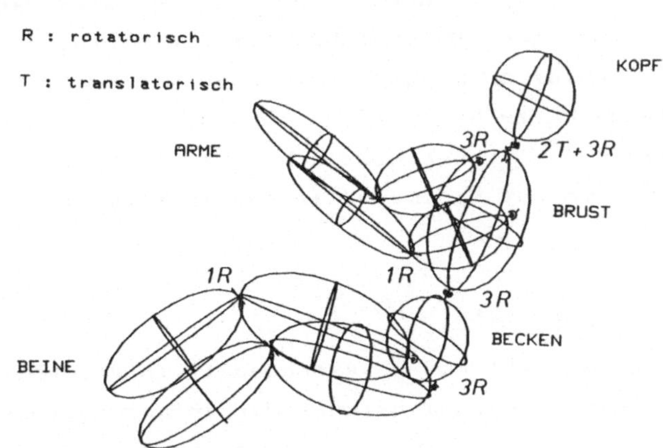

Bild 1 : Das Daimler-Benz - Insassen-Modell

An mathematische Modelle sind nun einige Bedingungen zu stellen:

a) Die Modellvorstellung muß treffend sein. Entsprechend der Aufgabenstellung muß das, was untersucht werden soll, im Modell gebührend
   berücksichtigt sein.

b) Trotzdem muß das Modell möglichst einfach sein, schon deshalb, damit
   die Übersicht durch eine unnötig große Parametervielfalt nicht ver-
   loren geht.

c) Der "Datenfriedhof" sollte so klein wie möglich gehalten werden. Gegebenenfalls durch eine Steuerung des Ausgabevolumens sollen Ausgabe-
   listen auf das Nötigste beschränkt werden können.

d) Die Kosten für eine Berechnung müssen deutlich unter denen eines
   Experimentes bleiben.

Weil viele Aufgabenstellungen nur mit dreidimensionalen Modellen gelöst
werden können, haben wir uns entschlossen, ein eigenes, dreidimensiona-
les Modell zu entwickeln. Dabei konnten wir in Zusammenarbeit mit Herrn
Prof. Wittenburg den sich durch besonders kurze Rechenzeiten auszeich-
nenden Roberson-Wittenburg-Algorithmus einsetzen.

3.1 Bemerkungen zum Algorithmus

Ausgehend von elementaren Zusammenhängen lassen sich die Bewegungsgleichungen des Insassenmodells mit dem Roberson/Wittenburgschen
Algorithmus einfach und überschaubar formal entwickeln und vor allem
leicht programmieren. Die Gefahr, bei der Herleitung der Bewegungsgleichungen Fehler zu machen, ist daher gering. Das Verfahren bietet
darüber hinaus kurze Rechenzeiten, da nur solche Koordinaten berücksichtigt werden, die auch wirklich benötigt werden. Die Gleichungen
sind automatisch auf Minimalsätze von verallgemeinerten Koordinaten
reduziert.

3.2 Die Programmstruktur

Programmtechnisch ist das Insassenmodell in verschiedene Läufe aufgeteilt. In einem Integrationslauf, der erfahrungsgemäß immer noch verhältnismäßig lange Rechenzeiten beansprucht und deshalb bevorzugt nachts
durchgezogen wird, wird der Bewegungsablauf durchgerechnet und die
wesentlichen Daten auf Platte abgelegt.

Anschließend kann nun mit einem Satz von Programmen:

a) Der Bewegungsablauf am Bildschirm beobachtet,

b) der zeitliche Verlauf der Wege, Geschwindigkeit, Beschleunigung, der
   Drehwinkel, der Drehgeschwindigkeit und der Drehbeschleunigung geplottet,

c) abgeleitete Größen wie HIC, SI und dergleichen berechnet und

d) beliebige Trajektorien der Insassenbewegung, relativ zum Fahrzeug
   oder absolut berechnet und geplottet werden.

Das gesamte Programm ist in verschiedene Module aufgeteilt. So kann z.
B. jedes bekannte Integrationsverfahren ohne Umstände eingesetzt werden.
Es hat sich herausgestellt, daß eine Runge-Kutta-Fehlberg-Integration
allen Genauigkeitsansprüchen bei erträglichen Rechenzeiten genügt.

3.3 Gelenkkräfte und Gelenkmomente

Die Gelenkkräfte und -Momente ließen sich in umfangreichen Untersuchungen an verschiedenen Versuchspuppen bestimmen. Dazu wurden die Gelenke
entsprechend gesetzlichen Bestimmungen und, wo solche nicht existieren,
entsprechend den Angaben der Hersteller solcher Puppen eingestellt.

Wegen der nicht unerheblichen Reibung in den Gelenken ergeben sich unterschiedliche Kurven, je nach Bewegungsrichtung. Da es sich überwiegend um Coulomb'sche Reibung handelt, ist zwar die Abhängigkeit von der Bewegungsgeschwindigkeit klein, jedoch von deren Vorzeichen groß.

Aus der Vielzahl der Kurven sind zwei charakteristisch unterschiedliche Verläufe in Bild 2 und 3 eingezeichnet. Meßpunkte sind die angekreuzten Punkte. Während die Kurven für den Gummihals der HUMANOID II-Dummies noch verhältnismäßig reprodzierbar sind (Bild 2), ergeben sich z. B. im Unterarmgelenk (Bild 3) durch den großen Reibungsanteil nicht unerhebliche Schwankungen.

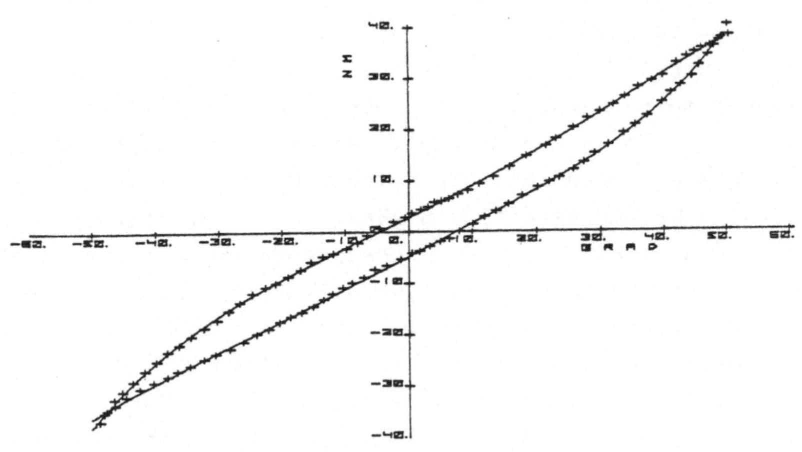

Bild 2 : Gelenkmomente Kopf beugen

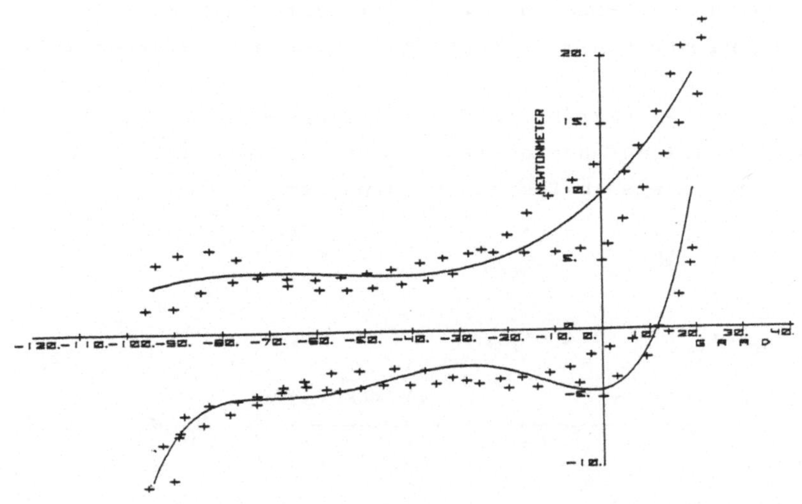

Bild 3 : Gelenkmomente Ellbogen

Dieser Umstand machte es erforderlich, jene Kurven mehrmals aufzunehmen
und zu mitteln, um einen möglichst repräsentativen Kurvenverlauf zu erhalten. Wir haben alle Kurven mit Hilfe Tschebyscheffscher Polinome
approximiert. Dies hat außerdem den Vorteil, daß der Kartenstapel für
die Programmeingabe klein bleibt.

Würde man nun im Rechenlauf den Übergang von einer auf die andere Kurve
nur nach dem Vorzeichen der Bewegungsgeschwindigkeit schalten, dann
entständen im Bewegungsablauf hochfrequente Schwingungen, die in der
Regelungstechnik als das Phänomen des "Scattering" bekannt ist. Es wäre
unmöglich, Werte wie HIC, SI und dergleichen auch nur annähernd wirk-
lichkeitsnah zu bestimmen.

Der Entstehungsmechanismus solcher Schwingungen ist leicht erklärbar.
Dazu stellen wir uns vor, es wirke in einem Gelenk eine äußere Kraft,
die kleiner als die größtmögliche Reibungskraft sei. In Wirklichkeit
stellt sich die Reibungskraft dann genau auf diese Kraft ein, das Gelenk bewegt sich nicht. In einem Rechenprogramm müßte die äußere Kraft
bekannt oder erst mühsam errechnet werden. Beim Schalten nach dem Vorzeichen der Bewegungsgeschwindigkeit würde die Kraft von der oberen auf
die untere Kurve hin- und herspringen, so daß im zeitlichen Mittel die
notwendige, richtige Reibungskraft entsteht, das Gelenk aber eine hochfrequente Zitterbewegung ausführen und die dabei auftretenden Beschleunigungen der mit dem Gelenk verbundenen Körperteile die interessierenden Beschleunigungen überdecken.

Wir haben uns einen Trick aus der Regelungstechnik ausgeliehen, und die
Schaltbedingung mit einem linearen Zwischenstück versehen (Bild 4).

Es sei x die Bewegungsgröße, $\dot{x}$ die Bewegungsgeschwindigkeit, F_o die
Kraft (das Moment) auf der oberen, F_u die auf der unteren Kurve und $\dot{x}_G$
eine wählbare Grenzgeschwindigkeit, dann ist

$$F = F_o(x) \quad \forall \quad \dot{x} > \dot{x}_G ,$$

$$F = F_u(x) \quad \forall \quad \dot{x} < -\dot{x}_G ,$$

$$F = \frac{F_o(x) + F_u(x)}{2} + \frac{\dot{x}}{\dot{x}_G} \cdot \frac{F_o(x) - F_u(x)}{2} \quad \forall \quad -\dot{x}_G < \dot{x} < \dot{x}_G$$

die gewählte Schaltbedingung. Bei einer äußeren Kraft, die kleiner als
die größtmögliche Reibungskraft ist, bleibt das Gelenk dann zwar nicht

in Ruhe, bei hinreichend kleiner Grenzgeschwindigkeit $\dot{x}_G$ ist diese Bewegung gegenüber anderen, schnelleren Vorgängen jedoch in der Regel
vernachlässigbar.

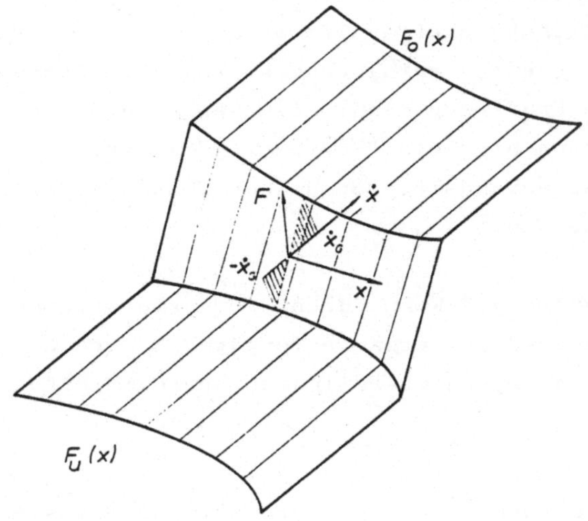

Bild 4 : Gelenkmomente (Schaltbedingung)

Wie der Verlauf im Armgelenk (Bild 5) zeigt, konnte mit dieser einfachen Schaltbedingung das unerwünschte Scattering vollständig unterdrückt werden, ohne dazu umfangreiche und rechenzeitverzehrende Neben-
rechnungen zur Bestimmung der tatsächlichen Reibungskraft anstellen zu
müssen.

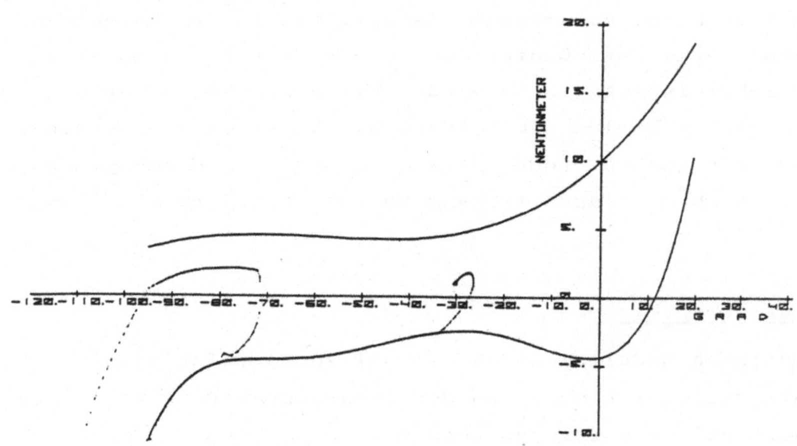

Bild 5 : Momentverlauf bei Simulationen

3.4 Äußere Kräfte, Fahrzeugbewegung

An jedem Körperteil kann eine vorgegebene Zahl (z. Z. 12) von äußeren
Kräften angreifen. Sie sind durch ihre Wirkungsrichtung und jeweils
einer Kraft-Weg-Kennlinie definiert. Die Kraft-Weg-Kennlinien sind
ebenfalls mittels Tschebyscheff-Polinome approximiert. Bleibende Ver-
formungen können über einen anzugebenden Stoßfaktor berücksichtigt werden. Vordeformierte Kraft-Weg-Kennlinien werden ähnlich den Gelenkkräf-
ten behandelt, um auch hier ein "Scattering" zu vermeiden. Reibungs-
kräfte werden analog behandelt. Der Reibungskoeffizient ist für jede
Kraft einzeln vorzugeben.

Die Bewegung des Fahrzeuges kann durch 3 translatorische und 3 rotatorische Beschleunigungs-Zeit-Verläufe vorgegeben werden. Auch diese
Kurven werden mit Tschebyscheff-Polinomen approximiert.

3.5 Clinch-Probleme

Zur Vermeidung von Clinch-Problemen werden im DB-Insassenmodell Bewegungen in Gelenken mit 3 rotatorischen Freiheitsgraden mit Quaternionen
ausgedrückt. Aus den dazugehörenden Transformationsmatrizen für den
Übergang von einem Körper über das Gelenk zum anderen Körper kann die
räumliche relative Lage bestimmt werden, aus der dann über die in 3.3
beschriebenen Kurven die Gelenkkräfte bestimmt werden können. Dabei
kann es aber vorkommen, daß wieder eine eindeutige Zuordnung der Kräfte
zu den Freiheitsgraden des Gelenkes nicht möglich ist. Ein Zustand, der
mit der Rahmensperre beim Kardankreisel vergleichbar ist. In diesem Zustand kann zwar keine numerische Instabilität in der Berechnung auftreten, dafür sorgen die Quaternionen, die Kräfte und Momente sind jedoch nicht mehr eindeutig zuordenbar. Wir haben uns dadurch geholfen,
daß wir in solchen Fällen die betroffenen Kräfte bzw. Momente einfach
ganz abgeschaltet haben. Außerdem war es möglich, durch geschickte Pa-
rameterwahl solche Zustände in kaum vorkommende Körperstellungen zu
verlegen.

4. Anwendungsbeispiele

Das mathematische Modell kann nun sowohl zur Simulation eines Fußgänger-
unfalles als auch zur Simulation der Insassenbewegung bei einem
Barrierenaufprall herangezogen werden.

Beim Fußgängerunfall dient es vor allem der Erforschung der Kinematik
des Bewegungsablaufes, des Einflusses der Nachgiebigkeit der "Be-

rührungs-"flächen und einer günstigen Formgebung des Fahrzeugbugs.

Bei Simulationen der Insassenbewegung beim Barrierenaufprall interessiert der Einfluß von Variationen der Gurtbefestigungspunkte, die günstigste Einstellung und Form der Sitze und eine gute Wahl der Nachgiebigkeit der Aufprallflächen, wie Frontscheibe, Armaturenbrett, Lenkrad und Seitenflächen.

Der Bewegungsablauf kann an einem Bildschirm beobachtet und gefilmt werden. In einem kurzen Film ist dieser gezeigt für zwei charakteristische Fälle der oben geschilderten Simulationsmöglichkeiten.

SYSTEMANALYSE UND MODELLBILDUNG

Bernd Schmidt, Erlangen

Zusammenfassung. Die Grundlage der Modellbildung als allgemeines wissenschaftliches Verfahren umfaßt zunächst die Analyse und Strukturierung des vorgegebenen Datenmaterials, die zur Begriffsbildung und damit zu einem Strukturkonzept für das Modell führt. Dieser Vorgang beinhaltet die wesentliche wissenschaftliche Leistung. Das Strukturkonzept läßt sich durch unterschiedliche Modelltypen darstellen. Die wesentlichen Modelltypen sind die folgenden:

- Mathematische Modelle
- Graphische Modelle
- Simulationsmodelle
- Physikalische Modelle

Die Auswahl des Modelltyps, der zur Darstellung eines Strukturkonzeptes herangezogen wird, richtet sich nach Gesichtspunkten der Praktikabilität und Handhabbarkeit. Grundsätzlich sind alle Modelltypen gleichwertig.

Summary. The basis of model construction as a general scientific method is the analysis and structuring of the given data. This leads to the formulation of concepts and so to a conceptual model.

The conceptual model can be represented by models of various kinds. Most important are:

mathematical models
simulation models
physical models

The selection of the type of model to be used to represent the conceptual model is based on considerations of practical convenience.

1. Das Strukturkonzept

Die Grundlage der Modellbildung ist der Abstraktionsprozeß, der aus der bunten Vielgestaltigkeit des gegebenen Systems die relevanten Systemelemente, Attribute und Relationen auswählt und unwesentliche Aspekte unberücksichtigt läßt.

Das Ergebnis des Abstraktionsprozesses ist das Strukturkonzept.

Das Strukturkonzept ist die eindeutige, wenn möglich formale Beschreibung derjenigen Systemelemente, Attribute und Relationen, die den filternden Abstraktionsprozeß überlebt haben. Die Beschreibung des Strukturkonzeptes ist mit einer der gebräuchlichen Spezifikationsmethoden, wie z.B. der algebraischen Spezifikation oder der Methode der Prädikatentransformation /1/ möglich.

1.1 Auswahl des Strukturkonzeptes

Für die Modellbildung ist die Einsicht wichtig, daß es zu ein und demselben System unterschiedliche Strukturkonzepte geben kann. Jedes Strukturkonzept repräsentiert das System, wenn es von einem bestimmten Standpunkt aus gesehen wird. Es ist bereits dargestellt worden, daß sich der Abstraktionsprozeß auf relevante Systemeigenschaften konzentriert und die unwesentlichen vernachlässigt. Die Entscheidung, welche Systemeigenschaften relevant sind, hängt von der Frage- und Problemstellung ab, auf die das zu entwickelnde Modell eine Antwort und Lösung finden soll. Daraus folgt, daß der Abstraktionsprozeß aufgrund unterschiedlicher Frage- und Problemstellungen zu unterschiedlichen Strukturkonzepten führt.
Brauchbare Strukturkonzepte sind Systembeschreibungen, die relativ zur Frage- und Problemstellung sind.

Beispiel

Bild 1 zeigt ein System, das aus einer Vielzahl von Systemelementen, Attributen und Relationen besteht. Der Abstraktionsprozeß löst diejenigen Strukturen heraus, die er aufgrund der Frage- und Problemstellung für relevant hält.
Bild 1 zeigt weiterhin mögliche Strukturkonzepte, die "in dem System enthalten" waren und die durch den Abstraktionsvorgang herausgelöst wurden.

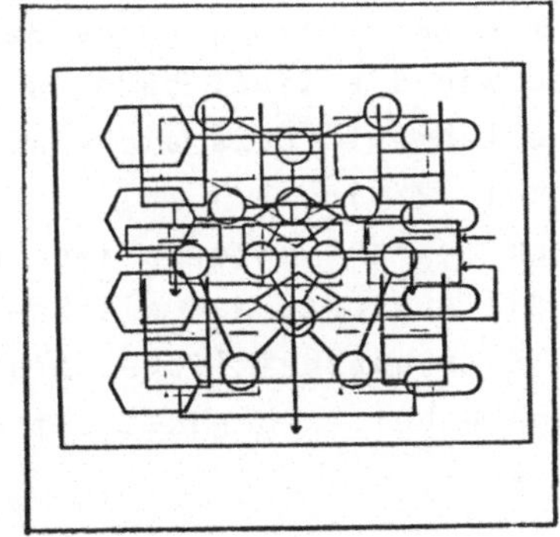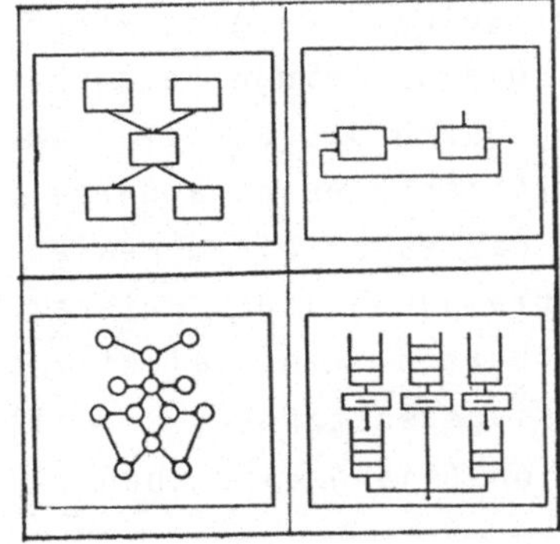

Bild 1: Die umstrukturierten Ausgangsdaten des Systems und mögliche Strukturkonzepte.

1.2 Strukturkonzept und Sprache

Der Standpunkt, von dem aus sich die menschliche Erkenntnis dem System
als Erkenntnisobjekt nähert, bestimmt auch die Sprache. Das System als
Erkenntnisobjekt ist zunächst nur in Form unstrukturierter Ausgangsdaten gegeben. Erst das Strukturkonzept zerlegt und gliedert das zu
untersuchende System, indem es über die unstrukturierten Ausgangsdaten
ein Begriffsnetz spannt. Dieses Begriffsnetz ordnet die Ausgangsdaten,
bestimmt ihre jeweiligen Abhängigkeiten und legt ihre Bedeutung fest.
Die unstrukturierten Ausgangsdaten ohne interpretierendes Strukturkonzept vermitteln noch keine Erkenntnis. Es gilt Kants Satz: "Anschau-
ung ohne Begriffe ist blind".

Beispiel:

Die weißen Lichtpunkte, die sich über den nächtlichen Himmel bewegen,
sind für sich gesehen ohne Zusammenhang und Bedeutung. Sie stellen die
unstrukturierten Ausgangsdaten dar. Erst ein Strukturkonzept, wie es
einer heliozentrischen Weltsicht zugrunde liegt, erlaubt es, die weißen
Lichtpunkte als Planeten zu bezeichnen, die auf festen Bahnen mit vor-
herbestimmbarer Umlaufzeit um die Sonne kreisen.
Es ist der menschliche Verstand, der durch immer neues Zergliedern und
Umordnen der Ausgangsdaten versucht, ein Strukturkonzept zu finden,
in das sich alle Ausgangsdaten sinnvoll einpassen lassen.

Hinweis

Klassifikation und Begriffsbildung sind wesentliche Grundlagen wissen-
schaftlicher Tätigkeit. Die Bedeutung der Begriffe wurd durch das Strukturkonzept festgelegt. Es gibt keine theorieunabhängige, reine Beobach-
tungssprache, die die Dinge beschreibt, so wie sie sind, bevor sie eine
Interpretation durch das Strukturkonzept erfahren. (Dazu siehe auch
/2/ und die kritische Auseinandersetzung mit /2/ in /3/).
Die Tatsache, daß es zu einem realen System mehrere unterschiedliche
Strukturkonzepte geben kann, unterstützt die Ansicht, daß wissenschaftliche Arbeiten immer selektiv sind. Eine ganzheitliche Darstellung
eines Erkenntnisgegenstandes, der alle Gegebenheiten berücksichtigt,
ist eine Fiktion (siehe dazu auch /4/ und /5/).

1.3 Klassen von Strukturkonzepten

Es zeigt sich, daß man Strukturkonzepte mit ähnlichen Eigenschaften zu
bestimmten Klassen zusammenfassen kann. Als Beispiel seien drei Klassen
aufgeführt. Dabei sollen bewußt Fragen, die die Abhängigkeit und Voll-

ständigkeit betreffen, einer späteren Untersuchung vorbehalten bleiben.
An dieser Stelle soll nur durch eine exemplarische Einführung eine an-
schauliche Vorstellung davon geweckt werden, was mit Klassen von Strukturkonzepten gemeint sein soll.

* Graphentheoretische Strukturkonzepte.

In der graphentheoretischen Darstellung werden die Elemente und Funktionen eines Systems mit Hilfe von Begriffen dargestellt, die aus dem
Begriffsrepertoire der Graphentheorie stammen. Es werden dann z.B.
Knoten und Kanten in der Modellbeschreibung verwendet.
Wird ein graphentheoretisches Strukturkonzept gewählt, erscheint dasselbe System in einem ganz eigenen Licht. Ganz bestimmte Gegebenheiten
werden jetzt zu begrifflichen Einheiten zusammengefaßt. Der Blickwinkel, unter dem das System sich jetzt darstellt, ist vorteilhaft,
wenn Fragen der Auftragskoordinierung, insbesondere wenn Fragen der
Systemverklemmung behandelt werden sollen (siehe z.B. /6/).
Beispiele aus der Familie der graphentheoretischen Strukturkonzepte
sind z.B. Petri-Netze, E-Netze /7/ oder Bond-Graphen /8/.

* Warteschlangentheoretische Strukturkonzepte.

In der Darstellung als Warteschlangensystem erscheint das System als
Menge von Betriebsmitteln, um die sich die Aufträge bewerben. Die Aufträge wandern zwischen den Betriebsmitteln hin und her, bauen vor ihnen
Warteschlangen auf, belegen die Betriebsmittel, werden bearbeitet usw.
Es soll an dieser Stelle bereits angemerkt werden, daß warteschlangentheoretische Strukturkonzepte wenig mit Warteschlangentheorie als
mathematischer Disziplin gemein haben. Ein warteschlangentheoretisches
Strukturkonzept ist zunächst ein Begriffsapparat, mit dem Systeme beschrieben werden können. Warteschlangentheoretische Strukturkonzepte
implizieren eine ganz bestimmte Sicht- und Betrachtungsweise, deren
Mächtigkeit weit über das hinausgeht, was die mathematische Warteschlangentheorie analytisch zu behandeln vermag.

Warteschlangentheoretische Strukturkonzepte sind angemessen, wenn es um
die Bestimmung von mittleren Wartezeiten, um mittlere Verweilzeiten
oder um Betriebsmittelauslastung geht.

* Strukturkonzepte aus der Familie von System-Dynamics.

Ein Strukturkonzept aus der System-Dynamics Familie enthält zunächst
Zustandsvariable (levels) und Änderungsraten (rates). Weiterhin gibt es
die Darstellungsmöglichkeit für Abhängigkeiten, Wirkungen, Einflüsse
und für Güter-, Geld-, Personen-, Informationsströme.

(Eine leicht lesbare Einführung in System Dynamics findet man in /9/
Kap. 4).
Strukturkonzepte aus der System-Dynamics Familie werden mit Vorteil
eingesetzt, wenn Änderungsraten von Zustandsvariablen und Rückkopplungseffekte mit den dazugehörigen Zeitkonstanten von Bedeutung sind.

2. Modelltypen

Das Strukturkonzept liefert zunächst eine Beschreibung derjenigen Elemente, Attribute und Relationen, die das Modell charakterisieren. Die
Beschreibung an sich liefert in der Regel jedoch noch keine neue Information. Die Information, die aufgrund der Frage- und Problemstellung
vom Modell erwartet wird, muß aus dem Modell erst noch gewonnen werden.
Um es anschaulich zu formulieren: Man muß das Modell, das durch das
Strukturkonzept beschrieben wird, erst "zum Laufen" bringen.
Um die im Strukturkonzept enthaltene Information herauszuziehen, gibt
es im wesentlichen drei verschiedene Verfahren. Modelle, die nach einem
dieser drei Verfahren ausgewertet werden, gehören zu einem Modelltyp.
Die drei Modelltypen sind die folgenden:

* analytische Modelle
* physikalische Modelle
* simulative Modelle

Die drei Modelltypen sollen ausführlicher beschrieben werden.

2.1 Der analytische Modelltyp

Voraussetzung für den analytischen Modelltyp ist die formale Beschreibung des Strukturkonzeptes.
Eine formale Beschreibung enthält im allgemeinen Ableitungsregeln, mit
deren Hilfe neue Sätze gewonnen werden können. Modelle, über deren Verhalten aufgrund der Ableitungsregeln neue Information gewonnen wird,
gehören dem analytischen Modelltyp an.

Beispiel:

Es ist möglich, das Philosophenproblem mit Hilfe eines Petri-Netzes dar-
zustellen. Man kann beweisen, daß dieses Petri-Netz unter bestimmten
Voraussetzungen verklemmungsfrei ist /10/.
Zunächst wird das System, das aus den 4 Philosophen, ihren Gabeln, den
Spaghettitellern und den Verhaltensregeln besteht, durch den Abstrak-
tionsprozeß so weit reduziert, daß es auf ein Petri-Netz abbildbar wird.

Die Wahl eins graphentheoretischen Strukturkonzeptes bietet sich an,
wenn strukturelle Eigenschaften des Systems, wie z.B. die Verklemmungs-
freiheit, untersucht werden sollen.
Das Strukturkonzept läßt sich analytisch auswerten. Aus der Beschreibung kann mit Hilfe der im Petri-Netz möglichen Ableitungsregeln bewiesen werden, daß das vorliegende Netz tatsächlich verklemmungsfrei
ist.
Häufig besteht die formale Beschreibung des Strukturkonzeptes aus einem
Gleichungssystem. Sowohl die exakte Lösung wie auch eine Approximation
gehören dem analytischen Modelltyp an.
Nachteilig wirkt sich aus, daß für komplexe Gleichungssysteme häufig
keine Lösungsverfahren bekannt sind. Insbesondere können stochastische
Systeme nur für einfache Fälle, denen "gutmütige" Standardverteilungen
wie z.B. die Gauß- oder Exponentialverteilung zugrunde liegen, analytisch behandelt werden.

2.2 Der physikalische Modelltyp

Die Elemente, Attribute und Relationen des zu untersuchenden realen
Systems werden auf die Elemente, Attribute und Relationen eines anderen
realen Systems abgebildet. Das System, das zur Untersuchung herangezogen wird, heißt physikalisches Modell.

Beispiel

Das zu untersuchende System sei ein Flugzeug, für das aerodynamische
Kenngrößen entwickelt werden sollen. An einem verkleinerten Modell
lassen sich im Windkanal Ergebnisse gewinnen, die auf das ursprüngliche Flugzeug übertragen werden können.
Voraussetzung dafür, daß ein System Modell für ein anderes System sein
kann, ist, daß beide Systeme in Bezug auf die Frage- und Problemstellung
das gleiche Strukturkonzept haben (hierzu siehe /11/, Kap. 1.2.1 Systeme mit gleicher Struktur).

2.3 Der simulative Modelltyp

Simulationsmodelle zeichnen sich dadurch aus, daß die Zustandsüber-
gänge, die das System erleidet, unmittelbar einer nach dem anderen durch-
gespielt werden. Dazu ist in der Regel eine Rechenanlage erforderlich.
(Dazu siehe /12/, z.B. Seite 105, Aufgabe 1).
Voraussetzung für Simulationsmodelle ist die Beschreibung der möglichen
Übergänge, die das System von einem Zustand in den anderen überführt.

Weiterhin müssen die Bedingungen angegeben werden, unter denen Zustandsübergänge vorgenommen werden müssen.

Für diskrete Systeme ist diese Vorgehensweise angemessen und natürlich. Für kontinuierliche Systeme, insbesondere für zeitkontinuierliche Systeme, ist die numerische Integration wesentlich. Die numerische Integration zerlegt den an sich kontinuierlichen Vorgang in diskrete Zustandsübergänge, deren Aufeinanderfolge durch die Schrittweite bestimmt wird. Der Systemzustand ist in diesem Fall nur an den diskreten Stützstellen bekannt. Ähnlich wie bei diskreten Systemen entwickelt sich der Ablauf des Systems auch bei kontinuierlichen Systemen durch die Aufeinanderfolge der diskreten Zustandsübergänge.

Hinweise:

* Es ist durch die vorhergegangene Überlegung gerechtfertigt, die numerische Behandlung von Differentialgleichungen als Simulation zu bezeichnen. Im Gegensatz dazu werden approximative Lösungsverfahren, wie z.B. Reihenentwicklungen und dgl. dem analytischen Modelltyp zugeordnet, da bei approximativen Verfahren keine Aufeinanderfolge von Zustandsübergängen vorliegt.

* Es ist nicht erforderlich, daß die Zustandsübergänge in der Zeit ablaufen. Es ist möglich, daß Zustandsübergänge aufgrund von Bedingungen erfolgen, die die Zeit nicht enthalten. Das trifft z.B. für zahlreiche graphentheoretische Strukturkonzepte zu.

2.4 Auswahl des Modelltyps

Welcher Modelltyp zur Darstellung gewählt wird, ist einzig und allein eine Frage der Praktikabilität. Die Modelltypen besitzen jeweils eine Reihe von Vor- und Nachteilen. Bei der Auswahl ist zu entscheiden, welcher Modelltyp für die anstehende Untersuchung am geeignetsten ist.

Tabelle 1 gibt einen Überblick über die verschiedenen Modelltypen.

An dieser Stelle soll noch einmal ganz deutlich herausgehoben werden, daß das Strukturkonzept das Kernstück der Modelltheorie ist. Ob das Modell, das dann anschließend zur Darstellung des Strukturkonzeptes entwickelt wird, ein physikalisches, ein analytisches oder ein Simulationsmodell ist, ist in diesem Zusammenhang zweitrangig. Diese Ansicht wird in bemerkenswerter Eindeutigkeit ebenfalls in /13/ vertreten.

Tabelle 1   Die Leistungsfähigkeit verschiedener Modelle

	Vorteil	Nachteil
Physikalisches Modell	Anschaulichkeit	Begrenzte Anwendung
Analytisches Modell	Exakte Ergebnisse	Häufig fehlende Lösungsmethoden
Simulations-Modell	Komplexe Systeme Darstellbar	Hoher Aufwand für Modell-erstellung

3. Grundlagen der Modellbildung

Die bisherigen Überlegungen lassen sich verallgemeinern. Bei der Untersuchung von Systemen findet die Systemanalyse zunächst komplexe Sachverhalte mit undurchsichtigen Strukturen. Durch Analyse, funktionale Dekomposition und Abstraktion werden die komplexen Sachverhalte und undurchsichtigen Strukturen aufgelöst und auf eindeutig bestimmte Modellelemente abgebildet, die jeweils voneinander abgesetzte, klar unterscheidbare Funktionen erfüllen und die über definierte Schnittstellen miteinander in Verbindung stehen. Auf diese Weise entsteht das Strukturkonzept des Modells, das sich dann durch ein Modell eines bestimmten Modelltyps darstellen läßt. Damit werden Analysieren, Abstrahieren und Strukturieren zu eng miteinander verbundenen Tätigkeiten. Nur in enger wechselseitiger Abhängigkeit bilden sie die Grundlage der Modellbildung.

3.1 System und Modell

Die Aufstellung des Strukturkonzeptes bedeutet die eigentliche wissenschaftliche Leistung. Der Aufbau des Modells entsprechend den Vorschriften des Strukturkonzeptes und die Durchführung der Untersuchung an diesem Modell sind demgegenüber von sekundärer Bedeutung. Das Lösen eines Gleichungssystems, das Entwickeln und Programmieren eines Simulators oder der Bau eines physikalischen Modells sind aus der Sicht der Wissenschaft nachgeordnete Tätigkeiten.

Bild 2 zeigt abschließend noch einmal den Zusammenhang zwischen unstrukturierten Ausgangsdaten, Strukturkonzepten und Modellen.

Als wesentlich sollen an dieser Stelle noch einmal die folgenden drei Sachverhalte herausgestellt werden:

* Das zu untersuchende System präsentiert sich der menschlichen Erkenntnis nicht an sich, sondern nur in Form der zunächst unstrukturierten Ausgangsdaten.

* Zwischen System und Modell schiebt sich das Strukturkonzept. Das Strukturkonzept liefert die von der menschlichen Verstandestätigkeit aufbereitete Darstellung des Systems.

* Das System erscheint der Untersuchung unter einem jeweils verschiedenen Blickwinkel. Der Blickwinkel wird durch das Untersuchungsziel vorgegeben. Das führt zu unterschiedlichen Strukturkonzepten für das System.

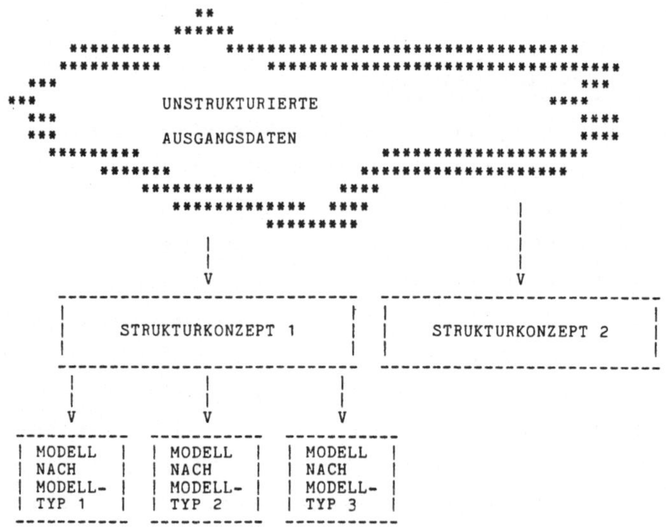

Bild 2: Der Zusammenhang zwischen unstrukturierten Ausgansdaten, Strukturkonzept und Modell.

3.2 Auswahl des Strukturkonzeptes und des Modelltyps

Die Modellbildung steht bei jeder Problemstellung vor den beiden folgenden Fragen:

* Mit welchem Strukturkonzept kann man das zu untersuchende System darstellen?

* Welchen Modelltyp wählt man für die Auswertung des Strukturkonzeptes?

Für die Frage nach der Wahl des Strukturkonzeptes ist das Untersuchungsziel maßgebend. Welche folgenschweren Fehler hier begangen werden können, ließe sich an zahlreichen Beispielen dokumentieren.
Für die Auswahl des Modelltyps sind einfache Kosten-Nutzenüberlegungen
maßgeblich. So liefern beispielsweise analytische Modelle in der Regel nur Ergebnisse für einfache Fälle. Für komplexe Situationen liegen
häufig keine Lösungsmöglichkeiten vor. Sie haben jedoch den Vorteil,
sehr kostengünstig zu sein. Simulationsmodelle auf der anderen Seite
können das zu untersuchende System beliebig genau nachspielen. Als
Nachteil muß man hier den hohen Aufwand in Kauf nehmen.
Der Modellbauer, der zwischen Modelltypen auswählen will, muß daher
die geforderte Genauigkeit der Modelluntersuchung und die zur Verfügung stehenden Mittel berücksichtigen.

<u>Literatur.</u>

/1/   Keramidis, S.: Eine Methode zur Spezifikation und korrekten
           Implementierung von asynchronen Systemen, Grüner Bericht
           des Institutes für Mathematische Maschinen und Datenverar-
           beitung, Universität Erlangen, 1982

/2/   Kuhn, T.S.: The Structure of Scientific Revolutions,Chikago, 1970

/3/   Lakatos, I., Musgrave, A.: Kritik und Erkenntnisfortschritt,
           Braunschweig, 1974

/4/   Albert, H.: Probleme der Theoriebildung. In: Albert, H. (Hrsg.):
           Theorie und Realität, Tübingen, 1964

/5/   Stachowiak, H.: Allgemeine Modelltheorie, Wien, New York, 1973

/6/   Hackemann, W.K., Rudolph, E., Seidl, H.: Entwurfstechnologie
           auf der Grundlage von Petri-Netzen, GI-10. Jahrestagung,
           Informatik Fachberichte Bd. 33, Heidelberg, 1980

/7/   Nutt, G.J.: The formulation and application of evaluation nets,
           Ph.D. dissertation, University of Washington, Computer Science
           Department, 1972

/8/   Gebben, V.D.: Bond Graph Bibliography, J. Franklin Inst.,
           Vol. 308, No. 3, pp. 361-369, 1979

/9/   Niemeyer, G.: Kybernetische System- und Modelltheorie,
           München, 1977

/10/ Keramidis, S., Mackert, L.: Ein Kalkül zur Konstruktion deadlock-
           freier Systeme, GI-NTG Fachtagung Struktur und Betrieb von
           Rechensystemen, Informatik Fachberichte, Bd. 27, Heidelberg,1980

/11/   Schmidt, B.: GPSS-FORTRAN Version II, Informatik Fachberichte,
           Bd. 6, Heidelberg, 1978

/12/ Niemeyer, G.: Systemsimulation, Frankfurt, 1973

/13/ Müller-Merbach, H.: Das Individuum und das Modell. In: Opera-
           tions Research Proceedings, Heidelberg, 1981

FORCASD - EIN E-NETZ ORIENTIERTES SIMULATIONSPAKET

J.-P. Behr, N. Dahmen, J. Müller, H. Rödenbeck

Hamburg

Zusammenfassung. FORCASD ist ein portables Simulationspaket, das Modellbildung und Simulation mit Auswertungsnetzen unterstützt. Als Besonderheit wird zum Modellentwurf ein preisgünstiger graphischer Bildschirm
benutzt. Das Modell wird mit einem Lichtgriffel interaktiv als Auswer-
tungsnetz am Schirm entworfen. Diese graphische Darstellung wird automatisch in ein FORTRAN Programm übersetzt, das die Struktur des Auswer-
tungsnetzes beschreibt und einen wesentlichen Teil des Simulationsprogramms bildet.

Summary. FORCASD is a portable simulation package that supports modelling and simulation by evaluation nets. As a special feature, a low-
cost graphic display can be used for model definition by drawing an appropriate evaluation net interactively on the screen. The graphical
image is automatically converted into a FORTRAN program that represents
the structure of the evaluation net and forms the essential part of the
simulation program.

Einführung

Modellbildung und Simulation sind anerkannte Methoden zur experimentellen Untersuchung geplanter oder realer Systeme, die sich in ihrer wirklichen Umgebung gar nicht oder nur mit hohem Aufwand direkt untersuchen
lassen bzw. sich einer analytischen Behandlung entziehen. Die Qualität
des Modells und damit die Genauigkeit und Interpretierbarkeit der Simulationsergebnisse sind in hohem Maß abhängig von der Methode zur Modellbeschreibung. Sie soll anschaulich, einfach in der Anwendung, allgemeingültig und gut implementierbar sein. Unter den bekannten Modellbeschreibungsmethoden scheinen diese Forderungen am besten von den Auswertungsnetzen [1,2,3] (E-Netzen) erfüllt zu werden, die G.J. Nutt 1972 aus den
Petri-Netzen ableitete. Auswertungsnetze werden durch einen Graphen zusammen mit einem prozeduralen Teil angegeben. Der Graph beschreibt die
Modellstruktur als logische Verknüpfung von Prozessen. Rechenoperationen
innerhalb dieser Prozesse und datenabhängige Entscheidungen werden dagegen durch Prozeduren beschrieben. E-Netze sind daher ein guter Kompromiß zwischen rein graphischen Modellbeschreibungsmethoden wie z.B. zeit-
behafteten Petri-Netzen (Problem: Umfang der graphischen Darstellung)
und Simulationssprachen wie GPSS oder SIMULA (Problem: Anschaulichkeit).

Auswertungsnetze

Die wesentlichen Eigenschaften der E-Netze seien hier am Beispiel eines
Rechnermodells in Bild 1 bestehend aus einem Prozessor und 2 Terminals
nur grob skizziert. Eine ausführliche Beschreibung findet sich in [4].

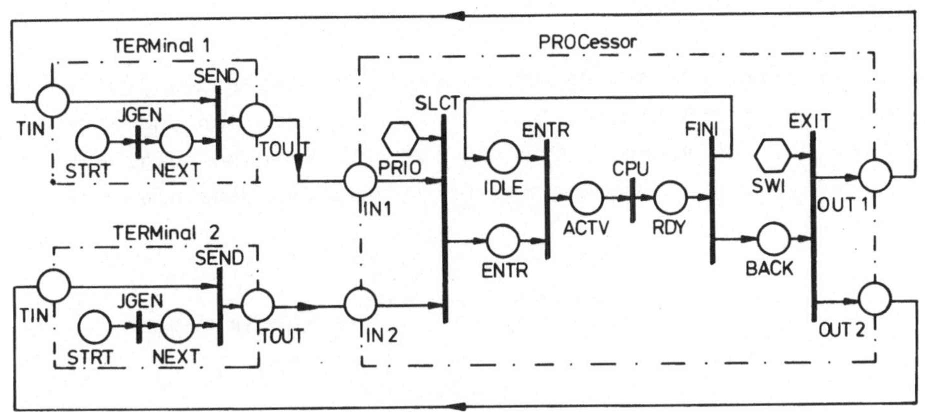

Bild 1: Modell eines Rechensystems

Aktivitäten werden durch Transitionen (gezeichnet als Balken ❘) repräsentiert, die über Plätze (gezeichnet als Kreise ◯) zu einem Netz
verknüpft sind. Die Plätze können durch Marken belegt werden (eine
Marke pro Platz), die von den Transitionen durch das Netz bewegt werden.
Im Rechnermodell repräsentieren die Marken typischerweise Aufträge der
Terminals an den Prozessor. Eigenschaften der Marken werden durch Attri-
bute beschrieben, z.B. Auftragsnummern, Ursprung, Bearbeitungszeit etc.
Die Attribute können in den Transitionen durch Transitionsprozeduren
verändert werden. Transitionszeiten dienen zur Nachbildung von Verzögerungszeiten, z.B. der Bearbeitungsdauer eines Auftrags in der CPU des
Prozessors. Die sechseckigen Entscheidungsplätze ⬡ repräsentieren
Entscheidungsprozeduren, mit denen in Abhängigkeit von Attributen die
Flußrichtung der Marken gesteuert werden kann. Die Entscheidungsprozedur SWI am Prozessorausgang EXIT lenkt einen Auftrag zum Ausgang OUT1
oder OUT2. Die Entscheidung ist abhängig vom Herkunftsort, den der Auftrag als Attribut mit sich führt.

Der Prozessor in Bild 1 enthält alle fünf Grundtypen der Transitionen.
Die Transitionen ENTR, CPU und FINI schalten jeweils wenn ihre Eingangsplätze belegt und die Ausgangsplätze leer sind. Nach Ablauf der Transitionszeit werden die Marken dann so bewegt, daß die Eingangsplätze leer

und die Ausgangsplätze belegt sind. SLCT schaltet von IN1 nach ENTR
oder von IN2 nach ENTR. Im Konfliktfall entscheidet PRIO, welche Richtung zuerst geschaltet wird. EXIT schaltet von BACK nach OUT1 oder
nach OUT2. Die Richtung bestimmt SWI. IDLE muß eine Anfangsmarkierung
erhalten, die kennzeichnet, daß die CPU frei ist.

FORCASD

Das Simulationspaket FORCASD (FORTRAN-based Computer-Aided System
Design) unterstützt die Beschreibung von E-Netz Modellen und ihre Implementierung auf dem Rechner. FORCASD ist schalenweise aufgebaut, wobei jede Schale einen unabhängig nutzbaren Teil des Ganzen umschließt
(Bild 2).

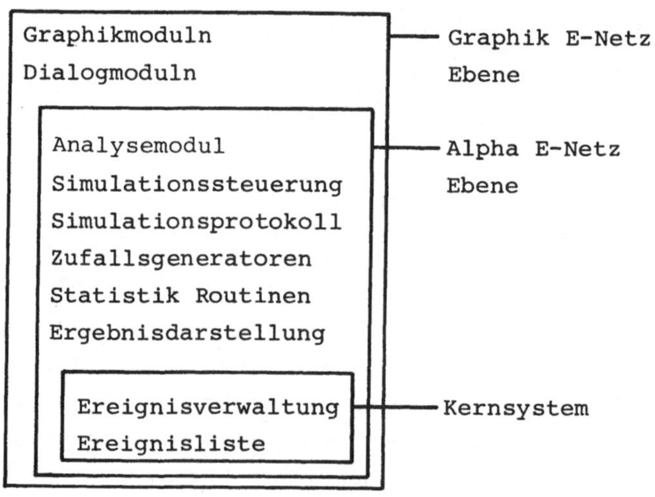

Bild 2:   Schalenstruktur von FORCASD

- Auf der Graphik E-Netz Ebene wird zur Modellimplementierung die graphische Darstellung der E-Netze benutzt. Das Netz wird dazu interaktiv
  am graphischen Bildschirm erstellt.
- Die Alpha E-Netz Ebene unterstützt die Simulation von E-Netz Modellen,
  die ausschließlich alphanumerisch durch FORTRAN Routinen beschrieben
  werden.
- Das Kernsystem umfaßt eine Ereignisliste und einen allgemeinen Satz
  von Ereignisverwaltungsroutinen, wie sie aus prozeßorientierten Simulationssprachen, z.B. SIMULA, bekannt sind. Es ist in [4] erläutert
  und wird hier nicht weiter betrachtet.

Ein zu modellierendes System wird zunächst in seine Komponenten zerlegt. Jede Komponente wird durch ein E-Netz modelliert. Das Systemmodell wird dann aus diesen Komponenten zusammengesetzt. Mehrfach auftretende identische Moduln werden dabei durch Vervielfältigung erzeugt. Im Beispiel Bild 1 ist der Modul TERMinal zu TERM1 und TERM2 vervielfältigt.

Die Graphik E-Netz Ebene

Das graphische Modell wird an einem VT 100 GB [5] Rasterbildschirm mit einer Auflösung von 640 x 480 Bildpunkten und einem Lichtgriffel erstellt. Das FORCASD Dialogprogramm bietet dazu 3 Menüs an.

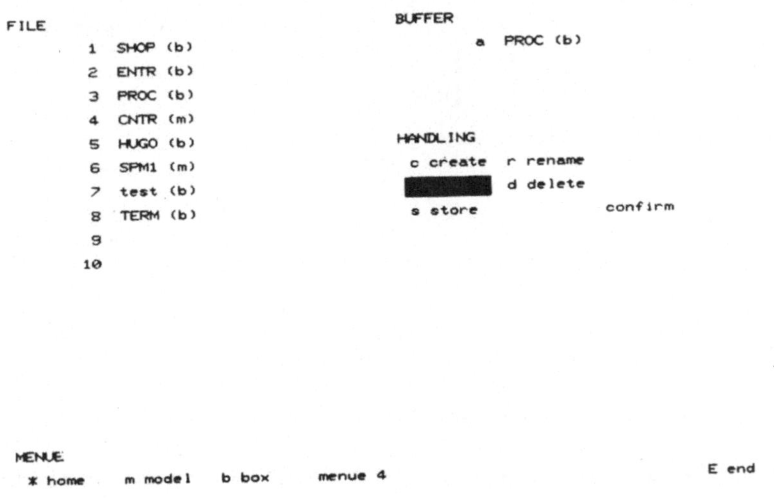

Bild 3: Wurzelmenü

Das Wurzelmenü in Bild 3 ist in 5 Felder unterteilt:

- Das FILE-Feld gibt den Inhalt eines Files an, in dem bis zu 10 Graphiken gespeichert werden können. Es enthält Modellkomponenten (b wie box) oder Systemmodelle (m wie model).
- Das BUFFER-Feld enthält einige Kommandos zur File-Behandlung.
- Mit Hilfe des MENUE-Feldes kann das Menü gewechselt werden. 'home' liefert das gezeigte Wurzelmenü. 'model' erzeugt ein Menü zum Erstellen von Systemmodellen. Über 'box' erreicht man ein Menü zum Zeichnen der zugehörigen Systemkomponenten.
- Mit 'end' wird der Dialog beendet.

Ein Kommando wird mit dem Lichtgriffel gepickt. Das zuletzt gepickte
aktuelle Kommando wird durch dunkle Schrift auf hellem Grund gekennzeichnet (schattiert).

In Bild 3 war das Kommando 'load' gepickt worden. Danach wurde mit dem
Lichtgriffel die Komponente PROCessor aus dem FILE-Feld ausgewählt und
in den Arbeitspuffer geladen. Zum Editieren von PROCessor wird nun
'b box' gepickt, um das Menü zu wechseln.

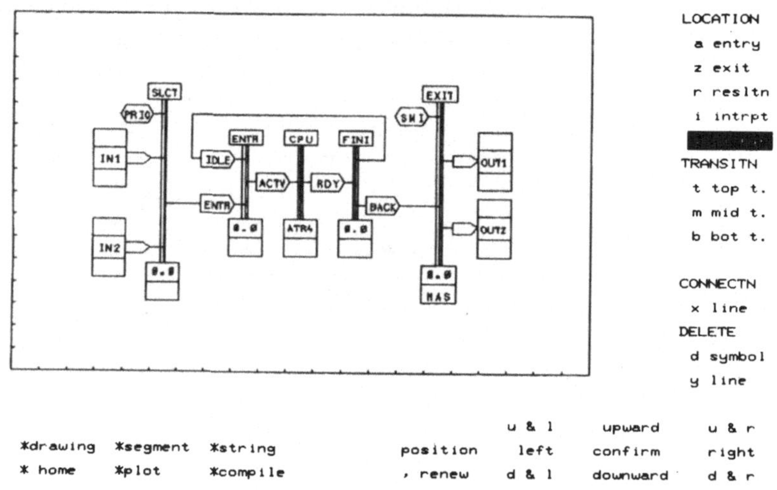

Bild 4: Modellkomponente PROCessor

Das Komponenten-Menü besteht aus Kommandofeldern und einem Zeichenfeld.
Das Zeichenfeld in Bild 4 enthält bereits das Prozessormodell. Das in
der Darstellung gegenüber Bild 1 leicht variierte E-Netz wird aus einzelnen Symbolen zusammengesetzt. Zum Zeichnen von Symbolen dienen entsprechende Kommandos. In Bild 4 wurde gerade das Kommando 'simple' aus
dem Kommandofeld LOCATION zum Zeichnen von Plätzen gepickt. Das Kommando
bewirkt, daß an jede mit dem Lichtgriffel im Zeichenfeld bestimmte Position ein Platz-Symbol gezeichnet wird. Ebenso werden durch das Kommando
'symbol' im Kommandofeld DELETE alle mit dem Lichtgriffel im Zeichenfeld bezeichneten Symbole gelöscht.

Der sichtbare Netzausschnitt kann mit Hilfe einer Window-Funktion frei
gewählt werden. Bild 4 zeigt nur 1/16 des verfügbaren Zeichenfeldes. Um
auch bei komplexen Netzen exakt positionieren zu können, kann wahlweise
ein Positionskreuz zur Feinpositionierung gesetzt werden. Das Positionskreuz kann dann mit Hilfe der "Windrose" im rechten unteren Schirmbild-
teil in die dort angegebenen Richtungen verschoben werden.

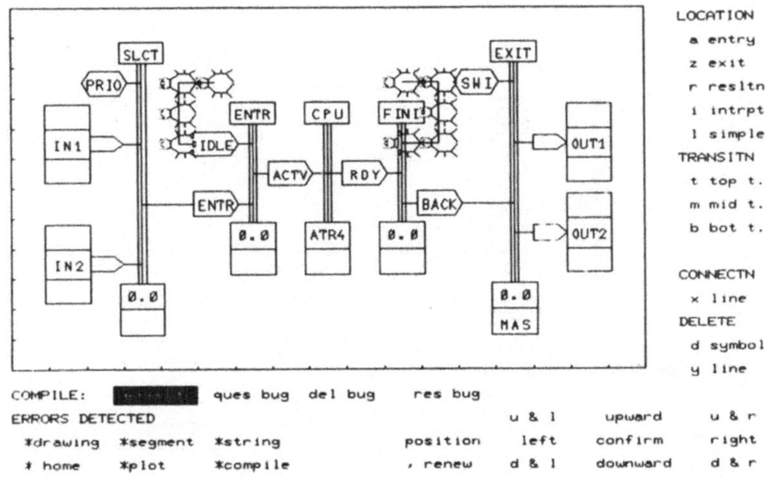

Bild 5: Fehlerbild als Ergebnis eines Generatorlaufs

```
      SUBROUTINE PROC (FVN   ,FATTO ,ININ1, ININ2, OUOUT1,OUOUT2)
C***********************************************************C
C                                                          C
C     B O X - T Y P E    S U B R O U T I N E               C
C     REPRESENTING THE BLACK BOX MODEL:  PROC              C
C                                                          C
C***********************************************************C

C---- BTS HEADING --------------------------------------C

      INTEGER NAME, FVN, FATTO, DIR
      INTEGER ININ1, ININ2, OUOUT1,OUOUT2
      REAL    ATR4

C---- MAIN SPECIFICATION PART
      COMMON /BYSAP/ ATMOD,LIDIR,LAFTA,LAFEX

C---- BTS BODY -----------------------------------------C

C---- ENTRY POINT LABEL WITH TASK SWITCH
    1 GOTO ( 10,   20,  100,  110,  200,  300,  400,  500,  510,
     &     520), LAFTA

C---- INITIALIZATION PART
   10 CONTINUE
      GOTO 9

C---- TRANSITION BLOCK:    / S L C T /
  100 CALL YTRA ( '/SLCT/, /IN1/ , /IN2/ , /ENTR/', 0.0)
      GOTO 9
  110 CONTINUE
      CALL  PRIO (FVN,DIR)
      CALL RESOL (DIR)
      GOTO 9

C---- TRANSITION BLOCK:    / E N T R /
  200 CALL JTRA ( '/ENTR/, /IDLE/, /ENTR/, /ACTV/', 0.0)
      GOTO 9

C---- TRANSITION BLOCK:    / C P U /
  300 CALL TTRA ( '/CPU/ , /ACTV/, /RDY/ ', ATR4(FVN))
      GOTO 9

C---- TRANSITION BLOCK:    / F I N I /
  400 CALL FTRA ( '/FINI/, /RDY/ , /IDLE/, /BACK/', 0.0)
      GOTO 9

C---- TRANSITION BLOCK:    / E X I T /
  500 CALL XTRA ( '/EXIT/, /BACK/, /OUT1/, /OUT2/', 0.0)
      GOTO 9
  510 CONTINUE
      CALL SWI (FVN,DIR)
      CALL RESOL (DIR)
      GOTO 9
  520 CONTINUE
      CALL MAS (FVN)
      GOTO 9

C---- SIMULATOR CALL AND RETURN TO TASKSWITCH
    9 CALL SAFIR
      GOTO 1

C---- BTS END ------------------------------------------C
   20 RETURN
      END
```

Bild 6:
Generiertes FORTRAN-Programm
der Modellkomponente PROCessor

Die durch * bezeichneten Kommandos erzeugen eine Submenü-Zeile. Sie enthält im Beispiel Bild 5 Kommandos zum Übersetzen des E-Netzes. Das Kommando 'generate' bewirkt zunächst eine syntaktische Analyse des Netzes. Eventuelle Syntaxfehler werden graphisch durch "Bugs" angezeigt (Bild 5). Ein syntaktisch korrektes E-Netz wird in eine FORTRAN-Subroutine Bild 6 übersetzt. Nachdem auf die gleiche Weise auch ein Modell des Terminals erzeugt wurde, kann aus einer Modellkomponente PROCessor und zwei Komponenten vom Typ TERMinal das Systemmodell SPM1 des Rechnersystems zusammengestellt werden. Dies geschieht im Modell-Menü, das über das Wurzelmenü Bild 3 erreicht wird.

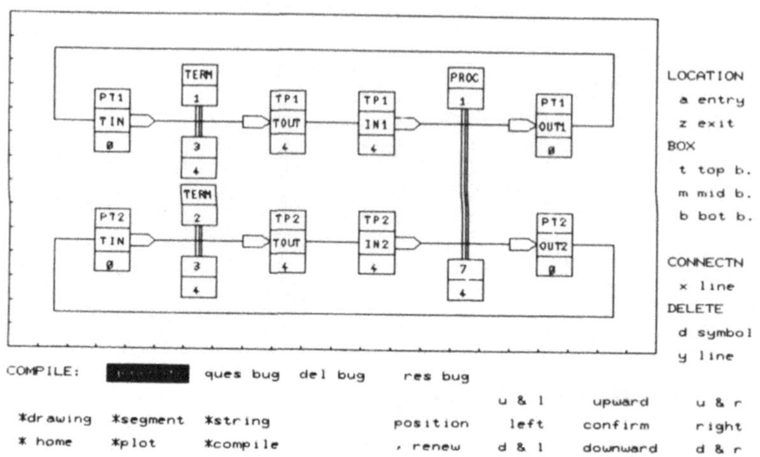

Bild 7: Systemmodell des Rechensystems

Im Systemmodell Bild 7 stellen die senkrechten Balken jetzt die Systemkomponenten dar. Eine Komponente kann auf Systemebene als Makrotransi-
tion betrachtet werden. Komponenten gleichen Typs, z.B. TERMinal, unterscheiden sich durch ihre Exemplarnummer im Feld unterhalb der Kom-
ponentennamen. Die Felder am unteren Ende der Komponentenbalken bezeichnen die Maximalzahl der Mar-
ken und ihrer Attribute je Komponente. Die Komponenten werden verbunden über ihre Ein- und Ausgangsplätze, die gegenüber der Darstellung in Bild 4 um den Namen der
Verbindungsleitung und die Zahl
der mit einer Marke zu übertragen-
den Attribute zu erweitern sind.
Durch das Kommando 'generate' wird
aus der graphischen Beschreibung
des Systemmodells das Simulations-
hauptprogramm in Bild 8 erzeugt.
Die mit den Generatoren aus der
graphischen Modellbeschreibung erzeugten Programmtexte entsprechen
dem Beschreibungsformat für Modelle auf der Alpha E-Netz Ebene.

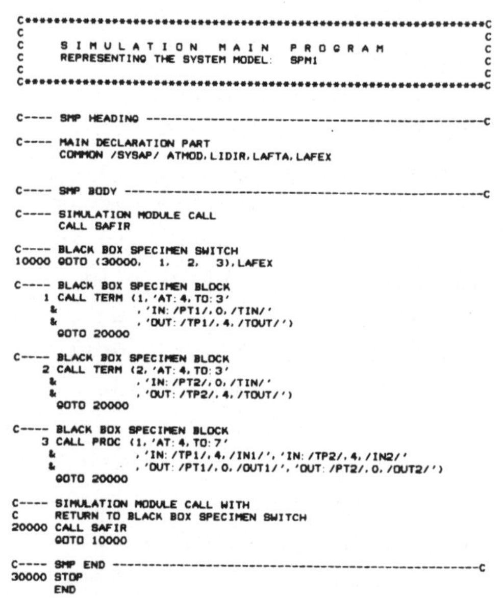

```
C**************************************************C
C                                                 C
C      S I M U L A T I O N   M A I N   P R O G R A M   C
C      REPRESENTING THE SYSTEM MODEL:  SPM1       C
C                                                 C
C**************************************************C


C---- SMP HEADING ---------------------------------------c

C---- MAIN DECLARATION PART
      COMMON /SYSAP/ ATMOD,LIDIR,LAFTA,LAFEX

C---- SMP BODY ------------------------------------------c

C---- SIMULATION MODULE CALL
      CALL SAFIR

C---- BLACK BOX SPECIMEN SWITCH
10000 GOTO (30000,  1,  2,  3),LAFEX

C---- BLACK BOX SPECIMEN BLOCK
    1 CALL TERM (1, 'AT:4, TO:3'
   &             , 'IN: /PT1/, 0, /TIN/'
   &             , 'OUT: /TP1/, 4, /TOUT/')
      GOTO 20000

C---- BLACK BOX SPECIMEN BLOCK
    2 CALL TERM (2, 'AT:4, TO:3'
   &             , 'IN: /PT2/, 0, /TIN/'
   &             , 'OUT: /TP2/, 4, /TOUT/')
      GOTO 20000

C---- BLACK BOX SPECIMEN BLOCK
    3 CALL PROC (1, 'AT:4, TO:7'
   &             , 'IN: /TP1/, 4, /IN1/', 'IN: /TP2/, 4, /IN2/'
   &             , 'OUT: /PT1/, 0, /OUT1/', 'OUT: /PT2/, 0, /OUT2/')
      GOTO 20000

C---- SIMULATION MODULE CALL WITH
C     RETURN TO BLACK BOX SPECIMEN SWITCH
20000 CALL SAFIR
      GOTO 10000

C---- SMP END ------------------------------------------c
30000 STOP
      END
```

Bild 8:
Generiertes Hauptprogramm für
das Systemmodell

Die graphische Beschreibung der Modellkomponenten ist jedoch noch unvollständig. Die noch fehlenden prozeduralen Teile, z.B. zur Bestimmung der Auftragsdurchlaufzeiten an der Transition EXIT des Prozessors, sind als FORTRAN Subroutinen dem FORCASD System bereitzustellen. Die Aufrufe dieser Subroutinen sind jedoch bereits in dem vom Generator erzeugten Programmtext enthalten.

Die Alpha E-Netz Ebene

Auf der Alpha E-Netz Ebene werden Systemmodelle und Modellkomponenten als FORTRAN-Programme beschrieben. Ein Systemmodell bildet dabei das Hauptprogramm, in dem jede Modellkomponente durch einen Subroutinen-Aufruf repräsentiert wird. So enthält das Hauptprogramm für das Rechnermodell in Bild 8 zwei Aufrufe der Routinen TERMinal und einen von PROCessor. Als Parameter werden die Exemplarnummer, die Maximalzahl der Marken und ihrer Attribute sowie die Ein- und Ausgangsplätze der Komponenten übergeben.

Der Fluß der Marken durch das Modell wird durch den eigentlichen Simulator gesteuert. Er ist als Subroutine SAFIR realisiert und stellt die Sprungvariable LAFEX auf die nächste zu bearbeitende Modellkomponente ein. SAFIR wird nach der Bearbeitung jeder Komponente neu aufgerufen. Der Simulator hat aufgrund einer vorangegangenen Analyse aller Modellteile genaue Kenntnis über die Modellstruktur und kann daher zusammen mit der Ereignisverwaltung des Kernsystems die Aktionen im Modell anstoßen.

Die Subroutinen der Modellkomponenten enthalten auf der Alpha E-Netz Ebene für jede Transition des entsprechenden E-Netzes einen Subroutinen-Aufruf. Der Transitionsname, die Namen der Ein- und Ausgangsplätze und die Transitionszeit werden jeder Transitionssubroutine als Parameter übergeben. Der Subroutinen-Aufruf für eine Transition wird gegebenenfalls von weiteren Aufrufen der Transitionsprozedur und der Entscheidungsprozedur gefolgt. Jeder Aufruf ist mit einer Sprungmarke versehen. Der Simulator SAFIR stellt die Sprungvariable LAFTA auf die nächste zu bearbeitende Transition ein. SAFIR wird nach der Bearbeitung jeder Transition neu aufgerufen.

Im Modell der Prozessorkomponente Bild 6 sind die Zeitprozedur ATR4 der Transition CPU, die Entscheidungsprozeduren PRIO und SWI sowie die Transitionsprozedur MAS gesondert zu definieren. Alle weiteren Subroutinen werden vom FORCASD-Paket bereitgestellt. Eine ausführliche Erläuterung der Alpha E-Netz Ebene findet sich in [4].

Abschließende Bemerkungen

FORCASD ist zur Zeit auf Philips P1400 und VAX11 Rechnern implementiert.
Eine Übertragung auf IBM 4341 ist vorgesehen. Das Paket ist vollständig in Standard FORTRAN geschrieben und damit auf jeden Rechner mit
FORTRAN Compiler transferierbar. Der Speicherbedarf für Modelle mittlerer Komplexität beträgt etwa 200 Kbyte.

FORCASD wurde beginnend mit dem Kernsystem von innen nach außen implementiert. Auf der Alpha E-Netz Ebene ist es seit Frühjahr 1981 verfügbar und wird seitdem vorwiegend zur Beurteilung geplanter Kommunika-
tionssysteme eingesetzt. Auf der Graphik Ebene wird es seit Frühjahr
1982 benutzt. Der Zeitbedarf zum Zeichnen von Bild 4 einschließlich
aller Namen liegt bei einem durchschnittlichen Benutzer bei etwa 7 Minuten. Die Umsetzung in FORTRAN Code dauert weniger als 2 sec CPU-Zeit
auf VAX11/780. Das entspricht typischerweise 3-6 sec Terminalszeit.
Zur Zeitersparnis bei der Modellerstellung kommt die Unterstützung
bei Modelländerungen. Die Graphik liegt unmittelbar nach einer Änderung
als "Reinzeichnung" zusammen mit dem erzeugten Programmcode vor.

Literatur

[1] Nutt, G.J.: The formulation and application of evaluation nets.
    Ph.D. dissertation, University of Washington, Computer Science,
    1972.
[2] Nutt, G.J.: Evaluation nets for computer system performance ana-
    lysis. Fall Joint Comp. Conf. 1972, AFIPS Conf. Proc., 41 (1972),
    S. 279-286.
[3] Behr, J.-P., Isernhagen, R., Pernards, P., Stewen, L.: Modellbe-
    schreibung mit Auswertungsnetzen. Angewandte Informatik 17 (1975)
    9, S. 375-382.
[4] Dahmen, N.: FORCASD - Ein FORTRAN-orientiertes Programmsystem zur
    Modellbildung und Simulation. Informatik-Fachbericht 41, Messung,
    Modellierung und Bewertung von Rechensystemen, Jülich 1981,
    S. 133-147.
[5] Retro-Graphics Enhancement for DEC VT100 Video Terminal. User
    Manual. Digital Engineering, Inc., 630 Bercut Drive, Sacramento,
    1981.

SPIRO - ein neues Simulationspaket

Robert K. Bell und Pervez-Walter Ernest, Erlangen

Zusammenfassung. Wir beschreiben ein neues Simulationspaket SPIRO
(Simulation Package for the Investigation of Recondite Objects), das
in der Entwicklungsphase ist. Wir beabsichtigen, dieses Paket möglichst
universell zu halten. Dann kann ein beliebiges Modell mit Hilfe dieses
Paketes auf herkömmlichen Rechnern und in mehreren Programmiersprachen
simuliert werden. SPIRO wird zur Zeit in Pascal implementiert; es soll
aber in Zukunft auch in Fortran, Basic und PL/M verfügbar sein. Dieses
Paket soll auch für Kleinrechner mit 64 KB RAM zur Verfügung stehen.
SPIRO kann ereignisorientierte, warteschlangenorientierte und kontinuierliche Modelle bearbeiten.

Summary. We describe a new simulation package SPIRO (Simulation
Package for the Investigation of Recondite Objects) which we are deve-
loping. Our aim is to provide a package as universal as possible. It
will allow the simulation of an arbitrary model on conventional computers in a number of programming languages. SPIRO is currently being
implemented in PASCAL, but it will be available in future in Fortran,
Basic, and PL/M. It will run on small computers with 64 KB RAM. SPIRO
can handle event-oriented, queue-oriented, and continuous models.

1. Einleitung

Bei der Spezifizierung und Implementierung von SPIRO ist unser vor-
rangiges Ziel, Universalität zu erreichen. Diese Universalität hat
4 Dimensionen:

  I.   Die Art der Modelle, die mit SPIRO simuliert werden können.

  II. Die Programmiersprachen, in denen SPIRO verfügbar ist.

III. Die Rechner, auf denen SPIRO verwendbar ist.

 IV. Die Software Umgebung.

Diese 4 Dimensionen der Universalität werden in den nächsten 4 Abschnitten beschrieben.

2. Art der Modelle.

SPIRO kann ereignisorientierte, warteschlangenorientierte und kontinuierliche Modelle simulieren, ebenso auch kombinierte Modelle, die mehrere
dieser Eigenschaften haben.

2.1 Ereignisorientierte Modelle.

Ein Ereignis bewirkt in einem zeitdiskreten Modell einen Zustandsübergang.
In SPIRO unterscheiden wir geplante und bedingte Ereignisse. Geplante Ereignisse werden zu einer vorgegebenen Zeit ausgeführt. Bedingte Ereignisse werden bearbeitet, wenn sich der Modellzustand so geändert hat, daß
eine vom Benutzer frei programmierbare Bedingung erfüllt ist.

Programmtechnisch ist ein geplantes Ereignis der Aufruf eines vom Benutzer geschriebenen Unterprogramms oder das Springen auf eine Marke in
einer bestimmten Routine, die zu einer festen Zeit im Modell erfolgen
soll.
In SPIRO ist es möglich, ein Ereignis anzumelden; zusätzlich kann die Ereignisliste vom Benutzer abgefragt werden und ein bestimmtes Ereignis aktiviert oder gelöscht werden. Damit hat der Benutzer die Möglichkeit,
den üblichen Mechanismus für die automatische Aktivierung von Ereignissen
zu umgehen und selbst in die Ablaufsteuerung einzugreifen.
Die Ereignisliste wird als ein binärer Baum gespeichert. Wir hoffen, dadurch weniger Rechenzeit als bei den üblichen Verfahren mit geketteten
Listen zu verbrauchen.

2.2 Warteschlangenorientierte Modelle

In warteschlangenorientierten Modellen gibt es Objekte, die in SPIRO
Marken genannt werden. Diese Marken bewegen sich im Modell, bilden
Schlangen und verlassen die Schlangen. Man denke z.B. an Patienten in
einem Krankenhaus oder Autos in einem Verkehrsmodell. Die Objekte, vor
denen Warteschlangen gebildet werden, heißen Stationen. Die einzelnen
Arten der Stationen werden unten erläutert.
Eine Marke kann sich in einem der folgenden Zustände befinden:

a) passiv

b) in einer Warteschlange

c) terminiert

d) bereit

e) aktiv

a) "Passiv" bedeutet, daß an der Marke nichts passiert, bis der Benutzer
sie in einen anderen Zustand bringt, z.B. Güter in einem Lager.

b) Marken in einer Warteschlange erreichen in der Regel die Station, vor
der sie warten, und durchlaufen sie. Es ist aber auch möglich, Marken
aus einer Warteschlange zu holen. Dies ist ein weiteres Beispiel für das
Umgehen der automatischen Ablaufsteuerung durch den Benutzer.
Verschiedene Verfahren für das Abarbeiten der Schlangen sind möglich,
die Voreinstellung ist FIFO (first in, first out).

c) Terminierte Marken werden zu einer festen Zeit aktiviert. Es ist jedoch möglich, die Terminierung zu löschen, z.B. wenn ein Patient stirbt,
bevor er einen Termin beim Arzt wahrnehmen kann.

d) "Bereit" bedeutet, daß die Marke aktiviert werden kann. Wenn eine
Verkehrsampel von rot auf grün schaltet, können alle Autos, die vor der
Ampel stehen, in den Zustand "bereit" versetzt werden.

e) "Aktiv" bedeutet, daß die Marke jetzt von SPIRO verarbeitet wird. Sie
bleibt aktiv, bis sie in einen anderen Zustand versetzt wird.
Bei einer Implementierung von SPIRO auf einem konventionellen Rechner
in einer konventionellen Sprache wird nur eine Marke auf einmal aktiv.
Falls ein Rechner verwendet wird, der mehrere parallele Prozesse erlaubt, ist es denkbar, daß mehrere Marken gleichzeitig aktiv sein können.

Die verschiedenen Arten der Stationen, die im SPIRO implementiert werden, werden nachfolgend beschrieben:

2.2.1 Speicher

Ein Speicher kann Marken enthalten. Die folgenden Arten von Speichern
sind vorgesehen:

a) Einzelspeicher. Ein Einzelspeicher ist entweder leer oder beinhaltet eine Marke, z.B. ein Datensichtgerät ist entweder frei oder wird von
einem Benutzer belegt.

b) Skalarspeicher. Ein Skalarspeicher kann bis zu einer festen Anzahl
von Marken enthalten, z.B. ein Parkplatz kann bis zu 100 Personenwagen
aufnehmen.

c) Begrenzte Speicher. Hier ist nicht die Anzahl der Marken sondern
eine additive Eigenschaft der Marken begrenzt, z.B. die maximale Belastung eines Fahrstuhls.

d) Lineare Speicher. Ein linearer Speicher besteht aus einer maximalen

Anzahl von Abschnitten, wobei ein Abschnitt aus mehreren einanderfolgen-
den Zellen besteht. Ein Beispiel wäre der Hauptspeicher eines multipro-
grammierten Rechners, wo ein Abschnitt einen Job enthält und ein Abschnitt aus mehreren Speicherblöcken besteht.

e) Vektorspeicher. Ein Vektorspeicher ähnelt einem linearen Speicher
mit dem Unterschied, daß in SPIRO Speicherplätze für die einzelnen Zellen reserviert sind. Falls die Ausführung der einzelnen Befehle eines
Programmes simuliert werden soll, wird der Hauptspeicher des simulierten Rechners als Vektorspeicher in SPIRO dargestellt.

2.2.2 Sperre.

Eine Bedingung wird durch eine Sperre dargestellt. Falls die Bedingung
erfüllt ist, wird die Sperre durchlaufen, sonst bleiben die Marken in
einer Schlange vor der Sperre stehen. Eine Verkehrsampel ist ein einfaches Beispiel.
Um Rechenzeit zu sparen, haben wir bei der Implementierung von Sperren
einige Varianten eingeführt.

a) Der Benutzer kann eine Sperre schließen. Wenn eine Sperre geschlossen ist, wird eine ankommende Marke in die Warteschlange eingereiht,
ohne daß die Bedingung getestet wird.

b) Es hängt von der Anwendung ab, ob die Marken weitere Eigenschaften
haben oder anonym sind. Im letzteren Fall können die Marken, die in einer Schlange stehen, zu einer Gruppe zusammengeschlossen werden. Dadurch belegen die einzelnen Marken keine Speicherplätze.
Es gibt Sperren, die nur eine einzelne Marke durchlassen, und andere
Sperren, die eine Gruppe von Marken durchlassen.

c) Die Bedingung, die die Sperre darstellt, kann von den Eigenschaften
der Marken abhängen, z.B. zu bestimmten Zeiten werden nur Karteninhaber
zu einer Veranstaltung zugelassen. In einem solchen Fall werden alle
Marken in der Schlange untersucht, bis eine gefunden ist, die der Bedingung genügt. Im einfacheren Fall ist die Bedingung unabhängig von den
Eigenschaften der Marken; in solchen Fällen genügt es, die erste Marke
in der Schlange zu testen.

2.2.3 Bedienstationen.

In einem Warteschlangenmodell bilden Marken eine Schlange vor einer Sta-

tion, verbringen in der Station eine bestimmte Verweildauer und verlassen die Station. Die Verweildauer ist normalerweise eine Zufallszahl einer bekannten statistischen Verteilung. Dieser Vorgang kann in SPIRO mit Hilfe eines einzelnen Aufrufs erfolgen. In einem solchen Fall wird die Station eine Bedienstation genannt.
In SPIRO werden die folgenden Bedienstationen implementiert: solche, die eine einzelne Marke enthalten mit konstanter Verweildauer, solche die eine einzelne Marke mit einer exponentiell verteilten Bedienzeit enthalten, und eventuell noch andere.

2.2.4 Sammelstation

Eine Sammelstation wartet, bis die Schlange der Marken, die vor ihr steht, eine bestimmte Anzahl von Marken enthält. Dann erst werden diese Marken zusammen durchgelassen.

2.2.5 Koordinierungsstation

Zu einer Koordinierungsstation gehört eine feste Anzahl von Schlangen. Wenn alle Schlangen belegt sind, werden Marken von jeder Schlange weggenommen und im Zustand "bereit" gesetzt.
Betrachten wir einen Taxi-Stand. Dieser ist nichts anderes als 2 Warteschlangen, eine Warteschlange der Taxis und eine Warteschlange der Fahrgäste. Falls beide Schlangen belegt sind, verläßt ein Taxi mit einem oder einigen Fahrgästen den Taxi-Stand.
Weitere Arten von Stationen werden bei Bedarf eingeführt. Es ist auch möglich, obwohl nicht ganz leicht, daß der Benutzer seine eigenen Stationen implementiert.

2.5 Kontinuierliche Modelle

SPIRO enthält den Runge-Kulta-Feldberg-Algorithmus für die Lösung von Systemen gewöhnlicher Differentialgleichungen. Damit können kontinuierliche Systeme simuliert werden. Weitere Algorithmen - auch für partielle Differentialgleichungen - werden ebenfalls implementiert.

3. Programmiersprachen.

SPIRO wird zuerst in Pascal implementiert. Es ist eine weit verbreitete Sprache und bietet fast alle Sprachkomponenten, die wir benötigen. Da wir SPIRO in anderen Sprachen implementieren wollen, haben wir eine Teil-

menge von PASCAL benutzt, damit die Umwandlung möglichst einfach ist,
z.B. Records werden in SPIRO nicht benutzt. Dies verhindert nicht, daß
der Benutzer sie für seine eigenen Variablen vereinbart.
Danach soll SPIRO in FORTRAN implementiert werden. FORTRAN ist sehr verbreitet, und wir wollen ein Produkt für diesen großen Markt anbieten.
Eine Implementierung in BASIC ist vorgesehen. Diese Sprache ist für ein
so umfangreiches Paket nicht gedacht, und die Umkodierung wird sicher
mühsam werden. Jedoch ist die Zahl der potentiellen Anwender sehr groß.
PL/M ist eine Sprache, die für kleinere Rechner entwickelt wurde, die
aber viel mehr sprachliche Möglichkeiten bietet als BASIC. Sie hat den
Vorteil, daß die Übersetzungszeiten kurz sind und daß die Modulen getrennt übersetzt und danach eingebunden werden können. Aus diesen Gründen wird SPIRO in PL/M implementiert.
Wir wollen auch SPIRO in COBOL implementieren. COBOL ist die am meisten
verwendete Sprache, und es gibt sehr viele Programmierer, die nur COBOL
können.
Weitere in Betracht zu ziehende Sprachen wären ADA, PL/1, ALGOL 60
und SIMULA.

4. Verwendbare Rechner.

SPIRO soll auf möglichst vielen Rechnern und Rechnertypen laufen. Insbesondere soll es auf Microcomputern mit 64 KB RAM und Floppylaufwerken
verwendbar sein. Aus diesem Grund sind wir sehr bemüht, Speicherplätze
zu sparen.
Programmtechnisch wird folgende Methode verwandt: Mit wenigen Ausnahmen
haben alle Felder im Quellprogramm die Länge 1. Der Benutzer entscheidet,
abhängig vom Modell, welche Größe die Felder haben müssen, und ändert
entsprechend die Dimensionen. Die Felder, die für dieses Modell nicht
benötigt werden, behalten die Dimension 1.
Wir wollen dadurch erreichen, daß SPIRO auf Microcomputern wie TRS-80
und APPLE, die ca. DM 5000.-- kosten, anwendbar ist.

5. Software Umgebung

Das SPIRO-Paket besteht im wesentlichen aus einer Sammlung von Unterprogrammen (wenn fertiggestellt so zwischen 100 und 200 Stück) und Verein-
barungen globaler Variablen (auch zwischen 100 und 200 meistens eindimensionalen Feldern).
Ungefähr 10 dieser Unterprogramme haben feste Namen, bestehen aber im
Paket nur als "begin end". Der Benutzer beschreibt sein Modell dadurch,

daß er einige dieser Unterprogramme schreibt. Sie werden dann von SPIRO
aufgerufen. Zusätzlich kann der Benutzer eigene Unterprogramme mit eigenen Namen schreiben. Ähnlich kann er die SPIRO-Variablen benutzen und
zusätzlich eigene Variablen vereinbaren. Das Paket kann von jemandem
benutzt werden, der eine der Implementierungssprachen von SPIRO kennt.
Es gibt auch Modelle, die als Daten spezifiziert werden können. Im wesentlichen bestehen solche Modelle nur aus Stationen aller Typen außer
solchen mit Sperren. Für solche Modelle wollen wir ein SPIRO-Programm
anbieten. Hierbei muß der Benutzer sein Modell nur auf Datenblättern
eingeben. Die Regeln für das Ausfüllen der Datenblätter werden in wenigen Stunden erlernbar sein.

6. Beispiel

Um die Handhabung von SPIRO zu zeigen, bringen wir ein einfaches Beispiel: Kunden kommen in einem Abstand von 5 Minuten zu einer Bank mit
einem besetzten Schalter. Es bildet sich eine Schlange. Die Kunden werden der Reihe nach bedient. Die Bedienzeit beträgt 6 Minuten. Danach
verlassen sie das Modell.
Der Benutzer schreibt eine Prozedur "umodel", die das Modell beschreibt.
"umodel" wird über ein "forward reference" mit einem Parameter, cassel,
aufgerufen. Der Parameter gibt an, auf welche Marke innerhalb des
"umodels" gesprungen wird.

```
Procedure umodel;
label 1, 2, 3, 4;
begin  case  cassel of
            1:   goto 1;
            2:   goto 2;
            3:   goto 3;
       end;
       1: newtka (1,1,true);
          ( *eine neue Marke wird erzeugt und aktiviert, d.h. ein
            neuer Kunde betritt die Bank *)
          scacum (time + 5,1);
          (* ein Sprung auf label 1 nach 5 Minuten ist geplant, damit
          in 5 Minuten der nächste Kunde die Bank betritt *)
       2: if not sisent (1,true) then goto 4;
          ( *die aktive Marke versucht, in den Einzelspeicher zu gelan-
            gen, d.h. der neue Kunde versucht, an den Schalter zu kommen.
          Falls der Einzelspeicher besetzt ist, wird die Marke in die
          Schlange gebracht und ein Austritt aus umodel erfolgt * )
```

```
    schtka (time + 6, 3, true);
    ( *6 Minuten nach Eintritt in den Einzelspeicher soll
    die Marke aktiviert werden. Dabei soll auf label 3 ge-
    sprungen werden *)

    goto 4 ;
    ( *Austritt aus umodel *)
3:  sislv (1, true);
    ( *die Marke verläßt den Einzelspeicher *)
    elmtka (true);
    ( *die Marke wird eliminiert, d.h. der Kunde verläßt
    die Bank *)
4:  end;
```

Wir haben hier nicht alles gezeigt und erläutert. Wir haben jedoch den
wesentlichen Teil der vom Benutzer für dieses Modell geschriebenen
Anweisungen angegeben.

7. Schlußbemerkungen.

Wir hoffen, die PASCAL Implementierung von SPIRO bis Ende 1982 fertig
zu haben, und FORTRAN, BASIC und PL/M bis Ende 1983.
Das schwierigste Problem bei der Implementierung ist nicht programm-
technischer Art, sondern besteht darin, die Bedürfnisse der Benutzer
kennenzulernen. Aus diesem Grund möchten wir an die Benutzer von Simulationssoftware appellieren, uns ihre Wünsche vorzutragen, insbesondere
solche Wünsche, die durch andere Simulationssoftware nicht befriedigt
werden.
An dieser Stelle möchten wir Professor Dr.B.Schmidt der Universität
Erlangen-Nürnberg für seine Unterstützung danken, besonders dafür daß
er uns Einsicht in den Teil von GPSS-FORTRAN, Version 3, geboten hat,
der die kontinuierlichen Systeme behandelt.

<u>Simulationssoftware am</u>

<u>Regionalen Rechenzentrum für Niedersachsen</u>

Hartmut Buschmann, Hannover

<u>Zusammenfassung:</u> Zu den Aufgaben von Universitätsrechenzentren gehört die Beschaffung und Implementierung leistungsfähiger Anwendersoftware, die nicht nur einzelne Spezialbenutzer, sondern auch größere Anwendergruppen einsetzen können. Nach einem Hearing über Simulationssoftware wurden die folgenden Programmsysteme beschafft: DARE-P, FORSIM, GASP IV/V, SIMULA, ein ALGOL 68-Simulationsprelude sowie die Programmbibliothek SLDGL. Es werden einige Eigenschaften dieser Programmsysteme aus Anwendersicht, insbesondere die Akzeptanz durch die RRZN-Benutzer diskutiert.

<u>Summary:</u> Computer centres at universities should provide for efficient application software that is useful not only for few specialists, but also for general user groups. Based on a user-hearing about simulation software following program systems were implemented: DARE-P, FORSIM, GASP IV/V, SIMULA, an ALGOL 68 simulation prelude, and SLDGL, a mathematical library for the numerical solution of (partial) differential equations. Some details of these software systems and especially the acceptance by our users are discussed.

1 Einleitung

Das Regionale Rechenzentrum für Niedersachsen (RRZN) ist eine zentrale Einrichtung der Universität Hannover; es betreibt ein Großrechnersystem CONTROL DATA CYBER 76/172/73 und steht nicht nur der Universität Hannover, sondern auch anderen niedersächsischen Hochschulen sowie Forschungseinrichtungen, teilweise auch außerhalb der Landesgrenzen, zur Deckung ihres Spitzenbedarfs an Rechenkapazität zur Verfügung.

Zu den Aufgaben des RRZN gehört die Beschaffung und Implementierung möglichst leistungsfähiger Anwendersoftware. Da sich bei einer Bestandsaufnahme im Jahre 1979 herausstellte, daß die damals vorhandene Simulationssoftware (FORSIM V und SIMULA) nicht allen Anforderungen genügte, plante das RRZN die Beschaffung weiterer Programmsysteme, die in Zusammenarbeit mit den Benutzern ausgewählt werden sollte.

Deshalb veranstaltete das RRZN im Dezember 1979 ein Hearing über Simulationssoftware, welches sich über zwei halbe Tage erstreckte. Am ersten Tag wurde die Simulation kontinuierlicher Systeme behandelt, am zweiten Tag stand die Simulation diskreter sowie gemischt kontinuierlich- diskreter Systeme im Vordergrund.

Dr. Cellier, Dozent für Simulationstechnik an der ETH Zürich, hatte
sich freundlicherweise bereit erklärt, an jedem der beiden Tage in umfassenden Übersichtsvorträgen den gegenwärtigen Stand der Simulationstechnik darzustellen und dabei insbesondere unterschiedliche Software-
systeme miteinander zu vergleichen.

An dieser Veranstaltung bestand recht großes Interesse; am ersten Tag
konnten mehr als 80, am zweiten mehr als 50 Teilnehmer begrüßt werden.
Leider war diese Teilnahme - bis auf wenige Ausnahmen - eher passiv,
d.h. die meisten wollten sich zwar gerne über den Stand der Simulationstechnik informieren, aber selbst keine Beiträge liefern. Insbesondere gab es keine konkreten Beschaffungswünsche nach irgendwelchen
Programmsystemen, sondern es wurden - wenn überhaupt - eher Wünsche
folgender Art geäußert:

  - Hilfsmittel für hierarchische Dateiverwaltung
  - ganz spezielle Zufallszahlengeneratoren
  - Programme zur Bearbeitung <u>großer</u> Bandmatrizen
  - Programme zum Packen und Entpacken von Daten

Über diese Veranstaltung wurde ein RRZN-Bericht (Nr. 24) verfaßt, der
neben den beiden Übersichtsvorträgen von Dr. Cellier auch Zusammenfassungen der sechs Anwendervorträge enthält; er kann vom RRZN angefordert werden. Nachdem die Veranstaltung keine konkreten Benutzerwünsche
nach Simulationssoftware aufgezeigt hatte, beschaffte das RRZN - sozusagen auf eigene Faust - einige Programmsysteme, die nach unserer Einschätzung geeignet waren, eine breite Klasse von Simulationsproblemen
zu bearbeiten. Wir gingen davon aus, daß manchmal Bedarf erst durch
das Angebot von Software geweckt wird. Bei der Beschaffung standen
folgende Kriterien im Vordergrund:

  - Empfehlung durch Fachliteratur und durch die entsprechenden Be-
    treuer an anderen Rechenzentren;

  - Verfügbarkeit ohne großen Umstellungsaufwand; dadurch schieden
    einige leistungsfähige Programmsysteme aus, die nur für IBM- oder
    IBM-kompatible Anlagen, nicht aber für CDC-Anlagen existieren,
    z.B. CSMP;

  - möglichst großer, zumindest potentieller Anwenderkreis; das Re-
    chenzentrum kann (teure) Software nicht nur für einzelne Benutzer
    beschaffen;

  - ein vertretbarer Preis; dadurch kam z.B. ein Programmpaket wie
    ACSL nicht in Frage, das zwar recht leistungsfähig ist, aber an-
    dererseits selbst für Universitäten im ersten Jahr 3.000 $ und
    danach noch 100 $ monatlich kostet;

- bevorzugte Beschaffung von Software für die Simulation kontinuierlicher Systeme, da die RRZN-Benutzer vorwiegend technisch-wis-
  senschaftlich orientiert sind.

Unter Berücksichtigung dieser Kriterien wurden schließlich sechs weitere Softwaresysteme beschafft, so daß derzeit die folgenden Simulationswerkzeuge zur Verfügung stehen:

DARE-P und   für die Simulation kontinuierlicher Systeme,
FORSIM VI

GASP IV   für die Simulation diskreter, kontinuierlicher,
und GASP V   insbesondere aber <u>gemischt</u> diskret-kontinuierlicher
                    Systeme,

SLDGL   eher eine Programmbibliothek zur Lösung von gewöhn-
                    lichen (AWA und RWA) sowie partiellen (elliptischen
                    und parabolischen) Differentialgleichungen,

SIMULA   eine ALGOL-ähnliche Programmiersprache mit besonde-
                    ren Sprachelementen für die Simulation diskreter
                    Systeme,

A68SIM   ein ALGOL68-Prelude mit vordefinierten Sprachstruk-
                    turen für die Simulation diskreter Systeme,

GPSS-FORTRAN   zur Simulation von Warteschlangenmodellen; es han-
                    delt sich hierbei um die inzwischen veraltete GPSS-
                    FORTRAN-Version von Professor Niemeyer.

Nur der Vollständigkeit halber soll erwähnt werden, daß noch das Netz-
werk-Analyseprogramm SCEPTRE und unterschiedliche FEM-Pakete zur Verfügung stehen, die aber wegen ihrer speziellen Anwendung hier nicht
diskutiert werden sollen.

In den folgenden Abschnitten werden einige Eigenschaften dieser Programmsysteme aus Anwendersicht, insbesondere die Akzeptanz durch die
RRZN-Benutzer diskutiert.

2 DARE-P

DARE-P (Differential Amplifier Replacement - Portable) ist eine sehr
leicht zu erlernende Programmiersprache für die Simulation kontinuierlicher System, die am Department of Electrical Engineering an der University of Arizona (Prof. Wait) entwickelt wurde.

Eine sorgfältige Strukturierung macht eine Implementierung auf nahezu
allen Computern, die FORTRAN IV anbieten, möglich. DARE-P eignet sich
wegen seiner einfachen Handhabung insbesondere für Anwender, die ohne

großen Programmieraufwand gewöhnliche Differentialgleichungen lösen
und das Ergebnis graphisch (Drucker- oder Plotterzeichnung) darstellen
wollen. Leider können <u>partielle</u> Differentialgleichungen nicht auf einfache Weise mit DARE-P gelöst werden.

Ein Beispiel für die einfache Anwendung:

Es soll die folgende Differentialgleichung 2. Ordnung gelöst werden:

$$\ddot{y} - \mu(1.0-y^2)\dot{y} + y = 0$$

Der Benutzer muß nur die folgenden wenigen Programmzeilen hinschreiben
und erhält die daran anschließende Ausgabe.

```
   $D1
 *
 *     VAN DER POL S DIFFERENTIAL EQUATION
 *
       X1. = X2
       X2. = U * (1.0 - X1*X1)*X2 - X1
 END
       TMAX=20.0, X1=1.0, U=5.0
 END
 LIST,X1,X2
 PLOT,X1,X2
 GRAPH,X1,X2
 GRAPHY,X1,X2
 END
```

<-- Eingabe

```
SYSTEM VARIABLES..
  DTMAX = 2.00000E-01     COMINT = 2.00000E-01     EMAX = 1.00000E-03
  NPOINT =   101
  DTMIN = 6.25000E-03     DT     = 1.00000E-01     EMIN = 1.00000E-05
  TMAX   = 2.00000E+01
RUNGE-KUTTA-MERSON INTEGRATION RULE, RUN NO.   1


LIST(,,,1.)X1,X2

       TIME              X1              X2
  0.               1.00000E+00     0.
  1.00000E+00      1.71416E-01    -3.27043E+00
  2.00000E+00     -1.95679E+00     1.36953E-01
  3.00000E+00     -1.81047E+00     1.56823E-01
  4.00000E+00     -1.63901E+00     1.89214E-01
  5.00000E+00     -1.42079E+00     2.57597E-01
  6.00000E+00     -1.06635E+00     5.35440E-01
  7.00000E+00      1.68005E+00     4.65590E+00
  8.00000E+00      1.92983E+00    -1.40415E-01
  9.00000E+00      1.77952E+00    -1.61780E-01
  1.00000E+01      1.60138E+00    -1.98298E-01
  1.10000E+01      1.36849E+00    -2.81559E-01
  1.20000E+01      9.45989E-01    -7.234...
  1.30000E+01      ...
```

Ausgabe
(Ausschnitt)

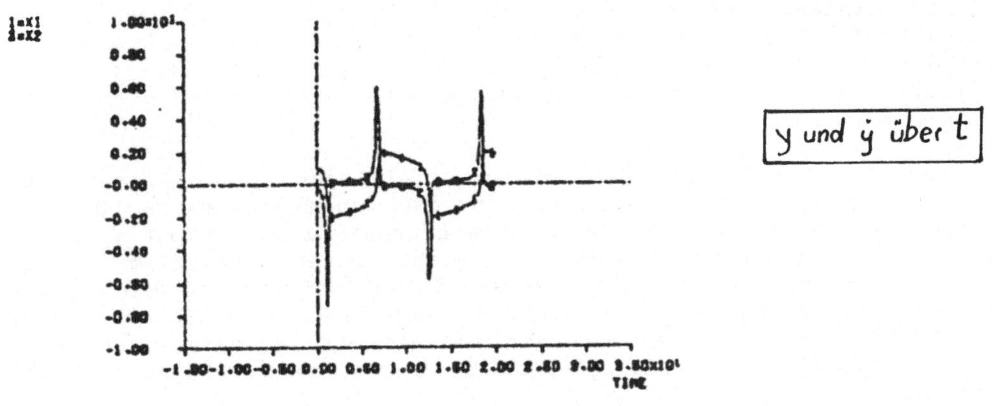

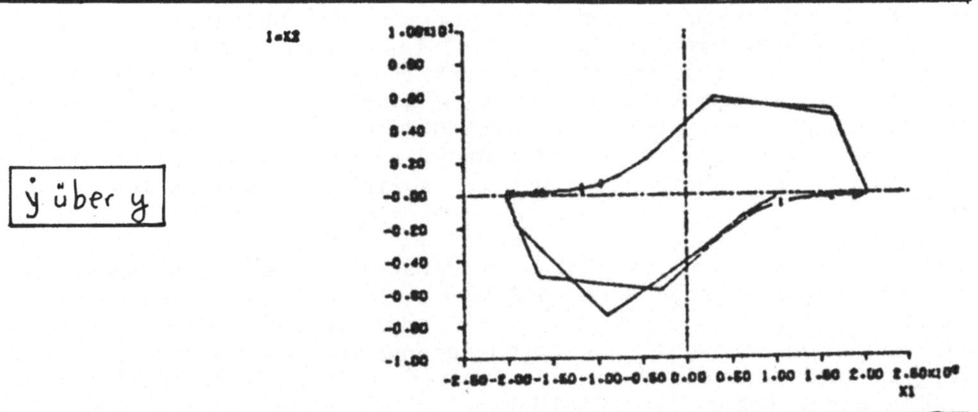

Trotz der sehr einfachen Handhabung ist die Akzeptanz durch unsere Benutzer geringer als erwartet. Es werden eher Unterprogramme aus der NAG-Programmbibliothek eingesetzt, die von selbstgefertigten Benutzerprogrammen aufgerufen werden. Möglicherweise liegt die geringe Nachfrage daran, daß bei komplexeren Problemen DARE-P nicht mehr weiterhilft und der Benutzer dann doch gezwungen ist, eigene Programme zu schreiben.

Wir planen (mittelfristig), DARE-P nicht nur - wie bisher -auf unserem schnellen, aber stapelorientierten Rechner CYBER 76, sondern auch auf unserer Dialogmaschine zur Verfügung zu stellen, um den Zugriff noch mehr zu erleichtern. Eine einfache Gebrauchsanleitung mit vielen Beispielen (Kochrezepten) ist in Arbeit.

3 FORSIM VI

Ein weiteres Programmsystem für die Simulation kontinuierlicher Systeme ist FORSIM VI (FORTRAN Oriented Simulation Package), das bei den Chalk River Nuclear Laboratories in Ontario (Kanada) unter Leitung von M.B. Carver entwickelt wurde. Es erlaubt auch die Simulation verteilter Systeme, von Systemen also, die durch gewöhnliche <u>und</u> partielle Differentialgleichungen (PDE) beschrieben werden. PDE's werden mit

Hilfe der Linienmethode und dem Verfahren der Finiten Differenzen gelöst. FORSIM VI ist eher geeignet für PDE's vom parabolischen und
hyperbolischen Typ, weniger für elliptische Differentialgleichungen.
Die Lösung von einfachen Randwertaufgaben ist mit FORSIM nicht sehr
bequem möglich.

Das spezielle Benutzerproblem (Differentialgleichungen, Anfangs- und
Randbedingungen) wird über ein vom Anwender zu schreibendes FORTRAN-
Unterprogramm an FORSIM übergeben. Die Ergebnisse können mit dem sehr
komfortablen DARE-P-Postprozessor ausgegeben werden, trotzdem ist die
Handhabung von FORSIM VI nicht mehr so einfach wie die von DARE-P; gerade bei der Lösung von PDE's müssen vier oder mehr COMMON-Blöcke
vereinbart werden, und der Benutzer muß ein englischsprachiges Hand-
buch von fast 150 Seiten durchlesen, um dieses Paket erfolgreich einzusetzen.

FORSIM VI ist (nach der Aufrufhäufigkeit) der Spitzenreiter unter den
Simulationswerkzeugen am RRZN mit einigen hundert Aufrufen pro Monat;
wenn man diese Zahl jedoch ins Verhältnis setzt zu den Aufrufzahlen
anderer Programmsysteme, so ist auch hier die Akzeptanz nicht gerade
"berauschend". (Das Statistik-Paket SPSS wird z.B. mehrere tausend Mal
pro Monat aufgerufen, obwohl die überwiegende Anzahl der Universitäts-
institute eher technisch und weniger sozialwissenschaftlich orientiert
ist).

Benutzer beanstanden an der (vom Hersteller herausgegebenen) Benut-
zungsanleitung insbesondere, daß Beispiele oft nicht ohne Kenntnis des
FORSIM-Quellcodes verständlich sind, daß zu wenig Hilfestellung bei
der richtigen Auswahl und Formulierung von Randbedingungen gegeben
wird und daß teilweise mehr versprochen wird als letztendlich gehalten
werden kann. Unter den FORSIM-Benutzern gibt es eigentlich nur ganz
begeisterte oder sehr enttäuschte Anwender, je nachdem, ob ihre Bemü-
hung von Erfolg gekrönt war oder nicht.

Wir planen einen einfachen Einführungsumdruck, damit der potentielle
Benutzer nicht erst 150 Seiten durchlesen muß, bis er FORSIM VI anwenden kann. Außerdem soll eine Beispielsammlung mit vielen unterschiedlichen Anwendungsfällen erstellt werden, schließlich ist beabsichtigt,
einen Einführungskurs zu veranstalten.

4 GASP IV und GASP V

GASP IV und GASP V sind die flexibelsten und leistungsfähigsten Simu-
lationspakete, die das RRZN zur Verfügung stellt. Sie erlauben die Simulation kontinuierlicher, diskreter, insbesondere aber gemischt kon-
tinuierlich-diskreter Systeme. GASP IV wurde an der Purdue University
(Prof. Pritsker) entwickelt, GASP V ist eine Weiterentwicklung unter
Leitung von Dr. Cellier an der ETH Zürich; diese Erweiterung enthält
eine Fülle moderner Integrationsalgorithmen, mit denen auch partielle

Differentialgleichungen gelöst werden können; es wird eine umfangreiche Laufzeitbibliothek (ähnlich der von CSMP III) angeboten,
und es gibt einen Anschluß an den DARE-P-Postprozessor mit seinen komfortablen (Plot-)Ausgabemöglichkeiten; in unserer modifizierten Fassung können sogar 3-dimensionale Plots ausgegeben werden.

Trotz seiner hohen Leistungsfähigkeit wird GASP IV bzw. GASP V von den
RRZN-Benutzern praktisch nicht angenommen. Wir vermuten folgende
Gründe für dieses Verhalten:

- der hohe Lernaufwand; es müssen immerhin fast 250 Seiten Benut-
  zungsanleitung (teilweise in Englisch) durchgelesen werden, bevor
  die ersten Ergebnisse erzeugt werden können;

- die Unhandlichkeit; der Benutzer muß mindestens 6 Unterprogramme
  schreiben und eine große Anzahl von COMMON-Blöcken peinlich genau
  vereinbaren; so etwas erschwert natürlich die Handhabung und insbesondere die Fehlersuche ganz erheblich und stößt doch sehr
  viele Benutzer ab. Von anfänglich Interessierten wird oft gesagt:
  "Wenn ich so viel Arbeit in dieses Paket investieren muß, dann
  schreibe ich mir doch lieber gleich selbst ein Programm".

Dieses Programmpaket wird - nach unserer Überzeugung - erst dann eine
bessere Akzeptanz erreicchen, wenn es gelingt, die Einstiegshürde
niedriger zu machen. Dazu muß ein einfacherer Umdruck (für Anfänger)
geschrieben werden, und es müssten Einführungskurse veranstaltet werden. Leider ist ein Rechenzentrum von der personellen Ausstattung meistens nicht in der Lage, Spezialkurse für eine sehr kleine Zielgruppe
durchzuführen und die Benutzer insbesondere bei der Modellierung und
bei der mathematischen Formulierung ihrer oft sehr komplexen Probleme
so umfassend zu unterstützen, wie das von diesen gewünscht wird.

Wir hoffen sehr auf die baldige Verfügbarkeit von COSY, einem Preprozessor, der derzeit an der ETH Zürich entwickelt wird und der ein in
COSY geschriebenes Programm so übersetzt, daß es anschließend - ohne
weiteren Benutzereingriff - mit GASP IV, GASP V oder mit dem während
dieser Tagung vorgestellten GASP VI weiterverarbeitet werden kann. Damit sollte der Benutzer in die Lage versetzt werden, auch komplexe Modelle auf relativ einfache Weise zu beschreiben.

5 SLDGL

SLDGL ist weniger ein eigenständiges Simulationspaket als eher eine
Unterprogrammsammlung zur selbstadaptiven Lösung von Differentialgleichungen. Es wurde am Rechenzentrum der Universität Karlsruhe unter
Leitung von Professor Schönauer entwickelt und gestattet die Lösung
nichtlinearer Systeme von gewöhnlichen, von parabolischen und ellipti-
schen (partiellen) Differentialgleichungen mit vorgegebener Genauigkeit. Über die Schätzung des Diskretisierungsfehlers aus der Differenz

von Differenzenguotienten erhält man einen Zugang zum Fehler. Diese
Kenntnis wird benutzt, um aus Familien von Differenzenverfahren den
optimalen Differenzenstern und das optimale Gitter auszuwählen. Mit
der Lösung wird auch der Fehler berechnet. Bei Anfangswert-und An-
fangsrandwertproblemen wird zusätzlich der globale Fehler ermittelt.

Diese Programmsammlung wird derzeit am RRZN implementiert, Benutzerer-
fahrungen liegen deshalb bei uns noch nicht vor, aber es gibt bereits
eine Reihe von Interessenten. Eine ausführliche (maschinenlesbare) Dokumentation mit einer Fülle von Beispielprogrammen wird mit dem Programmpaket ausgeliefert. Der Benutzer braucht jeweils nur wenige Seiten durchzulesen und kann dann gezielt den entsprechenden Programmbau-
stein einsetzen. Trotzdem ist SLDGL nicht besonders einfach zu handha-
ben, Parameterklammern mit mehr als 20 Parametern sind keine Selten-
heit, und es gibt keine Unterstützung bei der Erstellung von Tabellen
oder der graphischen Ergebnisausgabe.

6 SIMULA, ALGOL68-Prelude, GPSS-FORTRAN

Diese drei Simulationswerkzeuge sollen hier zusammengefaßt dargestellt
werden; sie sind vorwiegend geeignet für die Simulation diskreter Systeme, die Nutzung am RRZN ist in allen drei Fällen ausgesprochen gering.

Bei SIMULA handelt es sich weniger um eine reine Simulationssprache,
sondern eher um eine (auf ALGOL-60 basierende) allgemein verwendbare
höhere Programmiersprache mit Einrichtungen für die (diskrete) Simulation. SIMULA bietet Hilfsmittel zur Anfertigung von Modellelementen in
sehr allgemeiner Form; der einzelne Benutzer kann auch komplexe Modelle flexibel nach seinen Wünschen beschreiben, nur das erfordert -
besonders für Nicht-ALGOL-Programmierer, und das sind am RRZN die al-
lermeisten Benutzer - einen recht beträchtlichen Aufwand, zumal nur
relativ wenige Programmierhilfen in Form von Systemroutinen zur Verfügung stehen. Dazu kommt, daß SIMULA nur auf der langsameren, in erster
Linie für den Dialogbetrieb beschafften CYBER 172 und nicht auf der
(schnellen) CYBER 76 zur Verfügung steht.

Das am RRZN implementierte ALGOL 68-Simulationsprelude basiert auf dem
Aufsatz von Shearn (Software - Practice and Experience, Band 5 (1975),
S.279 ff.). ALGOL 68 bietet eine Reihe von Vorzügen, wie

    - die Definition eigener Datentypen (modes),
    - die Zulässigkeit rekursiver Datenstrukturen,
    - die Definition von Operatoren und Prozeduren auf diesen
      Datenstrukturen
    - und die Erweiterbarkeit der Sprache durch "Preludes".

Das genannte Prelude bietet eine Reihe von vordefinierten Datentypen, Operatoren und Prozeduren, die es dem Anwender gestatten, auf einfache Weise Modelle zu beschreiben. Der Benutzer kann problemlos eigene Prozeduren und andere Sprachelemente hinzufügen, jedoch scheinen die meisten Benutzer eher bereit zu sein, eigene FORTRAN-Programme zu schreiben als sich in eine neue Programmiersprache einzuarbeiten; sicherlich spielt auch die relativ geringe Verbreitung von ALGOL 68 eine Rolle.

Die am RRZN implementierte Version von GPSS-FORTRAN ist die Vorgängerin der heute weit verbreiteten Version GPSS-F II. Sie ist von einem Universitätsinstitut für die Lösung von eigenen Forschungsaufgaben beschafft und inzwischen ziemlich stark modifiziert worden, so daß sie nur bedingt für andere Institute geeignet ist.

Wir sind uns dessen bewußt, daß das RRZN gerade auf dem Gebiet der diskreten Simulation keine besonders leicht handhabbare Simulationssoftware anbietet, aber nach den Akzeptanzproblemen bei den anderen Simulationspaketen scheuen wir derzeit das Risiko, ohne ausdrücklichen Benutzerauftrag Geld und Zeit in weitere Software zu investieren, die dann vielleicht auch überhaupt nicht angenommen wird.

7 Schlußbemerkung

Wir sind zwar nach wie vor der Meinung, daß das RRZN gerade auf dem Gebiet der kontinuierlichen Simulation recht leistungsfähige Software zur Verfügung stellt, daß aber dieses Angebot allein noch nicht ausreicht. Offensichtlich muß der Einstieg noch erheblich erleichtert werden, indem man die Benutzer mit einfacheren Umdrucken, mehr Beispielprogrammen und "Kochrezepten" sowie noch umfassenderer Beratung bei der Lösung ihrer Probleme unterstützt. Ein Blick zu Universitäten hin, an denen auch Vorlesungen über Simulationstechnik gehalten werden, zeigt, daß dort auch die Simulationssoftware bereitwilliger angenommen wird.

Auf diesem Weg wird das RRZN den Benutzern weitere Hilfsmittel anbieten, und wir gehen davon aus, daß dann die Software auch verstärkt eingesetzt wird.

GPSS-PASCAL

Michael Fastenbauer, Wien

Zusammenfassung

Ausgehend vom Konzept des Programmpakets GPSS-FORTRAN für die diskrete Simulation wurde GPSS-PASCAL implementiert : In beiden Paketen stehen die gleichen Bausteine zur Modellformulierung zur Verfügung. Beide Male können Bausteine leicht geändert oder hinzugefügt werden, da die Pakete aus gut dokumentierten einfachen Programmen in einer höheren Programmiersprache bestehen. Die PASCAL-Implementierung ist auch für Kleinrechner sehr gut geeignet. Zu diesem batch-orientierten Paket wurde ein Dialogsystem entwickelt, das es ermöglicht, während der Simulation den Ablauf zu beobachten und mittels Parameteränderungen in den Ablauf einzugreifen. Weiters werden die Möglichkeiten der Implementierung des gleichen Konzepts in anderen höheren Programmiersprachen (z.B. ADA) untersucht.

Summary

GPSS-PASCAL is a package for discrete simulation based on the same concept as GPSS-FORTRAN. Identical elements for modelling are provided in both packages, modification of elements is easily performed as well as elements are easily added with both packages, since the modules are simple programs written in a high level language and are well documented. The implementation in PASCAL is very promising in respect to microcomputers. As an extension of the batch-oriented package a dialogue module is implemented which allows the user to inspect the simulation run and to influence it by changing the parameters. We are also analysing the possibilities of implementing the same concept in other high level programming languages, e.g. ADA.

1. Einführung

Die Vorstellung einer neuen Simulationssprache stößt in der heutigen
Zeit oft auf große Skepsis. Da es schon sehr viele Simulationssprachen
und -pakete gibt, muß man sich die Frage stellen, ob die Entwicklung eines weiteren solchen Pakets notwendig und zweckmäßig ist. Um solche Be-
denken im Fall von GPSS-PASCAL zu zerstreuen, gibt es zwei Argumente :
Zum einen ist GPSS-PASCAL kein neues Simulationspaket, sondern die Implementierung des bekannten Simulationspakets GPSS-FORTRAN /Sch1/ auf der
Basis einer anderen Programmiersprache (PASCAL). Zum anderen bietet eine
solche PASCAL-Implementierung die Möglichkeit, ein Simulationspaket für
Mikrocomputer ohne viel Aufwand und mit guten Portabilitätseigenschaften
zur Verfügung zu stellen.

2. Was ist GPSS-PASCAL ?

GPSS-PASCAL (im folgenden kurz GPSS-P genannt) ist ein Programmpaket für
die diskrete Simulation, bestehend aus PASCAL-Prozeduren und einem Hauptprogramm. In dieses Rahmenprogramm fügt der Benutzer sein Simulationsmodell ein. Dieses Simulationsmodell ist eine PASCAL-Prozedur, die gewissen
formalen Anforderungen genügen muß und sonst hauptsächlich aus Aufrufen
der Prozeduren des Pakets besteht. Dieses Programmpaket wurde aus GPSS-
FORTRAN entwickelt, welches wiederum aus der altbekannten Simulationssprache GPSS abgeleitet ist. Sowohl GPSS-F als auch GPSS-P stellen im
wesentlichen alle Möglichkeiten von GPSS zur Verfügung : Viele Systembau-
steine (z.B. Facilities (=Bedienstationen), Multifacilities (=Mehrfach-
bedienstationen), Storages (=Speicher) u.a.) sind erweiterte Formen der
entsprechenden Elemente von GPSS. Hier wie dort liegt zunächst das trans-
aktionsorientierte Konzept zugrunde : Das Modell wird beschrieben durch
die Schilderung der Lebensläufe der bewegten Systemelemente (Transaktionen). Sie durchlaufen bestimmte feste Systemelemente (Stationen), verändern diese und erleiden durch diese selbst Veränderungen. Außer diesen,
in GPSS-F und GPSS-P durch vorgefertigte Unterprogramme unterstützten
Möglichkeiten, bieten diese beiden Pakete darüber hinaus die Möglichkeiten der ereignisorientierten Simulation : Unabhängig von den beschriebenen Transaktionsabläufen können jederzeit beliebige Systemveränderungen
(Ereignisse) stattfinden, die vom Benutzer durch Programmstücke (mit der
Möglichkeit des Zugriffs auf beliebige Systemvariable) beschrieben werden
können. Es ist in den beiden Paketen auch sehr einfach, vorgefertigte
Modellbausteine für spezielle Anwendungen zu adaptieren - es handelt sich
ja um gut dokumentierte Programme in einer höheren Programmiersprache -

- oder weitere hinzuzufügen.

Mehrere Überlegungen führten uns zum Entschluß, dieses mit GPSS-F erstmals verwirklichte Konzept auch in PASCAL zu realisieren :

- Die Modellbausteine von GPSS-F sind, ganz unabhängig von der Programmiersprache FORTRAN, sehr nützliche Elemente zur Unterstützung der Modellbildung in der diskreten Simulation. Sie können und sollen durchaus
von Benutzern anderer Programmiersprachen verwendet werden. Diese wünschen sich dann natürlich eine Implementierung dieser Bausteine in "ihrer" Sprache.

- PASCAL hat, neben anderen Vorteilen gegenüber FORTRAN, dynamische Datenstrukturen. Diese ermöglichen auf eine für PASCAL-Programmierer ganz
natürliche Art laufzeit- und speichereffiziente Implementierungen von Li-
stenstrukturen. Durch die flexiblere Speicheraufteilung haben vorüber-
setzte Prozeduren eine große Anwendungsbreite : Die konstanten Maximal-
zahlen, etwa von Stationen, können ziemlich groß gewählt werden, da mit
ihnen nur die Anzahl von Zeigern auf Datenbereiche festgelegt wird. Die
speicheraufwendigen Datenbereiche selbst werden erst zur Laufzeit dann
geschaffen, wenn sie tatsächlich benötigt werden. So kommen kleine Modelle mit entsprechend weniger Speicher aus als große, obwohl die gleichen
Prozeduren verwendet werden.

- Die weite Verbreitung von PASCAL auf Mikrocomputern läßt GPSS-P als
sehr geeignet erscheinen, eine leistungsfähige Simulationssprache auf
solchen Kleinrechnern verfügbar zu machen : Die dynamischen Datenstrukturen von PASCAL ermöglichen eine dem Modell laufend angepaßte und damit
sparsame Aufteilung des knappen Speichers. Die große Verbreitung von
PASCAL-Systemen wie z.B. UCSD garantiert ausgezeichnete Portabilitätseigenschaften im Mikrocomputerbereich.

Obwohl gerade die im allgemeinen laufzeit- und speicheraufwendige Simu-
lation kein typisches Anwendungsgebiet für Mikrocomputer ist, besteht
Interesse für eine solche Implementierung. Für Lehrveranstaltungen und
Kurse über Simulation bietet eine solche, praktisch überall einsetzbare
Implementierung einer leistungsfähigen Simulationssprache eine gute Unterstützung der Ausbildung. Gerade für eine solche Anwendung fallen ja
die Beschränkungen, die ein Mikrocomputer auferlegt, kaum ins Gewicht.
Ein weiteres mögliches Einsatzgebiet der Kleinrechnerimplementierung ist
die Entwicklung von Simulationsprogrammen : Für den Modell- und Programm-
test sind die Betriebsmittelerfordernisse meist auch nicht sehr groß, so-

daß die Simulationsprogramme für Großrechner dezentral auf Mikrocomputern
entwickelt werden können.

3. Das Dialogsystem

Neben zahlreichen Anpassungen an die Sprache PASCAL wurde auch eine Erweiterung gegenüber GPSS-F durchgeführt : Der interaktive Eingriff in
einen GPSS-P-Simulationslauf wird ermöglicht. Neben einigen kleinen Änderungen in der Ablaufsteuerung, die dafür nötig sind, leistet dies eine
Prozedur DIALOG. Diese kann, wie die anderen GPSS-P-Prozeduren, an beliebigen Stellen im Modell aufgerufen werden.

Neben den anfänglichen Initialisierungen von Simulationsdauer, Stationen
und Zufallsgeneratoren können im Dialog ausgewählte Parameter initiali-
siert und verändert werden, ausgewählte Datenbereiche und Systemparameter
können auf Wunsch ausgegeben werden. Daneben ist, vom Dialog gesteuert,
die Eingabe von Anfangswerten auch über eine Datei möglich, was besonders
für größere Modelle den notwendigen Komfort sicherstellt. Auch die Steuerung der weiteren Dialogmöglichkeiten ist mittels interaktiver Eingabe
möglich : Neben den im Modell initiierten Dialog-Aufrufen kann die nächste Dialogmöglichkeit zu einer wählbaren Simulationszeit veranlaßt werden. So besteht für den Benutzer die Möglichkeit, sowohl an besonders
kritischen Stellen im Modell in den Simulationslauf einzugreifen, als
auch, dem Verlauf angepaßt, zu frei wählbaren Zeitpunkten Kontrolle aus-
zuüben.

Ein solches Dialogsystem kann für interaktive Simulationsmodelle, bei
denen Eingriffe des Menschen in den Simulationslauf nötig sind, verwendet werden. Daneben eignet es sich für Demonstrationszwecke sehr gut und
hat sich beim Austesten von Simulationsmodellen und -programmen sehr bewährt. Sogar die Modellbausteine von GPSS-P selbst wurden großteils mit
Hilfe des Dialogsystems getestet.

4. Realisierung in anderen Programmiersprachen

Da nun das Konzept von GPSS-F in zwei Sprachen (FORTRAN IV und PASCAL)
verwirklicht ist, stellt sich die Frage, wie es mit einer Realisierung
dieses Konzepts auf der Basis anderer höherer Programmiersprachen aus-
sieht.

Prinzipiell ist eine ähnliche Implementierung in den üblichen höheren Sprachen leicht möglich. Überall wird man im wesentlichen die gleiche Programmstruktur mit einem expliziten Adreßverteiler zu den einzelnen Modellabschnitten und Rücksprungmöglichkeiten nach deren Abarbeitung benötigen. Es ist dies der Preis, den man für den Mißbrauch sequentieller Sprachen zur Formulierung paralleler Abläufe zahlen muß.

SIMULA mit seinen quasiparallelen Programmkomponenten würde da schon elegantere Möglichkeiten bieten, die ich aber nicht näher untersucht habe. Uns hat vielmehr interessiert, ob das task-Konzept von ADA es ermöglicht, Modelle wie in GPSS-F oder GPSS-P zu formulieren, dabei aber ohne die lästigen Hilfskonstruktionen für die Ablaufsteuerung (Adreßverteiler, Rücksprungadressen etc.) auszukommen. Leider hat sich bei dieser Untersuchung gezeigt, daß die task-Verwaltung von ADA einem Implementor von GPSS-ADA nicht alle Arbeit abnehmen kann. Insbesondere ist die Forderung nach verschiedenen Policies zur Abarbeitung von Warteschlangen mit der impliziten task-Verwaltung durch ADA nicht vereinbar. In /Engl/ ist es aber gelungen, ein Konzept zu entwerfen, das mit Hilfe von sogenannten Wartetasks, die, für den Benutzer unsichtbar, die Verwaltung übernehmen, eine benutzerfreundliche Modellformulierung ermöglicht : Lebensläufe von Transaktionen können als Tasks formuliert werden und enthalten wirklich nur mehr die relevanten Daten; Hilfsangaben für die Ablaufsteuerung sind nicht mehr nötig. Zudem wird in ADA die Verwaltung und Kontrolle der vorübersetzten Unterprogramme innerhalb des Sprachsystems gelöst (weder in FORTRAN noch in PASCAL ist dies der Fall), was Komfort und Sicherheit beträchtlich erhöht.

Eine Implementierung dieses Konzepts konnte mangels eines ADA-Compilers nicht erstellt werden. Allerdings wird eine solche Implementierung nicht sehr laufzeiteffizient arbeiten, da hinter den Kulissen gleich mehrere Ebenen der Ablaufverwaltung arbeiten. Zudem ist diese vorgefertigte Ablaufverwaltung etwas komplizierter als in den FORTRAN- und PASCAL-Implementierungen und damit für den Benutzer nicht so transparent und Änderungen sowie Erweiterungen weniger leicht zugänglich. Bestechend bleibt die einfache und elegante Art wie Modelle ganz ohne Verwaltungsballast formuliert werden können.

5. Implementierung

GPSS-PASCAL ist zur Zeit sowohl in der Batch- als auch in der Dialogversion an einer CDC CYBER 170/720 des Rechenzentrums der TU Wien installiert und wird im Übungsbetrieb einer Lehrveranstaltung über Simulation verwendet und gleichzeitig systematisch getestet. Eine Implementierung für UCSD-PASCAL auf einem Mikrocomputer wird angestrebt.

Zumindest der bisherige Einsatz in der Lehre ist erfolgreich, die mit PASCAL "aufgewachsenen" Studenten benutzen GPSS-P gern als Werkzeug, um rasch zu kleinen Simulationsprogrammen zu kommen. Bisher stand neben SIMULA nur GPSS-F zur Verfügung, sodaß viele Studenten erst eine für sie neue oder zumindest wenig vertraute Programmiersprache erlernen mußten, um ein Simulationspaket einsetzen zu können.

6. Literatur

/Engl/   C. ENGELMANN : GPSS-ADA. Diplomarbeit TU Wien, 1981.
/Ha01/   P. HAMMER, C. OKONKWO : GPSSP-Dialog Benützerhandbuch. Praktikumsarbeit am Institut für Praktische Informatik der TU Wien, 1982 (unveröffentlicht).
/Ha02/   P. HAMMER, C. OKONKWO : GPSS-P Dialog. Praktikumsdokumentation. Praktikumsarbeit am Institut für Praktische Informatik der TU Wien, 1981 (unveröffentlicht).
/Sch1/   B. SCHMIDT : GPSS-FORTRAN Version II. Informatik-Fachbericht Nr. 6, 2.Auflage, Springer, Berlin/Heidelberg/New York, 1978.
/War1/   W. WARGER : GPSS-PASCAL. Diplomarbeit TU Wien, 1981.

DAS SET-KONZEPT IN GPSS-FORTRAN
VERSION 3

Alois Geiger, Heinz Nagel, Erlangen

Zusammenfassung. Der Simulator GPSS-FORTRAN verfügt in der Version 3 über Sprachmittel zur Behandlung diskreter, kontinuierlicher und kombinierter Modellkomponenten.

Das Set-Konzept in GPSS-FORTRAN Version 3 erlaubt es, lose gekoppelte Teilmodelle miteinander zu verbinden und zu einem globalen Modell zusammenzusetzen.
Die einzelnen Teilmodelle laufen unabhängig voneinander ab. Die Kommunikation zwischen den Teilmodellen erfolgt mit Hilfe von Events, die aufgrund von Bedingungen aktiviert werden. An Beispielen wird gezeigt, inwieweit das Set-Konzept in GPSS-FORTRAN Version 3 die Modellbildung erleichtern kann.

Summary. Version 3 of the GPSS-FORTRAN Simulator contains features for handling discrete, continuous and combined components of a model.
The Set-concept in GPSS-FORTRAN allows loosely coupled submodels to be connected to form a complete model.
The individual submodels run independently of each others. Communication between the submodels is performed by events, which are activated when particular conditions are true.
Examples are given to show how the SET concept facilitates the construction of models in GPSS-FORTRAN Version 3.

1. Einführung

Bei GPSS-FORTRAN/Version 3 handelt es sich um eine Erweiterung der Version 2/1/, die nun auch die Simulation kontinuierlicher und kombinierter Systeme gestattet.
Es soll hier im wesentlichen auf Eigenschaften des kontinuierlichen Teils eingegangen werden und nur soweit erforderlich auf Schnittstellen zum diskreten.

Zentraler Teil eines kontinuierlichen Simulationsmodells ist der Teil, in dem die Modellgleichungen (i.A. Differentialgleichungssysteme) beschrieben werden. Die Formulierung der Systemgleichungen kann entweder mittels einer Modellbeschreibungssprache geschehen oder, wie bei GPSSF, mittels einer Verfahrenssprache (algorithmisch), d.h. die Systemgleichungen werden in FORTRAN-Notation codiert.

Die Einbettung des kontinuierlichen Teils in den Simulator zeigt Abb.1.

Da Hauptprogramm, auch RAHMEN genannt, besteht im wesentlichen aus drei Teilen, der Initialisierung, dem eigentlichen Simulationslauf und schließlich der Endabrechnung. Herzstück des Simulators ist die sog. Zeitablaufsteuerung (FLOWC). Sie wählt jeweils den Funktionsblock mit dem kleinsten Aktivierungszeitpunkt aus. Die Aktivierungszeitpunkte werden in der sog. Aktivierungsliste geführt. Für den kontinuierlichen

Teil sind die Blöcke (Unterprogramme) MONITR und EQUAT verantwortlich.
Während EQUAT die Berechnung der Modellgleichungen vornimmt sowie die
Integration der Dgln., sammelt MONITR Werte von Variablen für spätere
Plots und Tabellenausdrucke. MONITR arbeitet mit vorgegebener Schritt-
weite, EQUAT hingegen führt eine laufende Schrittweitenanpassung durch.
Die Integrationsschrittweite hängt von der Dynamik des Systems ab.

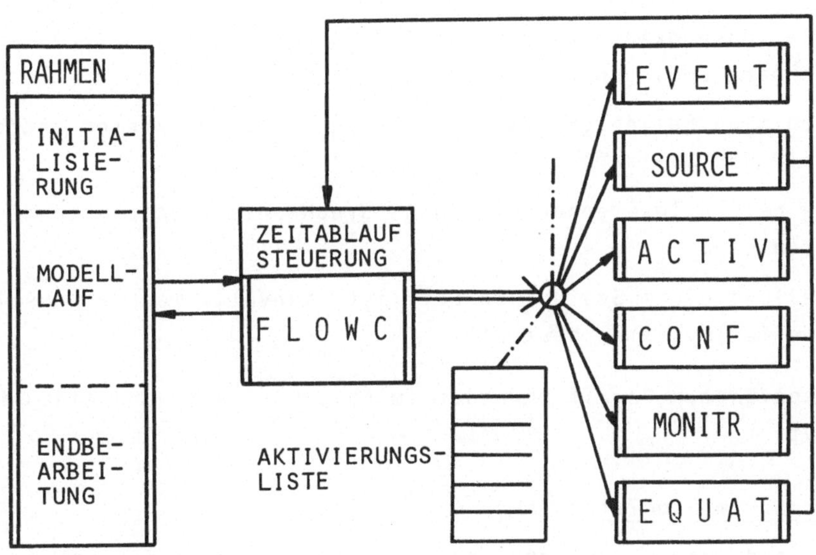

Abb.1: Einbettung des kontinuierlichen Teils im Simulator

2. Das Set-Konzept

Viele natürliche Systeme zeichnen sich dadurch aus, daß sie aus Teilsystemen sehr unterschiedlicher Dynamik bestehen, d.h. das System enthält Zeitkonstanten, die sich z.T. um Größenordnungen unterscheiden.
Als Beispiel sei das Regelsystem des menschlichen Körpers erwähnt, wo
sich die Herzmuskelaktivität im 1/100-Sekundenbereich bewegt, während
Langzeitregulationen Zeitkonstanten von Tagen oder Wochen haben. Wird
ein solches System geschlossen als ganzes modelliert, so richtet sich
die effektive Integrationsschrittweite nach der kürzesten Zeitkonstante,
was dazu führen kann, daß erhebliche Teile des Systems mit wesentlich
kleineren Schrittweiten integriert werden als eigentlich notwendig.
Nicht umsonst erhält man Simulationszeiten, die nicht wesentlich unterhalb der Realzeit liegen /2/.
Es soll nun ein Konzept vorgestellt werden, das dem angeschnittenen Problem Rechnung trägt.

Definition des Set-Konzepts:

- Ein kombiniertes System besteht aus Subsystemen

- Subsysteme sind Teilsysteme, die natürlich oder strukturell geschlossene Einheiten bilden

- Ein Subsystem bildet einen Set

- Kommunikation zwischen Sets ist nur in Synchronisationspunkten möglich.

- Synchronisationspunkte sind Zeitpunkte, zu denen vom Benutzer frei programmierbare Bedingungen wahr sind.

- Bedingungen sind beliebige logische Verknüpfungen diskreter und/oder kontinuierlicher Variablen

- Subsysteme heißen lose gekoppelt, wenn Synchronisationspunkte hinreichend selten sind

- Eine Aufteilung eines Systems in Sets ist sinnvoll, wenn es aus lose gekoppelten Teilsystemen besteht

Die hier eingeführten Begriffe werden im Abschnitt 4 anhand eines Beispiels erläutert.

3. Realisierung im Simulator

Der Benutzer codiert im Unterprogramm TEST die logischen Bedingungen aufgrund derer Kommunikation zwischen den Sets stattfinden soll. Die Kommunikation selbst sind Aktivitäten, die im Modul EVENT (Abb.1) frei programmiert werden.
Im folgenden sollen einige Probleme angeschnitten werden, die speziell beim Set-Konzept auftreten und vom Simulator gelöst werden müssen.
Die lose Kopplung der Sets spiegelt sich darin wider, daß sie in der Regel, infolge unterschiedlicher Schrittweiten, völlig asynchron laufen. Unter einer Bedingung wird diese strenge Trennung durchbrochen, und zwar wenn in einem Set ein Koordinationspunkt erreicht wird. Beispielsweise überschreitet eine Variable aus diesem Set einen bestimmten Grenzwert. Dies hat Konsequenzen für alle anderen Sets derart, daß dafür gesorgt werden muß, daß sie alle genau bis zu diesem Zeitpunkt hin integriert werden müssen, weil zu dem ermittelten Zeitpunkt evtl. Kommunikation zwischen den Sets stattfindet. Neben dem Trivialfall, daß nämlich alle Sets bereits bis zu diesem Punkt hin integriert haben, sind noch zwei pathologische Fälle möglich:
Fall 1 (Abb.2a):

    Für Set 1 wird in Punkt 4 eine Teilbedingung wahr. Set 2 hat jedoch schon weiter integriert (Punkt 3). Der letzte Integrations-

schritt für Set 2 muß korrigiert werden (Integration von Punkt 1
nach Punkt 3).

Fall 2 (Abb.2b):

Für Set 1 wird in Punkt 3 eine Teilbedingung wahr. Da Set 2 noch
nicht soweit integriert hat, muß ihm mitgeteilt werden, daß er
im nächsten Schritt höchstens bis zu Punkt 4 integrieren darf
(Look-ahead-Vermerk setzen).

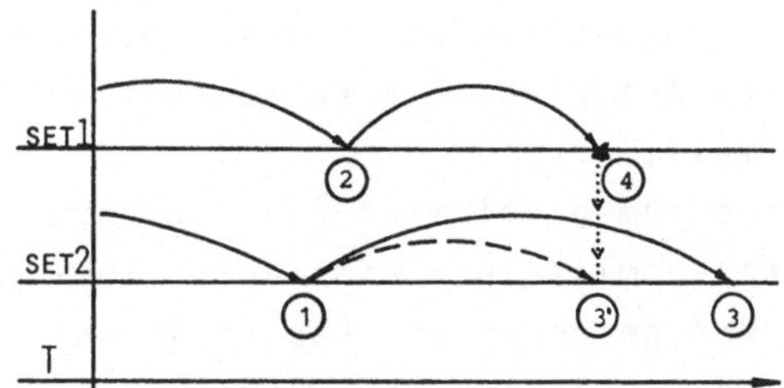

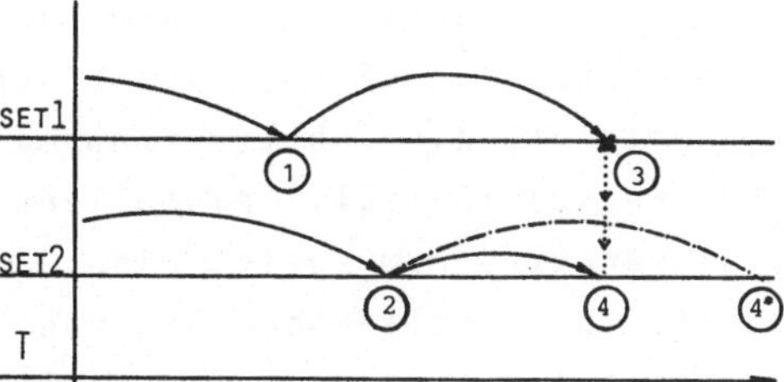

Abb. 2a: Integrationsschritt   Abb. 2b: Look-ahead-Vermerk
         rückgängig machen   setzen

Die Information, die zur Steuerung dieses Sachverhaltes notwendig ist,
wird in der sog. Equationliste (Abb. 3) geführt.

SET 1	SET 2 . . .
ZEITPUNKT DER NÄCHSTEN ZUSTANDSBESTIMMUNG	
SCHRITTWEITE	
LOOK – AHEAD VERMERK	
ZEITPUNKT DER LETZTEN ZUSTANDSBESTIMMUNG	

Abb. 3: Equationsliste

Der Zeitpunkt der nächsten Zustandsbestimmung ist der Aufsetzpunkt für
den nächsten Integrationsschritt, wenn im letzten Integrationsschritt
kein Synchronisationspunkt lag.
Mit der Schrittweite wird normalerweise weiterintegriert. Sie ergibt
sich aus der Fehlerabschätzung des letzten Integrationsschrittes des
entsprechenden Sets.
Der Look-ahead-Vermerk gibt den Zeitpunkt an, zu dem in einem anderen
Set ein Synchronisationspunkt erreicht wurde.

Der Zeitpunkt der letzten akzeptierten Zustandsbestimmung ist der Aufsetzpunkt für einen zu korrigierenden Integrationsschritt.

4. Beispielmodell

Es handelt sich um ein Spielmodell, das auf Pritsker /3/ zurückgeht und häufig zum Testen von Simulatoren verwendet wird.
Es beschreibt eine Tankerflotte, die Rohöl von einem Beladehafen zu einem Zielhafen transportiert. Während gleichzeitig beliebig viele Schiffe beladen werden können, steht nur eine Entladestation zur Verfügung (Dock) so daß sich die Schiffe in eine Warteschlange einreihen müssen, die ihrerseits nach dem FIFO-Prinzip abgearbeitet wird. Die Beladezeit ist gleichverteilt, die Fahrtzeit normalverteilt.
Die Entladestation füllt einen Tank mit einem bestimmten Fassungsvermögen, dieser wiederum speist eine Raffinerie mit einer konstanten Entnahmerate. Das Entladedock ist von 0-6 Uhr geschlossen. Das Entladen wird gestoppt, wenn der Hafen schließt oder der Tank voll ist, und erst wieder fortgesetzt, wenn der Tankinhalt eine bestimmte Menge unterschreitet.
Um speziell die Set-Struktur des Simulators testen zu können, wurde das Grundmodell erweitert (Abb. 4).

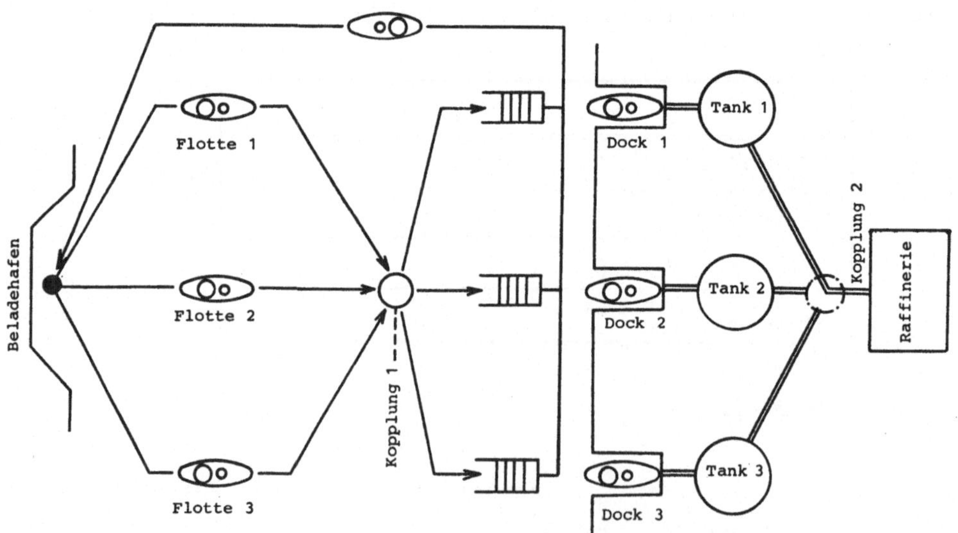

Abb. 4: Beispielmodell - Tankerflotten

Nun übernehmen 3 Flotten den Transport des Öls. Jede Flotte besitzt ihr eigenes Entladedock und einen eigenen Tank. Die Inhalte von Tanker und Tank ergeben sich durch Integration der Entnahmeraten und stellen somit kontinuierliche Systemgrößen dar.

Die Flotten arbeiten nicht völlig unabhängig, da das modifizierte Modell 2 Kopplungen vorsieht.

Kopplung 1: Ein ankommender Tanker reiht sich in eine der Warteschlangen ein. Die Auswahlstrategie sieht vor, daß sich ein Tanker in die Warteschlange einreiht, die zu seiner eigenen Flotte gehört. Befinden sich jedoch vor einem fremden Dock keine Schiffe, während sich vor dem eigenen eine Warteschlange aufgabaut hat, so darf ein ankommender Tanker auch das Dock einer fremden Flotte anlaufen.

Kopplung 2: Die einzige vorhandene Raffinerie versorgt sich abwechselnd aus einem der Tanks. Die Umschaltestrategie sieht vor, daß erst dann umgeschaltet wird, wenn der Tank, der die Raffinierie versorgt, eine bestimmte Füllmenge unterschreitet und in einem anderen Tank mindestens das dopplete dieser Menge vorhanden ist. Ansonsten erfolgt die Umschaltung erst dann, wenn der Tank völlig leer ist.

Erklärung der bei der Definition des Setkonzepts eingeführten Begriffe anhand des Beispielmodells:

Jede der 3 Flotten (einschließlich Entladedock und Tank) bildet eine strukturelle Einheit. Bis auf die beiden Kopplungen, durch die Kommunikation zwischen den Flotten notwendig wird, arbeiten sie völlig unabhängig voneinander. Da Kommunikation und somit Synchronisation relativ selten stattfindet, erfüllt das Modell die Bedingung für lose gekoppelte Teilsysteme und es ist sinnvoll, für jede Flotte einen eigenen Set zu bilden.

Die Bedingungen für Kopplung 1 sind rein diskreter Natur. Beispiel: Ein Schiff kommt an und die Warteschlange ist leer.

Die Bedingungen für Kopplung 2 enthalten auch Elemente des kontinuierlichen Modellteils. Beispiel: Umschalten erfolgt, wenn der Inhalt des Tanks, der gerade entleert wird, eine bestimmte Menge unterschreitet und gleichzeitig in einem anderen Tank eine bestimmte Menge überschritten ist. An dem Beispiel wird auch deutlich, warum in den Kommunikationspunkten Synchronisation erforderlich ist. Wird nämlich zu einem bestimmten Zeitpunkt in dem Tank, der gerade entleert wird, die Menge unterschritten, bei der Umschaltung möglich wird (Teilbedingung ist wahr), so muß für den gleichen Zeitpunkt der Füllstand aller Tanks bekannt sein, um die Gesamtbedingung (es muß umgeschaltet werden) überprüfen zu können.

5. Zusammenfassung

Mit der Version 3 wird für GPSSF eine Reihe neuer Anwendungsgebiete
zugänglich gemacht. Dies resultiert aus der Tatsache, daß im Verhältnis zur Gesamtheit der realen Systeme nur ein geringer Teil rein diskreter Natur ist, die Mehrzahl besitzt kontinuierliche Komponenten.

Die Genauigkeit der Ergebnisse wird erhöht, da kontinuierliche Komponenten nicht mehr diskretisiert werden müssen. Die Erweiterung der
Möglichkeiten wird keineswegs durch eine Erschwerung der Modellierung
erkauft, da der modulare Aufbau des Simulators strikt beibehalten wurde.

Einen wesentlichen Anteil an der guten Strukturierbarkeit und somit
Änderungsfreundlichkeit von Modellen leistet das Set-Konzept. Mit seiner Hilfe ist es möglich, auch komplexe Systeme in überschaubare Teilsysteme zu zerlegen. Wie die Teilsysteme miteinander kommunizieren,
legt der Benutzer fest, so daß keine unerwünschten Nebeneffekte auftreten können. Zusätzlich erhält man bei Systemen, die aus Teilsystemen
sehr unterschiedlicher Dynamik bestehen, eine erhebliche Rechenzeiter-
sparnis.
Sollten künftig Mehrprozessor-Konzepte verstärkt eingesetzt werden, so
dürfte das Set-Konzept eine ideale Anwendung darstellen, da das Gesamtmodell bereits in parallel ablauffähige Teilsysteme zerlegt ist.

Literatur:

/1/ Schmidt, B.:
     GPSS-FORTRAN Version II
     Springer Verlag
     Berlin-Heidelberg-New York 1978

/2/ Ranft, U.:
     Zur Mechanik und Regelung des Herzkreislaufsystems
     Ein digitales Simulationsmodell
     Springer Verlag
     Berlin-Heidelberg 1978

/3/ Pritsker, A.A.B., Pegden, C.D.:
     Introduction to Simulation and SLAM
     Systems Publishing Corporation
     West Lafayette 1979

GASP-VI: EIN SIMULATIONSPAKET FUER PROZESS-ORIENTIERTE GEMISCHT KONTINUIERLICHE UND DISKRETE SIMULATION

Magnus Rimvall und Francois E. Cellier, Zürich

Zusammenfassung: GASP-V, der Vorläufer von GASP-VI, wurde zum ersten Mal während des 8. AICA Kongresses vorgestellt, welcher 1976 in Delft durchgeführt worden war. Diese Software wurde schliesslich im Frühjahr 1978 fertiggestellt und befindet sich seither sowohl in Industrie wie in Forschungsvorhaben erfolgreich im Einsatz. GASP-V stellt dem Anwender Modellierungsmechanismen für folgende Aufgaben zur Verfügung: (i) kontinuierliche Simulation (im Zustandsraum), (ii) diskrete Simulation (ereignisorientiert) und (iii) verteilte Simulation (unter Verwendung der Method-of-Lines) sowie beliebige Kombinationen dieser drei Problemklassen (gemischte Simulation). In der Zwischenzeit haben wir uns dazu entschlossen, dieses (FORTRAN-codierte) Softwarepaket um ein Prozessinteraktionskonzept sowohl für diskrete wie auch für kontinuierliche Prozesse zu bereichern. Diese Erweiterung von GASP ist insbesondere im Zusammenhang mit der neuen Simulationssprache COSY von Bedeutung, deren Run-Time-System GASP-VI abgeben soll. Allerdings sind wir der Meinung, dass ein Prozessinteraktionsmechanismus auch unabhängig von COSY seine Berechtigung hat, da er den Benützer bei einer modularen Formulierung von Modellen unterstützt und ihm somit hilft, fehlerfreie Programme zu schreiben. Das in dieser Arbeit vorgestellte System GASP-VI ist vollständig zu GASP-V aufwärts kompatibel und stellt einen solchen Mechanismus zur Verfügung. In diesem Beitrag konzentrieren wir uns auf die innovativen Aspekte dieses Projekts, als da wären: (i) ein neuer Mechanismus zur Listenbearbeitung mit Listenelementen von variabler Länge und (ii) a neuer Resourcenallozierungsmechanismus, welcher erlaubt, die Verwaltung der verfügbaren Resourcen wesentlich besser zu überwachen und welcher ausserdem ermöglicht, Resourcen (wie Transaktionen) mit individuellen Eigenschaften (Attributen) auszustatten.

Summary: GASP-V, the predecessor of GASP-VI, was presented for the first time during the 8th AICA (IMACS) Congress held at Delft in 1976. This software was finally completed in spring 1978, and since then it has been very successfully applied by many (both industrial and university) research groups. GASP-V provides for mechanisms for: (i) continuous simulation (in the state-space domain), (ii) discrete simulation (event oriented), and (iii) distributed simulation (method-of-lines) and any mixture of the three (combined simulation). In the mean time, it was decided that this (FORTRAN-based) software package should be enhanced by adding to it a process interaction mechanism for both continuous and discrete processes. This enhancement is particularly essential in the context of the new simulation language COSY for which GASP-VI is the run-time system. However, even independently of COSY, a process interaction mechanism is very useful as it supports a much more modular programming, and, by these means, helps the user in formulating his models and in coding them error free. The here presented new system GASP-VI is upwards compatible with GASP-V and provides for the above mentioned additional process interaction mechanism. This paper concentrates on the innovative aspects of this new development as there are: (i) a new mechanism for list processing with variable-length list entries, and (ii) a new resource allocation mechanism which allows for a significantly improved monitoring of resource allocations, and which moreover allows to add individual attributes to resources in a resource pool.

1. Einführung

GASP-VI ist eine neue (aufwärts kompatible) Ergänzung zu den bekannten und weit verbreiteten Simulationspaketen GASP-IV und GASP-V [2,3].

Obwohl GASP-IV bereits in der Lage war, gemischt kontinuierliche und diskrete Modelle zu bearbeiten, handelte es sich bei diesem Programmprodukt noch um ein ziemlich kleines System, welches auf der diskreten Seite nur einen einfachen Ereignismechanismus unterstützte und auch auf der kontinuierlichen Seite nur wenig ausgebaut war. (So offerierte GASP-IV z.B. nur eine einzige Integrationsmethode (vom Typ Runge-Kutta), welche fest in der Ablaufsteuerung eingebaut war, wodurch die Simulation steifer Systeme von vorneherein ausgeschlossen wurde.)

GASP-V erweiterte dieses Softwaresystem um:

1) eine Bibliothek von Integrationsalgorithmen, welche unter anderem auch die Kahaner-Implementation des GEAR-Algorithmus für steife Systeme beinhaltete,

2) Unterstützung bei der Modellierung verteilter Systeme (durch partielle Differentialgleichungen beschrieben), wobei das Method-of-Lines-Verfahren beigezogen wurde,

3) verbesserte Techniken zur Lokalisierung von Zustandsereignissen (unter Verwendung von invers Hermit'scher Interpolation),

4) eine Bibliothek von diskontinuierlichen Funktionen (in etwa derjenigen von CSMP entsprechend), welche z.B. Hysterese-, Puls- und Schrittfunktionen beinhaltet, wobei allerdings sämtliche Diskontinuitäten intern durch Ereignisse aufgelöst werden, wobei die hinlänglich bekannten numerischen Probleme (Kriechen) bei Verwendung solcher Funktionen in CSMP (oder einer entsprechenden Software) umgangen werden können,

5) einen Datenbankmechanismus, mittels welchem Simulationsdaten während der Simulation weggespeichert werden können; und einen Postprozessor (von DARE-P), welcher erlaubt, vorgängig gespeicherte Daten wieder rückzugewinnen und in verschiedenster Weise zur Darstellung zu bringen, sowie

6) verbesserte Unterstützung bei Optimierungsaufgaben.

Wie man leicht sieht, betreffen alle diese Verbesserungen die kontinuierliche Seite von GASP, während die diskrete Seite unverändert von GASP-IV übernommen wurde.

GASP-VI schliesslich fügt noch einen Prozessinteraktionsmechanismus sowohl für diskrete wie auch für kontinuierliche Prozesse zu. GASP-VI Programme ähneln weitgehend Programmen, welche in GASPPI [10], einem anderen von Pritsker & Associates entwickelten aber nie zur Produktionsreife gebrachten GASP-IV Derivat, wobei allerdings von GASPPI nur Konzepte nicht aber Realisationsmechanismen übernommen wurden.

Einer der Hauptgründe für die Entwicklung dieser neuen GASP-Version lag darin begründet, ein adäquates Zielsystem für die Simulationssprache COSY zu schaffen, welche in [2,4,6] beschrieben wurde. Ursprünglich war vorgesehen, COSY als "Frontend" zu GASP-V zu definieren, um das Entwickeln von GASP-Programmen etwas einfacher und weniger fehleranfällig zu gestalten. Während des Entwurfs dieser neuen Sprache sahen wir jedoch, dass COSY wesentlich bessere Möglichkeiten in sich barg, als dies ursprünglich von uns vorausgesehen worden war. Heute betrachten wir COSY als den schweizerischen Beitrag zum Ersatz der (unterdessen etwas demodierten) CSSL Spezifikation [11]. Mit diesem modifizierten Entwicklungsziel im Auge mussten wir feststellen, dass ein alzu starres Anklammern an den Konzepten, welche von GASP-V unterstützt werden, mehr eine Behinderung als eine Hilfe darstellt. So beinhaltet die Sprachdefinition von COSY nun mehrere (uns wesentlich erscheinende) neue Möglichkeiten, die sich nicht ohne weiteres in GASP-V realisieren lassen, während einige Möglichkeiten der GASP-Software in COSY nicht mehr unterstützt werden, da sie durch parallele (aber bessere) Alternativen ersetzt werden konnten. Als COSY schliesslich vollumfänglich definiert war, zeigte es sich, dass GASP-V als Zielsoftware für COSY nicht mehr sehr gut geeignet war. Deshalb wurde nun wiederum auf der GASP-Seite eine Anpassung notwendig, die wir glauben, mit GASP-VI sinnvoll erreicht zu haben. Dennoch haben wir uns entschlossen, in GASP-VI auch solche Komponenten von GASP-V beizubehalten, die in COSY nicht genutzt werden, um GASP-VI voll mit GASP-V aufwärts kompatibel zu belassen, da wir dadurch hoffen, den Einstieg für vormalige GASP-V-Benützer ebenfalls attraktiv zu gestalten. Ein Konflikt, welcher sich bei dieser Vorgehensweise (Aufspaltung in Preprozessor und Ausführungsprogramm) unausweichlich stellt, liegt darin begründet, dass Fehlermeldungen der Software sich immer auf das Quellenprogramm beziehen sollten, d.h. bei COSY Benützern auf ihr COSY-Programm und bei GASP-VI Benützern auf ihr GASP-Programm. Somit sollte sich GASP-VI bei Auftreten eines Fehlers anders verhalten, wenn das fehlerhafte Programm direkt von einem Benützer geschrieben worden ist, als wenn dieses durch Vorübersetzung eines fehlerhaften COSY Programms entstanden ist. Aus diesem Grund ist es notwendig, dass der COSY-Vorübersetzer neben einem GASP-VI Programm auch noch eine (maschinenlesbare) Kreuztabelle von COSY bzw. GASP Variablen und Zeilennummern zusammen mit einem (dem "normalen" GASP-VI Benützer unbekannten) Switch in den GASP-VI Datenkarten erzeugt, welcher dem GASP-System mitteilt, ob es sich beim Ausgangsprogramm um ein COSY oder aber um ein GASP Programm gehandelt hat. Dieses Flag beeinflusst aber ausschliesslich die Fehlerbehandlung sowie das Tracing, wodurch wohl ein gewisser Overhead an Speicherplatz, nicht jedoch ein Overhead an Ausführungszeit in Kauf genommen werden muss.

GASP-VI, das jüngste Kind in der GASP-Familie, soll in dieser Arbeit kurz vorgestellt werden.

2. Datenstrukturen in GASP-VI

Neben den in FORTRAN standardmässig unterstützten Datentypen (Skalare und Arrays) unterstützt GASP-IV (und somit auch GASP-V) einen weiteren Datentyp, nämlich die vorwärts und rückwärts linear verkettete Liste, welche in GASP-IV als "File" oder "Queue" bezeichnet wird. Jeder Liste zugeordnet ist eines (aus vier verfügbaren) Einreihekriterien (z.B. FIFO (First-in First-out) oder HVF (high value first) angewandt auf ATRIB(5), etc.). Die Manipulation von Listenelementen (Records) geschieht mittels Listenverwaltungsroutinen (z.B. FILEM, um neue Elemente einzutragen oder aber RMOVE, um Elemente aus Listen zu entfernen).

Diese Datenstruktur wird für zwei verschiedene Zwecke verwendet, nämlich:

1) zur Modellierung von Warteschlangen, die in fast allen diskreten Simulationsproblemen vorkommen, und

2) zur Verwaltung des Ereigniskalenders. Diese zweite Verwendungsart ist insoweit speziell, als:

    a) jeder Ereignis-Record zwei Standard-Eigenschaften enthält, nämlich:
  - die Ereigniszeit (Zeit, zu der das Ereignis stattfinden soll): ATRIB(1), sowie
  - die Ereignisart (Typ des Ereignisses, welches stattfinden soll): ATRIB(2);

    b) Ereignisse beim Eintreffen automatisch aus dem Ereigniskalender entfernt werden;

    c) genau ein Ereigniskalender (File Nr. 1) existiert;

    d) die Einreiheregel für diese Liste immer LVF (low value first) angewandt auf ATRIB(1) ist (in GASP-V allenfalls auch HVF angewandt auf ATRIB(1) im Falle von Rückwärtsintegration), wobei eine sekundäre Einreiheregel für gleichzeitig stattfindende Ereignisse spezifiziert werden kann.

In der Implementation von SLAM-II [9], einem anderen Abkömmling von GASP-IV, haben die Inauguratoren (ebenfalls Pritsker & Associates) offensichtlich realisiert, dass die oben skizzierte Lösung nicht ideal war, indem:

1) der GASP-IV Benützer immer in Erinnerung behalten musste, dass in der Ereignis-liste die ersten zwei Attribute vom System reserviert sind (das System wurde so modifiziert, dass nunmehr die Standardattribute als letzte Attribute aufbewahrt werden), und

2) der GASP-IV Benützer sich immer daran erinnern musste, dass das File Nr. 1 vom System für die Verwaltung der Ereignisse benötigt wurde, wodurch die frei zur Verfügung stehenden Warteschlangen von 2 an durchnummeriert werden müssen (daher bewahrt SLAM-II seine Ereignisse als letzte Liste auf).

Sicherlich stellt diese Modifikation eine leichte Verbesserung gegenüber GASP dar. Dennoch löst auch sie nicht alle Probleme, da bei der Prozessinteraktion zusätzliche Listenarten benötigt werden, um z.B. die Attribute der Transaktionen darin aufzube-wahren. Auf Grund der oben erwähnten Beschränkungen bewahrt SLAM-II diese Attribute nicht in Listen auf, die dem Benützer zugänglich sind, wodurch z.B. das Zugreifen auf die Attribute einer "anderen" Transaktion sehr umständlich, wenn nicht unmöglich wird. Ebenso wird es sehr schwierig, in SLAM-II die Attribute einer Transaktion in einem Ereignis zu verändern, ausser wenn das Ereignis dadurch zu Stande kam, das eine Transaktion durch einen EVENT-Knoten passierte.

Es war eines der Entwurfsziele von GASP-VI, dass sowohl Transaktions-Records als auch Resourcen-Records (über welche wir noch ausführlicher sprechen werden) für den Benützer transparent unter Verwendung des normalen Listenmechanismus aufbewahrt werden sollten. Zu diesem Zweck erwies es sich allerdings als notwendig, den Listen-verwaltungsmechanismus von GASP-IV namhaft abzuändern und tatsächlich zu grossen Teilen neu zu schreiben.

Betrachten wir nochmals die Transaktions-Records etwas genauer. Für solche Records unterhält GASP-VI 11 transaktionsspezifische Standardattribute (sogenannte "hidden attributes"):

1) Zeiger zu einem Zeitereignis-Record
2) Zeiger auf einen Resourcen-Bedarfs-Record
3) Zeiger zur Liste der allozierten Resourcen
4) Zeiger, der auf einen "Timeout"-Record weist
5) Aktueller Status der Transaktion
6) Prozessnummer
7) Blocknummer

8) Erzeugungszeit der Transaktion

9) Letzte Markierungszeit der Transaktion

10) Priorität

11) Neue Blocknummer (im Falle der Ausführung eines GGOTO-Statements).

Aus dieser Liste sollte klar werden, dass:

a) es dem Benützer weder zugemutet werden kann, seine eigenen applikationsspezifi-
schen Attribute vom Index 12 an aufwärts zu zählen (und wiederum anders für kontinuierliche Prozesse, Resourcen, etc.), noch es sinnvoll ist, den Benützer
z.B. die Markierungszeit seiner Transaktion dadurch zugänglich zu machen, dass
er zur Anzahl seiner eigenen Attribute einen Offset von 9 dazuaddieren muss. Aus
diesem Grunde wurde in GASP-VI eine Lösung gewählt, bei welcher sich der
Benützer in GASP-VI ausschliesslich um seine eigenen Attribute zu kümmern
braucht, während die Standardattribute ihm jeweils in einem speziellen COMMON-
Block bereit gestellt werden, wohin sie das System automatisch kopiert.

b) wir sehr leicht Situationen antreffen können, bei welchen die eine Liste (welche
z.B. Transaktionen beinhaltet) 50 verschiedene Attribute aufweist, während eine
andere (z.B. eine Warteschlange) mit einem oder zwei Attributen auskommt. Im
Falle des Ereigniskalenders wird es sogar der Normalfall sein, dass ein Rekord
sehr viele Einzelattribute aufweist, während ein anderer nur über ganz wenige
verfügt. Daraus folgt: Weder ist die GASP-IV Regel, wonach alle Listen genau
gleich viele Attribute aufweisen müssen, applikabel, noch diejenige, wonach die
Anzahl Attribute die Zahl 25 nicht überschreiten darf. Um dieses Problem zu
lösen, unterscheiden wir in GASP-VI zwischen:

  - logischen Rekords, welche eine beliebige Grösse aufweisen können (keine Begrenzung), und welche auch ungleich gross sein dürfen, und

  - physikalische Rekords, welche auch "Slices" genannt werden, welche von
gleicher Länge sein müssen, wobei aber auch hier keine Begrenzung für die
zulässige Grösse vorgesehen ist.

Jeder logische Rekord enthält jetzt zumindest drei Zeiger, wobei deren zwei (wie in
GASP-V) auf den Vorgänger bzw. Nachfolger zeigen, während der dritte neue Zeiger auf
den nächsten Slice, der zum logischen Rekord gehört, weist. Drei zusätzliche ver-
steckte Attribute sind allen Rekords zu eigen:

1) die Anzahl der (versteckten sowie der vom Benützer spezifizierten) Attribute des
logischen Rekords, wobei automatisch vom System eine Statistik über die durch-

schnittliche Anzahl Attribute erstellt wird, eine Grösse, die fürs optimale "Tuning" nützlich ist,

2) die Art des Rekords, welche benötigt wird, um einen lesbaren "Trace" zu erzeugen, und auch, um einer illegalen Verwendung des Rekords vorzubeugen, sowie

3) der letzte Zeitpunkt, zu welchem der Rekord "bewegt" worden ist, eine Information, welche zwei Verwendungszwecken dient:

   a) Statistiken werden automatisch über die mittlere _Zeit_ erstellt, welche die Rekords in jeder Warteschlange verbracht haben, dies neben der (auch in GASP-V ermittelten) durchschnittlichen _Anzahl_ Rekords in jeder Warteschlange;

   b) GASP-VI verfügt über einen automatischen "Timeout" Mechanismus, welcher erlaubt, "Deadlocks" zu erkennen (wenn auch nicht zu beseitigen).

Die physikalische Grösse jedes Slices (NNATR) muss vom Benützer festgelegt werden, wobei NNATR vom System (wenn nötig) automatisch auf 10 erhöht wird, sobald (kontinuierliche oder diskrete) Prozesse im Modell vorkommen. Diese Grösse hat einen Einfluss auf die Ausführungseffizienz des Programms. Unserer Erfahrung nach sollte NNATR so dimensioniert werden, dass etwas mehr als 50% aller Rekords in einem Slice Platz finden.

<u>3. Resourcen</u>
Zur Illustration der Probleme, welche bei der Resourcenverwaltung auftreten, wollen wir eine Wagenvermietungsfirma betrachten. Turisten (Transaktionen) kommen an und versuchen, einen Wagen zu mieten (eine Resource zu allozieren). Solange Wagen verfügbar sind, erhält der Turist sein Fahrzeug, andernfalls muss er warten, bis ein Fahrzeug zurückgegeben wird, oder aber auf die öffentlichen Verkehrsmittel zurückgreifen.

Ein solcher Mechanismus, der von den meisten prozess-orientierten Sprachen zur Verfügung gestellt wird, wird in allen uns bekannten Systemen (so z.B. in SLAM-II, in GPSS-V und in GPSS-FORTRAN) intern durch einen INTEGER Zähler implementiert, der dekrementiert wird, wenn ein Wagen die Firma verlässt, und inkrementiert, sobald er zurückkommt. Gewöhnlich repräsentiert ein zweiter INTEGER die Kapazität der Resource, so dass wenigstens Kapazitätsüberschreitungen detektiert werden können.

Wird dieser Mechanismus auf diese Weise implementiert, kann ein Turist seinen gemieteten Wagen an der nächsten Kreuzung abstellen und nach Hause fliegen, ohne missliebige Folgen gewärtigen zu müssen. Mit anderen Worten kann eine Transaktion jederzeit das System verlassen, ohne ihre momentan allozierten Resourcen wieder freizugeben. Dies ist unvermeidbar, da Resourcen keine Individualität besitzen, und es somit unmöglich ist, nachträglich zu eruieren, welche Resource abhanden gekommen ist. Noch widersinniger: Ein Turist, der die ganzen Ferien hindurch mit öffentlichen Verkehrsmitteln gereist ist, kann ohne weiteres einen nie gemieteten Wagen zurückgeben. Dies kann frühestens dann bemerkt werden, wenn einmal zufällig sämtliche Wagen beim Verleiher sind, da dann allenfalls eine Kapazitätsüberschreitung gemeldet werden kann.

Selbstverständlich ist diese Implementationsart sehr effizient in der Ausführung und funktioniert auch richtig, wenn man davon ausgeht, dass der Benützer keine Fehler macht. Wir sind jedoch der Auffassung, dass es eine der "nobelsten" Aufgaben jeder Software sein muss, dem Benützer auf die Finger zu klopfen, wenn er etwas falsch macht!

In GASP-VI haben wir darum versucht, eine andere Implementation der Resourcenverwaltung zu finden, welche wohl etwas ineffizienter in der Ausführung ist, dabei aber eine wesentlich erhöhte Programüberwachung erlaubt. Dabei wird jede Resource durch einen eigenen Rekord repräsentiert. Alle freien Resourcen sind in einer linear verketteten Liste zusammengefasst (Wagenpark). Sobald eine der Resourcen alloziert wird, wird ihr Rekord aus dieser Liste entfernt und in eine andere Liste umgehängt, welche alle momentan von der Transaktion allozierten Resourcen (beliebigen Typs) enthält. Diese Liste ist als ganzes an den Transaktionsrekord angehängt. Wenn ein Turist vergisst, seinen Wagen, Hotelzimmerschlüssel oder ähnliches zurückzugeben, wird automatisch bei seinem Einchecken im Flugplatz eine Warnung ausgedruckt, und die nicht zurückgegebenen Resourcen werden ihm mitleidlos vom System abgeknöpft. Wird einem Turisten, der einen Wagen gemietet hat, dieser über Nacht von einem anderen Turisten "gestohlen", so muss dieser andere Turist schon ein sehr gewiegter GASP Programmierer sein, wenn es ihm gelingen sollte, den gestohlenen Wagen an die Vermietung zurückzugeben oder sich anderweitig aus dem System wegzustehlen.

Ein Nebeneffekt dieser Methodologie liegt darin, dass automatisch Resourcenverwendungsstatistiken über jede Resource im Pool individuell erstellt werden können.

Ein anderer Nebeneffekt liegt darin, dass jede Resource im Pool ihre eigenen individuellen Attribute mit sich herumtragen kann. So mag z.B. die Vermietungsstelle Wagen aus verschiedenen Klassen zu unterschiedlichen Preisen anbieten, und der Kunde kann entscheiden, ob er irgend einen Wagen will oder aber einen Wagen aus einer bestimmten Preisklasse. Dennoch gibt es nur eine Art Resourcen vom Typ Wagen. Wir können hier nicht weiter auf die (unserer Meinung nach sehr wesentlichen) Vorteile dieser

Möglichkeit eingehen. Diese wurden aber in [6] ausführlich abgehandelt.

Wie jede andere Lösung, weist auch diese Implementation ihre Schwächen auf.   Dies kann z.B. an Hand einer Rechnersimulation aufgezeigt werden. Soll nämlich der Kernspeicher eines Rechners durch eine Resource dargestellt werden, scheint es kaum sinnvoll, 4 MByte Speicher durch 4 Millionen individueller Resourcenrekords darzustellen! Es ist daher bei dieser Implementation wichtig, die Anzahl individueller Resourcen in einem Pool in Grenzen zu halten.   Aus diesem Grund offeriert GASP-VI noch einen zweiten Resourcenverwaltungsmechanismus, bei welchem ein Resourcenpool durch einen einzigen Rekord dargestellt wird, welcher die Anzahl verfügbarer Resourcen als verstecktes Attribut mit sich führt.   Wird ein Teil dieser Resourcen belegt, muss dieser Rekord kopiert werden, wobei in der alten Kopie die Anzahl nun noch verfügbarer Resourcen aufbewahrt wird, während die neue Kopie,welche der Liste der allozierten Resourcen der betroffenen Transaktion angehängt wird, die Anzahl neu allozierter Resourcen mit sich trägt.   Selbstverständlich können solche Resourcen keine individuellen Attribute aufweisen.   Dennoch erweist sich auch dieser Mechanismus immer noch bei weitem sicherer gegenüber Programmierungsfehlern als der üblicherweise verwendete. Auch dazu finden sich weitere Erläuterungen in [6].

4. Status der Implementation

Momentan ist die Implementation soweit gediehen, dass:

a) die Sprache COSY (mit Ausnahme einiger sekundärer Details) vollständig entworfen ist, wobei ein allgemein verwendbarer Parser zum Einsatz gelangte, welchen wir in [1] beschrieben haben;

b) mehrere recht   umfangreiche Anwendungsprogramme sind in COSY codiert und (unter Verwendung des Parsers) auf ihre Korrektheit überprüft worden, dies, um die Eignung der neuen Sprache zur Modellierung grosser Systeme zu verifizieren;

c) die neuen Datenstrukturen von GASP-VI sowie die neuen Ueberwachungs- und Testroutinen ("Monitoring", "Tracing", "Debugging") sind geschrieben und ausgetestet worden.

d) ein erster Satz von Prozessinteraktionsroutinen ist codiert worden, der sich im Augenblick in der Testphase befindet, wobei zusätzliche Routinen bereits spezifiziert aber noch nicht ausprogrammiert worden sind.

Es ist vorgesehen, die Entwicklung von GASP-VI (inklusive Gebrauchsanleitung) noch in diesem Jahr abzuschliessen. Andrerseits muss die Implementation von COSY warten, bis GASP-VI vollständig verfügbar und ausgetestet ist.

5. Vergleich von GASP-VI mit SLAM-II und mit COSY

Man mag sich fragen, ob die Entwicklung des neuen Systems GASP-VI wirklich gerechtfertigt war. Eine Alternative könnte allenfalls darin gelegen haben, die erweiterten Möglichkeiten von GASP-V (gegenüber GASP-IV) ins System SLAM-II einzubauen, was sicherlich mit wesentlich kleinerem Aufwand verbunden gewesen wäre. SLAM-II, wozu eine Anwendung im begleitenden Bericht [7] beschrieben wurde, ist ein weiterer Abkömmling von GASP-IV, dessen kontinuierliche Seite sich mit GASP-IV völlig deckt, während seine diskrete Seite um einen Netzwerkbeschreibungsmechanismus ergänzt wurde. Für kleinere Schulbeispiele (wie z.B. Joe's Friseurladen), ist es sehr einfach zu zeigen, dass eine solche Netzwerkbeschreibung einer Prozessinteraktionsbeschreibung äquivalent ist. Leider trifft dies bei komplexeren Anwendungen nicht mehr zu. Die Aequivalenz gilt nur für sehr simple Prozesse, die durch eine sequentielle Hintereinanderreihung von Aufrufen von Prozessinteraktionsroutinen beschrieben werden können (z.B. Erzeugung einer neuen Transaktion, gefolgt von der Allokation einer Resource, gefolgt von einer Aktivität, etc.). Sobald jedoch diese Aufrufe mit sequentieller Logik durchsetzt sind, wie z.B. beim Aufzugproblem, für welches eine COSY Lösung in [5] präsentiert wurde, müsste eine Netzwerkbeschreibung, wie sie in SLAM-II propagiert wird, beinahe ausschliesslich aus einer Hintereinanderreihung von Ereignisknoten bestehen, was weder zu schreibbaren noch zu lesbaren Programmen führt, und wodurch sich diese Vorgehensweise weder als attraktiv noch als effizient erweist. Dies bedeutet: Für einfache Prozesse sind COSY und SLAM-II in etwa äquivalent, wobei sich SLAM-II ohne jeden Zweifel sowohl bezüglich Länge des vom Benützer zu erstellenden Programms wie auch bezüglich Fehlerwahrscheinlichkeit als GASP-VI bei weitem überlegen erweist. Sobald jedoch ein Problem nach extensiver Logik ruft, erhält GASP-VI einen gewissen Vorsprung vor SLAM-II, während COSY bei weitem die attraktivste Variante darstellt. Auf jeden Fall jedoch eignet sich GASP-VI in solchen Fällen wesentlich besser zur Zielsprache für COSY als SLAM-II.

REFERENZEN

[1] Bongulielmi A. P. und Cellier F. E.: "On the Usefulness of Deterministic Grammars for Simulation Languages". Proc. der Sorrento Arbeitstagung über International Standardization of Simulation Languages (SWISSL), Sorrento, Italien, 19. + 20. Sept., (1979).

[2] Cellier F. E.: "Combined Continuous/Discrete System Simulation by Use of Digital Computers: Techniques and Tools". Dissertation, Diss ETH No 6483, Eidgenössische Technische Hochschule, Zürich, 1979.

[3] Cellier F. E. und Blitz A. E.: "GASP-V: A Universal Simulation Package". Proc. des achten AICA Kongresses über Simulation of Systems, Delft, Niederlande, 23. - 28. August 1976. Publiziert durch North-Holland Publishing Company (Ed.: L. Dekker); S. 391 - 402, (1976).

[4] Cellier F. E. und Bongulielmi A. P.: "The COSY Simulation Language". Proc. des neunten IMACS Kongresses über Simulation of Systems, Sorrento, Italien, 23. - 27. Sept. 1979. Publiziert durch North-Holland Publishing Company (Ed: L. Dekker, G. Savastano und G. C. Vansteenkiste); S. 271 - 281, (1979).

[5] Cellier F. E., Bongulielmi A. P. und Rimvall M.: "Comments of the Swiss TC3 Group on the 'Outline Proposal for a New Standard for Continuous-System Simulation Languages (CSSL 81)'". In: TC3 of IMACS, Committee on Simulation Software, Committee Newsletter, Nr. 10, Sept. 1981, Appendix 3 (Ed: R. E. Crosbie und F. E. Cellier).

[6] Cellier F. E., Rimvall M. und Bongulielmi A. P.: "Discrete Processes in COSY". Proc. des European Simulation Meetings über Simulation Methodology, gehalten in Cosenza, Italien, 9. - 11. April 1981, (Ed: F. Maceri), (1981).

[7] Graber A. und Cellier F. E.: "Eignung der Simulationssprache SLAM-II zur Modellierung und Simulation grosser Transportsysteme". (Gleicher Band)

[8] Pritsker A. A. B.: "The GASP-IV Simulation Language", John Wiley, 1974.

[9] Pritsker A. A. B. und Pegden C. D.: "Introduction to Simulation and SLAM", Halsted Press (John Wiley) und Systems Publishing Corporation, 1979.

[10] Washam W. B. und Pritsker A. A. B.: "Introduction to GASPPI". Unpubliziertes Dokument, Pritsker & Assoc., Inc., 1976.

[11] "The SCi Continuous System Simulation Language (CSSL)". Simulation, Band 9, Nr. 6, Dez. 1967; S. 281 - 303, (1967).

EIN INTERAKTIVES SYSTEM ZUR SIMULATION, PARAMETERSCHÄTZUNG UND GRAPHISCHEN AUSWERTUNG DISKRETER UND KONTINUIERLICHER MODELLE

Robert Schaback, Göttingen[1]

Zusammenfassung. Aus den Benutzeranforderungen werden die Grundprinzipien der Architektur des zu entwickelnden Simulationssystems abgeleitet und dargestellt:

- einheitliches Interpreter-Programm
- direkt an der Modellbildung orientierte Sprachelemente
- Realzeit-Eingabe über Potentiometer
- schnelle graphische Ausgabe.

Abstract. The basic principles of the architecture of the simulation system to be developed are deduced from user's requirements and described:

- uniform interpreter programme
- model-oriented language elements
- real-time input by potentiometers
- fast graphic display.

1. Einführung

Innerhalb des Sonderforschungsbereichs 135 "Ökosysteme auf Kalkgestein" ist von Forstwirten, Botanikern, Zoologen, Mikrobiologen, Chemikern und Bodenkundlern eine Vielzahl von Modellen zur Simulation von Prozessen in Ökosystemen gemeinsam mit Mathematikern zu entwickeln. Um den Benutzeranforderungen zu genügen, wird ein interaktives Simulationssystem für diskrete und kontinuierliche Modelle erstellt, das

- ohne tiefere Vorkenntnisse (Programmiersprachen, Betriebssystem) einsetzbar ist,
- realzeitähnliche manuelle Parametervariation und
- interaktive Datenanpassung (Fitting) erlaubt, sowie
- graphische Ausgabe und
- interaktive Modellbildung unterstützt.

Als vorläufige Bezeichnung wurde "IMP" gewählt (Interactive Modeling Program).

---

1 Diese Arbeit entstand als "Studie Nr. 9 des SFB 135" "Ökosysteme auf Kalkgestein" unter teilweiser Förderung durch die Deutsche Forschungsgemeinschaft.

In diesem Beitrag werden die Grundprinzipien der <u>Sprachstruktur</u> und des <u>Kontrollflusses</u> dargestellt. Die Abweichungen gegenüber anderen Simulationssprachen und -systemen ergeben sich als Konsequenzen der problemnäheren Sprachstruktur und des einheitlichen Systemdesigns als <u>Interpreter</u>.

2. Strukturkonzept und Modelltyp

Im Sinne von B. Schmidt [4] ist zunächst aufgrund des vorliegenden bzw. zu erwartenden Datenmaterials der Benutzer eine Festlegung des Typs der zu simulierenden <u>Strukturkonzepte</u> erforderlich. Dies führt hier direkt auf <u>kontinuierliche</u> Systeme, die durch Differentialgleichungen zu beschre ben sind (es werden auch zeitdiskrete Differenzengleichungen und Verzögerungsterme zugelassen). Aus Kosten/Nutzen-Erwägungen (Komplexität der Modelle, Vorhandensein von Digitalrechnern, Nichtvorhandensein von Analogrechnern bzw. physikalisch-analog arbeitenden anderen Simulationsgeräten) ist <u>digitale Simulation</u> der einzige für die Realisierung in Frage kommende Modelltyp.

3. Spezielle Benutzeranforderungen

Das größte Hindernis für die Akzeptierung eines Softwaresystems durch Benutzer ist der Aufwand für die Einarbeitung in die Handnabung des Systems. Die tatsächliche Leistungsfähigkeit des Systems spielt demgegenüber nur eine untergeordnete Rolle (vgl. die Ausführungen von H. Buschmann [1]). Deshalb wird hier der Benutzerfreundlichkeit Vorrang eingeräumt:

- die Sprachstruktur vom IMP orientiert sich am Modellbildungs- und Simulationsprozeß selbst; sie enthält keinerlei Bezüge auf "höhere" Programmiersprachen oder Betriebssystem-Steuersprachen.
- der Kontrollfluß des IMP-Systems orientiert sich am Modellbildungs- und Simulationsprozeß selbst; er enthält keinerlei Bezug auf Job-Control-Phasen wie "Preprocessing", "Compilation", "Linking/Mapping" oder "Run- - Time Monitoring".

Die am weitesten fortgeschrittenen Benutzer innerhalb des SFB 135 verwenden bisher die Systeme CSMP, DYNAMO und SLAM. Sie klagen über Einarbeitungsschwierigkeiten und über das Fehlen

- einer analogrechnerähnlichen direkten manuellen Parametervariation,
- einer entsprechend schnellen "online"-Graphik,
- einer Möglichkeit zur Parameteranpassung ("Fitting"),
- einer Computerunterstützung in der Modellbildungsphase.

Stattdessen führen sie eine Vielzahl von Batch-Läufen mit Plotausgabe durch. Die obigen 4 Punkte wurden deshalb in das "Pflichtenheft" des IMP-Systems aufgenommen.

4. Verfügbare Hardware

Aus Kostengründen kam eine Rechner-Neuanschaffung (z.B. Hybridsystem) nicht in Betracht. Hingegen besteht in Göttingen die Möglichkeit, 2 Maschinen vom Typ VAX 11/780 (Digital Equipment) mit schneller graphischer Ausgabe als spezielle Simulationsrechner für zeitweilig privilegierte Einzelbenutzer zu betreiben. Die manuelle Parametervariation ist wegen der Realzeitfähigkeiten des VAX/VMS - Betriebssystems leicht über Potentiometer und A/D-Wandler zu realisieren. Als erste Zielmaschine des IMP-Systems ist deshalb die VAX 11/780 gewählt worden. Auf Portabilität der Software wird bei der Programmierung geachtet.

5. Grundprinzipien der Systemarchitektur

Die Software-Architektur wird einheitlich als _Interpreter_ konzipiert, um den im 3. Abschnitt aufgezählten Erfordernissen Rechnung zu tragen. Insbesondere sind die häufig anzutreffenden Lösungsmöglichkeiten

- "Preprocessor" + "Run-Time Processor" mit intermediärer Übersetzung in eine "höhere" Programmiersprache
- Unterprogrammbibliothek einer "höheren" Programmiersprache

aus genannten Gründen abzulehnen.

Das Interpreter-Konzept bringt allerdings eine Verringerung der Rechengeschwindigkeit bei den eigentlichen Simulationsläufen. Da sich hier ein ernster Engpaß abzeichnet und keine weiteren Geschwindigkeitsverluste tragbar sind, wurde FORTRAN als interne Programmiersprache gewählt, obwohl dadurch die Benutzerseite des Interpreters nicht optimal programmiert werden kann.

Die unterschiedlichen Bestandteile des Interpreters (Benutzerdialogteil gegenüber Rechenteil) erfordern unterschiedliche Strategien bei der Softwarearchitektur. Dem wird Rechnung getragen, indem je eine virtuelle Maschine mit spezifischer Architektur verwendet wird. Im Rechenteil ist es dadurch möglich, bis auf Quadrupelcode- oder sogar Maschinencode-Ebene herabzusteigen, um das System effizient zu halten. Auf Details der Architektur muß hier aber aus Platzgründen verzichtet werden. Näheres fin-

det sich in den Manualen [2] und [3], die innerhalb des Projekts als laufende Arbeitsgrundlage dienen.

6. Prinzipien des Sprachentwurfs

Die Sprachelemente von IMP sind nicht den "höheren" Programmiersprachen
entlehnt. Dies wäre auch unsinnig, da das IMP-Sprachniveau höher und dem
Simulationsvorgang näher liegen soll als etwa das von FORTRAN. Die in
"höheren" Programmiersprachen üblichen "Variablentypen" (REAL, INTEGER
etc., inklusive Arrays) sind aus historischen Gründen an der Speichertechnik und den Verarbeitungsmodi orientiert und für ein benutzerfreundliches elementares Simulationssystem unbrauchbar.

Aus dem Modellbildungs- und Simulationsprozeß ergibt sich vielmehr, daß
die wichtigsten Objekte eines Simulationssystems u.a. die folgenden sind:

- VARIABLE[1]   (von der Simulations"zeit" abhängige Größen)
- PARAMETER   (von der Simulations"zeit" unabhängig, aber für jeden
                    Simulationslauf neu wählbare Größen)
- POTENTIOMETER   (für die manuelle kontinuierliche Steuerung von PARA-
                    METERn)
- LINEs   (festgelegte Darstellungsformen für die Werte von VARI-
                    ABLEn).

Bei der Modellbildung werden VARIABLE mit PARAMETERn und anderen VARIAB-
LEn durch Gleichungen verknüpft. Bei der Vorbereitung eines Simulationslaufs werden häufig

- PARAMETERn gewisse Werte zugewiesen,
- PARAMETER gewissen POTENTIOMETERn zugewiesen,
- die POTENIOMETER geeignet skaliert und
- den graphisch auszugebenden VARIABLEn werden gewisse LINEs als Darstellungsform zugewiesen.

Im abstrakten Sinne führt natürlich auch das IMP-System "Operationen auf
Datenstrukturen" aus. Letztere sind u.a. die oben genannten "Objekte".

---

1 Die im folgenden in Großbuchstaben geschriebenen Worte sind Bestandteile der IMP-Kontrollsprache.

Die "Operationen" bzw. "Aktionen" sind z.B.

- ASSIGN
- SCALE
- FIX

mit den folgenden abgekürzten, sich selbst erklärenden Anwendungsbeispie-
len:

- ASSIGN   PAR12   POT3
- SCALE   POT3   1.E0, 1.E10   LOG
- FIX   PAR11   3.75
- ASSIGN   VAR4   LINE2

Die Syntax wird zwecks Benutzerfreundlichkeit bewußt einfach gehalten:
jedes Kommando hat die Form

                    Aktion   <   Objekt   <   Daten   >>

wobei < > für Optionales steht. Die Aktionen und Objekte entstammen
einer festen, aber einfach zu ergänzenden Liste, wobei die Indizierung
gewisser Objekte durch nachgestellte ganze Zahlen erfolgt. Abkürzungen
und benutzerdefinierte Namen werden toleriert. Das Format des Datenfel-
des richtet sich nach der Aktion / Objekt-Kombination, damit für jede
solche Kombination ein dem Modellbildungs- und Simulationsprozeß möglichst angepaßtes und damit auch benutzerfreundliches Datenformat gewählt werden kann. Auch hier soll aus Platzgründen auf Details verzichtet werden (vgl. [2] als laufende interne Arbeitsgrundlage während
der Realisierung).

7. Prinzipien des Kontrollflusses

Beim IMP-System wird vermieden, dem Modellbildungs- und Simulationsprozeß den üblichen maschinenbedingten Kontrollfluß bei der Bearbeitung
eines Laufs aufzuzwingen:

- Befehlseingabe in höherer Programmiersprache
- Übersetzung
- Binden mit Unterprogrammbibliotheken
- Ausführen.

Insbesondere sollte das Ergebnis eines Simulationslaufs sofort zu einer
Änderung des Modells durch den Benutzer führen können, ohne den zeitrau-

benden Umweg über gewisse, für den Benutzer undurchschaubare Betriebssystemfunktionen zu gehen.

Deshalb ist das IMP-System als einheitlicher <u>Interpreter</u> konzipiert, der
prinzipiell <u>jede</u> Aktion <u>zu</u> <u>jeder</u> <u>Zeit</u> akzeptiert.
Dies impliziert, daß innerhalb des IMP-Systems jede Aktion prüfen muß, ob
die Vorbedingungen zu ihrer Ausführung erfüllt sind. Das Kommando

SCALE POT2   2.5, 7.3

ist beispielsweise jederzeit möglich, wohingegen das Kommando

REPEAT

für eine Folge von Simulationsläufen mit manueller Parametersteuerung
nur dann sinnvoll ist, wenn das Modell korrekt definiert ist und insbesondere keine "hängenden" Variablen vorhanden sind. Die Konsistenzprü-
fung eines Modells wird durch das Kommando

VALID

veranlaßt; Änderungen am Modell sind jederzeit möglich, erfordern dann
aber ein neues VALID-Kommando vor Beginn einer Simulationsrechnung. Wenn
eine vom Benutzer veranlaßte Aktion nicht ausführbar ist, so wird der
Benutzer von IMP über die Gründe informiert; IMP lehnt dann die Ausführung ab und meldet sich (mit 'READY') bereit zum Empfang des nächsten
Kommandos.

8. Ausblick auf die Realisierung

Zur Zeit (Mai 1982) existiert vom IMP-System die Version IMP 0.2, die
wesentliche Teile des Benutzerdialogs zur Modellbildung (inklusive "Par-
sing") und der Systemtabellenverwaltung beinhaltet. Bis Ende 1982 sollen
in der Version 0.3 auch Simulationsläufe mit manueller Parametersteuerung
und graphischer Ausgabe möglich sein, aber noch ohne Dateneingabe und
Parameteranpassung. Wegen außerordentlich beschränkter Personalmittel ist
nicht abzusehen, wann eine allgemeine Freigabe einer gründlich ausge-
testeten und vollständigen Version möglich ist.

Literatur

[1]   Buschmann, H.: Simulationssoftware am RRZN, in diesem Bande

[2]   Schaback, R.: IMP User's Manual, Version 0.2, Institut für
      Numerische und Angewandte Mathematik, Göttingen 1982
      Materialien aus dem SFB 135, Nr. 1

[3]   Schaback, R.: IMP Implementer's Manual, Version 0.2,
      Institut für Numerische und Angewandte Mathematik, Göttingen
      1982, Materialien aus dem SFB 135, Nr. 2

[4]   Schmidt, B.: Systemanalyse und Modellbildung, in diesem Bande

M A P L I S
MATRIXORIENTIERTE SPRACHE FÜR PLANSPIEL UND INTERAKTIVE SIMULATION

Wilfried Tettweiler, Krailling

Zusammenfassung. Bei herkömmlichen Simulationen (z.B. unter Verwendung
der Simulationssprache SIMSCRIPT oder DYNAMO) stellt sich das Problem,
Koeffizienten von Differenzengleichungen durch die üblichen statistischen
Verfahren der Informationsreduzierung (Regressionsanalyse, Faktoranalyse
etc.) zu bestimmen. Hierbei nimmt man im allgemeinen einen Informations-
verlust in Kauf. Im MAPLIS-Konzept treten an die Stelle der (skalaren)
Koeffizienten wahlweise ein- oder mehrdimensionale Matrizen (Tabellen).
Auf Informationsreduzierung kann weitgehend verzichtet werden, weil Ergebnisse von beispielsweise mehrdimensionalen Kreuztabulierungen unmittelbar Verwendung finden. Dabei liegt es ganz im Ermessen des Modell-
designers, wieviele Dimensionen er jeweils für angebracht hält. Am Beispiel eines sehr einfachen Schülerdurchflußmodells werden die Eigenschaften der Sprache MAPLIS - Modelltyp- und Variablendeklarationsmöglichkei-
ten und Dialogfähigkeit - knapp umrissen.

Summary. At conventional simulations (e.g. under use of the well-known
simulation languages SIMSCRIPT or DYNAMO) appears the problem to find
coefficients of difference equations by means of usual statistical ana-
lysises to reduce the amount of information. In general a loss of information is hereby accepted. On the other hand the MAPLIS outline provides
one- or moredimensional matrices (tables) instead of scalar coefficients.
A reduction of information can be abandoned because results of cross ta-
bulations can be used immediately. It is to estimate by the model designer how many dimensions he thinks are necessary. The following example
of a very simple model of a german school ("Kooperative Gesamtschule")
shows the characteristics of the MAPLIS language in short: possibilities
to declare various types of models and variables and interactivity.

Einführung

Die meisten der derzeit gebräuchlichen Simulationssprachen (SIMSCRIPT,
DYNAMO etc.) dienen der Herstellung von Modellen kontinuierlicher Prozesse. Die Anwender findet man größtenteils im technisch- wissenschaftlichen Bereich und die Methode genügt dort bereits heute einem recht
hohen Standard. Für die Sozial- und Wirtschaftswissenschaften - hier gehören neben Stadt- und Regionalplanung auch Operations Research einbezogen - sind diese Sprachen gewöhnlich nicht griffig. Obschon auch soziale
und wirtschaftliche Prozesse weiträumig besehen relativ kontinuierlich
verlaufen, widersetzte sich diese Materie bislang weitgehend einem Erfassen in analytisch-algebraische Ausdrucksmittel, wie sie die gebräuchliche
Simulationssprachen verwenden.

Dies sind Polynome oder Differenzen- und Differenzialgleichungen. Für
sie sind die entsprechenden (skalaren) Koeffizienten vorab mit mehr
oder minder anspruchsvollen statistischen Auswertungsmethoden zu bestimmen. Im MAPLIS-Konzept treten an die Stelle der Skalare Tabellen, mit
denen bestimmt werden kann, nach welchem *Verteilungsschlüssel* (welchen
Wahrscheinlichkeiten) Mengen geteilt werden sollen, in welche Werte
vorgegebene Werte *transformiert* werden sollen oder welche *Vertauschun-
gen* oder *Zusammenfassungen* unter problembezogenen Gesichtspunkten stattfinden sollen. So kann mit MAPLIS auf höhere statistische Verfahren wie
beispielsweise Regressions- oder Faktoranalyse verzichtet werden. Man
formuliert ein auf Wahrscheinlichkeiten beruhendes (stochastisches) Modell und verwendet anstelle von - meist ohnehin nicht exakt bestimmba-
ren - Wahrscheinlichkeiten näherungsweise relative Häufigkeiten. Nähe-
rungswerte für bedingte Wahrscheinlichkeiten gewinnt man aus - auch
mehrdimensionalen - Kreuztabulierungen. Beiläufig ergibt sich hierdurch
die Matrix als die zweckmäßigste Form der Datendarstellung. Es liegt
nahe, auch die Daten aller am Prozeß beteiligten Einheiten (Personen,
Materialien, Informationen etc.) mittels Häufigkeitsauszählungen der-
gestalt zusammenzufassen, daß anstelle der Einheiten selbst nur absolute
Häufigkeiten von Einheiten mit identischen Eigenschaften gespeichert
werden ("Makrosimulation"). Zur Darstellung wählt man auch hier konse-
quenterweise die Matrix.

Das Matrixkonzept setzt voraus, daß beim Festlegen von Eigenschaften
nur beschränkt viele verschiedene Werte verwendet werden. Dort, wo die
eben genannte Voraussetzung nicht erfüllt werden kann oder soll, oder
dort, wo nur die Anzahl von Einheiten mit identischen Eigenschaften zu
kennen nicht hinreicht, bietet MAPLIS einige Befehle zur Behandlung
(Lesen, Speichern, Abrufen, Schreiben) einzelner Einheiten und deren Eigenschaften ("Mikrosimulation") an. Es können je nach Bedarf in und demselben Modell beide Simulationsarten vertreten sein.

Die Dimension "Zeit", die sich beispielsweise in der Eigenschaft "Alter"
niederschlägt, muß für MAPLIS gerastert, d.h. auf eine Folge von normalerweise stets größer werdenden Merkmalen abgebildet werden. Dies bedeutet für den Sozial- und Wirtschaftswissenschaftler im allgemeinen keine
Schwierigkeit, weil dessen Längsschnittuntersuchungen (z.B. Volkszählun-
gen oder Wirtschaftsstatistiken) ohnehin auf eine periodische Datener-
fassung ausgelegt sind.

Es ergibt sich nun folgendes Gesamtkonzept für MAPLIS-Modelle: Der Zustand des Systems wird durch eine oder mehrere Matrizen mit absoluten Häufigkeiten ("Bestandsgröße") festgehalten. Die Bedingungen für die Dynamik des Systems beschreiben Matrizen mit - auch bedingten - Wahrscheinlichkeiten ("Übergangsmatrizen"). Übergangswahrscheinlichkeiten können abhängig von der Historie des Systems sein. MAPLIS sieht nämlich als Partnerprogramm SPSS (/1/) vor, mit dem während des Simulierens Wahrscheinlichkeiten neu bestimmt werden können ("Endogenisierung").

Neben der endogenen Änderung von Daten sind auch interaktive Eingriffe von außen ("exogen") durch den Anwender vorgesehen. Zweck der Interaktion kann sein, den Transfer auch größerer Datenmengen in das System hinein oder aus ihm heraus zu veranlassen, gezielt nur einzelne Werte zu ersetzen, sowie darüber hinaus das Modell selbst zu ändern. Letzteres ist m.E. eine der wichtigsten Voraussetzungen für jede Form von Planspiel mit dem Rechner. Denn da reicht es normalerweise nicht, nur Modellparameter modifizieren zu können, sonder man muß auch die Modellstruktur im Laufe der Simulation ggf. neu auftretenden Situationen anpassen können, es sei denn, man besäße ein Modell mit einer für alle Zeiten allgemein gültigen Struktur.

Abgesehen davon hatte das Erfüllen der Forderung nach Interaktionsmöglichkeiten sowohl beim Modellbilden wie auch beim Modellbetrieb bei den bislang nach diesem Konzept durchgeführten Projekten zur Folge, daß die *Nachvollziehbarkeit der Strukturen des Modells* und der Rechenläufe damit erleichtert wurde, womit die *Akzeptanz der Ergebnisse* beachtlich anstieg, und daß der *Einstieg in die Simulationstechnik* auch für Anwender, die noch keine Erfahrung im Bereich der Statistik und der Datenverarbeitung hatten, stark vereinfacht wurde.

Ein Beispiel

Das folgende Beispiel zeigt den Dialog mit dem Rechner, in dem für ein ganz einfaches Schülerdurchflußmodell Variablen erklärt werden und der Schülerbestand um ein Schuljahr fortgeschrieben wird. Das Modell ist ein Makromodell, es ist periodenorientiert und verfügt über verschiedene Aggregationsniveaus. Der Begriff "Makromodell" soll zum Ausdruck bringen, daß nicht etwa einzelne Personen beobachtet werden, sondern stets mehr oder minder große Gruppen mit identischen Eigenschaften (z.B. "besucht die 5. Jahrgangsstufe der Hauptschule"). Von jeder Gruppe ist bekannt,

wieviele Personen sich darin befinden. Das Modell ist auf Hochrechnungen
ausgelegt, deshalb wird der Einfachheit halber (nicht wegen der Definition der Sprache MAPLIS) vereinbart, daß Rückgriffe nur über volle
(Schul-)jahre hinweg stattfinden dürfen.

Um das jeweilige Aggregationsniveau von Variablen (d.i. die Dimensiona-
lität der Matrizen) zu definieren, benötigt man "Indizes", wobei jeder
von ihnen einen verschieden großen Wertevorrat haben kann. Beispielsweise enthält im vorliegenden Modell der Index "Wiederholer-Erfolgreiche"
(WE) die Werte 1 für "Klassenziel nicht erreicht" und 2 für "Klassenziel erreicht". Der Index "Klassenbezeichnung" (KL) nimmt die Werte
1 bis 4 für "1. bis 4. Jahrgangsstufe Grundschule", die Werte 5 bis 1o
für "5. bis 1o. Jahrgangsstufe Gymnasium", usw. an.

```
Run name        Schülerdurchfluß simulieren
Comment         nachfolgend Deklarationen der Dimensionen (Indizes)
                und darauf basierend der Variablen
N of values     WE(2), KL(25), UE(45)
Value labels    WE (1) Klassenziel nicht erreicht (2) erfolgreich /
                KL (1)  1. Jgst. Grundschule
                   (2)  2. Jgst. Grundschule
                   (3)  3. Jgst. Grundschule
                   (4)  4. Jgst. Grundschule
                   (5)  5. Jgst. Gymnasium
                   ...
                   (1o) 1o. Jgst. Gymnasium
                   (11) 5. Jgst. Hauptschule
                   ...
                   (22) Abschlüsse an der Realschule
                   (23) Abschlüsse an der Hauptschule
                   (24) Mittlere Reife am Gymnasium
                   (25) Abgänge-Wegzüge
```

Auf der Grundlage dieser Indexdeklarationen können nun Variablen deklariert werden:

```
Variable list  SY, SZA (KL),
               S (KL), E, SWE (KL by WE),
               SW, SE (KL),
               Q, DPXZA, SXZA, APXZA (UE)
```

Var labels   SY Zuziehende Schüler /

        SZA Vorrückende bzw. übertretende Schüler /

        S Schüler insgesamt /

        E Erfolgswahrscheinlichkeit /

        SWE Nach Erfolg getrennte Schüler /

        SW Wiederholende Schüler /

        SE Erfolgreiche Schüler /

        Q Übertrittswahrscheinlichkeit /

        DPXZA Herkunftsmerkmal nach Übertrittsart /

        SXZA Schüler nach Pbertrittsart getrennt /

        APXZA Zielmerkmal nach Ubertrittart /

Comment   Nachfolgend Deklaration des Modells

Add model   SDFSIM Schülderdurchfluß-Simulationsmodell

Document   Vorgehensweise: Schüler verteilen auf Vorrückende und

        Wiederholende, Vorrückende verteilen entsprechend der

        Übertrittsart, Zusammenführen zu neuen Klassenver-

        bänden und Hinzufügen der Wiederholer.

Wenn eine Unterscheidung, beispielsweise die zwischen "Wiederholern-Er-
folgreichen" (WE) nicht benötigt würde, zählte man zugehörige Werte einfach zusammen. Dieser Vorgang heißt "Aggregation". Hier ist zunächst der
umgekehrte des Aufteilens, der "Disaggregation" nötig. Es wird vom Bestand "Schüler insgesamt" (S) ausgegangen, der bereits nach "Klassenbezeichnung" (KL) differenziert ist. So enthält beispielsweise das Element
S(1) die Anzahl von Erstkläßlern im System. Daraus errechnet sich der
disaggregierte Bestand "Nach Erfolg getrennte Schüler" (SWE), in dem
zwischen Wiederholern und Erfolgreichen unterschieden wird. So enthält
SWE(1,1) die Anzahl der Wiederholer unter den Erstkläßlern. Der entsprechende Befehl, der allerdings erst dann ausgeführt wird, wenn das
Modell laufen gelassen wird, heißt:

Disaggregate Result = SWE Source = S Distribution = E

Beim Disaggregieren kann man verschiedene Methoden anwenden: Einfache
Multiplikation: ganzzahlige Werte mit den entsprechenden Wahrscheinlich-
keiten multiplizieren und i.a. gebrochene Werte erzeugen (einfachste
Methode). Anschließendes Runden ist möglich, Ergebnisse mit geringen
Wahrscheinlichkeiten werden systematisch weggerundet. *Monte-Carlo-Me-
thode*: nach Wahrscheinlichkeit ganzzahlige Werte erzeugen. *Modifizierte
Monte-Carlo-Methode*: entsprechend der vorigen, jedoch mit dem Ziel, ei-
ner vorgegebenen Verteilung möglichst nahe zu kommen.

Da für die weitere Behandlung der Schüler gemäß ihrer Karriereentscheidungen nur noch die erfolgreichen Schüler (SE) einbezogen werden, trennt man sie von den Wiederholern:

```
Compute          SE = sub (SWE,2)
Compute          SW = sub (SWE,1)
Comment          Wiederholer werden erst später wieder gebraucht, nun
                 entsprechend Übertrittswahrscheinlichkeiten auf die
                 verschiedenen Alternativen verteilen
Disaggregate     Result = SXZA Source = SE Distribution = Q
                 Permutation = DPXZA
```

Die Spezifikation von "Herkunftsmerkmal nach Übertrittsart" (DPXZA) zeigt an, daß bei dieser Disaggregation nicht eine neue Dimension hinzukommt, sondern daß an die Stelle der Differenzierung nach "Klassenbezeichnung" (KL) die nach "Übertrittsalternative" (UE) tritt. Rechnerisch wird hierbei wie folgt vorgegangen: Für alle Übertrittsalternativen i, für die DPXZA(i) den Wert 1 enthält, wird der Bestand SE(1) gemäß der Wahrscheinlichkeit Q(i) auf SXZA(i) verteilt. Desgleichen wird mit dem übrigen Wertevorrat von KL verfahren, um so die Bestände SE(2) bis SE(25) zu verteilen. Die folgende Aggregation faßt die Schüler verschiedener Übertrittsarten nun wieder zu Klassen zusammen. Ähnlich dem Obigen wird der Rechner im Bestand SZA(1) die Summe aller jener SXZA(i) bilden, für die APXZA(i) den Wert 1 enthält. Desgleichen werden die Bestände SZA(2) bis SZA(25) berechnet. Schließlich werden noch die Wiederholer hinzugenommen und die Deklaration des Modells beendet, womit ein Test starten kann:

```
Aggregate        Result = SZA Source = SXZA Permutation = APXZA
Compute          S = SW + SZA
End model
Run model        SDFSIM Seqnum = 1982 Entry
```

*** MESSAGE: MODEL SDFSIM, PERIOD 1982, INTERRUPT AT ENTRY ***

```
Read data        S, E, Q, DPXZA, APXZA
1082,1095,1109,1154,353,368,371,366,369,365,971,997,771,766,737,
351,410,422,393/
```

*** WARNING: VARIABLE S   INCOMPLETE DATA ***

```
.04,.03,2*.02,.04,.07,.14,.14,.15,.12,5*.01,.04,2*.16,.08,6*0,
.96,.97,2*.98,.96,.93,.86,.86,.85,.88,5*.99,.96,2*.84,.92,6*0/
```

*** MESSAGE: VARIABLE E   DATA ACCEPTED ***

```
.030,.970, .005,.995, .005,.995, .005,.235,.760,
.028,.069,.903, .02,.05,.93, .03,.97, .03,.97, .01,.99, .01,.99,
```

```
.003,.051,.946, .002,.237,.761, .017,.072,.911, .093,.907, .01,.99,
.001,.999, .025,.975, .007,.993, .055,.945/
*** MESSAGE: VARIABLE Q      DATA ACCEPTED ***
2*1, 2*2, 2*3, 3*4, 3*5, 3*6, 2*7, 2*8, 2*9, 2*10, 3*11, 3*12, 3*13,
2*14, 2*15, 2*16, 2*17, 2*18, 2*19/
*** MESSAGE: VARIABLE DPXZA  DATA ACCEPTED ***
25,2, 25,3, 25,4, 25,5,11, 25,12,6, 25,16,7, 25,8, 25,9, 25,10, 25,
24, 25,5,12, 25,16,13, 25,16,14, 25,15, 25,23, 25,17, 25,18, 25,19,
25,22/
*** MESSAGE: VARIABLE APXZA  DATA ACCEPTED ***
Continue       Return
*** MESSAGE: MODEL SDFSIM, PERIOD 1982, INTERRUPT AT RETURN ***
Print          SZA

-->KL
+--------+
I SZA   I
+--------+
   1        2        3        4        5        6        7        8
+-------+-------+-------+-------+-------+-------+-------+-------+
I    0. I 1008. I 1057. I 1081. I  315. I  306. I  318. I  309. I
+-------+-------+-------+-------+-------+-------+-------+-------+
   9       10       11       12       13       14       15       16
+-------+-------+-------+-------+-------+-------+-------+-------+
I  305. I  313. I  859. I  933. I  751. I  695. I  688. I  306. I
+-------+-------+-------+-------+-------+-------+-------+-------+
  17       18       19       20       21       22       23       24
+-------+-------+-------+-------+-------+-------+-------+-------+
I  337. I  336. I  352. I    0. I    0. I  342. I  727. I  321. I
+-------+-------+-------+-------+-------+-------+-------+-------+
  25
+-------+
I  206. I
+-------+

Stop
*** MESSAGE: MODEL SDFSIM, PERIOD 1982, STOP AT RETURN ***
Finish
```

Bei der ausgedruckten Tabelle ist zu beobachten, daß mit dem Modell und
den Eingaben das erwartete Ergebnis erzielt wurde: Die Schüler sind nun
um eine Klasse vorgerückt, es wurden in den Eingangsjahrgangsstufen der
weiterführenden Schularten (Gymnasium: SZA(5), Realschule: SZA(16)) Klassen gebildet und Abgängerzahlen berechnet. Besonders bemerkenswert ist,
daß das Herzstück dieses Modells, nämlich das Wegenetz der Übergangsmög-
lichkeiten, erst zur Laufzeit durch Besetzen der Werte der (Permutations-
vektoren DPXZA und APXZA definiert wird. Vergleichbares findet man in
traditionellen Simulationssprachen nicht: Auch Berechnungen können auf
die endogene Modifikation der Modell*struktur* abzielen. Ergebnisse von

während des Rechenlaufes durchgeführten Sortierungen und Kategorisierungen beispielsweise können Grundlage für Vorschriften zum Teilen, Zusammenfassen, Vertauschen und Transformieren von Daten sein.

Stand der Entwicklung

Es existiert derzeit noch kein geschlossener Übersetzer/Interpreter. Das Konzept zu MAPLIS stammt aus der Mitte der 70-er Jahre, so daß es inzwischen gelang, Schritt für Schritt Auftraggeber für Tests in verschiedenen Teilbereichen zu finden. Beispielsweise war dies im Teilbereich Mikrosimulation ein Bildunsforschungsinstitut in München (Projekt MICSIM (/2/)), im Teilbereich Verrechnen von Matrizen und Modellerstellung sowie -durchführung im Dialog die Stadt München (Projekt MIPROS (/3/)). Die entsprechende Software ist in FORTRAN generiert und auf byteorientierten Rechnern der Hersteller DIGITAL (Typen VAX und PDP), IBM und AMDAHL sowie SIEMENS, außerdem auf dem wortorientierten (Vektor-)rechner CRAY-1 implementiert.

Literaturangaben

(/1/) Nie N.H., et al.; SPSS Statistical Package for the Social Sciences; New York; McGraw-Hill; 1978

(/2/) Tettweiler W.; Einführung in das Rechnungsprogramm MACSIM/MICSIM zur Simulation des Schulaufbaus in Bayern; München; Staatsinstitut für Bildungsforschung und Bildungsplanung; 1979

(/3/) Tettweiler W.; Simulationsprogramm zur Prognose der kleinräumigen Bevölkerungsentwicklung MIPROS 470; München; Referat für Stadtplanung der Landeshauptstadt München; 1980

<u>Mehrrechnersysteme zur Simulation</u>

o. Prof. Dr.-Ing. W. Ameling
Direktor des Rogowski-Instituts für Elektrotechnik RWTH Aachen
Lehrstuhl für Allgemeine Elektrotechnik und Datenverarbeitungssysteme
Rheinisch-Westfälische Technische Hochschule Aachen
Schinkelstraße 2, 5100 Aachen

Die Aufgabe aller Rechenautomaten war stets die Abwicklung umfangreicher Rechenpläne mit hinreichender Genauigkeit. Häufig, und dies trifft insbesondere bei der Echtzeitsimulation zu, können die Probleme nicht in der gewünschten Zeit bewältigt werden. Durch diesen Zwang zur Parallelarbeit ergeben sich neue Strukturen der Rechnerarchitektur. Parallelität von Aktionen in Teilsystemen kann bestmöglich durch parallelorientierte Einrichtungen, z.B. Recheneinheiten, oder aber durch Parallelarbeit unterstützende Rechnerstrukturen erreicht werden.

Die Struktur und Organisation von Multiprozessorsystemen richtet sich nach der Verkettung einzelner Aufgaben, der Zuweisung von Prozessoren, der Kommunikation zwischen den Prozessoren und der Kontrolle der Betriebsmittel. Zwei Organisationsformen (SIMD und MIMD) eines an der RWTH Aachen entwickelten Mehrrechnersystems werden vorgestellt und die Probleme der Verkopplungsstruktur skizziert. Abschließend werden einige Gedanken und Lösungsmöglichkeiten vorgetragen, die zeigen, in welcher Richtung zukünftige Mehrrechnerentwicklungen gehen werden, damit eine möglichst große Parallelität erreicht wird.

Als Beurteilungskriterium werden Begriffe der Graphentheorie eingeführt und für unterschiedliche Rechnerstrukturen werden die Abhängigkeit der relativen Ausführungszeit und der Datenaustauschzeit als Funktion der Anzahl der Knoten und der Transferwahrscheinlichkeit p_D angegeben. Die relative Ausführungszeit kann als Maß für die Effektivität der Rechnerstruktur angesehen werden.

1. Einleitung und Überblick

In den letzten Jahrzehnten wurden in vielen Wissenschaftsbereichen durch die Entwicklung unterschiedlicher Rechnertypen auch für den Einsatz der Simulation als Untersuchungsverfahren bei technischen Aufgaben große Fortschritte gemacht. Häufig, und dies trifft besonders oft bei der Simulation zu, sind jedoch die Probleme derart umfangreich, daß diese in der gewünschten Zeit nicht bewältigt werden können oder für die Aufgabenstellung ist die Lösung nur dann interessant, wenn das Ergebnis nach kurzer Zeit vorliegt. Hieraus erkennen wir, daß ein Zwang zur Parallelarbeit auch neue Strukturen der Rechnerarchitektur erfordert.

Das Verhalten zahlreicher technischer und physikalischer Systeme wird durch physikalische Gesetze beschrieben. Diese Gesetze verdeutlichen, daß beobachtbare Ausgangsgrößen als Funktion unabhängiger Eingangsgrößen angesehen werden können. Als mathematische Zusammenhänge ergeben sich lineare oder nichtlineare Gleichungen bzw. Differentialgleichungen.

Vielfach ist auch eine Darstellung in Blockdiagrammen oder Signalfluß-
diagrammen üblich, wobei in den Diagrammen die Zusammenhänge zwischen
Ursache und Wirkung anschaulich graphisch dargestellt werden. Hat man
auf Grund von Beobachtungen und Messungen als Ergebnis der Untersuchung eines Systems die mathematische Beschreibung des Systemverhaltens gewonnen, so hat man damit bereits das "mathematische Modell" des
Systems erhalten. Die Modellierung und darauf aufbauend die Simulation
sind heute die wichtigsten Verfahren von Systemuntersuchungen.

Der Begriff Modell hat sowohl die Bedeutung Abbild als auch Repräsen-
tation des Originalsystems. Da Modelle vielfach nur unter Einschränkungen auf bestimmte Operationen dem Original zugeordnet werden, werden auch nicht alle Eigenschaften des Originals repräsentiert. Vorteil
ist jedoch, daß die Untersuchung des Modells vielfach einfacher, schneller und systematischer durchgeführt werden kann als die Untersuchung
des realen Systems.

Ein ingenieurmäßiger Ansatz bei der Beschreibung komplexer Systeme besteht in einer geschickten Aufteilung in Teilsysteme, wobei jedes einzelne Teilsystem durch mathematische Beziehungen beschrieben wird.

Das Problem der Systemsimulation und damit der Teilsystemsimulation
hängt nun in starker Weise mit der Möglichkeit der Paralleverarbeitung
zusammen. Ist man in der Lage, alle Teilsysteme zu simulieren, dann beschreibt das Modell auch das Verhalten des gesamten Systems. Wir erkennen somit: Die Parallelität von Aktionen in den Teilsystemen und der
Teilsysteme untereinander kann deshalb bestmöglich durch parallelorientierte Einrichtungen, z.B. Komponenten, Recheneinheiten oder aber durch
Parallelarbeit unterstützende Rechnerstrukturen erreicht werden.

Führen wir jetzt die Analyse des Systemverhaltens durch, so haben wir
folgende Möglichkeiten:

- o analytische Berechnung und Auswertung
- o experimentelle Behandlung am Modell (Ähnlichkeitsgesetze usw.)
- o Simulation des mathematischen Modells mit Hilfe von Rechnern.

Die letzte Methode ist bei umfangreichen Systemen in der Regel die zeit-
und kostengünstigste Methode, insbesondere bei dynamischen Problemen.

Als technische Möglichkeiten zur Simulation dynamischer Systeme stehen
uns jetzt folgende Rechnertypen zur Verfügung:

- o Analogrechner
- o Einprozessorsysteme
- o Hybridrechner

o   Digitale Integrieranlagen

o   Mehrprozessorsysteme

Beim Analogrechner, beim Hybridrechner, bei der digitalen Integrieranlage und bei Mehrprozessoranlagen entsprechen den Teilsystemen Komponenten des Rechners, wobei volle Parallelität gegeben ist.

Führen wir die Simulation im weiteren jetzt mit Rechnern durch, so
treten noch folgende Problemkreise auf, die stets getrennt bedacht
werden müssen:

o   Problembeschreibung

o   Ermittlung des mathematischen Modells

o   Entscheidung für die Simulationsart

o   Überprüfung des Simulationsmodells

o   Durchführung und Auswertung der Simulation

Für einen Parallelbetrieb stehen beim Analogrechner spezialisierte Rechenelemente (Integratoren, Summierer, Multiplizierer, Funktionsgeneratoren) zur Verfügung. Diese erlauben hohe Simulationsgeschwindigkei-
ten bei geringen Kosten. Aus technischen Gründen sind jedoch die Genauigkeit und die Flexibilität eines Analogrechners nicht beliebig hoch
zu treiben. Diese Mängel kann im Prinzip ein Digitalrechner mit fast
beliebig erreichbarer Genauigkeit durch seine Eigenschaft der Program-
mierbarkeit, bei gewünschter Wortlänge, kompensieren. Es ist jedoch bekannt, daß dieser Vorteil durch eine verlangsamte Simulationsgeschwindigkeit erkauft wird.

Die Begrenzung des Analogrechners einerseits und die Vorteile des Digitalrechners andererseits führten zu sogenannten Hybridrechnern, in
denen die Vorteile beider Rechnertypen voll zum Tragen kommen.

Besonders in Anwendungen, in denen repetierende Vorgänge schnell bei
hoher Genauigkeit ausgeführt werden müssen, erweist sich die digitale
Integrieranlage (Digital Differential Analyzer (DDA)) als ein angemes-
senes Instrument.

Die Struktur konventioneller digitaler Integrieranlagen ist der von
Analogrechnern gleich. Eine digitale Integrieranlage besteht aus einer
großen Anzahl von einzelnen Rechenelementen und Funktionsgeneratoren.
Eine Integrieranlage löst Differentialgleichungen durch digitale Integration. Als besonderer Vorteil erweist sich, daß alle Größen digital
dargestellt sind.

Durch die Diskretisierung des Lösungsablaufs sind auch alle Größen quantifiziert und aufeinanderfolgende Werte von abhängigen Variablen werden durch Addition von Inkrementen zu vorhergehenden Werten gewonnen (Inkrementrechner). Als unabhängige Variable dient ein Inkrement für einen Rechenschritt, so daß durch eine Folge von Rechenschritten die Integration durchgeführt werden kann.

Bedingt durch den diskretisierten Lösungsverlauf, die Quantifizierung der Inkremente, endliche Wortlänge der Register sowie die Näherungsverfahren der Integration entstehen Fehler. Diese Fehler können sich entsprechend der Rechenschaltung fortpflanzen. Art und Ausmaß der Fehlerfortpflanzung sollten bekannt sein, um die von den Integrieranlagen ermittelten Rechenresultate beurteilen zu können.

In einer digitalen Integrieranlage kann echte Parallelverarbeitung stattfinden. Entsprechend der internen Struktur des Rechners wird zwischen folgenden Verarbeitungsstrukturen unterschieden:

1. <u>Parallel-parallel</u>
   In jedem Rechenelement sind die Register und die elementaren Recheneinheiten parallel organisiert. Ebenso ist die Datenübertragung zwischen allen Rechenelementen parallel.

2. <u>Seriell-parallel</u>
   Die einzelnen Rechenelemente bestehen aus Schieberegistern und die Verarbeitung in ihnen geschieht in serieller Art und Weise. Datenverbindungen zwischen den Rechenelementen sind parallel.

3. <u>Parallel-seriell</u>
   In den Rechenelementen findet eine parallele Verarbeitung statt und der Datentransfer ist seriell organisiert.

4. <u>Seriell-seriell</u>
   Systemelemente und Datentransfer sind seriell organisiert.

Mit den heute zur Verfügung stehenden Mitteln ist es möglich, ein Element aufzubauen, das alle genannten Rechenfunktionen (Integration, Addition, Konstanten-Multiplikation, Shiften) in sich vereinigt.

Bild 1 zeigt eine Struktur, die für die "large scale Integration" geeignet ist. Bei näherem Hinsehen erkennt man durchaus Elemente, die auch in den heute üblichen Mikroprozessoren anzutreffen sind. Die gewünschte Struktur wird erhalten durch Mikroprogrammierung.

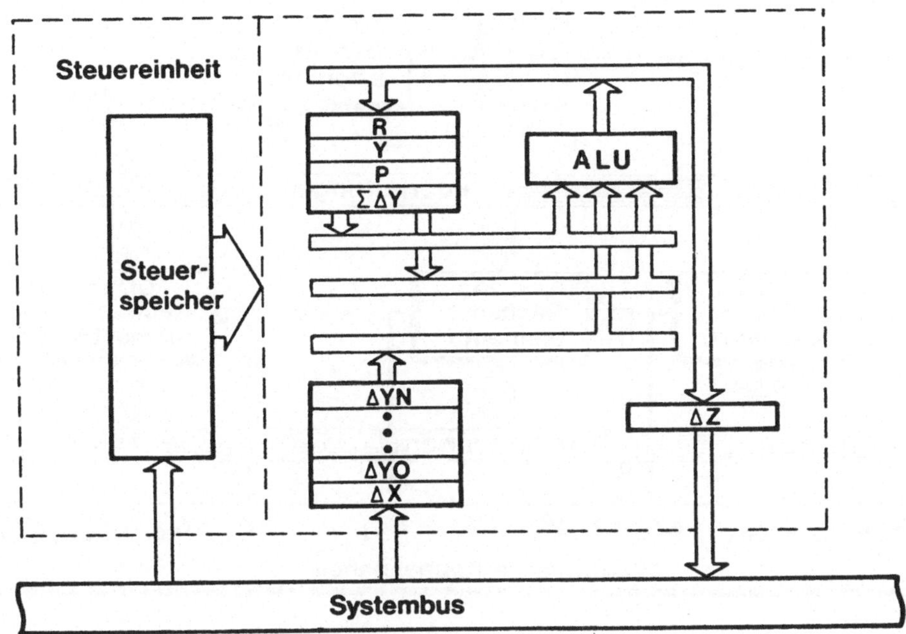

<u>Bild 1</u>: Universelles Rechenelement

Bezüglich der Rechengenauigkeit kann man in solchen Rechenelementen
ebenfalls mehrere Quadraturformeln bereitstellen und in Fällen, in denen der Rundungsfehler besonders signifikant ist, könnte man die Mikro-
programme so erstellen, daß sowohl Festpunkt- als auch Gleitpunktopera-
tionen durchgeführt werden können.

Entsprechend der grundlegenden Wirkungsweise einer digitalen Integrieranlage muß die Ausgangsinformation des einen Elementes als Ein-
gangsinformation anderer Elementen zur Verfügung gestellt werden.
Für diese Aufgabe ist ein Verbindungsnetzwerk nötig.

In einfachen Integrieranlagen wird die Verbindung durch Drahtbrücken
hergestellt. Da aber schon alle Funktionen des Systems digitalisiert
sind, ist auch ein informatorisches Verbindungsnetzwerk denkbar. Die
Konfiguration zeigt das Bild 2.

Die Konfiguration wird durch das Problem selbst bestimmt. Zum Finden der notwendigen Verbindung, z.B. für ein System von Differentialgleichungen, kann ein separater konventioneller Rechner verwendet werden (Bild 3). Das zu lösende Problem würde in einer problemorientierten Sprache dem Compiler dieses Rechners angeboten werden, der entsprechend den Quell- und Zieladressen der Rechenelemente der Integrieranlage eine optimale Verbindungsstruktur ermittelt.

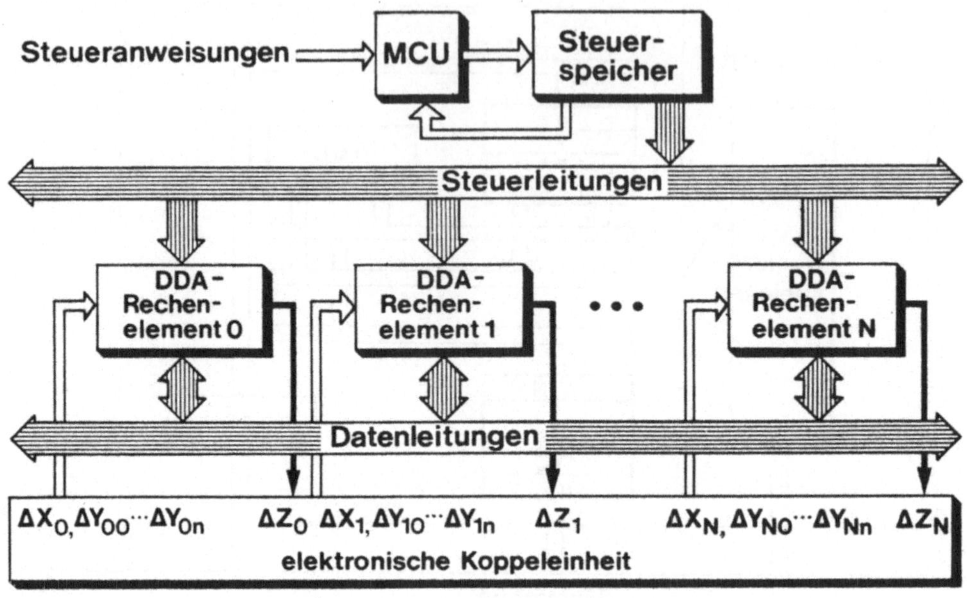

Bild 2 Parallel arbeitende Digitale Integrieranlage

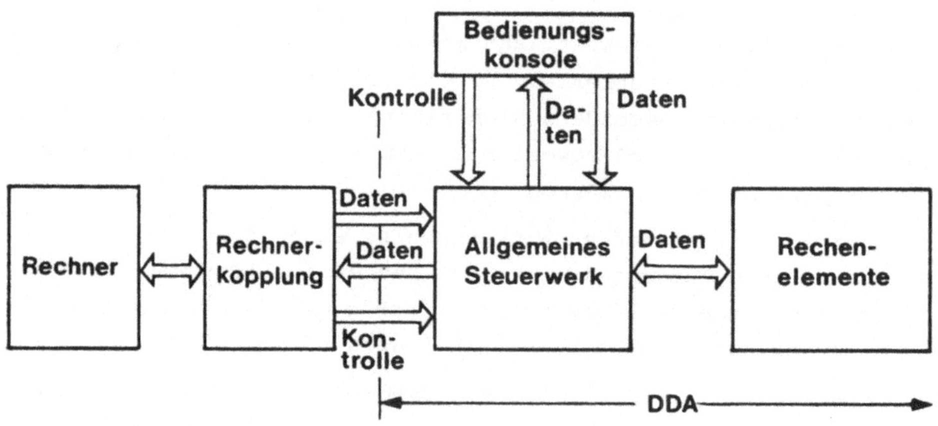

Bild 3 Gesamtsystem mit DDA und Digitalrechner

Eine digitale Integrieranlage kann grundsätzlich angewendet werden auf Probleme, die sich reduzieren lassen auf Lösungen von äquivalenten Differentialgleichungen. Typische Anwendungsbeispiele sind Untersuchungen im Bereich der Raumfahrt und der Luftfahrt und hier insbesondere bei Echtzeit-Simulationen.

Derartige Hybridsysteme erweitern demnach den Anwendungsbereich digitaler Integrieranlagen erheblich, so daß auch diskretwertige und kombinierte kontinuierliche Simulationen vorgenommen werden können.

2. Mehrrechnersysteme zur Simulation

Die Beherrschung der "large scale integration" führte zu Mikroprozessoren und ihr Preis-/Leistungs-Verhalten stimulierte die Entwicklung von
Multi-Mikroprozessorsystemen. Im Vergleich zu konventionellen Digitalrechnern könnten diese Mehrrechnersysteme folgende Vorteile aufweisen:

1. Hoher Durchsatz,
2. verbesserte Echtzeit-Reaktionen,
3. modulare Erweiterung,
4. hohe Verfügbarkeit,
5. Zuverlässigkeit.

Der große Nachteil der heute auf dem Markt angebotenen Mehrrechnersysteme ist jedoch, daß es bis zum gegenwärtigen Zeitpunkt kein einheitliches Verfahren zur Implementierung eines Simulationsmodells gibt.
Der Grund hierfür ist, daß es gegenwärtig noch keine wohldefinierten
Entwicklungstechniken für Struktur und Organisation von Multiprozessorsystemen gibt. Die zwei wichtigsten Organisationsformen von Multiprozessorsystemen (Definition nach Flynn) sind:

1. single instruction multiple data (SIMD),
2. multiple instruction multiple data (MIMD) Organisation.

Die SIMD-Struktur besitzt eine einzige Steuereinheit; diese dekodiert
Instruktionen und versorgt die einzelnen Rechnereinheiten mit der identischen Anweisung (Bild 4). In der Praxis haben sich zu dieser Struktur zwei verschiedene Formen entwickelt:

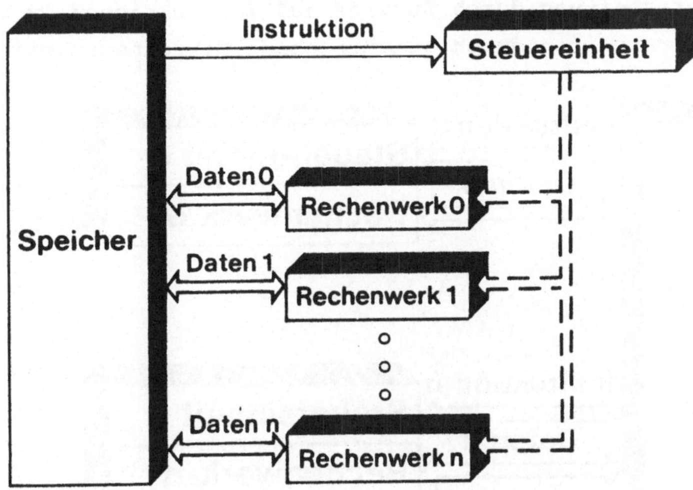

Bild 4: Mehrrechnersystem mit SIMD-Organisation

1. Feldrechner:

    Eine Instruktion wirkt auf Vektoren oder Ketten von Daten gleich-
    zeitig, zum Beispiel ILLIAC IV, WISPAC .

2. Rechner-Ensembles:

    Als Kontrolleinheit dient ein vollständiger Rechner und die ein-
    zelnen Rechenelemente kommunizieren miteinander durch Meldungs-
    austausch (z.B. PEPE für Flugüberwachung, Radartracking).

Von diesen vorgestellten Systemen hat sich der Feldrechner aus Kostengründen durchgesetzt. Der Vorteil dieses Rechners ist ein großer Durchsatz, der durch die parallele Ausführung von Operationen an verschiedenen Datenströmen gewonnen wird. Um den notwendigen Grad an Paralle-
lismus zu gewinnen, sollte ein Feldrechner folgende Merkmale aufweisen:

- Rechenoperationen müssen als Vektoroperationen beschrieben
  werden können,

- zwischen den einzelnen Prozessorelementen muß ein schneller
  Datenweg vorhanden sein,

- Operanden, die parallel manipuliert werden sollen, müssen
  simultan zugänglich sein.

Feldrechner werden gegenwärtig eingesetzt zur Lösung von partiellen Differentialgleichungen, Matrix-Manipulationen, Netzwerkproblemen, Wettervorhersagen, Luftfahrtkontrollen und Radarsignalverarbeitungsproblemen.

Als Prozeß-Rechenelemente dienen vielfach Bit-Slice-Mikroprozessoren.
Vermöge ihrer Mikroprogrammierbarkeit sind anwendungsbezogene Strukturen zu gewinnen. Weitere Merkmale sind eine schnelle Technologie (z.B.
ECL), Pipeline-Verarbeitung durch Zugriff auf Instruktionen im Vorgriff
und überlapptes Verarbeiten durch entsprechende Mikroinstruktionen.

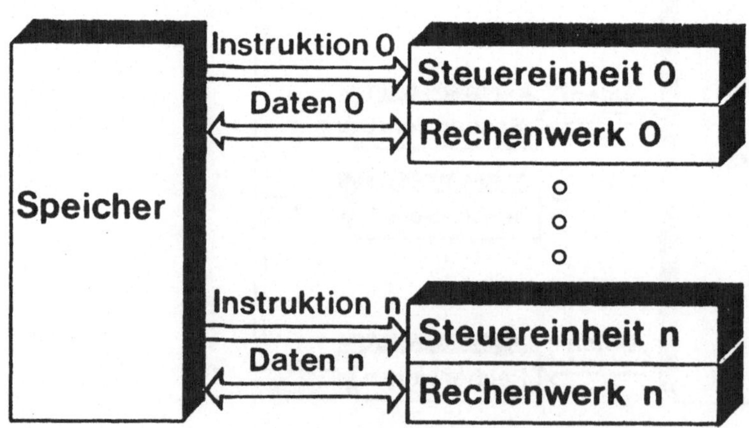

__Bild 5__   Mehrrechnersystem mit MIMD-Organisation

In MIMD-Strukturen (Bild 5) wird die Parallelverarbeitung durch Ausführung unabhängiger Einzelaufgaben mit separaten Daten erzielt. Eine hohe Effizienz wird in dieser Struktur durch eine angepaßte Synchronisation der einzelnen Prozessoren und Zuweisung von einzelnen Aufgaben zu diesen erreicht. Diese Aufgaben sind andersartig als in SIMD-Strukturen, bei denen die Synchronisation automatisch durch die Instruktionsausführung erzwungen wird. Teilklassen von MIMD-Strukturen sind:

- <u>Verteilte Systeme</u>
  Mehrere Prozessoren führen spezielle Aufgaben entsprechend ihrem Leistungsvermögen durch. Dabei können die einzelnen Prozessoren lokal verteilt, z.B. in einem Unternehmen, oder geographisch verteilt (Kommunikations-Netzwerk) sein.

  Der Ablauf einzelner Aufgaben muß bei solchen Strukturen im vorhinein bekannt sein, so daß jeder einzelnen Aufgabe das ihr geeignete Prozessorelement zugewiesen werden kann.

  Diese Aufteilung bedingt eine Sequentierung der Software und eine entsprechende Zuweisung von Variablen und Betriebsmitteln zu den einzelnen Prozessoren. Die à priori-Aufteilung in einzelne Funktionen vermindert den Grad der Flexibilität und gestattet nur eine begrenzte Interaktion, erlaubt aber eine vereinfachte Entwicklung und einen günstig anzulegenden Test der einzelnen Programmsegmente.

  Zur Kommunikation zwischen den einzelnen Prozessoren begnügt man sich in der Regel mit Meldungen über gemeinsame Betriebsmittel.

  Verteilte Systeme haben einige Nachteile:
  1) Die System-Last der einzelnen Prozessoren ist nur schwierig zu steuern; dies führt unter Umständen zu einer ineffektiven Ausnützung einzelner Prozessoren oder Betriebsmittel.
  2) Das Versagen eines einzigen Teilsystems kann zu einem Ausfall des gesamten Systems führen.

- <u>Multiprozessorsysteme</u>
  Ein wesentliches Kennzeichen solcher Systeme ist es, daß ein vorhandenes Betriebssystem dynamisch den einzelnen Aufgaben Prozessorbetriebsmittel zuweist. Das Betriebssystem selbst kann auf irgendeinem freien Rechenmodul ablaufen oder es steht hierfür ein Masterprozessor zur Verfügung. Das Aktivieren einzelner Aufgaben bzw. von Prozessoren geschieht durch gemeinsame Betriebsmittel.

  Eine Multiprozessorstruktur ist symmetrisch, wenn alle Prozessoren über identische Fähigkeiten verfügen. Die Struktur ist asymmetrisch, wenn einige Systeme für Spezialaufgaben eingestellt sind. Im weiteren

sollen einige Probleme von Mehrrechnersystemen, wie Konfliktwahr-
scheinlichkeiten und Ausführungszeiten, behandelt werden. Ein typisches Multi-Mikroprozessorsystem zeigt Bild 6.

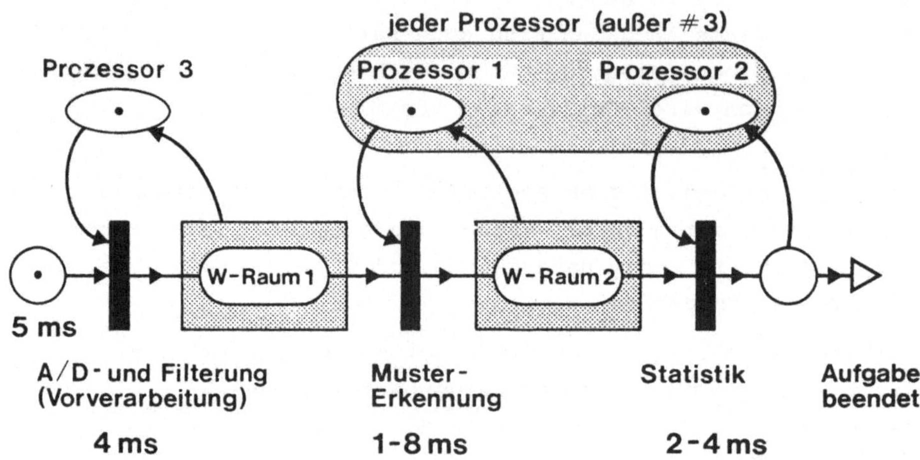

<u>Bild 6</u>: Multi-Mikroprozessorsystem

Es hat eine asymmetrische Struktur, wenngleich in ihm einzelne Elemente
identisch ausgeführt sind. Dieses System ist Teil einer EKG-Arrhythmie-
Detektion und dient zum Studium von Trends bei der Auswertung von EKGs
auf Intensivstationen. Entsprechend der Aufgabe ist eine Verarbeitung
unter Echtzeitbedingungen erforderlich. Hierzu gehört ebenso eine geeignete Signalfilterung zur Eliminierung von Störungen. Solche Strukturen
finet man überall da, wo die Rechenleistung eines Prozessors nicht ausreicht.

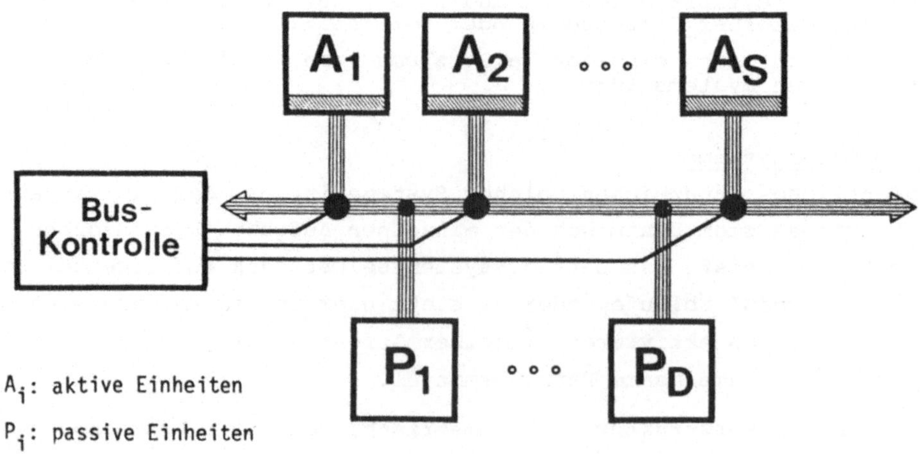

A_i: aktive Einheiten

P_i: passive Einheiten

<u>Bild 7</u> Mehrrechnersystem (gemeinsamer Datenbus)

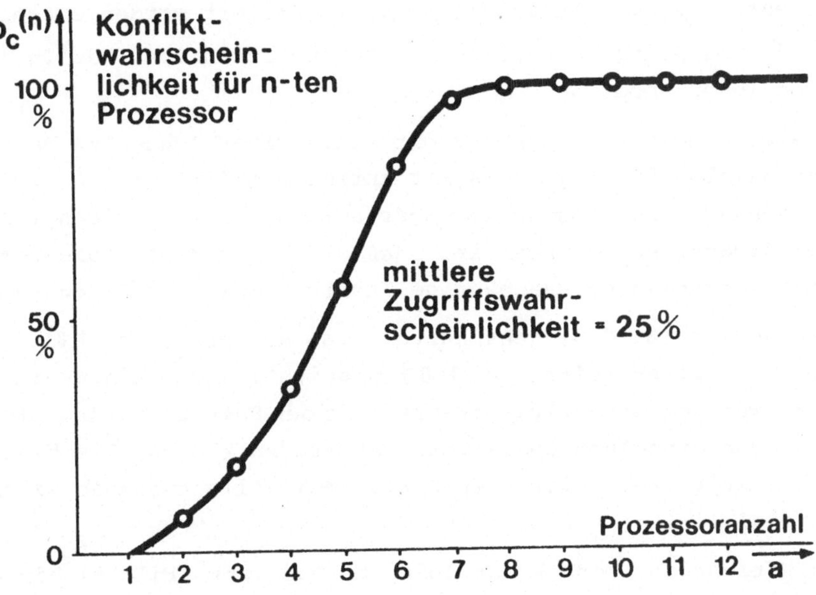

Bild 8: Konfliktwahrscheinlichkeit in Abhängigkeit von der Prozessoranzahl

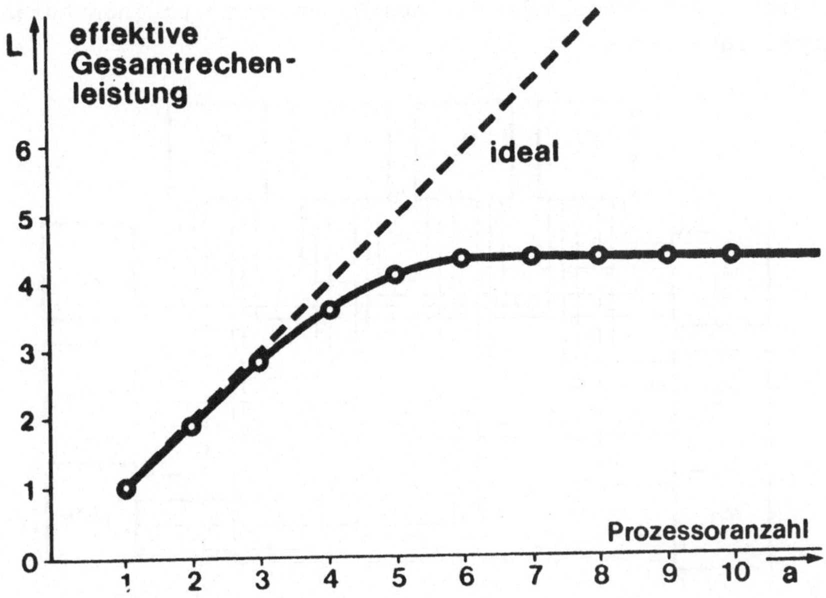

Bild 9: Gesamtrechenleistung als Funktion der Prozessoranzahl

Multiprozessorsysteme können weiter klassifiziert werden entsprechend dem Grad der Kopplung untereinander. Man unterscheidet häufig zwischen fester und loser Kopplung.

Bild 7 zeigt eine feste Kopplung mit Hilfe eines schnellen Datenkanals und eines gemeinsamen Speichers mit kurzer Zugriffszeit. Die Prozessoren arbeiten unter der Kontrolle einer strikten Bus-Zuweisung. Das Merkmal einer derartigen Struktur ist, daß zwei oder mehr Prozessoren zu einer Zeit verschiedene unabhängige Instruktionen ausführen können.

Aus dem Diagramm (Bild 8) geht hervor, daß der Prozessor P1 ungestört, d.h. mit einer Effektivität von 100 % arbeitet. Jeder hinzukommende Prozessor ist weniger effektiv, entsprechend den Buskonflikten, die bei der Ausführung von einzelnen Operationen auftreten können. Die Minderung der Effektivität beschreibt dieses Diagramm. Alle Aussagen sind problemabhängig!

Aussagekräftiger ist jedoch das folgende Diagramm (Bild 9), in dem die effektive Prozessoranzahl der Anzahl der einzelnen Prozessoren gegenübergestellt ist. Dieses Diagramm sollte nicht derart mißverstanden werden, daß Systeme mit mehr als 6 Prozessoren nutzlos sind. Im Gegenteil: Prozessoren mit geringerer Priorität vermögen bei der Rechnung einen bedeutenden Beitrag zur Rechenleistung zu erbringen, wenn höher priorisierte Prozessoren für die Ausführung von einzelnen Aufgaben nicht mehr benötigt werden.

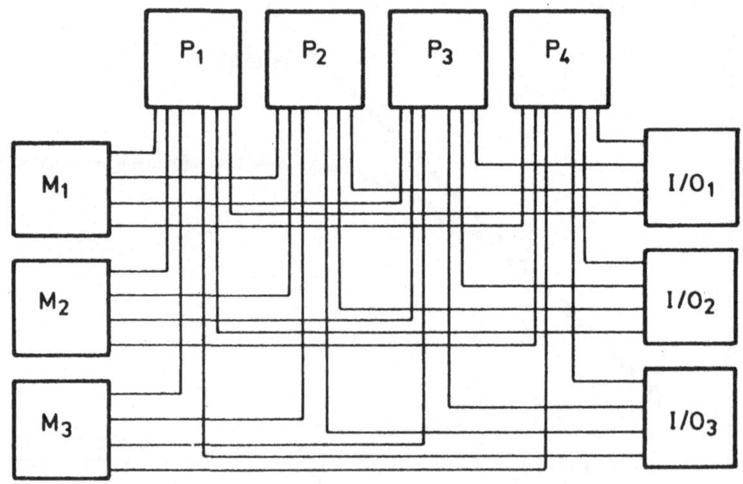

P_i: Prozessor; M_i: Speicher; I/O_i: Ein-/Ausgabe

<u>Bild 10</u>: Multiportsystem

Im Gegensatz zu eng gekoppelten Prozessoren findet bei lose gekoppelten Prozessoren keine Interaktion während der Ausführungsphase einer Instruktion statt. Dagegen können auch lose gekoppelte Systeme durchaus noch über gemeinsame Betriebsmittel, z.B. Speicher, verfügen. Sind mehrere einzelne Module miteinander für eine bestimmte Aufgabe zu verbinden, so charakterisiert das Verbindungsnetzwerk die gesame Rechnerstruktur. Wesentliche Elemente einer Verbindungsstruktur sind gemeinsame Betriebsmittel, gemeinsamer Bus, Multi-Port-Speicher oder Koppelfelder.

Multi-Port-Systeme (Bild 10) erfordern mehrfach nutzbare Busse, für die zur Auflösung von Zugriffskonflikten entsprechende Logik vorhanden sein muß.

Hierarchisch geordnete Rechnerstrukturen können sowohl auf kleinem Raum als auch über große Entferungen aufgebaut werden. Die übersichtliche Darstellungsform (Bild 11) ergibt auch eine einfache Behandlung von Teilsystemen im Rahmen des Gesamtsystems. Das Betriebssystem ist durch den hierarchischen Aufbau auch übersichtlich und leicht ausbaufähig.

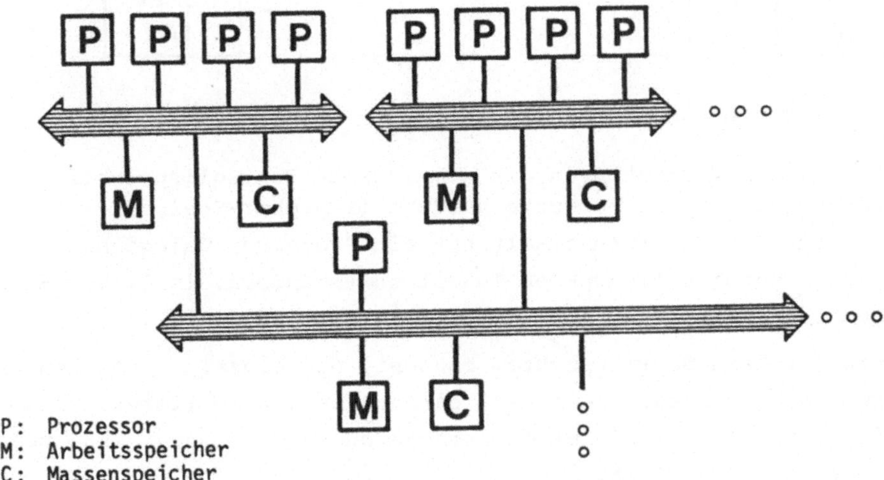

Bild 11: Hierarchisch geordnetes Rechnersystem

Koppelnetzwerke werden manchmal auch als Raum-Multiplexverbindungsstrukturen bezeichnet. Die Probleme hiermit sind aus dem Bereich des Fernmeldewesens bekannt und im einzelnen handelt es sich hierbei um:

- komplexe Verkopplungsstrukturen,
- aufwendige Steuerung,
- großer Raumbedarf,
- begrenzte Zuverlässigkeit.

Im Bild 12 ist ein allgemeines Koppelnetzwerk dargestellt. Bei einem solch aufwendigen System kann praktisch zu jedem gewünschten Zeitpunkt die Rechnerkonfiguration geändert werden.

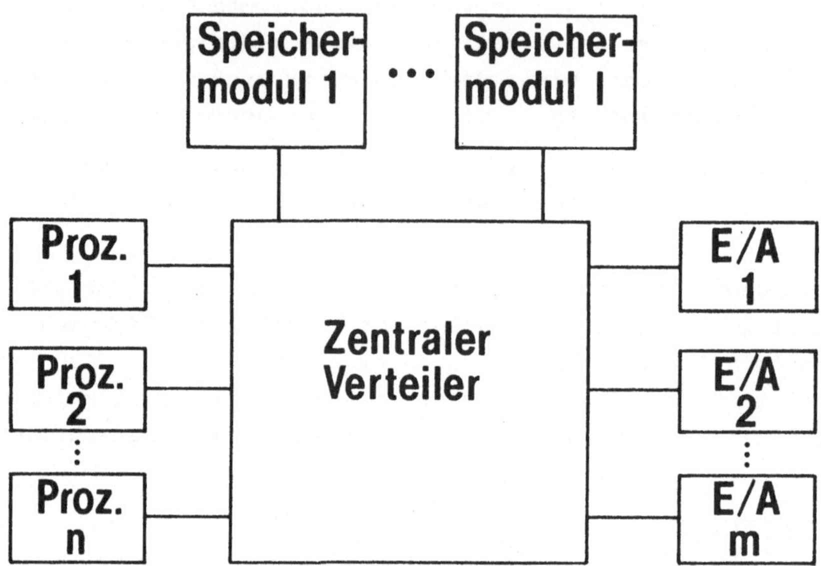

<u>Bild 12</u>: Polymorphe Rechnerstruktur

Weit verbreitet sind Strukturen mit gemeinsamem Kontrollspeicher, der über eingeschränkte Zugriffsrechte verfügt (Semaphor-Speicher). Bei einem Kollektiv von Rechnern erhält nur ein Prozessor Gelegenheit auf jeden Speicher zuzugreifen und den Inhalt zu verändern. In diesem Sinne ist der Semaphoren-Speicher ein ungeteiltes Betriebsmittel.

Gegenwärtig ist kein Betriebssystem bekannt, das einzelne Aufgaben und Prozessoren, d.h. Recheneinheiten,so einfach zu kontrollieren erlaubt, wie das in einer blockorientierten Sprache oder Handhabung, z.B. beim Analogrechner, der Fall ist.

Vielleicht sind Petri-Netze oder angelehnte Netzstrukturen ein Schritt in die gewünschte Richtung. Auch ist noch nicht abzusehen, in welcher Weise data-flow-Schemata die Anwenderschwelle nach unten günstig beeinflussen.

Trotz der Nachteile, die mit den sehr hohen vorbereitenden Aufgaben verbunden sind, haben zahlreiche Realisierungen gezeigt, daß spezielle Parallelrechnersysteme sehr erfolgreich bei der Bearbeitung von Echtzeitaufgaben und bei der Simulation eingesetzt werden können.

3. Architektur des M5PS-Systems

Die Architektur des in Aachen an meinem Institut entwickelten M5PS-Systems (Modulares Multi-Mode-Multi-Mikro-Prozessor-System) zeigt Bild 13. Grundbaustein des Systems ist das Prozessormodul mit einem 8-bit-Mikroprozessor (ZILOG Z80) und privatem Speicher (2 K Byte RAM, 2 K Byte PROM). Über den privaten Bus kann Peripherie sowie weiterer Speicher angeschlossen werden. Bis zu acht dieser Module können im Zeitmultiplex-Verfahren mit festen Zeitscheiben (500 ns) über einen gemeinsamen Bus auf gemeinsame Speicher und gemeinsame Peripherie zugreifen und bilden so ein Teilsystem. Alle Befehle bestehen aus mehreren Zeitscheiben (4 bis 21), in denen entweder intern gearbeitet oder auf einen Bus zugegriffen wird. Zugriffe auf den gemeinsamen Bus werden von einer Kontrolleinheit verwaltet. Die Kontrolleinheit kann auf verschiedene Strategien (feste Prioritäten, Round Robin, zugriffsabhängig) programmiert werden.

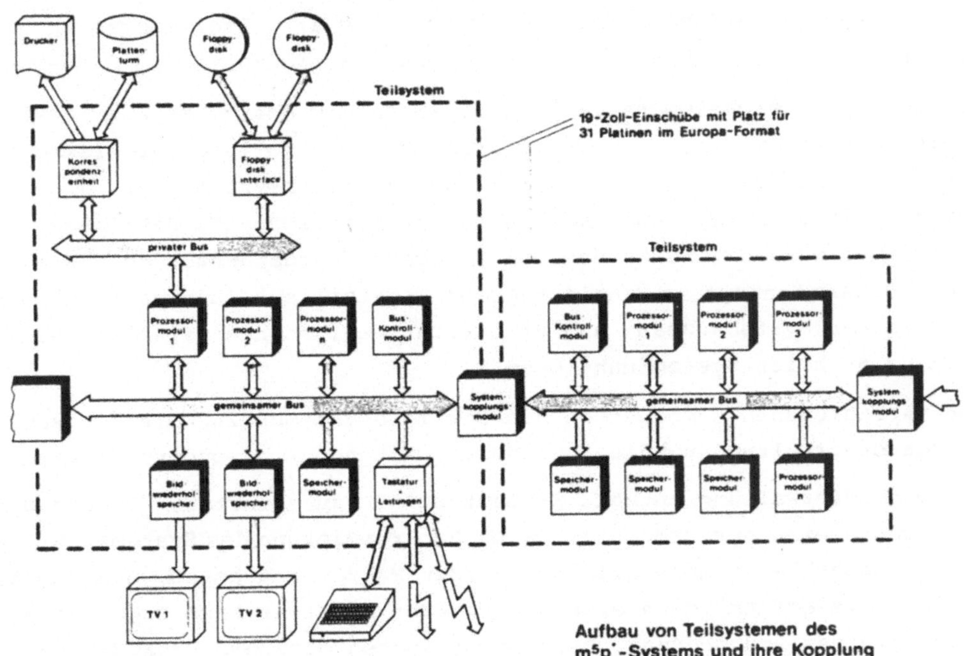

Aufbau von Teilsystemen des m⁵p'-Systems und ihre Kopplung

Bild 13: M5PS-Struktur

Zur Adressierung des gemeinsamen Speichers steht jedem Prozessor ein Memory-Management-Modul zur Verfügung. Dieses realisiert ein Paging des gemeinsamen Speichers in Seiten von 1 K Byte Länge und erweitert den Adreßraum des Z80-Prozessors von 64 K Byte auf 1 M Byte.

Bisher sind mehrere dieser Teilsysteme realisiert und eingesetzt. Das Konzept des M5PS-Systems sieht darüber hinaus die Vermaschung solcher Teilsysteme zum eigentlichen System vor. Das dazu notwendige Systemkopplungsmodul wird zur Zeit entwickelt. Im folgenden soll jedoch stets nur ein Teilsystem betrachtet werden.

Ein Teilsystem kann in zwei unterschiedlichen Betriebsarten genutzt werden:

- Im MIMD-Mode bearbeiten alle Prozessoren unterschiedliche Programme und sind gleichberechtigt, wenn man von der individuellen Behinderung beim Zugriff auf den gemeinsamen Bus absieht.
- Im SIMD-Mode bearbeiten mehrere ausgewählte Prozessoren (2 bis 8) einen Befehlsstrom. Sie werden bei jedem Zugriff auf Programmcode und gemeinsame Daten durch die Buskontrolleinheit synchronisiert und führen diese Zugriffe synchron ohne gegenseitige Behinderung aus.

Die Arbeitsmodi können vom Benutzer innerhalb eines Programms beliebig gewählt werden. Auch die Prozessoren, die im SIMD-Mode arbeiten sollen, sind je nach Bedarf zu bestimmen. Sind nicht alle Prozessoren am SIMD-Mode beteiligt, so arbeiten die restlichen gleichzeitig im MIMD-Mode.

Für das oben beschriebene Teilsystem wurde ein Betriebssystem realisiert, das einem Benutzer die Programmierung paralleler Programme erlaubt (single user, multi-tasking). Das Betriebssystem läuft im gemeinsamen Speicher und zeichnet keinen Masterprozessor aus. Betriebssystemfunktionen werden jeweils von dem Prozessor ausgeführt, der sie benötigt. Dieses Konzept garantiert große Flexibilität (automatische Anpassung an den Systemausbau) und ermöglicht weitgehende parallele Verarbeitung auch für Systemfunktionen.

Von verschiedenen Komponenten des Betriebssystems sind die Prozeß- und Prozessorverwaltung und die Speicherverwaltung von besonderem Interesse.

Die Prozeßverwaltung enthält Systemroutinen zum Starten, Stoppen und Synchronisieren der Prozesse. Da die Programmierung des Systems zur Zeit noch in Assemblersprache erfolgt, werden Makros angeboten, die den Aufruf der Systemfunktionen erleichtern. Der Benutzer kann Prozesse dynamisch starten und beenden. Beim Start können dann neue Prozeß-Parameter übergeben werden. Nach Wunsch ist auch die Vergabe einer Priorität und die Zuordnung zu einem bestimmten Prozessor möglich. In der Regel wird die Priorität des neuen Prozesses jedoch vom System bestimmt und keine Zuordnung zu einem bestimmten Prozessor festgelegt. In diesem Fall wird der neue Prozeß eine Prioritätsstufe höher eingestuft als der erzeugende Prozeß und die Bearbeitung übernimmt der Prozessor, der als erster frei wird.

Ein frei werdender Prozessor ermittelt eigenständig den nächsten zu bearbeitenden Prozeß. Dabei werden dem Prozessor fest zugeordnete Prozesse bevorzugt. Die Bearbeitung eines Prozesses durch einen Prozessor wird zur Zeit nur beendet, wenn der Prozeß terminiert oder auf Grund expliziter Synchronisation blockiert ist.

Zur Synchronisation (Bild 14) stehen dem Benutzer verschiedene Hilfsmittel zur Verfügung. Auf der obersten Ebene sind die Semaphoroperationen WAIT und SIGNAL realisiert, bei denen blockierte Prozesse nicht aktiv warten. Die Unteilbarkeit der Semaphoroperationen wird durch LOCK- und UNLOCK-Operationen mit aktivem Warten realisiert, deren Unteilbarkeit die Hardware garantiert. Dabei wird der gemeinsame Bus lediglich für einen Speicherzyklus reserviert.

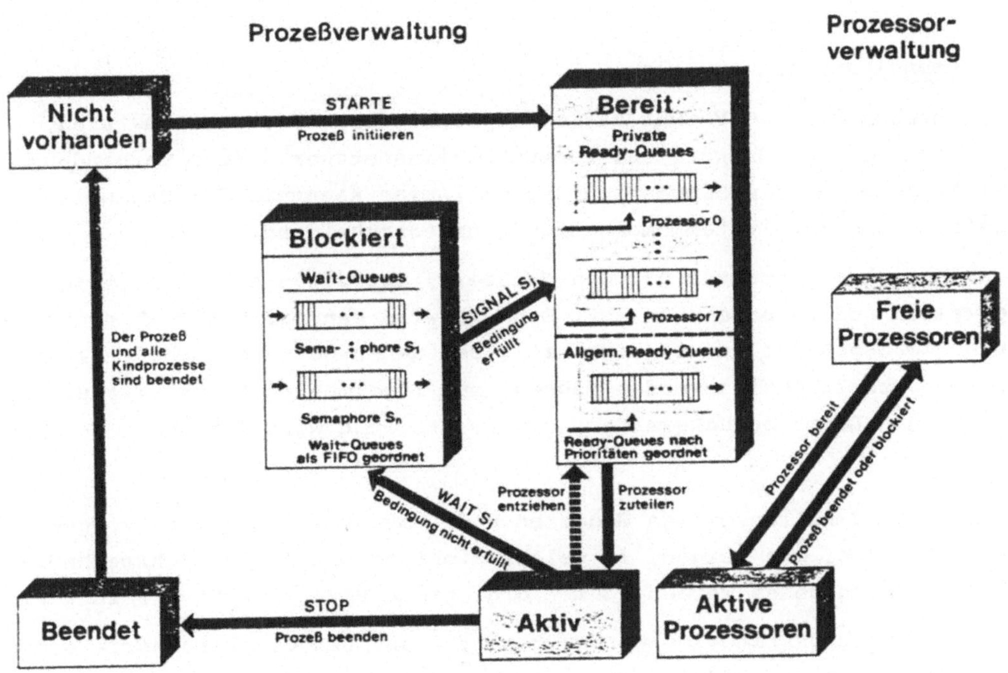

Bild 14: Prozeß- und Prozessorverwaltung

Die Operationen LOCK und UNLOCK stehen dem Benutzer ebenfalls zur Realisierung kurzer kritischer Abschnitte zur Verfügung.

Neben diesen Hilfsmitteln kann der Synchronisationsmechanismus für den SIMD-Mode oft günstig zur Prozeßsynchronisation eingesetzt werden (Broadcasting).

Die Speicherverwaltung unterstützt die Adressierung der verschiedenen
Speicherbereiche (gemeinsam, privat) und der verschiedenen Programmodi
(MIMD, SIMD). Außerdem übernimmt sie die Verwaltung der Page-Tabellen
und ermöglicht die Adressierung des vergrößerten physikalischen Speichers. Die Zuordnung von Daten und Programmen zu den verschiedenen
Speicherbereichen wird dem Benutzer durch eine Segmentierung ermöglicht. Den einzelnen Segmenten eines Programms werden entsprechende
Attribute (Daten, SIMD-Mode, MIMD-Mode, privater Speicher, gemeinsamer Speicher) zugeordnet, die vom System dann entsprechend berücksichtigt werden können.

Ein Teilsystem ist so dimensioniert, daß der Programmcode im gemeinsamen Speicher abgelegt werden kann. Dadurch wird Codesharing ermöglicht
und der physikalische Speicher optimal genutzt. Im privaten Speicher
werden zunächst nur lokale Variable abgelegt (Prozeßstack).

4. Kommunikationsnetzwerke

Untersuchen wir die Verwendbarkeit verschiedener Rechnerstrukturen,
dann ist für den Entwurf des Kommunikationsnetzwerks (zur Verbindung
der Komponenten des Simulationssystems) eine Kenntnis des Datenflus-
ses zwischen den Systemkomponenten ganz entscheidend.

Eine beliebige Struktur hat den Nachteil, daß diese sehr schwierig zu
verwalten und zu berechnen ist. Deshalb wird man bei Mehrrechnerstruk-
turen im Gegensatz zu Rechnernetzen, bei denen geographische Gegebenheiten berücksichtigt werden müssen, auf regelmäßige Strukturen wie
Arrays und Bäume zurückgreifen. Die Beurteilung wird dann weit schwieriger.

Abschließend sollen einige Gedanken und Lösungsmöglichkeiten vorgestellt werden, die zeigen, in welche Richtung zukünftige Mehrrechnerentwicklungen gehen werden, damit eine große Parallelität erreicht wird.

Als Beurteilungskriterien werden Begriffe aus der Graphentheorie eingeführt (die Topologie der Rechnerstruktur wird als Graph mit K Knoten
und AZ Kanten aufgefaßt).

Einem Knoten entspricht dann z.B. ein Teilsystem, das wiederum mehrere
Systemkomponenten haben kann.

Jeder Datenkanal zwischen zwei Teilsystemen läßt sich als Kante des
Graphen darstellen.

Zur Beurteilung der Struktur werden dann folgende Eigenschaften untersucht:

- o Anzahl der Kanten AZ

- o maximale Weglänge L_{max}

- o mittlere Weglänge $\overline{L}$

- o Kantenbelastung

- o Belastung des kritischen Knotens.

Die vollständig vermaschte Struktur nach Bild 15 zeichnet sich durch
eine besonders hohe Kantenzahl AZ_v aus.

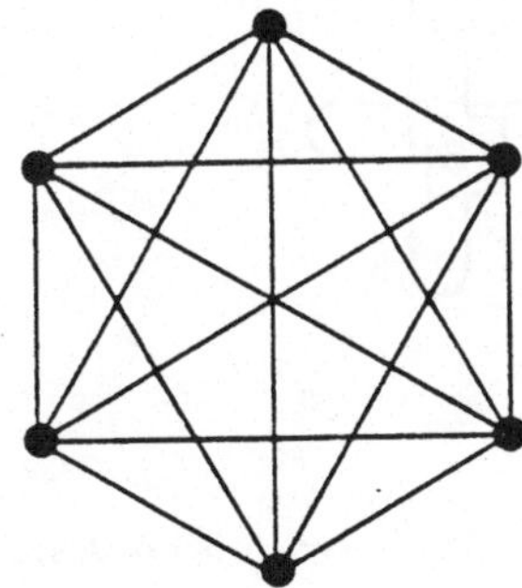

__Bild 15__: Vollständig vermaschte Struktur

Die Zahl der Kanten beträgt:

$$AZ_{v,ges.} = \frac{K \cdot (K - 1)}{2} .$$

Der hieraus resultierende Hardware-Aufwand ist für eine große Anzahl
von Kanten aus Kosten- und Platzgründen meist nicht vertretbar. Die Kan-
tenbelastungen allerdings können von keiner anderen Struktur unterboten
werden.

Arraystrukturen werden auf Grund ihrer geringen Zahl von Verbindungen
und wegen ihres regelmäßigen Aufbaus gerne zum Aufbau von Multiprozessorsystemen verwendet.

Wir unterscheiden zwischen offener und geschlossener Array-Struktur
(geschlossen, wenn die Randknoten mit den Randknoten des gegenüberlie-
genden Randes verbunden sind).

Im Bild 16 ist eine geschlossene Array-Struktur mit 16 Teilsystemen
dargestellt. Die Kantenzahl beträgt hier

$$AZ = 2 \cdot K$$

und beim offenen Array (b gibt die Breite des Arrays an):

$$AZ_{OA} = 2K - (b + \frac{K}{b}) \qquad \text{mit} \quad K = a \cdot b \; .$$

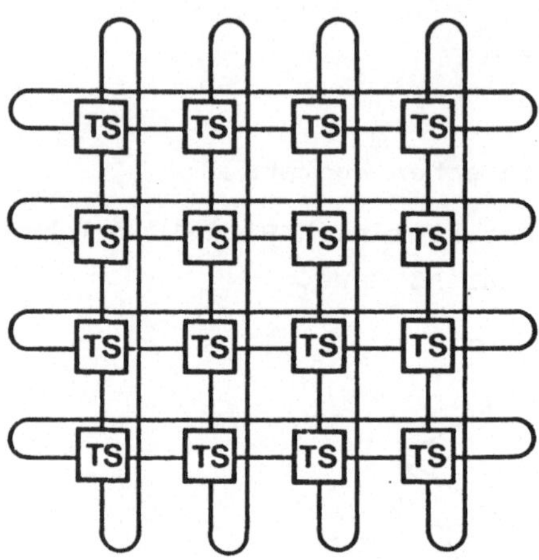

Bild 16: Geschlossene Array-Struktur

Baumstrukturen (z.B. Bild 17) besitzen die geringste Anzahl von Kanten, mit denen ein zusammenhängender Graph gebildet werden kann.

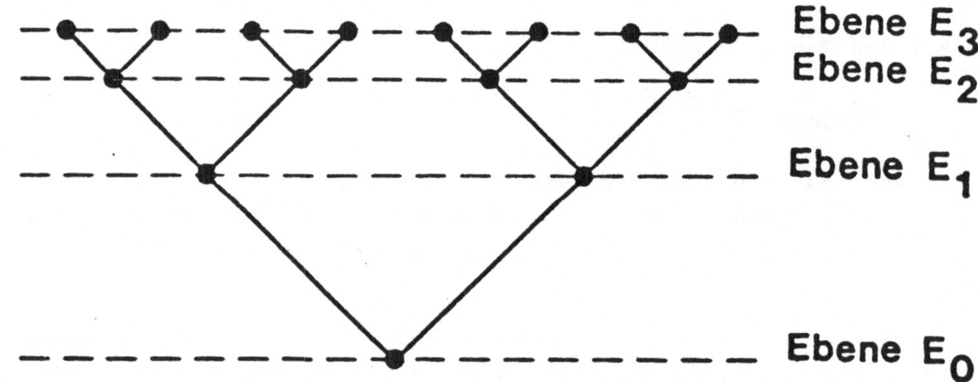

Bild 17: Baumstruktur mit 15 Knoten und Verzweigungsgrad v = 2

Da durch Weglassen einer beliebigen Kante der Graph in zwei unabhängige Teilgraphen zerfällt, sind Baumstrukturen sehr störanfällig. Die Kantenzahl einer Baumstruktur mit K Knoten beträgt

$$A_{ZB} = K - 1 \; .$$

Für einen Baum mit konstantem Verzweigungsgrad V und einer Baumtiefe α ergibt sich durch Summation über alle Ebenen eine Gesamtknotenzahl

$$K = \sum_{j=0}^{\alpha} K(j) = \frac{V^{\alpha+1} - 1}{V - 1} \; .$$

Die hohe Belastung des kritischen Knotens der Baumstruktur kann durch alternative, zusätzliche Datenwege gemindert werden. Eine mögliche Struktur, die sich für die Simulation kontinuierlicher Systeme besonders gut eignet, ist die "erweiterte Baumstruktur" nach Bild 18.

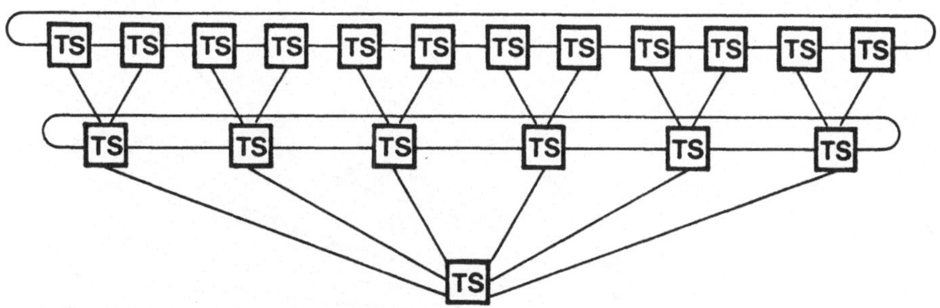

Bild 18:   Erweiterte Baumstruktur

Die Gesamtkantenzahl beträgt:

$$AZ_{EB} = 2(K - 1).$$

Der Realisierungsaufwand ist somit vergleichbar mit der Array-Struktur.

Für jedes Knotenpaar läßt sich ein Weg minimaler Länge finden. Die Auswertung der Strukturanalyse zeigt, daß für eine praktische Realisierung nur die geschlossene Array-Struktur oder die erweiterte Baumstruktur gewählt werden sollte.

Die Vorteile der Baumstruktur liegen in kleinen Weglängen, die Vorteile der Array-Struktur in der gleichmäßigen Verteilung der Wege über alle Knoten der Struktur.

Für eine Anzahl von Kanten K < 100 sind die Unterschiede jedoch so gering, daß beide Strukturen alternativ verwendet werden können.

Wir haben die relative Ausführungszeit $\bar{t}_R$ als Maß für die Effektivität einer Struktur ausgewählt [15]. $\bar{t}_R$ erhalten wir aus der Zeit t_t für den Datentransfer.

Unter Berücksichtigung der Verzögerungen auf Grund von Zugriffskonflikten erhalten wir die mittlere Daten-Transferzeit $\bar{t}_{tv}$. Mit $\bar{t}_{tv}$ wird die Zeit $\bar{t}_D$ definiert zu:

$$\bar{t}_D = \bar{I} \cdot \bar{t}_{tv} \; .$$

Letztlich erhalten wir die Formel

$$\bar{t}_R = 1 + p_D \cdot \bar{t}_D \ ,$$

d.h. in der relativen Ausführungszeit $\bar{t}_R$ wird der Datenaustausch durch die Datentransferwahrscheinlichkeit p_D berücksichtigt.

Bild 19 zeigt die Abhängigkeit der relativen Ausführungszeit $\bar{t}_R$ von der Anzahl der Knoten K und der Transferwahrscheinlichkeit.

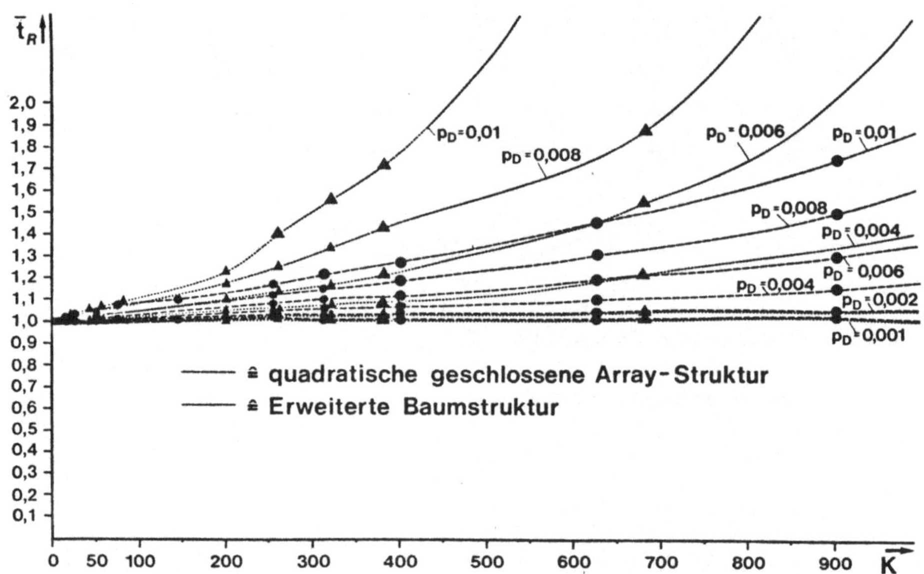

<u>Bild 19</u>: Abhängigkeit der relativen Ausführungszeit $\bar{t}_R$ von der Anzahl der Knoten K und der Transferwahrscheinlichkeit p_D

Die Ausführungszeitverlängerung ist durch die notwendigen Datentransfers und damit durch die Transferwahrscheinlichkeit p_D bestimmt.

Läßt man eine 1,5-fache Ausführungszeitverlängerung zu, so lassen sich für $p_D = 0,01$ bereits mehrere hundert und für $p_D = 0,001$ bereits mehrere tausend Knoten in einer Array- oder Baumstruktur anordnen.

Bild 20 zeigt abschließend die Abhängigkeit der Datenaustauschzeit von der Anzahl der Knoten K und der Transferwahrscheinlichkeit p_D.

Durch den Einsatz handelsüblicher Prozessoren kann die Simulationsgeschwindigkeit so erhöht werden, daß praktisch immer Echtzeitbetrieb möglich ist. Es ist allerdings darauf hinzuweisen, daß die Flexibilität in der Hardware viele Probleme auf die Betriebs- und Anwendersoftware verlagert.

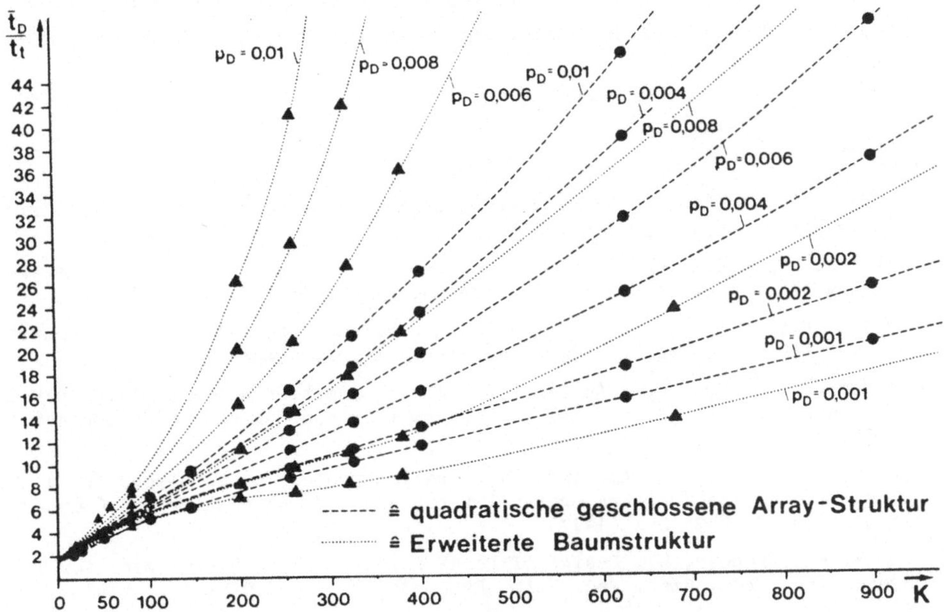

Bild 20: Abhängigkeit der Datenaustauschzeit von der Anzahl der Knoten K und der Datentransferwahrscheinlichkeit p_D

Wie die letzten Ausführungen gezeigt haben, können die Grenzen des Systemeinsatzes bei der Echtzeitsimulation sehr stark durch Prozessorzahl, Datentransferwahrscheinlichkeit und die Struktur beeinflußt werden. Was heute noch unlösbar scheint, ist vielleicht durch detaillierte Betrachtungen und Flexibilität der Rechnerstruktur lösbar.

5. Zusammenfassung

Für jede der vorgestellten Rechnerstrukturen müssen unter dem Gesichtspunkt der Simulation entsprechende Schlußfolgerungen gezogen werden. Da sind zunächst zu nennen der Aufwand an Zeit und die Anstrengung für die Programmierung der verschiedenen Systeme.

Ebenso müssen die Bereitstellung einer Systemkonfiguration für die Lösung einer Aufgabe entsprechend Entwicklungshilfen und die Ausführungszeit berücksichtigt werden. Nicht selten können derartige Begleitumstände offensichtliche Vorteile eines Systems negieren.

Echtzeitbetrachtungen beeinflussen in starkem Maße die Systemauswahl. Für viele Aufgaben läßt sich von speziellen Einrichtungen, wie digitalen Integrieranlagen, sinnvoll Gebrauch machen.

Schließlich bestimmt in der Simulation die Komplexität des Problems mit vielen wichtigen nichtgenannten Randfaktoren die Wahl des geeigneten Rechnersystems.

Literatur

[1] Ameling, W.: Aufbau und Wirkungsweise Elektrischer Analogrechner. Friedrich Vieweg Verlag, Braunschweig (1963).

[2] Ameling, W.: Aufbau hybrider Rechensysteme. Forschungsbericht 69-71 der wissenschaftlichen Gesellschaft für Luft- u. Raumfahrt, S. 11 - 28 (1969).

[3] Jensch, P.; Ameling, W.; Meyer, J.: Ein Mehrrechnersystem mit Mikroprozessoren für Echtzeitaufgaben, Biomedizinische Technik, Band 23 (1978).

[4] Hoener, S.; Roehder, W.; Ameling, W.: Interconnection structures for parallel processor systems. Intern. Assoc.f.Mathematics and Computers in Simulation, S. 297 - 302 (1977).

[5] Weber, H.; Hoener, S.; Ameling, W.: Parallel processing solutions for a certain class of optimization strategies. Intern. Assoc.f.Mathematics and Computers in Simulation, S. 243 - 246 (1977).

[6] Morik, K.; Kichode, M.: Design of Local Parallel Pattern Processor for Image Processing. Proc. Amer. Fed. Info. Proc. Soc. 47; S. 1025 - 1031 (1978).

[7] Bear, J.L.: A survey of some theoretical aspects of multiprocessing. Computing Surveys 5(1), S. 31 - 80 (1973).

[8] Despain, A.M.; Patterson, D.A.: X-Tree: A Tree structured Multiprocessor Computer architecutre. 5th Symp. on Comp. Arch., S. 144 - 151 (1978).

[9] Giloi, W.K.: Rechnerarchitektur. Informatik Spektrum Nr. 3, S. 3 - 18 (1980).

[10] Hoener, S.; Roehder, W.: Modular Multi-Microprocessor Architecture with Virtual memory. Proc. Euromicro Symposium, Venedig, S. 99 - 108 (1976).

[11] Jentsch: Digitale Simulation kontinuierlicher Systeme. Oldenburg Verlag, München (1969).

[12] Mies, P.; Schuett, D.: Feldrechner. Br. Wissenschaftsverlag Reihe Informatik, Band 21.

[13] Thurber, K.: Parallel processor architectures. Computer design. Jan. 79, S. 89 - 97 und Febr. 79, S. 103 - 114.

[14] Ameling, W.: Problemgebiete und Einsatzmöglichkeiten digitaler Integrieranlagen, Forschungsberichte des Min. f. Wiss. u. Forsch., NRW, Nr. 2607. Westdeutscher Verlag (1976).

[15] Roehder, W.: Entwurf eines flexiblen Multiprozessorsystems zur digitalen Simulation kontinuierlicher Systeme. Dissertation RWTH Aachen (1980).

Synthese von Rechenschaltungen zur Verarbeitung diskreter Signale unter Anwendung der Spektraltheorie der Operatoren

W. Ameling,   M. Dreidoppel

Lehrstuhl für Allgemeine Elektrotechnik und Datenverarbeitungssysteme
Rogowski-Institut für Elektrotechnik
Rheinisch-Westfälische Technische Hochschule Aachen
Schinkelstraße 2, 5100 Aachen

Wenn Operatoren, die die Verarbeitung zeitdiskreter Signale beschreiben, spektral zerlegbar sind, so heißt das, daß sie aus ihren Zerlegungskomponenten (Spektralkomponenten) additiv synthetisierbar sind. Die Eigenwert-Eigenvektor-Darstellung eines solchen zerlegbaren Operators liefert eine Konstruktionsvorschrift für eine Rechenschaltung, mit der dieser Operator technisch zu realisieren ist.

Digitale Filter und digitale Integrieranlagen sind spezielle Mehrprozessorsysteme, die aus Grundbausteinen aufgebaut sind. Die Arbeitsweise läßt sich mathematisch durch den Vorwärts-Verschiebungsoperator S_v bzw. den Rückwärts-Summenoperator Σ beschreiben. Diese Operatoren werden auf spektrale Zerlegbarkeit mit dem Ziel untersucht, neue Rechenschaltungen für diese Mehrprozessorsysteme und unter Umständen Strukturen von Rechenschaltungen mit weitgehenden Einsatzmöglichkeiten zu finden.

Für einen zyklischen linearen Operator Z auf dem Raum der quadratisch summierbaren Zahlenfolge $l_2[0,n]$ existiert eine Eigenwert-Eigenvektor-Darstellung

$$Z\underline{x} = \sum_{k=0}^{n} \lambda_k \, (\underline{x},\underline{x}_k) \cdot \underline{x}_k \; ,$$

aus der sich eine Konstruktionsvorschrift für eine Rechenschaltung ableiten läßt, mit der der Operator Z realisiert werden kann. Die Rechenschaltung besitzt eine Mehrprozessorstruktur, da die $n+1$ Skalarprodukte $(\underline{x},\underline{x}_k)$ simultan gebildet und mit den zugehörigen Eigenwerten λ_k von Z multipliziert werden müssen. Da alle möglichen zyklischen linearen Operatoren auf $l_2[0,n]$ bei verschiedenen Eigenwerten λ_k dieselben Eigenvektoren $\underline{x}_k$ besitzen, müssen in die Rechenschaltung für die Realisierung unterschiedlicher zyklischer linearer Operatoren jeweils nur deren entsprechende Eigenwerte λ_k eingebracht werden.

1. Einleitung

Die Verarbeitung zeit- und wertdiskreter Signale führte in den letzten Jahren zur Verwendung neuer mathematischer Hilfsmittel, mit denen die Übertragung und Verarbeitung derartiger Signale gegenüber herkömmlichen Methoden effektiver erfolgt. So erwies sich u.a. der Einsatz der WALSH- und der HAAR-Transformation bei der Verarbeitung solcher Signale als günstig [2], [4], zumal zur Berechnung dieser Transformationen spezielle computergerechte Algorithmen entwickelt worden sind. Die erzielten Ergebnisse führten in der Mathematik u.a. zu der Übertragung von Begriffen, die für periodische Funktionen eingeführt sind, auf diejenigen

Bereiche, denen auch wertdiskrete Signale als mathematische Größen zuzurechnen sind. So wurde analog zu dem Ableitungsbegriff für periodische Funktionen auf der reellen Achse ein Ableitungsbegriff für Funktionen auf der unendlichen dyadischen Gruppe eingeführt [10]. Dabei wurde der Ableitungsoperator für diese Funktionen analog zu der Darstellung der Ableitung einer FOURIER-transformierten periodischen Funktion im Bereich der WALSH-Transformation definiert. Er wird als Summe der mit einer reellen Konstanten gewichteten Spektralanteile dargestellt. Hier ergab sich jedoch die Schwierigkeit einer sinnvollen technischen Interpretation dieses Begriffes und einer damit verbundenen möglichen Realisierung.

Bei der Suche nach neuen Rechenschaltungen für die Verarbeitung zeit- und wertdiskreter Signale, die der Leitgedanke dieses Beitrages ist, kann man zwar den erwähnten mathematischen Ansatzpunkt als Anregung aufgreifen, man muß jedoch in erster Linie von den in der technischen Datenverarbeitung gegebenen Möglichkeiten und Zukunftsaspekten ausgehen.

Zu den dort feststellbaren Trends ist insbesondere der wachsende Einsatz von Mehrprozessorsystemen zu zählen, der u.a. auf der Forderung nach steigenden Verarbeitungsgeschwindigkeiten und den ökonomischen Gegebenheiten des Mikroprozessormarktes beruht.

Einige in der Vergangenheit entwickelte DV-Systeme mit Mehrprozessorstrukturen besitzen systembedingt nur beschränkte Möglichkeiten. Auf dem Gebiet der linearen Operationen können z.B. mit dem Analogrechner ausschließlich Differentialgleichungssysteme gelöst werden; mit digitalen Integrieranlagen (engl. digital differential analyzers, DDA) ist in dieser Hinsicht nur die Lösung von Differentialgleichungen möglich. Aus mathematischer Sicht sind mit diesen Spezialrechnern nur Operatoren aus der Subalgebra des Differentialoperators bzw. des Rückwärts-Summenoperators realisierbar. Sie genügen also nicht der Forderung nach universellen Einsatzmöglichkeiten und wurden daher weitgehend von freiprogrammierbaren Digitalrechnern, dabei in erster Linie von Einprozessorsystemen, verdrängt.

Die speziellen Mehrprozessorsysteme DDA und digitalen Filter können mit den mathematischen Methoden der Funktionalanalysis als Realisierung von Operatoren, die auf zeit- und wertdiskrete Signale angewendet werden, erklärt werden. Diese Operatoren sind in erster Linie der Vorwärts-Verschiebungsoperator S_v, der Vorwärts-Differenzenoperator Δ und der Rückwärts-Summenoperator $\mathfrak{I}$.

Der sinnvolle Einsatz der Funktionalanalysis bei der Beschreibung dieser bekannten Mehrprozessorsysteme führte zu dem Gedanken, ihre Methoden auch bei der Suche nach neuen Rechenschaltungen für solche Signale anzuwenden. Derartige Schaltungen sollten - ähnlich wie bei DDAs und digitalen Filtern - aus Grundbausteinen bestehen. Der Charakter des mit ihnen realisierten Operators soll nur durch die Art ihrer Verschaltung bzw. durch die in ihnen gespeicherte und zur Signalverarbeitung verwendete Information bestimmt werden. Wegen der simultanen Arbeitsweise der Grundbausteine muß man solche Schaltungen zu den Parallelprozessorsystemen zählen, zu denen auch die oben erwähnten speziellen Mehrprozessorsysteme gehören. Für die Suche nach neuen Verarbeitungsalgorithmen und damit nach Konstruktionsvorschriften für neue Rechenschaltungen bot sich als mathematisches Werkzeug innerhalb der Funktionalanalysis die Spektraltheorie der Operatoren an.

2. Der Begriff des Operators aus technischer Sicht

Innerhalb der technischen Disziplinen, insbesondere der Elektrotechnik, hat sich die Systemtheorie zur mathematischen Beschreibung von Signalverarbeitungsvorgängen in lezter Zeit in immer stärkerem Maße durchgesetzt [20], [21].

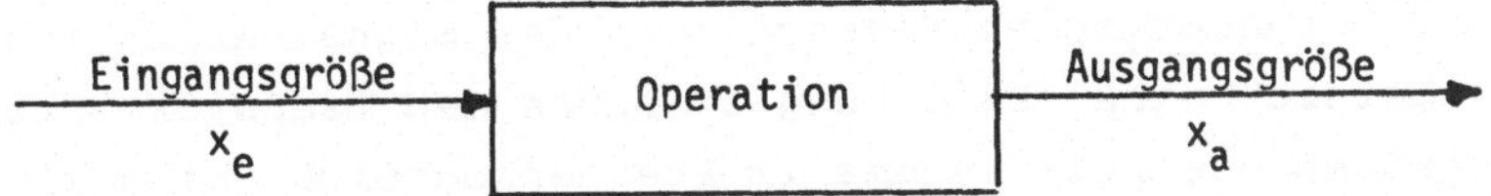

<u>Bild 1</u>: Schematische Darstellung eines Signalverarbeitungsvorgangs

Im Rahmen der Signalverarbeitung wird eine Eingangsgröße durch eine Operation zu einer Ausgangsgröße modifiziert (Bild 1). Die Modifikation der Eingangsgröße geschieht dabei in der Regel mit einem technisch realisierten System. Werden für ein derartiges System Linearität, Zeitinvarianz und Kausalität vorausgesetzt, so werden zu dessen Beschreibung nur die an seinen Ein- und Ausgängen meßbaren Signale benötigt. Für die Beschreibung der Operation, die dieses System mit beliebigen Eingangsgrößen vornimmt, reicht dann die eindeutige Zuordnung der Ausgangsgröße zu einer spezifischen Eingangsgröße (z.B. Diracstoß, Sprung-, Rampenfunktion) aus.

In der Systemtheorie steht die mathematische Beschreibung des Signalverarbeitungsvorganges im Vordergrund, die physikalische Realisierbarkeit eines beschriebenen Systems ist dort von sekundärem Interesse. Mathematisch läßt sich der Signalverarbeitungsvorgang auch als Anwendung eines

Operators V auf eine Eingangsgröße x_e aus dem Definitionsbereich des Operators auffassen.

Die Ausgangsgröße x_a stammt aus dem Wertebereich von V, und es erfolgt eine eindeutige Zuordnung von x_a zu x_e durch die Beziehung

$$x_a = Vx_e \ .$$

(2.1)

Ausgangs- und Eingangsgröße entstammen im allgemeinen dem gleichen Bereich, z.B. dem Bereich der kontinuierlichen Zeitfunktionen.

Innerhalb der Systemtheorie ist die rechnerische Ermittlung der Ausgangsgröße eines linearen zeitinvarianten Systems (LTI-System) als Antwort auf eine beliebige Eingangsgröße im Originalbereich häufig nur zeitraubend und unübersichtlich durchführbar. Deshalb waren schon frühzeitig Ansätze zu verzeichnen, dieses Problem durch Anwendung der Operatoren eleganter zu lösen. Diese Ansätze erbrachten jedoch nicht immer richtige Ergebnisse.

Die Schwierigkeiten bei der Berechnung der Ausgangsgröße eines LTI-Systems führten in den zwanziger Jahren zur Entwicklung der LAPLACE-Transformation. Die LAPALCE-Transformation **ist eine** Abbildung einer kontinuierlichen Zeitfunktion aus dem Zeitbereich in den Frequenzbereich. Bei der Anwendung der LAPLACE-Transformation innerhalb der Systemtheorie entspricht der mathematischen Beschreibung des Signalverarbeitungsvorgangs im Zeitbereich eine Beziehung zwischen den transformierten Ein- und Ausgangsgrößen des LTI-Systems im Frequenzbereich (Bild 2).

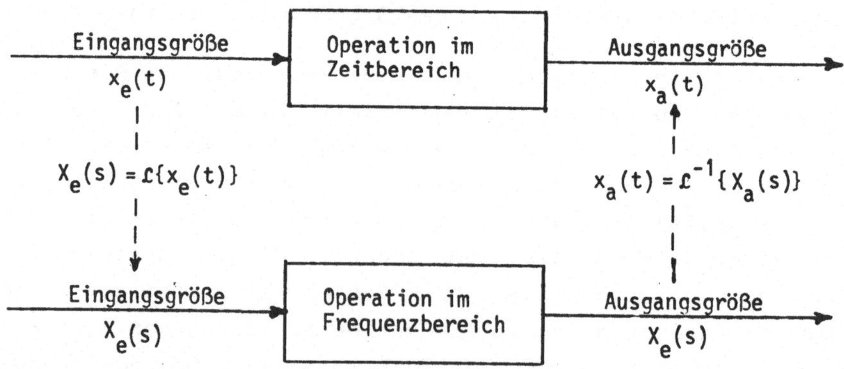

Bild 2: Schematische Darstellung der Anwendung der LAPLACE-Transformation in der Systemtheorie

Hierbei sind im mathematischen Sinne sowohl die Beschreibungen der Operation im Zeitbereich und im Frequenzbereich als auch die Hin- und Rücktransformation Operatoren.

Die einfachere und übersichtlichere Darstellung von Operationen im Frequenzbereich sowie die Tatsache, daß die Berechnung der Ausgangsgröße $X_a(s)$ in vielen Fällen leichter ist als diejenige von $x_a(t)$ im Zeitbereich, begründete den Erfolg der LAPLACE-Transformation. Der Umweg über den Bildbereich wurde durch die Verwendung von Hilfssätzen und Korrespondenztafeln erleichtert.

Die Idee der mathematischen Beschreibung der Operation ausschließlich im Zeitbereich wurde in den fünfziger Jahren wieder aufgegriffen [6], [18]. Unter Verwendung der Operatorentheorie wurden die Schwierigkeiten von HEAVISIDE als ansatzbedingt erkannt, der Begriff des Operators wurde zur systemtheoretischen Beschreibung kontinuierlicher Vorgänge dank der Erkenntnisse aus der Funktionalanalysis nunmehr korrekt eingesetzt.

Mit wachsendem Einsatz von Digitalrechnern und der dadurch steigenden Nachfrage nach einer Beschreibungsmöglichkeit für die Verarbeitung diskontinuierlicher Signale wurde in Analogie zur LAPLACE-Transformation die z-Transformation entwickelt und mit Erfolg eingesetzt [19].

Zur mathematischen Beschreibung der Verarbeitung zeitdiskreter Signale wurde eine finite Operatorentheorie aufgestellt analog zu der infiniten Operatorentheorie von MIKUSIŃSKI für die Beschreibung der Verarbeitung kontinuierlicher Signale [8], [9], [12]. Der Wunsch nach einer systemtheoretischen Beschreibung diskreter Vorgänge führte zur Entwicklung einer finiten Systemtheorie [15], [16].

Andererseits erlangten auch die Transformationen zeitdiskreter Signale aus dem Originalbereich in einen Bildbereich wachsende Bedeutung, z.B. für den ökonomischen Einsatz von Übertragungseinrichtungen für diskrete Signale, für die Erhöhung der Übertragungssicherheit oder die Gewinnung von Merkmalen solcher Signale [2], [4], [13], [14].

Die operatormäßige Beschreibung der Verarbeitung zeitdiskreter Signale, bei der nicht mehr nur primitive Operatoren wie in der finiten Operatorentheorie auftraten, wurde erstmals für die Rechenschaltungen von digitalen Integrieranlagen (DDA) vorgenommen [3], [17].

In dem vorliegenden Beitrag wird untersucht, inwieweit die Spektraltheorie der Operatoren dazu beitragen kann, Rechenschaltungen zu finden, die eine universellere Verarbeitung diskreter Signale durchzuführen gestatten, als dies z.B. mit den speziellen Bausteinen digitaler Integrieranlagen möglich ist. Die grundlegenden mathematischen Begriffe, Sätze und Definitionen sind, so weit erforderlich, in [23] dargestellt.

3. Zerlegungsmöglichkeiten der Operatoren Δ, S_v und $\mathfrak{Z}$

Der Vorwärts-Differenzenoperator Δ und der Rückwärts-Summenoperator $\mathfrak{Z}$ besitzen ebensowenig wie der Vorwärts-Verschiebungsoperator S_v auf einem der Räume $l_2[0,n]$, $l_2[0,n)$ oder $l_2(-\infty, \infty)$ eine Eigenwert-Eigenvektor- (EW – EV) -Darstellung und können also nicht im gewünschten Sinne aus einfacheren Komponenten synthetisiert werden [23].

Die Anwendung der Spektraltheorie auf diejenigen Operatoren, die die Pulsfolgenverarbeitung in den Grundbausteinen von digitalen Filtern und digitalen Integrieranlagen beschreiben, zeigt auf diese Art also keine Möglichkeiten auf, neue Konstruktionsvorschriften für Schaltungen zu formulieren, die die Funktionen von digitalen Filtern und DDAs besitzen.

4. Die Darstellung zyklischer linearer Operatoren

Berücksichtigt man die Bedeutung der Verarbeitung periodischer kontinuierlicher Signale in der Elektrotechnik, so ist es in Anbetracht der zunehmenden Verwendung von Digitalrechnern sinnvoll, für die Verarbeitung zyklischer Pulsfolgen eine spezielle Operatorentheorie zu entwickeln. Ansätze dazu sind in der finiten Systemtheorie zu verzeichnen [16]. Die Verarbeitung einer zyklischen Eingangspulsfolge durch ein entsprechendes System zu einer zyklischen Ausgangspulsfolge läßt sich mathematisch durch einen sogenannten zyklischen Operator beschreiben.

Von allen möglichen zyklischen Operatoren werden hier nur die linearen behandelt. Für diese auf $l_2[0,n]$ definierten linearen Operatoren existiert eine Matrixdarstellung und, wie sich zeigen wird, eine EW-EV-Darstellung.

Ein lineares System zur Abbildung zyklischer Eingangspulsfolgen $\underline{x}$ in zyklische Ausgangspulsfolgen $\underline{y}$ läßt sich in analoger Weise zur Systemtheorie für kontinuierliche Signale durch seine Antwort auf eine charakteristische Eingangspulsfolge vollständig beschreiben [16].

Das System möge auf eine Eingangspulsfolge

$$\underline{x} = \{1, 0, 0, \ldots, 0\} = \delta_0 , \qquad \underline{x} \in l_2[0,n], \tag{4.1}$$

mit der Pulsantwort

$$\underline{z} = \{z_0, z_1, z_2, \ldots, z_n\} \tag{4.2}$$

reagieren. Die spezielle Pulsfolge δ_0 wird auch Puls genannt.

Jede Eingangspulsfolge $\underline{x} \in l_2[0,n]$ läßt sich als Summe von $n+1$ zeitlich verschobenen Pulsen mit den Wichtungen $x_0, x_1, \ldots, x_n$ darstellen.

$$\underline{x} = \{x_0, x_1, \ldots, x_n\} = x_0\{1, 0, 0, \ldots, 0\} + x_1\{0, 1, 0, \ldots, 0\} + \ldots +$$

$$+ x_n\{0, 0, 0, \ldots, 1\} = \sum_{i=0}^{n} x_i \cdot \underline{e}_i \; . \qquad (4.3)$$

Für die Ausgangspulsvolge $\underline{y}$ gilt dann wegen

$$z_{-k} = z_{(n+1)-k} \; , \qquad k = 0(1)n, \qquad (4.4)$$

$$\underline{y} = \{y_0, y_1, \ldots, y_n\} = x_0 \{z_0, z_1, z_2, \ldots, z_n\} +$$

$$x_1\{z_{-1}, z_0, z_1, \ldots, z_{n-1}\} + \ldots + x_n \{z_{-n}, z_{-(n-1)}, z_{-(n-2)}, \ldots, z_0\}$$

$$= x_0\{z_0, z_1, \ldots, z_n\} + x_1 \{z_n, z_0, \ldots, z_{n-1}\} + \ldots + x_n\{z_1, z_2, \ldots, z_0\}.$$

$$(4.5)$$

Werden Eingangs- und Ausgangspulsfolgen als Vektoren geschrieben, so kann der die Transformation repräsentierende Operator Z als zyklische Matrix Z_M dargestellt werden.

$$\begin{bmatrix} y_0 \\ y_1 \\ \cdot \\ \cdot \\ \cdot \\ y_n \end{bmatrix} = \begin{bmatrix} z_0 & z_n & z_{n-1} \cdots z_1 \\ z_1 & z_0 & z_n \cdots z_2 \\ \cdot & \cdot & \cdot \quad \cdot \\ \cdot & \cdot & \cdot \quad \cdot \\ \cdot & \cdot & \cdot \quad \cdot \\ z_n & z_{n-1} & z_{n-2} \cdots z_0 \end{bmatrix} \cdot \begin{bmatrix} x_0 \\ x_1 \\ \cdot \\ \cdot \\ \cdot \\ x_n \end{bmatrix}$$

$$\underline{y} = Z_M \cdot \underline{x} \; . \qquad (4.6)$$

Der zyklische Operator Z besitzt auf $l_2[0,n]$ die Pulsantwort

$$\underline{z} = \{z_i\} = \{z_0, z_1, z_2, \ldots, z_n\} \; . \qquad (4.7)$$

Schreibt man die Eigenwerte λ_k des Operators Z und die Pulsantwort $\underline{z}$ als Spaltenvektoren, so gilt

$$\underline{\lambda} = \begin{bmatrix} \lambda_0 \\ \lambda_1 \\ \vdots \\ \lambda_n \end{bmatrix} = \begin{bmatrix} 1 & 1 & 1 & \cdots & 1 \\ 1 & e^{-j\frac{2\pi}{n+1}} & e^{-j\frac{2\pi}{n+1} \cdot 2} & \cdots & e^{-j\frac{2\pi}{n+1} \cdot n} \\ \vdots & \vdots & \vdots & & \vdots \\ 1 & e^{-j\frac{2\pi}{n+1} \cdot n} & e^{-j\frac{2\pi}{n+1} \cdot 2n} & \cdots & e^{-j\frac{2\pi}{n+1} \cdot n^2} \end{bmatrix} \cdot \begin{bmatrix} z_0 \\ z_1 \\ \vdots \\ z_n \end{bmatrix} = F\underline{z} \qquad (4.8)$$

Dabei ist F die Matrix der diskreten FOURIER-Transformation [2]. Die Matrix der Rücktransformation lautet [16]

$$F^{-1} = \frac{1}{n+1} \cdot \begin{bmatrix} 1 & 1 & 1 & \cdots & 1 \\ 1 & e^{j\frac{2\pi}{n+1}} & e^{j\frac{2\pi}{n+1}\cdot 2} & \cdots & e^{j\frac{2\pi}{n+1}\cdot n} \\ \vdots & \vdots & & & \vdots \\ 1 & e^{j\frac{2\pi}{n+1}\cdot n} & e^{j\frac{2\pi}{n+1}\cdot 2n} & \cdots & e^{j\frac{2\pi}{n+1}\cdot n^2} \end{bmatrix} \qquad (4.9)$$

Die Operation mit einem zyklischen Operator Z auf $l_2[0,n]$ ist also unitär äquivalent zu der Multiplikation mit einer Diagonalmatrix, die mit den Eigenwerten des Operators Z besetzt ist. Der Spaltenvektor der Eigenwerte $\underline{\lambda}$ ist aber andererseits gleich der DFT der Pulsantwort $\underline{z}$ (Gl. (4.8)). Liegt eine in den Frequenzbereich der DFT transformierte Pulsfolge $\underline{x}$ vor, so braucht sie dort nur mit der Diagonalmatrix der Eigenwerte eines zyklischen Operators Z multipliziert zu werden, wenn auf sie im Zeitbereich der Operator Z angewendet werden soll. Bild 3 gibt den geschilderten Sachverhalt schematisch wieder

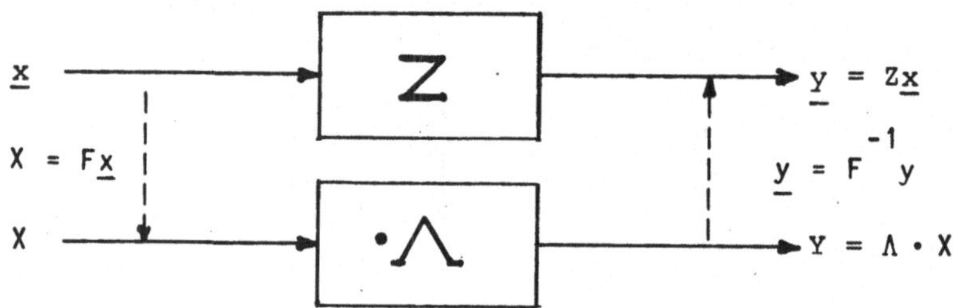

Bild 3: Unitäre Äquivalenz zwischen einem zyklischen Operator Z und der Multiplikation mit der Diagonalmatrix seiner Eigenwerte

Für die Praxis ist diese Äquivalenz von Bedeutung, weil Pulsfolgen häufig schon in der transformierten Form vorliegen, z.B. bei der Bildverarbeitung. Wenn dann auf eine solche Folge $\underline{x}$ noch ein zyklischer Operator Z angewendet werden soll, ist es meist wesentlich einfacher, die Multiplikation mit der Diagonalmatrix der Eigenwerte im Frequenzbereich durchzuführen als die Ausgangsfolge $\underline{y} = Z\underline{x}$ im Zeitbereich zu berechnen, wenn die Eigenwerte λ_k von Z bekannt sind.

Dieser Vorteil wird offensichtlich, wenn Polynome von zyklischen Operatoren auf solche Pulsfolgen anzuwenden sind.

5. Die Synthese zyklischer linearer Operatoren und entsprechende Rechenschaltungen

Die für zyklische lineare Operatoren existierende EW-EV-Darstellung kann als Vorschrift zur Konstruktion von Rechenschaltungen, mit denen solche Operatoren synthetisiert werden, interpretiert werden. Für die Realisierung ist besonders interessant, daß bei einer vorgegebenen Dimension des Raumes $l_2[0,n]$ zur Synthese unterschiedlicher zyklischer Operatoren Modifikationen in der entsprechenden Schaltung nur hinsichtlich der Eigenwerte λ_k durchzuführen sind. Nachteilig ist dabei die Verarbeitung komplexer Größen. Dieser Nachteil wird jedoch durch andere Vorteile wieder wettgemacht.

Eine Konstruktionsvorschrift für eine Rechenschaltung, in der nur reelle Größen verarbeitet werden, läßt sich ableiten.

5.1 Die Synthese eines zyklischen linearen Operators aus seiner Pulsantwort für reelle Pulsfolgen

Ein zyklischer linearer Operator Z kann als Polynom des Vorwärts-Verschiebungsoperators S_{vz} dargestellt werden, wobei die Potenzen von S_{vz} mit den Komponenten z_i der Pulsantwort $\underline{z}$ von Z gewichtet sind.

Die Rechenschaltung zur Synthetisierung eines zyklischen Operators Z, dessen Pulsantwort $\underline{z}$ gegeben ist, zeigt Bild 4. Dabei kennzeichnet "V" ein Verzögerungsglied

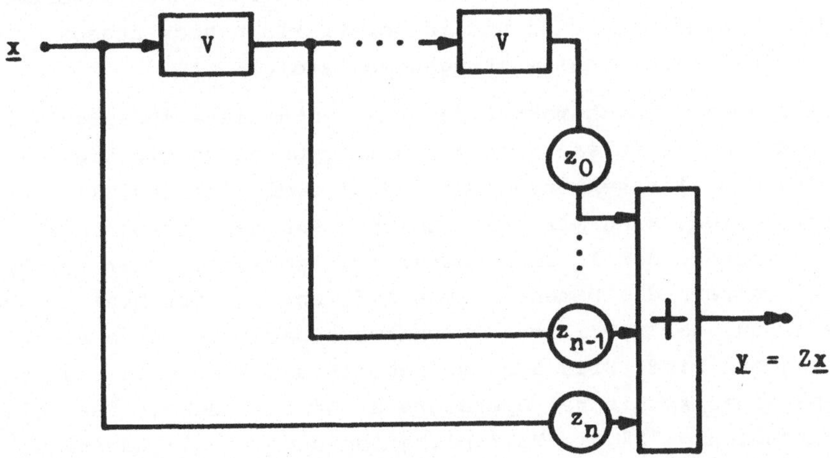

<u>Bild 4</u>: Rechenschaltung zur Synthese eines zyklischen linearen Operators Z bei gegebener Pulsantwort $\underline{z}$

In der Rechenschaltung kennzeichnen die kreisförmigen Elemente mit den z_i die Multiplikation mit der jeweiligen Komponente der Pulsantwort, das Element mit dem "+"-Zeichen kennzeichnet einen Summierer.

Nach einem ersten Durchlauf der Eingangspulsfolge $\underline{x}$ durch die Kette der Verzögerungsglieder stehen die Komponenten von x_i stellengerecht für die nachfolgende periodische Verarbeitung zur Verfügung. Die Eingangs-

pulsfolge wird komponentenweise – beginnend mit x_0– in die Schaltung
gegeben, am Ausgang liegt dann ebenfalls komponentenweise die Pulsfol-
ge $\underline{y} = Z\underline{x}$. Für wertdiskrete Pulsfolgen sind digitale Schaltelemente
zu verwenden; so kann z.B. ein Verzögerungsglied in diesem Fall aus
ld(n) D-Flipflops bestehen, wenn n die Zahl der Diskretisierungsstu-
fen der Amplituden ist.

5.2 Rechenschaltungen zur Synthese eines zyklischen Operators in der Eigenwert-Eigenvektor-Darstellung

Die EW-EV-Darstellung eines zyklischen Operators liefert eine Vorschrift
zur Konstruktion einer Rechenschaltung für die Synthese dieses Operators.

Werden, ausgehend von der Eingangspulsfolge $\underline{x}$, die n+1 Skalarprodukte
$(\underline{x}, \underline{x}_k)$ für k = 0(1)n gebildet, diese mit den zugehörigen λ_k multipliziert als Wichtungsfaktoren für die Eigenvektoren $\underline{x}_k$ verwendet und die
so gewichteten Eigenvektoren addiert, so erhält man die Ausgangspuls-
folge $\underline{y} = Z\underline{x}$. Für eine solche Schaltung sind somit n+1 Skalarprodukte
zu bilden sowie 2(n+1) Multiplikationen und n+1 Additionen durchzufüh-
ren. Dabei ist noch zu berücksichtigen, daß die λ_k und die $\underline{x}_k$ komplex
sind, die Skalarproduktbildungen und die Multiplikationen also entsprechend aufwendig sind, auch für den in der Praxis nahezu ausschließlich
auftretenden Fall einer reellen Eingangspulsfolge.

Da jedoch der spezielle Charakter des zu synthetisierenden zyklischen
Operators Z durch die Pulsantwort und damit nur durch die Eigenwerte
bestimmt ist, die Eigenvektoren also für alle möglichen zyklischen Operatoren gleich sind, kann mit einer solchen Rechenschaltung durch Ein-
fügen der entsprechenden λ_k ein anderer zyklischer Operator synthetisiert werden, sofern die Dimension von D(Z) unverändert bleibt. Dazu
werden die λ_k aus der jeweiligen Pulsantwort bestimmt, wenn sie nicht
direkt vorgegeben sind. Bild 5 zeigt schematisch die Rechenschaltung
zur Synthese eines zyklischen Operators Z. Dabei bedeutet "SP" die
Skalarproduktbildung,"X" die Multiplikation und "+" die Addition.

Der gegenüber der früher angegebenen Rechenschaltung erheblich höhere
schaltungstechnische Aufwand läßt sich noch eher rechtfertigen, wenn
Polynome eines zyklischen Operators synthetisiert werden sollen. Liegen die λ_k eines zyklischen Operators vor, dann müssen nur noch die
$p(\lambda_k)$ ermittelt und in die Schaltung nach Bild 5 an Stelle der λ_k eingebracht werden, um p(Z) zu synthetisieren.

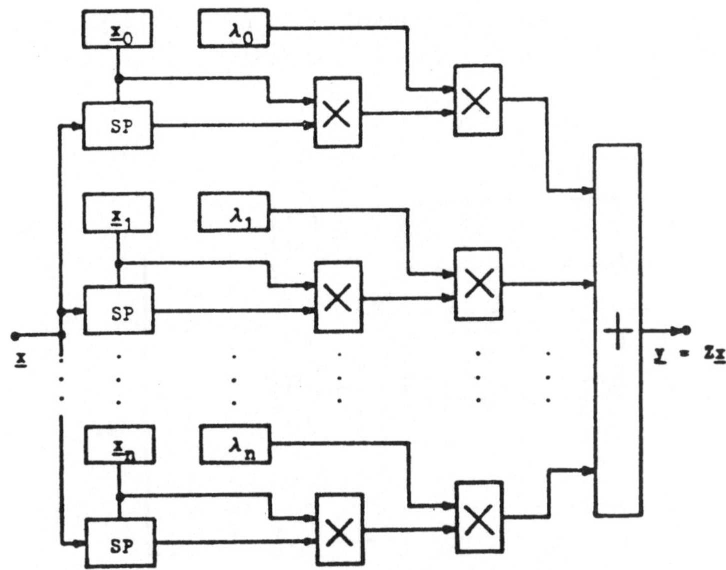

Bild 5: Rechenschaltung zur Synthese eines zyklischen Operators Z

Eine Synthese eines Polynoms von Z ist natürlich auch mit der in Abschnitt 5.1 angegebenen Rechenschaltung möglich. Es muß dann aber erst die Pulsantwort von p(Z) errechnet werden. Der dazu notwendige Aufwand ist nicht unerheblich, wie das Beispiel $p(Z) = Z^2$ zeigt. Die Pulsantwort $\underline{z}_q$ von $p(Z) = Z^2$ ist

$$
\underline{z}_q = \begin{bmatrix}
z_0 & z_n & z_{n-1} & \cdots & z_1 \\
z_1 & z_0 & z_n & \cdots & z_2 \\
\cdot & \cdot & \cdot & & \cdot \\
\cdot & \cdot & \cdot & & \cdot \\
\cdot & \cdot & \cdot & & \cdot \\
z_n & z_{n-1} & z_{n-2} & \cdots & z_0
\end{bmatrix} \cdot \underline{z}
\tag{5.1}
$$

Für Polynome höherer Ordnung wird die Berechnung der Pulsantworten entsprechend aufwendiger.

Die in Bild 5 angegebenen Bausteine SP zur Skalarproduktbildung bedürfen einer näheren Erläuterung. Ist die Eingangsimpulsfolge $\underline{x}$ reell, so müssen die Skalarprodukte der komplexen Eigenvektoren $\underline{x}_k$ mit dem reellen $\underline{x}$ ermittelt werden. Auf $l_2[0,n]$ bestehen die Folgen aus jeweils $n+1$ Komponenten, und für die Skalarprodukte gilt

$$
(\underline{x},\underline{x}_k) = \sum_{m=0}^{n} (x_m \cdot \overline{x_{mk}}) = \frac{1}{\sqrt{n+1}} \cdot \sum_{m=0}^{n} x_m \cdot e^{-j\frac{2\pi}{n+1} \cdot m \cdot k}
\tag{5.2}
$$

Es sind also bei jeder Skalarproduktbildung $n + 1$ Multiplikationen und $n + 1$ Additionen durchzuführen. Die Schaltung zur Ermittlung des Skalarproduktes $(\underline{x}, \underline{x}_0)$ ist in Bild 6 dargestellt.

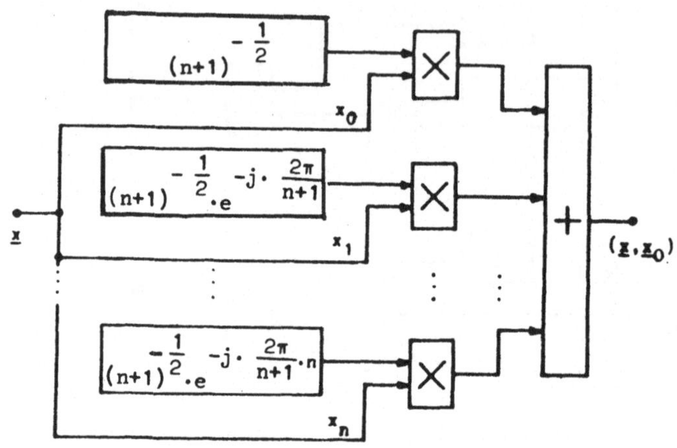

Bild 6: Schaltung zur Berechnung des Skalarproduktes $(\underline{x}, \underline{x}_0)$

Die Schaltung nach Bild 6 ist $(n+1)$-mal an Stelle der Blöcke SP in der Rechenschaltung nach Bild 5 zu verwenden. Bei der Ermittlung der Komponenten der Eigenvektoren kann man sich die Periodizität der Funktion $\exp(-j\frac{2\pi}{n+1} k \cdot m)$ zunutze machen. Von den $(n+1)^2$ Komponenten der $n+1$ Eigenvektoren sind nur $n+1$ unterschiedlich voneinander.

Bei den Rechenschaltungen zur Synthese von zyklischen Operatoren Z und von Polynomen solcher Operatoren nach Bild 5 muß die zyklische Eingangspulsfolge $\underline{x}$ zu Beginn der Verarbeitung erst einmal komplett vorgegeben werden, damit die Skalarprodukte gebildet werden können. Bei weiteren periodischen Wiederholungen dieser Eingangsfolge kann dann mit einer solchen Schaltung die gewünschte Ausgangspulsfolge $\underline{y}$ generiert werden. Da jedoch mit zyklischen Operationen sowieso nur die Verarbeitung periodischer Pulsfolgen vorgenommen wird, von denen etliche Perioden vorliegen, ist dieser Umstand nicht gravierend. Die im Abschnitt 5.1 abgeleitete Rechenschaltung erfaßt wegen der vorausgesetzten Zyklizität der Eingangspulsfolge ebenfalls nicht das "Einschwingverhalten" zu Beginn des Verarbeitungsvorganges.

Sind keine Bausteine vorhanden, die die Multiplikation komplexer Größen gestatten, muß man von einer anderen EW-EV-Darstellung ausgehen, um eine Konstruktionsvorschrift für eine Rechenschaltung aufzustellen.

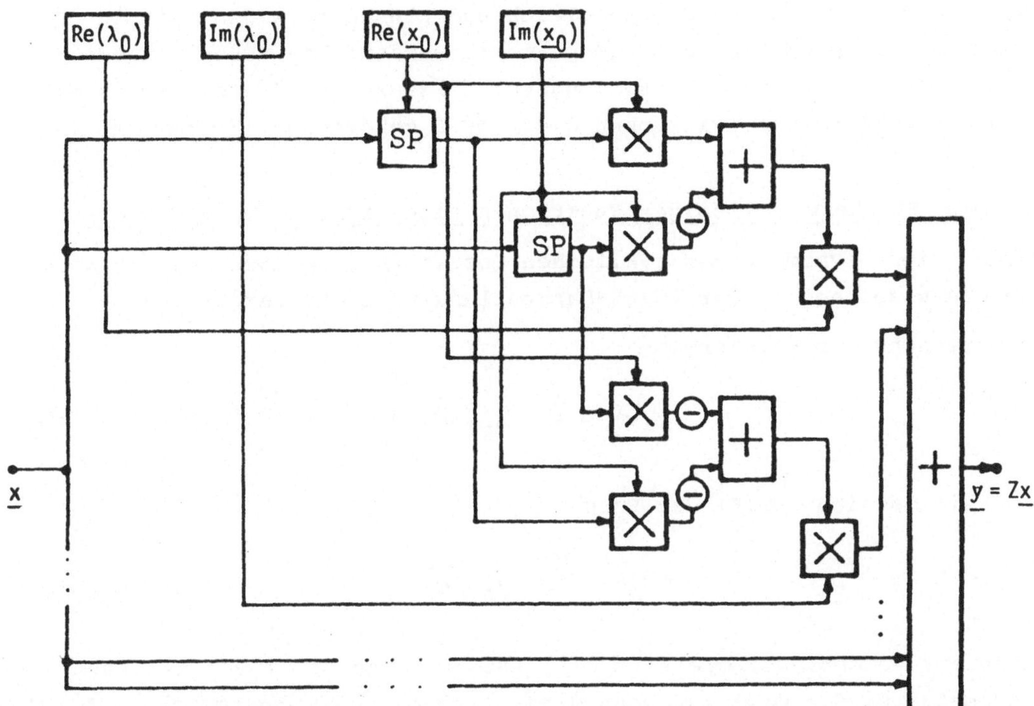

Bild 7: Rechenschaltung zur Synthese eines zyklischen Operators Z mit Verwendung von Bausteinen zur Verarbeitung reeller Größen

Der in Bild 7 angegebene Teil ist in der Gesamtschaltung (n+1)-mal auszuführen. Die gegenüber der Schaltung nach Bild 5 notwendige Steigerung des Aufwandes ist erheblich.

5.3 Die Verwendung von Feldrechnern in der Rechenschaltung zur Synthese eines zyklischen Operators

Bei der Verarbeitung wertdiskreter Pulsfolgen werden digitale Schaltungen verwendet. In den Schaltungen nach den Bildern 5 und 7 treten n+1 gleichartige Baugruppen auf. Aufgrund dieser Tatsache kann die Gesamtschaltung für die Verarbeitung wertdiskreter zyklischer Signale in einer Multiprozessorstruktur ausgeführt werden. Hierbei erscheint der Einsatz von Mikroprozessoren wegen der begrenzten Anforderungen, die an ein solches Element in der Gesamtschaltung gestellt werden und wegen der Preiswürdigkeit besonders sinnvoll. Es bietet sich an, von einer Schaltung nach Bild 5 auszugehen, da die Möglichkeiten der Software auch die Verarbeitung komplexer Größen gestatten. Jeweils ein Prozessorelement kann dann die Skalarproduktbildung $(\underline{x},\underline{x}_k)$ übernehmen sowie die Multiplikation mit dem Eigenwert λ_k und dem Eigenvektor $\underline{x}_k$. (n+1) Elemente arbeiten derartig simultan, ein anderes Element übernimmt die Summation der n+1 Teilergebnisse. Die Eigenvektoren $\underline{x}_k$ sind

für alle zyklischen Operatoren gleich und können deswegen fest in den
einzelnen Prozessorelementen gespeichert werden. Von außen eingegeben
werden müssen dann nur die Eingangspulsfolge $\underline{x}$ und die zu dem jeweils
zu synthetisierenden zyklischen Operator Z gehörenden Eigenwerte λ_k.

5.4 <u>Die Synthese beliebiger Funktionen eines zyklischen Operators</u>

Ebenso wie Polynome eines zyklischen Operators Z können auch Funktionen eines solchen in der EW-EV-Darstellung synthetisiert werden.

Entsprechend der Potenzreihe

$$\varphi(v) = \sum_{k=0}^{\infty} a_k \cdot v^k \tag{5.3}$$

kann ein Operator $\varphi(Z)$ der Form

$$\varphi(Z) = \sum_{k=0}^{\infty} a_k \cdot Z^k \tag{5.4}$$

definiert werden. Der Operator $\varphi(Z)$ ist zyklisch, da Z als zyklisch vorausgesetzt wird. $\varphi(Z)$ ist dann sinnvoll, wenn Z als Endomorphismus auf
$l_2[0,n]$ die Bedingung

$$\sum_{k=0}^{\infty} |a_k| \cdot \| Z^k \| < \infty \tag{5.5}$$

erfüllt.

Die Synthese von $\varphi(Z)$ über die EW-EV-Darstellung hat den Vorteil, daß
damit Schaltungen für die exakte Realisierung auch von transzendenten
Funktionen $\varphi(Z)$ aufgebaut werden können, wobei nur die n+1 Spektralanteile zu summieren sind. Wollte man $\varphi(Z)$ anders realisieren, so müßte
man in solchen Fällen die Potenzreihenentwicklung von $\varphi(Z)$ verwenden,
wobei in der Praxis die unendliche Summe nur durch eine endliche approximiert werden kann.

Der universelle Charakter der Rechenschaltung nach Bild 5 rechtfertigt
somit gerade für den Fall der Synthese der Funktion eines zyklischen
Operators den gegenüber der Schaltung nach Bild 4 erhöhten technischen
Aufwand. Die EW-EV-Darstellung zyklischer Operatoren ist also ein nütz-
liches Hilfsmittel, um neue Vorschriften für die Konstruktion von Rechenschaltungen zur Verarbeitung zyklischer Pulsfolgen abzuleiten.

6. Zusammenfassung

In dieser Arbeit werden neue Rechenschaltungen für die Verarbeitung
zeit- und wertdiskreter Signale vorgestellt. Wenn sich der entsprechende Verarbeitungsvorgang mathematisch durch einen linearen spektral zerlegbaren Operator beschreiben läßt, kann aus dessen EW-EV-
Darstellung eine Konstruktionsvorschrift für eine neue Rechenschaltung abgeleitet werden, mit der die gewünschte Verarbeitung durchgeführt werden kann.

Wegen des notwendigen hohen schaltungstechnischen Aufwandes einer
derartigen Rechenschaltung gegenüber herkömmlichen Schaltungen wurde
besonderer Wert auf möglichst universelle Einsatzmöglichkeiten gelegt.

Die Untersuchung des universellen Verschiebungsoperators S_v, der die
Arbeitsweise digitaler Filter beschreibt, und der speziellen DDA-Ope-
ratoren Δ und $\mathfrak{I}$ auf Zerlegbarkeit erbrachte ein negatives Ergebnis.
Für sie existiert keine EW-EV-Darstellung.

Über die EW-EV-Darstellung des Operators $S_v^* S_v$ auf $l_2[0,n]$, die mit
Hilfe der Matrixdarstellung dieses Operators und der Theorie der Ba-
sen ermittelt wurde, kann für S_v eine Zerlegung angegeben werden. Aus
dieser läßt sich jedoch ebenfalls keine Konstruktionsvorschrift für
eine neue sinnvolle Rechenschaltung ableiten, in der das Vorwärts-
schieben der elementare Verarbeitungsvorgang ist.

Für zyklische lineare Operatoren, mit denen die Verarbeitung zyklischer Pulsfolgen beschrieben wird, läßt sich hingegen eine EW-EV-Darstellung angeben, mit der eine Konstruktionsvorschrift für eine Rechenschaltung mit den gewünschten universellen Eigenschaften erstellt
werden kann. Da alle zyklischen linearen Operatoren auf $l_2[0,n]$ dieselben Eigenvektoren besitzen, kommt die neue Rechenschaltung schon
von daher dem Wunsch nach einem möglichst breiten Anwendungsspektrum
auf dem Gebiet der zyklischen Operatoren entgegen.

Der gegenüber der herkömmlichen Schaltung erhöhte Aufwand wird durch
die Möglichkeiten gerechtfertigt, mit einer solchen Schaltung ohne
größeren Zusatzaufwand Polynome und Funktionen eines zyklischen Operators zu realisieren. Die Flexibilität des neuen Schaltungstyps ist
höher als die des alten [16]. Mit ihm wird im Einzelfall die Realisierung einer Funktion eines zyklischen Operators Z auf $l_2[0,n]$ überhaupt erst exakt durchführbar, da sich dabei nicht das Problem der
Approximation einer unendlichen Potenzreihe von Z stellt. Eine Basis-

transformation führt bei der EW-EV-Darstellung nur zu einer Transformation der Eigenvektoren und wirft für die entsprechende Rechenschaltung keine größeren Probleme auf, sie bedeutet also keine Einschränkung der Flexibilität. Für die Realisierung einer solchen Rechenschaltung bietet sich die Verwendung eines Mehrrechnersystems auf Mikroprozessorbasis an, da in dieser Schaltung gleichartig und simultan arbeitende Bausteine verwendet werden.

Literatur

[1]   Achieser, N.I., Glasmann, I.M.: Theorie der linearen Operatoren im Hilbert-Raum. Akademie-Verlag, Berlin (1968).

[2]   Ahmed, N., Rao, K.R.: Orthogonal Transforms for Digital Signal Processing. Springer-Verlag, Berlin-Heidelberg-New York (1975).

[3]   Ameling, W.: Aufbau und Arbeitsweise des Hybrid-Rechners TRICE. Elektronische Rechenanlagen, 5, S. 28-41 (1963).

[4]   Andrews, H.C.: Computer Techniques in Image Processing. Academic Press, New York - London (1970).

[5]   Benedetto, J.J.: Spectral Synthesis. Teubner Verlag, Stuttgart (1975).

[6]   Berg, I.: Operatorenrechnung. Deutscher Verlag der Wissenschaften, Berlin (1972).

[7]   Beurling, A.: On two problems concerning linear transformations in Hilbert space. Acta Math., 81, S. 239 - 255 (1949),

[8]   Bickley, W.G.: Difference and associated operators, with some applications. Journal of Math. and Phys., vol. 27, S. 183 - 192 (1948).

[9]   Butzer, P.L., Schulte, H.: Ein Operatorenkalkül zur Lösung gewöhnlicher und partieller Differenzengleichungssysteme von Funktionen diskreter Veränderlicher und seine Anwendungen. Westdeutscher Verlag, Köln (1965).

[10]   Butzer, P.L., Wagner, H.J.: Walsh-Fourier-Series and the Concept of a Derivative Applicable Analysis, vol. 3, S. 29 - 46 (1973).

[11]   Collatz, L.: Funktionalanalysis und numerische Mathematik. Springer-Verlag, Berlin - Heidelberg - New York (1968).

[12]   Fey, P.: Operatorenrechnung bei linearen digitalen Systemen. Nachrichtentechnik, 20, S. 365 - 367 (1970).

[13]   Gold, B., Bader, C.M.: Digital Processing of Signals. McGraw Hill, New York - London - Sydney (1969).

[14]   Grallert, H.J.: Transformation von Bilddaten mit Hilfe von m-Funktionen. Frequenz, Band 30, Heft 7, S. 196 - 199 (1976).

[15]   Klein, W.: Grundzüge einer finiten Systemtheorie. AEÜ, Band 28, Heft 2, S. 71 - 80 (1974).

[16] Klein, W.: Finite Systemtheorie. Teubner, Stuttgart (1976).

[17] Lange, O.: Funktionalanalytische Methoden bei der Verarbeitung von Zeitreihen auf Digitalen Integrieranlagen. Habilitationsschrift RWTH Aachen (1976).

[18] Mikusiński, J.: Operatorenrechnung. Deutscher Verlag der Wissenschaften,
Berlin (1957).

[19] Schüssler, H.W.: Digitale Systeme zur Signalverarbeitung. Springer-Verlag,
Berlin - Heidelberg - New York (1973).

[20] Unbehauen, R.: Systemtheorie, Eine Einführung für Ingenieure. Oldenbourg,
München - Wien (1969).

[21] Wunsch, G.: Moderne Systemtheorie. Akad. Verlagsges. Geest & Portig, Leipzig
(1962).

[22] Zurmühl, R.: Matrizen. Springer-Verlag, Berlin - Göttingen- Heidelberg (1958).

[23] Dreidoppel, M.: Die Anwendung der Spektraltheorie der Operatoren für die
Synthese von Rechenschaltungen zur Verarbeitung zeitdiskreter Signale. Dissertation, RWTH Aachen (1979).

Eingabeinterpreter für zeitdiskrete Simulationsmodelle

Gerhard Hauser, Erlangen
Werner Rucker, Erlangen

Zusammenfassung. Im Rahmen des Projektes SIMPLEX am IMMD IV wird ein
leicht erlernbarer Interpreter entwickelt, der die Erstellung eines
Simulationsmodells im Dialog unterstützt. Bisher bekannte Eingabesysteme bestehen meist aus einer prozedural aufgebauten, formatge-
bundenen Kommandosprache, die nur geringen Dokumentationswert bestitzt
und vom Benutzer Programmiererfahrung erwartet. Der hier gewählte Ansatz stellt die Beschreibung des zu simulierenden Systems anhand der
einzelnen Modellkomponenten in den Mittelpunkt.

Summary. As part of the project SIMPLEX currently being implemented at
the University Erlangen-Nürnberg and an interpreter is being developed.
The interpreter is easy to use and allows interactive construction of
simulation model. At present, input systems mostly consist of proce-
dural formated command language. Such systems demand programming experience from the user and lack readability. The concept of the interpreter is based on the idea that only the description of the components
of the model to be simulated are entered by the user.

Im Rahmen des Projektes SIMPLEX /4/ entsteht an der Universität Erlangen-
Nürnberg ein Eingabeinterpreter für zeitdiskrete Simulationsmodelle,
der die Beschreibung eines zu simulierenden Systems im Dialog erlaubt,
und hieraus die Parameterdaten des SIMPLEX-Simulationsprogramms generiert.
Besondere Merkmale des Eingabesystems sind eine einfache Syntax, vom
Anwender frei wählbare aussagekräftige Bezeichner, sowie die Implementierung auf einer Mikroprozessor-Konfiguration.

Herkömmliche Eingabesysteme sind in der Regel sehr eng mit der im Hintergrund ablaufenden Simulationssoftware verknüpft. Die Eingabekommandos
manipulieren direkt die Datenbereiche des Simulationsprogramms. Der Anwender benötigit daher ein umfangreiches Wissen über dessen Aufbau. Die
hohe Anzahl an Kommandos entsteht häufig dadurch, daß zu jeder Funktion
und jedem Datenbereich ein eigenes Eingabekommando existiert. Benutzer
ohne Programmiererfahrung werden häufig noch durch undurchsichtige
Kommandonamen und formatgebundene Eingabe abgeschreckt. Die gebräuchliche Syntax, bestehend aus (Fluchtsymbol, Kommandoname, Parameter-

liste), unterstützt in keiner Weise die Dokumentation und ist äußerst
anfällig für Flüchtigkeitsfehler, da als Parameter oft nur numerische
Werte erlaubt sind.
Unser Ansatz stellt die Beschreibung des zu simulierenden Systems anhand der einzelnen Modellkomponenten in den Mittelpunkt. Die Entwicklung unseres Eingabesystems setzt die Beantwortung folgender Fragen
voraus:

- Was ist ein System?
- Wie beschreibt man ein System?
- Wie realisiert man die Systembeschreibung im Rechner?
- Wie gewinnt man hieraus die Eingabedaten zur Simulation?

In der einschlägigen Literatur finden wir folgende Definitionen:
Ein System besteht aus einer Menge von Objekten und Beziehungen (Rela-
tionen) zwischen diesen Objekten.
Ein Objekt ist entweder ein elementarer Baustein mit definierten Eigen-
schaften oder besteht aus mehreren Objekten (Subsystem!).
Beziehungen zwischen Objekten können alle Arten von Wechselwirkungen
und / oder einseitigen Abhängigkeiten sein.
Eine Eigenschaft ist eine Charakteristik eines Objektes. Eigenschaften
werden zu Mengen zusammengefaßt. Man spricht dann von Attributen oder
Attributnamen und Attributwerten oder Attributausprägungen.

Ein System wird durch seine Objekte und deren Verbindungen, ein Objekt
durch einen Objektnamen und eine Aufzählung seiner Attribute beschrieben. Beziehungen zwischen Objekten lassen sich durch Eigenschaften von
Objekten beschreiben. Ein Attribut kann kenntlich gemacht werden durch:

- einen Namen
- einen Wertebereich (DOMAIN)
- eine Vergleichbarkeit (COMPARABILITY)
- eine Maßeinheit (UNITS)
- eine Darstellung (REPRESENTATION).

Ein Wertebereich beschreibt die Menge aller Werte, die ein Attribut
annehmen kann. Zwei Werte sind dann vergleichbar, wenn die Attribute
den gleichen Wertebereich besitzen. Bei Attributen mit numerischem
Wertebereich (INTEGER oder REAL) kann es erforderlich sein, den aktuellen Zahlenwert durch Angabe einer Maßeinheit (z.B. Kisten/Stück
oder Zoll/Zentimeter) näher zu beschreiben.

Diese Art der Systembeschreibung läßt sich auch auf einen Rechner übertragen. Unser Eingabesystem erlaubt die Beschreibung eines Systems anhand von Objekten, Attributen und Wertebereichen.

Die eingegebene Information wird in Tabellen hinterlegt, aus denen eine
Parameterdatei zur Steuerung eines transaktionsorientierten Simulations-
paketes /1/ erzeugt wird. Dem Eingabesystem werden in einer Initiali-
sierungsphase die im Simulationspaket verfügbaren stationären und mobilen Komponenten, sowie Verteilungen und Strategien bekannt gemacht.
Eine Reihe von einfachen Wertebereichen sind bereits fest vorgegeben:
INTEGER, BOOLEAN, CONDITION und SEQUENCE. Außerdem hat der Benutzer
die Möglichkeit, eigene Wertebereiche zu definieren. Dabei wird er
durch folgende Konstrukte unterstützt:

- Aufzählungen (Element1, Element2, ...)
- Strukturen   STRUCTURE (Komponente1: Beschreibung,
                           Komponente2: Beschreibung,
                           ...)
- Listen   ROW (Dimension) OF Beschreibung
- Teilbereiche RANGE (von...Wert .. bis .. Wert) OF Beschreibung

Als Beschreibung dürfen alle bisher bekannten Wertebereiche verwendet
werden.

Die Beschreibung von Objekten erfolgt mit Anweisungen der Art:

```
DECLARE TYPE Station:
    ATTRIBUTE Capability (DOMAIN IS INTEGER),
    ATTRIBUTE Worktime   (DOMAIN IS DISTRIBUTION),
    ATTRIBUTE Policy     (DOMAIN IS POLICY),
    ATTRIBUTE Preemption (DOMAIN IS BOOLEAN);

DECLARE TYPE Task:
    ATTRIBUTE Begin      (DOMAIN IS INTEGER),
    ATTRIBUTE Timelimit  (DOMAIN IS INTEGER),
    ATTRIBUTE Next       (DOMAIN IS DISTRIBUTION),
    ATTRIBUTE Priority   (DOMAIN IS DISTRIBUTION),
    ATTRIBUTE Sequence   (DOMAIN IS SEQUENCE).
```

Das Schlüsselwort "TYPE" besagt, daß ein Objektmuster mit Namen STATION
bzw. TASK erzeugt wird. Mittels dieser abstrakten Objekte Station und
Task können nun die einzelnen Bedienstationen bzw. Transaktionsklassen
erzeugt werden (die angeführten Beispiele sind dem Modell Supermarkt
/2/ entnommen):

```
DECLARE STATION Kasse:
    Capacity = 3,
    Policy = PFIFO,
    Worktime = Gauss (Mean = 5, Sigma = 2),
    Preemption = TRUE;
```

```
DECLARE STATION Fleisch:
   Capacity = 2,
   Policy ) FIFO,
   Preemption = FALSE,
   Worktime = Erlang (K = 1, Mean = 5);
```

Die Attribute, die über den Namen angesprochen werden, erhalten die angegebenen Werte zugewiesen. Analog hierzu können noch weitere Stationen
generiert werden.

Die Beschreibung der Klasse "Kunde" wird im nächsten Beispiel gezeigt:

```
DECLARE TASK Kunde:
   Begin = 500,
   Timelimit = 1060,
   Next = Erlang (K = 1, Mean = 10),
   Priority = Gauss (Mean = 40, Sigma = 2),
   Sequence = Parkplatz
              Lebensmittel
              BRANCH DO 15% Fleisch
                     DO 21% Fleisch  Obst
                     OR      Obst
              END BRANCH
              IF Priority > 25
                 THEN Spirituosen
                 ELSE Lebensmittel
              END IF
              Kassen
              Parkplatz
              END SEQUENCE.
```

Das Attribute "Sequence" (mit Wertebereich SEQUENCE) gibt die Reihenfolge an, in der sich eine Task der Klasse Kunde von einer Super-
markt-Station zur nächsten bewegt. Neben Stationsnamen sind auch
Kontrollanweisungen möglich, die aus höheren Programmiersprachen
bekannt sind. Als Iterationsanweisung können WHILE- und REPEAT-
Schleifen verwendet werden, als Verzweigungsanweisungen stehen
IF- und CASE-Statement zur Verfügung. Weiterhin wurde ein BRANCH-
Statement eingeführt; hierbei wird nicht bedingt verzweigt, sondern
nach festlegbaren Prozentzahlen (siehe Beispiel).
Neben dem hier beschriebenen Teil des Interpreters bietet dieser
noch zusätzliche Anweisungen, die das Ändern und Löschen von Objekten, die strukturierte Ausgabe von Objektbeschreibungen, Ab-
fragemöglichkeiten nach Objekten, Attributen und Wertebereichen

und das Abspeichern korrekt beschriebener Modelle auf einer Datei
ermöglichen.
Zur Realisierung wird die Programmiersprache PL/M-86 verwendet;
der Quelltext umfaßt derzeit ca. 14000 Zeilen für eine Codegröße
von 39 KByte zuzüglich des Speicherbedarfs für die dynamisch ver-
walteten Tabellen.

Als Vorteil dieses Eingabesystems sehen wir die formatfreie Eingabe,
die Verwendung aussagekräftiger Bezeichner, und das einfache, übersichtliche Konzept, was zur Selbstdokumentation der Modellbeschreibung beiträgt. Der modulare Aufbau unterstützt zudem die Übertrag-
barkeit des Programmpaketes auf andere Anwendungsgebiete und andere
Rechenanlagen.
Ausführlichere Informationen werden in /6/ zu finden sein.

Literatur

/1/ Hellmold, K.U.; Schmidt, B.: Parallelstruktur des Simulators
GPSS-FORTRAN
Entwurf für ein angepaßtes Multiprozessorsystem.
Aufsatz, Institut für Mathematische Maschinen und Datenverar-
beitung IV, Universität Erlangen-Nürnberg, 1981

/2/ Hellmold, K. U.: SIMPLEX - Multiprozessor-Konfiguration zur
Simulation komplexer Systeme.
Informatik-Kolloquium, 22.2.1982, Universität Erlangen-Nürnberg.

/3/ Date, C. J.: An Introduction to Database Systems, 1981

/4/ Wedekind, H.: Datenbanksysteme I und II, 1981

/5/ Brown, P. J.: Writing Interactive Compilers and Interpreters, 1979

/6/ Hauser, G.; Rucker, W.: Eingabeinterpreter für zeitdiskrete
Simulationsmodelle (Arbeitstitel)
Studienarbeit am Institut für Mathematische Maschinen und Daten-
verarbeitung IV (vorauss. Herbst 1982)

Multiprozessorsystem für die Parallele Simulation von Zeitdiskreten Systemen

Kurt Hellmold, Erlangen

Zusammenfassung. Zeitdiskrete Systeme zeichnen sich durch einen hohen Grad an Parallelität aus. Simulationsprogramme zur Modellierung derartiger Systeme müssen die Parallelität erhalten, wenn sie das Systemverhalten direkt nachbilden sollen.
In diesem Beitrag wird eine Rechnerarchitektur auf der Basis von Mikroprozessoren vorgeschlagen, die vorteilhaft auf die parallele Struktur der Simulationsprogramme angepaßt ist.

Summary. Discrete time systems are characterized by a high degree of parallelism. Simulation programs that are used to model such systems preserve the parallelism, since they mimic the system's behaviour directly. In this paper we propose a computer architecture using microprocessors that takes advantage of the parallelism in simulation programs.

Einführung

Dank der breiten Anwendbarkeit hat sich die Rechnersimulation zu einem wichtigen Werkzeug bei der Erforschung komplexer Systeme entwickelt und dabei immer neue Anwendungsgebiete erschlossen /1/. Der hohe Aufwand bei der Modellerstellung und die erforderliche Rechenkapazität verhindern jedoch bisher, daß die Möglichkeiten der Simulationstechnik voll ausgeschöpft werden.
Das Forschungsvorhaben SIMPLEX am IMMD IV hat zum Ziel, einen leicht handhabbaren Simulationsrechner zu realisieren. Da sich zeitdiskrete Systeme durch einen hohen Parallelitätsgrad auszeichnen /2/, liegt dem Rechner eine erweiterbare Multiprozessorkonfiguration zugrunde. Als Benutzerschnittstelle dient ein Eingabeinterpreter /3/, der aus der Systembeschreibung des Anwenders die für den Simulationslauf erforderlichen Daten generiert.

1. Zeitdiskrete Systeme

Eine Rechenanlage, die speziell zur Simulation zeitdiskreter Systeme eingesetzt werden soll, muß dem Wesen dieser Systeme angepaßt sein. Der Zusatz zeitdiskret schränkt ein, daß sich der Systemzustand nur zu diskreten Zeitpunkten verändern kann.

1.1 Systeme

Jedes System ist durch seine Objekte gekennzeichnet, welche durch mannigfaltige Relationen zueinander in Beziehung stehen können /4/. Die Objekte werden durch ihre Eigenschaften (Attribute), die verschiedene Werte annehmen können, charakterisiert. Der Zustand, den das System zu einem bestimmten Zeitpunkt angenommen hat, wird durch die aktuellen Werte aller Eigenschaften der Systemobjekte beschrieben. Mit fortschreitender Zeit kann dieser Zustand durch Aktivitäten des Systems verändert werden, in dem mindestens einer Objekteigenschaft ein neuer Wert zugewiesen wird.

1.2 Systemumgebung

Im realen Fall wird ein System stets mit seiner Umgebung in Wechselwirkung stehen. Die nicht vernachlässigbaren Umwelteinflüsse müssen als Belastung des Systems von außen berücksichtigt werden.

1.3 Systemanalyse

Um das Systemverhalten untersuchen zu können, müssen die Reaktionen des Systems während des Versuchszeitraumes gemessen, protokolliert und ausgewertet werden. Dazu werden die Zustandsänderungen von interessierenden Systemeigenschaften beobachtet und statistisch, graphisch bzw. tabellarisch erfaßt.

1.4 Zeitdiskrete Simulationsmodelle

Im Rechnermodell wird das System derart abgebildet, daß jeder Systemeigenschaft ein Speicherplatz zugeordnet wird, der den jeweils aktuellen Wert enthält. Die Systemaktivitäten sind durch Programmstücke realisiert, die den Eigenschaften neue Werte, entsprechend den vorgegebenen Relationen, zuweisen. Die Ablaufkontrolle sorgt für die zeitlich korrekte Bearbeitungsfolge der Aktivitäten.

1.5 Transaktionsorientierte Modelle

Hier wird im wesentlichen von der Vorstellung ausgegangen, daß das System aus zwei Objektarten aufgebaut ist: aus mobilen und stationären Komponenten - den Transaktionen und den Stationen. Die Transaktionen werden als Last in das System eingebracht und begeben sich

während ihrer Lebensphase gemäß einer vorgegebenen Auftragsfolge
von Station zu Station. Sie bewirken dort Zustandsänderungen durch
eine Reihe von Aktivitäten, die die Bearbeitung der Transaktionen
in einer Station charakterisieren.
Stationen und Transaktionen sind durch ihre Eigenschaft gekennzeichnet und werden im Modell durch einen Attributvektor repräsentiert. Die aktuellen Werte der einzelnen Vektorfelder charakterisieren den jeweiligen Zustand des Objektes, der durch die Ausführung
von Aktivitäten geändert werden kann.

1.6 Warteschlangenmodelle

Eine typische Erscheinungsform künstlicher geschaffener Systeme ist
die Bildung von Warteschlangen. Immer wenn sich mehrere Bewerber
(Transaktionen) um eine zu knappe Anzahl von Resourcen gleichzeitig
bemühen, kann eine Warteschlange vor einem (evtl. gewünschten) Engpaß entstehen, die eine mehr oder weniger aufwendige Resourcenverwaltung erfordert. Eine Resource kann als stationäres Objekt mit
vielfältigen Verwaltungseigenschaften und -aktivitäten ins Modell
eingebracht werden.

1.7 Ablaufkontrolle

Zur Koordinierung des zeitlichen Ablaufes überwacht eine zentrale
Kontrollinstanz, wann für eine Transaktion ein Stationswechsel durchzuführen ist. Im allgemeinen muß vorher anhand der Auftragsfolge die
Zielstation ermittelt werden. Innerhalb einer Station werden die einzelnen Bearbeitungsphasen (Aktivitäten) ebenfalls durch eine interne
Ablaufkontrolle gesteuert, so daß alle Vorgänge innerhalb und außerhalb der Station in der natürlichen Reihenfolge nachvollzogen werden.

1.8 Ablaufprotokollierung

Um das dynamische Verhalten des Simulationslaufes zu erfassen, müssen
geeignete Tabellen die interessierenden Systemdaten aufnehmen. Je
nach Untersuchungsziel können daraus die gewünschten Verlaufs- bzw.
Endprotokolle erstellt werden, die die Systemcharakteristika in kon-
zentrierter übersichtlicher Form erkennen lassen.

1.9 Benutzerschnittstelle

Für die Beschreibung des Simulationsmodells werden vom Benutzer Angaben über folgende Modellparameter verlangt:

a) Stationseigenschaften
b) Transaktionseigenschaften
c) Umwelteigenschaften

d) Protokollwünsche

e) Abbruchkriterium

Im Rahmen des Simplex-Vorhabens ist ein Eingabeinterpreter entwickelt worden, der diese Benutzerangaben in die programmspezifischen Werte wandelt, mit denen der Simulationslauf gesteuert wird. Der Interpreter ist in einem weiteren Beitrag (Rucker/Hauser) vorgestellt worden.

2. Die Multiprozessorkonfiguration

Für die Simulation transaktionsorientierter Systeme ist eine Rechnerarchitektur gewählt worden, die den eingangs erwähnten spezifischen Systemeigenschaften angepaßt ist. Das Multiprozessorkonzept beruht auf dem zentralen Gedanken einer losen Koppelung von mehreren Stationsmoduln und einem zentralen Verteiler - dem Scheduler - der den Transfer von Transaktionen zwischen den Stationen koordiniert. Einer Station ist die spezielle Aufgabe übertragen, die Schnisttstelle zur Umwelt zu realisieren, d.h., Transaktionen zu generieren bzw. zu vernichten.

In Bild 1 repräsentieren die zentralen Blöcke die einzelnen Mikroprozessormodule. Der Scheduler kommuniziert mit den Stationen über die Ein/Ausgabepuffer IN und OUT, die durch einen gemeinsamen Bus miteinander verbunden sind.

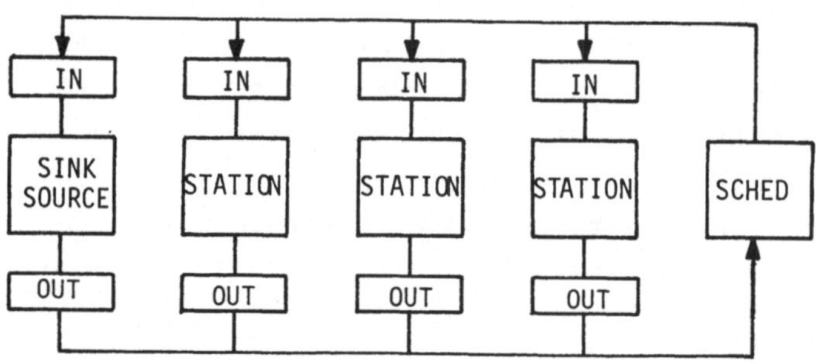

Bild 1

Der Ausdruck 'lose Koppelung' verdeutlicht die Tatsache, daß die Stationen selbständig und weitestgehend unabhängig voneinander ihre Aufgaben erfüllen. Der Verzicht auf einen allen Stationen gemeinsamen Speicher ermöglicht die unkomplizierte Rechnerstruktur. Die dezentral gehaltenen Daten müssen durch den Scheduler zwischen den Kommunikationspuffern transferiert werden.

Die Transaktionen werden durch je einen Datensatz repräsentiert, der von der Source erzeugt und durch den Scheduler bis zur Vernichtung in Sink von Station zu Station transferiert wird.

Entsprechend der Auftragsfolge "wandern" die existenten Transaktionen
also von Station zu Station und müssen sich in Warteschlangen einreihen
falls die Station die zuvor eingelagerten Transaktionen noch nicht bearbeiten konnte.

2.1 Parallele Aktivitäten

Alle Stationen können gleichzeitig die ihnen zugestellten Transaktionen bearbeiten. Insbesondere kann jede Station sich selbst
gemäß der vorgegebenen Strategien verwalten. Ferner kann das aufwendige Sammeln und Auswerten des statistischen Datenmaterials jeder Modul für sich erledigen und eine Reihe von Nebentätigkeiten
ausführen, wie z.B. Berechnen von Zufallszahlen, Überwachen des
Ablaufes etc.

2.2 Realisierung

Für die Realisierung sind für Simplex SBC 86/12 Computerplatinen
/5/ verwandelt worden, die folgende Hardwarekomponenten enthalten:

- eine 16 Bit CPU 8086
- 32 KByte RAM Datenspeicher
- 16 KByte ROM Programmspeicher
- eine serielle, eine parallele Schnittstelle
- ein Interrupt-Controller
- eine Dualport-Logic

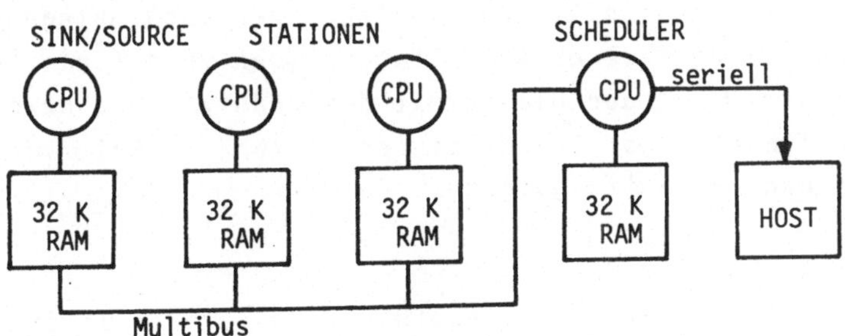

Bild 2

Der Scheduler ist über die serielle Schnittstelle mit einem HOST-
Rechner gekoppelt, der mit Unterstützung eines Betriebssystems die
peripheren Geräte Drucker, Bildschirm, Tastatur und Floppy-Disk
betreibt sowie den Dialog zwischen dem Simulationsrechner und dem
Benutzer steuert. Der Scheduler hat als einziger über den Intel-
Multibus Zugriff zu den Datenspeichern der Stationsmodule (wahlweise
nur zum Kommunikationspuffer oder zum gesamten Speicher).

2.3 Module Scheduler/Station

Die Module haben über den internen Bus Zugriff auf ihre Daten- /
Programmspeicher und Schnittstellenbausteine.

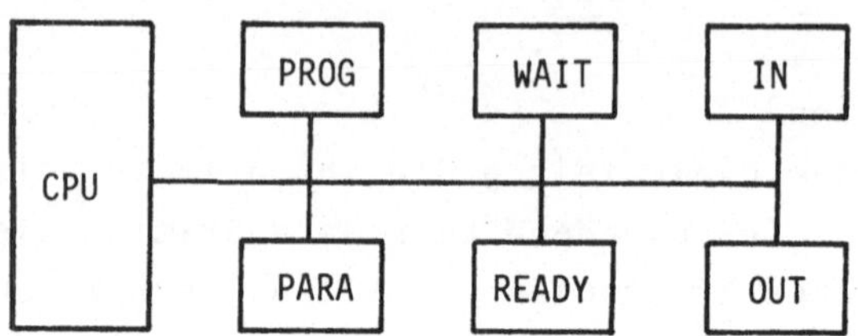

Bild 3

Die Programmspeicher (PROG) enthalten die fertige Simulationssoftware, die ausschließlich über Parameterdaten gesteuert wird. Diese
Daten werden vom Eingabeinterpreter aus den Benutzerdaten erzeugt
und vor dem Simulationslauf in dem Speicherbereich PARA für Parameter hinterlegt.
Die Stationen benötigen für die Aufnahme der auf Bearbeitung war-
tenden und der abgefertigten Transaktionen die Datenbereiche Wait
und Ready. Diejenige Transaktion, die als nächstes die Station verlassen soll, wird - zusammen mit der Transferzeit - in den Out-
buffer geladen und von dort über den Multibus vom Scheduler in den
Inbuffer der Zielstation transferiert. Die Simulationssoftware der
Stationen realisiert die gängigen Stationstypen und Strategien von
Warteschlangensystemen, gibt dem Benutzer aber auch Gelegenheit,
die Zusammenstellung anderer Aktivitätenfolgen zu definieren. Die
Schedulersoftware führt den Dialog mit dem Benutzer und bewerk-
stelligt den Transfer der Transaktionen in Abhängigkeit von der
Transferzeit und der Auftragsfolge.

2.4 Botschaften

Botschaften wurden zusätzlich eingeführt, um interne Informationen
über Anfragen, Antworten, Ergebnisse und Fehlersituationen austauschen zu können. Je enger einzelne Module miteinander kooperieren,
desto häufiger werden sie Botschaften austauschen müssen.

2.5 Systembeobachtung

Für die Erfassung der dynamischen Veränderungen während des Simulationslaufes kann der Benutzer folgende Punkte spezifizieren:

- Meßpunkte für das Ein/Austragen aus Warteschlangen
- Protokollpunkte für die Protokollierung der durchgeführten Aktivitäten

- Reportzeitpunkte zur Protokollierung des Systemzustandes
- Tracepunkte zur Protokollierung von Wertänderungen einzelner Attribute
- Evaluezeitpunkte zur Auswertung der bisher aufgesammelten Daten

2.6 Ablauf einer Simulationssitzung

Zunächst muß der Benutzer seine Systeme mit Hilfe der Modellbeschreibungssprache formulieren. In der ersten Phase der Sitzung nimmt der Interpreter das Modell im Dialog oder von einer Datei entgegen und erzeugt daraus die Parameterdaten des Simulationslaufes. In der zweiten Phase werden diese Daten in die Parameterspeicherbereiche des Scheduler und der Stationen geladen und der Simulationslauf gestartet. Der Benutzer kann - sofern gewünscht - die Dynamik des Ablaufes am Bildschirm verfolgen und gegebenenfalls interaktiv den weiteren Verlauf beeinflussen. Ist ein Endekriterium erfüllt, bricht der Simulationslauf mit der Ausgabe der Endergebnisse ab. In der dritten Phase werden die Ergebnisse ausgewertet und mit Hilfe des Interpreters wieder mit den ursprünglichen Namen bezeichnet, evtl. auch ausgedruckt. Mit anderen Lastangaben kann dann ein erneuter Simulationslauf gestartet werden.

3. Schlußbemerkung

Die hier verwendete Rechnerarchitektur eignet sich für alle Problemklassen, die sich - ähnlich der Simulation - auf lose gekoppelte Moduln zurückführen lassen.
Die Architektur ist hierarchisch erweiterbar, wenn dem Scheduler ein IN/OUT-Buffer hinzugefügt wird, da sich somit der Scheduler mit seinen Stationen nach außen wie eine einzige Station verhält, also als Subsystem mit weiteren Subsystemen/Stationen gekoppelt werden kann.

Literatur

/1/   Schmidt, B.: GPSS-FORTRAN, Version II
      John Wiley & Sons, Chichester, New York 1980

/2/   Hellmold, K.U.; Schmidt, B.: Parallelstruktur des Simulators
      GPSS-FORTRAN
      Computing, Suppl. 3, 1981

/3/   Hauser G.; Rucker, W.: Eingabeinterpreter für zeitdiskrete Simulationsmodelle
      Studienarbeit IMMD IV (in Vorbereitung)

/4/   Gordon, G.: Systemsimulation
      R. Oldenburg Verlag, München, Wien

/5/   INTEL ISBC 86/12 Manuals

DAS HYBRIDE TIME-SHARING SYSTEM MACHYS
AN DER TECHNISCHEN UNIVERSITÄT WIEN

W.Kleinert, F.Berger, H.Stallbaumer, E.Wittek

Zusammenfassung. Es wird das an der TU Wien entwickelte hybride Time-Sharing System MACHYS (Multi ACcess HYbrid System) vorgestellt. Durch die Verwendung einer analogen Schaltmatrix sowie eines selbstentwickelten parallelen logischen Prozessors besteht die Möglichkeit, alle Rechenkomponenten des hybriden AutoPATCH Systems EAI PACER 600A softwaregesteuert zu verwenden und einen kompletten Problemwechsel im Millisekundenbereich durchzuführen. Die Software basiert auf dem an der TU Wien entwickelten interaktiven Sprachprozessor HYBSYS und dem ebenfalls selbstentwickelten virtuellen Time-Sharing Betriebssystem JCS/VS.

Summary. This paper presents the hybrid time-sharing system MACHYS (Multi ACcess HYbrid System) developed at TU Vienna. An analog switchmatrix and a selfdeveloped parallel logicprocessor allows softwarecontrol of all computing components of the hybrid AutoPATCH system EAI PACER 600A. A complete problem change can be done within the range of milliseconds. The software is based on the interactive hybrid processor HYBSYS and the virtual time-sharing operating-system JCS/VS, both developed at TU Vienna.

1. Einleitung

MACHYS ist ein 7 Mannjahres-Projekt, das vom Hybridrechenzentrum der Technischen Universität Wien gemeinsam mit dem Institut für elektrische Regelungstechnik (Vorstand: Prof.Dr.A.Weinmann) seit Ende 1980 durchgeführt und vom Fond zur Förderung der wissenschaftlichen Forschung unterstützt wird. Ziel des Projekts ist es, bis 1983 den Zugriff zum Hybridrechner der TU Wien im Time-Sharing Verfahren mehreren Benutzern über Terminals und speziellen Simulationskonsolen auch über größere Entfernungen zu ermöglichen.

Im vorliegenden Beitrag wird ein besonderes Augenmerk auf die Motivation und die Hardwarekomponenten des Systems gelegt. In zwei weiteren Beiträgen, die ebenfalls in diesem Tagungsband erscheinen, wird auf die am Hybridrechenzentrum der TU Wien entwickelte Simulationssoftware und auf den derzeit implementierten Time-Sharing Mechanismus, sowie auf den ebenfalls selbst entwickelten parallelen Logikprozessor näher eingegangen [1,2] .

2. Warum hybrides Time-Sharing?

Das Projekt MACHYS ist das jüngste in einer Reihe von Forschungsvorhaben an der TU Wien, die sich mit der Entwicklung und Verbesserung von hybriden Hard- und Software-

Werkzeugen für die Simulation dynamischer Systeme befaßten.

Seit mehr als 10 Jahren ist an der TU Wien ein Hybridrechner EAI PACER 600 installiert, der seit 1973 im Rahmen des universitären EDV-Zentrums als Dienstleistungsbetrieb geführt wird. Der an sich ungewöhnliche Versuch, hybride Rechenkapazität als Simulationshilfe im Rahmen einer EDV-Serviceleistung einer Vielzahl unterschiedlicher Benutzer anzubieten, war sehr erfolgreich, erforderte allerdings ständige Modernisierungen des Rechners und eigenständige Entwicklungen. Der Anstoß für alle diese Entwicklungen war weniger in theoretischen Überlegungen, als in der notwendigen Befriedigung eines gestiegenen Benutzerbedarfs zu suchen. Alle Entwicklungen gingen in die Richtung eines immer vollständiger automatisierten Simulationssystems. Ende 1979 wurde eine AutoPATCH-Erweiterung des Analogteils von der Firma EAI geliefert und installiert. Nach einer Übergangsphase, in der neben der traditionellen Programmierung des Analogrechners unter Verwendung von auswechselbaren Problembrettern auch ein Testbetrieb des AutoPATCH Systems durchgeführt wurde, wurde im Oktober 1980 ein ausschließlich AutoPATCH-orientierter hybrider Open-Shop Betrieb eingeführt. Eine Hardwarevoraussetzung dafür war die Entwicklung eines Pipelined Boolean Processors [2] als Ersatz für die diskrete parallele Logik des Analogrechners EAI 680. Damit wurden die Nachteile der manuellen Eingriffe beim Programmieren konventioneller Hybridrechner eliminiert.

Seit 1974 wurde am Hybridrechenzentrum an der Entwicklung des interaktiven Sprachprozessors HYBSYS gearbeitet [1], dessen Ausgangspunkt ein Algorithmus zur automatischen Online-Skalierung von analogen Rechenschaltungen war. Heute ist er ein sprachliches Simulationswerkzeug, das eine vollständig maschinenunabhängige Programmierung des gesamten hybriden AutoPATCH Systems erlaubt.

Seit 1972 wird auch an der Entwicklung von Betriebssystemen für den Digitalteil des Hybridrechners, dem Minicomputer EAI PACER 132 gearbeitet. Die neueste Version, JCS/VS 8 [3], ist ein völlig virtuelles System, d.h. neben virtuellen Massenspeichern gibt es virtuelle Terminals, virtuelle Files und virtuelle Systemprozessoren, die unabhängig von der Anzahl der parallel arbeitenden Benutzer arbeiten. Im Multiprogramming werden 18 Level - 8 Terminal User (reentrant Source Processor und File Controller), 8 Batch User (die auch Realzeit Hybridrechnen können), sowie 2 Systemlevel - parallel bedient. Von jedem Arbeitsplatz kann die Programmentwicklung und Programmexekution durchgeführt werden. Die virtuelle Architektur stellte eine ausgezeichnete Voraussetzung für die Einbettung des hybriden Time-Sharing Systems in das Betriebssystem dar.

Die angeführten Hard- und Softwareentwicklungen waren günstige Voraussetzungen für die Implementierung eines hybriden Time-Sharing Systems. Da sie den Zugang zum Hybridrechner enorm erleichterten, schufen sie aber auch indirekt die Notwendigkeit einer weiteren Automatisierung und besseren Nutzung der Resourcen des Hybridrechners durch Time-Sharing.

Derzeit laufen etwa 120 verschiedene Benutzerprojekte im Jahr, wovon sich jeweils 10-20 in der "Produktionsphase" befinden. Das führt dazu, daß pro Benutzer im Schnitt nur 2-4 Stunden wöchentlich Open-Shop Zeit für online Experimente am Hybridrechner reserviert werden können. Das erschwert nicht nur das produktive wissenschaftliche Arbeiten, sondern führt insbesondere zu Engpässen bei Blockseminaren und anderen Ausbildungsveranstaltungen. Eine Analyse der häufigsten bei uns gerechneten Simulationen hat gezeigt, daß der Hauptteil der verbrauchten Echtzeit am Analogrechner für einen repetierenden Betrieb zur Erzeugung stehender Bilder von skalierten Variablen am Oszillographen verwendet wird. Ein relativ großer Teil der Einschaltzeit verstreicht durch Nachdenken der Benutzer, während die tatsächlich notwendige Belegung des Hybridrechners für Parametervariation, Online-Skalierung und andere Experimente mit dem Modell weniger als 10% der realen Anschlußzeit im Open-Shop Betrieb entspricht. Viele dieser Probleme können durch ein Time-Sharing System gelöst werden.

3. Zielsetzung des Projektes MACHYS

Aufbauend auf der vorhandenen Hard- und Software sollte ein hybrides Mehrbenutzersystem mit parallelem und Time-Sharing Zugriff konzipiert und realisiert werden. Der Zugriff auf alle Rechenkomponenten sollte im Time-Sharing Verfahren ausschließlich softwaregesteuert erfolgen. Um den Overhead zu minimieren und den Eindruck des alleinigen Zugriffs auf den Hybridrechner für alle Benutzer zu vermitteln, war ein vollständiger Problemwechsel im Millisekundenbereich erforderlich. Die Programmierung sollte keinerlei maschinenabhängige Kenntnisse erfordern, und die Bedienung des Systems sollte im Prinzip unabhängig von der verwendeten Hardware (Hybridrechner, DDAs, digitale Multiprozessoren) sein.

4. Das AutoPATCH System an der TU Wien

Abbildung 1 stellt ein Blockschaltbild der Hardwarekonfiguration des hybriden Time-Sharing Systems dar. Ein wesentlicher Teil ist dabei die analoge, programmierbare Schaltmatrix mit 5120 integrierten CMOS-Schaltern. Die Matrix besteht aus zwei Submoduln mit je 64 Ein- und 128 Ausgängen, die über analoge Verbindungsleitungen mit fest vorprogrammierten Rechenelementen (Makros) über ein spezielles AutoPATCH Steckbrett mit dem analogen Parallelprozessor verbunden ist. Über einen speziellen Kontroller am Standard I/O-Kanal des Digitalrechners kann die Schaltmatrix programmgesteuert konfiguriert und mit Hilfe eines eigenen Readout Systems können die Matrix Ein- und Ausgänge ausgelesen werden.

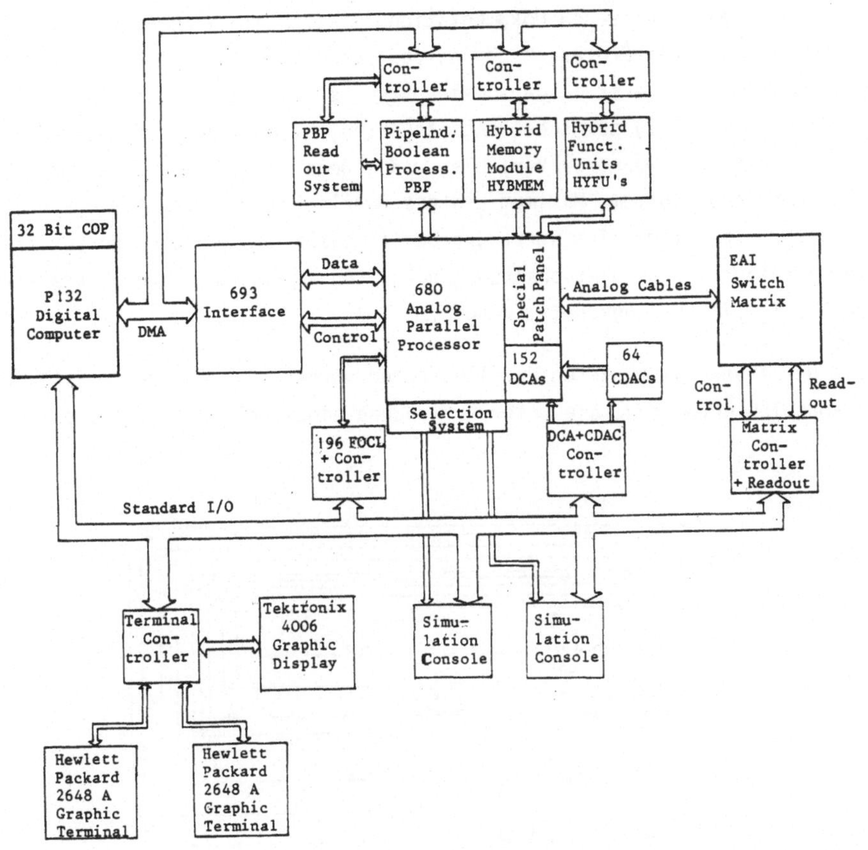

Abbildung 1

Hardware Konfiguration

Eine Analyse der Engpässe im Zeitverhalten oder in der Kapazität der Hardware zu Beginn des Projekts führte zur notwendigen Behebung durch neuentwickelte, dedizierte Hardware, die in Abbildung 1 stark umrandet dargestellt ist. So waren ursprünglich nur 60 digitale Potentiometer aber 60 Servopotentiometer vorhanden, die wegen ihrer im Sekundenbereich liegenden Einstellzeit durch neuentwickelte steckerkompatible DCAs ersetzt werden mußten. Ebenso war es zum Aufbau komplexer Makros notwendig, 32 weitere DCAs, 64 digitale Konstantengeber sowie 192 zusätzliche digitale Kontrolleitungen zur Steuerung von neu entwickelten Eingangsnetzwerken für Integrierer und Summierer mit softwareumschaltbaren Verstärkungsfaktoren zu bauen. Da die Übertragung von zeitdiskretisierten hybriden Variablen zeitkritisch und nur in einer Richtung über den direkten Speicherkanal von oder zum Digitalrechner möglich ist, wurden sogenannte Hybride Memories, d.h. lokale RAMs mit eigenem ADC bzw. DAC entwickelt, die zeitsynchron tabellierte Variable abtasten bzw. dem Analogrechner anbieten können.

Zur Unterstützung einer besseren Dokumentation ist auch ein eigenes Readout System
für den Pipelined Boolean Prozessor nötig, das bereits entworfen aber noch nicht realisiert wurde. Ebenfalls erst in der Designphase befinden sich spezielle, hybride
Funktionseinheiten (HYFUs) zur tabellengesteuerten, nichtlinearen Funktionserzeugung
von Funktionen ein oder mehrerer Variabler und eigene Hardwareelemente zur automatischen Bestimmung des Minimum, Maximum und des Überlaufzeitpunktes für die Online-
Skalierung. Für die interaktive Steuerung des Time-Sharing Systems und zur graphischen Dokumentation von Simulationslösungen konnten im Rahmen des Projekts zwei HP
2648A Graphik-Terminals angeschafft werden.

Als Ersatz der früher verwendeten Oszillographen wurden mikroprozessorgesteuerte Simulationskonsolen entworfen, die unter Verwendung eines VLSI-Graphikprozessor Bau-

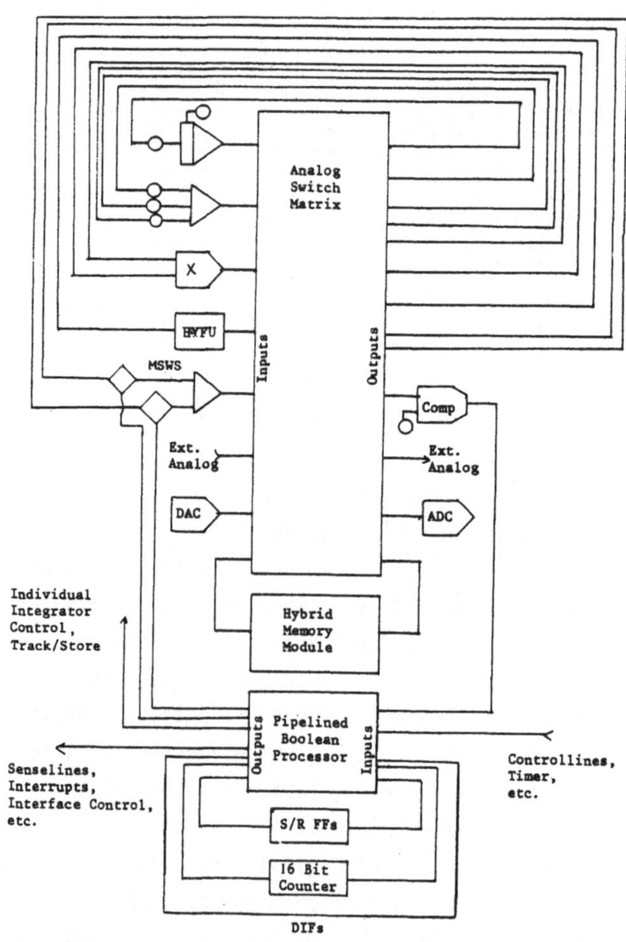

Abbildung 2
AutoPATCH Konfiguration

steins auf einem 512x512 Punktraster die Darstellung dynamischer Veränderungen ska-
lierter Variabler in Echtzeit ermöglichen. Der Prototyp einer Simulationskonsole wurde bereits fertiggestellt.

Abbildung 2 zeigt ein Prinzipschaltbild der Verbindungen von den Ein- und Ausgängen
der analogen Schaltmatrix bzw. des Logikprozessors zu den analogen bzw. logischen
Rechenelementen des Analogrechners, die zu bestimmten Funktionsmoduln (Makros) zusammengefaßt sind. Die dargestellten Makros haben nur beispielhaften Charakter. Es handelt sich dabei zum Teil um fest vorverdrahtete Analogrechenelemente, zum Teil wurden eigene Hardwareelemente zur Realisierung einer Makrooperation entwickelt bzw.
vorgeschlagen (z.B. Multiswitchsummierer mit integrierten Eingangskoeffizienten und
digital setzbaren Begrenzern).

5. Beschreibung der analogen Schaltmatrix

Die bei uns installierte Schaltmatrix besteht aus zwei analogen Teilmatrizen mit je
64 Eingängen und 128 Ausgängen; die Matrizen sind durch je 8 Verbindungsleitungen
miteinander gekoppelt (Interconnections). Das gesamte System ist daher in der Lage,
112 Eingänge auf 240 Ausgänge zu schalten.

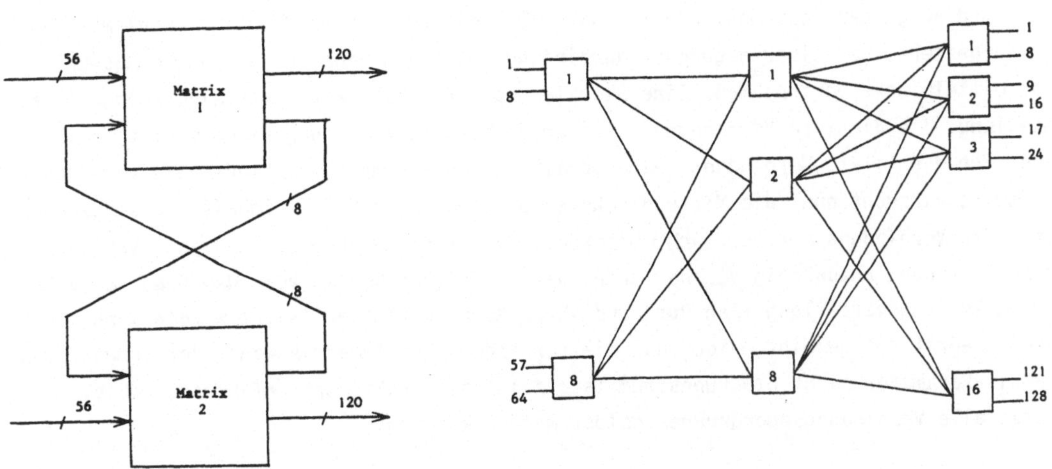

Abbildung 3
Analoge Schaltmatrizen - Blockdiagramm

Da die beiden Matrizen im Prinzip voneinander unabhängig sind, kann die Zahl der Interconnections beliebig definiert werden. Die gegenwärtige Konfiguration (8 Interconnections) wurde aufgrund einer Analyse der durchschnittlichen Komplexität der bei
uns durchgeführten hybriden Simulationen festgelegt. Im Falle eines auftretenden Kon-

flikts, d.h. das für ein bestimmtes Problem mehr Interconnections benötigt würden,
führt die Software selbsttätig eine Änderung der Zuordnung von Problemvariablen auf
Hardwaremakros durch, um die Anzahl der Interconnections zu minimieren. Bisher konnten mit diesem Algorithmus alle aufgetretenen Probleme gelöst werden.

Jede analoge Schaltmatrix ist ein in CMOS-Technologie aufgebautes dreistufiges Netzwerk (Hannauer'sches Schema), das 64 Eingänge mit 128 Ausgängen verbindet. Abbildung
3 zeigt den Aufbau einer solchen dreistufigen Schaltmatrix.

Die Ein- und Ausgänge sind zu quadratischen Blöcken der Größe 8x8 zusammengefaßt. In
einem solchen Block kann jeder Eingang mit jedem Ausgang verbunden werden. Es gibt
8 Eingangs- und 16 Ausgangsblöcke. Die Mittelblöcke sind rechteckig von der Größe
8x16 und wurden aus Gründen der Modularität durch 8x8-Blöcke mit gemeinsamen Eingang
realisiert. Jeder Ausgang besitzt einen Pufferverstärker.

Es gibt nur eine Verbindung zwischen einem Eingangs- und einem Mittelblock. Ebenso
gibt es nur eine Verbindung zwischen einem Mittel- und Ausgangsblock. Daher ist der
Verbindungsweg zwischen einem bestimmten Paar von Ein- und Ausgängen eindeutig definiert, sobald der dazugehörige Mittelblock spezifiziert ist.

Eine Verbindungsordnung ist eine Menge, deren Elemente aus den benötigten Paaren von
Ein- und Ausgängen bestehen. Die Software löst das sogenannte "Routing Problem", das
darin besteht, bei einer gegebenen Verbindungszuordnung eine entsprechende Auswahl
der Mittelblöcke vorzunehmen. Eine Blockierung der Schaltmatrix ist eine solche Schalt-
stellung, die die i-te Verbindung in einer Verbindungszuordnung sicherstellt, bei der
aber für die i+1-te Verbindung keine Schaltmöglichkeit mehr existiert. Die vorhandene
Software versucht nun, die Mittelblöcke so umzuordnen, daß die Blockierung aufgehoben
ist. Ein Verbindungsnetzwerk heißt blockungsfrei, wenn durch Umordnung jede Verbindungszuordnung unabhängig von der Größe des benötigten Netzwerkes, dem Grad der erhaltenen Ausgangsverteilung (Fan-Out) und ihrer Komplexität realisiert werden kann. Obwohl theoretisch gezeigt wurde, daß die vorhandene Schaltmatrix wegen der verwendeten
Matrix-Parameter nicht blockungsfrei ist, zeigt die praktische Erfahrung, daß bis
jetzt alle Verbindungszuordnungen gelöst werden konnten.

6. Stand des Projekts und Ausblick

Das derzeit im Teststadium befindliche Time-Sharing System ermöglicht es bis zu vier
Benutzern gleichzeitig ihre Simulationen mit dem Sprachprozessor HYBSYS durchzuführen. HYBSYS wurde dahingehend verändert, daß alle direkten Hardwarezugriffe durch Abspeicherung der Werte in Tabellen ersetzt wurden. Wird vom Benutzer entweder direkt
(z.B. durch Parameterveränderungen) oder indirekt über ein Verfahren ein hybrider
Rechenlauf benötigt, so wird das Betriebssystem mit einem Systemtrap angestossen.
Das Betriebssystem übernimmt nun die Mehrbenutzerverwaltung in der Form, daß es je-

dem Benutzer eine Zeitscheibe mit der Länge des gewünschten Zeitintervalls (OP-Zeit
der Integrierer) zuordnet und mit einem First-in First-out Algorithmus abarbeitet.
Die Problemwechselzeiten hängen davon ab, ob ein neues Problem aufgebracht wird, oder
bloß eine Parameteränderung notwendig ist. Die Verwendung des Logikprozessors oder
hybrider Memories erfordert zusätzliche Zeit zum Absetzen der Daten. Wie in [1] ausgeführt wird, liegt die Problemwechselzeit zwischen 1 und 10 Millisekunden. Dies
stellt nach den bisherigen Erfahrungen eine ausreichend kurze Zeit zur Erzielung des
Eindrucks der alleinigen Benutzung des Systems für jeden einzelnen Benutzer dar.

Im Rahmen des Projekts MACHYS sollen bis 1983 die oben erwähnten erst entworfenen
Hardware Teilsysteme realisiert, getestet und eingebaut werden. Darüber hinaus sol-
len verschiedene Time-Sharing Techniken entwickelt und miteinander verglichen werden.
Insbesondere sollen neben der Erprobung anderer Abarbeitungsmechanismen das gleich-
zeitige Aufbringen mehrerer Benutzerprobleme auf die gesamte Hardware (Hardware-
Sharing) und das Unterbrechen eines Benutzerlaufes (fest vorgegebene Zeitscheiben)
untersucht werden. Nach einer notwendigen Hauptspeichererweiterung soll das hybride
Time-Sharing auf mindestens 8 Benutzer erweitert werden.

<u>Literatur</u>

[1]   Solar, D. et al.: "Interaktive Simulationssoftware für ein virtuelles Mehr-
       benutzersystem", vorliegender Tagungsband

[2]   Kleinert, W., Wittek, E.: "Der programmierbare parallele Logikprozessor für
       das hybride AutoPATCH System an der TU Wien", vorliegender Tagungs-
       band

[3]   Blauensteiner, A.: "Neues Betriebssystem JCS/VS 8", INTERFACE 17, April 1981,
       p. 11-15

Der programmierbare Logikprozessor
für das hybride AUTOPATCH System an der TU Wien [1]

W.Kleinert, E.Wittek

Zusammenfassung. Der selbstentwickelte Pipelined Boolean Processor (PBP) ist ein getakteter logischer Parallel-Prozessor mit Pipelining, der in der Lage ist, komplexe Aufgaben der kombinatorischen und sequentiellen Logik äußerst rasch zu bewältigen und im hybriden AutoPATCH System der TU Wien als Ersatz für die parallele Logik des 680 dient. Er besteht aus einer logischen Schaltmatrix und einer Anzahl von programmierbaren Logic Arrays (PLA) mit insgesamt 64 Eingängen und 128 Ausgängen. Jeder Ausgang kann eine beliebige Boole'sche Funktion von maximal acht logischen Eingängen sein. Die Programmierung erfolgt maschinenunabhängig als Teil der Modellbeschreibung in der blockorientierten Syntax des interaktiven Sprachprozessors HYBSYS.

Summary. The Pipelined Boolean Processor (PBP) is a parallel logic processor with pipelining developed at TU Vienna to replace the parallel logic of the 680 analogue computer in the hybrid AutoPATCH System. The PBP consists mainly of a logic switch matrix and a set of programmable logic arrays (PLA) with all together 64 inputs and 128 outputs. Each output can be an arbitrary boolean function of up to eight logic inputs. The PBP can be programmed with the help of the interactive language processor HYBSYS using a complete machine independent blockoriented syntax.

1. Einführung

Zur vollständigen Automatisierung eines hybriden Analogrechners ist nicht nur eine analoge Schaltmatrix, sondern auch ein programmierbarer Ersatz für die parallelen Logikelemente nötig, der mit den Interfacesignalen (Komparatoren, Schaltern, Kontrolleitungen, Interruptleitungen, Integrierereinzelsteuerungen, Real Time Clock, etc.) verbunden ist. Diese Aufgabe löst im AutoPATCH System der TU Wien ein selbstentwickelter programmierbarer Logikprozessor (PBP = Pipelined Boolean Processor), dessen Ein- bzw. Ausgänge zum Teil fest mit bestimmten Elementen der parallelen Logik des Analogrechners EAI PACER 680 verbunden sind.

2. Die Hardware des Logikprozessors

Die Hardware des PBP besteht in der Hauptsache aus einer logischen Schaltmatrix und einer Anzahl von programmierbaren Logic Arrays (PLA) mit insgesamt 64 Eingängen und

---

1   Diese Arbeit entstand im Zusammenhang mit dem vom Fond zur Förderung der wissenschaftlichen Forschung unterstützten Projekt Nr.4156.

128 Ausgängen. Die logische Schaltmatrix besteht aus acht Inputblöcken (8x8) und acht Mittelblöcken (8x16). Jeder dieser Blöcke besteht aus 8x1-Multiplexern mit parallelgeschalteten Eingängen und zugeordneten Registern für die Schaltstellungen. Durch entsprechende Schalterpositionen kann zu jedem der 16 Ausgangsblöcke eine beliebige Untermenge von maximal acht Eingangssignalen geroutet werden. Die Ausgangsblöcke wurden mit 256x8 RAMs realisiert, die mit Wahrheitstabellen, die den benötigten Boole'schen Funktionen entsprechen, geladen werden. Abbildung 1 zeigt ein Blockschaltbild des PBP.

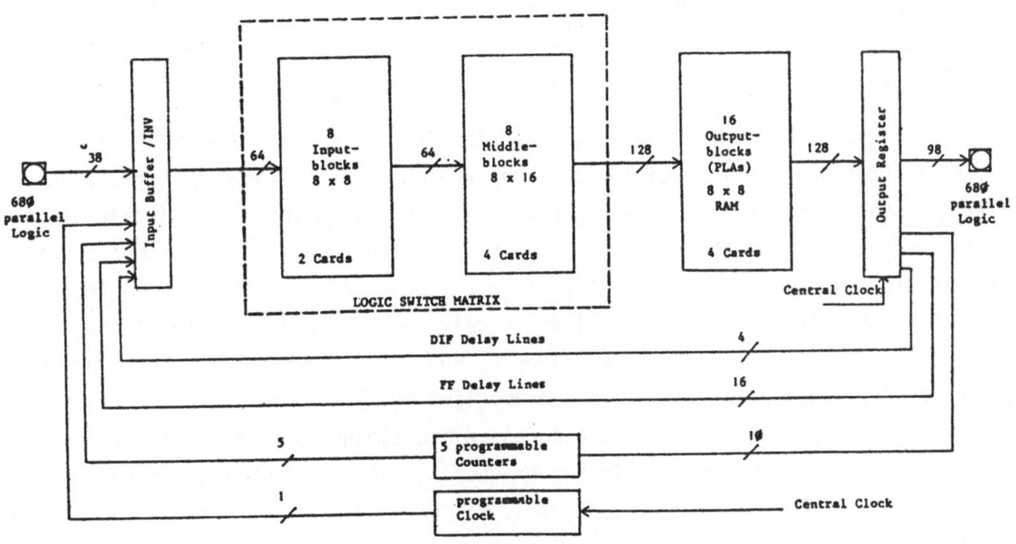

Abbildung 1

Blockschaltbild des PBP

Zwischen einem Eingangs- und Mittelblock bzw. einem Mittel- und Ausgangsblock besteht genau eine Verbindung. Daher ist, sobald ein entsprechender Mittelblock gewählt wurde, die Verbindung zwischen einem spezifischen Eingang und einem spezifischen Ausgang eindeutig. Die Eingangssignale erscheinen als Eingang an den PLAs in der durch einen Verbindungsalgorithmus ausgewählten Reihenfolge der Mittelblöcke.

Ein Register am Ausgang der Ausgangsblöcke, das durch eine zentrale Uhr getaktet wird, synchronisiert alle Ausgangssignale. Aus diesem Grund können Flip-Flops und Differenzierer durch einfache Rückführungen, die als Delay-Lines fungieren, realisiert werden, wobei für die Flip-Flops zusätzliche Boole'sche Verknüpfungen, die die Funktionen von S/R bzw. D-Flip-Flops beschreiben, notwendig sind. In die Rückführungen wurden auch fünf 16 Bit Zähler eingebaut, die durch ein LSI Chip (AM 9513) realisiert sind. Jeder dieser Zähler hat zwei Eingangssignale, Source und Gate, und kann

in 18 verschiedenen Modes programmiert werden, sodaß er als Frequenzgeber, verzöger-
ter Differenzierer, Ereigniszähler, zur Erzeugung von Rechtecksschwingungen usw. verwendet werden kann. Außerdem steht dem Benutzer eine externe Frequenz zur Verfügung,
die im Bereich von 4 Hz bis 312 KHz programmiert werden kann.

Um die physikalischen Dimensionen zu minimieren und um den Durchsatz zu erhöhen, wurden für jeden 8x8-Block des PBP Time-Sharing-Techniken verwendet. Die Time-Sharing-
Register der Eingangs-, Mittel- und Ausgangsblöcke fungieren als Pipelineregister
einer dreistufigen Pipeline. Das interne Timing des PBP ist mikroprogrammierbar und
wird von einer 20 MHz Clock gesteuert. Die Zeit zwischen zwei zentralen Clock-Impul-
sen muß wegen der internen Verzögerungszeiten bei Verwendung von Rückführungen 1.6 µs
betragen.

Zum Auslesen und Zeichnen der logischen Signale wird ein eigenes PBP-Read-out-System
entwickelt. Über drei 64x1 Multiplexer-Karten können gleichzeitig ein Eingangssignal
und zwei Ausgangssignale des PBP angewählt werden. Für jedes der drei Signale steht
ein eigener Analyser zur Verfügung, der das über das Multiplexer System angewählte
Signal differenziert und mit einem Zähler den Zeitpunkt eines Pegelwechsels festhält.
Dieser Zeitpunkt wird mit dem Pegel (1 Bit Pegel, 15 Bit für den Zeitpunkt) auf einer Speicherkarte mit 3Kx16 RAM abgespeichert. Außerdem wird der Pegel bei einem Überlauf des Zählers abgespeichert. Bei einem Überlauf des RAMs - für jedes Signal stehen
1K Speicher zur Verfügung - werden die Adressen nicht mehr inkrementiert und die Information immer in die gleiche Zelle geschrieben, sodaß ein Überschreiben der zuerst
abgespeicherten Information verhindert wird. Mit Hilfe der in den RAMs abgespeicherten Werte kann, mit der entsprechenden Software, das Echtzeitverhalten der ausgewählten Logiksignale rekonstruiert und dokumentiert werden.

3. Die Programmierung des Logikprozessors

Die Programmierung des PBPs erfolgt maschinenunabhängig auf Variablenebene mit Hilfe
des hybriden Sprachprozessors HYBSYS. Die HYBSYS-Software unterteilt sich in vier
große Abschnitte:

- die Deklaration der Variablen und Gleichungen,
- das Aufbringen des deklarierten Modells auf den Analogrechner und dem PBP
- Simulation mit dem Modell
- Dokumentation der Resultate.

Aufgrund der blockorientierten Syntax des hybriden Sprachprozessors HYBSYS muß jeder
logische Ausdruck in einzelne Operatoren zerlegt werden. Im Gegensatz zu analogen
Operatoren wird nicht jedem logischen Operator ein Hardware-Makro zugeordnet, da durch
die Verwendung der RAMs in den Ausgangsblöcken ein Teil der Boole'schen Operationen
wie AND, OR usw. allein durch die Berechnung ihres Wahrheitswertes mit Hilfe von Un-

terprogrammen realisiert werden kann. Dadurch können auch die logischen Ausgangsvaria-
blen Funktionen von mehr als einer Inputvariablen sein, was einen großen Unterschied
zu den analogen Schaltproblemen darstellt.

Die Eingangsvariablen für den PBP sind Komparatoren, Controllines (= logische Konstante), zentrale Timer-Signale (z.B. OP) und externe Logiksignale.

Die logischen Funktionen AND, NAND, OR, NOR, EQU und XOR müssen als Operatoren deklariert werden und verknüpfen eine nichtlimitierte Anzahl von logischen Eingängen.
Jedem dieser Operatoren ist ein Unterprogramm zur Auswertung des Funktionswertes zugeordnet. Die Boole'sche Funktion NOT muß nicht als eigener Operator deklariert werden, sondern wird mit Hilfe des Vorzeichens "-" beschrieben.

Flip-Flops, Differentiatoren und Zähler sind logische Operatoren mit einer limitier-
ten Anzahl von Eingangssignalen. Flip-Flops haben zwei Eingangssignale (Set und Re-
set). Wird nur das Set-Signal deklariert, so wird auf den Reset-Eingang automatisch
das negierte Set-Signal gelegt, wodurch das Flip-Flop als einfaches Delay fungiert.
Wie schon oben erwähnt, wird ein Flip-Flop durch eine einfache Rückführung und der
entsprechenden Wahrheitstabelle realisiert. Die Deklaration eines Differentiators
resultiert in einer Zuordnung einer differenzierenden Delay-Line.

Mit Hilfe spezieller HYBSYS-Befehle werden die fünf Zähler programmiert:
z.B.: Auswahl der Modes, Laden der Register, usw.

Ausgänge des PBP können einzelne Eingangsvariable oder Boole'sche Operationen von
Eingangsvariablen sein; diese sind fest verdrahtet, um Switches, Track/Stores, Sense-
lines, externe logische Signale und Interrupts zu steuern.

Beim Aufbringen des Modells auf den PBP, das von der Seite des Benutzers durch Ein-
tippen des HYBSYS-Befehls PREPAR erfolgt, müssen von der Software folgende Funktionen
durchgeführt werden:

- Zuordnung der Hardware-Komponenten (entspricht einer Zuordnung der Ein- und Aus-
  gänge des PBPs)
- Routen durch Zuordnung der entsprechenden Mittelblöcke
- Berechnung der Wahrheitstabellen.

Bei der Zuordnung der deklarierten Eingangsvariablen zu den entsprechenden Ausgangsblöcken müssen von der Software auch folgende hardwarebedingte Einschränkungen überprüft werden:

- eine logische Ausgangsvariable kann nur eine Funktion von maximal acht verschiedenen Eingangsvariablen sein,

- die Anzahl der verschiedenen Eingangsvariablen, die zu einem PLA geroutet werden,
  ist mit acht limitiert, d.h., die maximal acht logischen Funktionen, die einem PLA
  zugeordnet werden können, können insgesamt von maximal acht verschiedenen Eingangsvariablen abhängig sein.

Nachdem diese Zuordnung getroffen wurde, können die Verbindungen durch Auswahl der
entsprechenden Mittelblöcke hergestellt werden.

Damit kann jeder PLA-Eingang mit einer Eingangsvariablen der logischen Schaltmatrix
identifiziert werden und es können die Boole'schen Funktionen, die den entsprechenden Ausgängen eines PLAs zugeordnet sind, für alle möglichen binären Kombinationen
der Eingangsvariablen berechnet werden.

4. Beispiel

Ein Pseudozufallszahlengenerator soll mit einem Ringschieberegister und Antivalenz-
Rückkopplung realisiert werden.

Mit Hilfe von acht Flip-Flops, ebensovielen Schaltern und einem Summierer wurde ein
Digital-Analog-Wandler realisiert. Das so erhaltene binäre Rauschen (P1) wird durch
einen Tiefpaßfilter (FILTER) zu einem gleichverteilten Pseudorauschen.

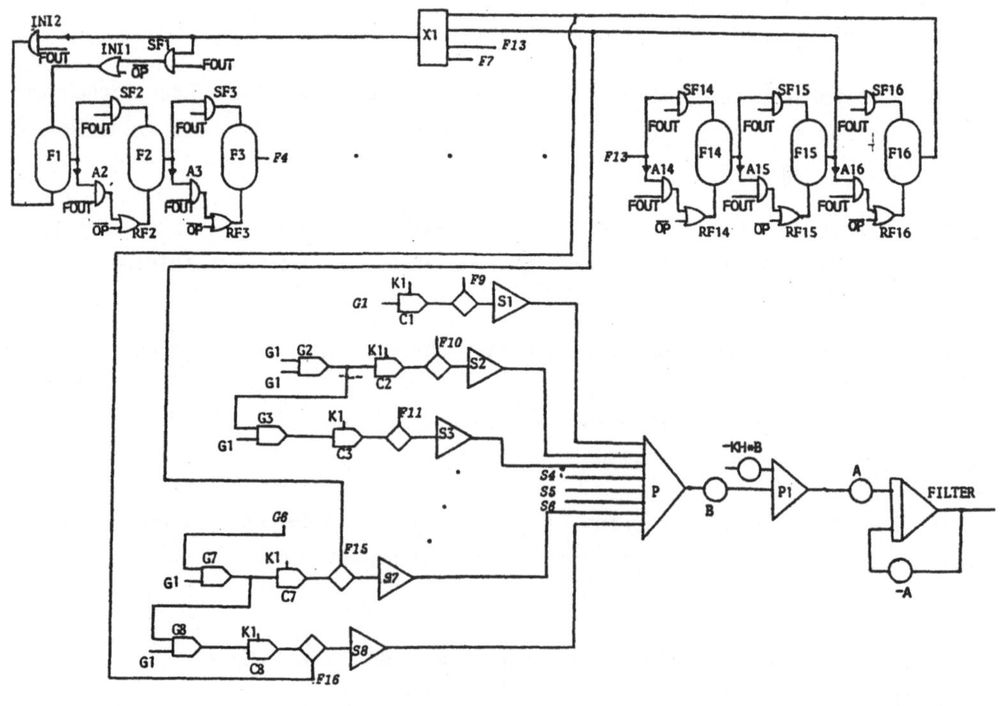

Schaltplan

Simulation mit HYBSYS

```
DECLAR FF:F[1:16]                    DIGITL
DECLAR AND:SF[1:16],A[2:16],INI2     DECLAR PAR:G1=2
DECLAR OR:RF[2:16],INI1              DECLAR MULT:G[2:8]
DECLAR XOR:X1                        DECLAR DIV:C[1:8]

DECLAR F[2:16]=SF[Ø],RF[Ø]           DECLAR G[2:8]=G[-1],G1
DECLAR SF[2:16]=F[-1],FOUT           DECLAR C[1:8]=K1,G[Ø]
DECLAR A[2:16]=-F[-1],FOUT
DECLAR RF[2:16]=A[Ø],-OP             ANALOG
DECLAR F1=INI1,INI2                  DECLAR PAR:A=2Ø,B=2,KH=.5
DECLAR INI2=-X1,FOUT                 DECLAR SWI:S[1:8]
DECLAR SF1=X1,FOUT                   DECLAR SUM:P,P1
DECLAR INI1=SF1,-OP                  DECLAR INT:FILTER
DECLAR X1=F15,F16,F7,F13
                                     DECLAR S[1:8]=F[8]*C[Ø]
                                     DECLAR P=S1,S2,S3,S4,S5,S6,S7,S8
                                     DECLAR P1=P*B,-KH*B
                                     DECLAR FILTER=-A*FILTER,P1*A


                                     FOUT=75
```

PREPAR

PLOT P1

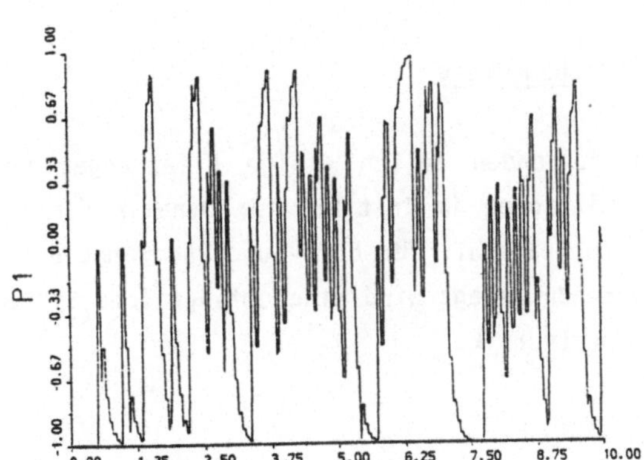

PLOT FILTER

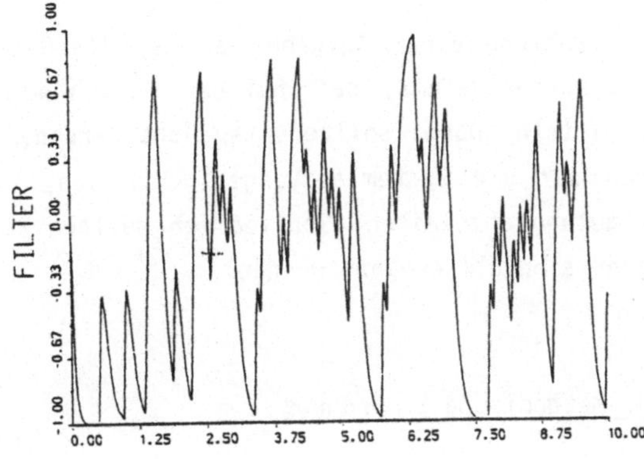

ERFAHRUNGEN UND PROBLEME BEI DER HYBRIDEN SYSTEM-SIMULATION

Hans Schubert, Oberpfaffenhofen

Zusammenfassung. In einer umfangreichen Systemsimulation auf dem Gebiet der Lenkflugkörpertechnik mußten Echtteile (Mensch, Komponenten) mit einbezogen werden. Deshalb wurde ein Hybridrechner EAI 3200 eingesetzt. Erfahrungen und Probleme werden mitgeteilt, wie Modellaufteilung auf Analog- und Digitalteil, Synchronisation der Datenwandlung, Kompensation der Totzeit und Auswahl des digitalen Integrationsverfahrens.

Summary. In an extensive simulation of a guided missile system real parts (man, components) must be included. Therefore a hybrid computer EAI 3200 has been used. Information is given about experiences and problems as division of the model to analog- and digital part, synchronisation of the data conversion, time-delay compensation and selection of the digital integration formula.

1. Vorbemerkung

Im folgenden sollen einige Erfahrungen und grundsätzliche Probleme bei hybriden Simulationen im Institut für Dynamik der Flugsysteme der Deutschen Forschungs- und Versuchsanstalt für Luft- und Raumfahrt e.V. in Oberpfaffenhofen vorgestellt werden. Zugrunde gelegt wird eine umfangreiche Systemsimulation auf dem Gebiet der Lenkflugkörpertechnik.

2. Zielsetzung

Zielsetzung einer Aufgabe war es, die Gesamtleistung eines halbautomatischen Lenkflugkörpersystems, bei dem der Mensch mit in den Regelkreis einbezogen wurde, zu ermitteln. Dabei sollte untersucht werden, wie sich Änderungen spezieller Systemgrößen auf die Systemleistungen auswirken, um daraus Verbesserungen der Lenkung und Regelung abzuleiten. Schließlich sollten kostspielige Hardwareexperimente eingespart oder sinnvoll ergänzt werden.

3. Methodische Einordnung

Das zu simulierende System ist zunächst augenfällig dadurch charakterisiert, daß der

Mensch mit in den Regelkreis einbezogen wird, also Teil des Systems - eine Systemkomponente - ist (Bild 3.1).

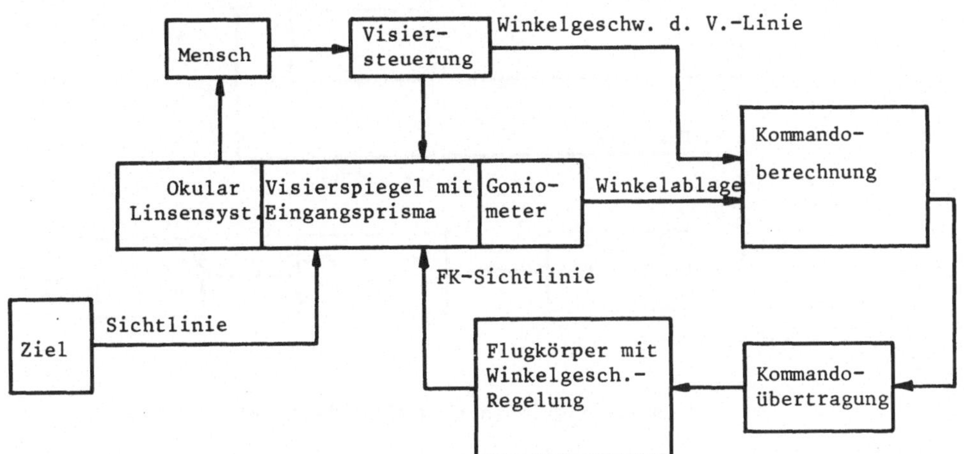

Bild 3.1 System - Übersicht

Es liegt deshalb ein <u>Echtzeitproblem</u> vor, bei dem auf einer Rechenanlage die Lösung in der gleichen Zeit herbeizuführen ist, in der auch der technische Vorgang dieselbe Lösung zeigen würde. Da der Mensch sich nicht rein deterministisch verhält, müssen für einen festen Parametersatz jeweils ausreichend viele Rechenläufe durchgeführt werden, d.h. es war insgesamt eine sehr hohe Anzahl von Produktionsläufen erforderlich.

4. Verwendetes Modell

Aufgrund einer eingehenden Systemanalyse wurde ein mathematisches Modell des Systems und seiner Komponenten sowie seiner Regelung mit den zugehörigen Sensoren erstellt. Um möglichst genau das Verhalten des Flugkörpers wiederzugeben, wurde das vollständige Gleichungssystem der Bewegung eines Körpers mit 6 Freiheitsgraden unter Einschluß der nichtlinearen und zeitvarianten Aerodynamik und Flugmechanik herangezogen. Das aus dem mathematischen Modell abgeleitete Simulationsmodell enthielt darüberhinaus im wesentlichen die Berechnung der Zielbewegung, verschiedene Transformationen zwischen einem geodätischen, einem visierlinienfesten und einem flugkörperfesten Koordinatensystem, sowie die Berechnung der Lage des Ziels zur Darstellung auf einem Display derart, als würde der Mensch das Ziel in Wirklichkeit durch das optische Visiersystem beobachten (Bild 4.1). Insgesamt ergab sich dabei ein System von 38 Differentialgleichungen.

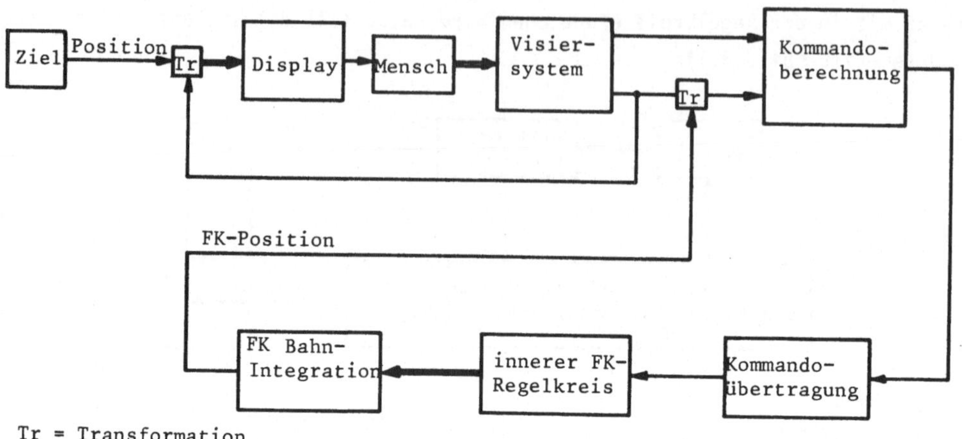

Bild 4.1 Simulationsmodell - Übersicht

5. Auswahl der Rechentechnik

Es war nun die Frage zu klären, welches Rechnersystem (analog, digital, hybrid) zum Einsatz kommen sollte. Dabei waren zwei wesentliche Gesichtspunkte zu berücksichtigen. Einmal mußte die Simulation aus den genannten Gründen in Echtzeit ablaufen, zum anderen mußte eine hohe Genauigkeit bzw. ein großer Wertebereich bei der Berechnung der Flugbahn gefordert werden. Der Einsatz eines Analogrechners hätte sich wegen seiner hohen Rechengeschwindigkeit zur Lösung des Echtzeitproblems angeboten, doch die Forderung nach hoher Genauigkeit bzw. großem Wertebereich verbot dies. Ein Digitalrechner hätte die letzteren Forderungen erfüllen können, doch kam sein Einsatz wegen der zu geringen Lösungsgeschwindigkeit auch eines sehr schnellen Digitalrechners für das umfangreiche Differentialgleichungssystem innerhalb der Echtzeit nicht in Frage.

Diese auf den ersten Blick erstaunliche Tatsache hat ihre Ursache darin, daß ein Digitalrechner wegen seines Arbeitsprinzips Integrationen nicht unmittelbar vornehmen kann, wie es der Analogrechner tut. Man muß vielmehr numerische Integrationsverfahren anwenden, die Näherungsverfahren sind, bei denen Integrationen durch eine Folge arithmetischer Ausdrücke ersetzt werden, die der Digitalrechner seriell abarbeitet. Die Zahl der je Integrationsschritt erforderlichen einfachen Rechenoperationen steigt u.U. jedoch so stark an, daß die hohe Verarbeitungsgeschwindigkeit des Digitalrechners dies in vielen Fällen zeitlich nicht mehr zu kompensieren vermag. Ein kleines Beispiel möge diesen Sachverhalt beleuchten:

Löst man die beiden Differentialgleichungen 1. Ordnung,

$$\dot{u} = \omega\cdot v \quad \text{und} \quad \dot{v} = -\omega\cdot u \tag{5.1}$$

mit den Anfangsbedingungen $u_0 = 0.0$ und $v_0 = a$, so erhält man als Lösung

$$u = a\cdot\sin(\omega t). \tag{5.2}$$

Ein Digitalrechner mit einer Kernspeicherzykluszeit von 600 ns benötigt zur Berechnung der Lösung für einen Rechenschritt Δt ($\Delta t = t_{n+1} - t_n$) unter Verwendung des Integrationsverfahrens 4. Ordnung nach Adams-Bashforth (Prädiktorformel), 108 µs. Diese Zahl wurde anhand des Assemblerprogramms durch Aufsummieren der Ausführungszeiten der einzelnen Befehle ermittelt. Legt man nun fest, daß sich die Lösungsfunktion im Punkt der höchsten Steigung (hier von $t_0 = 0$ bis $t_1 = \Delta t$) um höchstens 1% der maximalen Amplitude ($/a/ = 1$) ändern darf, um nicht eine allzu grobe Rasterung der Stufenfunktion als Lösung zu erhalten, dann ergibt sich nach Gl.(5.2):

$$0.01 = \sin(2\pi f\Delta t), \quad \text{nach } f \text{ aufgelöst} \tag{5.3}$$

$$f = \arcsin(0.01)/2\pi\Delta t = \arcsin(0.01)/2\pi\cdot108\cdot10^{-6} = 14{,}74 \text{ Hz.} \tag{5.4}$$

Dies bedeutet, daß der Digitalrechner die beiden Differentialgleichungen in Echtzeit nur bis zu einer Frequenz $f = 14{,}74$ Hz lösen kann oder, allgemein ausgedrückt, Differentialgleichungen nur in Zeiten lösen kann, die einem höchsten Frequenzanteil der als Lösung zu erwartenden Zeitfunktion von weniger als 14,74 Hz entsprechen. Diese Zahl sinkt noch mit der Anzahl der gleichzeitig zu lösenden Differentialgleichungen und deren Komplexitätsgrad. Schon bei einfachen Simulationsaufgaben können aber wesentlich höhere Frequenzen in den Lösungen auftreten. Dagegen liegt die 3 db-Bandbreite der Rechenelemente eines Analogrechners heute bei 400 - 800 kHz. Verkoppelt man die Rechenelemente, um z.B. die Differentialgleichungen (5.1) zu lösen, so erhält man unter Verwendung von frequenzkompensierten Eingangswiderständen eine "Grenzfrequenz" von 16 kHz, was mindestens einer 1000-fach höheren Rechengeschwindigkeit entspricht. Die Rechengeschwindigkeit erniedrigt sich nicht, wenn die Anzahl der zu lösenden Differentialgleichungen vergrößert wird, da der Analogrechner im Gegensatz zum Digitalrechner ein echter Parallel-Rechner ist. Aus o.a. Gründen wurde deshalb zur Problemlösung ein <u>Hybridrechner</u> vom Typ EAI 3200 eingesezt. Der Einsatz einer Hybridrechenanlage besitzt auch aus Kostengründen Vorteile, wenn, wie hier, viele Produktionsläufe erforderlich werden. Eine Kostenanalyse in den USA für die Simulation eines vergleichsweise ähnlichen Systems unter Einschluß auch der Programmerstellungskosten hat ergeben, daß ein Rechenlauf auf einem Digitalrechner $114,-, auf einem Hybridrechner $15,- kostet [1].

6. Probleme der hybriden Simulationstechnik

Das Geschick des Programmierens eines Hybridrechners liegt nun darin, die Aufteilung der insgesamt durchzuführenden Operationen auf beide Rechner so vorzunehmen, daß ihre jeweiligen Vorteile ausgenützt werden.

Aufgrund der bei der numerischen Integration sich ergebenden Schwierigkeiten, scheint es nahe zu liegen, den hybriden Simulationsaufbau so zu gestalten, daß die Integrationen vom Analogrechner übernommen werden, da er unmittelbar und kontinuierlich integrieren kann. Die Genauigkeit wäre in den meisten praktischen Fällen hinreichend, da allein schon die Kenntnis der Systemparameter i.a. mit Unsicherheiten behaftet ist (Meßfehler, Problem der Identifizierung von Regelstrecken, Betrachtung linearisierter Modelle usw.). Nicht immer kann der Vorteil der analogen Integration ausgenützt werden, da, wie schon erwähnt,

- der Wertebereich des Analogrechners begrenzt ist,
- die Forderung nach Rechengenauigkeit höher liegt,
- ein Differentialgleichungssystem stark nichtlinear ist, z.B. transzendente Funktionen enthält, die analog nicht oder nur mit großem Aufwand erzeugt werden können.

Für den letzten Fall aber wäre es unsinnig, die rechten Seiten der Differentialgleichungen digital zu berechnen, um dann analog zu integrieren. Dies würde der Anwendung des Integrationsverfahrens nach Euler entsprechen, welches bekanntlich das schwächste ist.

Bei der vorliegenden Aufgabe wurde die Aufteilung des Problems auf Digital- und Analog-Rechner so vorgenommen, daß auf dem Digitalrechner 9 Differentialgleichungen gelöst wurden und zwar die Integration der Zielbahn aus den Geschwindigkeiten sowie die Integration der Flugbahn über die Geschwindigkeiten und die Lagewinkel. Ferner wurden alle notwendigen Koordinatentransformationen und Hilfsrechnungen digital ausgeführt. Auf dem Analogrechner wurden die restlichen 29 Differentialgleichungen gelöst, die die Dynamik des Flugkörpers, des Goniometers und der Kommandoübertragung sowie die Übertragungsfunktionen von Filtern für die Kommandobildung beschreiben (Bild 6.1).

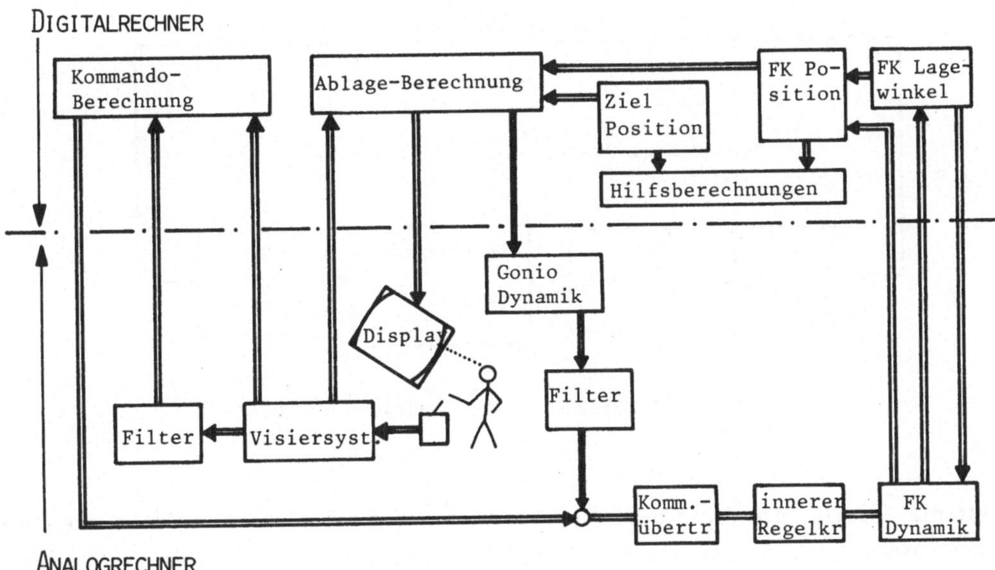

Bild 6.1 Aufteilung der Simulation

Daraus läßt sich für hybride Simulationen als Faustformel für eine Aufteilung ableiten:

Analog

Dynamische Vorgänge, rotatorische Freiheitsgrade, Echtteile.

Digital

Koordinatentransformationen, translatorische Freiheitsgrade, Erzeugung transzendenter Funktionen, statistische Ergebnisauswertung, Erzeugung stochastischer Prozesse, Ziehen von Zufallszahlen, Housekeeping, Steuerung und Überwachung des Analogrechners, Programmvorbereitung für den Analogrechner, Durchführung von statischen Tests.

In einem hybriden Rechensytem ist außerdem zu beachten, daß ein Satz analoger Daten abgetastet und gewandelt, d.h. quantifiziert und codiert wird. Die gewandelten Daten können vom Digitalrechner verarbeitet werden. Errechnete Werte werden wieder gewandelt und in den analogen Teil eingespeist. So bestehen die Eingangsgrößen des Analogrechners aus einem Satz von Stufenfunktionen, die zwar in Relation zu den errechneten Werten stehen, aber zeitverzögert sind. Erinnert man sich, daß eine Totzeit im Laplace-Bereich die Multiplikation mit dem Faktor $e^{-\tau s}$ bedeutet (τ ist die Totzeit), dann können die Totzeiten in einer hybriden Schleife wie folgt angesetzt werden (Bild 6.2) [2]:

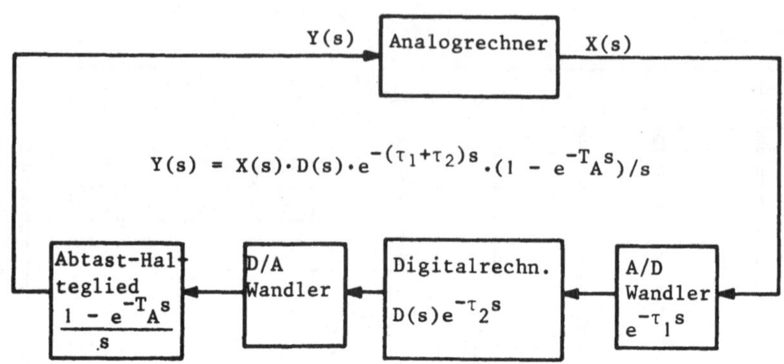

$$Y(s) = X(s) \cdot D(s) \cdot e^{-(\tau_1 + \tau_2)s} \cdot (1 - e^{-T_A s})/s$$

Bild 6.2 Totzeiten in einer hybriden Schleife

τ_1 ist die Totzeit, die der A/D-Wandler besitzt. Sie hängt von der digitalen Wortlänge des Ausgangs ab. τ_2 ist die für die digitale Rechnung benötigte Zeit. Sie hängt vom Rechenumfang ab. T_A ist die Abtastperiode, also die Zeit zwischen zwei aufeinander folgenden Abtastungen. Die analoge Ausgangsgröße X(s) ist daher mit der analogen Eingangsgröße Y(s) durch folgende Gleichung verknüpft:

$$Y(s) = X(s) \cdot D(s) \cdot e^{-(\tau_1 + \tau_2)s} \cdot (1 - e^{-T_A s})/s \tag{6.1}$$

Die analoge Eingangsgröße kann dann in Abhängigkeit von den Totzeiten, wie in Bild 6.3 gezeigt, dargestellt werden. Kurve (a) stelle den idealen analogen Eingang dar. Die Treppenkurve (Kurve (b)) sei der Ausgang des Abtasters mit Halteglied (zero-order-hold), d.h. die wirkliche analoge Eingangsgröße. Nimmt man an, daß das Abtastintervall T_A hinreichend klein ist und der Analogrechner ein Tiefpaßverhalten zeigt, (die hohen Frequenzanteile der Stufenfunktionen werden weitgehend unterdrückt), dann kann die Eingangsgröße Y(s) des Analogrechners näherungsweise durch einen geglätteten Mittelwert ersetzt werden (Kurve (c)). Aus Bild 6.3 wird ersichtlich, daß die gesamte Totzeit der hybriden Schleife sich aus den Totzeiten des A/D-Wandlers, der digitalen Rechenzeit und einem halben Abtastintervall zusammensetzt:

$$\tau_{ges} = \tau_1 + \tau_2 + T_A/2 \tag{6.2}$$

Die Totzeit τ_1 des A/D-Wandlers kann insofern vernachläßigt werden, als sie gegenüber der Zeit T_A sehr klein ist. Die Rechenzeit τ_2 des Digitalrechners spielt nur dann eine Rolle, wenn Analog- und Digital-Rechner asynchron miteinander arbeiten, d.h. die Datenwandlungen sofort eingeleitet werden, wenn der Digitalrechner mit seiner Rechnung fertig ist. Das kann aber nur dann der Fall sein, wenn der Digital-

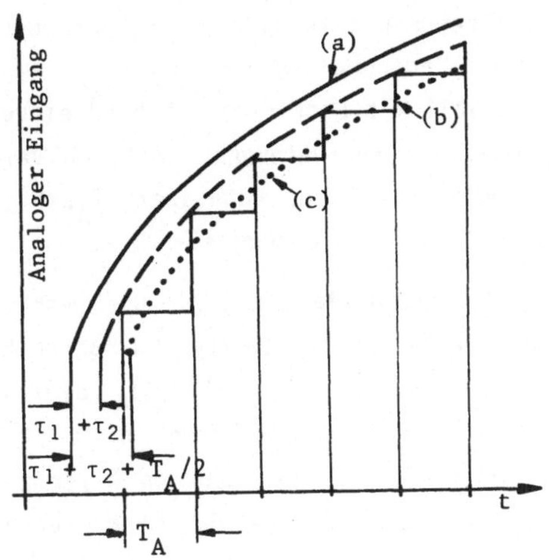

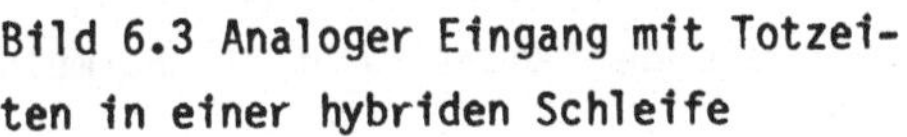

Bild 6.3 Analoger Eingang mit Totzeiten in einer hybriden Schleife

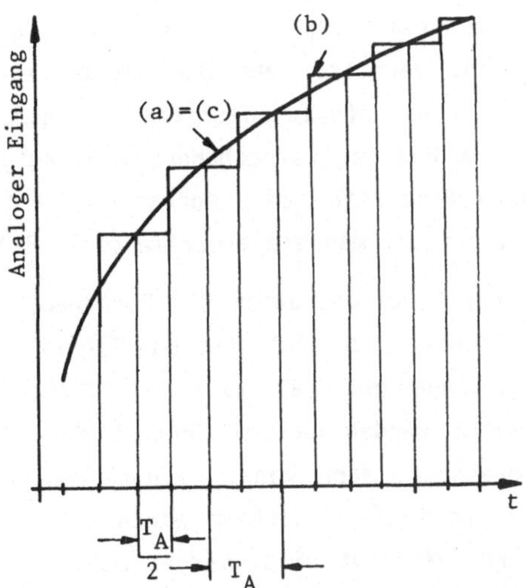

Bild 6.5 Analoger Eingang bei Kompensation der Totzeiten in einer hybriden Schleife

rechner keine zeitabhängigen Funktionen zu berechnen hat. Ist dies nicht der Fall, so müssen die zeitlich parallelen Rechenabläufe von Analog- und Digital-Rechner aufeinander abgestimmt, d.h. synchronisiert werden. Die Problematik liegt hier besonders darin, daß der Analogteil parallel, der Digitalteil seriell rechnet. Zur Synchronisation teilt man das Abtastintervall so ein, daß am Beginn der nun fest gewählten Abtastperiode T_A die A/D-Wandlung ausgeführt wird, der Digitalrechner dann seine zeitabhängigen Rechnungen mit $\Delta t = T_A$ durchführt und die vom Analogrechner benötigten Eingänge bereits zur Zeit $T_A/2$ dem Analogrechner über D/A-Wandlung zugeführt werden (Bild 6.4). Damit ist die wesentliche Totzeit $T_A/2$ kompensiert (Bild 6.5).

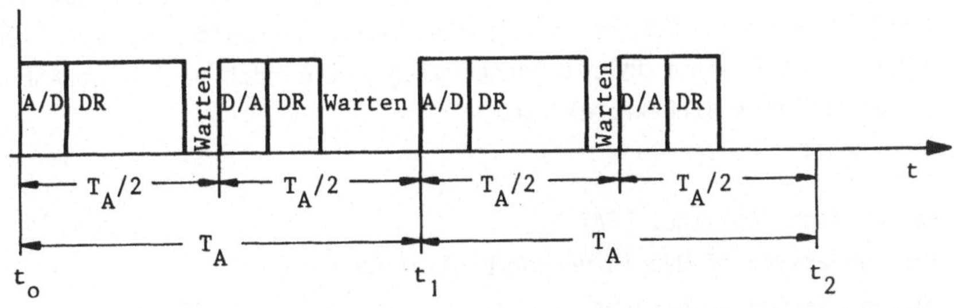

Bild 6.4 Synchronisation der Datenwandlung

In der zweiten Halbperiode von T_A kann der Digitalrechner zeitunabhängige Rechnungen vornehmen. Jeweils, wenn der Digitalrechner seine Rechnung beendet hat, ist eine Phase "Warten" bis zum nächsten halben Abtastintervall als Sicherheitsabstand einzufügen, da das Digitalrechenprogramm aufgrund logischer Verzweigungen zeitlich verschieden lang sein kann. Anzustreben ist eine möglichst kleine Abtastzeit T_A. Meistens ermittelt man sie experimentell. Bei unserer Simulation betrug sie 15 ms.

Wegen der Synchronisation der Rechenabläufe wird nun auch klar, daß für die hybride Rechentechnik nur Integrations-Algorithmen mit fester Schrittweite in Betracht kommen. Angenommen es soll das Differentialgleichungsystem $\underline{\dot{y}} = \underline{f}(\underline{y},\underline{u},t)$ digital integriert werden und man erhält den Steuervektor $\underline{u}$ über einen Datentransfer vom Analogrechner, dann kann $\underline{f}(\underline{y},\underline{u},t)$ nur zu den jeweiligen Taktzeitpunkten berechnet werden und nicht innerhalb eines Taktintervalls, wie es z.B. von den Runge-Kutta-Verfahren verlangt wird. Ferner muß zum Start einer Rechnung ein Einschritt-Verfahren herangezogen werden, damit die Rechnung nur mit Kenntnis der Anfangswerte begonnen werden kann. Recht gute Erfahrungen haben wir mit dem Adams-Bashforth-Formeln (Prädiktorformeln) gemacht:

$$y_{n+1} = \Delta t \cdot \sum_{p=1}^{q} \beta_{qp} f_{n+1-p} \qquad (6.3)$$

Am günstigsten ist es, wenn man in den ersten vier Rechenschritten die Ordnung mit aufbaut. Formeln höherer als 4. Ordnung zu benützen ist wenig sinnvoll, da einmal die vom Analogrechner kommenden Werte bestenfalls eine Genauigkeit von 0,01 % haben, zum anderen würde nur die Rechenzeit erhöht, was einer möglichst kleinen Wahl von Δt entgegensteht.

7. Schlußbemerkungen

Die oben angegebene Simulationsaufgabe konnte auf der Hybridrechenanlage in einer sehr befriedigenden Weise gelöst werden. Als ein besonderer Vorteil der Echtzeit-Simulation erwies sich außerdem, daß eine Systemkomponente, deren Modellierung außerordentlich schwierig und aufwendig gewesen wäre, als Echtteil in die Simultion mit einbezogen werden konnte. Zum Schluß sei noch erwähnt, daß sich 20 Rechenläufe pro Parametersatz als genügend für eine ausreichende Auswertung der Ergenisse erwiesen. Es kann festgestellt werden, daß für bestimmte Simulationsaufgaben, z.B. in der Luft- und Raumfahrt-Technik, der Hybridrechner auch heute noch ein unentbehrliches und zum Teil unübertroffenes Hilfsmittel ist.

8. Literatur

[1] Fa. Electronic Associates Inc. (EAI)
    Quantitative Comparison of Hybrid versus Digital Computation
[2] George A. Bekey, Walter J. Karplus
    Hybrid Computation
    John Wiley & Sons, Inc.   New York, 1968

Interaktive Simulationssoftware für ein hybrides Mehrbenutzersystem

D.Solar, F.Berger, A.Blauensteiner

Zusammenfassung. Das hybride Time-Sharing System MACHYS ermöglicht eine mehrfache interaktive Benützung des Hybridsystems auf maschinenunabhängiger, ausschließlich problemorientierter Ebene. Der im folgenden beschriebene interaktive Sprachprozessor HYBSYS unterstützt die Erstellung von Simulationsmodellen in blockorientierter Form, erlaubt automatische, optimale Skalierung von Analogschaltungen, graphische und alphanumerische Dokumentation und unterstützt ebenso die Experimentierphase der Simulation mit zahlreichen Standardverfahren. Neben der historischen Entwicklung wird die Systemarchitektur, die Sprache, der Softwareaufbau sowie die Time-Sharing Implementation von HYBSYS erläutert und durch ein Beispiel gezeigt.

Summary. The hybrid time-sharing system MACHYS allows multiple interactive use of the hybrid system on a machine independent problem-oriented level. In the following the interactive processor HYBSYS is described which supports the generation of simulation models in a block-oriented manner, allows automatic optimal scaling of analog patchings, graphic and alphanumeric documentation and also assists in the experimental phase of the simulation with several standard methods. Beside the historical development the system architecture, the language, the software construction and the time-sharing implementation of HYBSYS is explained and demonstrated by an example.

1. Einführung

Neben einer vollständig automatisierten, programmierbaren hybriden Hardware und einem virtuellen Time-Sharing Betriebssystem bildet die Verfügbarkeit einer interaktiven problemorientierten, hybriden Simulationssoftware eine der grundlegenden Voraussetzungen für die Implementierung eines interaktiven Mehrbenutzersystems.

Mit dem an der TU Wien entwickelten interaktiven Sprachprozessor HYBSYS steht eine einfache, problemorientierte Simulationssprache mit blockstrukturierter Modelldeklaration zur Verfügung. Alle hardwareabhängigen Aufgaben der Modellaufbereitung am Hybridrechner, wie das Erstellen der Schaltverbindungen, das Setzen der Koeffizienten und die automatische Online-Skalierung werden vom Prozessor selbsttätig unterhalb der Benutzerebene ausgeführt. Befehle mit selbsterklärender Syntax ermöglichen eine einfache Untersuchung des Modells mittels Parametervariation, Lösung von Teilproblemen wie Randwertaufgaben und Parameteroptimierung bis hin zur Modelländerung selbst. Numerische und graphische Darstellung der Lösungen und Verfahrensabläufe bieten jederzeit einen ausreichenden Einblick in das Modellverhalten und ermöglichen dadurch sowohl einen Eingriff in laufende Verfahren als auch eine ausführliche Dokumentation.

Die Time-Sharing Implementation des Prozessors ermöglicht eine bessere Ausnützung der vorhandenen Hardware-Resourcen, sodaß das gesamte Simulationssystem praktisch gleichzeitig bis zu vier Benutzern zur Verfügung steht.

2. Historische Entwicklung

Die Entwicklung eines Bibliotheksprogramms zur automatischen Online-Skalierung, mit der 1974 begonnen wurde, zeigte die Notwendigkeit eines geeigneten Konzepts zur Darstellung möglicher Analogschaltungen, das als Datenbasis für übergeordnete Programme dienen soll. Nach dem Design einer geeigneten Datenbasis zeigte sich, daß damit beliebige, vom speziellen Simulationsmodell unabhängige Programmoduln problemlos an die Datenbasis angeschlossen werden konnten. Dieses Ergebnis leitete die Entwicklung eines Simulationsprozessors zur

> interaktiven Lösung und Untersuchung von Systemen von gewöhnlichen
> und partiellen Differentialgleichungen mit einem Hybridrechner

ein, von dem 1976 bereits einige Moduln den Benutzern angeboten werden konnten [1].

Das erste abgeschlossene System wurde 1978 als HYSMPK/HYBSYS released und bestand aus Moduln zur Modelldeklaration, Modellaufbereitung (Setzen der Koeffizienten, Statischer Test, Online-Skalierung), graphischer und numerischer Dokumentation und Modelluntersuchung mittels Parametervariation. Die interaktive Exekution aller Moduln führte ein befehlsstrukturierter Zeileninterpreter durch [2].

Obwohl noch immer die Notwendigkeit des manuellen Aufbringens der Analogschaltung bestand, konnte die Vorbereitungszeit wesentlich (ca. 30%) verkürzt werden.

Mit der AutoPATCH Erweiterung, die 1980 als HYBSYS 4 M/A installiert wurde, verschwand die Hardware aus der Benutzerebene, und das Hybridsystem konnte als Black Box mit den Eigenschaften eines Parallelprozessors mit lokaler Festkommaarithmetik zur Lösung von Differentialgleichungen angeboten werden, die nur mehr von Simulationskonsolen (graphische Terminals) bedient wird [3].

Die 1982 testweise installierte Time-Sharing Version HYBSYS 4 TS ermöglicht schließlich eine noch bessere Ausnützung der vorhandenen Hardware-Resourcen, indem das gesamte Simulationssystem praktisch gleichzeitig bis zu vier Benutzern zur Verfügung steht.

3. Systemarchitektur

Das Simulationssystem besteht aus einem hardwareunabhängigen Teil, der die Modell Datenbasis und alle problembezogenen Moduln zur Modelldeklaration und Modelluntersuchung enthält, und einem hardwareabhängigen Teil, der die Hardware Datenbasis und alle darauf zugreifenden Moduln wie Hardwaretests, Matrix Set-up, Koeffizienten Set-up, etc.

umfaßt. Die beiden Datenbasen haben eine isomorphe Struktur, die es dem Zuordnungsmodul ermöglicht, eine bijektive Abbildung der Modell Datenbasis in die Hardware Datenbasis herzustellen (Abbildung 1).

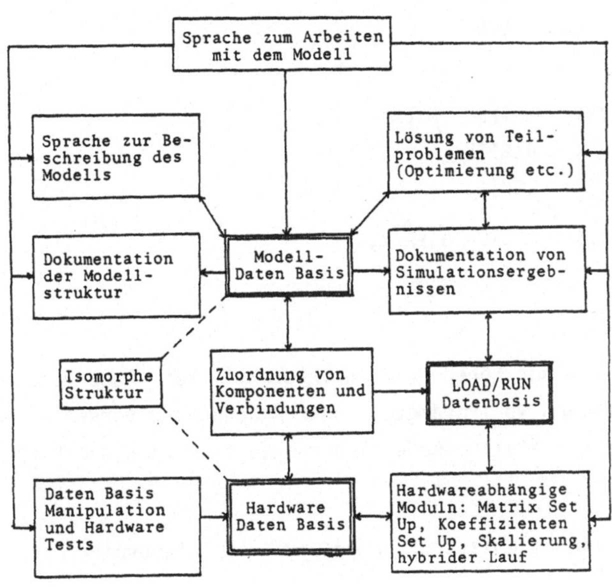

Abbildung 1
Systemarchitektur

4. Modelldeklaration

Die Struktur der Modell Datenbasis definiert automatisch den niedrigst möglichen Level der Modelleingabe, der sich in einer blockstrukturierten Art der Modelldeklaration äußert:

Deklaration aller auftretenden Variablen (einschließlich Hilfsvariablen) durch Angabe von

OPERATION
NAME
SKALIERUNGSFAKTOR oder WERT
TYP (falls explizite Angabe notwendig)

wobei folgende Variablentypen zur Verfügung stehen:

ANALOG   kontinuierliche, zeitabhängige Variable
HYBRID   diskrete, zeitabhängige Variable
LOGIC   logische, zeitabhängige Variable
DIGITL   Parameter und Ergebnisse von Parameterausdrücken

```
z.B.:   INT:Y,Y'=1.5,S[1:5]
        PAR:YO=3.E-2,A=25
```

Deklaration der Gleichungen durch Anführen aller Operanden in der Form

```
± PAR * VAR
± LOG * VAR
```

mit

```
VAR    ANALOG, HYBRID oder DIGITL
PAR    DIGITL
LOG    LOGIC
```

```
z.B.:   Y,IC=YO,-A*Y,W*Y'
```


5. Sprache

Simulationen erfordern einen hohen Grad an Interaktivität. Außer quantitativen Modelländerungen durch Variation von Parametern oder Anwendungen verschiedener numerischer
Verfahren müssen auch qualitative Modelländerungen in Abhängigkeit von den Ergebnissen möglich sein.

Diese Aufgaben führt ein befehlsstrukturierter Zeileninterpreter durch, der

einfache Befehle für die Zuweisung von Skalierungsfaktoren oder
Parameterwerten und deren Ausgabe

```
< command > ::= < var list> = <number >;/
                < var list> :
< var list>::= < var>{,< var>}
```

```
z.B.:   X,A=1.3E-2;
        X,A:
```

allgemeine Befehle mit frei definierbarer Syntax

```
< command > ::=< command word><command syntax>
                < end of command character >
< command word> ::=< basic command word >/
                < overlay command word >
```

```
z.B.:   PLOT Y OVER Y' FOR A=1,10,2.5;
        DELETE A,Y;
```

Befehlszeilen zur Abarbeitung von Befehlsfolgen

```
< command line> ::=< command sequence><command sequence loop >/
                < command sequence>/
                < repeated command sequence><command sequence>
```

```
< repeated command sequence >::= <command sequence >
< command sequence loop >::= <loop command><command sequence >
< loop command >::= <par loop> !
```

z.B.:   B=0,1,.1!SET;SCALE;PLOT Y OVER A=1,10,1;

exekutiert. Die Anzahl der Befehle ist erweiterbar und deren Struktur frei programmierbar mit Ausnahme einiger weniger Basisrestriktionen. Die Abspeicherung der zuletzt eingegebenen Befehlsparameter ermöglicht die wiederholte Exekution des Befehls
nur mit dem Befehlswort (ohne Parameter), wodurch eine komfortable Benutzung gewährleistet ist.

6. Software Aufbau

Eine Overlay-Technik mit direktem Bezug zu den Befehlswörtern wurde angewandt, um das
beschriebene Softwaresystem an einem 16 Bit Digitalrechner mit maximal 32K Worten Pro-
grammgröße zu implementieren. Abbildung 2 gibt einen Überblick über die Softwarearchitektur und den wichtigsten Overlays.

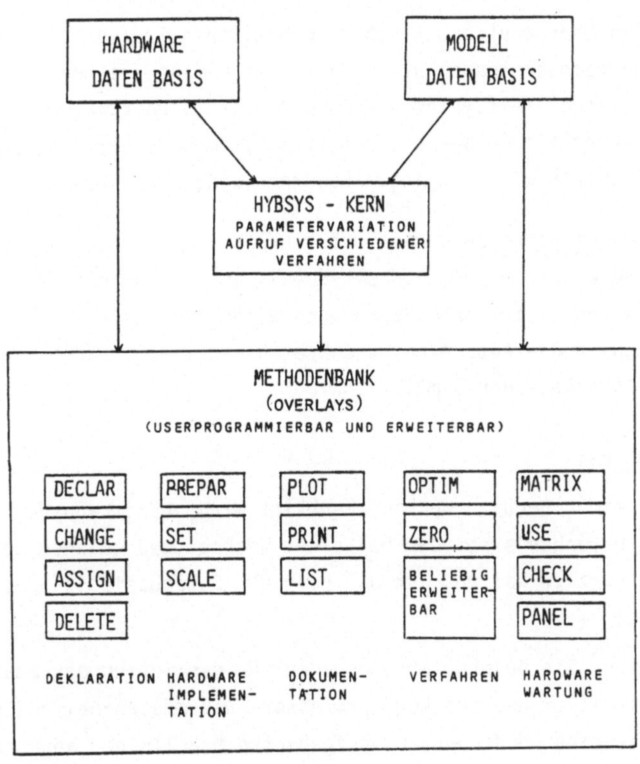

Abbildung 2
Softwarearchitektur

HYBSYS 4 TS besteht aus einem hauptspeicherresidenten Nucleus und einer Overlayzone.
Der Nucleus beinhaltet neben den beiden Datenbasen auch den Befehlsinterpreter, der
einfache Befehle direkt exekutiert oder den entsprechenden Overlay von einem Massen-
speicher in die Overlayzone ladet und dessen Exekution startet. Am Ende der Exekution
des Overlays wird die Kontro'le wieder an den Interpreter oder an einen anderen Overlay übergeben. Diese Overlay-Technik erlaubt dem Benutzer, eigene, in FORTRAN geschriebene Overlays zu erzeugen und diese mittels selbstdefinierter Befehlsworte zu
exekutieren.

7. Time-Sharing Implementation

Die Hauptbelastung des Analogrechners bestand darin, im REPOP Betrieb stehende Oszil-
lographenbilder zu erzeugen.

Mit dem Einsatz von graphischen Terminals als Simulationskonsolen entfällt diese Belastung, sodaß der Hybridrechner von einem Benutzer während seiner exklusiven Anschlußzeit im Schnitt nur zu 10% belastet wird und es nahe liegt, die frei gewordene
Rechenzeit anderen Benutzern zur Verfügung zu stellen.

Um einen parallelen Mehrbenutzerbetrieb zu ermöglichen, müssen alle zeitkritischen
Aufgaben vom Steuerrechner losgelöst und auf eine eigene geeignete Hardware (Hybride
Memories für parallelen, zeitsynchronen Datentransfer) übertragen werden. Nicht zeit-
kritische Hardwarezugriffe werden auf Betriebssystemebene verlegt, anstelle des direkten Hardware-Zugriffs wird von jedem Benutzer eine LOAD/RUN Datenbasis beschrieben.

Zur Durchführung eines hybriden Laufes stößt HYBSYS das Betriebssystem mit einem Systemtrap und der Adresse der LOAD/RUN Datenbasis an. Das Betriebssystem steuert die
Mehrbenutzerverwaltung, setzt nach Beendigung einer eventuell laufenden hybriden Aktivität diese Daten an die AutoPATCH Hardware ab und liefert am Ende des Hybridlaufes
die gewünschten Daten über den Simulationslauf.

8. LOAD/RUN Datenbasis

Die Zeit, die für einen Benutzerwechsel benötigt wird, hängt von der Größe und dem
Teil der LOAD/RUN Datenbasis ab, der bei einem Wechsel neu geladen werden muß. Um diese Zeit möglichst kurz zu halten, ist die LOAD/RUN Datenbasis in drei Informations-
gruppen unterteilt:

> PREPAR-Daten: Sie beinhalten die Daten für das Set-up der analogen
> Schaltmatrix und des Logikprozessors und müssen bei jeder
> qualitativen Änderung des aufgebauten Modells neu abgesetzt
> werden.
> SET-Daten: Sie enthalten im wesentlichen die analogen und logischen
> Koeffizienten der Schaltung und müssen bei jeder quantitativen
> Änderung am Modell neu abgesetzt werden.

RUN-Daten: Sie beinhalten Informationen über die aus dem Hybridlauf benötigten Daten. Diese Datei wird bei jedem Lauf abge-
setzt und am Ende des Laufs mit den gewünschten Daten aus
dem Hybridlauf beschrieben.

Aufgrund der Struktur der LOAD/RUN Datenbasis ergeben sich folgende Zeiten für einen
Benutzer- bzw. Problemwechsel:

Modellwechsel	2 ms	ohne Logik, HYBMEM
(=Userwechsel)	6.8 ms	mit Logik, HYBMEM
Parameteränderung	1 ms	ohne HYBMEM
(kein Userwechsel)	1 ms + n*1024 μs	mit n neu zu ladenden HYBMEMs
Laufwiederholung	6 μs	
(kein Userwechsel)		

9. Ausblick

Als nächste Stufe HYBSYS 5 TS ist eine CSSL-artige Deklarationssprache geplant, die
endgültig alle hardwarebezogenen Teile der Sprache eliminieren soll. Weiters soll eine Methodenbank zur Integration angeschlossen werden, in welcher die analoge Integration neben mehreren digitalen Verfahren nur mehr ein bestimmtes Verfahren darstellt.

10. Beispiel

Die vertikale Auslenkung u=u(x,t) eines schwingenden Seils der Länge L, das an einem
Ende festgehalten und am anderen Ende sinusförmig erregt wird, läßt sich durch die
folgende partielle Differentialgleichung

$$u_{xx} = a*u_{tt}$$

mit den Anfangs- und Randbedingungen

$$u(x,0)=0$$
$$u_x(x,0)=0$$
$$u(L,t)=\sin(\omega *t)*b$$

beschrieben.

Anhand dieses mathematischen Modells sollen vor allem die Resonanzeigenschaften des
Seils untersucht werden. Zu diesem Zweck ist besonders das Amplitudenmaximum in der
Seilmitte in Abhängigkeit von der Erregerfrequenz ω im Intervall $[0,2]$ von Interesse.

Löst man diese partielle Differentialgleichung mit der Methode der Ortsdiskretisierung,
so erhält man nach Diskretisierung von $\partial^2/\partial x^2$ für die sieben Stützstellen das folgende
System gewöhnlicher Differentialgleichungen

$$u''_i = a*u_{i+1} + 2*a*u_i + a*u_{i-1} \qquad i=1,\ldots,7$$

$$u_0 = 0$$

$$u_8 = \sin(\omega *t)$$

$$u_i(0) = u'(0) = 0$$

```
DECLAR PAR:A,B=2,C=0,W,K0=0,H,K2=2,GEW=0,U0[1:7]=0;
DECLAR INT:U,V,U[1:7],U'[1:7];
DECLAR SUM:U"[2:6];
DECLAR MAXT:MAU3,MAU4;
DIGITL;
DECLAR MULT:A2;
DECLAR A2=K2,A;                    Modelldeklaration
ANALOG;
DECLAR U[1:7],IC=U0[0],U'[0];
DECLAR U"[2:6]=A*U[-1],-A2*U[0],A*U[1]:
DECLAR U'1=-A2*U1,A*U2;
DECLAR U'[2:6]=U"[0];
DECLAR U'7=-A2*U7,A*U6,B*U;
DECLAR U=W*V;
DECLAR V,IC=K1,-W*U;
DECLAR MAU[3:4]=U[0];


ONLINE;
PREPAR;                           Generieren der Analogschaltung
W=2;SET;OPSCAL;SCALE;RESCAL;W=0,1.8,.2!SET;SCALE;      Skalierung
```

VIEW=2;

PLOT K0,U[1:7],U OVER T AND H=0,1,

Raum-zeitliche Darstellung des

Schwingungsverhaltens

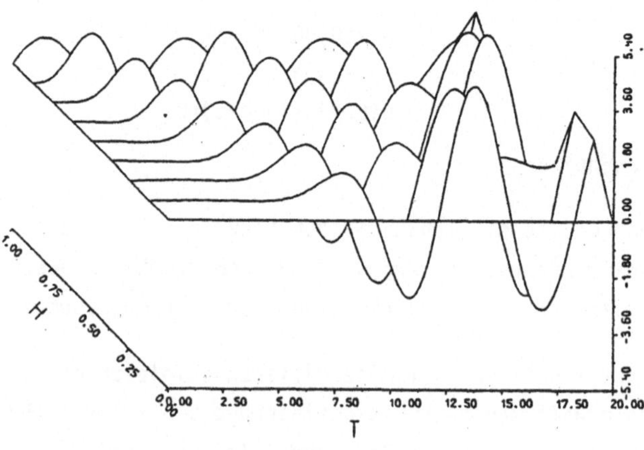

MAU4 = Max $u_4(t)$

    $t\in[0,20]$

PLOT MAU4 OVER W=0.,2.,0.025;

Amplitudenmaxima der Seilmitte
in Abhängigkeit von der Erregerfrequenz W.

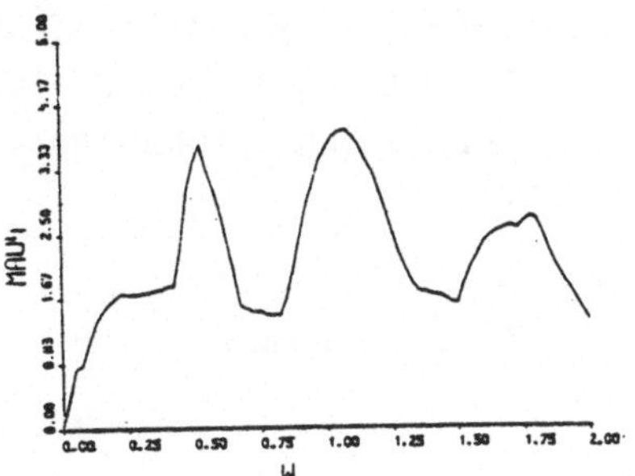

LITERATURVERZEICHNIS:

[1]   D.Solar, "Softwarepaket zur digitalen Unterstützung von Simulationen am
Analogrechner", INTERFACE 7, Oktober 1976, p.18-19

[2]   D.Solar, "HYSMPK - Programmpaket zur digitalen Unterstützung von Analog-
und Hybridsimulationen mit automatischer Skalierung", INTERFACE 11,
April 1978, p.3-11

[3]   D.Solar, "AutoPATCH-Erweiterung des Prozessors HYBSYS", INTERFACE 15/16,
Oktober 1980, p.23-26

[4]   D.Solar, "The AutoPATCH-System at the Technical University of Vienna",
Paper presented at SIMS 81, Stockholm

[5]   D.Solar, "HYBSYS User Manual, Version 4 M/A, Hybridrechenanlage, Technische
Universität Wien, 1981

[6]   D.Solar, "Automatische Skalierung von Analogrechenschaltungen", Diplomarbeit
Technische Universität Wien, 1979

[7]   D.Solar, "Automatische Online-Skalierung", INTERFACE 15/16, Oktober 1980,
p.33-43

[8]   D.Solar, "Berechnung der Skalierung 'abhängiger Variablen' und Berechnung
der Maschinenkoeffizienten", INTERFACE 17, Oktober 1981, p.33-35

PARAMETEROPTIMIERUNG BEI TECHNISCHEN
MODELLEN MITTELS EINER KONTINUIERLI-
CHEN SIMULATIONSSPRACHE

Ingrid Bausch, München

Zusammenfassung. Bei der kontinuierlichen Simulation technischer Systeme wird zur Beschreibung der physikalischen Eigenschaften zunächst ein mathematisches Modell aufgestellt, das mit gegebenen Systemparametern analysiert wird. Wenn die optimale Einstellung der Parameter nicht bekannt ist, versucht man diese so zu verändern, dass die gewünschten Systemeigenschaften mit kleinen, bekannten Abweichungen erreicht werden. Der Erfolg dieser Optimierung hängt von der Zahl der veränderlichen Parameter und der Erfahrung des Modellentwicklers ab. Wählt man eine systematische Optimierungsmethode, so kommt man schneller zum Ziel. Hier wird die Parameteroptimierung an einem unmittelbar überschaubaren Beispiel durchgeführt, wobei alle Vorteile der verwendeten, interaktiven Simulationssprache erhalten bleiben. Dabei soll der technische Stand kontinuierlicher Simulationssprachen aufgezeigt werden.

Summary. Continuous simulation of technical systems is performed by the evaluation of mathematical models, which describe the properties of physical systems. If you treat practical systems normally the parameter values to obtain a desired system performance are not known. If a straightforward calculation is impossible or impractical, these values have to be found by optimization. Generelly only an approximization with known deviation to the desired system function is possible and necessary. The success of the optimization depends on the properties of the system, the selected method, the number of variable parameters and on the experience of the model designer. The desired goal is reached faster, if a systematic and efficient optimization method is selected. The overall effort can be reduced considerably if a existing simulation language is used. In this paper parameteroptimization for a simple system ist described. All advantages of the selected interactive simulation language (ACSL, /1/) are retained, illustrating the power of the presently available simulation tools.

1. Modell

Die Darstellung der Methode steht hier im Vordergrund.
Aus diesem Grund wählen wir das folgende einfache,
überschaubare Modell. Dieses Modell kann z. B. ein
sehr einfaches Modell für die Stossdämpferwirkung
eines Kraftfahrzeugs sein. Dabei ist dann m_2 die Masse des Karosserieanteils, m_1 die Masse der Achse und
Räder, c_2 eine nichtlineare Feder, d_2 die Wirkung des
Stossdämpfers, c_1 die Federwirkung der Reifen. R(t)
ist eine vorgegebene Auslenkung (Stassenunebenheiten).
Kontinuierliche Simulationssprachen sind ein Werkzeug

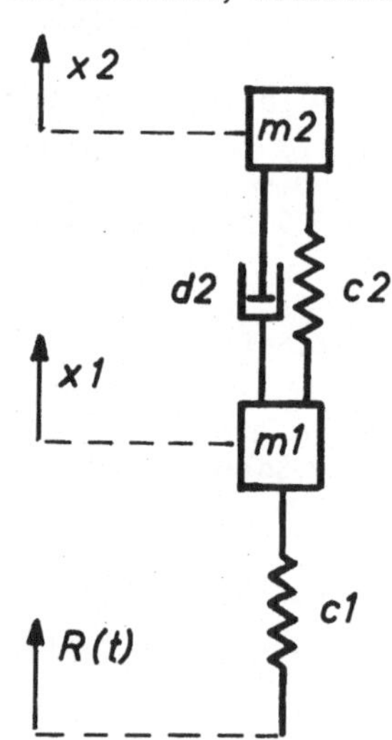

mit dessen Hilfe gewöhnliche Differentialgleichungssysteme auf eine einfache Art und Weise beschrieben und integriert werden und die Ergebnisse als Tabellenform oder Plot ausgegeben werden können. Die Gleichungen für das oben beschriebene Modell lauten, nach der höchsten Ableitung aufgelöst:

$$\ddot{x}_1 = \frac{1}{m_1}\left[-d_2(\dot{x}_1-\dot{x}_2) - c_2(x_1-x_2) - c_1(x_1-R(t))\right]$$

$$\ddot{x}_2 = \frac{1}{m_2}\left[-d_2(\dot{x}_2-\dot{x}_1) - c_2(x_2-x_1)\right]$$

c_2 ist dabei eine nichtlineare Federkennlinie, deren Verhalten durch

$$c_2 = c_{22}\left[(1 + (x_2-x_1))\right]$$

beschrieben werden kann.

1.1 Modellbeschreibung in der kontinuierlichen Simulationssprache

Die mit * gekennzeichneten Teile sind für das Modell notwendig, die übrigen Teile des Modells sind notwendig, falls der hier im folgenden beschriebene Optimierungslauf durchgeführt werden soll.

```
PROGRAM GEDAEMPFTER ZWEIMASSENSCHWINGER
ARRAY X(2),XD(2),XDD(2),XDA(2),XA(2),XDH(2)
INITIAL ,
"   MASSEN"
        CONSTANT M1=60., M2=400.
"   FEDER- UND DAEMPFUNGSWERTE"
        CONSTANT C1=3.E4, C22=1.E3,   D2=1.E3
"   INTEGRATIONSINTERVALL"
        CONSTANT TEND=5.,   CINT=0.1
"   ANFANGSBEDINGUNGEN"
        CONSTANT XA(1)=0., XA(2)=0.
        CONSTANT XDA(1)=0.,   XDA(2)=0.
"   ZU OPTIMIERENDE GROESSE"
        CONSTANT XFEH=0.
"   WERTE DUER DAS OPTIMIERUNGSVERFAHREN ZXMIN"
        INTEGER NSIG, MAXFN, IOPT
        CONSTANT NSIG=4, MAXFN=50, IOPT=0
""
END $ "INITIAL"
DYNAMIC
DERIVATIVE
    R=PULSE(0.,TEND,10.*CINT)
"   NICHTLINEARE FEDERKENNLINIE"
    C2=C22*(1.+(X(2)-X(1)))
    PROCEDURAL (XDD=X,XD,C2)
        XDD(1) = (-D2*(XD(1)-XD(2))-C2*(X(1)-X(2))...
                    -C1*(X(1)-R))/M1
        XDD(2) = (-D2*(XD(2)-XD(1))-C2*(X(2)-X(1)))/M2
    END $ "PROCEDURAL"
"   INTEGRATION"
    XD=INTVC(XDD,XDA)
    CALL XFERB(XDH=XD,2)
    X=INTVC(XDH,XA)
END $ "DERIVATIVE"
"   OPTIMIERUNGSBEDINGUNG"
    XFEH = XFEH+X(2)*X(2)
""
    TERMT(T.GE.TEND)
END $ "DYNAMIC"
END $ "PROGRAM"
```

2. Optimierung

2.1 Vorgehensweise bei der Optimierung

Das folgende Diagramm zeigt die Vorgehensweise bei der Optimierung. Zunächst wird
das Modell aufgestellt und analysiert. Aus der Analyse kann man Startwerte der frei-
en Parameter für den Optimierungslauf wählen. Ist die Optimierung nicht erfolgreich,
so muss man entweder ein anderes Optimierungsverfahren wählen, in die Analyse oder
zur Aufbereitung des Modells zurückgehen.

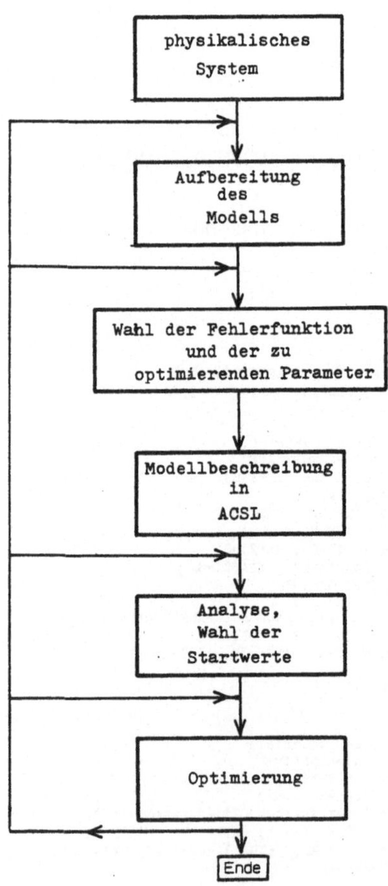

2.2 Wahl der Fehlerfunktion

In unserem Beispiel sollen die Federkonstante c_1, die Konstante c_{22} und die Dämpfungs-konstante d_2 so gewählt werden, dass die Fehlerfunktion

$$EF = \int_0^{Tend} (x_2(t))^2 \, dt \stackrel{!}{=} min.$$

Das bedeutet, die Summe der Auslenkungen der Masse m_2 über der Zeit ist möglichst ge-ring. Die Wahl der Fehlerfunktion ist immer problemspezifisch und nicht einfach. Bei praktischen Aufgaben müssen ausserdem die zu optimierenden Parameter sehr sorgfältig ausgewählt werden. Es sollen nicht zu viele Parameter für die Optimierung gewählt wer-den, da je nach Wahl des Verfahrens der Rechenzeitaufwand mit der Zahl der Parameter linear bis quadratisch steigt. Ausserdem wird es immer schwieriger, den Einfluss ein-zelner Grössen zu beurteilen. Wählt man zu wenige Parameter, so erreicht man mögli-cherweise überhaupt keine brauchbare Lösung.

2.3 Beschreibung des Verfahrens

ACSL übersetzt das Modell zunächst in ein Fortranprogramm und erzeugt ein eigenes Fortran-Hauptprogramm. Dieses Fortran-Hauptprogramm wird neu erstellt und an das ACSL-Modell angehängt. Stellt der Benutzer ein eigenes Fortran-Hauptprogramm zur Verfügung, so erzeugt der ACSL-Übersetzer kein eigenes Hauptprogramm.

2.3.1 Blockdiagramme

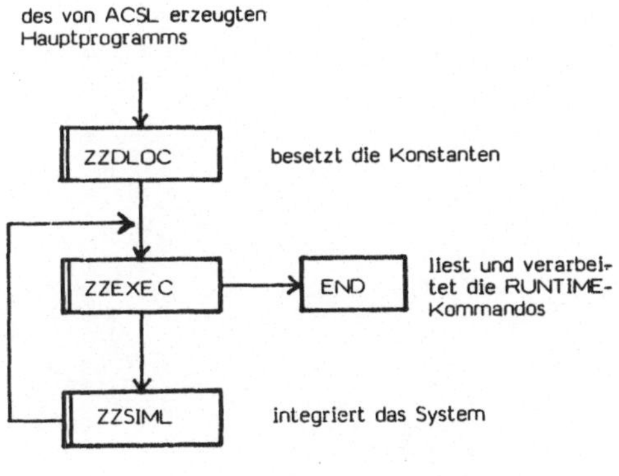

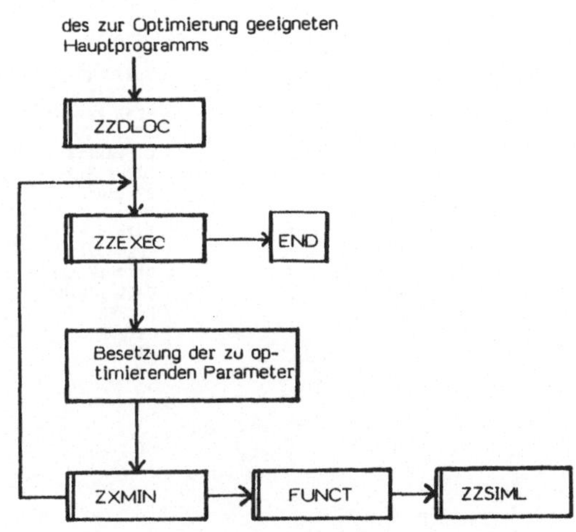

2.3.2 Hauptprogramme

Das vom ACSL-Übersetzer erzeugte Hauptprogramm

```
      PROGRAM MAIN(INPUT=321,OUTPUT=513,RRR=0,PRINT=513,
     $TAPE98=RRR,TAPE99=PRINT,
     $TAPE5=INPUT,TAPE6=OUTPUT,TAPE8=RRR,TAPE9=PRINT,
     $TAPE61,TAPE62,TAPE20=/270)
      CALL ZZDLOC
  110 CONTINUE
      CALL ZZSIML
      CALL ZZEXEC
      GOTO 110
      END
```

Das zur Optimierung geeignete Hauptprogramm

```
      PROGRAM MAIN(INPUT=321,OUTPUT=513,RRR=0,PRINT=513,
     .TAPE98=RRR,TAPE99=PRINT,
     .TAPE5=INPUT,TAPE6=OUTPUT,TAPE8=RRR,TAPE9=PRINT,TAPE7,
     .TAPE61,TAPE62)
C----------VEREINBARUNGEN FUER ZXMIN
      REAL PAR(3), H(10), G(3), W(12)
      INTEGER N
      EXTERNAL FUNCT
     $
      N=3
      CALL ZZDLOC
      CALL ZZEXEC
   10 CONTINUE
      PAR(1)=C1
      PAR(2)=C22
      PAR(3)=D2
C
C-------- ZXMIN AUS DER IMSL-PROGRAMMBIBLIOTHEK
C
      CALL ZXMIN(FUNCT,N,NSIG,MAXFN,IOPT,PAR,H,G,F,W,IER)
      PRINT *,"ZXMIN BEENDET"
      PRINT *,"IER=",IER,"   W(3)=",W(3)
      PRINT *,"G=",G
      CALL ZZEXEC
      GOTO 10
      END
      SUBROUTINE FUNCT(N,PAR,F)
      INTEGER N
      REAL PAR(N)
     $
      C1=PAR(1)
      C22=PAR(2)
      D2=PAR(3)
C
      ZZI=1
      XFEH=0.
      ZZST=.FALSE.
      CALL ZZSIML
      F=XFEH
      RETURN
      END
```

3. Ergebnisse

Wir wählten als Wegerregung die folgenden zeitabhängigen Funktionen

$$R(t) = \begin{cases} 1 & \text{für } t \leq 10*CINT \quad ; \quad \text{d. h. einen PULSE} \\ 0 & \text{für } t > CINT \end{cases}$$

$$R(t) = \frac{1}{2}*\sin(7.t)$$

3.1 Vergleich der Rechenläufe

Integriert wurde mit dem klassischen Runge-Kutta-Verfahren. Die Zahl der Funktions-
auswertungen im Optimierungsverfahren, d. h. die Zahl der Integrationen wurde einmal auf 50 und einmal auf 100 beschränkt, um die Rechenzeit in annehmbaren Grenzen
zu halten. Die Werte für die Konstanten wurden nicht durch physikalisch sinnvolle
Schranken begrenzt.

Tabellarischer Vergleich:

ohne Optimierung			mit Optimierung			
R(t)	PULSE	SIN	PULSE		SIN	
Zahl d. Integr.	1	1	50	100	50	100
EF Fehler-funktion	2.21	2.51	1.52	1.07	1.1	0.7
Rechenzeit (CP-Sekunden) CYBER 175	1.05	1.05	82	104	52	104
Werte für c_1 $\quad c_{22}$ $\quad d_2$	30000 1000 1000 zugleich Startwerte		29523 925 766	29300 220 970	30026 305 421	30120 240 632

3.2 Ergebniszeichnungen

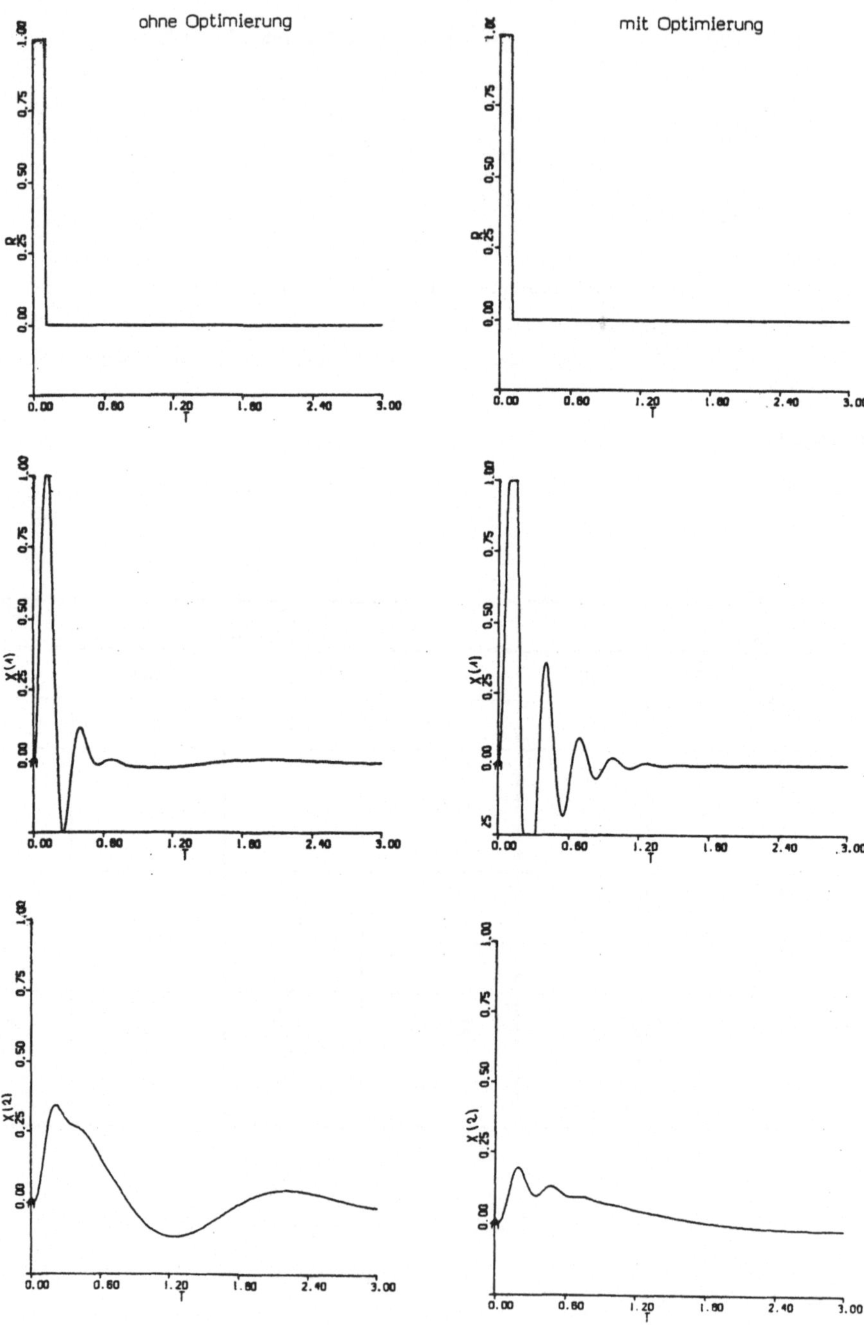

Die Ergebniszeichnungen zeigen den Wegverlauf der Massen m_1 (Weg $x(1)$) und m_2 (Weg $x(2)$), falls als Wegerregung ein einfacher Pulse (R) gewählt wurde. Deutlich zeigt sich, dass sich nach der Optimierung (hier nach 100 Integrationen) die Masse m_2 wesentlich weniger bewegt, als zuvor. Die in das System eingeführte Energie wird durch Bewegungen der Masse m_1 abgebaut.

4. Eigenschaften des Verfahrens

Durch die saubere Schnittstelle kann jedes geeignete Optimierungsverfahren eingesetzt werden.
Die Optimierungskriterien können leicht geändert werden, z. B. zu max $x_2(t) \overset{!}{=}$ min, d. h. der maximale Ausschlag soll möglichst klein sein oder die Einschwingdauer soll möglichst kurz sein.
Schranken für die Parameter können angegeben werden, dann muss aber ein geeignetes Optimierungsverfahren gewählt werden.
Auf weitere bei der Optimierung auftretende Fragen, wie Zahl der Extrema, Wahl der Startwerte, Reduzierung der recht hohen Rechenzeit sei u. a. auf /2/ verwiesen.

5. Schlussfolgerungen

An diesem Beispiel sieht man, wie mit neuen Simulationssprachen ohne grossen Programmieraufwand Parameteroptimierung im Zeitbereich durchgeführt werden kann. Wer schon versucht hat ein System mit nur drei Parametern möglichst günstig einzustellen, weiss, wie schwierig und aufwendig in Arbeits- und Rechenzeit es ist, auch nur Tendenzen zu erkennen. Problematisch bleibt dennoch die für Optimierungsuntersuchungen grösserer und damit realistischer Systeme hohe Rechenzeit und Rechnerleistung. Eine Optimierungsrechnung lässt sich deshalb nur nach sorgfältiger Analyse des Modells und bei sinnvoller Wahl der zu optimierenden Parameter rechtfertigen.

Literatur:

/1/ ACSL Advanced Continuous Simulation Language USER GUIDE / REFERENCE Manual
   Mitchell and Gauthier Ass., Concord, MA
/2/ Mordecai, Avriel: Nonlinear Programming Analysis and Methods.
   Prentice-Hall, Inc., Englewood Cliffs, New Jersey, 1976
/3/ IMSL-Manual, Edition 8.
   International Mathematical and Statistical, Libraries Inc., Houston, TX

SAINT - EINE MODELLBILDUNGS- UND SIMULATIONSMETHODE
ZUR ANALYSE VON MENSCH-MASCHINE-SYSTEMEN

Wilhelm Berheide, Wachtberg-Werthhoven

Zusammenfassung: SAINT ist eine Modellbildungs- und Simulationsmethode entwickelt als Hilfsmittel zum Entwurf und zur Analyse von komplexen Mensch-Maschine-Systemen(MMS). SAINT liefert den konzeptionellen Rahmen, um Prozeßmodelle eines MMS in Form von Netzwerken nachzubilden. Netzwerke bestehen im wesentlichen aus Aufgaben, Aufgabenträgern, die diese Aufgaben durchführen, und den Verknüpfungsbedingungen zwischen den Aufgaben. Daneben können kontinuierliche Vorgänge beschrieben werden. Ein mit diesen Mitteln aufgebautes MMS-Modell dient als Grundlage für eine anschließende kombiniert diskret-kontinuierliche Rechnersimulation mit dem SAINT-Simulationsprogramm. Die Simulation erleichtert die Abschätzung der Gesamtsystemleistung des MMS und der Beiträge, die die einzelnen Systemkomponenten (Menschen, Maschinen) dazu liefern.

Summary: SAINT is a modeling and simulation technique developed to be used for design and analysis of complex man-machine-systems(MMS). SAINT provides the conceptual framework for representing process models of MMS in form of networks (consisting basically of tasks, resources which perform these tasks and the logical sequence of tasks) and descriptions of continuous state variables. A MMS-model using this framework is the basis for a subsequent combined discrete continuous digital computer simulation by the SAINT simulation program. Simulation facilitates the assessment of the overall system performance of the MMS and the contribution that system components (men, machines) make.

Einführung

Ein Mensch-Maschine-System kann definiert werden als eine funktionale Anordnung von technischen und personellen Systemkomponenten, die gemeinsam in einer Umgebung wirksam werden, um gewünschte Auswirkungen zu erzielen. Ein solches System kann beispielsweise ein Flugzeugsystem sein, in dem Pilot, Copilot und Flugingenieur mit der Maschine (Flugzeug) den Auftrag -z.B. Transport von Gütern und Personen- durchführen.

Das Zusammenwirken der Komponenten, d.h. des Personals mit den technischen Einrichtungen, führt nur dann zu der geforderten Leistungsfähigkeit, Wirtschaftlichkeit und Zuverlässigkeit, wenn die personellen und technischen Systemkomponenten schon während der ersten Phasen des Entwicklungsganges eines solchen Systems zu einem zweckorientierten Gesamtsystem integriert werden.

Das heißt: schon zu einem Zeitpunkt, an dem das System noch nicht existiert und experimentelle Untersuchungen nicht möglich sind, müssen Entscheidungen getroffen werden, z.B. über die Anzahl der Personen, die in das Gesamtsystem integriert werden sollen, über die Aufgabenzuweisungen zu diesen Personen und zur Arbeitsplatzgestaltung.

Es werden daher Methoden benötigt, mit deren Hilfe bestimmt werden kann, ob und in welchem Maße Menschen in einem MMS die gestellten Aufgaben mit den verfügbaren Anzeige- und Bedienelementen und deren geplanten An- und Zuordnung erfüllen können. In einem frühen Stadium der Entwicklung ergibt sich somit die Notwendigkeit, die Handhabbarkeit des Systems und die Beanspruchung des vorgesehenen Bedienpersonals abzuschätzen. Um diese Fragen zu beantworten, müssen die Aufgaben und Aufgabenfolgen in einer operationell realistischen Szenerie nachgebildet werden.

In der hier besprochenen Methode wird das MMS in Form eines Netzwerkmodells nachgebildet. Hierbei wird das Systemverhalten als sequentielle Folge von Aufgaben dargestellt. Die personellen und/oder technischen Komponenten arbeiten dabei nacheinander einzelne Anforderungen ab.

Die Bildung eines aufgabenorientierten Modells besteht somit zunächst in einer genauen Analyse des angenommenen Prozeß- und Handlungsablaufs. Dabei wird eine Zerlegung in Teilfunktionen vorgenommen und anschließend wird die Gesamtaufgabe aus den isolierten Teilfunktionen synthetisiert, d.h. man bildet ein Aufgabennetzwerk. Die Festlegung der Verknüpfungs- und Ablaufregeln für das Aufgabennetzwerk stellt den Kernpunkt der Modellbildung dar.

Zur Simulation eines MMS gehört im allgemeinen Fall die Nachbildung folgender Komponenten.
Operateur: diskrete Funktionen (z.B. Schalterbetätigungen etc.); kontinuierliche Funktionen (z.B. manuelle Regelung)
Maschine: diskrete Funktionen (z.B. Umschalten der Betriebsart); kontinuierliche Funktionen (z.B. Systemdynamik).

SAINT Modell-Konzepte

Zweckmäßigerweise werden für die Nachbildung dieser Funktionen Simulationssprachen eingesetzt /1/. Als spezielles Handwerkszeug für die Modellbildung und Simulation von komplexen Mensch-Maschine-Systemen auf der Basis der Netzwerkmodellbildung wurde SAINT entwickelt. Der Leitgedanke bei SAINT ist die Trennung von Modellbildung und Simulation.

SAINT bietet die Möglichkeit, Modelle für diskrete Handlungsfolgen (z.B. Handlungen eines Operateurs) mit kontinuierlichen Dynamikmodellen (z.B. Flugzeugbewegungsgleichungen) zu kombinieren. Die diskrete Modellkomponente wird als graphisches Netzwerk dargestellt, das aus Knoten und Zweigen besteht. Die Knoten repräsentieren Aufgaben, und die Zweige zeigen die logisch zeitliche Reihenfolge der Aufgaben an, entsprechend Pfeilen in einem Flußdiagramm. Diese Komponente wird diskret genannt, weil das SAINT-Simulationsprogramm für die Nachbildung dieser Abläufe die diskrete Ereignissimulation benutzt. Die kontinuierliche Komponente enthält mathematische Beschreibungen derjenigen System-Variablen, deren Werte sich kontinuierlich mit der Zeit ändern. Der Anwender modelliert das Verhalten dieser Zustandsgrößen durch algebraische, Differenzen- oder Differentialgleichungen. Zwischen der diskreten und der kontinuierlichen Modellkomponente können Wechselwirkungen bestehen, die durch entsprechende graphische bzw. mathematische Beschreibungen im Modell nachgebildet werden können.

Um eine Simulation mit Hilfe dieses Netzwerkmodells durchzuführen, wird die graphische Darstellung (Netzwerk) vom Anwender in alphanumerische Datensätze umgesetzt, die als Eingabedaten für das SAINT Simulationsprogrammpaket dienen. Die Simulation liefert dann Abschätzungen über die Systemleistung, die z.B. davon abhängt, welche Aufgaben durchgeführt, wie, wann und wo diese Aufgaben gestartet, welche Aufgabenträger verwendet, und in welchem Ausmaß bestimmte Systemzustände erreicht werden.

Die diskrete Modellkomponente

An einem einfachen Beispiel nach Chubb /2/ sollen einige Möglichkeiten der diskreten Modellbildung gezeigt werden (Bild 1). Es stellt ein Modell für ein Navigationssystem dar, das aus insgesamt 8 Aufgaben besteht, die am Ende des Aufgabensymbols numeriert sind. Die Bezeichnung (LABL) gibt einen Hinweis auf die Art der Aufgabe. In dem Beispiel soll ein Navigator einen Schalter drücken, um ein Signal zum Piloten zu senden (Aufgabe 1), eine Meldung überlegen (Aufgabe 2) und eine von 3 verschiedenen Meldungen durchgeben (Aufgaben 3, 4 oder 5). In 25 % der Fälle vergißt in diesem Beispiel der Navigator nach Drücken des Schalters, den Piloten zu informieren. Nach einer Verzögerung (Aufgabe 6) erinnert der Pilot den Navigator (Aufgabe 7) daran, eine Meldung zu geben.

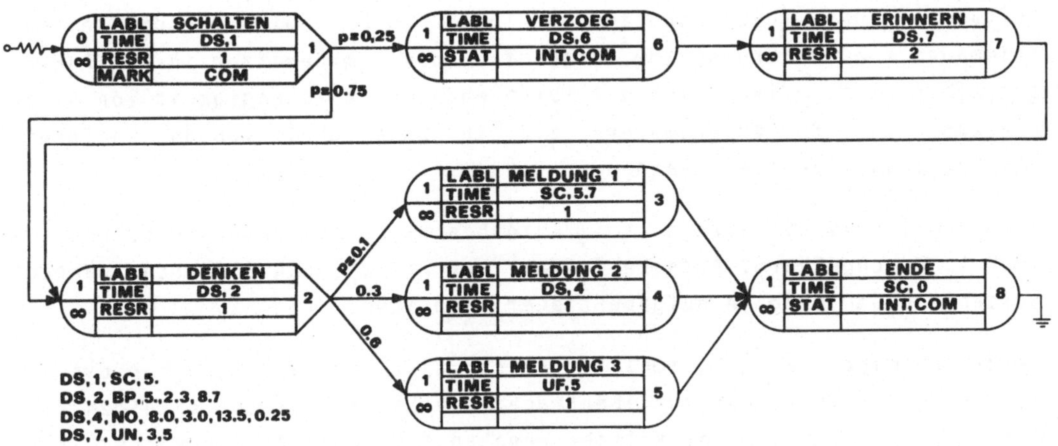

Bild 1 : SAINT-Demonstrationsbeispiel

Die Aufgabe 1 ist als Anfangsaufgabe gekennzeichnet durch den gezack-
ten Eingangspfeil und wird automatisch beim Simulationslauf zu Beginn
freigegeben. Aufgabe 8 ist eine Abschlußaufgabe, erkennbar am Erdungs-
symbol am Ende des Ausgangszweiges. In den Steuerkarten für die Simulation ist die Anzahl der zu durchlaufenden Abschlußaufgaben zur Beendigung der Simulation anzugeben.

Runde Ausgangsseiten der Aufgabensymbole kennzeichnen deterministische
Aufgabenverknüpfungen. Durch die anders gestalteten Ausgangsseiten der
Aufgaben 1 und 2 wird eine stochastische Verzweigung angedeutet, wobei
jedem ausgehenden Zweig eine Auswahlwahrscheinlichkeit zugeordnet wird.
Neben den im Beispiel gezeigten deterministischen und stochastischen
Verzweigungen gibt es noch die Möglichkeit konditional, d.h. nach Be-
dingungen in Abhängigkeit von Variablen oder von der Zeit zu verzwei-
gen.

Ein weiteres Merkmal ist die Aufgabendauer (TIME), deren unterschiedliche Festlegungsmöglichkeiten an den Aufgaben 3, 4 und 5 erklärt werden
sollen:
Aufgabe 3: SC,5.7 (Scaled Constant 5.7) bedeutet TIME=konstant=5.7
Zeiteinheiten, wobei die Zeiteinheiten für ein Modell willkürlich gewählt werden können (z.B. Sekunden, Minuten).
Aufgabe 4: DS,4 (Distribution Set 4) d.h. es wird eine Probe aus Verteilungsfunktion 4 aufgerufen, die wie folgt spezifiziert ist: DS,4,
NO, 8.0, 3.0, 13.5, 0.25. Dabei bedeutet NO: Normalverteilung (Gauss),
8.0: Mittelwert, 3.0: Minimalwert 13.5: Maximalwert, 0.25: Standardabweichung. Neben der hier angeführten Normalverteilung stehen 11 weitere Verteilungsfunktionen zur Verfügung.

Aufgabe 5: UF,5 (User Function 5) In diesem Fall wird für die Zeitbestimmung ein Unterprogramm aufgerufen, das vom Benutzer in FORTRAN zu schreiben ist. Hier kann die Aufgabendauer in Abhängigkeit von einer Vielzahl von Systemparametern z.B. in Abhängigkeit von der Müdigkeit des Operateurs bestimmt werden.

Aufgaben 1 bis 5 werden vom Aufgabenträger Navigator (Resource 1 = RESR 1) durchgeführt, Aufgabe 7 führt der Pilot (RESR 2) durch, während Aufgaben 6 und 8 keine Aufgabenträger benötigen.

SAINT erzeugt bei der Simulation automatisch Statistiken über die Benutzungshäufigkeit der Aufgabenträger. Zusätzlich bietet es einen Rahmen, um gewünschte statistische Angaben z.B. über Aufgabendauer, Zeit zwischen zwei Aufgaben und die Anzahl der Durchläufe bestimmter Aufgaben zu generieren. Beispiele dafür sind die Angaben MARK COM in Aufgabe 1 und STAT INT COM in den Aufgaben 6 und 8. MARK bedeutet markieren und COM completion, d.h. es wird ein Zeitpunkt zur Beendigung der Aufgabe 1 markiert. Auf diese Markierung beziehen sich hier die STAT-Angaben über das INTervall vom Markierungszeitpunkt bis zur Beendigung (COM) der Aufgaben 6 bzw. 8. In diesem Falle würde beispielsweise bei mehreren Durchläufen (Iterationen) statistisch erfaßt, wie lange es nach Drücken des Schalters dauert, bis eine Meldung übergeben ist (Dauer Aufgabe 1 bis 8), bzw. wie lange eine Verzögerung (Aufgabe 6) dauert. Dabei erhält man Abschätzungen über Mittelwert, Minimalwert, Maximalwert und Standardabweichung als Zahlenwerte, und auf Wunsch die Verteilung in Histogrammform.

Die Eingangsseite der Aufgabensymbole enthält die Anzahl der Vorgängerbeendigungen, die für das Freigeben einer Aufgabe notwendig sind und zwar im oberen Bereich für das erstmalige Ausführen der Aufgabe und im unteren Bereich für die weiteren Durchführungen der Aufgaben; hier 1 bzw. ∞ gesetzt, da die Aufgaben auf jeden Anstoß hin, aber für jede Iteration nur einmal durchlaufen werden sollen.

Das hier angeführte Beispiel ist als reines Demonstrationsbeispiel für die Modellbildung zu sehen und hat keinen realen Hintergrund. Es kann zudem nur einen geringen Teil der Modellbildungsmöglichkeiten in der diskreten Komponente demonstrieren.

Hierbei wurde beispielsweise die in SAINT gegebene Möglichkeit nicht berücksichtigt, daß nach deterministischen und konditionalen Verzweigungen parallel mehrere Aufgaben gleichzeitig aktiviert werden können. Dabei kann es vorkommen, daß mehrere Aufgaben für einen Aufgabenträger anstehen. Durch Angabe einer Priorität (PRTY) in den Aufgabensymbolen lassen sich Rangfolgen in der Bearbeitung der Aufgaben angeben. Eine Aufgabe, die wegen eines fehlenden Aufgabenträgers nicht bearbeitet werden kann, ist nur "freigegeben". Sie wird in eine Warteschlange eingereiht und kann erst gestartet werden, sobald der entsprechende Aufgabenträger wieder frei ist.

Weiterhin ist zu bemerken, daß man zu jedem diskreten Zeitpunkt (Freigabe, Start und Beendigung einer Aufgabe) bestimmten Variablen, den "Attributen", Werte zuweisen kann. SAINT unterscheidet zwischen Systemattributen, Aufgabenträgerattributen und Informationsattributen. Systemattribute charakterisieren Eigenschaften des Gesamtsystems (z.B. Temperatur, verbleibende Restzeiten), Aufgabenträgerattribute sind auf die einzelnen Aufgabenträger bezogen (z.B. Ermüdungsgrad, Ausbildungszustand, Alter eines Operateurs), Informationsattribute enthalten Größen, die den Informationsfluß durch die einzelnen Aufgaben kennzeichnen. Informationsattribute werden von Aufgabe zu Aufgabe über die Zweige weitergegeben und sind nur von diesen Aufgaben ansprechbar. Ihre Werte können beispielsweise die Aufgabendauer oder Verzweigungen im Anschluß an die Aufgabe beeinflussen.

Die kontinuierliche Modell-Komponente

Während die Größen, die die diskrete Komponente charakterisieren (Attribute), ihre Werte nur zu diskreten Zeitpunkten ändern, verändern sich die "Zustandsvariablen" der kontinuierlichen Modellkomponente kontinuierlich mit der Zeit.

Das zeitliche Verhalten dieser Zustandsvariablen beschreibt der SAINT-Anwender in speziellen algebraischen, Differenzen- oder Differentialgleichungen. Bei der Implementierung des Modells sind die Gleichungen in FORTRAN-Statements zu schreiben und in ein vorhandenes Unterprogramm einzufügen. Die Modellbildungsmöglichkeiten der kontinuierlichen Komponente entsprechen weitgehend denen von GASP IV /3/ oder SLAM /4/. Die Zustandsvariablen und deren Ableitungen haben im FORTRAN-Programm fest vorgegebene Namen nämlich SS(i) bzw. DD(i), wobei i die jeweilige Variablennummer angibt. Zustandsvariablen, die in Differentialgleichungen höherer Ordnung beschrieben werden, müssen auf ein gekoppeltes Differentialgleichungssystem 1. Ordnung zurückgeführt werden.

Der vektoriellen Darstellung des Gleichungssystems 1. Ordnung

$$\dot{\underline{x}} = \underline{A} \cdot \underline{x} + \underline{B} \cdot \underline{u}$$

entspricht im FORTRAN-Unterprogramm

```
 DD(1) = A11*SS(1) + A12*SS(2) + ... + A1N*SS(N) +
 *         B11*U(1)  + B12*U(2)  + ... + B1N*U(N)
 DD(2) = A21*SS(1) + A22*SS(2) + ... + A2N*SS(N) +
 *         B21*U(1)  + B22*U(2)  + ... + B2N*U(N)
                .              .              .
                .              .              .
                .              .              .
 DD(N) = AN1*SS(1) + AN2*SS(2) + ... + ANN*SS(N) +
 *         BN1*U(1)  + BN2*U(2)  + ... + BNN*U(N)
```

Für die Integration des Differentialgleichungssystems wird ein Runge-Kutta-England Algorithmus mit variabler Schrittweite verwendet. Die Zustandsvariablen werden in Abhängigkeit von der Genauigkeit in vorgebbaren Schritten quasi-kontinuierlich berechnet. Durch die variable Schrittweite kann erreicht werden, daß die Berechnung zusätzlich zu den diskreten Zeitpunkten der Aufgaben erfolgt.

Wechselwirkung zwischen den diskreten und kontinuierlichen Komponenten

Parallele Simulation mit kontinuierlichen und diskreten Komponenten ist nur dann sinnvoll, wenn die beiden Komponenten sich gegenseitig beeinflussen können. Die Wechselwirkung kann von zwei Arten von Ereignissen initiiert werden: durch ein Zeit-Ereignis oder durch ein Zustandsereignis.

Zeitereignisse treten zu diskreten Zeitpunkten auf, an denen Aufgaben freigegeben, gestartet und beendet werden. Bei Beendigung einer Aufgabe lassen sich mit Hilfe von "regulating functions" Zustandsvariablen verändern. Zu den anderen Zeitpunkten lassen sich generell alle Variablen und Attribute über in FORTRAN geschriebene Benutzerprogramme ändern.

Ein Zustandsereignis tritt dann ein, wenn eine bestimmte Zustandsvariable einen vorgegebenen Schwellwert überschreitet. Die Überwachung solcher Variablen geschieht mit Hilfe von "monitors", die der Benutzer durch Angabe der Variablen, des Schwellwertes, der Richtung der Überschreitung und der Aktion spezifiziert. Ein solches Zustandsereignis kann beispielsweise eine Aufgabe anstoßen oder logische Variable ändern, die die Aufgabenfolge beeinflussen oder auch die Form der kontinuierlichen Gleichungen ändern.

In dem angeführten Beispiel könnte der Navigator im Modell beispielsweise immer dann zur Aufgabe 1 (Schalter setzen) angestoßen werden, wenn eine Abweichung vom Kurs einen bestimmten Schwellwert überschreitet (Zustandsereignis). Nach der Mitteilung vom Navigator könnte der Pilot eine entsprechende Korrektur des kontinuierlichen Zustandes durchführen.

Simulation und Ergebnisse

Nachdem ein Saint-Modell mit den zur Verfügung stehenden Mitteln erstellt ist, muß der Anwender die graphische Präsentation des Netzwerks in alphanumerische Datensätze umwandeln und durch das SAINT-Simulationsprogramm interpretieren lassen. Die kontinuierliche Komponente wird als Gleichungssystem in ein FORTRAN-Unterprogramm eingefügt.

Die Simulation liefert dann Abschätzungen über die Leistung des modellierten Systems als statistische Aussagen in Form von Mittelwerten, Streuungen, Minimal- und Maximalwerten zu den Aufgaben und Aufgabenträgern. Wie bereits im Beispiel erwähnt, kann mit jeder Aufgabe eine statistische Datenerhebung verbunden werden. Exemplarisch seien hier genannt: Angaben über Dauer, Häufigkeit und Wartezeit einzelner Aufgaben, über die Zeiten des Aufgabenbeginns und der Aufgabenvollendung, sowie Angaben über die Gesamtdauer der einzelnen Abläufe. Das SAINT-Programm berechnet automatisch die Auslastung der einzelnen Aufgabenträger.

Eine weitere Möglichkeit des Programms ist die Ermittlung von statistischen Daten über die kontinuierlichen Prozesse. Für diesen Bereich stehen dem Anwender zusätzliche Statistikunterprogramme zur Verfügung.

Alle statistischen Angaben werden in tabellarischen Zusammenstellungen ausgegeben. Für die statistischen Variablen sind darüber hinaus die Häufigkeitsverteilungen als Histogramme graphisch darstellbar. Kontinuierliche Variable lassen sich auf Wunsch als Zeitverläufe ausgeben.

Für das SAINT-Programmpaket steht ein vollständiger Satz an Unterlagen zur Verfügung /5,6,7,8/. Das Programm selbst ist in ANSI-Standard-FORTRAN geschrieben und damit nahezu rechnerunabhängig. Es belegt in einer ablauffähigen Form je nach Rechner und Größe des Modells 300-400 KByte. Bezugshinweise sind beim Autor erhältlich.

Literatur

/1/ Döring, B., Berheide, W., "A Review of Simulation Languages and Their Application to Manned Systems Design". In: Moraal, I., Kraiss, K. F. (ed.). "Manned Systems Design-Methods, Equipment, and Applications", New York, Plenum Press, 1981.

/2/ Chubb, G.P., "SAINT, Digital Simulation Language for the Study of Manned Systems", In: Moraal, I., Kraiss, K. F., (ed.). "Manned Systems Design-Methods, Equipment, and Applications", New York, Plenum Press, 1981.

/3/ Pritsker, A.A.B., "The GASP IV Simulation Language", New York, John Wiley & Sons, 1974.

/4/ Pritsker, A.A.B., Pedgen, C.D., "Introduction to Simulation and SLAM", New York, John Wiley & Sons, 1979.

/5/ Wortman, D.B., Duket, S.D., Seifert, D.J. Hann, R.L. and Chubb, G.P., "Simulation Using SAINT: A User-Oriented Instruction Manual", Ohio, AMRL-TR-77-61, Aerospace Medical Research Laboratory, Wright-Patterson Air Force Base, 1977.

/6/ Wortman, D.B., Duket, S.D., Seifert, D.J., Hann, R.L. and Chubb, G.P., "The SAINT User's Manual", Ohio, AMRL-TR-77-62, Aerospace Medical Research Laboratory, Wright-Patterson Air Force Base, 1977.

/7/ Duket, S.D., Wortmann, D.B., Seifert, D.J., Hann, R.L. and Chubb, G.P., "Documentation for the SAINT Simulation Program", AMRL-TR-77-63, Aerospace Medical Research Laboratory, Wright-Patterson Air Force Base, 1977.

/8/ Wortman, D.B., Duket, S.D., Seifert, D.J., Hann, R.L. and Chubb G.P., "An Example to Illustrate the Use of SPSS for the Analysis of a SAINT-Model", AMRL-TR-77-64, Aerospace Medical Research Laboratory, Wright-Patterson Air Force Base, 1977.

V e r t e i l t e   S i m u l a t i o n e n

Hans Fuss
Inst.f.Informat.Syst.Forschung (ISF)
Gesellsch.f.Math.u.Datenverabeitung (GMD) Bonn
Schloss Birlinghoven   Postfach 1240, 5205 St.Augustin 1

Zusammenfassung: Simulation verteilter Systeme muß die Laufzeiten (und damit mögliche
überschneidungen) der Nachrichten zwischen den einzelnen Teilsystemen berücksichtigen
- und hat damit Synchronisierungsaufgaben. An zwei Beispielen (Abgabe rechtsverbind-
licher Erklärungen, Montage am Fließband) werden mithilfe von Netzen typische
Lösungsmöglichkeiten dargestell.

Keywords: Modell, Verhalten, partielle Autonomie, Synchronisation, Kooperation, verhaltenstreue Abbildungen, Struktur, Netze.

Modellbildungen

Unter einem **Modell** verstehen wir hier **Abbildung** eines realen Systems auf ein formales
System; Versuche an/mit einer identischen Kopie des Original-Systems <z.B. chemische>
bleiben hier unberücksichtigt.
Da das formale Modell wiederum eine Realität ist, sind hier 'Modell' und 'Realität'
und der Modellbildungsprozeß beliebig rekursiv zu sehen.
Wir unterstellen, daß ein Modell (im folgenden Sinne) **vollständig** ist: Alle kausalen
Abhängigkeiten, die Wirkungsmöglichkeiten, der Fluß von Gütern und Information — all
dies, soweit für den Modellierungszweck (z.B. Prognose, Planung) relevant — sei auch
tatsächlich im Modell dargestellt. Wo Objekte nicht durch Wirkungslinien verbunden
sind, herrscht organisatorische Freiheit. Insbesondere kann man **nicht** annehmen, daß
solcherart autonome Systemteile auch noch verdeckt durch die Zeit koordiniert sind.

Verteilt zu sein beziehen wir auf den allgemeinen Strukturaspekt, wie Teilsysteme in
ihrer Funktionsweise **eigenständig** bleiben, und zwar in dem Maße, wie (die Organisa-
tionsstrukturen, d.h.) die organisatorischen Beziehungen aller Komponenten zu allen
anderen **nicht** festgelegt sind. Dieser Unbestimmtheit entspricht in der Realität ·die
den Subsystemen überlassene **Teilautonomie** oder **Verantwortung**.
Insbesondere wollen wir hier als eine Art der Verteiltheit die räumliche Verteilung
hervorheben. Daraus und aus der Endlichkeit der Signalübertragungsgeschwindigkeit
folgt, daß für die Kommunikation der Komponenten miteinander **Zeit** verbraucht wird,
und zwar unterschiedlich viel - je nach Entfernung und Kommunikationsmedium. Dadurch
entstehen i.a. Koordinations- und Synchronisations-Probleme. (Daß der Zeit-Verbrauch
in vielen bisher behandelten Fällen vernachlässigbar gering ist, liegt an einer relativ hohen Datenübertragungsgeschwindigkeit im Vergleich zur Reaktionsgeschwindigkeit
des Systems). Für uns soll hier nur wichtig sein, **daß** eine Kommunikation (Wirkungs-
übertragung) stattgefunden hat, und **daß** sich daraus Einflußnahmen ergeben (haben).
Im übrigen sei Zeit eine Resource wie jede andere auch, deren Verbrauch - falls relevant - explizit modelliert werden muss.

Bei der Abbildung legen wir das Hauptaugenmerk auf den **dynamischen** Aspekt: das Modell
soll möglichst gut das Verhalten des Original-Systems darstellen; die Abbildung soll
"verhaltens-treu" sein.
'Verhalten' eines Systems ist jedoch nicht ein einheitlich definierter und überall
akzeptierter Begriff, erst recht nicht 'Verhaltenstreue' oder gar eine Verhaltenstreue unter den erschwerenden Bedingungen der Verteiltheit. Man denkt bei 'Verhalten'
meistens an den Verlauf von Zeitreihen der ("wichtigsten") Variablen-Werte, aber wir
wollen auch beachten, **wie** und **wann** Bereiche oder Teilsysteme aktiviert werden.

Die gängigste Modellbildung ist (bottom-up:) die Zusammenfassung von Individuen zu
Klassen (=Variablen), deren (Anfangs-)Werte für die Modellbeschreibung festgestellt
werden. Das ist der geradezu klassische Ansatz, der wegen seines Bekanntheitsgrades
hier nicht weiter verfolgt werden soll.
Ein anderer Ansatz wäre ein "top down"-Ansatz: Das Gesamt-System wird (ggf. rekur-
siv!) in Teil-Systeme zerlegt, und jedes Teil wird modelliert.
Für viele Systeme gibt es in der Realität "natürliche" Untergliederungen (z.B.
Betriebsteile eines Unternehmens, Schaltungen <chips> eines elektron. Geräts), die
über bestimmte Kanäle oder "Interfaces" verbunden sind und miteinander Werte (Güter
oder Nachrichten) austauschen, also miteinander kommunizieren.
Da **Zeitprobleme** bei der Kooperation der System-Teile eine Rolle spielen, (z.B.
Signallaufzeiten in der Elektronik, aber auch Kommunikations-Dauern, zu späte
Benachrichtigungen, Nachrichten-Irrwege und konkurrierende <oder gar gegensätzliche>
Anweisungen in den Unternehmungen), genauer: da Zeit- oder Reihenfolge-Bedingungen
von Bedeutung sind, kann man ein derartig **verteiltes System** n i c h t adäquat durch
ein zentral getaktetes Modell darstellen ·(also einen "flächigen" Zeitablauf auf eine

lineare Zeitskala abbilden), ohne dabei einen wichtigen strukturellen Aspekt, vielleicht den entscheidendsten, zu vernachlässigen.
Gerade bei verteilten Systeme kann man keine Synchronisation durch das bloße Fortschreiten der Zeit erwarten.

Eine der bekanntesten Methodologien, die nebeneinander teil-autonom agierende Subsysteme angemessen darstellen kann, ist die <u>Netztheorie</u>.

<u>Modelle verteilter Systeme</u>
An 2 Beispielen - 1.) Kontraktabschluss, 2.) Produktion eines Werkstückes - mögen die Unterschiede verdeutlicht werden.

<u>Beispiel 1</u>. Zwei Unterschriften (Geschäftsbrief, Vertrag)

Wir zeigen hier für drei Fälle jeweils ein Ablaufmodell, bei dem "nur" die Fragen der Gleichzeitigkeit, also nur strukturelle Aspekte untersucht werden, deshalb sind hierfür die Darstellungsmöglichkeiten der Petri-Netze ausreichend. Diesen Netztyp darf man wegen der umfangreichen Literatur [P/P] als bekannt voraussetzen.

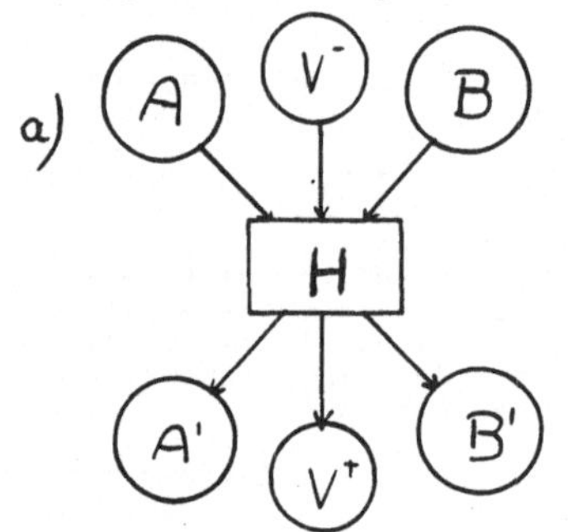

a) <u>Die Urform</u> des Vertragsabschlusses ist der Handschlag. Hierbei treten keine Zeit- oder Reihenfolge-Probleme auf, es handelt sich um einen Fall der "engsten" Gleichzeitigkeit, nämlich um die Koinzidenz; hier dargestellt durch eine einzige Transition.

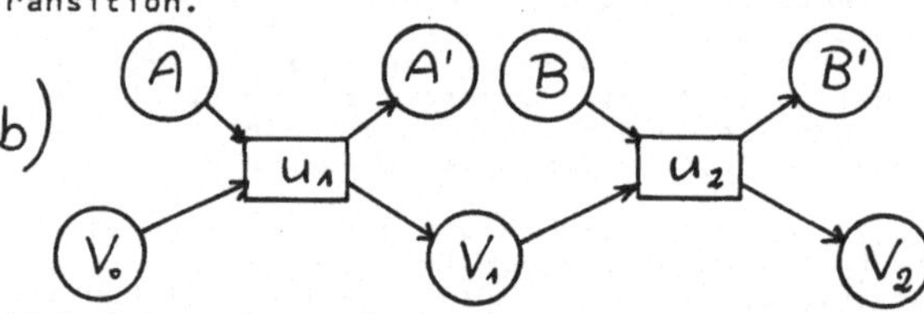

b) <u>Eine feste Reihenfolge</u> kann sachlich vorgegeben sein (oder durch die Hierarchie): A unterbreitet ein Angebot, B nimmt es an, und dadurch ist der Vertragsabschluß zustande gekommen. (Im Falle eines Geschäftsbriefes mit zwei Unterschriften: Abteilungsleiter A unterschreibt zuerst, Direktor B als zweiter.)
Obwohl hier A und B zeitlich wie räumlich getrennt sein können, handelt es sich nicht um ein Verteiltsein i.o. Sinne, da durch die fixe Reihenfolge keine Synchronisations-Probleme auftreten.

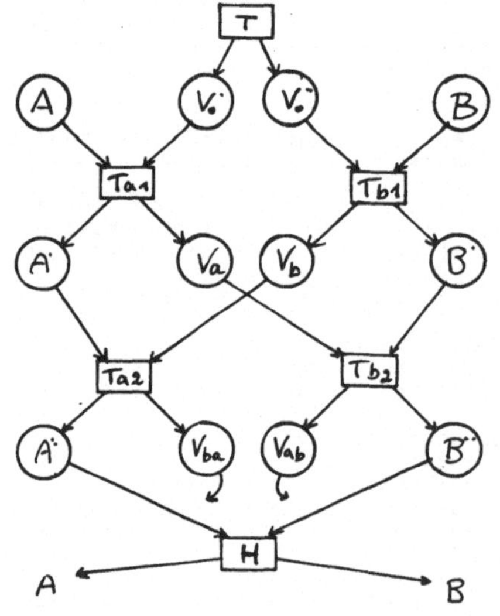

c) <u>Autonome Vertragspartner</u> und ihr unabhängiges Handeln adäquat, d.h. so zu modellieren (z.B. in einem Planungsmodell), daß ihre (kausalen) Unabhängigkeiten erhalten bleiben und eben <u>nicht</u> als ein gleichzeitiges oder ein gereihtes Ereignis dargestellt werden - das ist der eigentliche Problemfall.
(Im Falle eines Geschäftsbriefes handelt es sich darum, daß A und B unabhängig voneinander ihre Zustimmung erteilen bzw. Unterschrift hinterlegen, z.B. bei einem Notar oder auf einem elektronischen Medium.)

Die Transition T bezeichne den Beginn des Kontraktabschlusses, indem zwei Exemplare des Vertragsformulars erzeugt werden.
Mit Ta_1 bzw. Tb_1 bezeichnen wir die Aktionen, durch die A und B je ein Exemplar unterschreiben; es erfolgt der Austausch der Dokumente, in Ta_2 bzw. Tb_2 unterschreiben A und B das jeweils andere Exemplar, vielleicht noch ein besiegelnder Handschlag: der Vertrag ist somit zustande gekommen.
In diesem Ablaufmodell ist keinerlei Aussage über die Zeitigkeit der beiden parallelen Unterschriften gemacht bzw. gefordert.
In diesem Beispiel haben wir sogar zwei gültige Vertragsdokumente produziert.

In dem einfacheren Fall, daß man keinen Wert auf Aushändigung der Dokumente legt, sondern nur ein (eventuell nur symbolischer) Vertrag irgendwo (z.B. bei einem Notar) hinterlegt werden sollte, wäre schon der erste Teil dieses Ablaufschemas ausreichend.

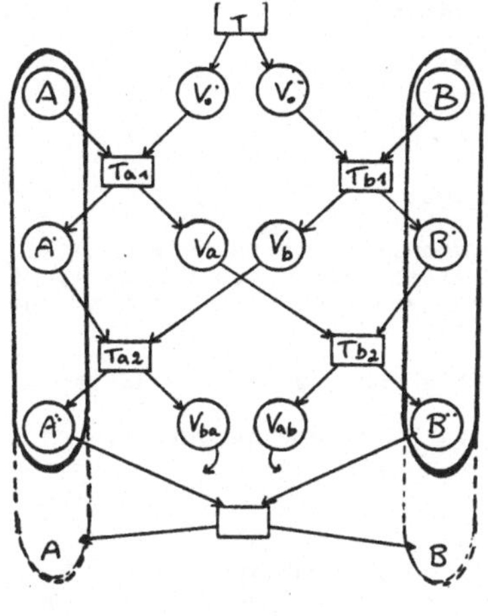

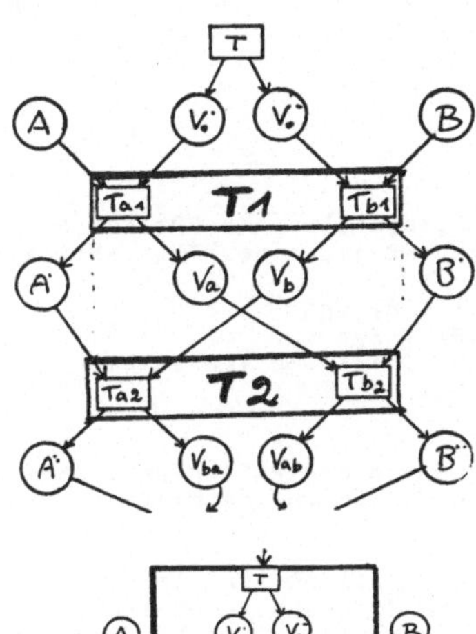

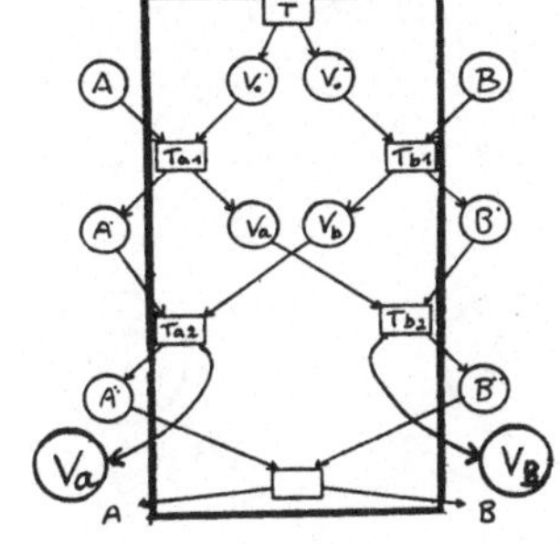

Wir können hier zwei prinzipiell verschiedene Zusammenfassungen machen:

Vertikal.

Das nebenstehende Bild zeigt eine Zusammenfassung des —Stellen-berandeten— Bereichs, der zur Einflußsphäre von A bzw. B gehört. Man könnte auch die Vorstellung haben, daß sie A bzw. B darstellen; genauer: es sind diejenigen Rollen, die A und B kraft ihrer für dieses Geschäft geltenden Autorisation spielen. Die Personen A und B selbst sind in der Realität jederzeit durch andere hierfür Bevollmächtigte ersetzbar - wichtig z.B. bei der Untersuchung der Frage, wie der Status des Vertrages ist, falls einer der Unterschriftsberechtigten während dieser (mehrstufigen) Prozedur einen Herzschlag erleidet.

Horizontal.

Die andere Zusammenfassung - und das ist die, die bei Modellbildungen mit weniger Reihenfolgekritischen Darstellungen gemacht wird - ist eine Transitions-berandete, die nämlich Ta_1 und Tb_1 zu einem Ereignis T_1 (=erste Unterschrift), und Ta_2 und Tb_2 zu T_2 zusammenfaßt. Dabei wird allerdings der folgende Fall nicht erfaßt: wenn der eine Partner erst niesen (oder telefonieren) muß und deshalb "lange" Zeit später als der andere unterschreibt und man ein solches Verhalten als zwar zulässig, jedoch für den Vertragsabschluß unschädlich erachtet, es aber trotzdem modellgerecht darstellen will.
Oder ein vielleicht strengeres und deshalb überzeugenderes Beispiel: Die Unterschriften (oder die <rechts>verbindlichen Aktionen) werden bei einem Gewährsmann geleistet, dessen Aufgabe es außerdem ist, dafür zu sorgen, daß die vertragsschließenden Parteien sich <u>nicht</u> begegnen, weil - zumindest einer der Beteiligten - unerkannt bleiben will und nur unter dieser Bedingung der Kontrakt zustandekommt. (Beispiele: <anderweitig bekannte Personen als> Autoren, die unter einem Pseudonym schreiben, <Geheimdienst-> Agententreff, Lösegeldübergabe etc.)

Man kann noch mehr aggregieren und auch noch T_1 und T_2 mit allem, was dazwischen ist, zu einem Ereignis T zusammenfassen, - dann ist man praktisch beim Fall 1 a) gelandet.
Umgekehrt könnte man mit dieser Darstellung bei der Modellbildung beginnen und (top-down!) immer mehr verfeinern.

Beispiel 2: Ausschnitt aus einem Produktionsprozeß (hier Kombination von Halbfertigfabrikaten zur Weiterverarbeitung).

In diesem Beispiel wollen wir zusätzlich annehmen, daß es nicht nur auf die obigen Reihenfolgeprobleme ankommt, sondern auch noch auf die zahlenmäßigen Verhältnisse der Objekte, die bei dem Ablauf des Prozesses eine Rolle spielen; eine Darstellung, wie man sie typischerweise für ein Prognosemodell braucht.
Dann kommt man i.a. mit der Modellierung mittels Petri-Netze nicht mehr aus, man braucht die Kausalstruktur-Darstellung <u>und</u> die Numerik.
Hier haben sich nun unter den Netzen die <u>Puffer-Transaktor-Netze</u> (engl: Place/Transactor nets, oder: flow-modifying nets), kurz: <u>P-Ta-Netze</u> als besonders geeignet für die <u>Simulation verteilter numerischer Systeme</u> erwiesen.

Zu der eingangs erwähnten Vollständigkeit der Darstellung kausaler Beziehungen werden bei P-Ta-Netzen neben der üblichen Flußrelation F auch die hier definierten K-Puffer verwendet:

Erinnern wir kurz an die formale Definition eines P-Ta Netzes:

P-Ta-Netz = { P, K, T;F;M;R } .   Dabei ist
P die Menge der Puffer, $K \subset P$, (Puffer gibt es in 2 Rollen)
T die Menge der Transaktoren,
F die Flußrelation, $F_1 \subset \{ P \times K \times T \}$, $F_2 \subset \{ T \times K \times P \}$, $F = F_1 \cup F_2$,
M die Markierung, eine Abbildung von P in $N_0 = \{0,1,2...\}$,
R eine aufwendige (und Marken-erhaltende) Transaktionsregel.

Um eine Transaktion zu ermöglichen, müssen zwei Bedingungen erfüllt sein: B1 betrifft
die Gleichgewichtsbedingung zwischen den K-Puffern (und somit den Flüssen), B2
betrifft den Inhalt bzw. Leer-Raum (Defekt) in den Puffern vor bzw. hinter dem
betreffenden Transaktor.

Außerdem gelte das Prinzip der Markenerhaltung: Es gibt keine Quellen und Senken von
Marken.
(Wir benutzen hier den Index 1 für die Input-Seite, Index 2 für die Outputseite eines
Transaktors, also wo die Flußrelationen F_1 bzw. F_2 gelten.)

Das führt zur Definition der <u>Transaktions-Regel</u>:
Für alle Puffer P_n gilt:
Es bezeichne $c(P_n) = C_n$ die <u>Kapazität</u> des Puffers; $c(P)$ eine Funktion $P_n \rightarrow N$,
es bezeichne $i(P_n)$ den <u>Inhalt</u> eines Puffers P_n, $i(P)$ eine Abbildung $P_n \rightarrow N_0$
$0 \leq i(P_n) \leq C_0$;
es sei $\Delta(P_n)$ der Defekt $\Delta(P_n) = C_n - i(P_n)$;
— dann ist für jeden Transaktor T_0 die

<u>Transaktions-Regel</u> folgendermaßen definiert:

Wenn
<u>R.1</u> $\Sigma_1\ i(K_1) = \Sigma_2\ i(K_2)$ für alle $K_1 = p_2(F_1)$ resp. $K_2 = p_2(F_2)$,   (p für Projektion)
          d.h. für alle K-Puffer der Input- resp. der Output-Seite eines Transaktors,
<u>und</u>
<u>R.2a</u> $i(K_1) \leq i(P_1)$ für jedes Input-Paar $(P,K) \in F_1$ <u>und</u>
<u>R.2b</u> $i(K_2) \leq \Delta(P_2)$ für jedes Output-Paar $(K,P) \in F_2$
dann kann der Transaktor schalten, – und wenn er 'feuert', ist die Transaktion:
<u>R 3a</u> $i(P_1) - i(K_1) \Rightarrow i(P_1)$ für jedes Input-Paar, und
<u>R 3b</u> $i(P_2) + i(K_2) \Rightarrow i(P_2)$ für jedes Output-Paar.

Auf der linken Seite des Symbols '$\Rightarrow$' stehen die Inhalte der Puffer <u>vor</u>, auf der
rechten Seite die Inhalte <u>nach</u> der Transaktion — sofern dieser Unterschied von Bedeutung ist.

Netze, auch P-Ta-Netze, kann man verschieden darstellen, bekanntlich in Matrix-Form
[La], ferner in Listenform [Fu2], oder am anschaulichsten in graphischer Form.
Wir zeigen hier für P-Ta-Netze zwei äquivalente graphische Darstellungen, die erste
lehnt sich mehr an die weitverbreitete Darstellung der Petri-Netze an, die zweite hat
ihre Vorteile bei Mehrfachverwendung (von K-Puffern) und bei Selbst- bzw. Rück-
Beziehungen.

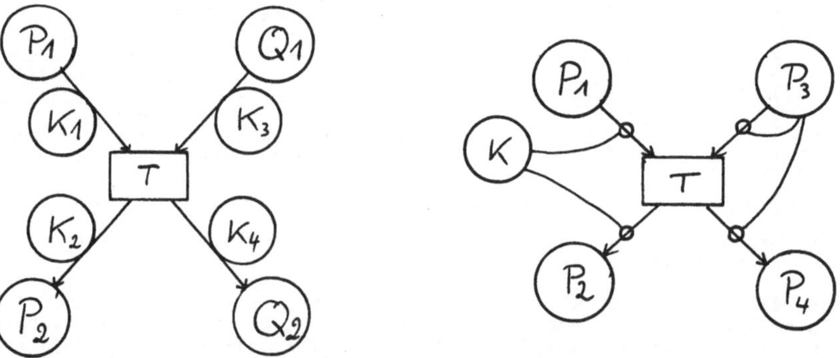

Im rechten Bild haben wir die Synchronisation der beiden Flüsse von k Marken mit dem
von allen Marken von P3 nach P4 dargestellt.

Innerhalb dieser Netz-Modelle ist eine klare und offensichtliche Unterscheidung möglich zwischen der <u>Struktur</u> [Fu3], (nämlich der Flußrelation), den <u>Variablen</u> (d.h.
P-Puffern) und den <u>Parametern</u> (K-Puffern) eines Systems (bzw. des Modells). Die <u>Werte</u>
der Variablen bzw. Parameter werden dargestellt durch die o.a. Markierung, d.h. anschaulich durch die Anzahl der Marken (token), die <u>in</u> den Puffern gespeichert sind.

Die Werte werden verändert (die tokens werden verschoben) gemäß der Transaktions-
Regel in einer eins-zu-eins-Weise (falls außerdem die o.a. Gleichgewichtsbedingung
erfüllt ist): es werden auf jedem P-Puffer-Zweig so viele Marken bewegt, wie der dazu
assoziierte K-Puffer durch seinen Inhalt angibt.

(Um Mißverständnissen vorzubeugen: Es ist Sinn-leer zu fragen, ob _dieselben_ Marken
bei P2 ankommen, die bei P1 abgehen. Marken hier sind bloße Zählgrößen, dimensionslos
und eigenschaftslos. Sie stellen keine Individuen dar – denn deren Existenz (mit ggf.
zusätzlichen Eigenschaften) werden ja gerade in und durch die (Stellen bzw.) Puffer
dargestellt).

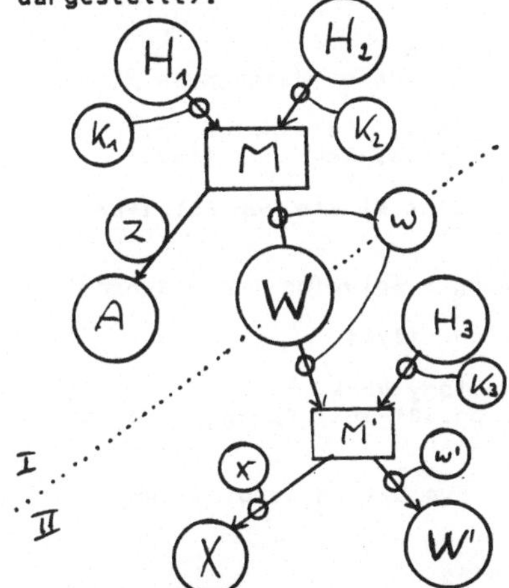

Wir stellen hier den Fall dar, daß auf einem
Montageplatz zwei Ströme von Halbfertigprodukten
zusammenlaufen, von denen jeweils k_1 und k_2 Stück
entnommen und zu w Teilen weiterverarbeitet werden.
Außerdem falle ein Ausschuß (Abfall/Verschnitt) von
z Teilen an.

Über die Entstehung der beiden Vorprodukte P1 und
P2 wollen wir keine einschränkenden Annahmen machen, sie sollen ja gerade in unabhängigen, (teil-)
autonomen Betriebsteilen entstanden sein; gewiß
sollen die nicht synchron entstehen.
Sie könnten z.B. vom Lager gekommen sein.

Das hier dargestellte Bild ist das Grundmuster für
die Modellierung von Aktionen zwischen Zuständen,
bei denen die Numerik (hier k_1, k_2, w und z) eine
Rolle spielt. Diese Grundmuster kann man druck-
knopfartig (an den Puffern) zu einem Gesamtmodell
kombinieren.

Numerische Stabilität

Eine besondere Eigenheit der Netzmodelle ist es, daß jedes Zustandssymbol (Stelle,
Puffer) und jedes Aktionssymbol (Transition, Transaktion) im Laufe des Modell-
bildungsprozesses und bei einer Modellveränderung zu Teilnetzen erweitert werden
kann, ohne daß man dabei die Klasse der Netze verläßt [Fe].
Das hat für die numerische Simulation zur Folge, daß die numerischen Methoden zur Lösung des mathematischen Modells (des "Gleichungssystems") sich nicht ändern; insbesondere also gibt es keine Probleme bei der numerischen Approximation (eine nützliche
Eigenschaft bei der Erstellung volkswirtschaftlicher Prognosemodelle [Fu1]).

Anmerkung?

Zum Schluß sei eine kritische Bemerkung zum Sinn von Simulationen (auch verteilter
Simulationen) erlaubt.
Wenn man Prognosemodelle über reine technische Objekte macht, so könnte man 'Simulation' beschreiben als eine Berechnung mit teilweise unbekannten Parametern (Parameter
= Voraussetzung).
Anders ist es jedoch bei solchen Prognosen, in denen über handelnde Menschen prognostiziert wird (z.B. in der Politik oder in der Wirtschaft). Hier tritt ein zusätzlicher Effekt durch Information ein: eben diese Menschen (die Betroffenen) — sobald
sie Kenntnis von der Prognose erhalten — werden alles daransetzen, daß diejenigen
prognostizierten Verhältnisse _nicht_ eintreten, die sie als für sich selbst als un-
günstig erachten.
Das Veröffentlichen einer derartigen Prognose birgt also die Möglichkeit in sich, sie
unzutreffend werden zu lassen.
Daraus folgt aber auch, daß die Veröffentlichung eines Zahlenwertes, von dem der Ver-
öffentlichende lediglich _vorgibt_, daß es sich um Prognoseergebnisse handelt, den
Effekt hat, daß die betroffenen Menschen beeinflußt werden – sofern der Veröffentli-
chende glaubwürdig genug erscheint.
Simulationsergebnisse können somit als Mittel der Menschenbeeinflussung angesehen
oder dazu benutzt werden — und vielleicht rührt daher auch ein Teil der Vertrauens-
krise in die Bedeutung der Simulation als eine wissenscheftliche Methode.

Literatur

[Fe] C.Fernandez: Net Topology   Internal Report ISF-76-3; GMD (1976)

[Fu1] H.Fuss: P-T-Netze zur Simulation von asynchronen Flüssen.
      in: Goos/Hartmanis (Eds.) 4.GI.Tag. LNCS Vol.26, pp.326-335; Springer (1975)

[Fu2] H.Fuss: AFMG - Ein asynchroner Fluss-Modell-Generator.
      Berichte der GMD No.100; GMD (1975)

[Fu3] H.Fuss: The Use of Place-Transactor-Nets in Simulation.
      in: Proc.6.Symp.O.R., Methods of OR Vol.44, pp.535, A.Hain, Meisenheim (1981)

[Fu4] H.Fuss: Reversal Simulation with Place-Transactor-Nets.   erscheint in:
      Proc.Int.Work.Conf. Model Realism, 12 S; Pergamon Press, New-York (1982)

[La] K.Lautenbach: Exakte Bedingungen d.Lebendigkeit f.eine Klasse von Petri-Netzen.
      Ber.d.GMD No.82; GMD (1973)

[MS&] A.Maggiolo-Schettini/H.Wedde/J.Winkowski: Modelling a Solution for a Control
      Problem in Distributed Systems by Restrictions.
      Theoret.Comput.Sc.13, pp.61-83; North Holl. Publ.Co. (1981)

[Ob] H.Oberquelle: Nets as a Tool in Teaching & Terminology Work.
      in: W.Brauer (Ed.) Net Th. & Appl., LNCS Vol.84, pp.481-506; Springer (1980)

[P1] C.A.Petri: Modelling as a Communication Discipline.
      in: Beilner/Gelenbe (Eds.) Measuring, Modelling & Evaluating Comp.Systems,
      pp.435-449; North Holland Publ.Co. (1977)

[P2] C.A.Petri: Concurrency as a Basis of System Thinking.
      in: Jensen/Mayoh/Moller (Eds.) Proc. 5th Scandinav. Logic Sympos., pp.143-162;
      Aalborg Universitetsforlag (1979)

[S/T] R.M.Shapiro/P.S.Thiagarajan: On the Maintainance of Distributed Copies of a
      Data Base. Int.Report ISF-78.04 GMD (1978)

[Va] R.Valk: Self-Modifying Nets, a Natural Extension of Petri Nets.
      in: Ausiello/Bohm (Eds.) LNCS Vol.62, pp.464-476; Springer (1978)

[Vo] K.Voss: Using Predicate-Transition-Nets to Model & Analyze Distrib. Database
      Systems,   Transact.Softw.Engin., Vol.Se-6, No.6, pp.539-544; IEEE (1981)

[We1] H.Wedde: Lose Kopplung von System-Komponenten.   Ber.d.GMD No.96; GMD (1975)

[We2] H.Wedde: A Starvation-free Solution of the Dining Philosophers' Problem by Use
      of Interaction Systems. in: Proc.MFCS, LNCS Vol.118, pp.534-543; Springer(1981)

[P/P] E.Pless/H.Plünnecke: A Bibliography of Net Theory.
      Internal Report ISF-80.05, 2nd Edition; GMD (1980)

Ein systemtheoretisch-kybernetischer Ansatz zur Modellbildung und Simulation

Arne Pfeilsticker, Heppenheim

Zusammenfassung. Der Ansatz verbindet Teile der Systemtheorie, Kybernetik, Automaten- und Petri-Netz-Theorie zu einer allgemein anwendbaren Methode der Modellbildung. Er entstand aus dem Bedürfnis der Wirtschaftswissenschaften Modelle und zugehörige Simulationsmodelle zu bilden, die Ideen der Systemtheorie und Kybernetik enthalten können und auch grafisch anschaulich darstellbar sind. Die grafische Darstellung verfolgt das Ziel, die Entwicklung und Diskussion der Modelle zu erleichtern. Die entstandenen Modelle lassen sich auf einfache Weise mittels der Programmiersprache APL in zeitdiskrete Simulationsmodelle überführen.

Summary. The discussed approach takes parts of system theory, cybernetics, automaton and Petri-net theory to form a generally applicable method of modelbilding. It arose out of the needs of economics having models and simulation models which can contain the ideas of systems theory and cybernetics and also be expressed graphically. Graphic representation aims to faciliate the development and discussion of models. Via the programming language APL these models can be transformed into simulation models.

1 Einführung

In diesem Beitrag wird zunächst festgestellt, daß jeder beliebige Untersuchungsgegenstand als ein System betrachtet werden kann. Ein Modell wird als ein System definiert, das für ein anderes System steht. Ein Modell wird mit dem Ziel gebildet, Eigenschaften und Verhalten eines bestimmten Teils des abgebildeten Systems kennenzulernen und zu erforschen.

Im Modell werden Teile und Beziehungen weggelassen, die für das Untersuchungsziel unwichtig sind oder unwichtig erscheinen. Dieser Abstraktionsprozeß und die damit verbundene Unsicherheit, ob im Modell im Hinblick auf das Untersuchungsziel, die entscheidenden Teile und Beziehungen abgebildet sind, läßt es zweckmäßig erscheinen, wenn das Modell lokal ergänzt und verändert werden kann, ohne daß der Rest des Modells verändert werden muß.

Ein Modell ist ein spezifisches Abbild des zugrundeliegenden Systems und macht insbesondere bei komplexen Systemen, dieses System erst sichtbar. Die dabei gewonnenen Erkenntnisse legen es unter Umständen nahe, daß Teile oder Beziehungen, die zuvor als unwichtig betrachtet wurden, doch ins Modell aufgenommen werden und ursprünglich als wichtig erachtete Teile oder Beziehungen doch nicht den angenommenen Einfluß haben.

Das Ziel dieses wechselseitigen Prozesses ist die Verbesserung des Modells und wird durch eine allmähliche Verfertigung des Modells beim Modellieren erreicht. Der Prozeß wird abgebrochen, wenn man meint oder weiß, daß das Modell mit der gewünschten Genauigkeit die Struktur und das Verhalten des zugrundeliegenden Systems beschreibt oder eine Verbesserung des Modells nicht erkennbar ist.

Ein Modell sollte nach Möglichkeit nur durch das zu modellierende System bestimmt werden. Die Methode der Modellbildung sollte das Modell nicht verzerren. Deshalb muß die Methode der Modellbildung flexibel sein. Dazu wird ein Verfahren eingeführt, das es erlaubt, sowohl allgemeine anwendungsneutrale als auch anwendungsspezifische 'Modellbausteine' zu definieren. Diese Bausteine sind analog der Begriffsbildung in der Sprache und können als eine formale Festlegung eines Begriffes für ein Modell betrachtet werden.

Ein bestimmtes "Sortiment von Modellbausteinen" ist vergleichbar mit mit dem Strukturkonzept im Sinne Schmitds /8/ oder "paradigma" im Sinne Kuhns /5/. Feste Strukturkonzepte haben den Nachteil, daß ein reales System z.B. in ein Warteschlangenmodell gezwängt wird oder die Wahrnehmung vorzeitig zu einem bestimmten Modelltyp gedrängt wird.

Mit der Verinnerlichung eines Modells verfestigt sich die Wahrnehmung. Ein Modell ist gleichzeitig Mittel und Beschränkung der Erkenntnis des modellierten Systems, weil es die realen Phänomene zum einen sichtbar macht, aber gleichzeitig auch festlegt welche, wichtig und welche weniger wichtig oder unwichtig sind, und dadurch eine andere Interpretation der realen Phänomene behindert. Einprägsamer könnte man formulieren: Jedes Modell oder jede Theorie im Kopf ist gleichzeitig das Brett vor dem Kopf.

Damit man ein Modell, um es zu verstehn, **nicht** im Kopf haben muß, wurde eine graphische Interpretation der Modelle vorgesehen, die die Struktur und die Elemente des Modells mit Hilfe der zweidimensionalen Sprache der Graphik darstellen. Die graphische Darstellung ist gleichzeitig Ausdrucksmittel und Objekt der Reflektion. Sie erfüllt die vergleichbare Funktion, wie ein Bauplan für einen Architekten.

Damit das Verhalten eines Modells untersucht werden kann, ist die Umsetzung eines Modells in ein Simulationsmodell vorgesehen. Sie ist nicht zwingend und wenn eine analytische Methode zweckmäßiger erscheint, dann sollte sie angewandt werden.

2 Modellbildung

2.1 Systeme

Der hier verwendete Systembegriff ist ein Spezialfall eines sehr allgemeinen mathematischen Begriffs, nämlich der Relationenalgebra.

Das Ziel einer mathematischen Definition des Begriffs Systems ist es, diesen Begriff exakt und formal zu definieren. Dabei soll er die intuitive Vorstellung und intendierte Bedeutung umfassen.

Es kommt dabei darauf zu zeigen, daß mit dem definierten Systembegriff ein Untersuchungsgegenstand beliebig genau erfaßt werden kann. Auch wenn in einer konkreten Analyse sehr stark abstrahiert wird, ist es wichtig zu wissen, wie im Einzelfall der Abstraktionsprozeß rückgängig gemacht werden kann.

Definition 1: Ein System ist ein geordnetes Paar, das aus einer Menge M und einer Folge R von Relationen über M besteht.

$$S = \langle M, R \rangle$$

M wird die **Elementmenge** und R die **Struktur** des Systems genannt.

Dieser Systembegriff ist sehr allgemein, weil er weder etwas über die Natur der Elemente noch über die Natur der Relationen aussagt und deshalb allgemein verwendbar.

Die Elemene des Systems können konkrete Dinge wie z.B. Unternehmen und Haushalte oder abstrakte Objekte wie z.B. Zahlen sein. Entsprechend kann es sich bei den Beziehungen um konkrete oder abstrakte Beziehungen handeln.

Um was für ein System es sich im Einzelfall handelt wird durch die Interpretation der Systemelemente und Relationen bestimmt.

2.1.1 Kybernetische Systeme

Mit Hilfe von geeigneten Abstraktionen und Aggregationen kommt man von einem beliebigen System zu abstrakten Systemen, die Modelle genannt werden und Gegenstand der Analyse sind.

Durch eine Einteilung der Systemelemente in zwei Klassen und eine Einschränkung der Relationen entsteht der im folgenden definierte Begriff eines kybernetischen Systems.

Die eine Klasse wird **aktive** Elemente genannt. Zu ihr gehören z.B. in einem ökonomischen System Unternehmen und Haushalte. Die andere werden **passive** Elemente genannt. Zu ihr gehören z.B. Waren, Dienstleistungen, Rechte und Informationen.

Die Definition des aktiven Elementes erfolgt in Anlehnung an den Begriff des abstrakten, endlichen, indeterminierten oder $\alpha\beta\gamma$-Automaten.

Der Begriff des 'aktiven Elementes' wird schon bei O. Lange /6/ verwendet. Er wird hier zwar anders definiert aber die Intension ist vergleichbar. S.v. Känel /4/ verwendet anstelle dieses Begriffes den Begriff "Elementarsystem".

Definition 2:

$$A \text{ ist ein } \mathbf{aktives\ Element}$$
$$:\Longleftrightarrow A = \langle Z, I, O, a, b, c \rangle$$
$$\text{mit endlichen Mengen } Z, I, O \text{ und den Funktionen}$$
$$a: Z \times I \longrightarrow Z \times I$$
$$b: \quad Z \longrightarrow Z$$
$$c: Z \times O \longrightarrow Z \times O$$

Z nennt man die **Zustände** von A, I die **Inputs** und O die **Outputs**. Die Funktion a beschreibt das **Inputverhalten**, b das innere **Übergangsverhalten** und c das **Outputverhalten** des aktiven Elementes A.

Die Heuristik ist von Anwendung zu Anwendung verschieden und kann in den Wirtschaftswissenschaften folgende sein: Ein aktives Element ist z.B. ein Unternehmen oder ein Haushalt. Die Inputs I sind Informationen, Vorleistungen, Aufträge etc., die Outputs O sind die ausgelieferten Waren und Dienstleistungen oder Rechnungen. Die Elemente der Zustandsmenge Z sind die Eigenschaften, Situationen und Bedingungen, die das aktive Element kennzeichnen. Beispielsweise wäre "Die Produktionskapazität ist zu 70% ausgelastet" ein solcher Zustand.

Die Zustände, Inputs und Outputs sind Variablen, die jeweils konkrete Ausprägungen haben. Beispielsweise ist die Zustandsmenge Z eine Menge von Zustandsvariablen:

$$Z = \{ Z_1, Z_2, ..., Z_n \}$$

wobei die einzelnen Zustandsvariablen Z_i verschiedene Ausprägungen haben können:

$$Z_i = \{ z_{i_1}, z_{i_2}, ..., z_{i_n} \}$$

Beispielsweise hat die Zustandsvariable "Auslastung der Produktionskapazitäten" die Ausprägungen 0 bis 100 Prozent.

Die Funktionen a, b und c beschreiben das Verhalten eines aktiven Elementes in der Zeit. Dabei beschreibt die Funktion a das Inputverhalten, d.h. wie sich die Zustände und Inputs aufgrund einer bestimmten Konstellation von Inputs und Zuständen verändern. Beispielsweise erfolgt aufgrund eines Auftrages (= Input) und des Zustandes "Auslastung der Produktionskapazität = 70 Prozent" die Zustandsveränderung "Auslastung der Prokutionskapazität = 80 Prozent".

Die Funktion b beschreibt das innere Übergangsverhalten, d.h. z.B. die Veränderung der innerbetrieblichen Zustände aufgrund eines bestimmten vorangegangenen Zustandes. In dem genannten Beispiel wäre das z.B. die Veränderung des Lagerbestände oder die Konsequenzen für die Auftragsbearbeitung und Fertigung.

Die Funktion c beschreibt das Outputverhalten, d.h. die Veränderung der Outputs und Zustände aufgrund einer bestimmten Konstellation von Outputs und Zuständen.

In der Natur oder in sozialen Systemen reagieren viele aktive Elemente aufgrund eines bestimmten Inputs und Zustandes nicht immer mit dem gleichen Output und der gleichen Zustandsveränderung. Ist eine oder sind mehrere Input-, Output- oder Zustandsvariablen stochastisch, dann nennt man dieses aktive Element stochastisch. Wenn aber aufgrund eines bestimmten Inputs und Zustandes der Output bzw. die Zustandsveränderung (nicht) vorhergesagt werden kann, dann nennt man dieses Element (in-) determiniert.

Ein aktives Element ist ein System. Die Systemelemente sind die Inputs, Outputs und Zustände. Die Folge von Relationen sind die drei Funktionen a, b und c.

$$A = \langle Z, I, O, a, b, c \rangle = \langle E, R \rangle = S$$

mit $E = \{Z \cup I \cup O\}$ und $R = \langle a, b, c \rangle$

In einem System mit aktiven Elementen beeinflussen sich die aktiven Elemente über gemeinsame Inputs und Outputs gegenseitig. Diese Beziehungen nennt man **Koppelungen**.

Von indirekter Koppelung spricht man, wenn ein oder mehrere andere aktive Elemente dazwischen geschaltet sind.

Mit Hilfe der Begriffe aktive und passive Elemente sowie Koppelung wird der Begriff des kybernetischen Systems definiert.

Definition 3:

$$KS = \langle P, A, K \rangle \text{ ist ein } \textbf{kybernetisches} \text{ System}$$
$$:\Longleftrightarrow \begin{cases} (1) & P \neq \emptyset, \text{ die Menge der passiven Elemente} \\ (2) & A \neq \emptyset, \text{ die Menge der aktiven Elemente} \\ (3) & P \cap A = \emptyset \\ (4) & K \subseteq \{P \times A\} \cup \{A \times P\}, \text{ die Koppelungsrelation} \\ (5) & \text{dom}(K) \cup \text{cod}(K) = P \cup A \end{cases}$$

Diese Definition ist identisch mit der von sog. Petri-Netzen und kann als eine bestimmte Interpretation dieser Netze aufgefaßt werden. Im Petri-Netz entsprechen den passiven Elemente die Stellen und die aktiven Elemente den Transitionen. Stellen und Transitionen der Petri-Netze sind Grundbegriffe, wärend der Begriff des aktiven Elementes ein im kybernetischen System ein definierter Begriff ist.

Graphisch lassen sich diese Netze z.B. wie folgt darstellen:
- Kreise zur Darstellung von passiven Elementen,
- Rechtecke für aktive Elemente und
- Pfeile zwischen den aktiven und passiven Elementen zur Darstellung der
  Koppelungsrelation.

2.1.2 Modellbausteine

Damit ein System in der gewünschten Weise funktioniert, ist es erforderlich, daß ein bestimmtes Verhalten der Elemente oder bestimmte Beziehungen aufrechterhalten bleiben.

Die zur Aufrechterhaltung erforderlichen Mechanismen sind bei verschiedenen komplexen
Systemen erstaunlich ähnlich und haben in der Kybernetik zu den bekannten Begriffen wie
Regelkreis oder Steuerkette geführt.

Beispielhaft wird im folgenden gezeigt, wie sich solche anwendungsneutrale Elementverbände
definieren lassen, die dann als Modellbausteine angewandt werden können.

Definition 4:

$$RK = \langle F, SG, S, R, Re, Rs, K\rangle \text{ ist ein } \textbf{Regelkreis}$$

:<=> (1) {F,SG,S,R} = P ist die Menge der passiven Elemente
     (2) {Re,Rs} = A ist die Menge der aktiven Elemente
     (3) K = {<F,Re>, <Re,SG>, <SG,Rs>, <Rs,R>, <R,Re>, <S,Rs>}
         ist die Koppelungsrelation, wobei die Beziehung <R,Re>
         Rückkoppelung genannt wird.

Die passiven Elemente F, SG, S und R heißen **Führungsgröße**, **Stellgröße**, **Störgröße** und
Regelgröße. Die aktiven Elemente Re und Rs heißen **Regler** und **Regelstrecke** und sind
wie folgt definiert:

Definition 5:

$$Re = \langle Z, I, O, a, b, c\rangle \text{ ist ein } \textbf{Regler}$$

:<=> (1) Z ist eine reglerspezifische Zustandsmenge
     (2) I = {F, R} ist die Inputmenge bestehend aus der
             Führungs- und Regelgröße
     (3) O = SG ist die Outputmenge bestehend aus der Stellgröße
     (4) a, b und c sind reglerspezifische Funktionen, die mit
         der Wirkung der Stellgröße auf die Regelstrecke abge-
         stimmt sein müssen, damit die Regelabweichung (F − R)
         gegen 0 geht.

$$SG_{t+1} = c \circ b \circ a(F_t, R_t)$$

Bei der Regelstrecke kann es sich um sehr komplexe und unterschiedliche Systeme handeln.
Deshalb werden bei ihrer Definition nur sehr wenig Einschränkungen gemacht.

Definition 6:

$Rs = \langle Z, I, O, a, b, c \rangle$ ist eine **Regelstrecke**
$:\Longleftrightarrow$ (1) Z ist eine regelstreckenspezifische Zustandsmenge
(2) $I = \{S, SG\}$ ist die Inputmenge bestehend aus der Stör- und Stellgröße
(3) $O = R$ ist die Outputmenge, die aus der Regelgröße beseht
(4) a, b und c sind regelstreckenspezifische Funktionen

$$R_{t+1} = c \circ b \circ a(S_t, SG_t)$$

Abb. 1 zeigt grafisch das Netz eines Regelkreises. An ihr wird die Struktur und werden die Elemente eines Regelkreise veranschaulicht. Jedes dieser Elemente kann für ein ganzes Netz stehen. Die Funktionen die diese Netze in einzelne passive oder aktive Elemente abbilden, nennt man Morphismen. Näheres kann bei H. Genrich und E. Stankiewicz-Wiechno /3/ nachgelesen werden.

Abb. 2 zeigt das Netz einer Steuerkette. Vergleicht man Abb. 1 und 2 miteinander, dann wird der strukturelle Unterschied sofort klar.

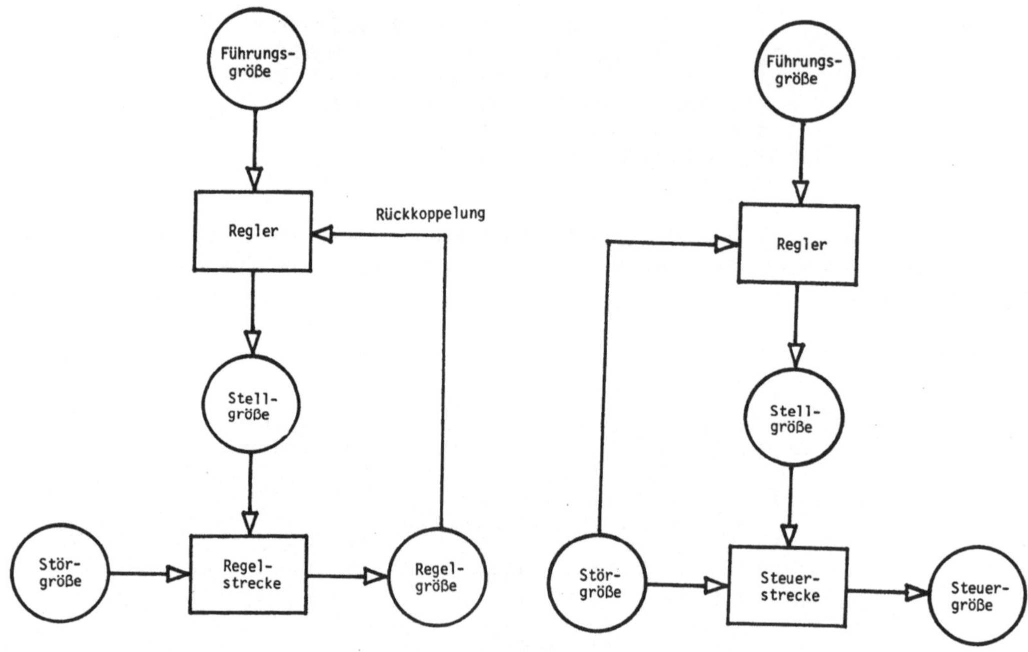

Abb. 1. Netz eines Regelkreises

Abb. 2. Netz einer Steuerstrecke

Regelkreise und Steuerketten lassen sich in technischen, biologischen oder ökonomischen Systemen finden und wurden deshalb anwendungsneutral genannt. Möchte man jedoch in Analogie zur Begriffsbildung in einer Theorie sehr spezielle Modellbausteine zur Verfügung haben, dann lassen sich solche anwendungsspezifische Elementverbände auf die gleiche Weise bilden. An einer ökonomischen Anwendung soll dies verdeutlicht werden. Der Begriff des Marktes ist in ökonomischen Systemen von entscheidender Bedeutung und wird im folgenden zur Veranschaulichung der Vorgehensweise definiert.

Definition 7:

MS = ⟨P,V,W,Z,Ma,An,Na,RI,RJ,RL⟩ ist ein **Marktsystem**
:⟺ (1) {P,V,W,Z} = P ist die Menge der passiven Elemente
    (2) {Ma,An,Na} = A ist die Menge der aktiven Elemente
    (3) ⟨RI,RJ,RL⟩ = KR ist die Folge von Koppelungsrelationen mit
        RI = { ⟨An,A⟩,⟨A,Ma⟩,⟨Na,N⟩,⟨N,Ma⟩,⟨Ma,P⟩,⟨P,Na⟩,⟨P,An⟩}
           den Informationsbeziehungen
        RJ = { ⟨Ma,V⟩,⟨V,Na⟩,⟨V,An⟩} den juristischen Beziehungen
        RL = { ⟨An,W⟩,⟨W,Na⟩,⟨Na,Z⟩,⟨Z,An⟩} den Leistungsbeziehungen

Die passiven Elemente P, V, W und Z werden **Marktpreis**, **Verträge**, **Waren** und **Zahlungen** genannt. Die aktiven Elemente Ma, An und Na heißen **Markt**, **Anbieter** und **Nachfrager**. Da im folgenden eine zwar sehr stark aggregiertes und abstrahiertes Marktsystem in Form eines Simulationsmodelles als Beispiel vorgestellt wird, wird hier nur die Definition des Marktes gegeben.

Definition 8:

Ma = ⟨Z, I, O, a, b, c⟨ ist ein Markt
:⟺ (1) Z ist die Zustandsmenge des Marktes.
       Dabei sprechen wir für NA ε Z und NA := N – A = O von
       einem **ausgeglichenen** Markt,
       für NA > O von einem **Verkäufermarkt** und
       für Na < O von einem **Käufermarkt**
    (2) I = {A, N} ist die Menge der Inputs, die aus dem Angebot
       und der Nachfrage besteht.
    (3) O = {P, V} ist die Menge der Outputs, die aus dem Marktpreis und den geschlossenen Verträgen besteht.
    (4) a, b und c sind marktspezifische Funktionen.
       Die Funktion a beschreibt das Inputverhalten, d.h. wie
       sich der Zustand des Marktes aufgrund von Angebot und
       Nachfrage verändert.
       Die Funktion b beschreibt das interne Übergangsverhalten,
       d.h. Preisentwicklungen und Verhalten der Marktpartner vor
       Vertragsabschluß.
       Die Funktion c beschreibt das Outputverhalten, d.h. die
       Bestimmung des Marktpreises und der Verträge am Ende einer
       Periode.

Das hier definierte Marktsystem entspricht sehr stark den Bedürfnissen eines Volkswirtschaftlers. Ein Psychologe oder Betriebswirtschaftler wir u.U. nicht, wie in dieser Definition geschehen, von der Werbung abstrahieren. Er könnte beispielsweise diese Definition um ein passives Element, genannt Werbung, erweitern. Entsprechend müßten die Informationsbeziehungen ergänzt werden, da die Werbung von den Anbietern ausgeht und die Nachfrager beeinflußt. Ebenso würden die Funktionen, die das Verhalten der Anbieter und Nachfrager beschreiben anders aussehen. Die Anbieter und Nachfrager würden nicht nur durch den Preis und dem internen Zustand in ihrem Angebot bzw. ihrer Nachfrage bestimmt werden, sondern die Nachfrager würden auch auf die von den Anbietern ausgehende Werbung reagieren.

Ein Jurist müßte für seine Bedürfnisse u.U. noch anders vorgehen. Er könnte beispielsweise differenzierter auf die Verträge und Leistungsbeziehungen eingehen.

Die dabei möglichen unterschiedlichen Definitionen entsprechen den unterschiedlichen Betrachtungsweisen eines Phänomens durch die verschiedenen wissenschaftlichen Disziplinen und sind mit dem unterschiedlichen Sprachgebrauch eines Begriffs vergleichbar.

Ein Markt könnte aus der Sicht eines Wirtschaftswissenschaftlers auch als Regelkreis definiert werden. Die Regelkröße wäre das Angebot und die Nachfrage, die Stellgröße wäre der Marktpreis und die Störgrößen wären die sonstigen Einflüsse, die die Anbieter und Nachfrager in ihrem Angebot bzw. ihrer Nachfrage beeinflussen. Der Regler dieses Regelkreises wäre der Markt und die Regelstrecke wird durch die Anbieter und Nachfrager gebildet. Was die Führungsgröße eines Marktes ist, läßt sich nicht ohne die Anwendung einer Hilfskonstruktion bestimmen, da es sie streng genommen nicht gibt. Man könnte aber die Ausgleichstendenz zwischen Angebot und Nachfrage als eine feste marktimmanente Führungsgröße bezeichnen.

An diesem Versuch, einen Markt als Regelkreis aufzufassen, wird der Nachteil eines vorgegebenen Strukturkonzeptes deutlich: Ein Phänomen wird u.U. in ein unzweckmäßiges Strukturkonzept und damit auch Modell gezwungen, das eventuell die Erforschung dieses Phänomens behindert.

Der hier vorgestellte Ansatz ist deshalb nur auf einer sehr abstrakten Ebene ein Strukturkonzept. Die Begriffe **System**, **aktives Element** und **kybernetisches System** sind so allgemein, daß sie zur Definition anwendungsneutraler und -spezifischer Strukturkonzepte verwendet werden können. Insbesondere soll dadurch die Möglichkeit geschaffen werden, mit verschiedenen Strukturkonzeptvarianten zu "spielen", damit ein Phänomen von verschieden Seiten betrachtet werden und man zu einem zweckmäßigen Modell kommen kann.

Der Agrar- oder Arbeitsmarkt ließe sich beispielsweise durch die in Definition 9 gegebene Definition eines Marktes nur unzureichend beschreiben. Diese Märkte enthalten zusätzliche Elemente und Beziehungen, die sie von anderen Märkten gravierend unterscheiden. Auf den Agrarmärkten gibt es beispielsweise eine Interventionsbehörde, die zusätzlich Agrarprodukte aufkauft, wenn der Marktpreis unter den sog. Interventionspreis fällt. Die "Milchseen" und "Butterberge" der Vergangenheit und die damit verbunde Belastung des EG-Haushaltes sind die Folgen. Der Preis wird als Regulativ für Angebot und Nachfrage teilweise ausgeschaltet.

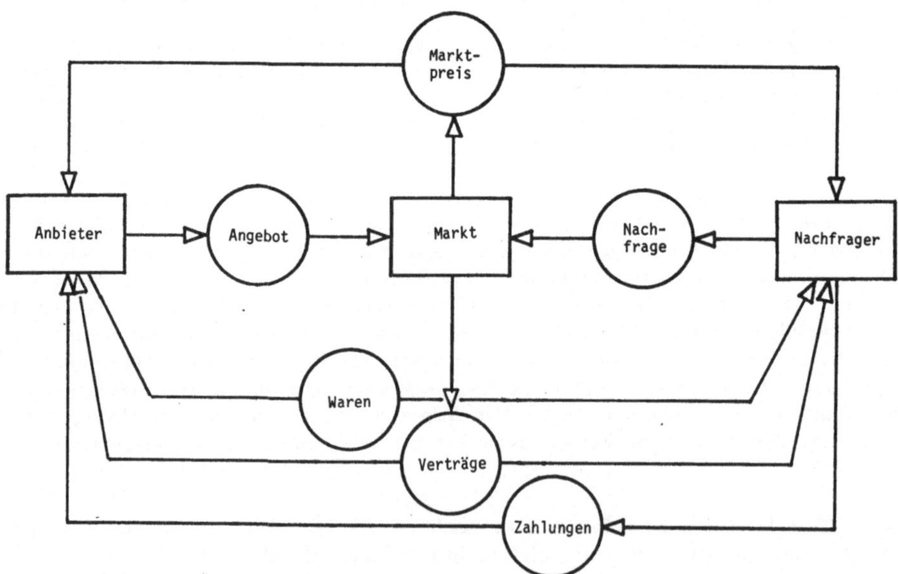

Abb. 3. Netz eines perfekten Marktes

Der Agrarmarkt ist ein Beispiel für einen preisregulierten Markt. In Abb. 4 wird das Netz eines solchen Marktes ohne Auslandsbeziehungen dargestellt. Durch einen Vergleich mit Abb. 3 werden die strukturellen Unterschiede sofort sichtbar. Begriffe sind die "Bausteine" einer Theorie. Analog dazu können die Netze als "Bausteine" eines Modells bezeichnet werden, die miteinander verbunden größere Netze bilden.

Abb. 4 ist ein Beispiel wie das Netz eines Marktsystems mit einem Netz eines Regelkreises zu einem Netz eines preisregulierten Marktsystems verbunden wurde. Der Marktpreis ist die Regelgröße des Regelkreises, Angebot und Nachfrage die Stellgrößen, der Interventionspreis die Führungsgröße und die Interventionsbehörde der Regler. Der Fond und das Lager könnten auch als Zustandsvariablen der Interventionsbehörde betrachtet werden. Der Rest des Systems ist die Regelstrecke.

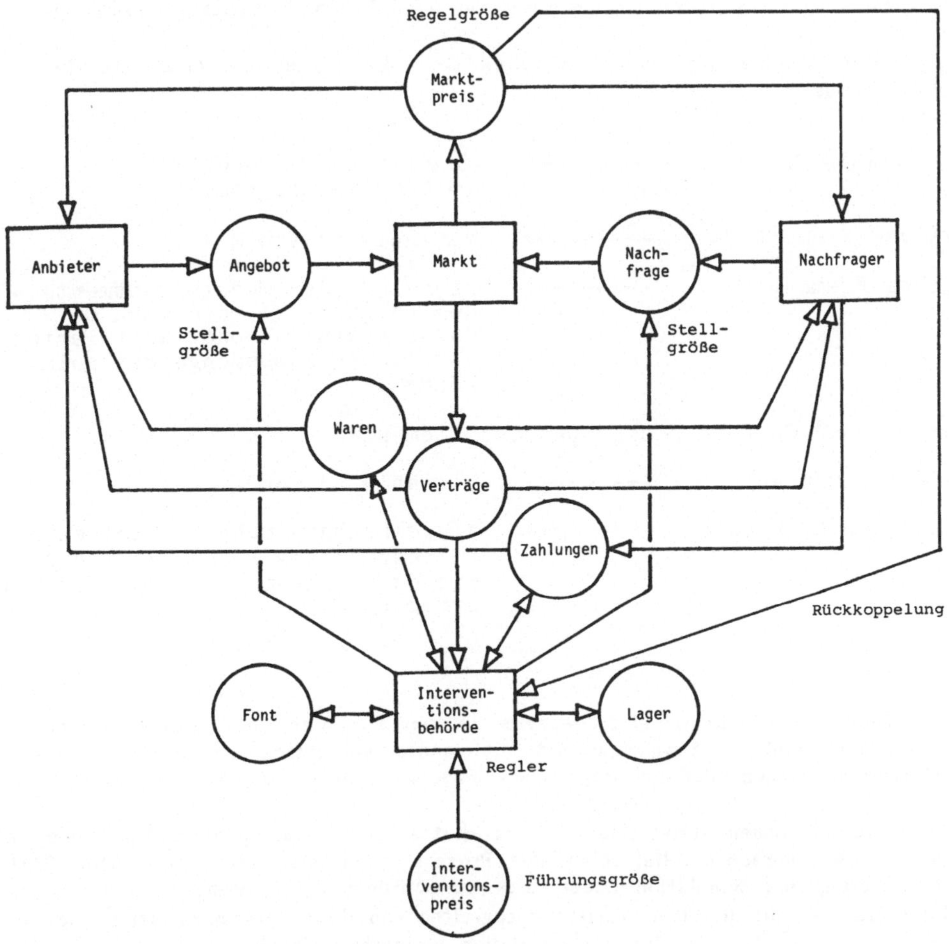

Abb. 4. Netz eines preisregulierten Marktsystems (geschlossene Volkswirtschaft)

3 Simulationsmodelle

Eine Theorie ist ein sprachliches Gebilde, in dem die Begriffe in und durch Sätze miteinander in Beziehung gebracht werden und so eine Vorstellung des beschrieben Gegenstandes vermitteln. Ein Modell kann dagegen verschiedene 'Erscheinungsformen' haben oder man kann auch sagen, daß es zu einem System verschiedene Modellklassen gibt, die jeweils bestimmte Eigenschaften eines Systems hervorheben und vermitteln können. Die graphische Erscheinungsform eines Modells eignet sich besonders gut zur Darstellung der Struktur und der Elemente eines Systems und erlaubt aufgrund der visuellen Wahrnehmung nicht nur wie in der Sprache eine punktuelle, sondern eine ganzheitliche Betrachtung des Systems. Ein Simulationsmodell in Form eines Computerprogramms eignet sich dagegen besonders gut zur Darstellung des Verhaltens eines Systems und ist deshalb eine zweckmäßige Ergänzung.

Die Definition eines kybernetischen Systems wurde auch im Hinblick auf eine möglichst einfache Umsetzung eines Modells in ein Simulationsmodell, d.h. Computerprogramm gemacht.

Das folgende Schema gibt einen Überblick über die Umsetzung eines Modells in ein Simulationsmodell:

Modell M ────────> **Simulationsmodell M'**
(= Computerprogramm)

passives Element P ────────> Variable P' von M'

aktives Element A ────────> einzelne oder merere Statments A'
des Progamms M', die auch zu
Unterprogrammen oder definierten
Funktionen zusammengefaßt sein
können.

Inputs I und Outputs O sind passive Elemente.

Zustand Z von A ────────> Variable Z' von A'

Funktionen a, b oder ────────> einzelne oder mehrere Statments a',
c von A b' oder c' des Programmteils A',
die den Funktion a, b, oder c entsprechen.

Die Zuordnung der Elemente eines Modells zu den Elementen des Simulationsmodells ist keine Bijektion, weil das Simulationsmodell Elemente und Statements enthält, die der Programmsteuerung dienen oder aus programmtechnischen Gründen eingeführt wurden.

In einem Modell können aktive Elemente parallel arbeiten, was in Simulationsmodell nicht möglich ist. Hier müssen parallel ablaufende Prozesse sequentialisiert werden. Dies führt bei der Realisierung des Simulationsmodell u.U. zu Schwierigkeiten, wenn zwei oder mehrere parallele Prozesse auf dieselben Variablen zugreifen und diese verändern. Denn eine Vertauschung der Reihenfolge, in der die paralellen Prozesse abgearbeitet werden, könnte zu unterschiedlichen Ergebnissen führen.

Dieses Problem läßt sich in einigen Fällen dadurch lösen, daß die Veränderungen an einer solchen Variablen zwischengespeichert werden und erst dann der Abgleich stattfindet. Wenn es sich um eine beschränkte Variable handelt, dann müssen u.U. Vorkehrungen getroffen werden, falls die Summe der Veränderungen die Schranke der Variablen überschreiten würde. Beispielsweise können die logischen Zeitschritte des betroffenen Teils in kürzere aufgeteilt werden, damit die Veränderung die Schranke der Variablen nicht überschreitet.

Welcher Weg zur Überwindung dieses Problems gegangen wird, hängt vom zugrundeliegenden System ab und kann nicht allgemeingültig aufgezeigt werden, weil u.U. zusätzlich Annahmen über das System herangezogen werden müssen.

Zur Realisierung eines Simulationsmodells eignet sich APL besonders gut. Ein einzelnes aktives Element kann als einzelne APL-Funktion mit gleichem Namen realisiert werden und ein passive Element kann je nach Bedarf als eine globale Variable, Vektor oder auch Matrix dargestellt werden. Dazu kommt noch, daß APL eine sehr effektive Programmiersprache ist, in der ein Simulationsmodell sehr schnell und knapp programmiert werden kann. Da es sich um eine interpretative Programmiersprache handelt, entfällt die Übersetzung und Änderungen an Funktionen, das Testen und die Fehlersuche ist relativ leicht und interaktiv durchführbar.

An der Umsetzung eines Modells eines einfachen Marktsystems in ein Simulationsmodell soll die Vorgehensweise beispielhaft aufgezeigt werden.

```
      ∇ E←Z SIMMARKT V
[1]      T←1
[2]      MENGE←NFR←ANG←PREIS←ΔNA←((Z+1),1)ρ0
[3]      ⎕←'ANFANGSWERT FUER PREIS EINGEGEN'
[4]      PREIS[1;]←⎕
[5]   ANF:NFR[T;]←NACHFRAGER PREIS[T;]
[6]      ANG[T;]←ANBIETER PREIS[T;]
[7]      PREIS[T+1;]←ANG[T;] MARKT NFR[T;]
[8]      →(Z≥T←T+1)/ANF
[9]      E←PROTOKOL V
      ∇
```

Die APL-Funktion SIMMARKT entspricht dem Modellbaustein Marktsystem. Der Parameter Z gibt den simulierten Zeitraum von 1 bis Z an. Der Parameter V enthält die Namen der im Protokoll festzuhaltenden Variablen. Das eigentliche Simulationsmodell steht in den Zeilen 5 bis 7. Die übrigen Zeilen dienen der Vorbereitung und Ausgabe des Ergebnisses.

Zeile 1 legt den Anfangswert der Zeitvariablen T auf 1 fest. In der 2. Zeile werden Spaltenvektoren zur Speicherung der Variablenwerte für den zu simulierenden Zeitraum angelegt. Das Simulationsmodell SIMMARKT erfordert den Preis in der Periode 1 als Anfangswert. Er wird in der Zeile 3 angefordert und in der Zeile 4 eingegeben. In der Zeile 5 wird die Nachfrage (NFR) der Periode T mittels der APL-Funktion NACHFRAGER und des Preises der Periode T bestimmt. In der Zeile 6 wird dies für das Angebot (ANG) gemacht. In der Zeile 7 wird der Preis für die Periode T+1 mittels der APL-Funktion MARKT und deren Argumente Angebot und Nachfrage in der Periode T bestimmt. In der Zeile 8 wird die Zeitvariable T erhöht und falls sie nicht größer als N ist, dann wird zur Marke ANF gesprungen und die Simulation der nächsten Periode beginnt. In der Zeile 9 wird mit Hilfe der APL-Funktion PROTOKOL das Protokoll des Simulationslaufes am Bildschirm ausgegeben.

```
      ∇ A←ANBIETER P                ∇ N←NACHFRAGER P
[1]      A←P×5                  [1]    N←0⌈5000-P×5
      ∇                            ∇
```

Die APL-Funktion ANBIETER beschreibt das Verhalten des aktiven Elementes Anbieter. Je nach dem, wie Komplex das Verhalten ist und wie genau es beschieben werden soll, wird diese Funktion mehr oder weniger umfangreich sein. Für unser Beispiel haben wir eine sehr einfache Funktion angenommen, in der die Funktionen a, b und c zu einer Zuweisung zusammengefaßt werden konnte. Entsprechendes gilt für die APL-Funktion NACHFRAGER. P ist der Marktpreis der aktuellen Periode, N die Nachfrage und A das Angebot. In beiden Funktionen wurde vom Einfluß der vertraglichen Verplichtungen sowie den daraus resultierenden Warenund Zahlungsströmen abstrahiert.

```
      ∇  P←A MARKT N;X
[1]      ΔNA[T;]←0.1×⌊0.5+1000×(N−A)÷A[ 1
[2]      MENGE[T;]←A⌊N
[3]      P←0.01×⌊0.5+100×PREIS[T;]×1+0.001×ΔNA[T;]
      ∇
```

Die APL-Funktion MARKT beschreibt den Marktprozeß, d.h. wie sich aufgrund von Angebot und Nachfrage der Marktpreis und die kontraktierte Menge bildet. In der 1. Zeile wird der Zustand NA aufgrund der Inputs Angebot und Nachfrage ermittelt. Der Zustand NA ist die relative Abweichung von Angebot und Nachfrage und bestimmt in Zeile 3 zusammen mit dem aktuellen Marktpreis den Marktpreis für die Periode T+1. In der Zeile 2 wird die in den Verträgen vereinbarte Menge der gekauften Waren bestimmt.

Tabelle 1. Protokoll eines Simulationssaufes

T	PREIS	ANG	NFR	MENGE	NA
1	450,00	2250,00	2750,00	2250,00	22,2
2	459,99	2299,95	2700,05	2299,95	17,4
3	467,99	2339,95	2660,05	2339,95	13,7
4	474,40	2372,00	2628,00	2372,00	10,8
5	479,52	2397,60	2602,40	2397,60	8,5
6	483,60	2418,00	2582,00	2418,00	6,8
7	486,89	2434,45	2565,55	2434,45	5,4
8	489,52	2447,60	2552,40	2447,60	4,3
9	491,62	2458,10	2541,90	2458,10	3,4
10	493,29	2466,45	2533,55	2466,45	2,7
11	494,62	2473,10	2526,90	2473,10	2,2
12	495,71	2478,55	2521,45	2478,55	1,7
13	496,55	2482,75	2517,25	2482,75	1,4
14	497,25	2486,25	2513,75	2486,25	1,1
15	497,80	2489,00	2511,00	2489,00	0,9
16	498,25	2491,25	2508,75	2491,25	0,7
17	498,60	2493,00	2507,00	2493,00	0,6
18	498,90	2494,50	2505,50	2494,50	0,4
19	499,10	2495,50	2504,50	2495,50	0,4
20	499,30	2496,50	2503,50	2496,50	0,3

In Tabelle 1 wird das Protokoll eines Simulationslaufes gezeigt. Man sieht sehr deutlich, wie sich der Marktpreis der 1. Periode dem Gleichgewichtspreis nähert. Dieser Gleichgewichtspreis hätte bei diesem einfachen Beispiel mittels einer analytischen Methode natürlich einfacher und genauer bestimmt werden können. Aber das war auch nicht der Zweck dieses Beispiels und ein komplexeres Modell, für das die Simulationsmethode gedacht ist, hätte den Rahmen des Beitrags gesprengt. Es sollte lediglich die prinzipielle Vorgehensweise aufgezeigt werden, wie ein kybernetisches Modell in ein Simulationsmodell überführt werden kann. Dieser Schritt ist nicht zwingend, denn ein kybernetisches Modell läßt sich auch mittels analytischer Methoden analysieren. Und so lange die analytischen Methoden einfacher und zweckmäßiger und die Modellbildung nicht in unzulässiger Weise von den mathematischen Möglichkeiten beeinflußt werden, so lange sollten sie eingesetzt werden.

Für die Simulationsmethode spricht bei der Analyse großer und komplexer Modelle die einfache lokale Änderbarkeit. Beispielsweise wenn unser Beispiel Teil eines großen ökonomischen Modells wäre und man lediglich das Verhalten der Anbieter ändern will, dann genügt es, wenn man die entsprechende APL-Funktion ändert und eventuell neu hinzukommende Variablen definiert und ins Protokoll aufnimmt. Bei der analytischen Methode muß man u.U. in einem solchen Fall nicht nur die betroffene Gleichung ändern, sondern die Koeffizientenmatrix neu invertiern.

Literatur

/1/ Adam A, Helten E, Scholl F (1970) Kybernetische Modelle und Methoden. Westdeutscher Verlag, Köln Opladen

/2/ Baetge J (1976) Systemtheorie und sozio-ökonomische Anwendung. Duncker und Humblot, Berlin

/3/ Genrich HJ, Stankiewicz-Wiechno E (1980) A dictionary of some basic notions of net theory.In: Brauer W (ed) Net theory and applications. Springer, Berlin Heidelberg New York, p 519

/4/ Känel S v (1971) Einführung in die Kybernetik für Ökonomen. Die Wirtschaft, Berlin

/5/ Kuhn T (1970) The structure of scientific revolutions. University of Chicago Press, Chicago

/6/ Lange O (1965) Whole and parts in the light of cybernetics. Oxford Warsaw

/7/ Rödding W (1975) Netzwerke abstrakter Automaten als Modelle wirtschaftlicher und sozialer Systeme. Österreichische Studiengesellschaft für Kybernetik, Wien

/8/ Schmidt B (1982) Informatik und allgemeine Modelltheorie - eine Einführung. In: Ange. Informatik 4/82:3-10

/9/ Wintgen G (1968) Zur mengentheoretischen Definition und Klassifikation kybernetischer Systeme. In: Festschrift Felix Burkhardt. Mathematik und Kybernetik in der Ökonomie (III). Leipziger Druckhaus, Leipzig

Ein Simulationsmodell sozioökonomischer Prozesse in
Sanierungsgebieten auf der Basis von System Dynamics

Eckehard Schmidt, Nürnberg

Zusammenfassung. Sanierungsgebiete stellen große Probleme dar. Benötigt werden
Politiken, die den Verfall von Sanierungsgebieten aufhalten. Das Modell ist so
entworfen, daß es diese spezielle Stadtplanung unterstützt. Es bietet Hilfe
bei der Analyse und Prognose komplexer dynamischer Wachstums- und Verfallsprozesse in den Städten. Die Entscheidungsträger werden so in die Lage versetzt,
Maßnahmen für zukünftige Entwicklungen zu treffen. Das Verhalten sozialer Systeme wird oftmals durch schwer zu quantifizierende Variablen bestimmt. Deswegen wurde von vorhandenen Daten einer Umfrage in Sanierungsgebieten ausgegangen. Das Modell basiert auf dem Prinzip des System Dynamics.

Summary. Urban renewal is in Germany a great problem too. It is found that
there are about 300 urban renewal areas. The need is an urban policy which
alters the present decay on an urban area. The model is designed to assist
urban planning. It will be offered as an aid to analyse and prognosis the
complex,dynamic interrelationship of growth and decay in the cities.Therefore the decision-makers become qualified to recommend adequate provision
for future developments.The behavior of social systems is often determined
by unquantified difficult-to-measure, soft variables.Concerning this it is
based on results of inquiries in urban renewal areas.The model is based on
System Dynamics.

1. Einführung

Während regelmäßig Städte oder Regionen modelliert werden, stellt SIRIUS (<u>Si</u>mulationsmodell sozioökonomische<u>r</u> Prozesse <u>in</u> Sanier<u>u</u>ngsgebieten auf der Basis
von System Dynamics) einen städtischen Kleinraum, ein Sanierungsgebiet, dar.
Für die Merkmals- und Indikatorenauswahl war entscheidend, daß die Sanierungsauswirkungen auf die betroffenen Bewohner, Arbeitnehmer, Eigentümer und Unternehmer gezeigt werden konnten. Der wichtige Aspekt der sozialen Stadtplanung
steht im Mittelpunkt der Modellkonstruktion.

Die gesellschaftspolitische Dimension bezieht sich nicht nur auf das ausgewählte Thema selber, sondern auch auf das in SIRIUS verwendete Strukturprinzip
der Regelkreistheorie. Eine Vielzahl kritischer Stimmen über FORRESTERs System
Dynamics (SD) geht darauf zurück, daß er das Rückkopplungssystem als ein Struk-

turmerkmal der Realität identifiziert hat und nicht nur als ein heuristisches Instrument, das in die Realität hineingelegt wird. Ein Modell ist nur ein beschränkter Ersatz für die Realität. Eine weitere am SD geäußerte Kritik bezieht sich mit Recht auf die Art und Weise wie FORRESTER und seine Schule ein, wie sie glauben, universales Mittel auf zu lösende gesellschaftliche Probleme anzuwenden pflegen. Im mathematischen Sinne wird es keine eindeutige Lösung gesellschaftlicher Probleme geben, da diese in einem größeren Gesellschaftszusammenhang stehen.

Weitere Nachteile und mögliche Gefahren von Simulationsmodellen in den Sozialwissenschaften sind darin zu sehen, daß empirische und theoretische Lücken in den Modellkonstruktionen zwangsläufig mit fiktiven oder Schätzdaten, flüchtigen Annahmen und Hypothesen gefüllt werden. Die Benutzung des Computers und die Verwendung einer Programmiersprache schaffen zusätzliche Formalisierungsschwierigkeiten, die nicht problemlos zu überwinden sind.

2. Modellbildung

Anhand des Subsystems "Gebäude" wird beispielhaft die Modellbildung erklärt.

Da ein Sanierungsgebiet betrachtet wird, das aus für Berlin typischen Miethäusern mit Hinterhöfen besteht, wird im Modell nach Wohneinheiten in Vorder- und Hinterhäusern unterschieden. Die Quergebäude fallen unter die Kategorie Hinterhäuser, ebenfalls die Fälle, in denen mehr als ein Hinterhaus existiert. Die Wohneinheiten (Dimensionsbezeichnung WE) sind identisch mit Wohnungen. Die im Modell abgebildete Bausubstanz besteht aus Neubauten, Altbauten und modernisierten Altbauten.

Bei der Abgrenzung der einzelnen Bausubstanzen ist zu beachten, daß die vorhandene bebaute Fläche nicht nur aus Wohneinheiten besteht, sondern auch aus Betriebsflächen, Garagen und sonstigen Nutzungsflächen. Da im jetzigen Ausbauzustand des Modells die Betrachtung dieser Flächen nicht vorgesehen ist und diese somit außerhalb der gewählten Systemgrenzen liegen, werden sie nicht weiter berücksichtigt.

Die vollständige Bebauung des hier betrachteten Sanierungsgebietes Kreuzberg-Chamissoplatz erfolgte vor dem 1. Weltkrieg. Dieser Zeitpunkt wird zur Definition herangezogen, was unter Altbau zu verstehen ist: Gebäude, die vor 1918 gebaut wurden. Zu Neubauten zählen die, die in der Zeit nach 1918 errichtet wurden. Zum modernisierten Altbau rechnen alle Altbau-Wohneinheiten, die nach

der Sanierungsgebietserklärung im Rahmen von Modernisierungsprogrammen saniert
werden.

3. System Dynamics

In der Schreibweise des SD, dieser Abschnitt kann nur Hinweise darauf enthalten und keine Abhandlung darüber sein, bedeuten die drei Bausubstanzen drei
Zustands (Level-) Variablen, die in dem sogenannten konservativen System wie
folgt hintereinander angeordnet sind: Der Alterungsprozeß eines Hauses beginnt
mit dem Neubau selber, geht dann in den Zustand des Altbaus über und endet
entweder als modernisierter Altbau oder scheidet als Abriß aus dem System aus.

In der graphischen Darstellung des SD, siehe Abbildung 1, symbolisieren die
Rechtecke die Zustandsvariablen, und die sie verbindenden Pfeile geben die
Richtung des Alterungsprozesses an.

Ein anderes konstituierendes Merkmal des SD sind die Fluß (Raten-) Variablen,
die die Aktivitäten in den Rückkopplungsschleifen repräsentieren. Beispielsweise verändert (vermindert) die Abrißrate den Bestand vorhandener Altbauten.
Graphisch wird die Flußvariable durch die Ventildarstellung symbolisiert,
siehe Abbildung 1.

Die Abbildung 1 zeigt nicht nur das konservative System für die Hinterhaussubstanz, sondern sie enthält auch für den Bereich des Hausabrisses den Informationsfluß zwischen den SD-Elementen. Der Hinterhaus-Altbaubestand, Zustandsvariable OAH, wird verändert durch drei Flußvariablen. Die erste, mit OAAH bezeichnet, subtrahiert die Wohneinheiten, die abgerissen, die zweite, OMAH, subtrahiert die, die modernisiert werden und die dritte, ONAH, addiert die neugebauten Wohneinheiten, die zu Altbauten werden.

Die Flußvariable OAAH ist über eine ClIP-Funktion realisiert, durch die verglichen wird, ob die Zahl der für den Abriß vorgesehenen Wohneinheiten, OAAHC,
mit der Anzahl der schon abgerissenen Wohneinheiten, OAAH, übereinstimmt. Die
Flußvariable wird zu Null, sobald diese Werte gleich sind. Ist das nicht der
Fall, werden pro Simulationszeitraum Wohneinheiten, OAAHG, abgerissen; das
aber erst nach der Sanierungsgebietserklärung, OSNDBE. Die Zahl der abgerissenen Wohneinheiten kann durch Subventionen, OAAHF, beeinflußt werden.

Die Sanierungsgebietserklärung, OSNDBE, ist über eine CLIP-Funktion realisiert,
die bewirkt, daß zum Zeitpunkt der förmlichen Festlegung, OSNDBC, die Abrißgrößen beginnen, die Zustandsvariable OAH zu verändern. Sie bleibt solange

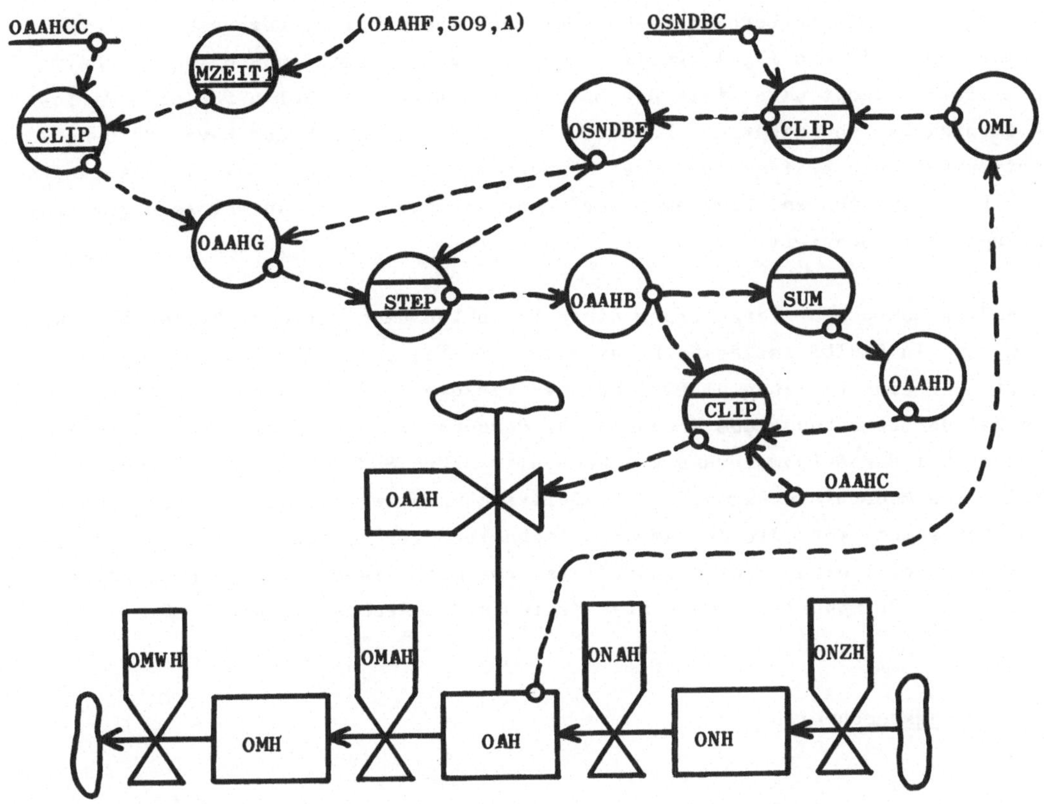

Abbildung 1: Flußdiagramm von der Bausubstanz der Hinterhäuser

wirksam, wie die Modernisierungsarbeiten, OML, andauern. Diese hängen wiederum
von der Zahl der noch vorhandenen nicht modernisierten Altbauten ab.

4. Modelltheoretische Implikationen

Die allgemeine Gleichungsform sieht so aus, daß sich der Variablenwert aus dem
Wert der vorhergegangenen Periode errechnet,   addiert um das Produkt aus ver-
flossener Zeit mal Veränderungsrate. Die verflossene Zeit erhält den Index DT
(Delta Time). FORRESTER sieht das DT als einen Parameter des Rechenprozesses
und nicht als einen Parameter des abgebildeten Systems. Demgegenüber wurde für
die SIRIUS-Läufe der Gegenthese gefolgt, daß das DT ein Parameter des abgebildeten Systems und deshalb grundsätzlich gleich eins zu setzen ist; das bewirkt,
daß die In- und Outputs in der Levelgleichungsstruktur unverändert bleiben und
nicht zu einem vom DT terminierten Teil werden. Das DT verfügt über die Wirkung eines Multiplikators.

Das zugrunde gelegte Level-Rate-Konzept verursacht Zeitverzögerungen um eine Periode, die die Modellgültigkeit durchaus negativ beeinflussen können. Beim Level-Rate-Konzept wird stets der Anfangswert einer Variablen für eine Periode t angegeben und nicht der Endwert. Die in SIRIUS durch das Level-Rate-Konzept enthaltenen Zeitverzögerungen können empirisch sinnvoll als Verzögerungen z.B. bei Entmietungen, Wirkungen der Staatszuschüsse und Modernisierungsverzögerungen interpretiert werden.

Besondere Makros zur Verzögerung einer Variablen um n Perioden bietet DYNAMO nicht an. In SIRIUS ist deshalb der Makro MZEIT1, siehe Abbildung 1, definiert, der eine Variable um eine Periode verzögert. Verwendung findet der Makro bei der Berechnung des Wechsels von Personen in die nächsthöhere Altersgruppe, bei der Aufsummierung von Werten im Makro SUM und bei der Erhöhung der Abriß- und Modernisierungsraten. SD-Delays können zwar ebenfalls diese Aufgaben übernehmen, wenn die durchschnittliche Verzögerungszeit gleich der Delayordnung gesetzt wird, jedoch lassen sie erst nach einem ihrer Ordnung entsprechenden Zeitpunkt die korrekten Werte in den Rechenlauf einfließen.

5. Leistungsbeschreibung

Die Aufgabenstellung für das Modell wurde so formuliert: Konzipierung, Entwicklung und Programmierung eines Modells zur Sanierungsplanung, das eine nach demographischen Merkmalen differenzierte Bevölkerungsentwicklung für einen Zeitraum von 15 Jahren betrachtet.

SIRIUS kann im folgenden Modus eingesetzt werden:
- Status-Quo-Prognose
- Durchführung von Projektionsberechnungen unter Vorgabe von gesetzten Zielwerten für die Bevölkerungsentwicklung
- Abschätzung der zu erwartenden Wanderungsbeziehungen zwischen dem Sanierungsgebiet und dem Verflechtungsbereich

Das Modell erfüllt folgende Bedingungen:
- Feingliederung der Bevölkerungsentwicklung nach Alter (sechs Altersgruppen), Nationalität (In- und Ausländer) und soweit benötigt nach Geschlecht (Hausfrauen)
- Einbindung des Komplexes soziale Schichtung: Erwerbstätige nach Arbeiter, Angestellte, Beamte und Selbständige, sowie Nichterwerbstätige nach Arbeitslosen, Hausfrauen, Rentner und Kinder/Schüler/Studenten
- Einbeziehung der wirtschaftlichen Verhältnisse der Bevölkerung (Mietanteil

Haushaltseinkommen und Mietzahlungsfähigkeit) und der soziologische Aspekt
(Schulbildungsstand)
- Abbildung der Wirtschaftsstruktur nach Dienstleistung, Gewerbe/Industrie und
Handel/Verkehr (jeweils nach Anzahl der Betriebe, Arbeitsplätze und Arbeit-
nehmer und Pendler)
- Abhängigkeit der Bevölkerungsentwicklung durch den Zustand der Wohnungen
(Ausstattungskriterien: Außentoilette, Bad/Dusche, Einfachfenster, Kaltwas-
ser, Belüftung, Balkon, Ofenheizung, schwache Stromleitung und Renovierung),
Wohnungsbelegung und Gebäude (Neubau, Altbau und modernisierter Altbau)
- Einfach nachzuvollziehende Modellstruktur und Modularisierung, die es erlaubt, Ergebnisse anderer Berechnungsansätze in das Modell einzufügen und
die Wirksamkeit von Politiken auf die demographische Struktur der Wohnbevöl-
kerung im Sanierungsgebiet abzuschätzen und zu beurteilen

Der im Modell beschrittene Lösungsweg unterscheidet zunächst zwei Teilentwick-
lungen, die Bevölkerungsstruktur und die Wohnbausubstanz.

Im Teilbereich Bevölkerungsstruktur werden die demographischen Prozesse in einer stromorientierten Vorgehensweise abgebildet und als Eingangsdaten für den
Bereich soziale Schichtung saldenspezifisch übernommen.

Im Teilbereich Wohnbausubstanz wird unter Berücksichtigung von Sanierungsgebietserklärung, Modernisierungs- und Abrißquoten die jährliche Zahl von Wohnungen berechnet.

Die Ergebnisse beider Teilbereiche werden auf der Ebene der Wohnungsbelegungs-
ziffer miteinander abgeglichen und anschließend auf das Wanderungsverhalten
differenziert.

<u>Simulierung von Regelungsproblemen beim Totalherzersatz mit Hilfe des</u>

<u>Coleman-Kreislaufmodells</u>

K. Affeld, A. Mohnhaupt, D. Ganter, R. Mohnhaupt; FU Berlin, FB 3, WE 2

<u>1. Problem</u>

Die Forschung zur Entwicklung eines künstlichen Totalherzersatzes läuft seit vielen

Jahren und wird   weltweit in mehr als 1o Zentren betrieben. In Tierexperimenten

konnten Kälber mehr als 23o Tage am Leben erhalten werden. Die Systeme, mit denen

diese Erfolge erzielt wurden und die in den meisten Laboratorien angewendet werden,

sind folgendermaßen aufgebaut (Bild 1): Im Körper des Versuchstieres sind zwei pneu-

matisch betriebene Membranpumpen implantiert, die mit Schläuchen zu den außerhalb

des Körpers angeordneten Antriebs- und Regelungseinrichtungen führen. Diese Anord-

nung ist gewählt worden, weil die Antriebe zur Zeit noch zu groß und schwer sind, um

implantiert werden zu können. Damit das Versuchstier noch etwas Bewegungsfreiheit

hat, dürfen die Schläuche zwischen Pumpen und Antrieb nicht kürzer als zwei bis drei

Meter sein. Bei einer derartigen Schlauchlänge hat sich Luft als das am besten ge-

eignete Obertragungsmedium für die Antriebsdruckpulse erwiesen. Die Einfachheit die-

ses Systems bringt aber auch technische Nachteile mit sich: Da Luft ein elastisches

Medium ist und in den Schläuchen Reibung auftritt, unterscheidet sich der Druckpuls,

der vom Antrieb geliefert wird, vom Druckpuls, der in der Blutpumpe ankommt. Hieraus

ergeben sich zum einen technische Regelungsprobleme, zum anderen ergeben sie sich

dadurch, daß die beiden Blutpumpen im Blutkreislauf in Reihe geschaltet sind und daß

die vorwiegende Last der einen Blutpumpe stark veränderlich ist und von den Belastun-

gen des Organismus abhängig ist. Dies wird in Bild 2 veranschaulicht: Die beiden

Blutpumpen sind hier durch Kolbenpumpen in schematischer Weise dargestellt. Die

rechte Blutpumpe treibt das Blut, das aus den Venen kommt, durch die Lungen in den

linken Vorhof, und die linke Pumpe treibt dann das Blut durch die Körperkapillaren, wo es den Sauerstoff verliert und sich wieder in den Venen sammelt. Die Besonderheit

dieses Systems ist nun, daß der Druck auf der arteriellen Seite des Kreislaufs höher

ist und sich zudem leicht ändern kann. Der Druck im Lungenkreislauf ändert sich nur

geringfügig und auch der Druck vor der rechten Pumpe. Da beide Pumpen in Reihe ge-

schaltet sind, kommt es nun darauf an, daß beide Pumpen einen genau gleichen Volumen-

strom pumpen. Auch eine kleine Differenz würde sich im Laufe der Zeit zu einem großen

Volumen akkumulieren und zur Überdehnung eines Bereiches des Kreislaufs führen. Die

Lunge ist hier besonders empfindlich, und es muß deshalb verhindert werden, daß die

rechte Pumpe mehr fördert als die linke wegpumpt. Hieraus ergibt sich die erste For-

derung an ein Regelungssystem:

- <u>Die linke und die rechte Pumpe müssen einen gleichen Volumenstrom fördern</u>

Die zweite Forderung, die an ein Regelungssystem zu stellen ist, ergibt sich aus dem

sich ändernden Bedarf des Körpers an Sauerstoff und Nährstoffen:

- <u>Der Volumenstrom (das Herzzeitvolumen) muß veränderlich sein.</u>

In Bild 3 ist die Veränderung des Herzzeitvolumens eines Menschen mit einem natürli-

chen Herzen über die 24 Stunden eines Tages aufgezeichnet. Man erkennt, daß die

Schwankungen auch bei einem typischen Alltag bis zu loo % des Ruhewertes betragen

und daß sie in kurzzeitigen Spitzen auftreten.

Für die Erfüllung der oben genannten Regelungsaufgaben stehen zwei Größen (Stell-

glieder) zur Verfügung, die verändert werden können: die Größe des linken Volumen-

stroms und die Größe des rechten Volumenstroms.

Obwohl schon verschiedene Regler entwickelt worden sind, gibt es noch einige offene

Fragen, zu deren Klärung die Arbeit mit dem mathematischen Kreislaufmodell beitragen

kann:

1. Welche Parameter sind die am besten geeigneten Regelgrößen zur Anpassung des

   Volumenstroms an die Belastung des Körpers? Es müssen Parameter sein, die sich gut messen lassen und die zum anderen den Bedarf des Körpers gut

repräsentieren. Es ist auch denkbar, eine Kombination mehrerer Parame-

ter zu verwenden. Experimentiert wurde bisher mit folgenden Größen:

Druck des rechten Vorhofs, Sauerstoffsättigung des venösen Blutes,

Ph-Wert des venösen Blutes, Atemminutenvolumen, Atemfrequenz, Frequenz

des im Vorhof verbliebenen AV-Knotens. Durch eine Beobachtung, wie sich

diese Größen im mathematischen Kreislaufmodell verhalten, kann eine Aus-

wahl eines Parameters oder eine Parameterkombination erleichtert werden.

2. Weiterhin ist noch zu klären, ob eine Druck- oder eine Volumenregelung

des Antriebs geeigneter ist. Bei einer <u>Druckregelung</u> wird der pneumatischen

Blutpumpe ein Druckimpuls angeboten, in dem der Antrieb einen vorgege-

benen Solldruckverlauf nachfährt. Hier kann es geschehen, daß bei einer

arteriellen Druckerhöhung der ursprünglich ausreichende Druckimpuls für

die Pumpe jetzt zu gering ist und es daher zu keiner Volumenverschiebung

kommt. Der Volumenstrom einer Pumpe ist in dieser Situation dann gleich

null.

Das Ausbleiben des Volumenstroms der linken Pumpe ist aber mit der Gefahr

der Überfüllung des Lungengewebes mit Blut verbunden, da die rechte Pumpe

weiter fördert. Bei einer <u>Volumenregelung</u> dagegen fährt der Antrieb einer

vorgegebenen Sollvolumenkurve nach. Der Volumenstrom, der in der Pumpe

ankommt, ist natürlich durch die Elastizität des Pumpsystems veränderbar,

geht aber nicht bei einer Druckerhöhung auf der arteriellen Seite zu null,

wie es beim druckgeregelten System möglich ist.

Im mathematischen Modell kann ein volumengeregelter Antrieb leicht simu-

liert werden und das Regelungsverhalten des ganzen Systems untersucht

werden. Eine Simulation eines druckgeregelten Antriebs ist nicht erforderlich, da mit diesem System viele experimentelle Erfahrungen vorliegen.

2. Methode

Ziel ist es, durch die Simulation der Regelungsfunktionen Zeit und Entwicklungskosten zu sparen und das mathematische Kreislaufmodell zu überprüfen.

2.1. Modellbeschreibung (SIM)

Systeme, die man weder im einzelnen, noch in der Grundstruktur kennt, kann man durch Experimente gezielt untersuchen. Bei komplizierten Systemen, die von vielen Parametern bestimmt werden, wird man im allgemeinen bei einem Experiment versuchen, das System als Ganzes ungestört zu lassen und nur eine einzige Einflußgröße auf es einwirken lassen. Untersucht man nun die Reaktion der einzelnen Parameter auf die einwirkende Größe, so erhält man eine Reihe von <u>zweiachsigen Funktionen</u>. Dies gilt für komplexe technische Systeme und erst recht für den menschlichen oder tierischen Organismus. Auch in der Physiologie ist man so verfahren, und ein großer Teil des physiologischen Wissens liegt im wesentlichen in der Form von zweiachsigen Abhängigkeiten vor und in Form von verbalen Verknüpfungen. Durch Guyton ist es erstmals versucht worden, den Großteil der bekannten Funktionszusammenhänge zu einer Einheit in der Form eines elektrischen Analogmodells zusammenzufassen. Coleman hat diese Arbeit weitergeführt und ein digitales Funktionsmodell des menschlichen Organismus vorgelegt,und mit der Verbreitung von Rechnern und der leichten Transferierbarkeit eines Programms ist es jetzt möglich geworden, daß eine größere Anzahl von Forschern an einem Gesamtmodell der Physiologie arbeiten kann. Das Modell hat ca. 2oo Parameter und Variable. Die sich daraus ergebenden Simulationsmöglichkeiten sind so groß, daß das Modell in seiner Vielfältigkeit noch nicht vollständig auf seine Richtigkeit geprüft werden konnte.

2.2. Modellvalidierung - Vergleich mit der Literatur

Als erster Schritt dieser Untersuchung wird deshalb die Validierung des Modells vorgenommen. Hierbei wird auf die Literatur zurückgegriffen, und es wird versucht, die Dynamik des Kreislaufmodells mit der Dynamik des natürlichen Kreislaufs, wie sie sich in den Meßwerten niederschlägt, zu vergleichen.

In Anlehnung an die Arbeitsweisen der Regelungstechnik wird hier im Modell mit der Sprungfunktion gearbeitet. Das bedeutet, daß das System mit einer Sprungfunktion gestört wird und nun beobachtet wird, wie die einzelnen Parameter auf diesen Sprung reagieren, wie also ihre Sprungantwort ist. In theoretischen Untersuchungen ist geklärt worden, daß diese Sprungantwort alle Informationen über die Dynamik des Systems enthält. Als Variable, die das System stören soll, wird der Sauerstoffverbrauch des Körpers ausgewählt. Von dem Ruhesauerstoffverbrauch bzw. von einem etwas erhöhten Sauerstoffverbrauch wird dieser dann durch einen Sprung auf einen neuen Wert heraufgesetzt und später wieder auf den Ausgangswert zurückgesetzt. Dies entspricht einer plötzlichen Arbeitsbelastung des Organismus, wie er z.B. beim Treppensteigen aus der Ruhe heraus auftritt. In der Sportmedizin ist das physiologische Verhalten des Organismus bei unterschiedlichen Arbeitsbelastungen in vielen Untersuchungen gemessen worden. Man findet umfangreiches Material über das Verhalten im Gleichgewichtszustand, jedoch findet man nur wenige Arbeiten über die Reaktion des Körpers auf eine sprunghaft einsetzende Arbeitsbelastung. Für die Dynamik der Regelungsvorgänge sind hierbei die ersten Minuten nach Belastungsbeginn ausschlaggebend, hierüber gibt es jedoch sehr wenig Meßkurven.

Im Modell wurden die Sprungantworten von folgenden Parametern simuliert: Herzzeitvolumen, Pulsfrequenz, Schlagvolumen, rechter Vorhofdruck, linker Vorhofdruck, arterieller Druck, systolischer Druck, diastolischer Druck, Druck in den Pulmonalarterien, Atemminutenvolumen, Atemfrequenz, arterieller Sauerstoffdruck, venöser Sauerstoffdruck, arterieller CO_2-Druck, venöser CO_2-Druck, Ph-Wert und peripherer Widerstand. In der Literatur findet man nur begrenzt gemessene Kurven, mit denen man diese simulierten Sprungantworten vergleichen kann. Insbesondere waren auch die Versuchsanordnungen nicht unmittelbar vergleichbar. Die Flexibilität des Modells gestattet es jedoch, auch Versuche nachzuahmen, die von der klassischen Sprungfunktion abweichen. So wurde der Versuchsablauf, wie er bei Broman beschrieben wurde, simuliert und die Simulationsergebnisse mit den Meßergebnisse verglichen. Die Arbeitsbelastung wurde stufenweise gesteigert, wie das Bild 4 zeigt, und die Reaktion der Pulsfrequenz und des Atemminutenvolumens auf diese Belastung gemessen. Der Vergleich der Ergebnisse ist in Bild 5 dargestellt. Die Simulationsergebnisse liegen innerhalb des Streubereichs der Meßkurven.

Eine Abweichung zwischen Modell und Experiment ergibt sich im Herzzeitvolumen. In Bild 6 ist der Vergleich dargestellt; die Versuchspersonen haben hier aus der Ruhe durch Gehen mit 5,3 bzw. 4,9 km/h gegen eine Steigung von 5 bzw. 8 % Arbeit geleistet. Die letzte Parameterkombination erfordert eine Sauerstoffaufnahme von etwa 1,7 1/min., und damit wurde die Simulation berechnet. Das Ergebnis zeigt, daß die Abweichung verhältnismäßig stark ist, das Herzzeitvolumen im Modell steigt sehr viel langsamer an und erreicht einen höheren Wert. Besser vergleichbar ist dagegen die Erholungsphase. Da das Herzzeitvolumen eine ganz zentrale Größe ist, ist diese starke Abweichung als ein deutlicher Mangel des Modells anzusehen.
Auch bei der Pulsfrequenz gibt es größere Unterschiede zwischen den experimentell ermittelten Kurven und den simulierten: Dies ist in Bild 7 dargestellt, und besonders auffällig ist der flache Anstieg der Kurve der simulierten Pulsfrequenz. Folgt die Belastung aus der Ruhe heraus, fällt die Pulsfrequenz in der ersten Minute sogar ab, eine Erscheinung, die durch keine Erfahrung bestätigt wird.
Wesentlich besser stimmt dagegen das errechnete Atemminutenvolumen mit dem gemessenen überein, wie das Bild 8 zeigt. Die Ergebnisse des Modells liegen gut im Bereich der gemessenen Werte.

Ein Vergleich mit dem diastolischen und systolischen Blutdruck im Experiment scheint nicht lohnend, da die experimentellen Werte stark schwanken.

Im Gegensatz dazu läßt sich der Verlauf des venösen Sauerstoffdruckes besser mit dem Modell vergleichen, wie Bild 9 zeigt. Der Verlauf der Modellrechnung liegt zwar unter den gemessenen Werten, jedoch erscheint der Verlauf sehr ähnlich.

Der Vergleich der Sprungantworten des Modells mit denen der Experimente zeigt, daß für einige Parameter durchaus annehmbare Übereinstimmungen bestehen. Die Abweichungen bei der Sprungantwort der Pulsfrequenz und des Herzzeitvolumens sind allerdings erheblich, und hier bedarf das Modell einer Verbesserung. Trotz dieser Mängel des Modells schien es jedoch sinnvoll, die Simulationsarbeit mit dem Regler weiterzuführen und eine Modellverbesserung zu einem späteren Arbeitszeitpunkt vorzunehmen.

2.3. Modifikation des Modells

Als Voraussetzung für die Beschreibung der Modifikation des Modells müßte jetzt eigentlich das Coleman-Modell beschrieben werden. Dieses Modell ist jedoch so komplex, daß dies im Rahmen dieser Arbeit nicht geleistet werden kann, und es wird stattdessen auf die sehr gute Dokumentation verwiesen. Das wesentliche des natürlichen Herzens, das im Coleman-Modell simuliert wird, kann jedoch mit geringem Aufwand beschrieben werden:

- Das rechte Herzzeitvolumen (HZV) ist identisch mit dem linken HZV.
- Das HZV, der venöse Rückstrom und der rechte Vorhofdruck sind durch

    einen iterativen Algorithmus so verknüpft, daß mit einem Ansteigen des

    rechten Vorhofdruckes das HZV auch ansteigt.

- Der linke Vorhofdruck ist eine Funktion des HZV.

Im Modell ist weiterhin vorgesehen, daß man das natürliche Herz durch ein künstliches ersetzt: Das künstliche Herz wird dadurch simuliert, daß das HZV nach der oben angeführten Funktion nur bis zu einem bestimmten Grenzwert ansteigen kann und darüber hinaus konstant bleibt. Bild lo zeigt den Rechnungsverlauf der weiteren Größen, nachdem das HZV (ARTFLOW) bestimmt ist. Das rechte HZV (RHOUT) wird gleich dem linken HZV gesetzt (LHOUT). Nach Abzug eines Shuntvolumens (FL2RS) wird das HZV, das in die Aorta gepumpt wird, errechnet. Durch Division mit der Pulsfrequenz (PULSE) wird das Schlagvolumen (SVOL) errechnet. Der linke Vorhofdruck (LAP) wird durch Multiplikation mit einem Faktor errechnet.

In diesem Modell sind ganz wesentliche Elemente, die die Funktion des künstlichen Herzens bestimmen, nicht enthalten. Infolge der Elastizität der pneumatischen Pumpen kommt es leicht zu einem unterschiedlichen Fördervolumen der linken und rechten Pumpe. Durch die Gleichsetzung von RHOUT mit LHOUT im Modell ist dies nicht simuliert. Durch einen Abfall des Volumenstroms der linken Pumpe kommt es mitunter zu einer Ansammlung von Volumen im Lungengefäßbett und damit verbunden zu einem Ansteigen des linken Vorhofdrucks (LAP). Der Funktionszusammenhang zwischen dem Volumen, das in der Lunge gespeichert werden kann, und dem Druck, der dann entsteht (LAP), ist nicht enthalten. Dieser Zusammenhang fehlt übrigens auch im Modell des natürlichen Herzens.

In Bild 11 ist in einem Flußdiagramm dargestellt, welche Modifikationen vorgenommen worden sind: Das HZV (ARTFLO) kann sowohl konstant gehalten werden - Modus II - oder auch sich dem Körperbedarf anpassen - Modus I. Da wir einen volumengeregelten Antrieb simulieren, ist das Schlagvolumen konstant, und damit ist das HZV proportional dem Puls. In einer Verknüpfung wird der Puls mit dem rechten Vorhofdruck verbunden und so das sogenannte Starling-Gesetz simuliert. Das Ergebnis ist eine Pulsfrequenz (PULSE), die mit dem Schlagvolumen (SVOLR) multipliziert einen linken und rechten Fluß ergibt. Durch die schon erwähnte Elastizität der Pumpsysteme wird dieser Fluß reduziert in Abhängigkeit des Gegendruckes; auf der rechten Seite ist dies der Pulmonalarteriendruck (PULAP), auf der linken Seite der arterielle Druck (AP). Auf diese Weise wird das rechte HZV (RHOUT) und das linke HZV (LHOUT) errechnet. In einem weiteren Schritt wird die Differenz zwischen beiden errechnet und in einem Algorithmus zum Volumen, das sich in der Lunge ansammelt, summiert (LUVU).

Dieses in der Lunge gespeicherte Volumen bestimmt den linken Vorhofdruck (LAP),

entsprechend einem Diagramm, das durch physiologische Messungen des Gefäßbettes ge-

wonnen worden ist. Der linke Vorhofdruck wird dann dem Regleralgorithmus zugeführt

und dort mit dem Sollwert verglichen (LAPSOL). Der Regler bildet ein neues Schlag-

volumen (SVOLK), also beispielsweise bei einem Anstieg des linken Vorhofdruckes wird

das Schlagvolumen des linken Herzens erhöht und führt in der Folge zu einem Absenken

des linken Vorhofdrucks. Der Teil des Reglers sorgt also dafür, daß die linke und

die rechte Pumpe gleiche Volumina pumpen. Die Anpassung des Fördervolumens an den

Bedarf des Körpers erfolgt dagegen in dem erst erwähnten Algorithmus zur Anpassung

der beiden Pumpen gemeinsamen Pumpfrequenz an den rechten Vorhofdruck. Im oberen

Teil des Diagramms wird aus dem errechneten HZV des rechten Herzens (RHOUT) mit

einigen Rechenoperationen der rechte Vorhofdruck errechnet (RAP). Diese Rechen-

operationen, auf die hier nicht näher eingegangen werden soll, berücksichtigen ver-

schiedene Größen des venösen Gefäßbettes wie die Füllung und den venösen Rückstrom.

Durch die Rückführung des rechten Vorhofdrucks wird der Regeleffekt erreicht.

3. Ergebnisse

3.1. Ergebnisse der Modellvalidierung

Der Vergleich mit den Meßwerten in der Literatur zeigt, daß das Modell in den Para-

metern HZV, Pulsfrequenz und venöser Sauerstoff bei sich langsam ändernder Belastung

gut mit den Meßergebnissen übereinstimmt. Dagegen sind die Abweichungen der Dynamik

des Modells beim HZV und der Pulsfrequenz beim Belastungssprung erheblich, und das

Modell muß hier korrigiert werden. Eine weitere strukturelle Änderung des Modells

ist erforderlich, um die Druckvolumenkurve des Lungengefäßbettes zu berücksichtigen.

Hier muß der linke Vorhofdruck auf neue Weise, nämlich als Ergebnis der Füllung des

Lungengefäßbettes, errechnet werden. Weiterhin ist zu korrigieren, daß das

Fördervolumen des linken und rechten Herzens nicht automatisch gleich sind, sondern daß beides variable Größen sind und weiterhin, wie Messungen gezeigt haben, auch ein Unterschied vorhanden ist, der durch einen Shunt ausgeglichen wird.

3.2. Reglerimplementierung

Es hat sich gezeigt, daß das Coleman-Modell ausreichend flexibel und ausreichend gut dokumentiert ist, um eine Simulation eines Reglers vorzunehmen. Die Simulation des Reglers, der den Gleichlauf der linken und der rechten Pumpe simuliert, kann als abgeschlossen betrachtet werden. Dagegen ist weitere Arbeit zu leisten bei der Entwicklung des Reglers, der das HZV an den Bedarf des Körpers anpaßt. Von den vielen möglichen Parametern, die verwendet werden können, wurde zunächst nur der rechte Vorhofdruck berücksichtigt. Es erscheint jedoch sinnvoll, die weitere Untersuchung der Dynamik des Einschwingvorgangs nach einer Störung erst dann eingehender zu untersuchen, wenn die oben erwähnten Mängel des Modells beseitigt sind.

3.3. Sprungantwort

Bild 12 zeigt die Reaktion des Modells mit dem natürlichen Herzen auf einen Belastungssprung von einem Sauerstoffverbrauch von 2,5 l/min., der nach 5 Minuten wieder auf 0 springt. Ausgedruckt wird der linke Vorhofdruck (LAP), der rechte Vorhofdruck (RAP), das Herzzeitvolumen (HZV) und die Pulsfrequenz (PULSE). Auffällig hier wiederum der anfängliche Abfall der Pulsfrequenz und ihr langsamer Anstieg. Im Bild 13 ist dagegen das Kreislaufmodell mit dem geregelten künstlichen Herzen dargestellt. Entsprechend der Begrenzung im Herzzeitvolumen steigt dieser Wert auf wenig mehr als lo l/min. und bleibt dort konstant. Da das venöse Angebot aber wesentlich größer ist, steigt der rechte Vorhofdruck (RAP) weiter stark an und ist mit etwa lo mm deutlich höher als der rechte Vorhofdruck mit dem natürlichen Herzen. Entsprechend dem Regleralgorithmus wird der linke Vorhofdruck (LAP) nach einem anfänglichen Einschwingen auf einem konstanten Wert von ca. 5 mmHg gehalten und zeigt damit eine deutliche

Abweichung vom Reglerverhalten des natürlichen Herzens. Auch die Pulsfrequenz steigt schneller an als im vorherigen Simulationsfall.

Beide Bilder zeigen, daß der eingebaute Regler stabil ist, beide Diagramme sind jedoch erst als vorläufige Ergebnisse zu werten, die im wesentlichen die Richtigkeit des eingeschlagenen Weges zeigen. Wegen der großen Abweichungen des Kreislaufmodells von den Experimenten in Bezug auf die Dynamik beim Herzzeitvolumen und bei der Pulsfrequenz muß auch bezweifelt werden, daß die errechneten Verlaufskurven für den linken Vorhofdruck und für den rechten Vorhofdruck in dieser Weise korrekt sind. Die Kurven zeigen, daß das Reglermodell auf die Änderung dieser Größen reagiert; eine Optimierung in Bezug auf die Dynamik des Reglers kann jedoch erst dann erfolgen, wenn das Modell in den erwähnten Punkten verbessert ist.

<u>Literatur</u>

1. Ganter,D.: Untersuchungen am mathematischen Kreislaufmodell mit einem künstlichen Herzen. Diplomarbeit an der TU Berlin, 1982
2. Affeld,K.: The state of the art of the Berlin total atrificial heart. In: Ass. Circulation, Springer-Verlag, 1979
3. Nehmsmann,U., et al.: Control of electric pneumatic driving systems. In: Ass. Circulation, Springer-Verlag, 1979
4. Bromann,W.: Transient dynamics of ventilation and heart rate with step changes in work load from different load levels. Acta physiol. scand., 1971
5. Guyton: Circulatory physiology: Cardiac output and its regulation. Sounder's Comp., 1973
6. Coleman,T.: A mathematical model of the human body - user's manual. University of Mississippi, Med. Center, Jackson, 1980.
7. Davies: Cinetics of cardiac output in the respiratory gas exchange during exercise and recovery. J. of Appl. Physiology, 1972
8. Cerretelli: Readjustment in cardiac output and gas exchange during onset of exercise and recovery. J. of Appl. Physiology, 1966.
9. Karlsson,C.:Time courses of pulmonary gas exchange and heart rate changes in supine exercise. Acta physiol. scand., 1975.

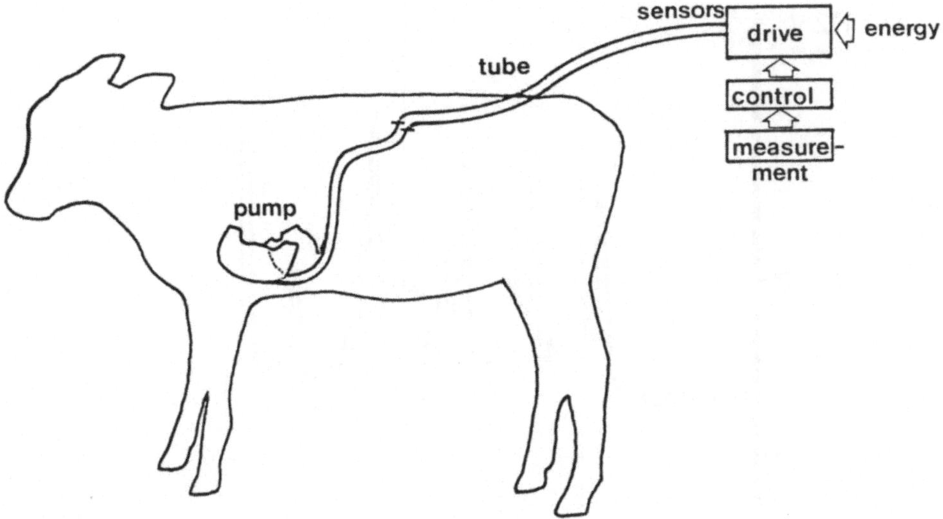

Bild 1:   System eines künstlichen Herzens

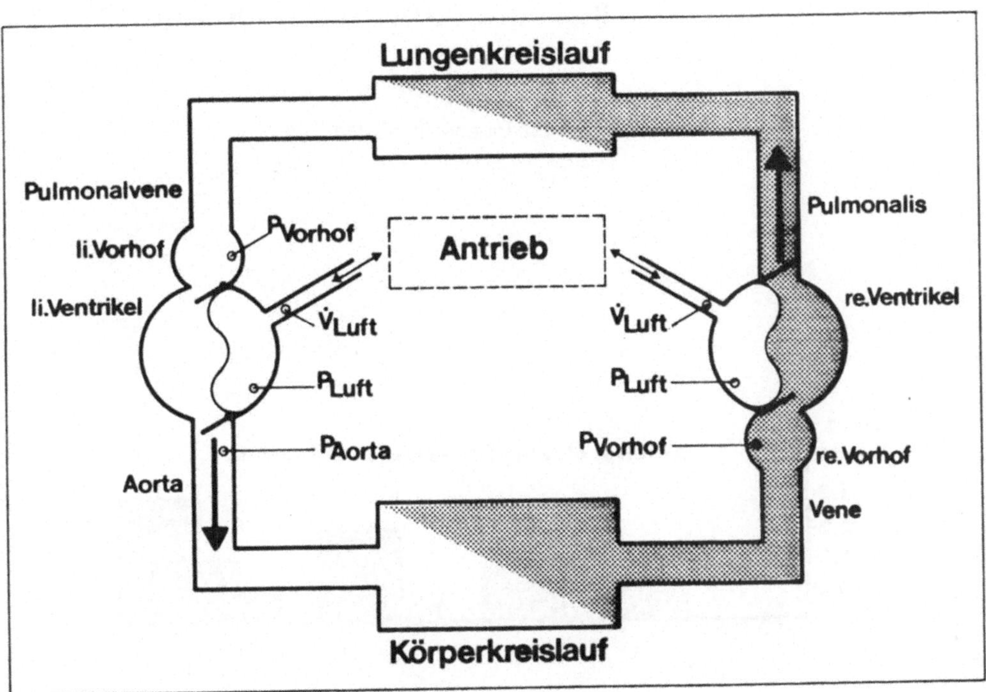

Bild 2:   Schema des Kreislaufs

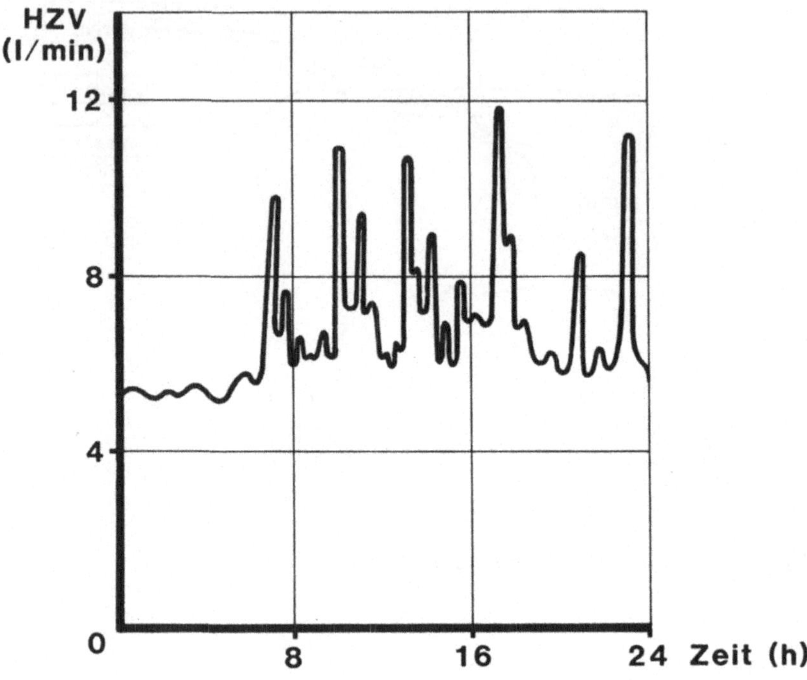

Bild 3:   Verlauf des Herzzeitvolumens über den Tag

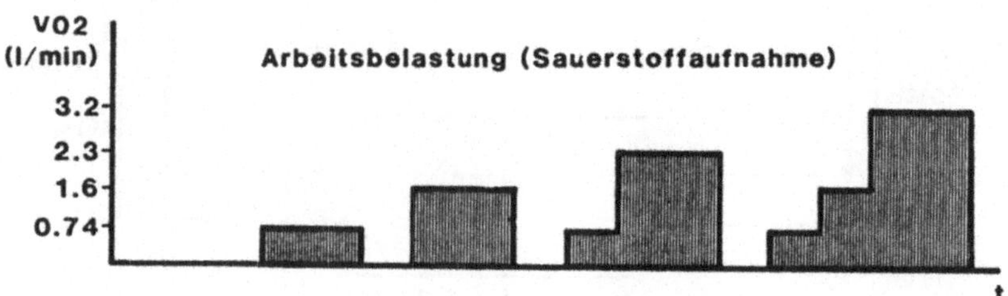

Bild 4:   Verlauf der Belastung

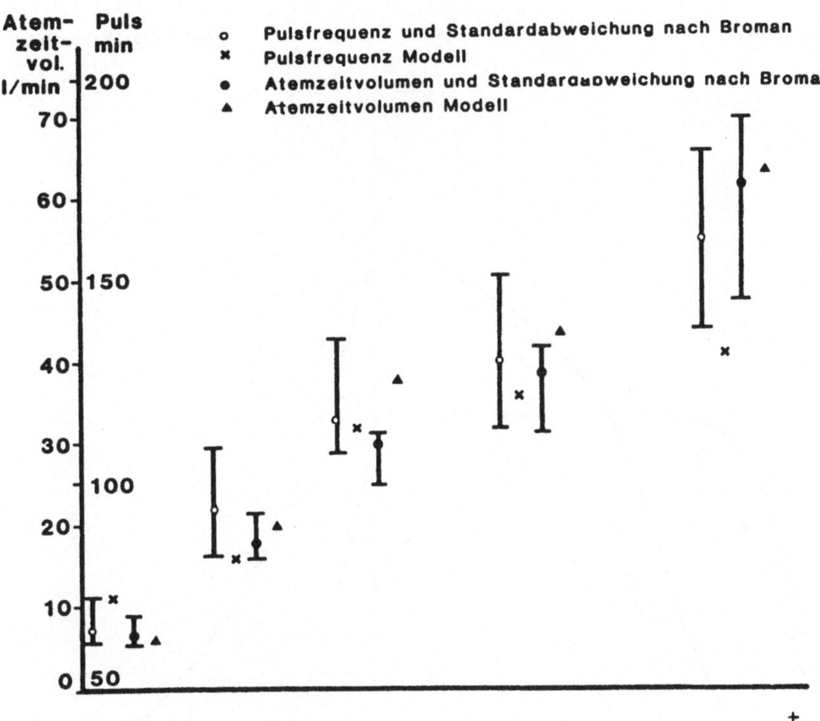

Bild 5:   Anstieg von Pulsfrequenz und Atemzeitvolumen

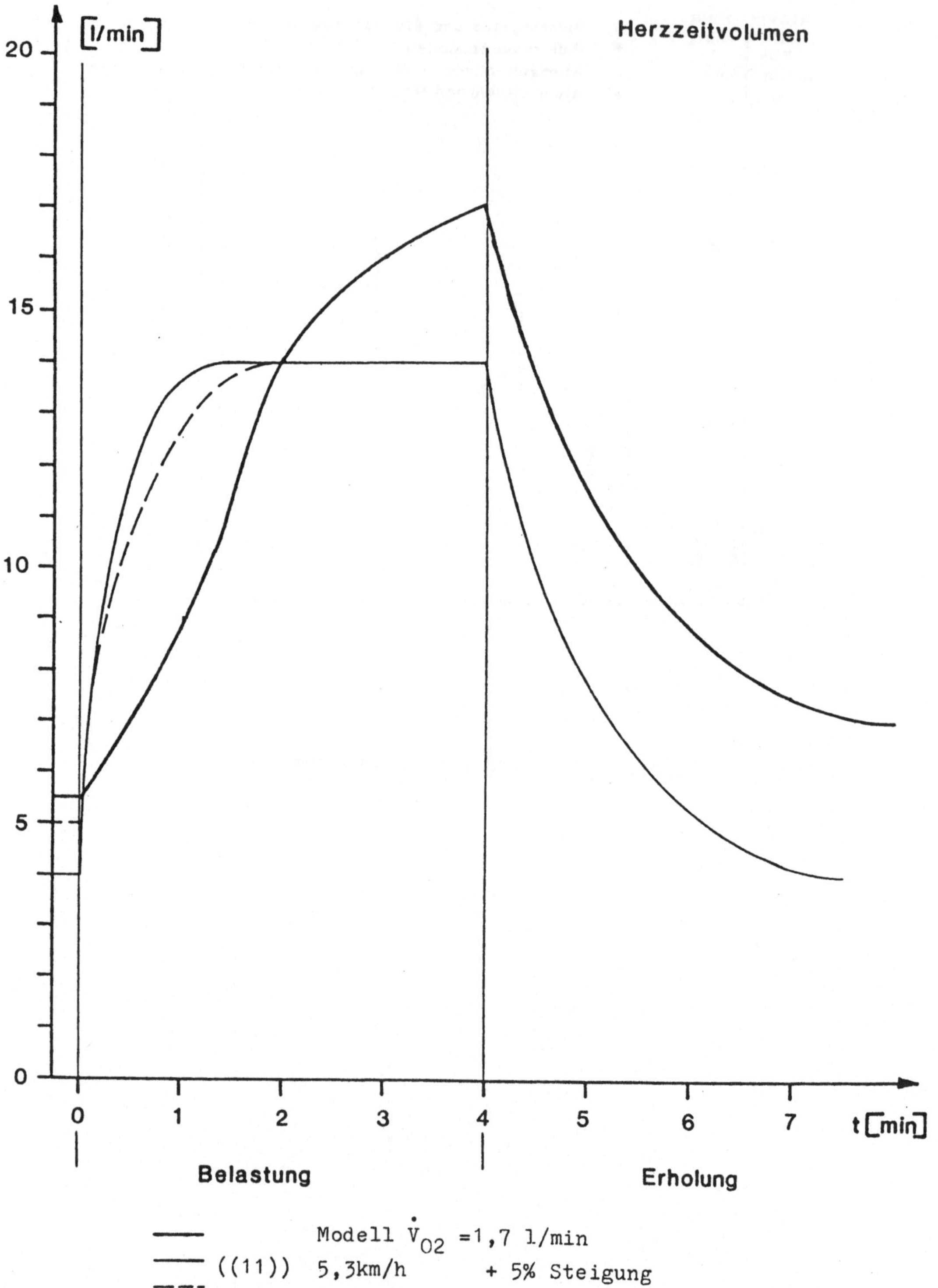

Modell $\dot{V}_{O2}$ =1,7 l/min
((11)) 5,3km/h + 5% Steigung
((7)) 4,9km/h + 8% $\hat{=}$ ca. 1,7 l/min $\dot{V}_{O2}$

Bild 6: Verlauf des Herzzeitvolumens – Vergleich Experiment – Modell

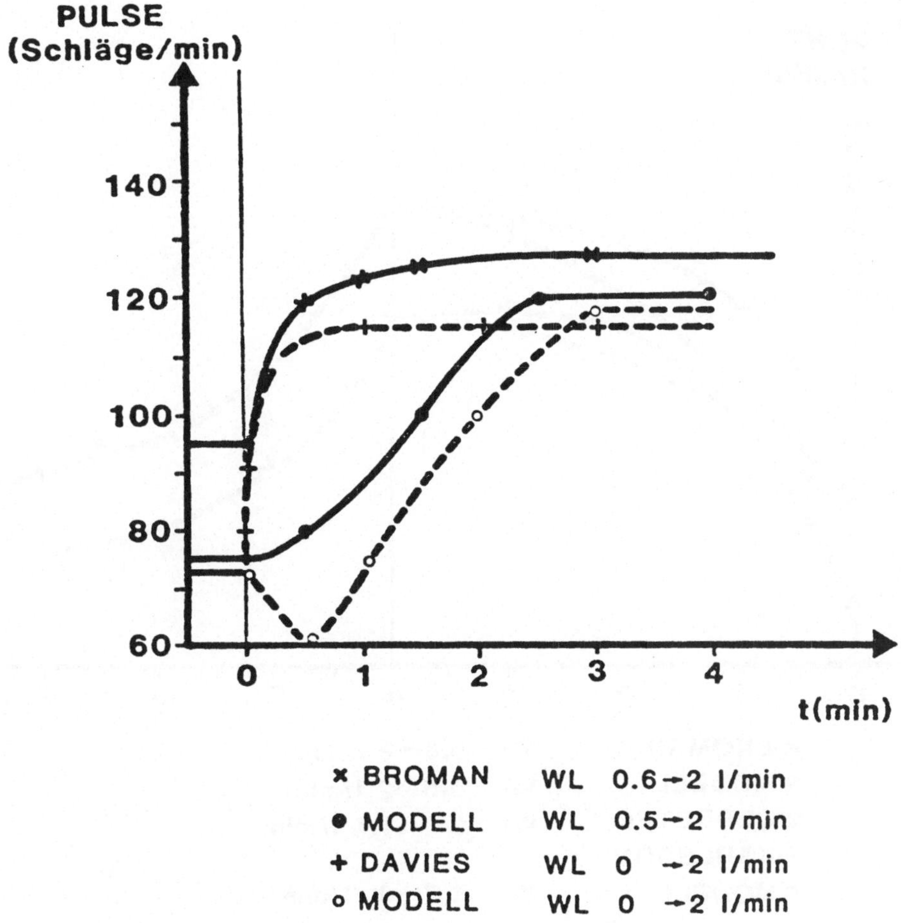

Bild 7:   Verlauf der Pulsfrequenz

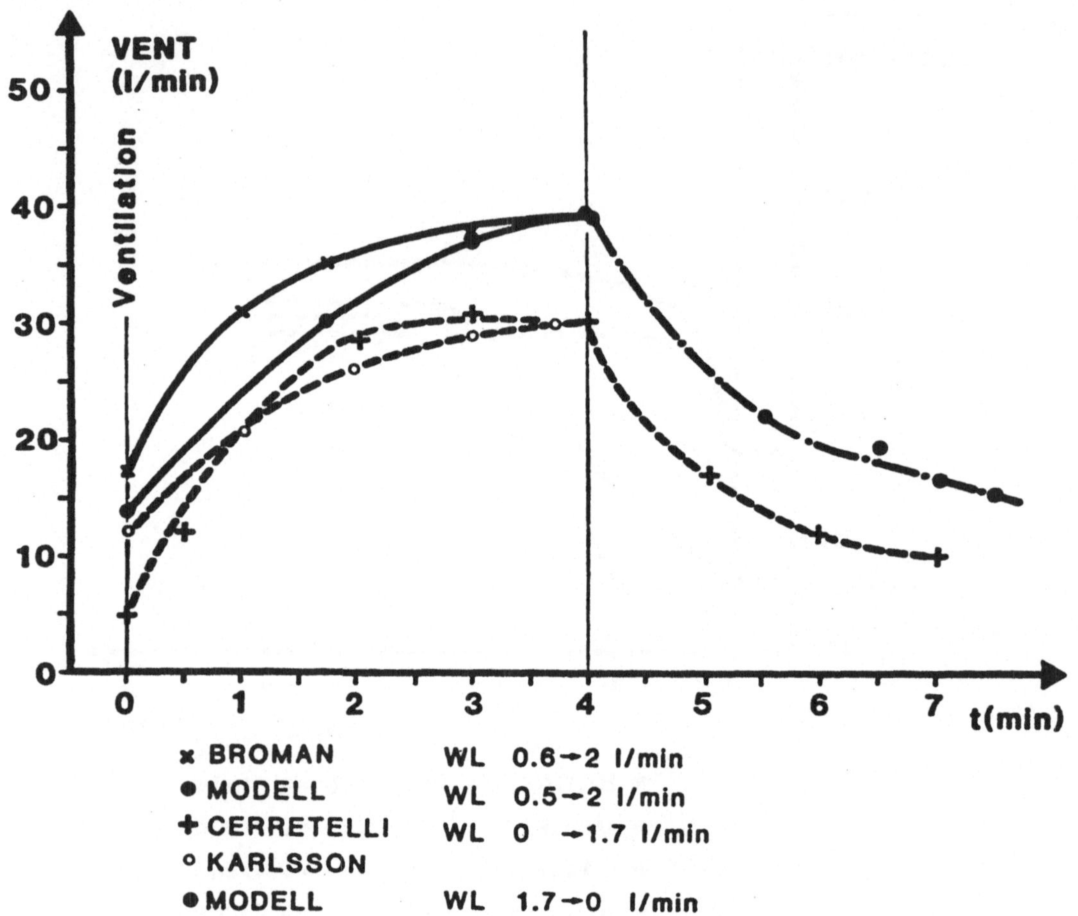

Bild 8:   Verlauf des Atemminutenvolumens

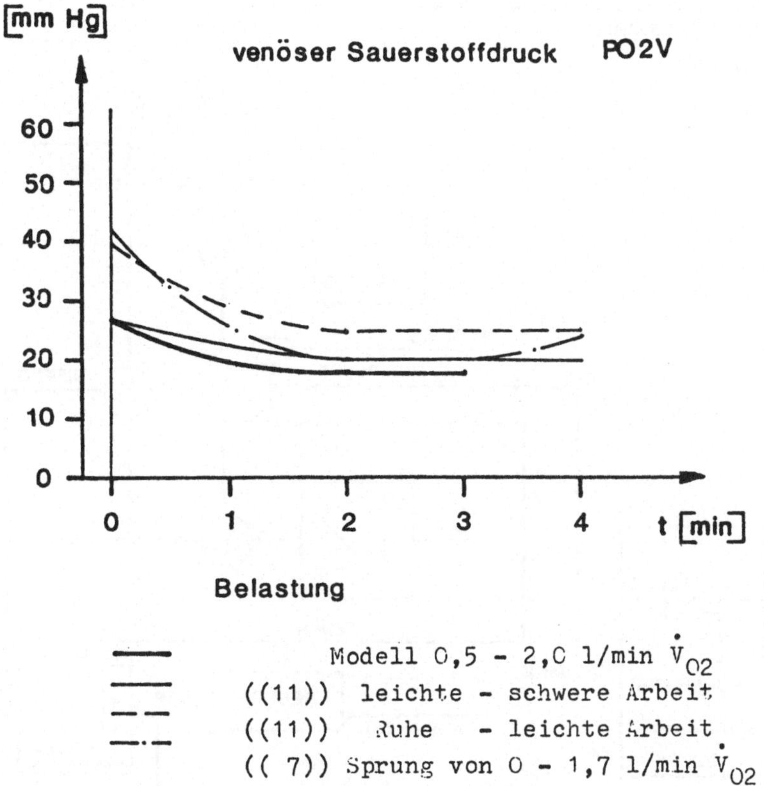

Modell 0,5 - 2,0 l/min $\dot{V}_{O2}$
((11)) leichte - schwere Arbeit
((11)) Ruhe - leichte Arbeit
((7)) Sprung von 0 - 1,7 l/min $\dot{V}_{O2}$

Bild 9:   Verlauf des venösen Sauerstoffdruckes

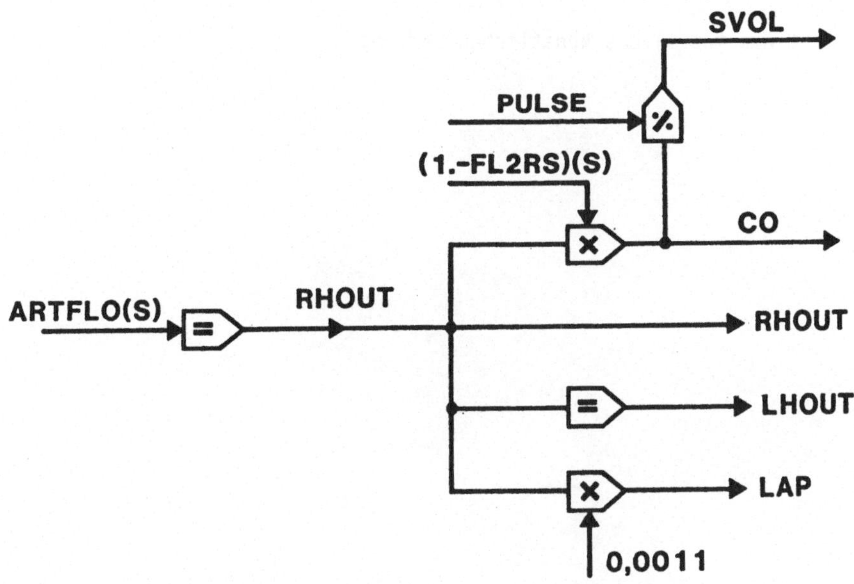

Bild 1o: Coleman-Modell des künstlichen Herzens

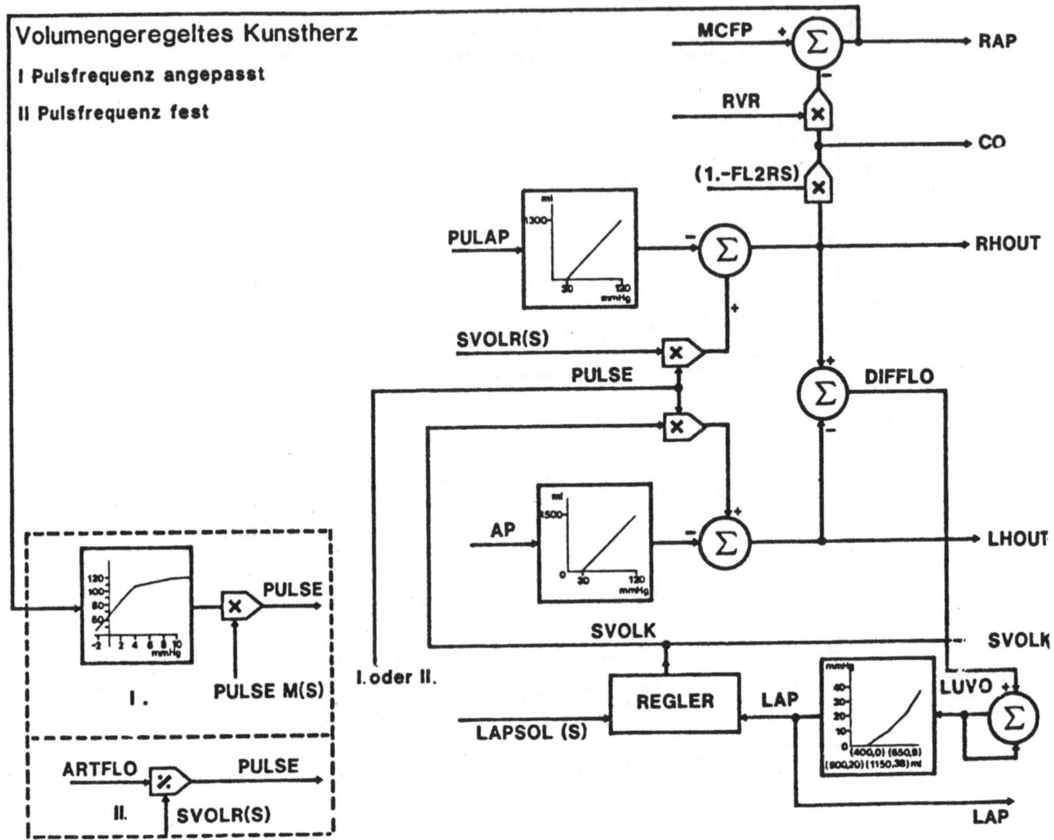

Bild 11: Neues Modell des künstlichen Herzens

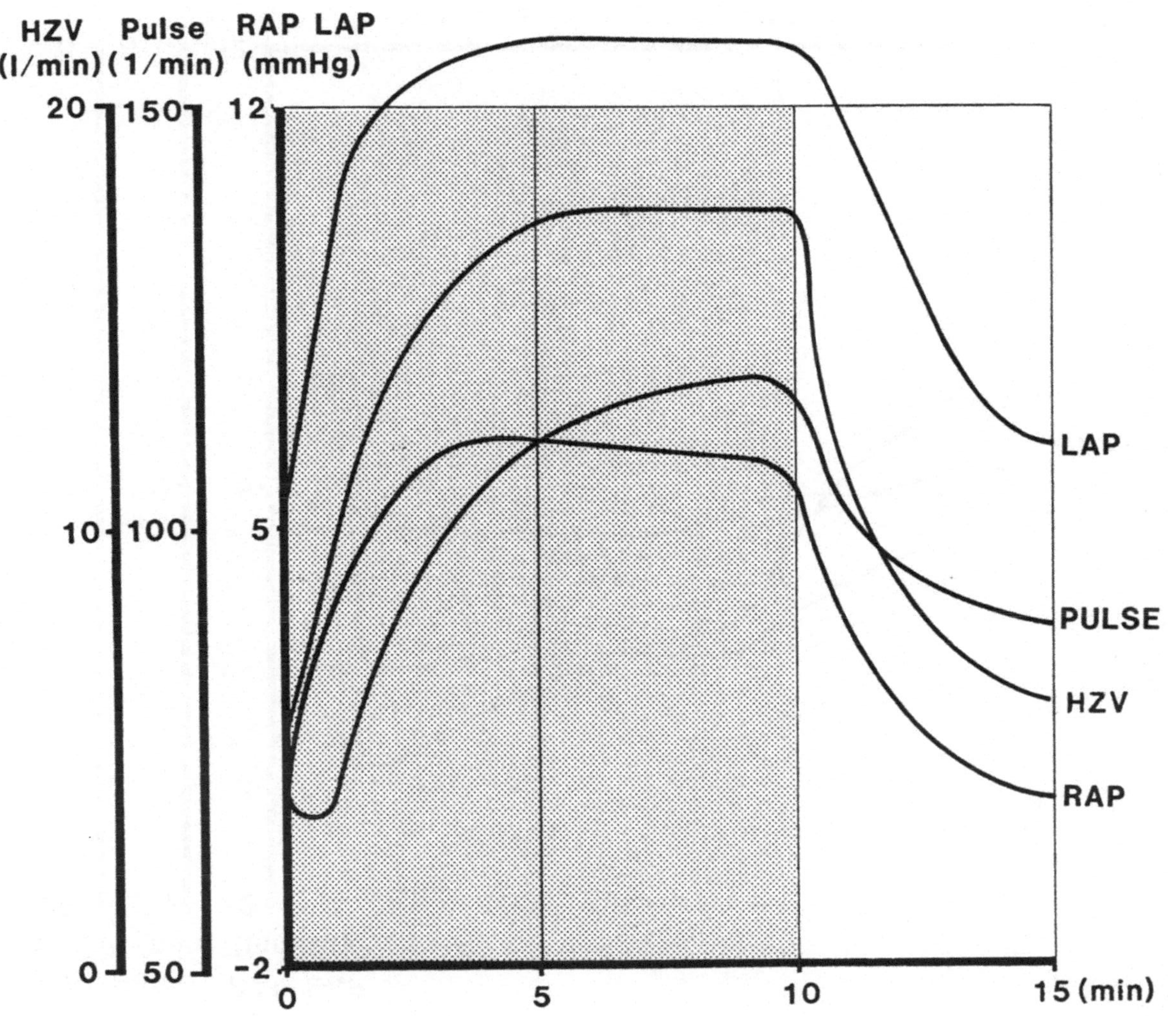

Bild 12:   Verlauf von LAP, RAP, HZV, PULSE bei Belastungssprung
            - Modell natürliches Herz

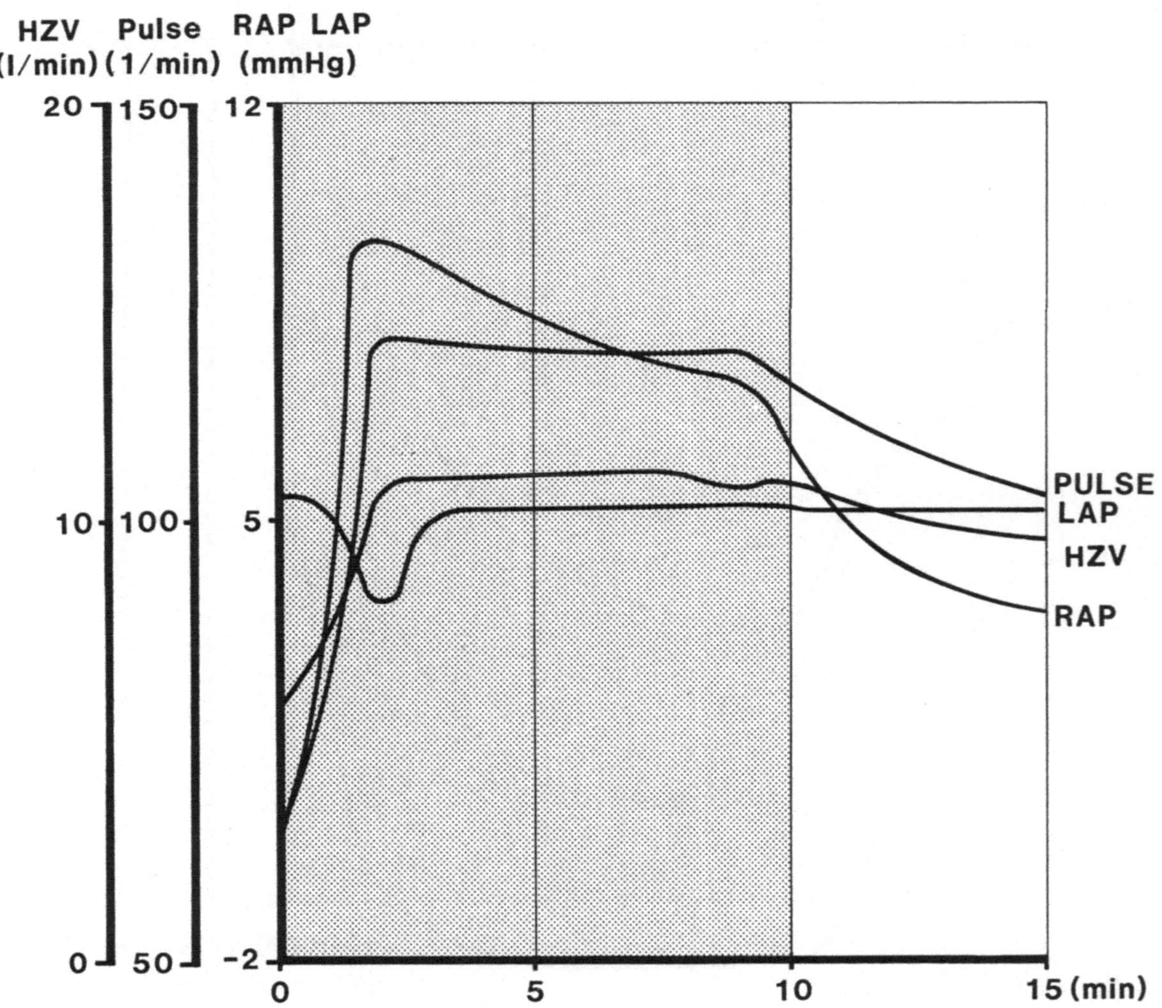

Bild 13: Verlauf von LAP, RAP, HZV, PULSE bei Belastungssprung
- Modell geregeltes künstliches Herz

SIMULATION VON DREI-DIMENSIONALEM TUMOR-WACHSTUM UND RECHNERGESTÜTZTE ERMITTLUNG EINER OPTIMALEN BEHANDLÜNGSSTRATEGIE

Werner Düchting und Thomas Vogelsaenger, Siegen

Zusammenfassung. Das Ziel dieses Beitrages besteht darin zu zeigen, wie auf biologische Experimente aufbauend die Ergebnisse der Regelungstheorie und Datenverarbeitung zur Simulation von *drei-dimensionalem* Tumorwachstum eingesetzt werden können. Die Simulation verschiedener Behandlungsarten eröffnet die Möglichkeit, künftig vorab im Simulationsexperiment die optimale Behandlungsstrategie zu ermitteln.

Summary. The aim of this paper is to outline briefly how control theory and computer science can be used as tools to simulate *three-dimensional* tumor growth. The modelling of different kinds of tumor treatment makes it possible to determine the optimal strategy by computer simulation in advance.

1. Einführung

Im letzten Jahrzehnt sind große Fortschritte auf dem Gebiet der experimentellen Ermittlung von zellkinetischen Daten erzielt worden. Auf der Basis dieser Werte ist es möglich geworden, *mathematische* Modellsätze, die Zellwachstumsprozesse beschreiben zu formulieren (1). In der Arbeit (2) sind erstmals *regelungstechnische* Aspekte bei der Modellierung von bösartigen (malignen) Zellvermehrungsvorgängen berücksichtigt worden, die es ermöglichen,das Wachstum eines Tumors mit Hilfe eines *struktur-instabil gewordenen Regelkreises* zu interpretieren. Bild 1 zeigt beispielsweise die Übersichtsskizze für einen gestörten Zellvermehrungsregelkreis des blutbildenden Zellsystems. Eine stufenweise Verfeinerung dieser regelungstechnischen Ansätze hat zu Mikromodellen (3) geführt, mit denen der zeitliche Verlauf der Anzahl von Zellen in den verschiedenen Compartments ermittelt werden kann. Durch die Einführung von Zellinteraktionsregeln (4) ergibt sich die Möglichkeit, auch das räumliche Wachstum von Zellsystemen zu studieren. So kann beispielsweise die Tumorbildung in einem Tabakblattgewebe (Bild 2) *zwei-dimensional* simuliert werden (Bild 3). Bei diesem Ansatz ist jedoch lediglich im Modell eine Unterscheidung zwischen normalen und malignen Zellen möglich. Da bei einer chemotherapeutischen Behandlung die Zytostatika *phasenspezifisch* wirken, möchte man darüber hinaus wissen, in welcher Zellzyklusphase (G1, M, G2, S, G0) sich eine Tumorzelle in jedem Zeitaugenblick befindet. Aus diesem Grund ist das bisher beschriebene Modell wesentlich erweitert worden. Mit dem ver-

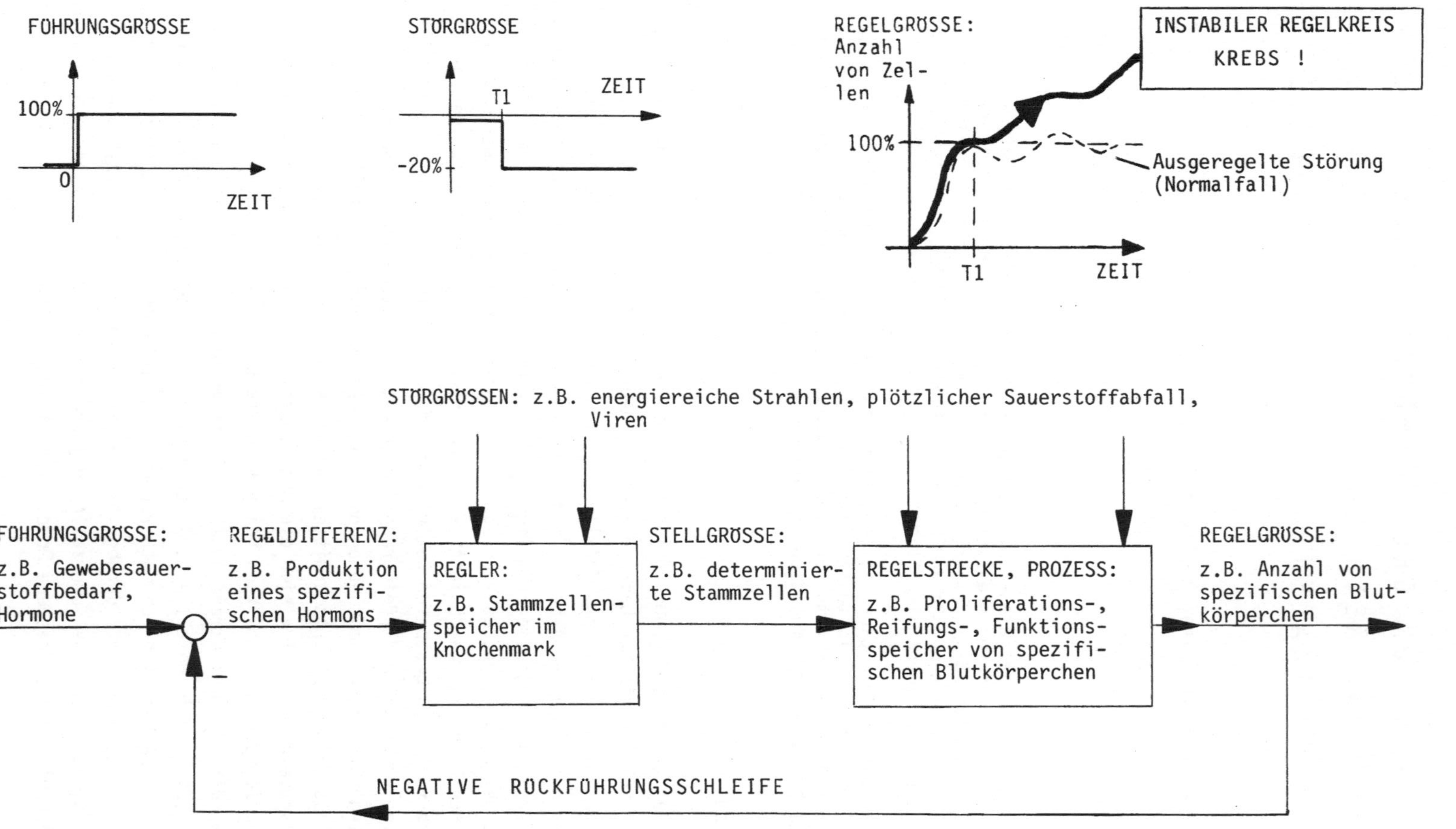

Bild 1: Übersichtsskizze eines gestörten Zellvermehrungsregelkreises.

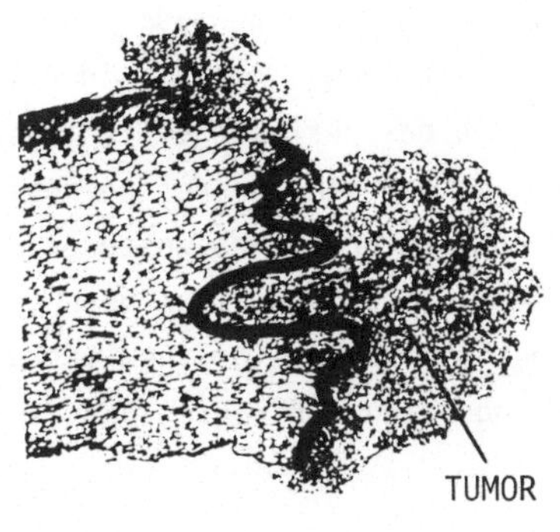

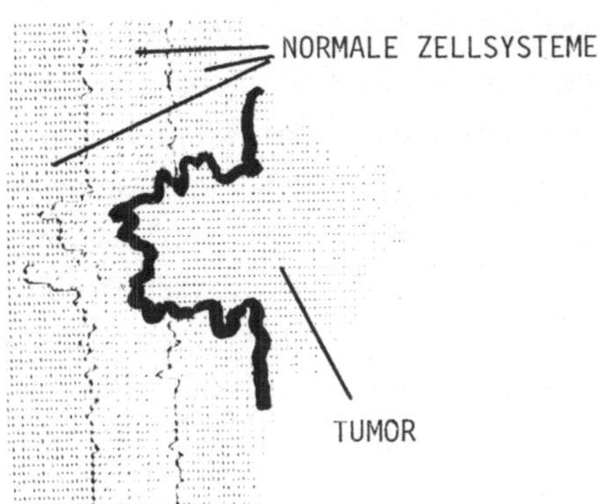

Bild 2: Tumorbildung in einem Tabakblattgewebe nach (5).

Bild 3: Zwei-dimensionales Simulationsergebnis nach (6).

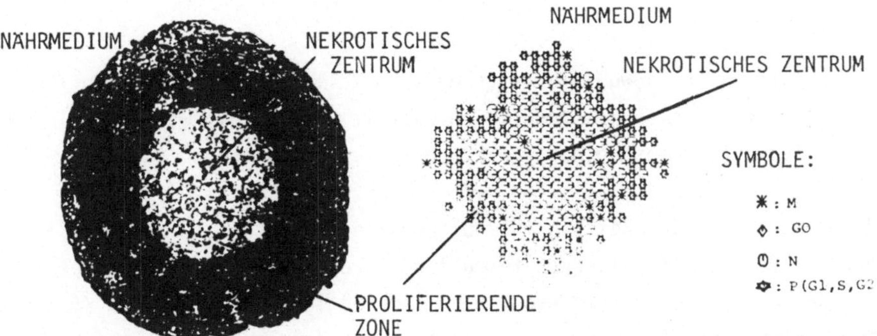

Bild 4: Schnitt durch einen Tumor-
späroiden von Hamster-Lungen-
zellen nach (7).

Bild 5: Simulationsergebnis des Wachstums einer einzelnen Tumorzelle
in einem Nährmedium nach (8).

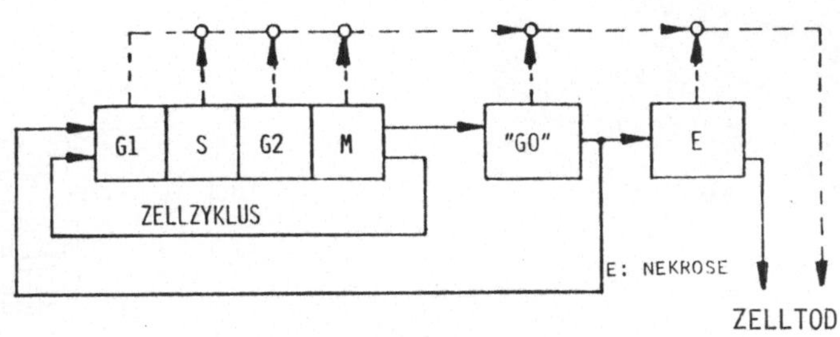

Bild 6: Vereinfachtes Zellzyklusmodel einer Tumorzelle.

besserten Ansatz (8) läßt sich zum Beispiel das Wachstum eines Tumorsphäroiden in einem Nährmedium (Bild 4) detailliert simulieren (Bild 5). Aus dem in Bild 5 dargestellten Simulationsergebnis erkennt man deutlich das bestehende Gleichgewicht zwischen der Zellneubildung im äußeren Randgebiet und dem inneren nekrotischen Zentrum. Dieser Teilerfolg hat die Anregung zur Entwicklung eines weiteren - die biologische Wirklichkeit noch besser beschreibenden - Modellansatzes gegeben. Mit diesem lassen sich das *drei-dimensionale* Wachstum von Tumorzellen in einem vaskularisierten Gewebesegment sowie verschiedene Tumorbehandlungsarten (Chirugie, Bestrahlung, Chemotherapie) simulieren.

2. Modellbildung

Nachdem zahlreiche Versuche, eine geschlossene mathematische Lösung zur Beschreibung des komplexen biologischen Zellvermehrungsprozesses zu erhalten bislang ohne Erfolg geblieben sind, wird in dem vorliegenden Ansatz das Problem in zwei Teilaufgaben gegliedert.

Zum einen sind in (9) sowohl für eine normale Zelle als auch für eine Tumorzelle stark vereinfachte Zellzyklusmodelle entwickelt worden, die wie aus Bild 6 hervorgeht, den Teilungsprozess einer *einzelnen* Zelle modellieren.

Zum anderen sind in dem Beitrag (9) für normale Zellen und für Tumorzellen jeweils getrennte *Zellinteraktionsregeln* formuliert worden. Während sich beispielsweise eine *normale* Zelle nur dann teilen kann, wenn sich in ihrer Umgebung ein *freier* Zellplatz befindet, kann die Teilung einer *Tumorzelle* auch dann erfolgen, wenn *keine* freie

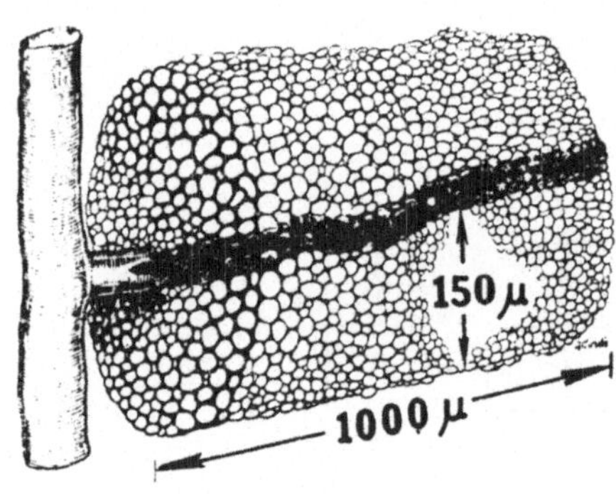

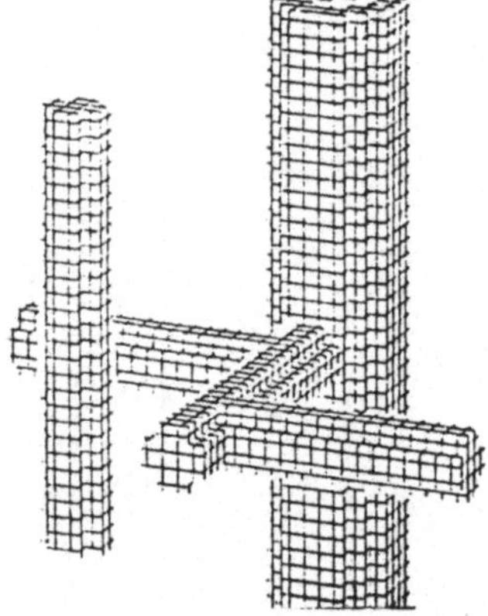

Bild 7:   Skizze von Tumorzellen in der Umgebung von Kapillaren nach (7).

Bild 8:   Grundelemente zur Modellbildung von Kapillaren.

Position für die Aufnahme einer Tochterzelle zur Verfügung steht. Die letzte Bedingung gilt jedoch nur unter der Voraussetzung, daß sich die teilende Tumorzelle von den sie versorgenden Kapillaren nicht mehr als ST=3 Zellschichten weit entfernt befindet. Die Anordnung von Blutgefäßen (Bild 7) wird im Modell durch einfache statische Konstruktionselemente nach Bild 8 nachgebildet.

3. Simulationsergebnisse

Ordnet man im Zentrum des Zellraumes zum Zeitaugenblick T=0 11 Tumorzellen in der unmittelbaren Umgebung der Kapillaren an, so liefert ein Simulationslauf als Ergebnis die in Bild 9 dargestellte Tumorkonfiguration. Unterstellt man die Applikation eines Antikrebsmittels, das in der Lage ist *alle proliferierenden* Tumorzellen irreversibel zu schädigen, so läßt sich beispielsweise vorab durch ein Simulationsexperiment der optimale Zeitpunkt der zweiten Gabe dieses Chemotherapeutikums bestimmen. In dem vorliegenden Fall ergibt sich nach einer *Erstbehandlung* zur Zeit T=201 über das Minimum im Zeitverlauf der (ruhenden) GO-Tumorzellen der *optimale zweite* Behandlungsaugenblick zur Zeit T=213 Zeiteinheiten. Die erzielten Ergebnisse gehen anschaulich aus den Bildern 10 und 11 hervor.

Schrifttum

(1) Eisen, M. Mathematical models in cell biology and cancer chemotherapy. Heidelberg, Springer-Verlag, 1979.

(2) Düchting, W. Krebs, ein instabiler Regelkreis, Versuch einer Systemanalyse *Kybernetik 5*, 70 (1968).

(3) Düchting, W. Computersimulationen von Zellerneuerungssystemen. *Blut 31*, 371 (1975).

(4) Düchting, W. A model of disturbed self-reproducing cell systems. In: Valleron, A.-J. and Macdonald, P.D.M. (edits.), *Biomeathematics and Cell Kinetics*, Amsterdam, North-Holland, 1978.

(5) Braun, A.C. The story of cancer. Reading, Mass., Addison-Wesley, 1977.

(6) Düchting, W. and Dehl, G. Spread of cancer cells in tissues: Modelling and simulation. *Int. J. Bio-Medical Computing 11*, 175 (1980).

(7) Folkman, J. Tumor Angiogenesis. In: Becker F.F. (edit.), *Cancer 3*, New York, Plenum Press, 1975.

(8) Düchting W. and Vogelsaenger, Th. Three-dimensional pattern generation applied to spheroidal tumor growth in a nutrient medium. *Int. J. Bio-Medical Computing 12*, 377 (1981).

(9) Düchting, W. and Vogelsaenger, Th. Aspects of modelling and simulating tumor growth and treatment, *J. Cancer Research and Clinical Oncology (1982)*, in press.

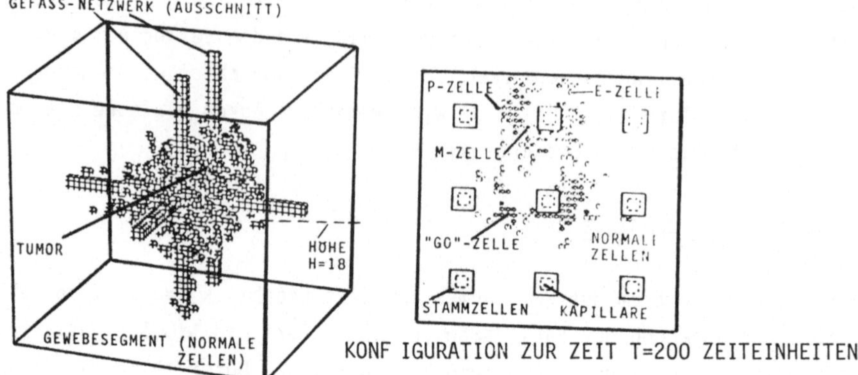

Bild 9: Simulation von drei-dimensionalem Tumorwachstum in einem vaskularisierten Gewebesegment nach (9).

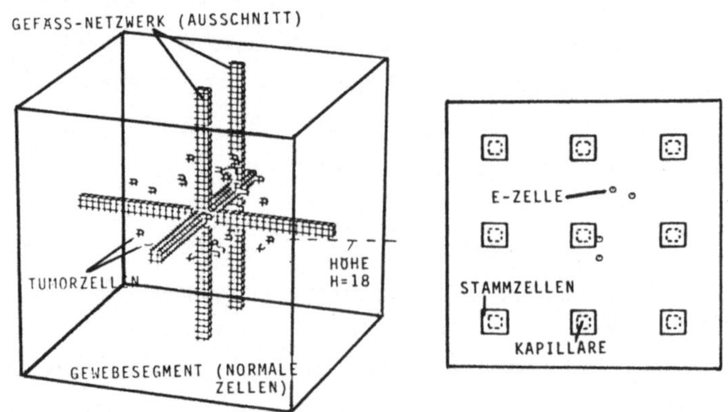

Bild 10: Tumorkonfiguration zur Zeit T=260 Zeiteinheiten nach zweimaliger chemotherapeutischer Behandlung (Simulationsergebnis).

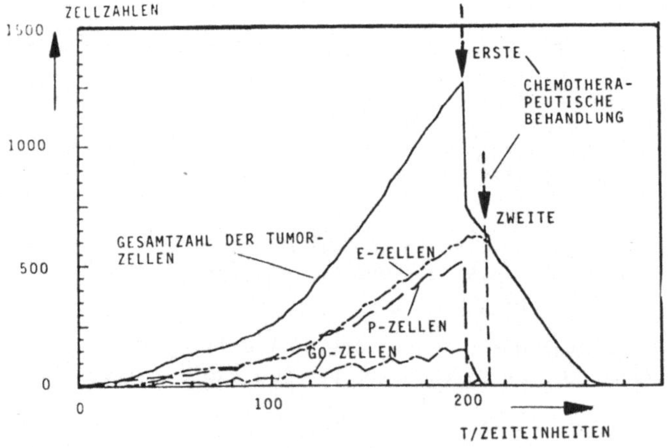

Bild 11: Zeitlicher Verlauf der Tumorzellen (Simulationsergebnis).

DAS KAPILLARSCHLINGENMODELL - EIN MODELL ZUR SIMULATION DES KOMBINIER-
TEN GAS- UND WÄRMEAUSTAUSCHES IN DER ÄUSSEREN HAUT

Uwe Großmann, Dietrich W. Lübbers, Dortmund

Zusammenfassung. Um die Sauerstoffaustauschprozesse innerhalb der äußeren Haut zu
untersuchen, wurde das Modell einer mikrozirkulatorischen Einheit entwickelt. Das
Modell berücksichtigt die schlingenförmige Kapillarstruktur im Stratum papillare,
die nichtlineare Bindung von Sauerstoff durch Hämoglobin und insbesondere die durch
Temperaturveränderungen bedingte Verschiebung der Hämoglobin-Sauerstoffbindungskur-
ve. Das zugehörige nichtlineare, elliptische Randwertproblem wird definiert und die
Existenz wenigstens einer Lösung gesichert. Nach der Beschreibung des numerischen
Verfahrens zur Approximation der Lösung werden die Ergebnisse mehrerer Berechnungen
vorgestellt, die unterschiedliche Versorgungssituationen der Haut repräsentieren.

Summary. A model of a microcirculatory unit has been developed to study oxygen exchange processes within the upper part of the skin. The model includes the loop-
shaped capillary structure of the stratum papillare, the nonlinear binding of
oxygen hemoglobin binding and, in particular, the shift of the oxygen hemoglobin
binding curve due to temperature variations. The corresponding nonlinear, elliptic
boundary value problem is defined and the existence of at least one solution assured.
After describing the numerical procedure to calculate an approximation to the solution, the results of several calculations representing different supply situations
are presented.

Einleitung

In den vergangenen Jahren hat das Verständnis der Sauerstoffversorgung der Haut

besondere Bedeutung bekommen, da die Messung des transkutanen Sauerstoffpartialdruk-

kes ($tcPo_2$) zur Diagnose in der Klinik eingeführt wurde. Der Sauerstoffpartialdruck

(Po_2) der Hautoberfläche wird mittels einer membranbedeckten Platinelektrode

nichtinvasiv gemessen und als Schätzwert für den Po_2 im arteriellen Blut angenom-

men. Die Grundlage für eine richtige Anwendung dieser Meßtechnik ist das Verständnis

der Sauerstoffaustauschprozesse in der äußeren Haut. Versuche von Huch et al. (6)

haben gezeigt, daß eine Hyperämie (d.h. eine große Hautdurchblutung) vorhanden sein

muß, um aussagekräftige Meßdaten über das arterielle Blut zu erhalten, und daß diese

Hyperämie nur durch eine lokale Hyperthermie erreicht werden kann, d.h. durch lokales

Aufheizen der Haut. Die Hyperthermie beeinflußt die Sauerstoffaustauschprozesse,

insbesondere durch eine Änderung der Sauerstoffbindungskurve des Hämoglobins. Zum

Verständnis dieser komplizierten Situation wurden bisher Modelle benutzt, die den

Einfluß verschiedener Parameter auf den Gasaustausch erfassen, wie z.B. Durchblutung,
Sauerstoffleitfähigkeit, Dicke der verschiedenen Hautschichten, Sauerstoffverbrauch
des Gewebes und Sauerstoffverbrauch der Meßvorrichtung (2, 9, 11, 12, 13, 16). Alle
diese Modelle sind sehr einfach und berücksichtigen nur gerade Kapillaren oder
Blut/Gewebe-Schichten. Um die anatomischen Charakteristiken realistischer abzubilden,
benutzen wir das Modell einer mikrozirkulatorischen Einheit, das die schlingenförmige
Kapillarstruktur der äußeren Haut berücksichtigt (15). Das Modell berücksichtigt
weiterhin die nichtlineare Bindung von Sauerstoff an Hämoglobin und die Verschiebung
der Sauerstoffbindungskurve von Hämoglobin auf Grund von Temperaturänderungen. Eine
ausführliche Darstellung findet sich in (5).

Das Modell

Abb. 1 zeigt die mikrozirkulatorische Einheit, die aus drei räumlichen Kompartimenten besteht, dem äußeren toten Teil der Epidermis, dem inneren lebenden Teil der Epidermis und dem darunterliegenden Stratum papillare mit der charakteristischen Kapillarschlinge. Die anatomischen Daten dieser mikrozirkulatorischen Einheit sind Mittelwerte, die der Literatur entnommen wurden (7). In allen Kompartimenten wird Sauerstoff durch Diffusion transportiert. In der Kapillare kommt der Transport von Sauerstoff durch Konvektion, d.h. durch das fließende Blut, hinzu. Das Blut wird als homogene Hämoglobin-Plasma-Lösung angenommen. Im Plasma wird Sauerstoff physikalisch gelöst, an das Hämoglobin chemisch reversibel gebunden. In den lebenden Gewebekompartimenten kommt hinzu, daß Sauerstoff in den Mitochondrien chemisch irreversibel verbraucht wird. Stellt man sich ein bestimmtes Hautareal als in regelmäßiger Weise durch solche mikrozirkulatorischen Einheiten aufgebaut vor, und sind Durchblutung, Sauerstoffverbrauch und Diffusionsbedingungen in dieser

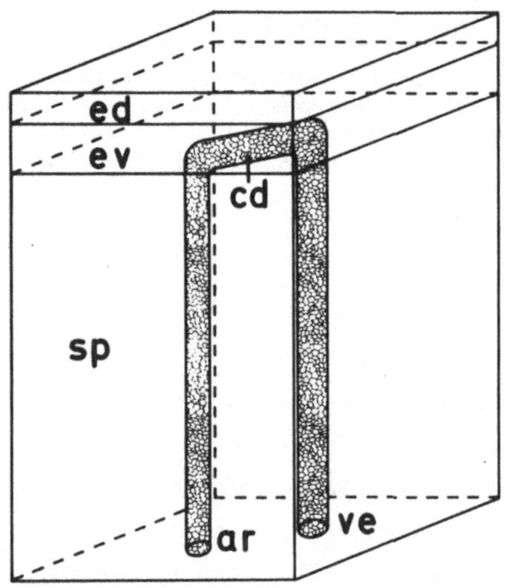

Abb. 1: Mikrozirkulatorische Einheit
der äußeren Haut. (ed: tote Epidermis; ev: lebende Epidermis; sp: Stratum papillare; ar: arterieller Zufluss; ve: venöser Abfluß; cd: kappillärer Dom)

bestimmten Hautregion homogen, dann stellen die seitlichen Begrenzungsflächen der

mikrozirkulatorischen Einheit Symmetrieflächen für den Sauerstoffpartialdruck dar.
Gemäß dem ersten Fick'schen Diffusionsgesetz findet kein Netto-Sauerstoff-Diffu-
sions-Transport durch diese Flächen hindurch statt (1). Unter diesen Umständen kann
eine einzelne mikrozirkulatorische Einheit von den übrigen isoliert und analysiert
werden und als repräsentativ für diese gesamte Hautregion angesehen werden.

Das mathematische Problem

Um "steady-state"-Sauerstoffpartialdruckverteilungen in der mikrozirkulatorischen
Einheit zu berechnen, hat man das folgende nichtlineare, elliptische Randwertproblem
zu lösen.
Gesucht ist eine hinreichend differenzierbare Funktion $p(x,y,z)$, die die folgenden
Bedingungen erfüllt:

$$(1) \quad O \qquad 0 = \nabla[\alpha D \nabla p - v \cdot (\alpha p + h \cdot C_{Hb} \cdot S(p))] \qquad \text{(in der Kapillare)}$$

$$(2) \qquad 0 = \nabla[\alpha D \nabla p] - A(p) \qquad \text{(im lebenden Gewebe)}$$

$$(3) \qquad 0 = \nabla[\alpha D \nabla p] \qquad \text{(im toten Gewebe)}$$

$$(4) \qquad \left.\begin{array}{l} p = P_a \\[4pt] \dfrac{\partial p}{\partial n} = 0 \end{array}\right\} \quad \text{oder} \qquad \text{(auf den Randflächen)}$$

$$(5) \qquad \left.\begin{array}{l} P_1 = P_2 \\[4pt] \alpha_1 D_1 \dfrac{\partial P_1}{\partial n_1} = \alpha_2 D_2 \dfrac{\partial P_2}{\partial n_2} \end{array}\right\} \quad \text{und} \qquad \begin{array}{l}\text{(auf den internen} \\ \text{Begrenzungsflächen)}\end{array}$$

Dabei ist $\alpha\,(mlO_2/(100g \cdot atm)$ der Bunsen'sche Löslichkeitskoeffizient, $D\,(cm^2/$
sec) der Diffusionskoeffizient, $v\,(\mu m/sec)$ das Geschwindigkeitsfeld des fließenden
Blutes, p (Torr) der Sauerstoffpartialdruck, $h = 1.34\ mlO_2/gHb$ die O_2-Bindungska-
pazität des Hämoglobins, C_{Hb} (gHb/100g) die Hämoglobinkonzentration, ∇ sei der
3-dimensionale Nabla-Operator. $O \leqslant S(p) \leqslant 1$ gibt an, zu welchem Teil das Hämoglobin
mit Sauerstoff gesättigt ist. Die Funktion hat eine stetige, sigmoide Gestalt. Für
kleine P_{O_2}-Werte strebt sie gegen O, für große P_{O_2}-Werte gegen 1. $A(p)$ gibt den
mitochondrialen O_2-Verbrauch an. Oberhalb eines kritischen P_{O_2}-Wertes nimmt die
Funktion einen konstanten Wert an, darunter strebt sie mit dem P_{O_2} monoton gegen
Null.

Die Gleichungen (5), sogenannte "Transmissionsbedingungen", sollen auf der gemeinsamen Begrenzungsfläche zweier Kompartimente erfüllt sein. Der Sauerstoffpartialdruck und der Sauerstoffdiffusionsfluß in Normalen-Richtung sollen sich stetig ändern beim Übergang.

Auf den äußeren Grenzflächen nehmen wir entweder Dirichlet- oder Neumann-Bedingungen an, wie in Gleichung (4) angegeben. Gewöhnlich nimmt man eine Dirichlet-Bedingung am arteriellen Zufluß und auf der Hautoberfläche an.

Es existiert zumindest eine klassische Lösung des Problems. Durch Anwendung von Methoden der Theorie der pseudomonotonen Operatoren (Theorem von Brezis) wird die Existenz einer schwachen Lösung gezeigt. Mit Methoden der Regularitätstheorie beweist man, daß die schwache Lösung eine Lösung im klassischen Sinn ist (4, 8). Die Frage der Eindeutigkeit dieser Lösung ist bisher noch offen.

Das numerische Verfahren

Durch die Überführung der Differentialgleichungen und der Rand- und Transmissionsbedingungen in Differenzengleichungen entsteht ein System von simultanen, nicht-linearen Gleichungen.

$$(6) \qquad F(x) = M(x)x + \phi(x) - b = O; \qquad x,b,\phi(x) \in \mathbb{R}^n \; ; \; M(x) \in L(\mathbb{R}^n,\mathbb{R}^n) \; ;$$

Dieses Gleichungssystem wird durch das Gauss-Seidel-Einzelschritt-Verfahren mit Unterrelaxation gelöst (10). Beginnt man mit einer Anfangsschätzung

$$x^O = (x_1^O,\ldots,x_n^O)^T \text{ mit}$$

$$(7) \qquad F(x^O) \leq O,$$

so konvergiert das Iterationsverfahren

$$(8) \qquad x^{k+1} = x^k - B(x^k)F(x^k), k = O,1,\ldots$$

monoton gegen x^* mit $F(x^*) = O$.

Dabei ist

$$(9) \qquad B(x) = \omega[D(x) - \omega L(x)]^{-1}$$

und

$$(10) \qquad M(x) = D(x) - L(X) - U(x)$$

die Aufspaltung von $M(x)$ in Diagonal-, untere Dreiecks- und obere Dreiecksmatrix. Es existiert ein ω_O mit der Eigenschaft, daß das Verfahren für alle ω mit $0 < \omega \leq \omega_O < 1$ konvergiert (14).

Inhomogene Temperaturfelder

Alle bisherigen Betrachtungen gelten für ein homogenes Temperaturfeld innerhalb der mikrozirkulatorischen Einheit. Dies ist eine nicht sehr realistische Annahme, da sich

selbst unter normalen Verhältnissen ein inhomogenes Temperaturfeld in der Haut
ausbilden wird. Dieses Temperaturfeld beeinflußt die Sauerstoffbindungskurve des
Hämoglobins. Die Differentialgleichung in der Kapillare ändert sich folgendermaßen:

$$(1') \qquad 0 = \nabla\left[\alpha D \nabla p - v(\alpha p + h \cdot C_{Hb} \cdot S(p,t))\right]$$

mit

$$(11) \qquad S(p,t) = S(p \cdot e^{-\gamma(t-37)})$$

Die prinzipiellen Eigenschaften von Gleichung (1) ändern sich nicht. Somit bleiben
alle Aussagen, das mathematische Problem betreffend, gültig.
Da Wärme auch durch Diffusion und Konvektion transportiert wird (3), benutzen wir
unser Modell, um ein Temperaturfeld t(x,y,z) innerhalb der mikrozirkulatorischen
Einheit zu berechnen. Dieses Temperaturfeld geht dann in die in Gleichung (1')
verwendete Sauerstoffbindungskurve S(p,t) ein.

Anwendung und Diskussion

Wir berechneten mit dem Modell einige charakteristische Sauerstoffpartialdruckfelder
in der äußeren Haut. Zunächst wurde eine Ruhesituation simuliert. Abb. 2 zeigt das
Ergebnis. Perspektivisch wurde das P_{O_2}-Feld über einem Querschnitt der mikrozirkulatorischen Einheit als Fläche gezeichnet. Blut tritt in die mikrozirkulatorische Einheit ein mit einem Sauerstoffpartialdruck von 13.3 kPa. Entlang dem arteriellen Schenkel verliert die Kapillare Sauerstoff und der P_{O_2} sinkt auf 7.3 kPa ab, um dann auf Grund eines von der Hautoberfläche kommenden, zusätzlichen Sauerstoffeinflusses wieder anzusteigen. Innerhalb der äußersten Schicht (der toten Epidermis) besteht ein steiles P_{O_2}-Gefälle, da diese Schicht gewöhnlich sehr trocken ist und somit schlechte Diffusionsbedingungen bietet. Trotzdem wird ein beachtlicher Teil der mikrozirkulatorischen Einheit von der Hautoberfläche durch Diffusion mit Sauerstoff versorgt. Die gestrichelte Linie gibt die Versorgungsgrenze an.

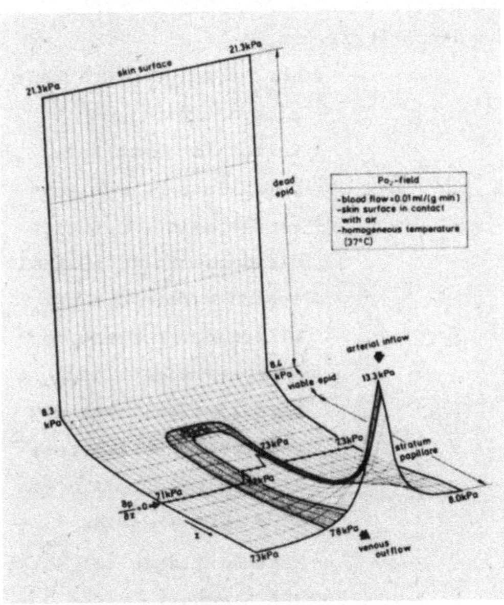

Abb. 2: P_{O_2}-Feld über einem Querschnitt der mikrozirkulatorischen Einheit. (Ruhesituation; die Hautoberfläche ist in Kontakt mit Luft)

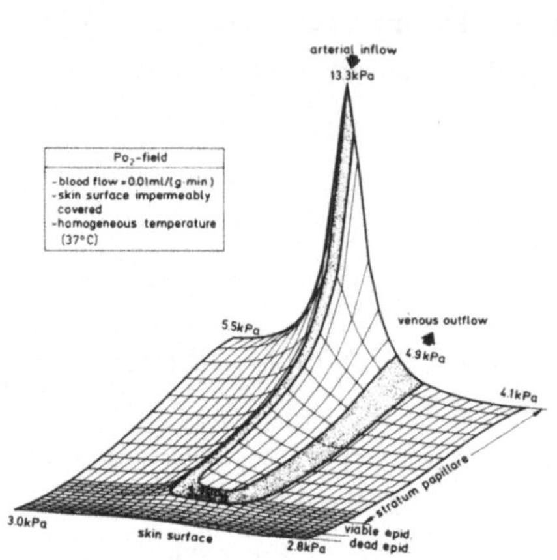

Abb. 3: Po$_2$-Feld über einem Querschnitt der mikrozirkulatorischen Einheit. (Ruhesituation; die Hautoberfläche ist undurchlässig abgedeckt)

Abb. 3 zeigt die gleiche Situation, allerdings ist die Hautoberfläche undurchlässig abgedeckt, wie unter Meßbedingungen. Entlang des arteriellen Schenkels der Kapillare verringert sich der Po$_2$ erheblich von 13.3 kPa (100 mmHg) auf 3.3 kPa (25 mmHg) im kapillären Dom. Vom kapillären Dom aus ist der Po$_2$-Abfall in den lebenden Teil der Epidermis relativ gering, ΔPo$_2$ = 0.4 kPa (3 mmHg). Das Po$_2$-Profil zwischen arteriellem und venösem Schenkel zeigt eine beachtliche Sauerstoff-Shunt-Diffusion. Das bedeutet, daß Sauerstoff direkt in den venösen Schenkel diffundiert und dort einen Po$_2$-Anstieg hervorruft. Der ziemlich niedrige Po$_2$ von 3.3 kPa (25 mmHg) im kapillären Dom wird also nicht nur durch den Gewebssauerstoffverbrauch bedingt, sondern auch durch die Sauerstoff-Shunt-Diffusion. Der Hautoberflächen-Po$_2$ ist unter diesen Bedingungen also ein schlechter Schätzwert für den arteriellen Po$_2$.

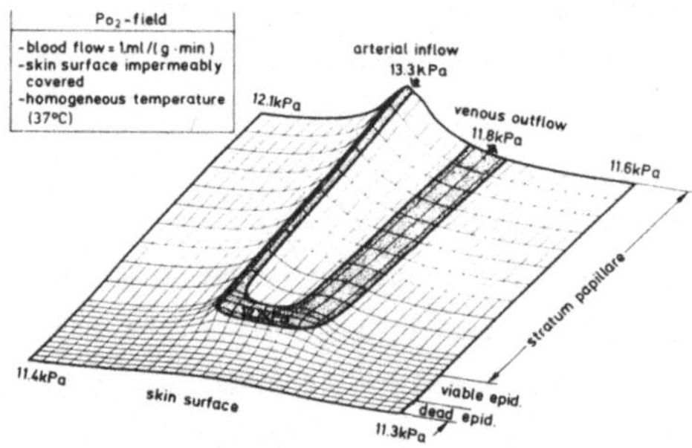

Abb. 4: Po$_2$-Feld über einem Querschnitt der mikrozirkulatorischen Einheit. (hohe Durchblutung; die Hautoberfläche ist undurchlässig abgedeckt)

Abb. 4 zeigt die Situation mit einer um den Faktor 100 erhöhten Durchblutung. Das Po$_2$-Profil zeigt, daß sich die Sauerstoff-Shunt-Diffusion vermindert hat. Allerdings besteht noch immer eine deutliche Differenz zwischen den Po$_2$-Werten beim arteriellen Einfluß (13.3 kPa (100 mmHg)) und der Hautoberfläche (11.4 kPa (85.5 mmHg)). Eine Steigerung der Durchblutung um den Faktor 100 kann nur erreicht werden durch lokales Aufheizen der Haut auf 43°C in der Nachbarschaft der Elektrode. Dies hat zusätzlichen Einfluß auf die Sauerstoff-Hämoglobin-Bindungskurve, da Hämoglobin bei Erwärmung mehr gebundenen Sauerstoff freisetzt. Um den Einfluß von Wärme auf den Hautoberflächen-Po_2 kennenzulernen, berechneten wir Po_2 Felder unter Verwendung von drei veschiedenen Temperaturverteilungen. Wir betrachteten homogene Temperaturen von 37°C und 43°C und ein inhomogenes Temperaturfeld zwischen 41.5°C beim arteriellen Einfluß und 43°C auf der Hautoberfläche. Das inhomogene Temperaturfeld wurde vorher ebenfalls mit dem Modell errechnet. Weiterhin wurden arterielle Po_2-Werte von 13.3 kPa (100 mmHg) und 6.7 kPa (50 mmHg) bei 37°C untersucht.

Die Abb. 5 zeigt das Po_2-Profil entlang dem arteriellen Schenkel senkrecht zur Hautoberfläche. Die oberen drei Profile gehören zu einem arteriellen Po_2 von 13.3 kPa (100 mmHg) bei 37°C, die unteren zu einem arteriellen Po_2 von 6.7 kPa (50 mmHg) bei 37°C. Die arteriellen Po_2-Werte für von 37°C verschiedene arterielle Temperaturen wurden unter Annahme eines konstanten arteriellen Sauerstoffgehaltes berechnet. Die Profile zeigen, daß ein homogener Temperaturanstieg auf 43°C eine fast parallele Verschiebung des Po_2-Profils um 3.2 kPa (24 mmHg) im Falle des niedrigen arteriellen Po_2's und 5.3 kPa (39 mmH) im Falle des höheren arteriellen Po_2's verursacht. Das Profil, das dem inhomogenen Temperaturfeld entspricht, zeigt einen Po_2-Anstieg entlang dem arteriellen Schenkel, der durch eine Erhöhung der Temperatur verursacht wird.

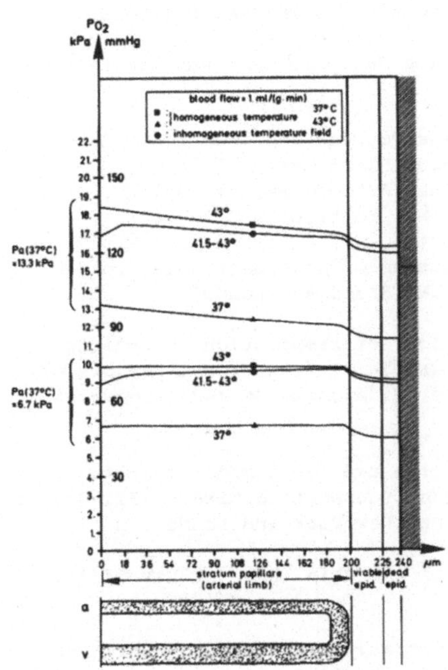

Abb. 5: Po_2-Profile senkrecht zur Hautoberfläche entlang dem arteriellen Schenkel.

Die Modellberechnungen zeigen, daß es möglich ist, durch Messung des Hautoberflächen-Po_2 bei erwärmter Haut den arteriellen Po_2 von 37°C hinreichend genau zu approximieren.

Literatur

1. Crank J (1970) The Mathematics of Diffusion. At the Clarendon Press, Oxford

2. Evans NTS, Naylor PFD (1966/67) Steady states of oxygen tension in human dermis. Respir Pysiol 2: 46

3. Gröber H, Erk S, Grigoll U (1961) Die Grundgesetze der Wärmeübertragung. Springer, Berlin-Göttingen-Heidelberg

4. Großmann U (1980) Existence and uniqueness of solutions of quasilinear transmission problems of both elliptic and pseudoparabolic type simulating oxygen transport in capillary and tissue. Math Meth Appl Sci 2: 34

5. Großmann U (1982) Simulation of combined transfer of oxygen and heat through the skin using the capillary loop model. Math Biosci (in press)

6. Huch R, Huch A, Lübbers DW (1973) Transcutaneous measurement of blood Po_2 ($tcPo_2$) - method and application in perinatal medicine. J Perinat Med 1:183

7. Huch R, Huch A, Lübbers DW (1981) Transcutaneous Po_2 . Thieme, New York

8. Lions JL (1969) Quelques méthodes de résolution des problèmes aux limites non linéaires. Dunod-Gauthier-Villars, Paris

9. Lübbers DW (1979) Cutaneous and transcutaneous Po_2 and Pco_2 and their measuring conditions. In: Cutaneous Transcutaneous Blood Gas Monitoring. Huch A, Huch R, Lucey JF (eds). Birth Defects: Original Article Series, Vol XV, 4. The National Foundation March of Dimes. AR Liss, New York, p 13

10. Ortega JH, Reinboldt WC (1970) Iterative Solution of nonlinear equations in several variables. Academic Press, New York-San Francisco-London

11. Piiper J, Scheid P (1977) Comparative physiology of respiration. Functional analysis of gas exchange organs in vertebrates. In: International Reviews of Physiology, Respiratory Physiology II, Vol 14. Widdicombe JG (ed). University Park Press, Baltimore, p 219

12. Quinn JA (1978) Gas transfer through the skin: A two layer model relating transcutaneous flux to arterial tension. In: Oxygen Transport to Tissue III. Silver IA, Erecinska E, Bicher HI (eds). Plenum Press, New York and London, p. 175

13. Scheuplein RJ, Blank IH (1971) Permeability of the skin. Physiol Rev 51(4): 702

14. Schomberg H (1978) Monotonically convergent iterative methods for nonlinear discrete elliptic boundary value problems. ZAMM 58: T440

15. Stüttgen G (1965) Die normale und pathologische Physiologie der Haut. Gustav Fischer, Stuttgart

16. Thunstrom AM, Stafford MJ, Severinghaus JW (1979) A two temperature, two Po_2 method of estimating the determinants of $tcPo_2$. In: Continuous Transcutaneous Blood Gas Monitoring. Huch A, Huch R, Lucey JF (eds). Birth Defects: Original Article Series, Vol XV, 4. The National Foundation March of Dimes. AR Liss, New York, p 167

Ein mathematisches Modell zur
Simulation der Liquordynamik

Oskar Hoffmann, Giessen

Zusammenfassung. In die Praxis der neurochirurgischen Intensivüberwachung hat das
ICP-Monitoring allgemein Eingang gefunden. Ein von den weitgehend gesicherten und
formelmäßig erfaßbaren Erkenntnissen ausgehendes mathematisches Modell der Liquordynamik erlaubt unter anderem Aussagen zur Morphologie der intrakraniellen Pulswelle und zur Amplituden-Mitteldruck-Relation des intrakraniellen Druckes. Insbesondere kann der Einfluß von arteriellem und venösem Blutdruck auf diese Relation analysiert werden, was wegen der Vielzahl konstant zu haltender Paramter im Tierexperiment - und erst recht bei klinischer Routineüberwachung - undurchführbar ist.

Summary. Intracranial pressure (ICP) monitoring has become part of normal neuro-
surgical practice. A mathematical model of cerebro spinal fluid (CSF) dynamics
has been developed including clinical and experimental results which could be described by mathematical expressions. This model permits interpretation of the mor-
phology of the intracranial pulse wave and of the pulse pressure relationship of
ICP. In particular the influence of arterial and venous blood pressure upon this
relationship was analysed. The analysis of these relationships based only on clinical or experimental data is impossible without application of a model because of
the high variability of the parameters under consideration.

1. Einführung

Die kontinuierliche Überwachung vegetativer Parameter, wie Blutdruck, Pulsfrequenz,

Atemfrequenz und Temperatur, hat schon lange Eingang gefunden in die Routine der In-

tensivmedizin. Für neurochirurgische Patienten mit einer Schädigung der Hirnsub-

stanz reichen aber die bisher verfügbaren Überwachungsmöglichkeiten oft nicht aus,

da gerade bei diesen die Erhöhung des intrakraniellen Druckes eine erhebliche Ge-

fährdung darstellt. Eine solche Drucksteigerung und die dadurch bedingten Massen-

verschiebungen und Behinderungen des venösen Abflusses führen sekundär zu einer

Hirnstammschädigung, deren Art und Ausmaß von lebensentscheidender Bedeutung ist

[1]. Neben der Erforschung der bei intrakranieller Drucksteigerung auftretenden

Phänomene im Tierexperiment bietet sich ein Zugang über die Simulation auf der

Grundlage eines mathematischen Modelles an.

Hirngewebe und Rückenmark sind in den Liquor cerebrospinalis eingebettet. Bei einer

Schädigung des Hirngewebes reagiert dieses mit einer mehr oder minder ausgeprägten

Ödembildung, also einer Volumenzunahme. Dabei setzt der Schädel als eine im Gesamt-

volumen nicht veränderliche Kapsel einer solchen Ausdehnung sehr enge Grenzen. Die den intrakraniellen Raum ausfüllenden Elemente, nämlich Hirngewebe, Liquor und Blut, sind allesamt inkompressibel. Der Liquor cerebrospinalis wird zum größten Teil in den Plexus choroidei des Ventrikelsystems gebildet. Diese Sekretion zusammen mit der Pulsation der Plexus choroidei stellt die Hauptursache für den Durchfluß des Liquors durch das Ventrikelsystem in die basalen Zisternen und von dort in den Subarachnoidalraum dar.

Die Absorption des Liquors erfolgt durch die arachnoidalen Villi hauptsächlich in den Sinus sagittalis. Nach CUTLER et al. [2] besteht eine lineare Beziehung zwischen dem intrakraniellen Druck und der Absorptionsrate.

Die Versorgung des Gehirns mit arteriellem Blut erfolgt beidseits durch die Arteria carotis interna und die Arteria vertebralis. Das venöse Blut wird hautpsächlich beidseitig durch die Vena jugularis interna zurückgeführt. Das intrakranielle Blutvolumen ist stetigen Schwankungen im Rhythmus der Herzschlagfolge unterworfen, so daß sich Schwingungen gleicher Frequenz im intrakraniellen Druck zeigen. Neben diesen pulsatorischen Druckbewegungen treten auch respiratorisch bedingte Änderungen des Druckes auf, welche auf venöse Füllungsschwankungen zurückzuführen sind.

Die absolute Höhe des intrakraniellen Druckes allein erweist sich als wenig geeignetes Kriterium zur Vorhersage von Komplikationen. Von ganz wesentlicher Bedeutung ist dagegen die Frage, mit welchen Steigerungen der intrakranielle Druck auf zusätzliche Volumenzunahmen reagiert. Wegen der Inkompressibilität der den Schädel ausfüllenden Elemente kann bei schon erhöhtem Liquordruck eine auch nur geringe Volumenänderung eines dieser Elemente zu extremen Drucksteigerungen mit fatalen Folgen führen. Daher kann für die Beurteilung des klinischen Zustandes eines Patienten die Volumen-Druck-Beziehung (Volume-Pressure-Relationship, VPR) häufig mehr Information liefern als der intrakranielle Druck selbst [3].

Die Volumen-Druck-Beziehung stellt das Verhältnis des Druckanstieges zu einer Volumenzunahme dar (Abb. 1), d.h., es wird der intrakranielle Druck als Funktion des zusätzlichen Volumens betrachtet. Diese Beziehung kann in erster Näherung als Exponentialfunktion betrachtet werden. Als Compliance bezeichnet man das Verhältnis von Volumenänderung zu Druckänderung. Die Compliance ist demnach eine Funktion des intrakraniellen Druckes.

2. Modellgleichung

Ausgehend von den eingangs erwähnten physiologischen Grundtatsachen kann nun die grundlegende Differentialgleichung der Liquordynamik entwickelt werden (Abb. 2). Die MONROE-KELLIE-BURROWS-Doktrin besagt, daß die Summe der Volumina der den Schädel ausfüllenden Elemente konstant ist, bzw. daß Änderungen im Volumen eines dieser Elemente durch entsprechende Volumenänderungen der übrigen Elemente kompensiert

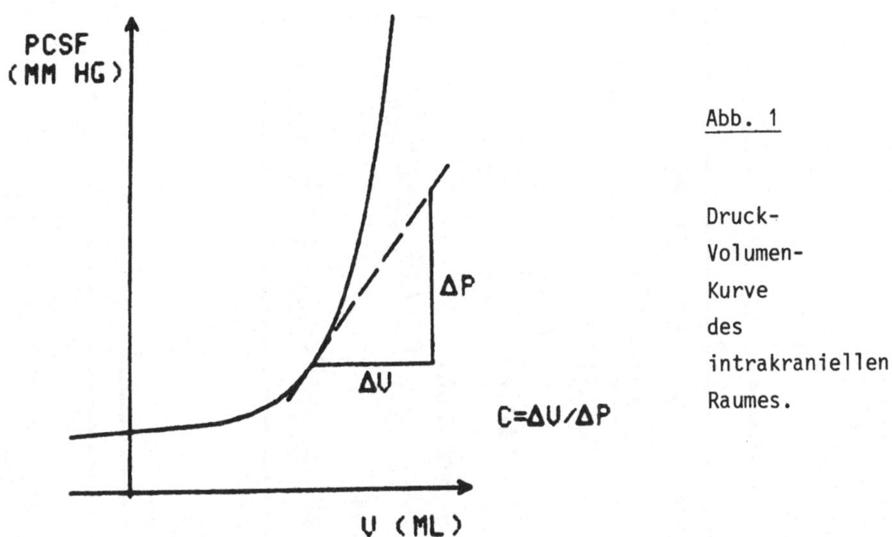

Abb. 1

Druck-
Volumen-
Kurve
des
intrakraniellen
Raumes.

werden müssen. Änderungen des Liquorvolumens während einer Zeiteinheit ▲t sind bestimmt durch die Sekretionsrate (K_s) und die Absorptionsrate (K_a), wobei diese eine lineare Funktion des intrakraniellen Druckes (P_{csf}) selbst ist. Änderungen des intrakraniellen Blutvolumens können sich sowohl im arteriellen als auch im venösen Schenkel ergeben. Änderungen im arteriellen Teil sind bestimmt durch die arterielle Blutdruckamplitude (▲ Part) und die Volumenelastizität (E'_{art}) der Arterien, wobei diese proportional dem arteriellen Druck (P_{art}) ist. Volumenänderungen im venösen Teil ergeben sich aus der Compliance (C_v) und der Änderung des transmuralen Druckes (▲ P_{csf} - ▲ P_{ven}). C_v wiederum ist umgekehrt proprotional diesem transmuralen Druck. Zusammenfassung dieser Beziehungen, Division durch ▲t und Grenzwertübergang ▲t ➔ o liefert die Differentialgleichung des mathematischen Modelles.

3. Simulationsmethode

Bei der Verlaufssimulation, d.h. bei der Lösung der Differentialgleichung wurde mit dem RUNGE-KUTTA-Verfahren 4. Ordnung gearbeitet. Die Differentialgleichung ist zwar in geschlossener Form lösbar, die Lösung beinhaltet aber Integrale, deren Berechnung wiederum durch numerische Approximation erfolgen müßte. Generell wurde mit zwei unterschiedlichen Zeitrastern gearbeitet. Untersuchungen zur intrakraniellen Pulswelle verlangen die Einbeziehung pulsatorischer Schwankungen, also eine nur über einen Zeitraum von wenigen Sekunden berechnete Lösung (Schrittweite: 1/32 sec). Das Verhalten des intrakraniellen Druckes z.Bsp. bei Raumforderungen verlangt eine über den Zeitraum von Minuten oder Stunden gültige Lösung. Pulsatorisch und respiratorisch

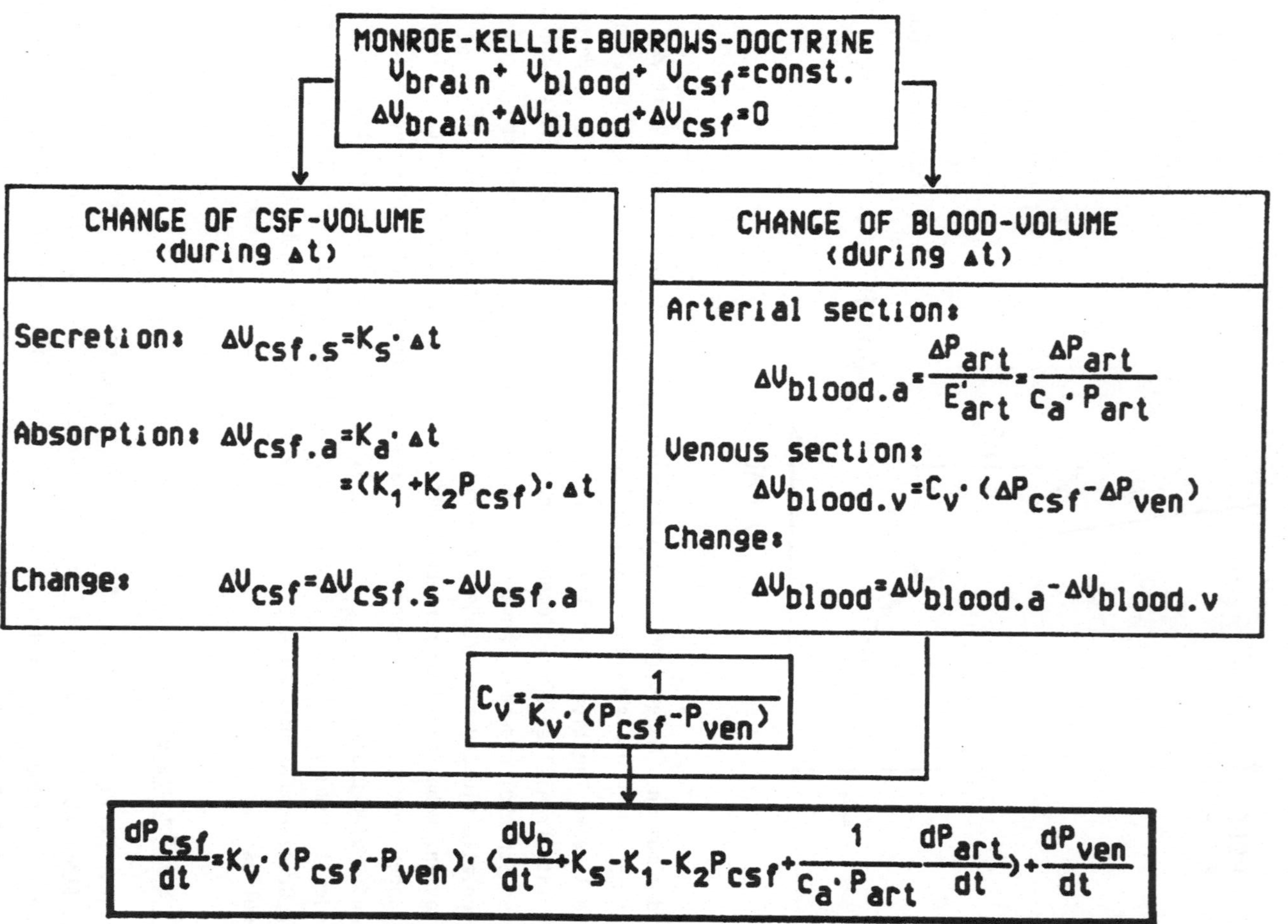

Abb. 2: Ausgangsgleichungen des mathematischen Modells der Liquordynamik

bedingte Änderungen des Druckes sind dabei unbedeutend, so daß die Differentialgleichung ohne periodische Komponenten angesetzt und behandelt wurde (Schrittweite: 1/2 sec).

Arterieller und venöser Druck wurden durch geeignete zeitliche Verläufe simuliert. Aus einer beliebig ausgewählten Druckaufzeichnung wurden, getriggert durch die R-Zacke des ebenfalls registrierten EKGs, jeweils 10 arterielle und venöse Pulswellen entnommen und gemittelt, um einen "repräsentativen" Druckverlauf zu gewinnen. Die gemittelten Pulswellen wurden einer Fourieranalyse unterzogen, so daß arterieller und venöser Druck in Form einer Fouriersumme (und zwar bis zum 10. Glied) dargestellt werden konnten.

Die Auswertungen erfolgten mit Hilfe eines in der Neurochirurgischen Klinik installierten Prozeßrechners DIETZ 621/8. Die Programme sind vorwiegend in FORTRAN geschrieben; in Einzelfällen wurden Unterprogramme in Assembler erstellt.

4. Ergebnisse

Die Validität des Modells wurde in Bezug auf vier, im Zusammenhang mit dem intrakraniellen Druck bedeutsame Phänomene bzw. Situationen überprüft. Als erstes ist hier das Verhalten bei raumfordernden Prozessen zu erwähnen. Es ist aus der klinischen Praxis bekannt, daß die Art der intrakraniellen Drucksteigerung ganz wesentlich durch die Dynamik der Raumforderung bestimmt ist. Ein entsprechendes Verhalten zeigt sich im Modell. Bei einem konstant wachsenden raumfordernden Prozeß stellt sich der intrakranielle Druck auf ein höheres Niveau ein, bei progredienter Wachstumsrate steigt der intrakranielle Druck letztlich linear an.

Die in der Einführung schon erwähnte Druck-Volumen-Kurve des intrakraniellen Raumes kann in der klinischen Praxis ermittelt werden, indem man in einem möglichst kurzen Zeitraum (1-2 sec.) ein Volumen von 1-2 ml physiologischer Kochsalzlösung in den intrakraniellen Raum injiziert (Volumen-Druck-Test). Man beobachtet dabei eine sprunghafte Erhöhung des intrakraniellen Druckes und einen anschließenden angenähert exponentiellen Abfall auf das ursprüngliche Niveau. Das gleiche Verhalten zeigt sich wiederum bei Simulation durch das Modell.

Der dritte zu überprüfende Punkt ist die Morphologie der intrakraniellen Pulswelle. Da sich das intrakranielle Blutvolumen im Rhythmus der Herzschlagfolge verändert, weist der intrakranielle Druck entsprechende Schwingungen auf. Dabei sind die unterschiedlichsten Pulsformen beobachtet worden. DEREYMAKER [4] hat an Hunden die Beziehungen zwischen den Pulsformen des arteriellen, venösen und intrakraniellen Druckes untersucht. Es zeigt sich, daß allein durch Erhöhung des arteriellen Mit-

teldruckes die intrakranielle Pulswelle von einer arteriell geprägten Form in eine
rein venös gestaltete übergeht. Das mathematische Modell zeigt bei Simulation
dieser Versuche ein entsprechendes Verhalten (Abb. 3). Allein die Änderung des
arteriellen Mitteldruckes bei Konstanz aller anderen Parameter führt zu einer Änderung der Pulswellenform in genau der Weise wie sie experimentell gefunden wurde.

Als viertes und letztes Phänomen ist die Amplituden-Mitteldruck-Relation des intrakraniellen Druckes zu berücksichtigen. Es ist seit langem bekannt, daß bei steigen-
dem intrakraniellem Druck die Amplitude der Pulswelle ebenfalls größer wird, und
daß in der Regel eine lineare Beziehung zwischen der Pulsamplitude und dem intrakraniellen Druck selbst besteht. Dies erklärt sich durch die exponentielle Form
der Druck-Volumen-Kurve des intrakraniellen Raumes.

Bei der Untersuchung dieses Phänomens im Modell zeigt sich nun ein wesentlicher
Vorteil der Simulation. Durch Veränderung der Absorptionsrate kann ein beliebiges
intrakranielles Druckniveau eingestellt werden und aus dem simulierten Verlauf die

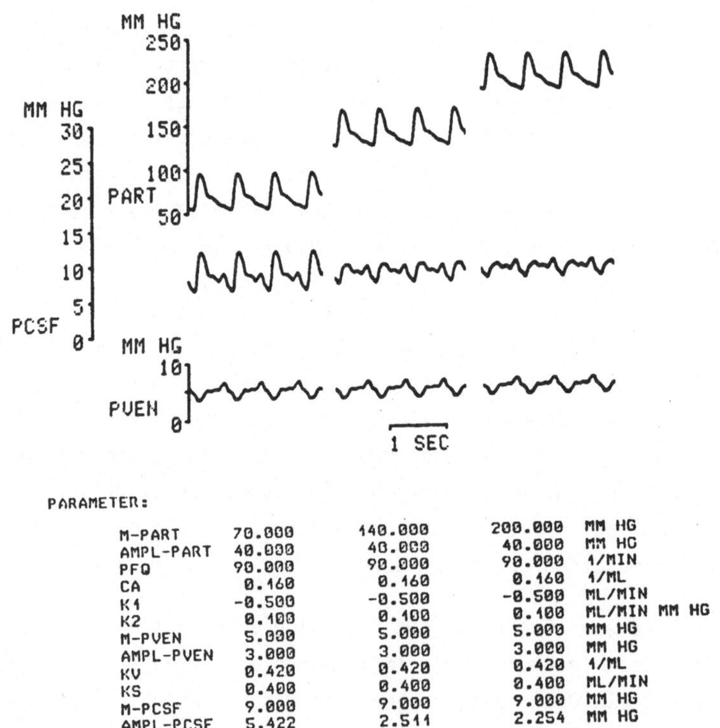

PARAMETER:

M-PART	70.000	140.000	200.000	MM HG
AMPL-PART	40.000	40.000	40.000	MM HG
PFQ	90.000	90.000	90.000	1/MIN
CA	0.160	0.160	0.160	1/ML
K1	-0.500	-0.500	-0.500	ML/MIN
K2	0.100	0.100	0.100	ML/MIN MM HG
M-PVEN	5.000	5.000	5.000	MM HG
AMPL-PVEN	3.000	3.000	3.000	MM HG
KV	0.420	0.420	0.420	1/ML
KS	0.400	0.400	0.400	ML/MIN
M-PCSF	9.000	9.000	9.000	MM HG
AMPL-PCSF	5.422	2.511	2.254	MM HG

Abb. 3: Morphologie der CSF-Pulswelle im Modell. Übergang von arteriell geprägter
zu venöser Pulsform bei Erhöhung des arteriellen Mitteldruckes.

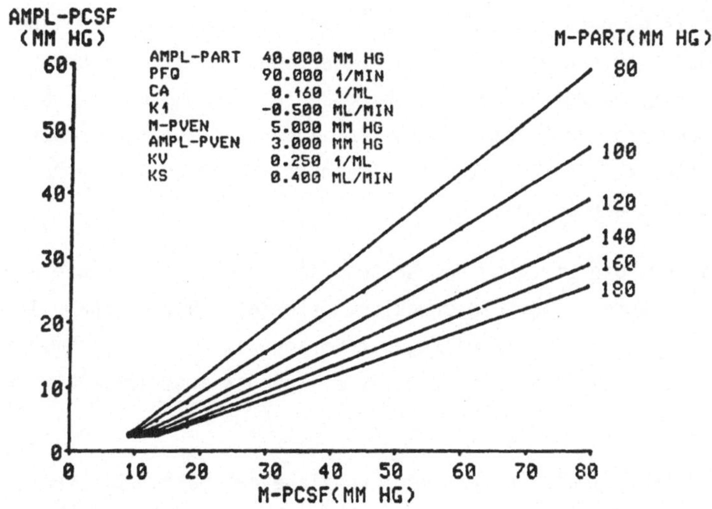

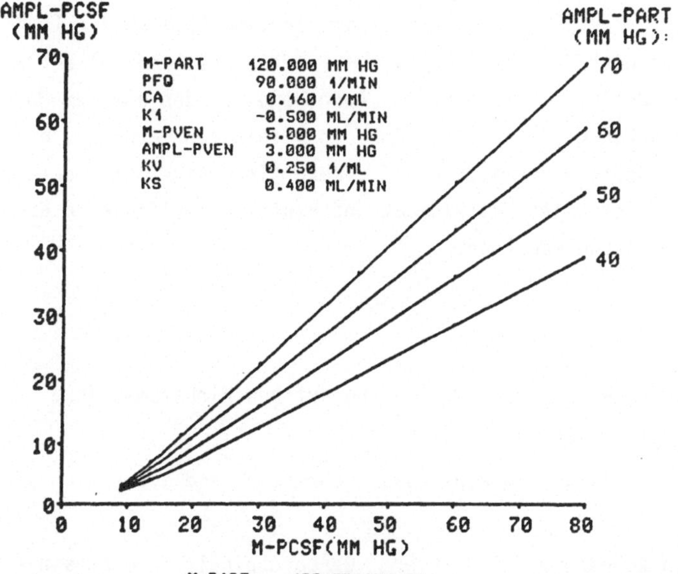

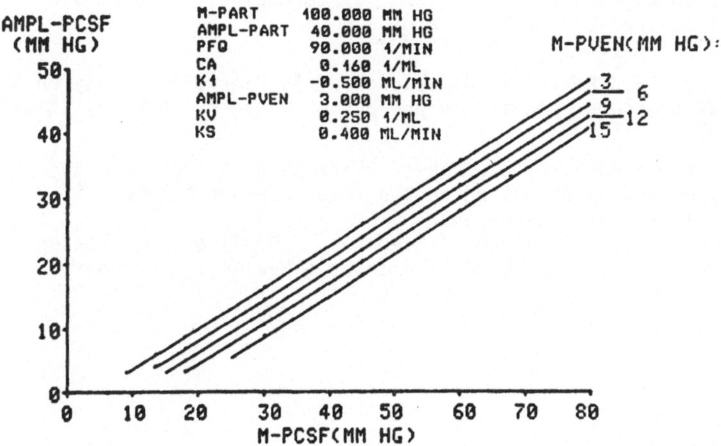

Abb. 4

Die Amplituden-
Mitteldruck-
Relation
des intrakraniellen
Druckes in
Abhängigkeit vom
arteriellen
Mitteldruck,
von der
Blutdruckamplitude
und vom venösen
Mitteldruck
(Modellsimulation)

zugehörige Amplitude ermittelt werden. Es zeigt sich dabei die schon bekannte lineare Beziehung. Man kann aber hier nun einen Schritt weitergehen. Die Untersuchungen zur Morphologie der intrakraniellen Pulswelle zeigten, daß die Pulsform durch mehrere Parameter beeinflußt wird, und mit der Pulsform natürlich auch die Amplitude. Der Einfluß verschiedener Parameter auf die Amplituden-Mitteldruck-Relation konnte nun in idealer Weise am Modell studiert werden (Abb. 4).

Der mittlere venöse Druck ändert die Steigung der Gerade nicht, verschiebt diese aber entlang der Amplituden-Achse. Arterieller Blutdruck und arterielle Blutdruckamplitude üben einen gegenteiligen Effekt auf die Steigung der Geraden aus. Mit zunehmendem arteriellem Mitteldruck wird die Gerade flacher und mit steigender arterieller Druckamplitude steiler.

Die Bedeutung dieser, durch reine Simulation auf der Grundlage des mathematischen Modells gewonnenen Erkenntnisse liegt in der Tatsache, daß derartige Analysen im Tierexperiment nur sehr schwer und in der klinischen Praxis nahezu unmöglich sind. Tierexperimentelle Untersuchungen von AVEZAAT et al. [5] zum Einfluß des arteriellen Mitteldruckes bestätigen das Modell in diesem Punkt. Ausgehend von den aus dem Modell gewonnenen Erkenntnissen haben wir inzwischen auch in klinischem Material, d.h. in Aufzeichnungen, die bei der Routineüberwachung auf unserer Intensivstation entstanden sind, den Einfluß von arteriellem Mitteldruck und Blutdruckamplitude in der vom Modell vorhergesagten Form nachweisen können.

Literatur

1. Pia, H.W.: Die Einwirkungen der Hirndrucksteigerung auf den Hirnstamm, ihre
      Klinik und Behandlung
      Münch.Med.Wschr., 98, 1609 (1956)

2. Cutler, R.W.P., L. Page, J. Galicich, G.W.Watters: Formation and absorption of
      cerebrospinal fluid in man
      Brain, 91, 707 (1968)

3. Avezaat, C.J.J., J.H.M.van Eijndhoven, D.J.Wyper: Cerebrospinal fluid pressure
      and intracranial volume-pressure relationships
      J.Neurol.,Neurosurg. and Psych., 42, 687 (1979)

4. Dereymaker, A., A. Stevens, J.J.Rombouts, J.M.Lacheron, A. Pierquin: Study on the
      influence of arterial pressure upon the morphology of cisternal CSF pulsations
      Europ.Neurol., 5, 107 (1971)

5. Avezaat, C.J.J., J.H.M.van Eijndhoven, D.J.Wyper: Effects of hypercapnia and
      systemic arterial hypo- and hypertension on the interrelation between CSF
      pulse pressure and volume-pressure-response
      In: Intracranial Pressure IV (K.Shulman, A.Marmarou, J.D.Miller, D.P.Becker,
      G.M.Hochwald, M.Brock, eds.), 1959, Berlin-Heidelberg-New York, Springer,
      1980

COMPUTER SIMULATION OF PERIPHERAL FIBRE- AND CERE-
BELLAR-UNIT-ACTIVITY RESPONDING TO PASSIVE MOVEMENTS

Florian P. Kolb, München

Zusammenfassung: Während passiver Bewegung der Vorderpote dezerebrierter, relaxierter
Katzen wurden mit Hilfe elektrophysiologischer Methoden Entladungsmuster auf verschiedenen Ebenen des neuronalen, afferenten Informationskanals gewonnen. Während
Antworten auf dynamische Reize auf allen Ableitebenen gleich gut nachweisbar waren,
wurden rein statische Bewegungsparameter mit zunehmender neuronalen Verrechnung weniger ausgeprägt übertragen oder mit in die Übertragung dynamischer Parameter eingebunden. Bei der modellmäßigen Beschreibung des offenen, nichtlinearen Übertragungssystems wurden statische Komponenten nur in multiplikativer Verknüpfung mit verschiedenen Komponenten des Geschwindigkeitssignals, dynamische Anteile dagegen direkt
berücksichtigt. Die Antworten des an einem Digitalrechner simulierten Modells werden
mit den physiologischen Entladungsmustern verglichen.

Summary: Unit activity of the sensory system of decerebrate, paralyzed cats was re-
corded during passive movements of the animals forepaw. Responses to dynamic parameters of the movement were observed at all levels of this channel. In contrast,
information about static parameters was primarily found at low scale integrated parts
of the network. At levels with a high degree of convergence, this type of information
was forwarded only during the time, when dynamic parameters were transmitted. Hence,
in a model, describing this sensory, nonlinear information transmission system, dynamic parameters are processed directly whereas static parameters are linked with
different components of the velocitysignal by a multiplicative operation. The responses obtained by a computer simulation are compared with the physiological results.

Einleitung

Von den Hirnstrukturen, von denen man heute annimmt, daß sie an aktiven Bewegungen beteiligt sind, fällt dem Kleinhirn unter anderem die Koordination zielmotorischer Bewegungen zu. Dazu ist eine dauernde Rückmeldung eines augenblicklichen Ist-Wertes aus der
Peripherie erforderlich, der mit einer von anderen Hirnstrukturen vorgegebenen Führungsgröße fortwährend verrechnet wird. Diese Regelaufgaben sollen durch den intermediären
Teil des Kleinhirns übernommen werden. Dorthin gelangt zum einen parallel das vom Motorcortex zum Rückenmark ausgesandte Kommandosignal, zum anderen erreicht auch pheri-
phere Rückmeldeinformation dieses Gebiet. Von dort wird über den entsprechenden Klein-
hirnkern ein kleiner Teil der verrechneten Information zum Motorcortex zurückgeführt,
während der bedeutendere Teil zurück ins Rückenmark läuft. Sowohl für eine physiologische wie auch für eine kybernetische Fragestellung ist die Art und der Codierung der
Information über die periphere Reizsituation von Interesse. Bei Bewegungen werden durch
mechanische Reizung Rezeptoren der Vorderpfote des Versuchstieres erregt, die ihre
Aktivitätsmuster zu Umschaltkernen des Hirnstamms leiten, von wo aus sie über zwei unterschiedliche Systeme (Moos-und Kletterfasern) zum Kleinhirn projizieren.

Mit dem experimentellen Ansatz sollen vor allem die Fragen der Leistungsfähigkeit der afferenten Systeme und die ortsabhängigen, zeitlichen Erregungsmuster untersucht werden. Die modelltheoretische Betrachtung erfaßt die Übertragungsstrecken bis hin zum Ausgang aus der Kleinhirnrinde. Dieser Übertragungskanal soll durch ein offenes, nichtlineares, dynamisches System beschrieben werden.

Methode

Die experimentellen Untersuchungen wurden an erwachsenen Katzen durchgeführt. Die Ableitungen von peripheren Fasern erfolgten unter Barbituratnarkose. Für Ableitungen aus der Kleinhirnrinde war dagegen ein nicht narkotisiertes Tier erforderlich, weshalb in Kurzzeitnarkose dezerebriert wurde. Zur Verhinderung spontaner und reflektorischer Bewegungen wurde das Tier paralysiert und dementsprechend künstlich beatmet. Wegen der durch die Dezerebrierung gestörten Temperaturregulation war eine Beheizung des Tieres erforderlich. Blutdruck sowie ausgeatmetes CO_2 wurden fortwährend überwacht.

<u>Mechanischer Reiz:</u> Die linke Vorderpfote des Versuchstieres wurde mit Hilfe eines Gleichstrommotors um das Handgelenk bewegt. Der Arbeitsbereich lag zwischen -50^0 und $+20^0$. Die Nullinie war identisch mit der Horizontallinie. Die Pfotenbewegung folgte einer Funktion $f(t)$, die über ein Rechnersystem (NICOLET MED 80) generiert wurde. Der Ablauf der mechanischen Bewegung wurde durch eine Folgeregelung kontrolliert.

<u>Datengewinnung und Darstellung:</u> Von peripheren Nerven der Vorderpfote, von Hinterwurzelfasern und aus dem Repräsentationsgebiet der Hand im ipsilateralen Kleinhirnvorderlappen wurde extrazellulär abgeleitet. Die Faser- und Zellaktivität wurde über Spannungskomparatoren in entsprechende Zeitreihen von Einheitsimpulsen umgewandelt, aus denen Peri-Stimulus-Time-Histogramme (PSTH) erstellt wurden. Das PSTH liefert ein Maß für die mittlere Aktionspotentialfrequenz, oder genauer, für die Kreuz-Erwartungsdichte aus der Eingangsreizfunktion und der Spikefolge.

Physiologische Ergebnisse

Insgesamt wurden von 286 Neuronen 2133 Datensätze ausgewertet, wovon 63% in Form von PSTH und der Rest in anderen Darstellungsformen, wie z.B. Interspike Intervall-Histogrammen vorliegen. Alle bisher gefundenen Entladungsmuster neuronaler Elemente, die während passiver, rampenförmiger Bewegungen gewonnen wurden und ein Signifikanzniveau von mindestens 2σ übersteigen, lassen sich grundsätzlich in drei Gruppen einteilen: Eine Gruppe (<u>Type A</u>) ist dadurch gekennzeichnet, daß Fasern und Neurone während der dynamischen Bewegungsabschnitte etwa gleichstarke, von der Bewegungsrichtung unabhängige Entladungsraten aufweisen. Die Aktivität während der statischen Abschnitte ist äußerst gering und kann vernachlässigt werden. Die beiden anderen Gruppen (<u>Type B</u>

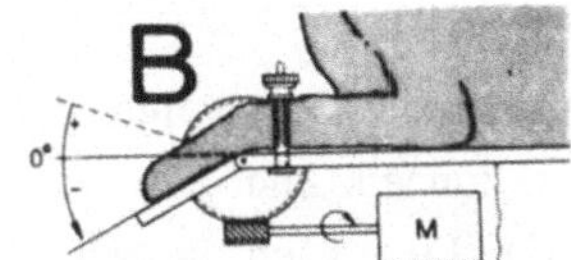

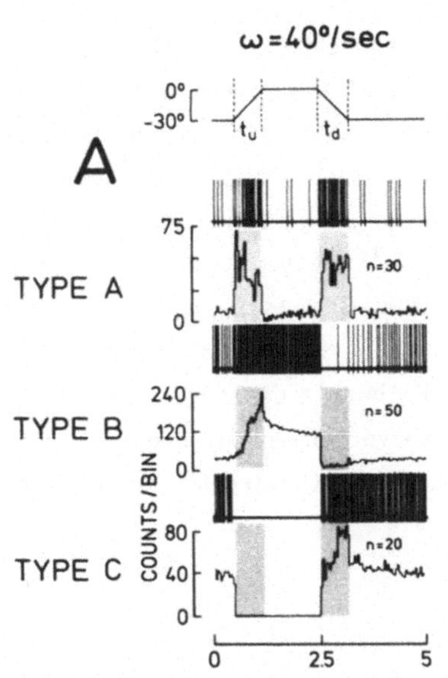

Abb. 1

Typische Entladungsmuster in Form von Peri-Stimulus-Time-Histogrammen (A) von drei verschiedenen Moosfasern bei motorgesteuerter (M), rampenförmiger Bewegung der Vorderpfote (B). Anzahl der Bewegungszyklen = n. Über den Histogrammen ist je ein charakteristischer Durchlauf der über Einheitsimpulse normierten Zellaktivität dargestellt. (Zeitachse je 5s; Ordinate Histogramm: COUNTS/BIN, Ereignisse pro Zeitklasse; dynamische Abschnitte sind markiert.)

und C) zeigen deutliche, von der Bewegungsrichtung abhängige Aktivitätsunterschiede während der dynamischen Phasen, wobei als Kriterium für die Einteilung in eine der beiden Gruppen das Überwiegen der Entladungsaktivität während eines dynamischen Abschnitts gilt. Diese Einteilung geht auf eine von Rubia und Kolb [5] festgelegte Klassifizierung von Entladungsmuster zurück, die durch Kolb [β] quantitativ erfaßt wurde. Die Abb. 1 zeigt die Muster von drei verschiedenen Moosfasern während rampenförmiger Bewegung. Neben der Richtungsspezifität wird bei allen Beispielen die Dauer der dynamischen Abschnitte (in Typ B und C nur jeweils einer) signalisiert. Während innerhalb dieser dynamischen Abschnitte beim Typ A nur je eine "Aktivitätssäule" erkennbar ist, die unter Umständen als Betragskomponente der Geschwindigkeit gewertet werden kann, findet sich sowohl bei Typ B wie auch in Typ C ein gleichmäßiger Anstieg der Entladungsrate. Wenn dieser Anstieg mit dem Augenblickswinkel der Rampe in Zusammenhang gebracht wird, so verläuft der Frequenzanstieg bei Typ B proportional, bei Typ C umgekehrt proportional zum Augenblickswinkel. Nach diesem Anstieg kehrt die Entladungsrate bei Typ B und C im jeweils folgenden statischen Abschnitt auf einen tonischen Wert zurück. Während der Abwärtsbewegung ist bei Typ C noch eine zusätzliche, konstante Komponente feststellbar, die dem Betrag der Geschwindigkeit zugeschrieben werden kann.

Diese Muster blieben qualitativ bei Variation einzelner Reizparameter erhalten. Bei der Änderung der Ausgangs- und/oder Endposition der Extremität wurde in den meisten Fällen nur einer der beiden statischen Winkel durch eine graduierte Änderung der Entladungsrate übertragen. Bei Variation der Geschwindigkeit zeigten viele Zellen ein deutliches, proportionales Verhalten. Im Extremfall konnte über eine ganze Dekade ($10°/s$ bis $100°/s$) ein lineare Zusammenhang zwischen der Geschwindigkeit und der Entladungswahrscheinlichkeit des Neurons durch einen Korrelationskoeffizienten von r = 0.958 ausgedrückt werden.

Neben diesen Grundmustern wurden auch andere Muster beobachtet, die als höhere Ver-
rechung angesehen werden können und die in einigen Fällen schwer interpretierbar
sind. In manchen Beispielen läßt sich jedoch eine einfache Addition von Mustern nachweisen. Die Abb. 6 zeigt bei sinusförmigen Bewegungen ($\alpha=10^o$, f=0.53 Hz) sieben Klet-
terantwortmuster, die in unterschiedlichen Winkelbereichen gewonnen wurden. In mehr
positiven Bereichen (vordere Reihen bei $+10^o$ bis $+20^o$) zeigen die Antworten eine
deutliche Frequenzzunahme innerhalb der positiven Halbwelle (schwarz in den Histo-
grammtürmen markiert), während in mehr negativen Winkelbereichen (hintere Reihe bei
-50° bis -40°) die Entladung innerhalb der negativen Halbwelle dominiert. Der Übergang
der Entladungsmuster erfolgt nicht in Form einer Phasenverschiebung sondern in Abhängigkeit vom Winkelbereich in reziproker Form, was auf die Konvergenz zweier antago-
nistischer Muster deutet.

Diskussion der experimentellen Ergebnisse

Grundmuster: Anhand der vorgestellten Entladungsmuster von Zellen und Fasern kann
gefolgert werden, daß dem Kleinhirn periphere Ereignisse genau übermittelt werden.
Dabei ähneln die Muster z.T. denjeningen, wie sie bereits durch Ableitungen von Ia-
-Afferenzen während Muskeldehnung gefunden worden sind. Schäfer und Schäfer [6] beschrieben das Entladungsverhalten der Ia-Afferenzen mit Hilfe einer inhomogenen,
linearen Differentialgleichung zweiter Ordnung ohne Verzögerung. Dieser Modellansatz
beschränkte sich jedoch ausschließlich auf den Dehnungsvorgang und die daran anschließende Phase des gedehnten Zustandes. Brown et al. [1] und Matthews [4] untersuchten neben den Dehnungsantworten auch die "Nacheffekte" und fanden eine drastische
Reduzierung der Entladungsfrequenz, die mit der der Muster B und C in Abb. 1 vergleichbar ist. Die Muster B könnten damit wenig verrechnete Antworten von Muskel-
spindeln sein, die während der Aufwärtsbewegung gedehnt werden. Die dazu inversen
Muster C lassen sich z. B. ebenfalls als Muskelspindelantworten werten, deren Spindeln
in antagonistischen Muskelgruppen liegen. Oft läßt sich auch ein Zusammenhang mit
dem Augenblickswinkel ϕ (t) während der dynamischen Bewegungsabschnitte herstellen,
der proportional (Abb. 1, Type B) oder auch umgekehrt proportional (Type A und C)
zur Rampenfunktion sein kann. Die inverse Übertragung des Augenblickswinkels läßt
sich wieder durch die Lage des Rezeptors erklären. Daneben finden sich auch Muster,
die Antworten auf einzelne Bewegungsparameter darstellen.

Zusammengesetzte Muster: Nach Erismann [2] ist ein Neuron in der Lage, verschiedene
arithmetische Operationen durchzuführen. Denkt man sich z. B. das Entladungsmuster
einer Moosfaser als unverrechnete Rezeptoraktivität (Abb. 1, Type B) linear mit einem
Muster superponiert, welches durch eine konstante Entladungsrate nur während der
Aufwärtsbewegung (Geschwindigkeit) gekennzeichnet ist, so würde das derart verknüpfte

Verrechnungsergebnis ein Muster ergeben, wie es durch das analoge Moosfaser-Beispiel, Abb. 1, Type C, dargestellt ist. Bei Variation einzelner Reizparameter bleibt die charakteristische Form eines Entladungsmusters häufig erhalten. Dagegen ist bei Superpostion von zueinander reziproken Entladungsmuster (d.h. Typ B und Typ C) jedoch durchaus zu erwarten, daß sich das in einem Winkelbereich gewonnene charakteristische Muster in einem anderen Bereich vollkommen invertiert, wenn die Einzelmuster in Abhängigkeit vom Winkelbereich unterschiedlich stark ausgeprägt sind. Diese Musterinversion ist in der Rezeptorphysiologie unbekannt und wurde in unseren Untersuchungen nur auf relativ hoher Verrechnungsebene (Abb. 6) beobachtet.

Berücksichtigt man Schwellenphänomene, so lassen sich Verknüpfungen darstellen, die nicht mehr den Gesetzen der linearen Algebra gehorchen. So läßt sich beispielsweise die dem Augenblickswinkel proportionale Komponente während der Aufwärtsbewegung des Musters in Abb. 1, Typ B als das Ergebnis einer Konvergenz zweier unterschwelliger Afferenzen auffassen, wobei eine Afferenz Information über den Augenblickswinkel, die andere Information über die Geschwindigkeit überträgt. Für die Dauer, in der die Geschwindigkeit Werte $\neq$ 0 annimmt, z. B. während der Aufwärtsbewegung, wird die Schwelle des Neurons überschritten und beide Parameter können übertragen werden.

Ableitung des eindimensionalen Funktionsmodells

Im folgenden Abschnitt wird auf Grund der Beobachtungen im physiologischen Experiment und unter Annahme von Daten-verarbeitenden Fähigkeiten eines Neurons ein Funktionsmodell entwickelt, das in der Zeitebene ein nichtlineares, dynamisches System beschreiben soll. Die Daten dazu wurden an einem dezerebrierten und relaxierten Präparat gewonnen. Das bedeutet, daß Führungsgrößen als konstant angesehen werden können und daß das gedachte Regelsystem in der Strecke aufgetrennt ist. Die Beschreibung durch das Modell muß sich daher auf das offene System beschränken. Als Eingangsfunktion wird zunächst eine rampenförmige Funktion $\phi(t)$ gewählt, da sich an ihr Bewegungsparameter bis zur zweiten Ableitung genau unterscheiden lassen. Der Reiz wird von verschiedenen Rezeptoren proportional und/oder differentiell aufgenommen, die in Abhängigkeit von Typ und Lage der Rezeptoren unterschiedlich antworten. Danach werden die ober- und unterhalb des Handgelenks liegenden gleichartigen Rezeptorengruppen zueinander reziproke Muster generieren. Zur Erzeugung von Grundmustern werden zunächst zwei neuronale Ebenen (bzw. Zellen) angenommen, wovon die erste eine multiplikative, die zweite eine additive Verknüpfung durchführt. Die Funktionen $\phi(t)$ unter A und B in Abb. 2 sind zueinander invers und sollen durch ideal übertragende Rezeptoren gleichen Typs, aber entgegengesetzter Lage entstanden sein. In A_1 bzw. B_1 sind weiter die beiden ersten Ableitungen vorzeichenrichtig aufgetragen, wobei in diesem Zusammenhang die Beschleunigungen nicht berücksichtigt werden. Zunächst werden in Anlehnung an Begriffe aus der Klassifizierung retinaler Ganglienzellen ON- bzw. OFF-Antworten für ein beliebiges Neurons wie folgt definiert:

I. Eine ON-Antwort liegt dann vor, wenn ein Neuron während der Dauer eines Reizes mit einer Aktionspotentialfolge antwortet.

II. Eine OFF-Antwort liegt vor, wenn ein Neuron nur außerhalb der Reizzeit mit einer Aktionspotentialfrequenz antwortet.

Betrachtet man ein Neuron, das unterschwellig Information über die Eingangsfunktion ϕ(t) und ebenfalls unterschwellig Information über die positive Geschwindigkeit $\dot{\phi}_+$(t) erhält, dann wird für die Dauer, in der die Geschwindigkeit $\dot{\phi}$ (t) ≥ 0 gemäß Definition I ein Antwortmuster entstehen, das mit ON_+ (positive Geschwindigkeit!) bezeichnet wird. Dieses Muster findet sich je nach Form von ϕ(t) in Abb. 2 unter A_2 bzw. B_2. Unter C_2 ist eine mögliche neuronale Schaltung für die Entstehung dieses Musters angegeben. Gemäß Definition II muß für eine OFF_+ Antwort eine andauernde Aktivität vorhanden sein mit Ausnahme der Zeit, in der die Geschwindigkeit $\dot{\phi}$(t) ≥ 0. Dazu muß gefordert werden, daß sowohl $\dot{\phi}$(t) wie auch ϕ(t) überschwellig sind, wobei $\dot{\phi}$(t) hemmend wirkt. (Hypothetischer neuronaler Schaltkreis in Abb. 2 C_2.) Entsprechende Überlegungen können auch in Bezug auf die negative Geschwindigkeit gemacht werden, woraus ON_- und OFF_- Muster entstehen.

Eine große Anzahl beobachteter Muster entsteht in einer weiteren Verrechnungsstufe, wo die einzelnen oben erwähnten Antworten additiv überlagert werden (Abb. 2 unten).

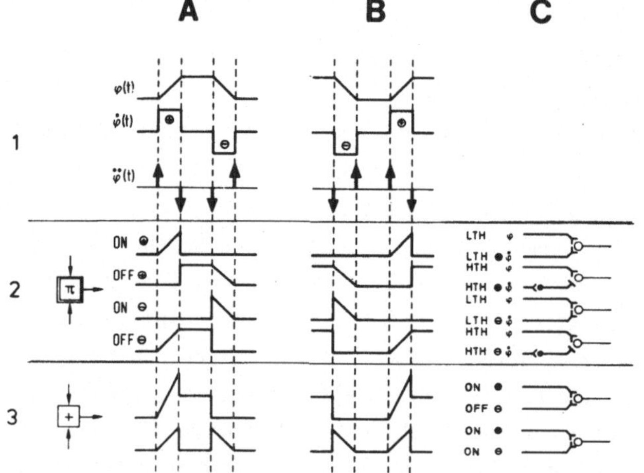

Abb. 2

Mögliche Entstehung von Grundmustern.
1. *Vom idealen Rezeptor vorzeichenrichtig (A) bzw. mit umgekehrten Vorzeichen (B) aufgenommene Reizfunktion.*
2. *Multiplikative Verrechnungsebene: ON ⊕-Antwort durch Produkt aus unterschwelligem (LTH) ϕ(t) mit unterschwelligem $\dot{\phi}$(t). OFF ⊕-Antwort durch Produkt aus je überschwelligen Signalen ϕ(t) und $\dot{\phi}$(t), wobei $\dot{\phi}$(t) hemmend wirkt. ON ⊖ und OFF ⊖ analog.*
3. *Additive Verrechnungsebene: z. B. ON ⊕ und OFF ⊖. (C) Mögliche neuronale Verschaltung*

Eine diese Muster generierende Struktur ist in Abb. 3 vorgestellt. (Einfach eingerahmte Funktionsblöcke stellen lineare, doppelt eingerahmte nichtlineare Übertragungsglieder dar). Zunächst wird nur ein Teil der Struktur angesprochen. Die Funktion e(t) am Ausgang der Eingangsbegrenzungsstufe wird zum einen mit dem Bewertungsfaktor K_2 gewichtet und zum anderen zur Bildung des Geschwindigkeitssignals u_{H1}(t) hochpaßgefiltert. Für die Bildung der ON bzw. OFF-Antworten werden aus dem Geschwindigkeitssignal unter Zuhilfenahme von Einheitssprungfunktionen $\gamma(u_H)$ vier unterschiedliche Geschwindigkeitsanteile gebildet. Die Realisierung erfolgt über ideale Gleichrichter,

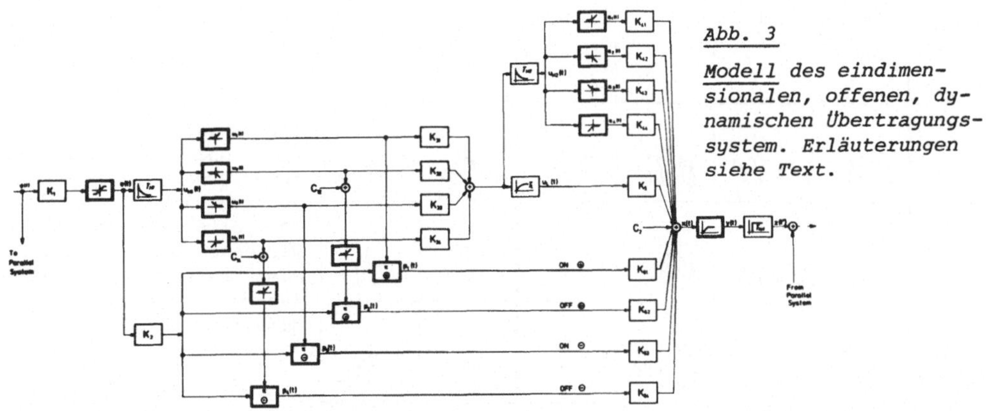

Geschwindigkeitsanteile gebildet. Die Realisierung erfolgt über ideale Gleichrichter, wobei einschränkend erwähnt werden soll, daß biologische Gleichrichter den Durchlaß- bereich auch nach oben hin begrenzen. Negative Vorzeichen kennzeichnen die hemmende Wirkung eines Signals. Danach sind die Geschwindigkeitskomponenten $\omega_1(t)$ und $\omega_3(t)$ erregend, $\omega_2(t)$ und $\omega_4(t)$ hemmend. ON_+ bzw. ON_- Antworten werden nun durch multiplika- tive Verknüpfungen der über K_2 bewerteten Funktion $e(t)$ und den Geschwindigkeitskom- ponenten $\omega_1(t)$ bzw. $\omega_3(t)$ gebildet. OFF-Antworten setzen voraus, daß das Signal $e(t)$ überschwellig vorliegt. Eine zur Bildung der ON-Antworten analoge Operation erfordert demnach eine Addition einer Konstanten $C > 0$, die ein Anheben des Signals $e(t)$ über die Schwelle bewirken soll. Diese so erhaltenen Summensignale werden wieder mit dem über K_2 bewerteten Signal $e(t)$ multipliziert. Die einzelnen Funktionen $p_i(t)$ werden über Bewertungsfaktoren K_{6i} gewichtet und zur Funktion $x(t)$ zusammengefaßt. Die so erhaltene Funktion erzeugt Grundmuster, wie sie z. B. durch die Abb. 2 in den Zeilen 2 und 3 dargestellt sind. Im physiologischen Experiment sind Muster als Summen aus ON_+ und ON_- Antworten sowie ON_+ und OFF_- Antworten häufig beobachtet worden (Abb. 1, Type B). OFF_+ Antworten hingegen finden sich weder in unverrechneter Form noch als Grundmuster in Superpositionen mit anderen Komponenten. Allein mit diesem Zweig der Struktur läßt sich ein Teil der beobachteten Muster simulieren, wenngleich diese hauptsächlich durch proportionale Komponenten geprägt sind. Bei Ableitung von Haut- afferenzen sowie bei Ableitung in der Kleinhirnrinde werden z.T. rein dynamische Komponenten registriert, die auch in additiver Weise mit den Grundmustern verknüpft sein können. Neben den bereits beschriebenen Funktionen des Modells werden nun Ge- schwindigkeits-und Beschleunigungssignale additiv superponiert. Das Geschwindigkeits- signal entsteht dabei aus der über die Bewertungsfaktoren K_{31} bis K_{34} gewichtete Summe der Geschwindigkeitskomponenten, das tiefpaßgefiltert zu den ON-OFF Antworten addiert werden. Parallel dazu wird das Beschleunigungssignal $a(t)$ durch Hochpaß- filterung des Geschwindigkeitssummensignals gebildet. Die Beträge der Beschleuni- gungssignale $a_1(t)$ bis $a_4(t)$ werden wieder durch unterschiedliche ideale Gleichrichter

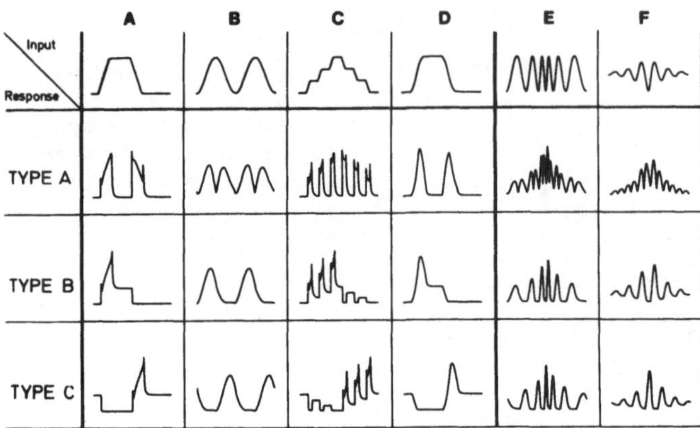

Abb. 4

*Modellantworten bei un-
terschiedlichen Eingangs-
funktionen. Mit Hilfe der
Bewertungsfaktoren K_{ij}
aus Abb. 3 wurden drei Pa-
rametersätze festgelegt,
mit denen bei linearer
Rampenbewegung die Entla-
dungsmuster A, B und C
simuliert werden konnten.*

erhalten, die, bewertet über K_{41} bis K_{44}, zu den ON-OFF Antworten addiert werden. Zur Vervollständigung werden noch weitere Funktionsglieder hinzugefügt, die Ein- bzw. Ausgangs-Nichtlinearitäten berücksichtigen, sowie Reizaufnahmebedingungen und die Systemtotzeit.

<u>Simulationsergebnisse:</u> Die in Abb. 4 bis 6 gezeigten Modellantworten stammen aus der Simulation der durch Abb. 3 vorgestellten Struktur auf einem Digitalrechner. Die Abb. 4 zeigt die Modellantworten auf sechs verschiedene Eingangsfunktionen bei drei unterschiedlichen Modellparametersätzen, die so gewählt wurden, daß sich bei rampenförmigen Reizfunktionen Antwortmuster der Typen A, B und C ergaben. In Abb. 5 werden die Entladungsmuster einer Körnerzelle (mittlere Zeile) während vier verschie- denen Reizfunktionen (obere Zeile) mit den Modellantworten (untere Zeile) verglichen. Während mit dem gewählten Parametersatz das Zellverhalten für die Reizfunktionen B, C und D recht gut nachgebildet werden konnte, ist die Übereinstimmung unter A nur mittelmäßig. Trotzdem scheint der Parametersatz insgesamt günstig gewählt zu sein, da der Verlauf der relativen Extremwerte (Potenzfunktion) unter C und D gut getroffen ist. Einen weiteren Vergleich zwischen Modellantwort und physiologischem Ergebnis liefert die Abb. 6. Hier wurden Muster des Typs B additiv mit Mustern des Typs C superponiert. Diese zweidimensionale, parallelkanalige Modellantwort (Abb. 6B) soll die Kletterfaserantwort einer Purkinjezelle (Abb. 6A) nachbilden.

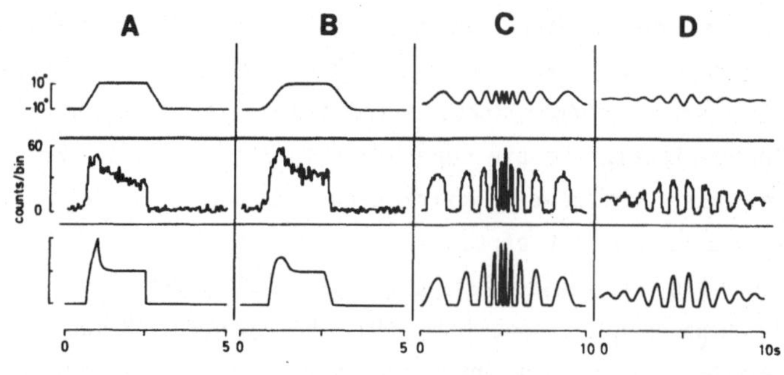

Abb. 5

*Vergleich der Entladungs-
muster einer Körnerzelle
(mittlere Zeile) mit Mo-
dellantworten (untere
Zeile) bei verschiedenen
Eingangsfunktionen (obere
Zeile).*

<u>Diskussion über die Leistungsfähigkeit des Modells:</u>

Mit Hilfe des vorgestellen eindimensionalen Systems ist eine näherungsweise Nachbildung physiologischer Entladungsmuster möglich. Darüberhinaus können bei beliebigen Reizfunktionen Antwortmuster vorausgesagt werden, die im Experiment z.T. noch nicht verifiziert worden sind. Das abgeleitete Modell entspricht den Anforderungen eines Funktionsmodells. Rückschlüsse einzelner Funktionsblöcke des Modells auf den Ort innerhalb des physiologischen Übertragungssystems sind durchaus denkbar, wenngleich erwähnt werden muß, daß eine hohe Verarbeitung bereits durch den Rezeptor vorgenommen werden kann. Andererseits sind Muster abgeleitet bzw. auch simuliert worden (Abb. 6), die auf Grund ihres Verhaltens mehrere Übertragungskanäle vermuten lassen. Für ein biologisches System muß eine Struktur gefordert werden, die nicht nur aus n derartigen Kanälen besteht, sondern die auch eine Interaktion dieser Kanäle erlaubt. Ein auf n Kanäle erweitertes Modell mit gegenseitiger, selektiver Kanalbeeinflussung ist bei Kolb [3] beschrieben. Es konnte auf dem vorhandenen Rechnersystem aus Kapazitätsgründen nicht mehr realisisert werden, weshalb Simulationsergebnisse fehlen, und weshalb auch im Rahmen dieser Tagung auf seine Darstellung verzichtet wurde.

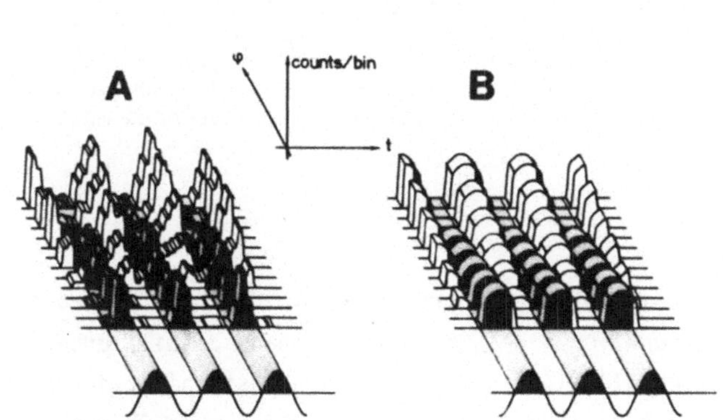

Abb. 6

Vergleich von 7 in unterschiedlichen Winkelberichen gewonnenen Kletterfasermuster (A) mit Modellantworten (B) bei sinusförmiger Reizung. In positiven Winkelbereichen (vordere Reihen) Reizantwort primär während der positiven Halbwelle (schwarz markiert), in negativen Bereichen (hintere Reihen) hauptsächlich während der negativen Halbwelle. Vermutete Konvergenz durch Superposition von Einzelmustern simuliert.

<u>Literaturübersicht</u>

[1]   Brown M C, Goodwin G M, Matthews P B C (1969) After effects of fusimotor stimulation on the response of muscle spindle primary afferent endings. J. Physiol 205: 677-694

[2]   Erismann T H (1972) Grundprobleme der Kybernetik. Springer Verlag Berlin-Heidelberg-New York

[3]   Kolb F P (1981) Die Sensomotorik der Kleinhirnrinde: Experimentelle Ergebnisse und Modell. Inaugural-Dissertation an der Technischen Universität München, pp 1-230

[4]   Matthews P B C (1972) The functional distinctiveness of the primary and secondary spindle endings. In: Mammalian muscle receptors and their central actions. Arnold E (ed) LTD London 140-194

[5]   Rubia F J, Kolb F P (1978) Responses of cerebellar units to a passive movement in the decerebrate cat. Exp Brain Res 31: 387-401

[6]   Schäfer S S, Schäfer S (1969) Die Eigenschaften einer primären Muskelspindelafferenz bei rampenförmiger Dehnung und ihre mathematische Beschreibung. Pflüg Arch 310: 206-228

MODELLBILDUNG UND SIMULATION DES KARDIOVASKULÄREN SYSTEMS UNTER EINSATZ
EINES BLOCKORIENTIERTEN INTERAKTIVEN DIGITALEN PROGRAMMSYTEMS

Dietmar P.F. Möller, Bonn

Zusammenfassung.Es wird ein mathematisches Modell des kardiovaskulären Systems vorgestellt welches den beiden Extremforderungen zur Modellierung biologischer Systeme
genügt: hinreichend genaue Abstraktion des realen Systems und Handhabbarkeit. Das
Modell wird auf einem Prozeßrechner PDP 11/45 in Verbindung mit dem interaktiven
blockorientierten digitalen Programmsystem SIDAS implementiert und durch Simulation
untersucht. Für die Beurteilung des stabilen Systemzustandes wird ein neues Beurteilungskriterium angegeben. Im Vergleich mit Humanbefunden konnte das eindeutige
Modellverhalten nachgewiesen werden.

Summery.A mathematical model of the cardiovascular system is outlined which satisfy
the two extremal boundary conditions in modeling biological systems: sufficiently
abstraction of the real system and mangability. The model was implemented on a PDP
11/45 process-computer with the aid of the blockoriented interactive programming
system SIDAS and studied by simulation. To verify stable system states a new method
is stated. In comparison with human data it can be shown, that the developed model
matches the real system well.

1. Einführung

Durch den Einsatz der Simulationstechnik bei der Untersuchung biologischer Fragestellungen ist die Möglichkeit gegeben, Funktionen des Organismus anhand detaillierter
Befunde sowohl im Teilbereich als auch global - in beiden Fällen abstrahiert durch
eine hinreichend genaue mathematische Nachbildung des realen biologischen Objektes -
im Rechner darzustellen und anhand dieses Modelles Reaktionen und Interaktionen zu
untersuchen. Ist das Modell hinreichend genau verifiziert, dann sind durch die Modellanwendung, d.h. durch Simulation z.B. Modellausssagen zu in vivo nicht meßbaren Größen möglich, oder es können aufgrund der Simulationsergebnisse gezielte experimentelle Untersuchungen stimuliert werden, als Ziel der systemtheoretischen Arbeiten
über biologische Systeme. Aus den Klassen von mathematischen Modellen zur Beschreibung dynamischer Systeme wird ein parametrisches Modell, d.h. ein Modell mit Struktur gewählt, welches die funktionell und morphologisch relevanten biologischen Parameter explizit und eindeutig enthält. Damit ist den beiden Extremforderungen zur Modellierung biologischer Systeme genügt. Einerseits dürfen die vereinfachten Annahmen
bei der mathematischen Abstraktion das reale biologische Objekt nicht verstümmelt abbilden, so daß seine Aussagen nicht mehr von Bedeutung sind. Andererseits ist der
formale Aufwand zu begrenzen, damit das System handhabbar bleibt.

2. Mathematisches Modell

Es wird ein physiologisch vollständig geschlossenes und im Barorezeptorreflexbogen geregeltes nichtlineares mathematisches Modell des Kurzzeitverhaltens des humanen kardiovaskulären Systems vorgestellt. Die Parametrisierung ist funktionell durch einen rein arteriell elastischen, einen rein resistiven und einen rein venös kapazitiven Abschnitt unter Einbezug des jeweiligen kardialen Abschnittes realisiert. Das dynamische und das stationäre Verhalten der relevanten hämodynamischen Größen ist so explizit zugänglich und damit biologisch direkt interpretierbar. Im Vergleich hierzu gehen bei den nichtparametrischen Modellen die biologischen Parameter nur implizit ein. Das den nachfolgenden Betrachtungen zugrunde liegende mathematische Modell des kardiovaskulären Systems zeigt Bild 1 im Strukturbild der Zustandsgleichungen.

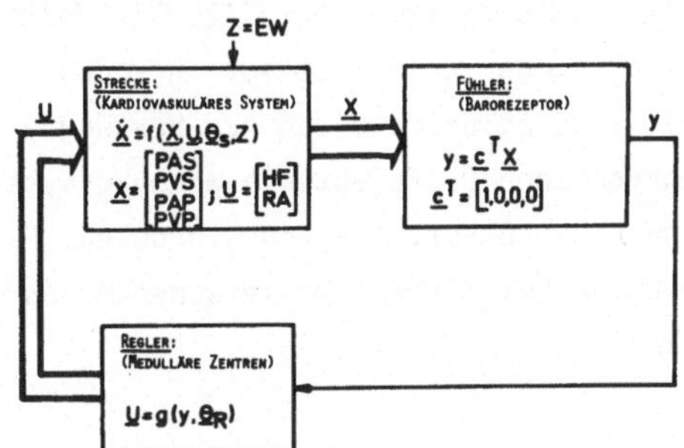

Bild 1.

Strukturbild des nichtlinearen mathematischen Modells des kardiovaskulären Systems unter Berücksichtigung des Barorezeptorreflexbogens

Das kardiovaskuläre System (Strecke) kann durch ein n - dimensionales Differntialgleichungssystem 1.Ordnung in der Form angegeben werden

$$\dot{\underline{X}} = f(\underline{X}, \underline{U}, \underline{\theta}_S, Z)$$

mit $\underline{X}$ als Zustandsvektor der vier Blutdrücke PAS, PVS, PAP und PVP, $\underline{U}$ als Steuervektor mit den beiden Anteilen Herzfrequenz HF und peripherer Widerstand RA sowie $\underline{\theta}_S$ als Parametervektor der Strecke (Kardiovaskuläres System) und Z als Störgröße. Dieser entspricht im vorliegenden Fall die ergometrische Belastung EW. Die Ausgangsgleichung

$$y = \underline{c}^T \underline{X}$$
mit
$$\underline{c}^T = [1, 0, 0, 0]$$

berücksichtigt die Barorezeptorfunktion (Fühler) der afferenten Seite zu den medullären Zentren, welche regelungstechnisch gespochen den Regler des Systems darstellen. Dessen Ausgangsgröße ist der Steuervektor $\underline{U}$. $\underline{\theta}_R$ beschreibt den Parametervektor des Reglers. Das vollständige nichtlineare mathematische Modell des kardiovaskulären Systems ist in [1] angegeben.

3. Modellnachbildung, Simulation

Das in Bild 1 dargestellte nichtlineare mathematische Modell des kardiovaskulären Systems wurde unter Einbezug des interaktiven blockorientierten digitalen Simulationssystems SIDAS [2] auf einem Prozeßrechner PDP 11/45 mit dem Betriebssystem RSX-11D implementiert. SIDAS ist vom Prinzip her ein digitaler Analogsimulator, d.h. sämtliche Möglichkeiten des Analogrechners sind nachgebildet. Die Programmierung geht von einem, dem Modell adäquaten Blockdiagramm aus entsprechend dem Koppelplan beim Analogrechner. Hierzu stehen 48 Funktionsblocktypen einschließlich sog. Spezialblöcke zur Verfügung. Letzte können in Fortran geschriebeneProgramme wie z.B. den Regleralgorithmus enthalten. Der Koppelplan des mathematischen Modells wird interaktiv über einen Lichtgriffel auf dem Bildschirm eines grafischen Sichtgerätes des Typs GT 40 implementiert. Insgesamt ist eine 99 Blöcke umfassende 9 x 11 Matrix programmierbar [1]. Der Vorteil des verwendeten Programmsystems SIDAS besteht darin, daß alle Blockausgänge des Koppelplanes, d.h. alle Kreislaufgrößen jederzeit simulationssimultan zur Verfügung stehen. Die numerische Berechnung der in Bild 1 angegebenen Differentialgleichungssysteme erfolgt mittels des Integrationsverfahrens nach Runge-Kutta-Merson 4.Ordnung. Es arbeitet mit automatischer Schrittweitensteuerung, wobei die intern verwendete Schrittweite von der angegebenen Fehlerschranke abhängt.

Das stationäre und dynamische Verhalten der Blutdrücke, des Herzzeitvolumens, des Schlagvolumens, der Herzfrequenz und des peripheren Widerstands kann am Modell des humanen kardiovaskulären Systems sowohl für den ungeregelten als auch für den geregelten Zustand durch Simulation untersucht werden. Ungeregelt bedeutet in regelungstechnischer Terminologie offenes System, d.h. die Rückkopplung über den Steuervektor $\underline{U}$ ist aufgeschnitten bei geschlossener Blutbahn. Das geregelte System entspricht dann regelungstechnisch dem geschlossenen System; der Reglerausgang wirkt über den Steuervektor $\underline{U}$ auf die Strecke ein bei geschlossener Blutbahn. Das sprungförmige Auf- und Abschalten einer ergometrischen Belastung entspricht einer Störgrößenaufschaltung. Pathologische Zustände können durch Variation des Parametervektors $\underline{\theta}_S$ der Strecke und des Parametervektors $\underline{\theta}_R$ des Reglers nachgebildet werden.

4. Ergebnisse und Diskussion

Die Möglichkeit sowohl das ungeregelte als auch das geregelte System untersuchen zu können ergab, daß sich ausgehend von unterschiedlichen vorgegebenen Startwerten, die hämodynamischen Größen in beiden Fällen stabil auf biologisch richtige Werte einstellen. Die Blutdruckstabilität für das ungeregelte System ist Ausdruck der sogenannten komplexen intrinsischen Größe, einer endogenen Größe, die aus den, dem biologischen System eigenen Gegebenheiten wie Geometrie, Materialeigenschaften und funtioneller

Struktur (Sinusknoten) resultiert. Sie ist Systemimmanent festgelegt und nicht von
außen im Sinne einer Sollwertvorgabe der Regelgröße mittlerer arterieller Blutdruck
(Festwertregelung) mit einem Soll-Istwert Vergleich in den medullären Kreislaufzen-
tren [3]. Vielmehr kann man den mittleren arteriellen Blutdruck als eine stabilisier-
te komplexe intrinsische Größe auffassen, die sich bei veränderten Randbedingungen
(z.B. vermehrter O_2-Bedarf des Organismus unter Belastung) auf einen neuen intrinsischen Wert einstellt. Dieser entspricht einem impliziten Arbeitspunkt-Quadrupel des
Systems.

In bezug auf die Vierquadranten-Darstellung biologischer Zusammenhänge in [4] wird
die in Bild 2 angegebene Darstellung für das System nach Bild 1 eingeführt.

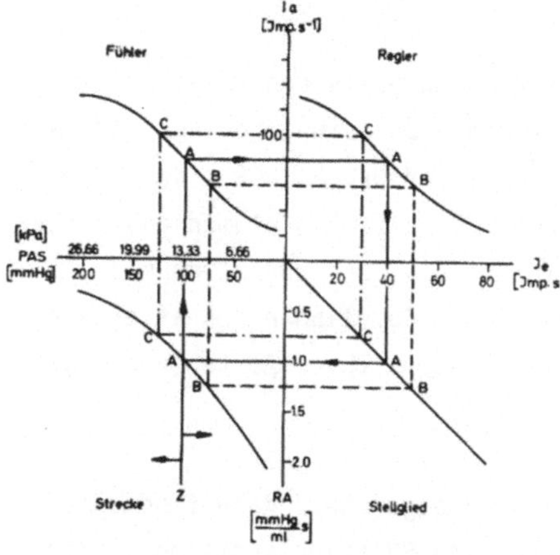

Bild 2.
Einstellung stabiler Systemzustände für das
ungestörte System Z = EW = 0
und für das gestörte System Z = EW > 0

Die Reglerkennlinie ist nichtlinear mit negativer Steigung, da ein erhöhtes afferen-
tes Impulsmuster Ia ein vermindertes efferente Impulsmuster Ie (Hemmung) zur Folge
hat. Die Streckentransformation ist ebenfalls nichtlinear. Der Fühler hat eine nichtlineare Kennlinie während die Stellglieder eine lineare Kennlinie aufweisen.

In Ruhe, d.h. Störgröße Z = 0, ergibt sich der durchgezogene geschlossene Umlauf, der
für das System nach Bild 1 einen stabilen Systemzustand repräsentiert und damit einen
impliziten Arbeitspunkt-Quadrupel A. Für eine Störgrößenaufschaltung, d.h. Z > 0
z.B. als Folge einer ergometrischen Belastung finden sich im geschlossenen System für
den Regler, die Strecke, die Stellglieder und die Fühler entsprechende Arbeitspunkt-
Quadrupel B und C. Aus dem dargelegten ist ersichtlich, daß eine Festwertregelung mit
einem Soll-Istwert-Vergleich weder hinreichend noch notwendig für die Blutdruckstabi-
lisierung ist, was für das vorgestellte Konzept der stabilisierten komplexen intrinsischen Größe spricht.

Über den bislang dargelegten Rahmen hinaus wurde das Verhalten der hämodynamischen
Größen für ergometrische Belastungen durch Simulation untersucht. In Bild 3 sind die
Veränderungen der relevanten hämodynamischen Größen bei sprungförmigem Auf- und Ab-

schalten einer ergometrischen Belastung von 100 W angegeben.

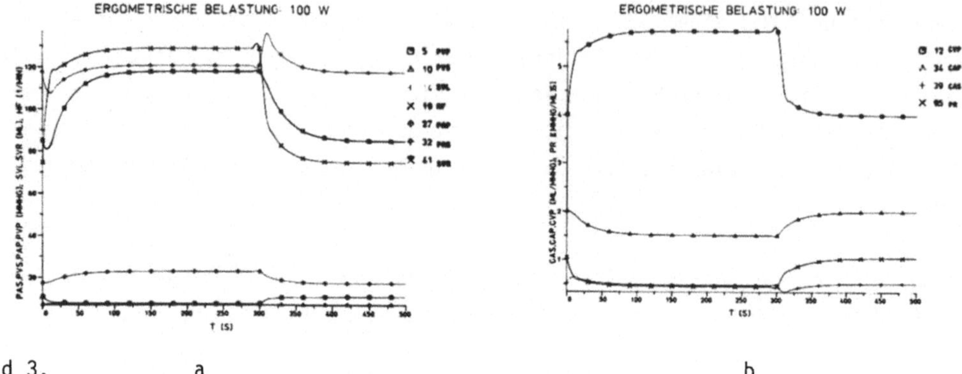

Bild 3.   a   b

Zusammenfassende Darstellung der Veränderungen der hämodynamischen Parameter bei
sprungförmigem Auf- und Abschalten einer ergometrischen Belastung von EW = 100 W
a) PVP : pulmonal venöser Druck, PVS : venös systemischer Druck, PAP : arteriopulmo-
   naler Druck, PAS : arteriell systemischer Druck, SVL : Schlagvolumen des linken
   Ventrikels, SVR : Schlagvolumen des rechten Ventrikels, HF : Herzfrequenz
b) CVP : Compliance des pulmonal venösen Systems, CAP : Compliance des arteriopulmo-
   nalen Systems, CAS : Compliance des arteriellen Systems (hier Aortencompliance),
   PR = PA : peripherer Widerstand

Stellt man die Bilder 3a und 3b einander vergleichend gegenüber, dann findet man, daß
bei Belastung die Herzfrequenz HF und das Schlagvolumen SV stark ansteigen, während
der periphere Widerstand RA erniedrigt ist. Nach der vorliegenden Diskussion, insbesondere der Darstellung des Verlaufes PAS = f (RA), müßte ein verringerter Widerstand
RA mit einem verringerten arteriellen Mitteldruck korrespondieren. Das geregelte System zeigt hingegen ein ganz anderes stationäres Verhalten. Der Blutdruckabfall, der
im ungeregelten System durch einen Widerstandsabfall bedingt worden wäre, wird im geregelten System gegenregulativ über den Barorezeptorreflexbogen im Carotissinus bzw.
im Aortenbogen durch eine Steigerung der Herzfrequenz (auf ca. 172%) kompensiert was
Bild 3a zeigt. Ebenso wirkt der erhöhte Symathikustonus durch eine Vergrößerung des
Schlagvolumens SV (auf ca. 142%) kompensatorisch dem Blutdruckabfall entgegen. Damit
wird insgesamt über die Steigerung des Herzzeitvolumens HZV = HF · SV kompensatorisch
dem initialen Blutdruckabfall entgegengewirkt und so den erhöhten Perfusionsbedürf-
nissen durch einen stabilen, leicht erhöhten mittleren arteriellen Blutdruck PAS Rechnung getragen. Der Kreislauf ist unter Belastung bemüht dem erhöhten Perfusionsbe-
dürfnis ohne große Blutdrucksteigerung zu genügen. Deshalb wird der periphere Widerstand RA durch eine Weitstellung der Gefäße im Arbeitsbereich erheblich gesenkt was
in Bild 3b gezeigt ist. Ebenso ist aus Bild 3b ersichtlich, daß die Compliances mit
zunehmendem Perfusionsdruck sinken und mit abnehmendem Perfusionsdruck größer werden.

Die bislang diskutierten Modellergebnisse geben, vergleicht man sie mit Humanbefunden, das dynamische Verhalten des realen biologischen Systems eindeutig wieder. Im Falle des venös-pulmonalen Druckes PVP liegt eine Modellvorhersage vor, da PVP nicht meß- bar ist. Das richtige Modellverhalten kann hier durch eine vergleichende Diskussion röntgenologischer Befunde sowie der Gesetze zur Herzmechanik nachgewiesen werden [5]. In Verbindung mit einem leistungsfähigen Identifikationsverfahren ist es darüber hin- aus auch möglich mit Hilfe des vorgestellten Modells Kreislaufparameter anhand nicht- invasiv gemessener zeitlicher Verläufe des Blutdruckes und der Herzfrequenz zu iden- tifizieren [6].

<u>Literatur</u>

[1] Möller,D.: Ein geschlossenes nichtlineares Modell zur Simulation des Kurzzeitver- haltens des Kreislaufsystems und seine Anwendung zur Identifikation, Berlin - Heidelberg, Springer Verlag, 1981

[2] Moll,H.,Burkhardt,H.: SIDAS, ein interaktives Programmsystem zur blockorientier- ten digitalen Simulation dynamischer Systeme Regelungstechnik (<u>26</u>) : 50 - 55, 87 - 91 (1978)

[3] Möller,D.: Simulation of a closed nonlinear average model of the cardiovascular system. In: Cardiovascular System Dynamics 149 - 158 Hrsg.Th.Kenner,R.Busse,H.Hinghofer-Szalkay,New-York,Plenum Press, 1982

[4] Werner,J.,Graener,R.: Fever : Adaptive Controller Adjustment or System Disturbance? Preprints 8th IFAC World Congress, <u>21</u> : 107 - 112 (1981)

[5] Möller,D.: Modellbildung, Simulation und Parameteridentifikation am Beispiel des kardiovaskulären Systems. Biomed. Techn. <u>26</u> : 301 - 310 (1981)

[6] Möller,D.,Popović,D.,Thiele,G.,Barnikol,W.: Parameterestimation of the Shortterm- Behaviour of the Arterial Pressure Regulation System by Modelling and Simulation. In : Preprints Second IASTED International Symposium Applied Modelling and Simulation, Paris, 29.6. - 2.7.1982

SIMULATION DES VERLAUFS VON MARKIERUNGSINDEX UND KORNZAHL
MARKIERTER LYMPHOZYTEN WÄHREND UND NACH ^{3}H-TdR-INFUSION
MIT BZW. OHNE EINFLUSS VON "STÖRFAKTOREN"

Günther Pabst, Ulm[+]

Zusammenfassung. Ein diskretes stochastisches Modell der Lymphopoese des Menschen wurde entwickelt, um anhand experimentell ermittelter Kurven des Markierungsindexes und
der Markierungsintensität von Blutlymphozyten während und nach ^{3}H-TdR-Dauerinfusion
das Verhältnis der Anzahlen und das Verhältnis der Neuproduktion von kurz- zu langlebigen Lymphozyten abzuschätzen. Der Einfluß von Strahlentoxizität bzw. der Markierung
von Stammzellen auf die Markierungsintensität wurde mit Hilfe von Modellsimulationen
untersucht.

Summary. A discrete stochastic model of the human lymphopoiesis was developed. Experi-
mentally derived curves of labelling index and labelling intensity of peripheral blood
lymphocytes during and after continuous infusion of ^{3}H-thymidine were used to estimate
the proportion of the numbers of shortlived to longlived lymphocytes and the relative
proportion of the respective replacement production. The influence of radiotoxicity
and/or labelling of stem cells on the labelling intensity was calculated by use of model simulations.

1. Das Modell

Als Teil eines Programms zur Erforschung der Kinetik menschlicher Lymphozyten wurden

Zellproduktion und -umsatz bei mehreren Patienten mit lymphoproliferativen Störungen

oder malignen Erkrankungen untersucht. Mit dem vollen Einverständnis der Versuchsper-

sonen wurde Tritium-Thymidin (^{3}H-TdR) dauerinfundiert. Die Verläufe von Markierungs-

index und -intensität der Lymphozyten im peripheren Blut wurden während und nach der

Infusion bestimmt. Die Dauer der ^{3}H-TdR-Infusion variierte bei den verschiedenen Pa-

tienten zwischen 3 und 10 Tagen. Da die medizinischen Ergebnisse [1,2] im Rahmen die-

ser Abhandlung von geringerem Belang sind, beziehen sich alle genannten Daten nur auf

einen der Patienten, der 7 Tage lang Radiothymidin erhielt.

Während der Infusion zeigte die Kurve des Markierungsindexes einen nahezu linearen An-

stieg mit einer Rate von ca. 0.75% pro Tag. Nach der Infusion und entsprechender Ober-

+ Unterstützt durch die Deutsche Forschungsgemeinschaft über Sonderforschungsbereich
112, Projekt A 12.

gangszeit zum Einstrom markierter Vorläufer fand man eine biexponentielle Abnahme des Markierungsindexes mit einer schnellen Komponente, $t_{1/2} \approx 27$ Tage, hervorgerufen durch Zellelimination kurzlebiger Lymphozyten, und einer langsamen Komponente, $t_{1/2} \approx 160$ Tage, hervorgerufen durch Verdünnung markierter langlebiger Lymphozyten.

Neben dem Markierungsindex ließ sich eine Kurve der Markierungsintensität, d. h. der durchschnittlichen Kornzahl berechnen. Nach 7 Tagen ^{3}H-TdR-Infusion fand sich eine durchschnittliche Markierung von 50 Körnern pro Zellkern mit Spannweite von 10 bis 200 Körnern. Zellen mit weniger als 10 Körnern pro Kern wurden als unmarkiert betrachtet. Innerhalb einiger Wochen nach Abschluß der Radiothymidin-Infusion sank die Markierungs-intensität auf etwa die Hälfte des Maximums ab.

In Diskussionen mit den beteiligten Wissenschaftlern wurde ein möglichst einfaches Modell der Lymphozyten und ihrer Vorläufer entwickelt. Es enthält die folgenden Komponenten: 1. Ein Stammzellspeicher, unterteilt in Ruhezellen (G_0) und Zellen im Zyklus (C), 2. ein Proliferationsspeicher (P_1 bis P_3) mit ein bis drei Zellteilungen bei durchschnittlich zwei Succedanteilungen - aus den ersten zwei Vorläufern entstehen z. T. Endzellen, aus P_3 ausschließlich Endzellen -, 3. ein Speicher der Endzellen, unterteilt in kurz- (E_K) und langlebige Zellen (E_L). Es wurde angenommen, daß sich ein stets gleicher Anteil aller Endzellen im Blut befindet und daß deshalb ein aus peripherem Blut bestimmter Markierungsindex repräsentativ für die Gesamtpopulation der Lymphozyten ist. Deshalb brauchte auch eine Rezirkulation von Zellen nicht in das Modell inkorporiert zu werden. Allerdings müssen die durch die Modellsimulationen bestimmten Verhältnisse von kurz- zu langlebigen Zellen später entsprechend korrigiert

Modell der Lymphopoese

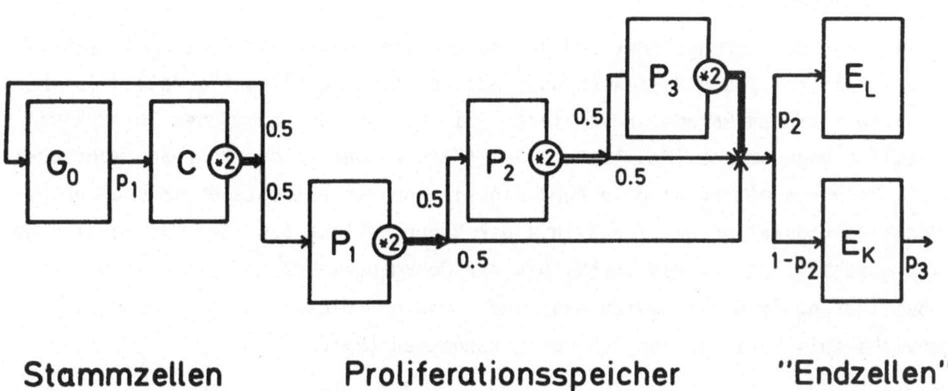

Abbildung 1. Das Modell. Struktur, Übergänge zwischen den Kompartimenten und Übergangswahrscheinlichkeiten.

werden, da es sich bei den rezirkulierenden Zellen fast ausschließlich um langlebige Lymphozyten handelt. Abbildung 1 bringt eine Übersicht des Modells.

G_o und E_K sind Kompartimente mit Zufallscharakteristik: Die Aufenthaltszeiten der Zellen gehorchen einer Exponentialverteilung. Die relativen Ausstromraten pro Zeiteinheit P_1 bzw. P_3 sind die Reziproken der mittleren Aufenthaltsdauern (168 Stunden bei G_o, 27 1/2 Tage bei E_K).

E_L als Speicher langlebiger Lymphozyten hat keinen Ausstrom, da nur ein Verlauf über 50 Tage zu simulieren war und deshalb angenommen werden konnte, daß nur vernachlässigbar wenige dieser Zellen dem System verlorengehen.

Die Kompartimente C, P_1, P_2, P_3 sind reine Verzögerungsglieder mit first-in-first-out-Charakteristik und angenommener Zellteilung am Ausgang des Kompartiments. Die Verzögerungszeiten, d. h. die Zellzyklusdauern wurden zu 20 Stunden angenommen (24 Stunden bei C). Die neuproduzierten Zellen werden einer Zufallsentscheidung unterworfen. Bei C bleibt eine Hälfte der neuen Zellen im Stammzellspeicher und geht anschließend in Ruhe (G_o), die andere Hälfte der Zellen differentiert und erreicht den Proliferationsspeicher. Bei P_1 und P_2 besteht die eine Hälfte der neuproduzierten Zellen schon aus Endzellen, die andere Hälfte durchläuft einen oder zwei weitere Zellzyklen.

Abbildung 1 enthält neben der Struktur des Modells auch die Übergangswahrscheinlichkeiten - p_2 wird später diskutiert. Die anderen charakteristischen Daten des Modells findet man in Tabelle 1.

Für jeden Patienten wurden zuerst die beiden Komponenten der Abnahme des Markierungsindexes ermittelt. Die höhere Halbwertszeit diente als Zellverdopplungszeit und bestimmte damit die Übergangswahrscheinlichkeit p_1, die niedrigere bestimmte die Aufenthaltszeit der Zellen im Speicher E_K der kurzlebigen Lymphozyten und damit den Ausstromparameter p_3. Die Dauer der Radiothymidin-Infusion war natürlich auch ein patientenabhängiges Eingabedatum.

Um den Verlauf von Markierungsindex und Markierungsintensität möglichst gut nachzuvollziehen, wurden für jeden Patienten und jede benutzte Modellkonfiguration (siehe Abschnitt 3) zwei weitere Parameter variiert: 1. Die pro durchlaufenen Zellzyklus durchschnittlich angenommene (Neu-)markierung (Körner) und 2. die Übergangswahrscheinlichkeit p_2. Es wurde mit p_2 also in Abhängigkeit von den Patientendaten und der benutzten Modellkonfiguration das Verhältnis der Neuproduktion von kurz- zu langlebigen Lymphozyten geschätzt, d. h. das Verhältnis der Übergangswahrscheinlichkeiten $(1-p_2):p_2$. Außerdem bestimmt p_2 im Gleichgewichtszustand - und nur dieser ist hier modelliert - das Mengenverhältnis kurz- zu langlebiger Lymphozyten ($E_K:E_L$).

Für die Anpassung dieser zwei Parameter wurden nur die während der ^{3}H-TdR-Infusion gewonnenen Meßwerte benutzt. Der Verlauf der Kurven für die Zeit nach Beendigung der Infusion diente dazu, die Plausibilität der benutzten Modellkonfigurationen abzuschätzen.

2. Simulation

Das skizzierte Modell stellt sich als diskretes stochastisches System dar. Die bei der Simulation benutzten Kompartimente sind in Tabelle 1 zusammengestellt. Die Zellen wurden als Transaktionen mit einem Parameter, der Kornzahl simuliert. Um einigermaßen zuverlässige Kurven zu erhalten, mußte mit großen Zellzahlen gearbeitet werden, aber man beachte die trotz allem geringen Besetzungszahlen der Kompartimente C, P_1, P_2, P_3.

Die notwendigerweise großen Zellzahlen schlossen aufgrund zu hohen Rechenzeit- und Speicherplatzbedarfs eine Programmierung in einer der bekannten Simulationssprachen für diskrete Systeme aus. Das Modell wurde daher unmittelbar in FORTRAN programmiert und simuliert. Im folgenden sollen einige Aspekte der benutzten Simulationstechnik aufgezeigt werden.

Tabelle 1. Die Modellelemente

Kompartiment	Charakteristik	Durchgangszeit (mittlere)	Zellzahl (anfangs)
G_0	random	168 h	710
C	transit	24 h	53
P_1	transit	20 h	40
P_2	transit	20 h	40
P_3	transit	20 h	40
E_L	Senke	--	22800
E_K	random	660 h	2900

Da das Maximum des Markierungsindexes bei weniger als 7% lag, waren trotz 27000 simulierter Zellen nur maximal 1700 markierte Zellen zu erwarten. Es wurden deshalb im eigentlichen Modell nur die markierten Zellen simuliert, aber gleichzeitig wurde ein Parallelmodell mitberechnet, das alle unmarkierten Zellen behandelte. (Wenn nach Abschluß der Dauerinfusion durch Zellteilung bei einer Zelle die Kornzahl unter die Hintergrundschwelle von 10 Körnern abfiel, konnte auch diese Zelle als unmarkiert betrachtet werden.) Im Parallelmodell unmarkierter Zellen brauchte nur die Zahl der Zellen in den einzelnen Phasen des Modells registriert zu werden. Bei der gewählten festen Simulationsschrittweite von einer Stunde stellte sich das Parallelmodell also als eine eindimensionale Matrix mit 180 Elementen dar.

An den Stellen, wo eine Zellteilung nachzuvollziehen war, wurde während der Dauer der Radiothymidin-Infusion den Tochterzellen eine Kornzahl gemäß einer Normalverteilung zugeteilt. War diese Kornzahl 0 oder 1 oder war sie kleiner als die Hintergrundschwelle von 10 Körnern und es handelte sich um einen Zeitpunkt nach Beendigung der Dauerinfusion, so konnte die Zelle weiterhin als unmarkiert gelten, andernfalls wurde in das eigentliche Modell an entsprechender Stelle eine neue Transaktion mit dieser Kornzahl als Parameter eingeführt.

In einigen Modellkonfigurationen bot sich eine zusätzliche Vereinfachung an: Das Kompartiment E_L der länglebigen Lymphozyten konnte durch drei Zahlen vollständig beschrieben werden: Die Anzahl aller Zellen in E_L, die Anzahl markierter Zellen in E_L und die Summe der Körner. In diesem Fall entfiel also das Kompartiment E_L im eigentlichen Modell der markierten Zellen.

Die Übergänge von einem Teilmodell zum parallelen Teilmodell ließen sich durch Direktprogrammierung in FORTRAN wesentlich einfacher verwirklichen, als es bei der Benutzung von z. B. GPSS möglich gewesen wäre.

Das Modell enthält keine Regulationsmechanismen und kann deshalb nur Gleichgewichtsbedingungen nachvollziehen. Bei der Erstellung des Modells sollte aber die Möglichkeit einer späteren Erweiterung zu einem dynamischen Regelsystem offengelassen werden. Die Random-loss-Blöcke G_o und E_K konnten deshalb nicht als ADVANCE-Blöcke bzw. Verzögerungsglieder simuliert werden mit einer Aufenthaltszeit, die bei Eintritt einer Transaktion in den Block entsprechend einer Exponentialverteilung berechnet wird, da dann kein späterer Zugriff auf diese Transaktion mehr möglich gewesen wäre.

Die Exponentialverteilung mit der kumulierten Wahrscheinlichkeitsdichte

$$F(t) \quad = \quad 1 - \exp(-t/T)$$

bei einer mittleren Aufenthaltsdauer von T läßt sich gut durch eine Stufenfunktion der folgenden Form anpassen:

$$G(t) \quad = \quad (1-r)*(1-p^i) + r \quad \text{für } i\tau < t < (i+1)\tau \quad \text{bei } \tau \ll T.$$

Diese Annäherung entspricht einem Verzögerungsblock mit fester Aufenthaltszeit τ, einer Rückkehrwahrscheinlichkeit p und der Wahrscheinlichkeit r dafür, daß eine Transaktion diesen Block überspringt. r = 0 hieße z. B. daß alle Transaktionen den Verzögerungsblock mindestens einmal durchlaufen. (Vergleiche Abbildung 2.)

Für Transaktionen, die (mindestens) einmal in den Block eintreten, ergibt sich die mittlere Anzahl der Durchläufe zu 1/(1-p). Um eine mittlere Aufenthaltszeit von T zu erreichen, ist also

$$\tau * (1-r)/(1-p) \quad = T$$

zu wählen. Dabei ist für alle $t \geq 0$

$$G(t) \leq F(t) \quad \text{bei} \quad r = 0 \quad \text{und}$$
$$G(t) \geq F(t) \quad \text{bei} \quad r = 1-p.$$

Bei der Simulation zeitigten die folgenden Variablenkombinationen hinreichend genaue Ergebnisse:

Für G_o: $\quad \tau = 20$ h bei T = 168 h, p = 0.8883, r = 0.0617,

Für E_K: $\quad \tau = 96$ h bei T = 660 h, p = 0.9o44, r = 0.3408.

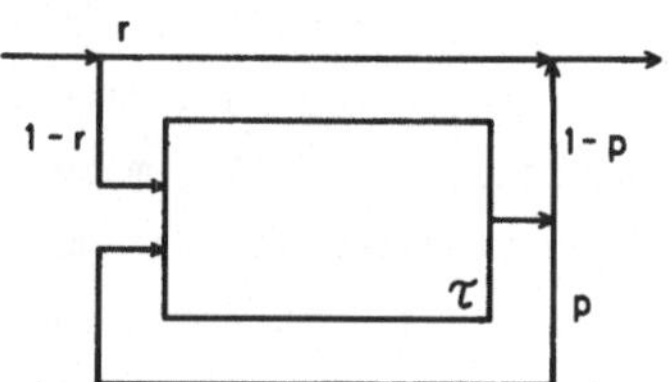

Abbildung 2. Submodell mit einem Verzögerungsblock der Dauer τ zur Annäherung eines Random-loss-Glieds. Siehe Text.

Im Falle der Modellkonfigurationen mit Berücksichtigung von Radiotoxizität wurde auch E_L als Transitkompartiment fester Dauer (96 Stunden) simuliert, in das alle Transaktionen zurückkehrten, die nicht wegen letaltoxischer Schädigung aus dem Modell zu entfernen waren.

Da eine feste Simulationsschrittweite von einer Stunde benutzt wurde, bot sich nach Ersetzen der Random-loss-Glieder durch Verzögerungsblöcke fester Dauer die Möglichkeit, die Position einer Transaktion im Modell vollständig durch einen Index zu beschreiben mit z. B. 20 Indexnummern für einen Block von 20 Stunden Dauer. Im allgemeinen mußte also nur der Index hochgezählt werden, um ein Fortschreiten der Transaktion im Modell zu beschreiben.

3. Ergebnisse der Simulation

Ein Modell mit den vorgestellten Komponenten wurde aufgestellt und simuliert, um unter der Annahme von Gleichgewichtsbedingungen die folgenden Konfigurationen zu testen:
1. Mit oder ohne Annahme einer Markierung von Stammzellen 2. Mit oder ohne Einfluß letaltoxischer Strahlenschäden auf markierte Zellen. Die Kurven hochmarkierter Zellen (mehr als 80 Körner pro Kern) zeigen nämlich erheblich kürzere Halbwertszeiten von nur ca. 3,5 bis 20 Tagen. 3. Mit oder ohne Berücksichtigung einer das Zellplasma überlagernden Markierung durch metabolische DNS - wird hier nicht diskutiert, siehe [2].

Die simulierte Kurve des Markierungsindexes ergab nur bei der Konfiguration mit Stammzellmarkierung und ohne Radiotoxizität einen gegenüber den Meßdaten wesentlich anderen Verlauf. Diese Konfiguration konnte also ausgeschlossen werden. Man beachte in diesem Zusammenhang aber, daß die während der Radiothymidin-Infusion gewonnenen Meßwerte zur Parameteranpassung benutzt wurden, daß in diesem Bereich also die simulierten Kurven zwangsläufig einigermaßen mit den Meßkurven übereinstimmen.

Die im Versuch beobachtete mittlere Kornzahl erniedrigte sich in 50 Tagen auf etwa die Hälfte der maximal erreichten Kornzahl und blieb dann bis zum Abschluß der Beobachtung nach mehr als 100 weiteren Tagen auf diesem Niveau. Wären unter den beobachteten Endzellen auch "memory cells" und wären diese durch einen äußeren Stimulus in der Zwischenzeit zu erneuter Proliferation angeregt worden, so hätte sich die Markierungsintensität erniedrigen müssen. Das gleiche gilt, wenn DNS-Abfallprodukte sterbender Zellen in neuen Zellen wiederverwendet worden wären, wobei sich die Möglichkeit der Reutilisation ganzer Lymphozyten allerdings nicht ausschließen läßt. Im übrigen wurde einigen Patienten nach Abschluß der Radiothymidin-Infusion "kaltes" Thymidin gegeben - und die Kurven ließen sich im Rahmen der Meßgenauigkeit nicht unterscheiden[1].

Der Abfall der mittleren Kornzahl auf ein Niveau bei etwa der Hälfte der maximal erreichten Kornzahl ließ sich im Modell nur von der Konfiguration mit Stammzellmarkierung und mit Berücksichtigung von radiotoxischen Effekten hinreichend nachvollziehen.

Diese Konfiguration scheint also am ehesten der Wirklichkeit zu entsprechen.

Die beste Übereinstimmung von Modell und Meßdaten wurde hierbei erreicht, wenn man von einem Verhältnis lang- zu kurzlebiger Blutlymphozyten von ca. 4.5 : 1 ausging und einem entsprechenden Verhältnis bei der Neuproduktion von ca. 1 : 1.4. Diese Ergebnisse und Verhältnisse waren auch bei den übrigen untersuchten Patienten nicht wesentlich anders. Berücksichtigt man aber, daß neben den Blutlymphozyten noch mindestens die doppelte Anzahl an rasch austauschbaren rezirkulierenden Lymphozyten im Organismus vorhanden ist (bei CLL, [3]) und daß es sich bei diesen fast vollständig um langlebige Lymphozyten handelt, dann muß das errechnete Verhältnis der Neuproduktion lang- zu kurzlebiger Lymphozyten mindestens auf 2 : 1 korrigiert werden.

Literatur

[1] Theml,H., Trepel,F., Schick,P., Kaboth,W., Begemann,H.: Kinetics of lymphocytes in chronic lymphocytic leukemia: Studies using continuous ^{3}H-thymidine infusion in two patients. Blood 42, 623-636 (1973)

[2] Schick,P., Trepel,F., Maisel,K.H., Past,W., Reisert,I., Begemann,H., Pilgrim,Ch.: Labelling of human resting lymphocytes by continuous infusion of [^{3}H]thymidine. I. Characterization of cytoplasmic label. J Cell Sci 33, 351-362 (1978)

[3] Bremer,K., Fliedner,T.M., Schick,P.: Kinetic differences of autotransfused ^{3}H-cytidine labelled blood lymphocytes in leukemic and non-leukemic lymphoma patients. Europ J Cancer 9, 113-124 (1973)

COMPUTERSIMULATION DES PROTEIN- UND
FETTSTOFFWECHSELS BEI TIEREN

Jan R. Reichl, Hohenheim

Zusammenfassung. Ziel des Vorhabens ist die Analyse des Protein- und
Fettstoffwechsels bei den landwirtschaftlichen Nutztieren von den einfachen Voraussagen auf der Ebene des Gesamtorganismus bis zu detailier-
ten dynamischen Simulationen auf den Ebenen von Geweben und Zellen. Da
diese Komplexität nicht mit einem Modell beschreibbar ist, wurde ein
System von 12 verknüpfbaren Modellen entwickelt. Mit diesen Modellen
kann eine schrittweise Simulation des Stoffwechsels in zwei Bereichen
(Futter, Tier), auf drei Ebenen (Organismus, Gewebe, Zelle) und mit zwei
Methoden (Bilanz: algebraische Gleichungen; Dynamik: Differentialgleichungen) abgewickelt werden.

Summary. The target of this project is the analysis of protein and fat
metabolism in farm animals from the simple predictions on the level of
whole animal to detailed dynamical simulations on the levels of tissues
and cells. To describe this complexity with a single model is practically
impossible, therefore a system of 12 compactible models have been developed. With these models it is possible to evolve a stepwise simulation
of metabolism in two areas (Feed, Animal), at three levels (Organism,
Tissues, Cells) and with two methods (Balance: algebraical equations;
Dynamics: differential equations).

In einem tierischen Organismus laufen viele Tausende von Reaktionen ab.
Natürlich ist die Frage berechtigt, mit wieviel Gleichungen können diese
Reaktionen nachgeahmt werden. Die Antwort ist von der Zielsetzung der
Untersuchung abhängig. Manchmal interessiert uns nur eine einfache Imput-
und Outputbilanz auf der Ebene des Gesamtorganismus. Ein anderes mal
möchten wir Informationen über die Metabolitengehalte im Blut oder in
einem Gewebe erhalten, oder gewisse Erklärungen auf der Ebene von Zellen
finden. Diese Komplexität der Untersuchungen kann mit einem System von
verknüpfbaren Modellen gelöst werden.

Modellaufbau

Mit dem in der Tabelle 1 dargestellten System von 12 verknüpfbaren Modellen ist eine schrittweise Computersimulation des Protein- und Fettstoffwechsels bei Tieren auf drei Ebenen möglich.

I. Die Ebene "Organismus" schließt die Modelle ein, welche die Informa-

tionen über eine Ein- und Ausgangsbilanz auf der Ebene des Gesamttieres
wiedergeben können. Die Simulationsergebnisse, die mit diesen Modellen
errechnet werden, sind mit den Experimenten überprüfbar, in welchen bei
den Tieren eine Stickstoff- und Kohlenstoffbilanz durchgeführt wird.
Modelle dieser Ebene können mit den ökonomischen Globalmodellen verglichen werden.

Mit dem Modell Nr. 1- "Nährstoffe" kann eine Bilanz der speziellen Zwischenprodukte berechnet werden, über die die im Futter enthaltenen Nährstoffe in den allgemeinen Stoffwechsel eintreten. Mit dem Modell Nr. 2-
"Umsatzwege" werden alternative Stoffwechselwege auf ihre Eignung für
die Gesamtbilanz eines Tieres geprüft. Mit dem Modell Nr. 7- "Umgebung"
wird die Isolierung der Körperoberfläche hinsichtlich der Wärmeabgabe
in Abhängigkeit von der Umgebungstemperatur, Windgeschwindigkeit, Be-
haarung der Tiere und Fußboden im Stall bestimmt. Mit dem Modell Nr. 8-
"Wärmeverlust" wird die kritische Temperatur und die aus dem Körper ab-
gegebene Wärme berechnet.

II. Die Modelle der Ebene "Gewebe" beschreiben die realen Stoffwechselwege und die Konzentrationen von Metaboliten in einzelnen Geweben, sowie
die Verhältnisse zwischen den Geweben bzw. Organen. Die Überprüfung und
Anwendung dieser Modelle liegt im Bereich der klinischen und biochemischen Analysen von Blut- und Gewebeproben. Die Modelle sind mit den ökonomischen Transportmodellen vergleichbar.

Mit dem Modell Nr. 3- "Umsatzraten" wird die in den einzelnen Stoffwech-
selwegen in den Geweben umgesetzte Menge von Stoffen berechnet. Mit dem
Modell Nr. 4- "Metaboliten" werden diese Prozesse mit realen Metabolitenpools dynamisch vollzogen. Modell Nr. 9- "Nerven" speichert Informationen über die Fließgleichgewichte in den Geweben und Modell Nr. 10-
"Hormone" regelt durch den Einsatz von Hormonen den Transport und Umsatz
von Stoffen in den Geweben und zwischen den Geweben.

III. Die Modelle der Ebene "Zellen" betrachten die Verhältnisse zwischen
den Fraktionen der Zelle, z.B. zwischen den Cytosol, Mitochondrien, Mem-
branen, usw.. Mit diesen Modellen werden die bioenergetischen Prozesse
in den Zellen, sowie das Wachstum von Zellen simuliert und zur Interpretation von entsprechenden biochemischen bzw. biophysikalischen Experimenten angewendet. Diese Modelle können mit den ökonomischen Modellen
verglichen werden, die technologische Prozesse in einem Betrieb darstellen.

Tab. 1 Modelle zur schrittweisen Simulation des Stoffwechsels

Bezugsbereich:	F u t t e r		T i e r	
Methode: Ebene:	B̲i̲l̲a̲n̲z̲	D̲y̲n̲a̲m̲i̲k̲	B̲i̲l̲a̲n̲z̲	D̲y̲n̲a̲m̲i̲k̲
O̲r̲g̲a̲n̲i̲s̲m̲u̲s̲ I	Nährstoffe 1	Umsatzwege 2	Umgebung 7	Wärmeverlust 8
G̲e̲w̲e̲b̲e̲ II	Umsatzraten 3	Metaboliten 4	Nerven 9	Hormone 10
Z̲e̲l̲l̲e̲ III	Redoxpotential 5	Energieladung 6	Genetik 11	Wachstum 12

In dem Modell Nr. 5- "Redoxpotential" werden die NAD^+/NADH-Redoxver-
hältnisse aus dem Verhältnis zwischen einigen Metabolitenpaaren, spe-
zifisch für das Cytosol und Mitochondrien, berechnet. Das Modell Nr.6-
"Energieladung" nutzt die Redoxpotentiale für die Produktion und Speicherung von ATP. Das Modell Nr. 11- "Genetik" stellt die gespeicherte
Information über das Wachstum der Organe von Tieren nach Alter für das
letzte Modell Nr. 12- "Wachstum" zur Verfügung. Mit diesem Modell wird
das Wachstum von Zellen in einzelnen Geweben und dadurch auch des Ge-
samtkörpers simuliert.

Dieses System von verknüpfbaren Modellen gibt die Möglichkeit, im Rahmen
einer Stoffwechselbilanz für den Gesamtorganismus auch detailierte Prozesse in einzelnen Geweben mit kleineren Modellen (ca 100 Gleichungen)
zu studieren. Dieses System von Modellen hat auch ein schwieriges Problem der Simulationstechnik gelöst: die Metabolitenpools und die Geschwindigkeitskonstanten, sowie auch viele andere Parameter können zum großen
Teil theoretisch berechnet werden. Das bedeutet eine Einsparung von Experimenten, da relativ wenige Analysen zur Prüfung der Modelle durchgeführt werden müssen.

Simulationstechnik

In der Tabelle 2 ist ein vereinfachtes Modell zur Bilanzierung des Stoffwechsels dargestellt. In den Zeilen werden die einzelnen Chemikalien
(Nährstoffe, Metaboliten) aufgeführt. In den Spalten stehen die Trans-

formationen (Reaktionen) zwischen diesen Stoffen. Die Koeffizienten
dieser Tabelle entsprechen den stöchiometrischen Verhältnissen zwischen
den Chemikalien in den einzelnen Reaktionen und sind in Mol, bzw. die
Wärme in Kjoul, ausgedrückt.

Mit den ersten vier Chemikalien werden die Daten eingegeben. Es ist die
Menge (Mol) an Protein, Kohlenhydraten (CHOH) und Fett, die im Futter
verabreicht werden, und außerdem die Fettmenge (Mol), die im Körper re-
teniert werden soll (RETF). Die stöchiometrischen Koeffizienten P1 bis
P8 werden mit einem anderen Modell ("Nährstoffe) hinsichtlich der futterspezifischen Aminosäurenzusammensetzung berechnet. Der Koeffizient P9
stellt eine Umrechnung von den spezifischen Futterkohlenhydraten in die
Glukose dar. Die in der dritten (E3) und in der vierten (E4) Spalte
enthaltenen Koeffizienten entsprechen einem Triglycerid, sie können
aber auch durch futterspezifischen Koeffizienten ersetzt werden.

In der Matrix G 1 bis G 9 und F 1 bis F 9 wird der Umsatz
(Flux) der einzelnen Transformationen aus der Bilanz der Chemikalien
berechnet. Die Chemikalie G1 (AGP = α-glycerolphosphat) bestimmt den
Umsatz der Transformation F1, die Chemikalie G2 (FACO = Acyl-CoA = Fett-
säuren-Koenzym A) den Umsatz der Transformation F2, usw.. Da in diesem
Beispiel die Reihenfolge der Chemikalien so gewählt wurde, daß alle Koeffizienten sich unterhalb der Diagonale in der Matrix befinden, kann
die Berechnung in einem Umlauf durchgeführt werden. In einem anderen
Fall, wenn z.B. die Fettretention (RETF) nicht als Eingabe am Anfang,
sondern als unbekannte Variable in der Mitte oder am Ende der Matrix
stehen würde, müßte die Berechnung mehrmals wiederholt werden, solange
alle Zwischenprodukte einen Wert nahe Null erreicht haben. Die Endpro-
dukte G11 bis G14 werden zum Schluß aus den Umsatzwerten der Spalten
F1 bis F9 berechnet.

Diese Berechnungstechnik kann mit algebraischen Gleichungen, z.B. für
Pyruvat (PYR) folgenderweise formuliert werden:
PYR = F4 + F6 * 2 - F7 = 0;   wobei F4 = E3 und
F6 = F2 * P9 - F1 * 0,5 - F5 * 0,08   und   F7 = E1 * P2 + F4 + F6 * 2.
In diesem Fall sind die Umsatzraten (Fluxe) F_i als Umsatz pro Gesamt-
zeit, z.B. ein Tag angegeben.

Mit Hilfe von Differentialgleichungen können die Fluxe und die Konzentrationen bzw. Pools von Chemikalien zu jedem beliebigen Zeitpunkt erfaßt werden. Das Beispiel von Pyruvat wird dann so formuliert:

Tab. 2 Ein vereinfachtes Modell zur Bilanzierung des Stoffwechsels

		E: 1	2	3	4	F: 1	2	3	4	5	6	7	8	9	
		PROT	CHOH	FETT	FACO	GLUC	ACCO	FA	GCRL	GLUC	GLUC	PYR	ACCO	NADH	
		UREA	GLUC	FS	RETF	AGP	FACO	ACCO	PYR	NADPH	PYR	ACCO	NADH	ATP	
1	PROT	-1													Eingabe-daten
2	CHOH		-1												
3	FETT			-1											
4	RETF				+1										
	G:														Bilanz der Zwischen-produkte zu Null
1	AGP				-1	+1									
2	FACO				-3		+1								
3	FS			+3				-1							
4	GCRL			+1					-1						
5	NADPH	P1					-14			+1					
6	GLUC		P9			-0,5				-0,08	-1				
7	PYR	P2							+1		+2	-1			
8	ACCO	P3					-8	+8				+1	-1		
9	NADH	P4				-1		+14	+2		+2	+1	+2	-1	
10	UREA	P5													Bilanz der Endprodukte
11	ATP	P6				-1	-7	+2	+1	-0,08	+2			+3	
12	WÄRME	P7				-36	+1004	-1004	-38	-54		-42	-289	+289	
13	CO_2	P8								+0.5		+1	+2		
14	O_2													+0,5	

$$PYR_{t+1} = PYR_t + \int_{t_o}^{t_x} (F4_t + F6_t * 2 - F4_t)\,dt; \quad \text{wobei}$$

$$F4_t = GCRL_t * K4 \quad \text{und} \quad F6_t = GLUC_t * K6 \quad \text{und} \quad F7_t = PYR_t * K7.$$

Die Symbole K_i sind die Reaktionsgeschwindigkeitskonstanten. Der kummulative Flux wird auch durch die Integration der einzelnen Zeitabschnitte erfaßt, z.B.

$$Z4_{t+1} = Z4_t + \int_{t_o}^{t_x} (F4_t)\,dt.$$

Der Flux Z4, der für die Gesamtzeit t_x berechnet wird, muß mit dem algebraisch berechneten Flux F4 in Übereinstimmung stehen.

Die Berechnung der Umsatzraten (Fluxe) mit zwei Methoden bringt neben der Kontrolle auch weitere Vorteile mit sich. Auf diese Weise können die Geschwindigkeitskonstanten zum großen Teil theoretisch berechnet und damit die dynamische Simulation genauer und schneller durchgeführt werden.

Das in der Tabelle 2 dargestellte vereinfachte Modell kann nur mit Differentialgleichungen 1. Ordnung und 1. Grades beschrieben werden. In Modellen, die Prozesse realer Gewebe darstellen, werden auch Gleichungen 2. Grades verwendet.

Bei der Simulation biochemischer Vorgänge, die sich in einem Fließgleichgewicht (steady-state) befinden, was bei einer regelmäßigen Fütterung immer der Fall ist, können auch weitere Vereinfachungen vorgenommen werden. Die reversiblen Reaktionen können nur als Einwegreaktionen (Nettoflux) formuliert werden. Die Simulationen mit den reversiblen oder mit den einfachen Reaktionen führen in diesem Fall zu den selben Resultaten.

Literatur:

Reichl, J.R.: Simulation models for energy metabolism in monogastric and ruminating animals. Energy Metabolism (Ed. L.E.Mount), Butterworths, London, 203-207 (1980).

Kollabierfähige Silikonkautschuk–Schläuche als peripherer Widerstand in der Kreislaufsimulation

H.A. Richter, W. Henssgen, J. Schoenmackers, Ch. Mittermayer, Aachen

Zusammenfassung. Zur Untersuchung von Herzklappen, Gefäßen oder Gefäßsegmenten wird eine Versuchsanordnung benötigt, die leicht zu adaptieren ist und die es erlaubt, Druck und Durchfluß im physiologischen Bereich reproduzierbar zu variieren. Die Membrandrossel ist ein wichtiges Element zur Simulation des peripheren Widerstandes im arteriellen Kreislaufmodell. Sie setzt sich aus einem starren zylindrischen Gehäuse und einem in radialer Richtung elastischen Schlauch zusammen.
Der periphere Widerstand, der Quotient aus Druckverlust und Durchfluß, wird in stationärer Strömung für verschiedene Steuerdrucke gemessen. Bei konstantem Steuerdruck und bekanntem momentanen Durchfluß kann über die Δp-$\dot{Q}$-Funktion der periphere Widerstand eines arteriellen Gefässes berechnet werden.

Summary. For investigation of heart valves, arteries or segments of arteries, an experimental set up is required, which is easy to adapt and which allows to vary pressure and flow in physiologically range reproducible. The membrane throttle is an important feature to simulate the peripheral resistance in the circulatory model. It consists of an inflexible cylindrical case and an elastic tube in radial direction.
The peripheral resistance, the quotient from pressure loss and flow, is being measured for different control pressure in steady flow. Given a certain constant pressure and an actual flow, the peripheral resistance can be calculated about the Δp-Q-function.

1. Problemstellung

Die hydrodynamische Simulation des arteriellen Kreislaufs zur Untersuchung von natürlichen Klappen im Herzpräparat, Klappenprothesen im Modell, von arteriellen Gefässen oder Gefäßsegmenten erfordert eine Versuchsanordnung, deren Elemente leicht zu adaptieren sind und die es erlaubt, Druck und Durchfluß im physiologischen Bereich reproduzierbar zu variieren. Ein solches Kreislaufmodell sollte u.a. in Geometrie, Volumenpuls, im elastischen Verhalten und peripherem Widerstand den Gegebenheiten in vivo näherungsweise angepaßt sein.

Die Membrandrossel ist ein wichtiges Element zur Simulation des peripheren Widerstandes im arteriellen Kreislaufmodell. In vivo bilden Arteriolen und Kapillaren den peripheren Widerstand. In diesem Gefäßbereich wird der mittlere arterielle Druck p_m von 100 mmHg auf etwa 10 mm Hg gesenkt. Im Modell ist die Simulation des peripheren Widerstandes mit erheblichem konstruktiven Aufwand verbunden. Es wurde versucht, den peripheren Widerstand durch Membrandrosseln in Form eines Schlauches nachzubilden.

Ziel dieser Untersuchung war, für die Membrandrosseln, $\emptyset$ 3, 4, 6, 8 und 10 mm, unter stationären Bedingungen einen Funktionszusammenhang zwischen Druckverlust Δp und Durchfluß $\dot{Q}$ zu finden, um daraus den peripheren Widerstand des Gefässes bzw. des Kreislaufmodells berechnen zu können [1]

2. Material und Methode

Die Membrandrossel setzt sich aus einem starren zylindrischem Gehäuse und einem in radialer Richtung elastischen Silikonkautschuk-Schlauch zusammen (Abb. 1). Der Schlauch hat eine Wandstärke von 0,3 mm; auf den Umfang verteilt sind 6 Fäden in Längsrichtung einvulkanisiert. Sie behindern die Dehnung der Membran in axialer Richtung und verleihen ihr ein reproduzierbares Verhalten. Dadurch wird ein Düseneffekt vermieden, der die Membran zu Schwingungen anregen kann. Das Gehäuse fixiert die Membran in axialer Richtung (Abb. 2). Es ist rechtwinklig zur Strömungs-

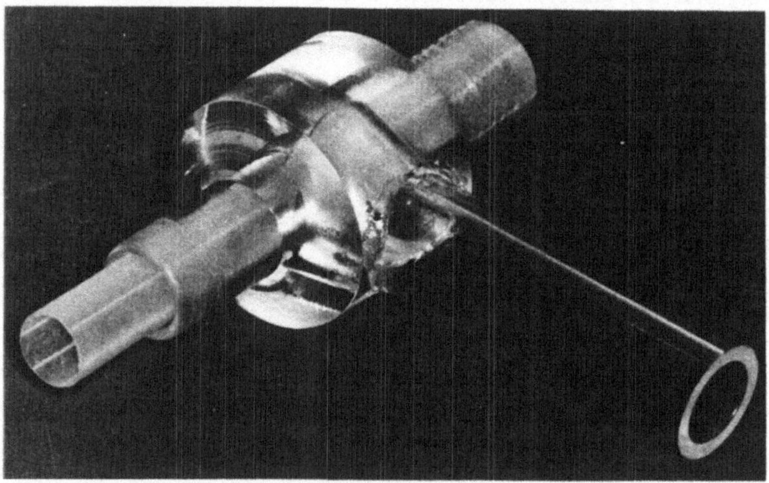

Abb. 1: Gehäuse der Membrandrossel mit eingezogenem, längsverstärktem Silikonkautschuk-Schlauch. Der Schlauch wird auf beiden Seiten über das Gehäuse gestülpt. Durch den rechtwinklig angeordneten Stutzen wird der Steuerdruck p_p auf die Membran geleitet.

richtung mit einem Stutzen versehen, durch den der Steuerdruck p_p auf die Außenseite der Membran geleitet wird. Der Steuerdruck p_p verkleinert das Lumen der Membran sternförmig (Abb. 3). Die einvulkanisierten Fäden beeinflussen die Faltung der Membran nur bei hohem Steuerdruck p_p.

Die untersuchten Membrandrosseln wurden mit Wasser stationär durchströmt; dabei wurde der Volumenstrom Q stufenweise erhöht und parallel dazu der intravasale Perfusionsdruck proximal (p_1) und distal (p_2) der Drossel gemessen. Der Steuerdruck p_p wurde stufenweise zwischen 80 und 160 mmHg variiert.

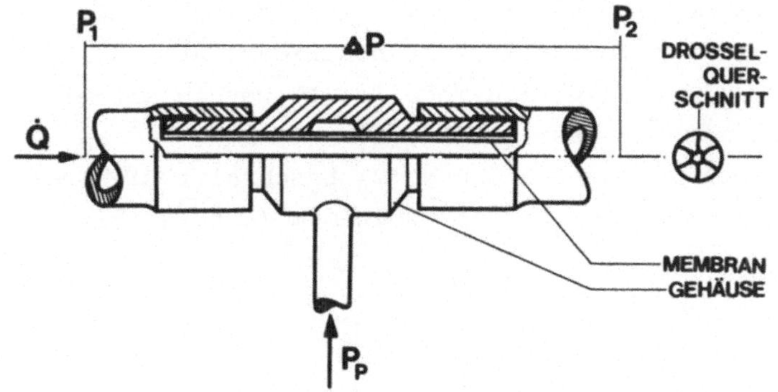

Abb. 2: Halbschnitt
einer Membrandrossel.
Strömungsrichtung von
links nach rechts.
p_i = Perfusionsdruck
p_p = Steuerdruck
$\dot{Q}$ = Durchfluß

Um eventuell auftretende hydrostatische Einflüsse auszuschließen, wurden
alle Versuche unter einem hydrostatischen Druck von 60 mmHg durchgeführt.

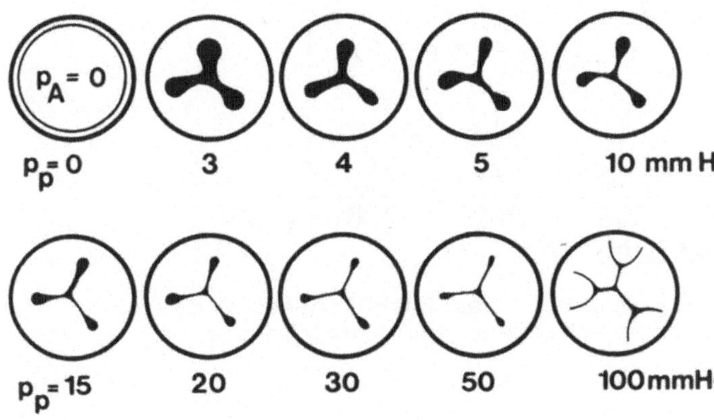

Abb. 3: Veränderung
der Kontraktionsform
des Silikonkautschuk-
Schlauches in Abhängig-
keit vom aufgeprägten
Steuerdruck p_p.
Perfusionsdruck p_A= 0

3. Ergebnisse

Der in stationärer Durchströmung ermittelte Funktionszusammenhang Δp =
f (Q) hat für alle untersuchten Membrandrosseln einen ähnlichen Verlauf.
Er setzt sich aus zwei Funktionen zusammen, dem Ausgleichsmodell

$$\Delta p = \left[b \cdot \dot{Q} + c \right] \cdot e^{a \cdot \dot{Q}} \qquad (1)$$

und dem mittels Impulssatz berechneten Druckverlust Δp in einer reibungs-
behafteten turbulenten Rohrströmung.

$$\Delta p = \lambda \frac{8 \cdot \varrho \cdot L \cdot \dot{Q}^2}{\pi^2 \cdot D^5} \qquad (2)$$

Das Ausgleichsmodell (1) beschreibt den Kurvenverlauf vom Nullpunkt der Funktion $\Delta p = f(\dot{Q})$ bis zum ersten Druckdifferenzminimum (Abb. 4, 5). Die Koeffizienten a, b und c des Ausgleichsmodells (1) werden mittels der Gaußschen Fehlerquadratmethode bestimmt [2, 3].

Die abgewandelte Hagen-Poiseuillsche Gleichung (2) beschreibt die Funktion $\Delta p = f(\dot{Q})$ nach dem ersten Druckdifferenzminimum (Abb. 4, 5).

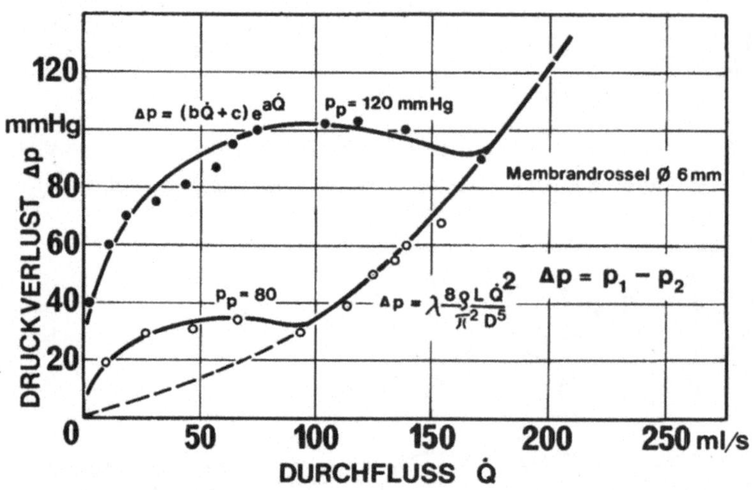

Abb. 4: Druckverlust Δp als Funktion des Durchflusses $\dot{Q}$ der Membrandrossel, Ø 6 mm, für verschiedene Steuerdrucke p_p; p_p = 80 - 160 mmHg.

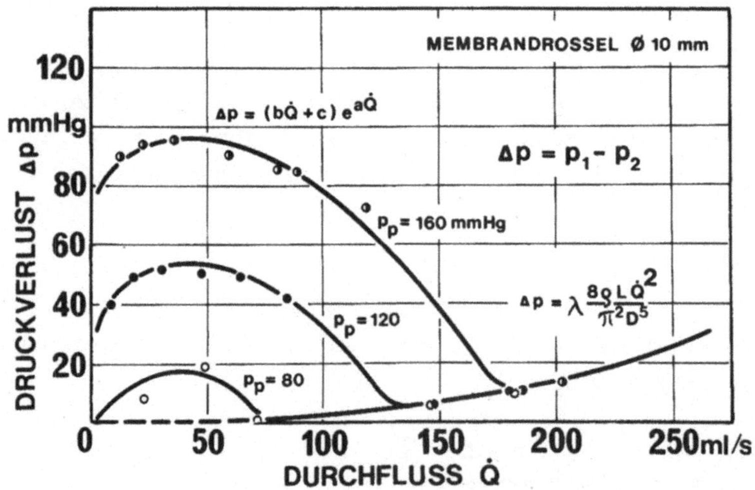

Abb. 5: Druckverlust Δp als Funktion des Durchflusses $\dot{Q}$ der Membrandrossel, Ø 10 mm, für verschiedene Steuerdrucke p_p. p_p = 80 - 160 mmHg.

Der Reibungskoeffizient λ wurde unter der Annahme, daß die Drossel sich ähnlich wie ein rauhes Rohr verhält, nach Pecornik und dem Prandtl-Kármánschen-Gestz für rauhe Rohre per Iteration bestimmt [4].

Im Kreislaufsimulator ist der Abstrom durch die Membrandrosseln diskontinuierlich; deshalb ändert sich das Verhältnis von Druckverlust Δp zu Durchfluß $\dot{Q}$, der periphere Widerstand R_p, während eines "Herzzyklus" periodisch, wobei sich der Arbeitspunkt der Drossel längs der per Funktion beschriebenen Kurvenverlaufs bewegt.

Bei konstantem Steuerdruck p_p und bekanntem momentanen Durchfluß $\dot{Q}$ kann über die im stationären Versuch ermittelte $\Delta p - \dot{Q} -$ Funktion der periphere Widerstand R_p für ein Kreislaufmodell oder für ein einzelnes arterielles Gefäß berechnet werden.

4. Diskussion

Die Membrandrosseln von 45 mm Länge und 3, 4, 5, 6, 8 und 10 mm Durchmesser haben ein äußerst kleines Bauvolumen. Die einfache Konstruktion, Gehäuse und Membran, verringern die Störanfälligkeit.
Die Membrandrosseln funktionieren umso besser, je kleiner ihr Durchmesser ist; Durchmesser über 10 mm sind nicht zu empfehlen. Membrandrosseln größeren Durchmessers neigen trotz Fadeneinlage zu Schwingungen. In solchen Fällen sollten zwei Drosseln parallel geschaltet werden.
In der Kreislaufsimulation hat sich die Membrandrossel zur Bestimmung des peripheren Widerstandes und als einfacher Regulationsmechanismus des peripheren Abstromes durch ein Gefäß bewährt.
Andere Autoren erzielten in Experimenten mit kollabierfähigen Schläuchen qualitativ ähnliche Ergebnisse, jedoch mit dem Unterschied, daß die Schläuche nicht sternförmig, sondern elliptisch kollabierten [5, 6, 7].
Geringere Wandstärke und kleinere Durchmesser der in den Membrandrosseln verwendeten Schläuche sind wahrscheinlich die Ursache für die sternförmige Verformung.

5. Literatur

[1] Richter, H.A.
Funktions- und Strömungsuntersuchung am Aortenmodell und an menschlichen Aorten in einem Kreislaufsimulator.
Dissertation, RWTH Aachen 1980

[2] Jordan-Engeln, G., Reuter, F.
Numerische Mathematik für Ingenieure. Hochschultaschenbücher Bd. 10
Mannheim/Wien/Zürich, Bibliographisches Institut, 1973

[3] Späth, H.
Algorithmen für elementare Ausgleichsmodelle.
München-Wien, Oldenbourg-Verlag, 1973

[4] Eck, B.
Technische Strömungslehre
Berlin/Heidelberg/New York, Springer-Verlag 1966

[5] Conrad, W.A.
Pressure-flow relationships in collapsible tubes. In (A. Noordergraaf and E. Kresch Eds.) Symposium on The Venous System: Characteristics and Function. A Biomedical Engineering Approach.
IEEE Transactions on Biomedical Engineering 16, 284-295 (1969).

[6] Brower R.W., Noordergraaf A.
Pressure-Flow Characteristics of Collapsible Tubes: A Reconcilia-
tion of Seemingly Contradictory Results.
Annals of Biomedical Engineering 1, 333-355 (1973).

[7] Caro, C.G., Pedley, T.J., Schroter, R.C., Seed, W.A.
The Mechanics of the Circulation.
Oxford, Oxford University Press 1978.

[+] Die Arbeit wurde von der Deutschen Forschungsgemeinschaft im Rahmen
des Sonderforschungsbereiches 109 " Künstliche Organe, Modelle und
Organersatz" gefördert.

AUFBAU UND ANPASSUNG EINES
HORIZONTALEN KOPFROTATIONSMODELLS

Wolfgang H. Zangemeister, Hamburg
Lawrence Stark, Berkeley

Summary. A sixth order nonlinear model for horizontal head rotations
in humans is presented and investigated using experimental results on
movement trajectories and neck muscle EMG.It is analysed using an extended parameter sensitivity analysis,that is used in both direct sense,as a model fitting tool,and in the indirect sense as a guide to experimental design.The controller signals structured in accordance with
time optimal control theory are parameterized,and controller signal variations show a dominating influence on different aspects of the head
movement trajectory,accelerations in particular. The conclusions are
compared with clinical neurological findings.Simulations of the head
movement model using data of patients with abnormal head movements
(torticollis spasticus) demonstrate both:the prevailing influence ofthe
controller signals in this neurological disease and also the analytical
value of this parameterized homeomorphic model in understanding patho-
logical conditions of the human head movement system.

Zusammenfassung.Es wird ein nichtlineares Modell der horizontalen Kopfrotation des Menschen vorgestellt.Die biophysikalisch relevanten Parameter dieses Modells bzw. die Modellantworten für verschiedene Bewegun-
gstypen werden mit experimentellen Befunden verglichen:Neuromuskulärer
Übergang (EMG) und Bewegungsdynamik.Die Kontrollsignale dieses Modells
sind parameterisiert und in Übereinstimmung mit der 'optimal control
theory' aufgebaut.Sie zeigen einen dominierenden Einfluß auf verschie-
denste Aspekte der Kopfrotation,insbesondere hinsichtlich verschiedener
Beschleunigungtypen. Sensitivitätsanalysen eines solchen Modells geben
Einblick über dessen Verhalten unter extremen Bedingungen bzw. auch unter pathologischen Verhältnissen,z.B. bei torticollis spasticus.

Einführung.Kopfbewegungen sind bedeutsam für die Blickkoordination,da
sie synkinetisch mit Augenbewegungen ausgeführt werden.Da der Kopf normalerweise sich später in Bewegung setzt als die Augen,sind dynamische
Unterschiede zwischen beiden Bewegungssystemen ebenso zu vermuten wie
solche,die durch den wesentlichen Einfluß des Muskeldehnungsreflexes
bei der Kopfbewegung bzw. sein Fehlen für Augenbewegungen (1,2) hervorgerufen sein könnten.Bei Vorliegen quantitativer experimenteller Befunde ist es daher sehr aufschlißreich diese mit entsprechenden Modellen
zu vergleichen und näher zu analysieren (3,4).Neben gut erforschten
Augenbewegungsmodellen (5,6,7) wandte sich in jüngster Zeit das Interesse verschiedenen Kopfbewegungsmodellen zu.Vertikale und schräge Kopfbewegungen ebenso wie horizontale Rotationen wurden mit linearen Model-

len zweiter Ordnung für Affen (10) und Menschen (8,9,11) beschrieben.
Ein nichtlineares homeomorphes Modell der horizontalen Kopfrotation ist
relativ neu (3,4).

Methode.

1.Modellstruktur. Das Modell besteht aus zwei symmetrischen Muskeln,die
alle für horizontale Kopfrotationen wirksamen Muskeln zusammenfassen:mm.
splenius,sternocleidomastoideus,semispinalis capitis und kleinere. Sie
wirken synergistisch für horizontale Kopfbewegungen - einschließlich
kontraktiler Elemente,Viscositäten und Elastizitäten,die alle an einem
Punkt verknüpft sind.Dieser repräsentiert den Kopf und hat sein eigenes
Trägheitsmoment,Viskosität und Elastizität.Modelleingabe sind die Inner-
vationen NL und NR in gram-force,welche die Entladungsfrequenz und Zahl
der aktivierten Motoneurone repräsentieren,die durch Prozesse erster Ordnung laufen mit den Zeitkonstanten Ta und Td - im wesentlichen der Cal-
zium Aktivation der Muskeln entsprechend.Die hieraus resultierenden hypo-
thetischen Spannungen HTL und HTR werden dann verbunden mit den passenden
Geschwindigkeiten,wie sie sich aus Hill's hyperbolischer force-velocity
Beziehung ergeben,um dann die äquivalenten nichtlinearen Viskositäten
Bl und Br zu ergeben,die ihrerseits parallel zu den Spannungsgeneratoren
arbeiten.Die Konkavität der Hyperbel wird durch 2 Konstanten definiert:
Hill's a und b;in unserem Modell b=Bh=0.25 *Vmax,der Maximalgeschwindig-
keit des nicht belasteten Muskels,und a=afac=0.25 * Po,der maximal er-
reichbaren Kraft.In der Darstellung (Abb.1) bezeichnen Xl und Xr hypothe-
tische Punkte,an denen Vl und Vr,die Geschwindigkeiten der force-velo=
city Beziehung berechnet werden.Die Parallelelastizitäten beider Muskeln
können zusammengefaßt werden mit der Elastizität der passiven Strukturen
- dies ist alles außer den aktivierten Muskeln- so daß sich hieraus eine
Gesamt-Parallelelastizität Kp ergibt.Diese Zusammenfassung ist möglich,
da diese Elastizitäten parallel am selben Punkt angreifen,dessen position
X,Geschwindigkeit V,Beschleunigung A die Dynamik des Kopfrotationsverlau-
fes definieren.In Serie liegende Elastizitäten der linken und rechten
Muskeln sind durch Ksl und Ksr bezeichnet.Der Schädel ist abgebildet als
feste Kugel (radius=8.0cm) einer Dichte,die etwa der von Wasser gleicht,
und dem Trägheitsmoment J.Viele der Modellparameter konnten durch Vergleich mit dem Augenmodell (5,6) und durch Verwendung verfügbarer Daten aus
der Literatur (8,9,10) gut geschätzt werden,s.a.Tab.1.
Ein Gleichungssystem von 6 Differentialgleichungen beschreibt das gesamte
Modell.

Parameter	Units	Definition	Head
J	$g\text{-}s^2/deg$	Inertia	1.8×10^{-1}
B	$g\text{-}s/deg$	Viscosity	2.0
K_p	g/deg	Parallel elasticity	2.0
K_{SL}	$g\ deg$	Series elasticity	40.0
F_{max}	g	Maximum muscle force	600.0 (10) 2000.0 (40)
F_{min}	g	Minimum muscle force	2.0
T_a	s	Activation time constant	5.0×10^{-2}
T_d	s	Deactivation time constant	5.0×10^{-2}

Tab. 1

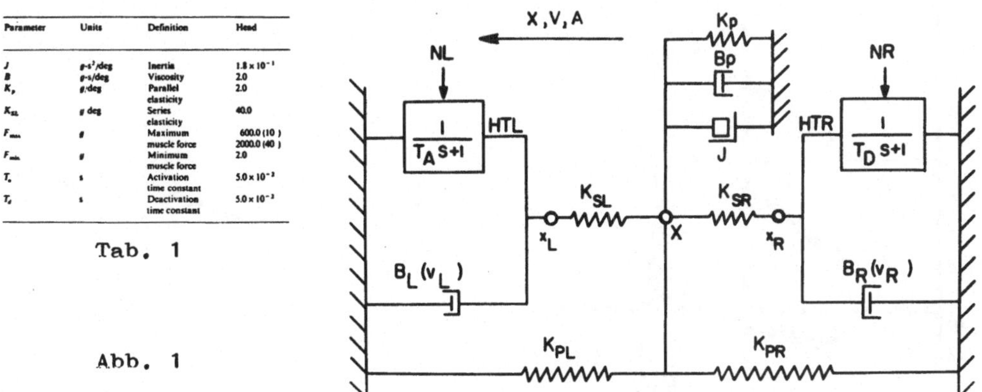

Abb. 1

$$\dot{X} = V$$
$$\dot{X1}= (HTL-Ksl(X1-X))/Bl$$
$$\dot{Xr}= (-HTR-Ksr(Xr-X))/Br$$
$$\dot{HTL} = (1/Ta)(NL-HTL)$$
$$\dot{HTR} = (1/Td)(NR-HTR)$$
$$\dot{V} = (-KpX-Bp+Ksl(X1-X)+Ksr(Xr-X))/J$$

,wobei Bl und Br gegeben sind durch

$$Bl= (HTL - afacHTL)/(Bh - Vl) \qquad Vl \geqq 0$$
$$3HTL/Bh \qquad Vl < 0$$

$$Br= (HTR - afacHTR)/(Bh-Vr) \qquad Vr < 0$$
$$3HTR/Bh \qquad Vr \geqq 0$$

2.Kopfbewegungsdynamik und Nackenmuskel-EMG. Experimentell wurden die
Kopfrotationen mit einem leichten Kunstoffhelm,der mit einem Potentiometer verbunden war,gemessen,sowie mit einem Winkelbeschleunigungsmesser,
der lediglich in der Horizontalebene empfindlich war.EMG Ableitungen
wurden mit kleinen Oberflächen-Elektroden mit einem Interelektrodenab-
stand von 3cm durchgeführt. Charakteristische experimentelle Details
lassen sich in Abb.2 studieren:Für maximal schnelle,'time optimal' intendierte Kopfrotationen findet sich eine 2-phasige Beschleunigungskur-
ve(A),deren erste Hälfte meist höher und steiler ist,wobei die Steil-
heit bei Differenzierung noch deutlicher wird (Å).Das agonistische (AG)
aber auch das antagonistische EMG (AT) (gleichgerichtet u. integriert)
zeigen ebenfalls sehr steilen u. hohen Anstieg,sowie 3-phasigen Verlauf
für sehr schnelle Bewegungen (12,13).Vergleicht man auf einem doppel-
logarithmischen Plot experimentelle Kopf-Daten einer typischen Versuchs-
person (Punkte,n=120) mit Augenbewegungs-Normaldaten (3,4) sowie mit der
Modellsimulation für Kontrollsignale 1.,2.,3.Ordnung,dann ergibt sich,
daß solche 2.Ordnung mit Ausnahme größerer Amplituden zu den schnell-
sten Kopfbewegungen führen;solche 1.Ordnung bewirken dagegen durchgehend
langsamere Bewegungen.Der dynamische Unterschied von Augen- und Kopf=
Bewegung wird auf diesem 'Main Sequence' Plot evident (Abb.3).

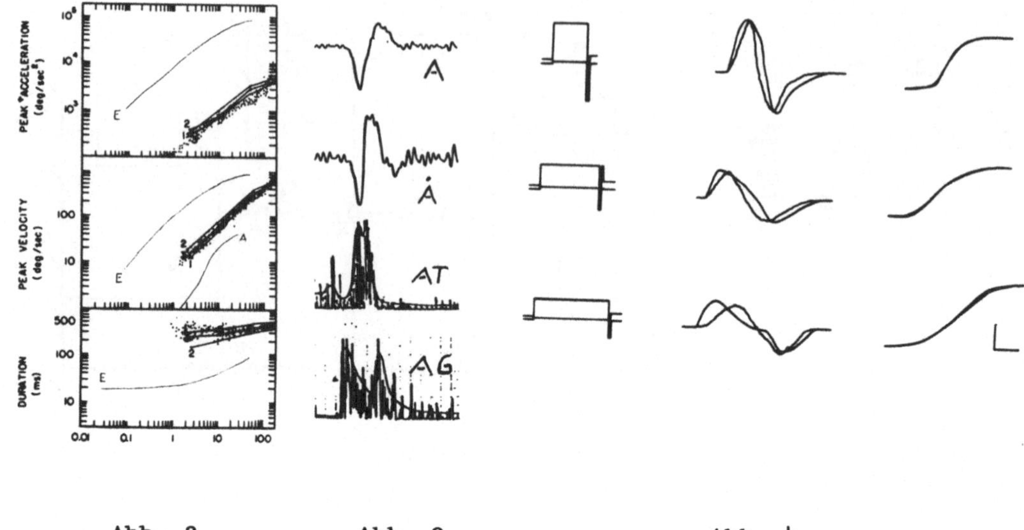

Abb. 3   Abb. 2   Abb. 4

Ergebnisse.

1.Simulation normaler schneller Kopfrotationen.Wie schon aus Abb.3,mehr
detailliert aber aus Abb.4 hervorgeht,lassen sich nicht nur unterschied-
lichste Positions/Amplitudenänderungen,sondern auch bis in Einzelhei=
ten Accelerationsverläufe simulieren.Schnelle,steile Beschleunigung
(glatte Kurve:Modell)und höheres,kürzeres 2-phasiges Kontrollsignal be-
dingen hierbei einander ebenso wie der schlechtere Fit des Beschleuni-
gungsbeginns bei langsamen Bewegungen für dieselbe Amplitude (Abb.4,3.
Reihe gegenüber 1.Reihe).Dies ist bedingt durch die Optimumstruktur
des Kontrollsignals (14).

Einen sehr genauen Einblick in die Abhängigkeit einzelner dynamischer
Kennvariablen von bestimmten Modell-Parametern vermittelt die Sensitivitätsanalyse des Modells (Tab.2).Durchsicht einer Reihe,also einer
Kennvariablen z.B.$t\ a\ min$ (Zeitpunkt der max.negativen Beschleunigung)
zeigt die direkte Sensitivität dieser Variablen zueinzelnen Parametern
des Modells,hier am deutlichsten zu PW2,der Pulsweite des Antagonisten.
Durchsicht einer Spalte,eines einzelnen Parameters z.B.Ksl(linke Serien-
Elastizität) zeigt,welche Kennvariable am besten zur Identifikation
dieses Parameters geeignet ist,hier Amin die maximale negative Beschleunigung;d.h.Amin wird durch Ksl am meisten beeinflußt -sog. indirekte
Sensitivität.Für die Sensitivitätsmatrix wurde je ein Parameter variiert (um 1/3 u.3fach,oberer,um 1/10 u. 10fach,unterer Sens.Koeffizient)
und alle anderen konstant gehalten.Tabelle 2 zeigt unmittelbar,daß die
Kontrollparameter für NL u. NR (PH,PW1,PW2),wie erwartet,den größten
Einfluß haben,daneben noch Änderungen der Viskosität Bp.Umgekehrt kann
PH durch die Amplitude (Magnitude) ,und PW1 durch die Dauer einer Bewegung gut identifiziert werden,da die Sens.Koeffizienten hoch sind.

389

	A_{tani}	J	K_{SL}	T_d	T_a	B_p	Bh	K_p	PH	PW_1	PW_2
Duration	0.0000	0.0018	−0.0263	−0.0779	−0.0403	−0.1127	−0.0066	−0.0083	0.0960	°6.2155	−0.5653
	0.0000	0.0582	−0.0848	−0.0083	−0.0015	−0.0605	−0.0081	−0.0174	0.3974	⊕0.2456	−0.0992
Magnitude	−0.0712	0.0000	0.0495	−0.0109	−0.2692	⊕−0.6259	0.1909	⊕−0.0517	⊕0.8317	°3.9805	−0.5941
	−0.0539	0.0000	0.1096	−0.0000	−0.0372	−0.3931	0.1059	−0.0402	0.3449	⊕0.7961	−1.0489
ε_{max}	−0.0892	−0.1595	0.1666	0.0088	0.2380	−0.4957	0.2708	−0.0000	0.4856	0.0996	0.0000
	⊕−0.1103	−0.0805	0.2580	0.0055	0.1050	−0.2183	0.1295	−0.0080	0.3119	0.1432	°−1.0461
A_{max}	−0.0936	−0.2501	0.2275	−0.0077	0.2922	−0.4642	0.2864	0.0034	°0.4701	0.0000	0.0000
	−0.0675	−0.1247	0.3098	−0.0019	0.1313	−0.2261	0.1379	0.0037	0.3025	0.0000	0.0000
A_{min}	−0.1081	⊕−0.5413	⊕0.5253	−0.1972	⊕−0.6777	−0.3154	⊕0.3271	−0.0141	0.4314	−0.6688	1.3980
	−0.0733	−0.2067	0.5785	−0.0704	−0.3226	−0.0867	0.1529	−0.0147	0.2892	−0.7090	°⊕5.9132
$t_{emax} - t_{amin}$	0.0000	0.0582	−0.0624	⊕0.2039	−0.0916	−0.1124	0.0000	0.0000	0.0033	0.0000	−0.4933
	0.0000	0.0650	−0.0493	0.0684	−0.0404	−0.0325	0.0000	0.0000	0.0015	0.0000	°−1.8666
t_{emax}	−0.0272	°0.4664	−0.1530	0.0000	0.1682	−0.3273	−0.0611	0.0000	0.0040	0.0000	0.0000
	−0.0226	0.1814	−0.2023	0.0000	0.0882	−0.1496	−0.0329	0.0000	0.0024	0.0000	0.0000
t_{imax}	0.0000	0.0919	−0.0443	0.0306	0.0068	−0.0477	−0.0102	0.0000	0.0000	0.0909	0.0000
	0.0000	0.0697	−0.0714	0.0174	0.0000	−0.0211	−0.0101	0.0000	0.0000	°0.1545	0.0000
t_{amin}	0.0095	0.2021	−0.0943	−0.1348	0.0269	−0.0674	−0.0323	0.0000	0.0035	0.0000	−0.3194
	0.0087	0.1060	−0.1033	−0.0457	0.0050	−0.0261	−0.0130	0.0000	0.0018	−0.0142	°−1.3813

Tab. 2

Außerdem kann Kp die Parallelelastizität bei Kenntnis der Kontrollparameter sehr genau durch die Amplitude identifiziert werdem,da Kp nur diese wesentlich beeinflußt.Hieraus wird deutlich,daß die Sensitivitätsanalyse nicht nur zur Verbesserung des Modells dient,sondern auch zur Konzeption neuer Experimente.

2.Simulation pathologisch verlangsamter Kopfrotationen bei Torticollis
spasticus. Patienten mit Torticollis Spasticus zeigen eine dauernde Abweichung ihres Kopfes von der Primärposition,z.B. 20°nach rechts,wie im
Beispiel Abb.5;linker m.Sternocleidomastoideus(LST) zieht dabei den Kopf
nach rechts und umgekehrt (RST).Wiedergegeben sind gleichgerichtetes u.
integriertes EMG,Augenposition u.Kopfacceleration.Charakteristischerwei-
se zeigt der LST vor,während und nach einer Linkswendung eine deutlich
erhöhte Aktivität,obwohl er für diese Rotation der Antagonist ist und
normalerweise eine minimale Aktivität haben würde (linke Abb.hälfte).

Der RST als Ago-
nist zeigt ander-
seits eine hohe
steile gut modu-
lierte EMG Akti-
vität für Wendun-
gen nach 30°links.
Für Rechtswendun-
gen dagegen hat
der LST als Ago-
nist nur eine re-
lativ niedrige
und unregelmäßige

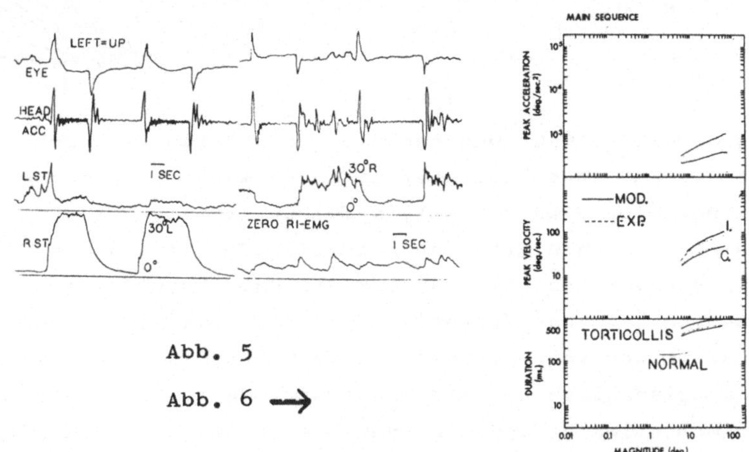

Abb. 5

Abb. 6 →

Aktivität;außerdem zeigt hier auch der RST als Antagonist eine deutlich
erhöhte Aktivität,so daß es, mehr noch als nach Linkswendungen,zu unre-
gelmäßigen oszillatorischen Bewegungen im Anschluß an die Wendung kommt.
Im Main Sequence plot werden die Unterschiede der Bewegungsdynamik zum
normalen unmittelbar deutlich: Insbesondere für Wendungen nach links,al
so nach kontralateral zur Seite des Torticollis im Beispiel,finden sich

erheblich herabgesetzte max.Beschleunigungen u. Geschwindigkeiten und
damit erheblich verlängerte Bewegungsdauern,(EXP.=experimentelle Werte).
Plotted man den RI-EMG level für verschiedene Amplituden (Abb.7),dann
findet sich normalerweise (N) mit wachsender Abweichung von der Primärposition eine beinahe linear ansteigende EMG Aktivität (TEN=tension in
gram-force;LEN=length,hier in Winkelgrad)und damit einhergehende Kraft-
entwicklung.Im Beispieldes Torticollis-Patienten dagegen (T) findet sich
für Wendungen nach rechts,der Torticollis-'Seite',ein abgeflachter Verlauf,fast mit Sättigung bei $40°$rechts,und für Linkswendungen eine zunächst exponentiell,dann eher linear ansteigende Kurve mit über doppelt-
normal erhöhten Werten.Auf der jeweils antagonistischen Seite findet
sich,wie schon aus den Zeitfunktionen der Abb.5 ersichtlich,erhöhte
Aktivität für Linkswendungen ,praktisch normale Aktivität für Rechtswen-
dungen.

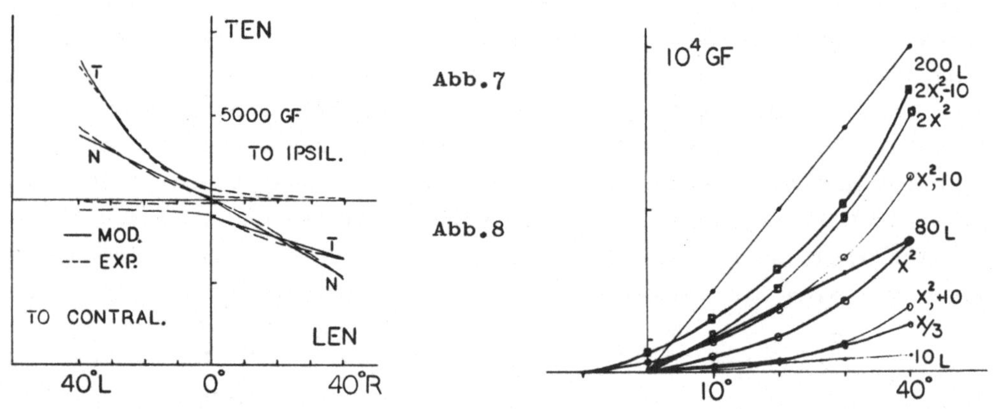

Das Modell erlaubt uns nun,die für unseren Fall wohl am wahrscheinlich-
sten veränderten Parameter in ihrer Auswirkung auf Kopfwendungen zu stu-
dieren.Änderungen von Hill's force-velocity Beziehung (von a u. b) erscheinen dashalb nicht so sinnvoll ,da sie,wie aus der Sensitivitätsmatrix ersichtlich,wie Bh=b auf die Dauer verkürzend,wohl über eine Erhöhung von Amin und Vorverlegung von t Amax,wirken,oder wie afact=a insgesamt einen sehr geringen Einfluß haben und auf die Bewegungsdauer gar
keinen;lediglich die max.Geschwindigkeit wird etwas herabgesetzt.Aus experimentellen Befunden erschien es daher am zweckmäßigsten,die hier vorliegenden Veränderungen durch Anpassung der Parallel-Elastizität Kp zu
simulieren.Da zunächst eine strukturelle Änderung der Muskeln nicht an-
zunehmn ist,sondern erst als Sekundärfolge auftreten kann,kam eine Änderung der Serien-Elastizität Ksl u. Ksr nur in 2.Linie in Frage,(Abb.8).
Normalerweise ist Kp=2gf/deg und linear;entsprechende Kurven für Kp=10,
80 u.200 finden sich in Abb8.Sie führen ebenso nicht zum Ziel eines fitting wie nichtlineare Kp von der Form x^2,mit u. ohne Verschiebungen auf
der Abszisse $(X^2-10,+10)$.Dagegen ergibt eine Verschiebung um $-10°$auf der

x-Achse,sowie ein nichtlineares Kp der Form Kp $\ast$ $2x^2$ einen erstaunlich
guten Fit für Torticollis-Wendungen nach Kontralateral(Abb.7);für Wendungen nach ipsilateral ergaben Kp $\ast$ $x^2/3$ und Kp=40 etwa gleichgute
Fits (Kp=2 für nichtlineares Kp). Für die Kennvariablen Dauer,max.
Geschwindigkeit u. max.Beschleunigung im Main Sequence Plot fanden sich
ebenfalls sehr gute Übereinstimmungen unseres Modells unter diesen Bedingungen mit den experimentellen Daten (Abb.6).
Insgesamt ergibt sich aus unseren Studien,daß Simulationen analytischer
Modelle von Bewegungsabläufen - hier der horizontalen Kopfrotation -
nicht allein das Verständnis über den Ablauf solcher Bewegungen vertie-
ft,sondern auch,insbesondere unter Verwendung so wesentlicher und hilf-
reicher 'Werkzeuge' wie einer Sensitivitätsanalyse,für gestörte Bewe-
gungsabläufe realistische Erklärungsmöglichkeiten anbietet und simulieren läßt - letztenendes damit auch zu einer sinnvollen Therapie mit-
beitragen kann.

Literatur.

1.Abrahams,V.:Can.J.Phys.**55**,332-338 (1975)

2.Dichgans,J.et al.:Brain Res.**71**,225-232 (1974)

3.Zangemeister,W.H.,Lehman,S.,Stark,L.:Biol.Cybern.**41**,19-32 (1981)

4.Zangemeister,W.H.,Lehman,S.,Stark,L.:Biol.Cybern.**41**,33-45 (1981)

5.Clark,M.,Stark,L.:IEEE Trans.Autom.Control **20**,345-348 (1975)

6.Lehman,S.,Stark,L.:Cybernetics (1982) in press

7.Robinson,D.A.:J.Physiol.**174**,245-264 (1964)

8.Viviani,P.,Berthoz,A.:Biol.Cybern. **19**,19-37 (1975)

9.Reber,J.,Goldsmith,W.:J.Biomechan.**12**,211-222 (1979)

10.Bizzi,E. et al.:J.Neurophysiol. **41**,542-556 (1978)

11.Morasso,P. et al.:IEEE Trans.Sys.Man and Cybern.SMC-7,639-647 (1977)

12.Zangemeister,W.H.,Jones,A.,Stark,L.:Exp.Neurol.**71**,76-91 (1981)

13.Zangemeister,W.H.,Stark,L.:Ann.New York Acad.Sci.**374**,540-559(1981)

14.Feldbaum,A.:New York,Academic Press (1965)

Danksagung.

Herrn Privatdozent Dr.med.R.Hagenah danken wir sehr für die Überweisung
vom Torticollis Patienten,und Herrn S.Lehman,Ph.D.,für seine unschätz-
bare Hilfe bei Simulation der Normaldaten.Wir danken für Förderung aus
Mitteln der DFG Bonn,Stipendium 82-4ZA.

Modellbildung und Modellvereinfachung technischer Systeme

Wolfgang Bär, Erlangen

Zusammenfassung. Ausgehend von allgemeinen Prinzipien zur Modellbildung technischer Systeme wird die besondere Problematik der Modellierung aus regelungstechnischer Sicht behandelt. Es wird dabei gezeigt, wie wichtig die modellhafte Vorstellung für die Entwicklung und den Fortschritt von Wissenschaft und Technik ist. Anschließend werden Kriterien für leistungsfähige Modelle formuliert und die Notwendigkeit zur Modellvereinfachung begründet. Die Methoden zur Modellvereinfachung bilden einen weiteren Schwerpunkt des Beitrages. Nach der Betrachtung der prinzipiellen Möglichkeiten werden die wichtigsten Methoden zur Reduktion linearer dynamischer Prozeßmodelle dargestellt.

Summary. The basic assumptions which are the foundation of all modelling are considered from the point view of a control engineer. The conceptual, developmental and output utility of a model is emphasized as well as its impact on the advancement of science. The necessity of model reduction is confirmed and the principle basic methods for reducing models of dynamic systems are surveyed.

1. Einleitung

Das wirksame Erkennen von funktioneller und formenhafter Ähnlichkeit sowie wesenhaftem Unterschied spielt eine entscheidende Rolle bei der Entwicklung von Wissenschaft und Technik. Das menschliche Denkvermögen führt dabei ausgehend von Beobachtungen und Experimenten mit Hilfe von Begriffsbildungen und Festlegungen zu allgemein gültigen Gesetzen, in dem in den offensichtlich auftretenden Unterschieden die erkannten Ähnlichkeiten gesetzmäßig formuliert werden. Die so gewonnenen physikalischen Gesetze sind das Fundament für alle technischen Wissenschaften und deren Fortschritt. Wesentlich dabei ist, daß durch Gedanken-Assoziationen im Zusammenhang mit dem Erkennen von Ähnlichkeiten auf z.T. grundsätzlich verschiedenen Gebieten neue Erkenntnisse erreicht bzw. Erfindungen angeregt werden. Es liegt nämlich in der Natur des Menschen, sich beim Forschen eines vorstellbaren Systems zu bedienen, das gewisse charakteristische Merkmale der Ähnlichkeit mit dem untersuchten System besitzt. Dieses häufig unentbehrliche gedankliche Hilfsmittel, das mit den in Frage stehenden Erscheinungen im Grunde nur sehr wenig zu tun haben muß, nennt man Modell. Und dieses Modell erfüllt seinen Zweck nur dadurch, daß sein Verhalten durch ähnliche Aussagen beschrieben wird.

2. Modell und Modellbildung

Das Ziel jeder modellhaften Betrachtung besteht wesentlich darin, ein abstraktes, durch mathematische Beziehungen beschriebenes mehr oder weniger scharfes Abbild eines realen oder gedachten technischen oder nichttechnischen Prozesses herzuleiten. Ist diese Abbildung umkehrbar eindeutig, dann stimmen Originalsystem und Modell sowohl bezüglich ihrer Funktion als auch bezüglich ihrer Struktur überein. In diesem Falle existiert zu jedem Modellelement ein genau entsprechendes Systemelement und umgekehrt. In den meisten Fällen erfaßt das Modellsystem jedoch nur einige Eigenschaften des Prototyps und besitzt damit nur bezüglich dieser Eigenschaften die gleiche Funktion, die dann durch die gleichen analytischen Beziehungen beschreibbar ist. Modell und Modellbildung hängen damit wesentlich ab von der Beantwortung von Fragestellungen wie

● was will man von dem untersuchten System erfahren?

● welche Folgerungen und Entscheidungen sollen von der Modellierung abgeleitet werden?

● welchen Aufwand darf die Modellierung erreichen?

● wie genau muß das Modell sein?

u.s.w. .

Innerhalb dieses angedeuteten Rahmens liegen auch die "regelungstechnischen Modelle" mit den folgenden typischen Eigenschaften

● der Wert der regelungstechnischen Modelle wird nach der Qualität der erreichten Regelung beurteilt;

● technisch-ökonomische Überlegungen bestimmen das Verhältnis von erreichbarer Genauigkeit zu einzusetzenden Kosten;

● eine objektive Güte der Modelle ist selten festlegbar;

● da technisch-ökonomische Forderungen in regelungstechnische Fragestellungen umformuliert werden müssen, sind regelungstechnische Modelle stets von technischen Entwicklungen abhängig; sie sind damit auch immer nur gerade noch zulässige Kompromisse.

Diese Problematik wird besonders deutlich, wenn man sich die Einsatzbereiche der Regelungstechnik und damit auch der regelungstechnischen Modelle betrachtet. Diese liegen auf den Gebieten

● der Forschung und industriellen Entwicklung

● der Projektierung von Anlagen

● der Auslegung der zu automatisierenden Prozesse

● des Entwurfs von Automatisierungseinrichtungen

● der Inbetriebnahme von Anlagen

● des Anlagenbetriebs und der Betriebsüberwachung

und schließlich auch bei

● der laufenden Optimierung der Prozeßführung.

Es ist dabei unwahrscheinlich, daß für alle erwähnten Bereiche das gleiche Modell verwendet werden kann. So dürfte z.B. sich das Erkenntnismodell der Forschung wohl kaum unmittelbar zur Inbetriebsetzung von Anlagen oder das der Betriebsüberwachung sich nur schlecht zu Erkenntnisgewinnung eignen.

3. Methoden der Modellbildung

Wie in allen älteren Gebieten der Technik ging auch in der Regelungstechnik die Realisierung - zumindest in der Anfangsphase - der Theorie oder jeder modellhaften Betrachtung voraus. So wurden etwa die grundlegenden Reglertypen bereits in der Frühzeit der Regelungstechnik von Praktikern gefunden und nicht etwa von der Theorie verlangt. Die allerdings schon bei den ersten Regelungssystemen auftretenden Stabilitätsschwierigkeiten gaben aber vergleichsweise früh Anlaß zu Modellbildung, und zwar zu theoretischen Untersuchungen. Dabei wird eine qualitative Vorstellung über die physikalischen Vorgänge vorausgesetzt: Es wird ausgehend von allgemeinen Grundgesetzen der Physik mittels einer Deduktion auf das Modell geschlossen. Durch die Anwendung einer Folge von prinzipiellen Konzepten und Überlegungen werden im Hinblick auf das vorliegende Problem bzw. Phänomen Strukturen und Parameter immer spezifischer, so daß letztlich durch Übergang vom Allgemeinen zum Speziellen eine zutreffende Modellvorstellung abgeleitet ist.

Die Beispiele für die Anwendung dieser Methode sind vielfältig: im elektrischen Bereich wird man von den Kirchhoff'schen; in der Mechanik von den Newton'schen Gesetzen ausgehen. Bei verfahrenstechnischen Vorgängen sind die Bilanzgleichungen und Erhaltungssätze in den verschiedensten Formen heranzuziehen.

Die Ergebnisse der deduktiven Modellbildung werden mathematisch durch algebraische Gleichungen, gewöhnliche oder partielle Differentialgleichungen beschrieben. Die Koeffizienten der abgeleiteten Gleichungen sowie die Werte der Anfangs- und Randbedingungen sind auf der Basis der Kenntnis der physikalischen Gesetze wenigstens qualitativ bekannt; sie müssen durch zusätzliche experimentelle Untersuchungen genauer bestimmt werden. Der Erkenntniswert der deduktiven Methode liegt damit in der mehr oder weniger intuitiven Erfassung der physikalisch relevanten Vorgänge und ihrer Formulierung durch die entsprechenden Grundgesetze. In der Praxis kann dies bedeuten, daß der erfahrene Modellbildner Modellvarianten auf Grund verschiedener Modellvorstellungen entwickelt und deren Aussagen vergleicht.

Die relativ bescheidenen Ansprüche an die Regelgüte und die gleichzeitige hohe Komplexität der technischen Prozesse ließen dem Praktiker den hohen Aufwand für die theoretische Modellbildung nicht als gerechtfertigt erscheinen. So versuchte man, aus Meßergebnissen - zuerst namentlich Sprungantworten - Modelle empirisch zu gewinnen. Im Vergleich zur deduktiven, theoretischen Modellierung ist diese experimentelle Untersuchungstechnik eine wesentlich unsichere und weniger bestimmte Vorgehensweise. Das Verhalten des Systems wird dabei in Form von Eingangs- und Ausgangssignalfolgen beobachtet. Nachdem auf Grund einer vorhandenen à priori-Prozeßkenntnis eine mathematische Gleichungsklasse oder ein Modelltyp festgelegt ist, werden aus den gemessenen Daten mathematische Beschreibungen ermittelt, miteinander verglichen und auf ihre Gültigkeit überprüft. Zwei Probleme sind offensichtlich:

1. Begründung für die Wahl des Modelltyps und die damit verbundene Frage des Ein-

flusses von Modellfehlern.

2. Qualität und Zahl der Meßdaten, die entweder passiv durch reine Beobachtung oder
   aktiv durch spezielle, angepaßte Testsignale erhalten werden können.

Heute sind beide Verfahren der Modellgewinnung so weit entwickelt, daß sie als zwei
im Prinzip gleich gewichtige, einander sehr gut ergänzende Methoden zu betrachten
sind.

4. Über die Notwendigkeit der Modellvereinfachung

Nachdem nun die detaillierteren Modelle eine entsprechend komplexe mathematische Beschreibung ergeben, werden im gleichen Maße auch die durchzuführenden mathematischen
Operationen komplizierter. Dies kann dazu führen, daß der Durchblick durch das Systemverhalten im konkreten Anwendungsfall wesentlich erschwert wird. Man ist daher
stets bemüht, die allgemeinen Systemmodelle im Hinblick auf die speziellen Anforderungen durch Modelle einfacherer Struktur zu ersetzen. Man spricht dann von im Hinblick auf den Anwendungsbereich leistungsfähigen Modellen, bei denen ein Kompromiß
zwischen Aufwand an Modellierung, Simulation, mathematischer Behandlungszeit, usw.
und Genauigkeit gefunden ist.

Betrachten wir das Fachgebiet Regelungstechnik, so finden wir in den vergangenen 20
Jahren zahlreiche Lösungsvorschläge zum Problem der Modellvereinfachung oder -Reduk-
tion. Das Problem der Modellreduktion besteht darin, ein einfacheres Modell zu finden, dessen Eigenschaften mit den interessierenden Eigenschaften des komplexen Modells weitgehend übereinstimmen. Kriterien für die modellmäßige Übereinstimmung im
Bereich der Regelungstechnik können dabei sein:

● dynamische Eigenschaften (z.B. Schnelligkeit: Gewichtsfunktion, Frequenzgang, usw.)
● stationäre Eigenschaften (Genauigkeit, usw.)
● Einfachheit und Verwendbarkeit für bestimmte Entwurfsverfahren,
  u.s.w. .

5. Möglichkeiten zur Modellvereinfachung

Die vereinfachten Modelle lassen sich sowohl experimentell als auch analytisch gewinnen. Eine <u>experimentelle Modellreduktion</u> besteht darin, gemessenen Werten von sig-
nifikanten Prozeßkenngrößen ein Modellsystem so zuzuordnen, daß ein bestimmtes Feh-
lerkriterium erfüllt ist. Bei diesem als "Identifizierung", also experimentelle Modellbildung, bereits kennengelernten Verfahren, werden sowohl die Struktur als auch
die Parameterwerte des vereinfachten Modellsystems angepaßt. Es ist offensichtlich,
daß diese Methoden unscharf sind, sofern der Anwender seine Erfahrung nicht lei-
stungssteigern einbringen kann.

Die theoretische bzw. <u>analytische Modellvereinfachung</u> geht meist von der allgemeinsten Systembeschreibung aus, d.h. z.B. von einem nichtlinearen, zeitvarianten Modell
mit örtlich verteilten Parametern und versucht, einige der folgenden Methoden zur Modellreduktion durchzuführen:

a) Linearisierung der nichtlinearen Modelle am Arbeitspunkt,

b) Approximation von Systemen mit örtlich verteilten Parametern durch Modelle mit konzentrierten Parametern,

c) Approximation kontinuierlicher Systeme durch zeitdiskrete Modelle,

d) Approximation zeitvarianter Systeme durch zeitinvariante Modelle,

e) Ordnungsreduktion linearer zeitinvarianter Modelle.

<u>Zu a)</u> Zur Anwendung der Methoden der linearen Systemtheorie werden die nichtlinearen Modellgleichungen durch Reihenentwicklung an einem festen Arbeitspunkt und Vernachlässigung der Glieder höherer Ordnung linearisiert. Man erhält allgemein lineare, zeitvariante Gleichungen für kleine Abweichungen vom Arbeitspunkt.

<u>Zu b)</u> Nachdem sich für partielle Differentialgleichungen nur wenige allgemeine Lösungsverfahren angeben lassen, wird versucht, - meist durch Diskretisierung der Ortsvariablen - zu den einfacher zu lösenden gewöhnlichen Differentialgleichungen überzugehen.

<u>Zu c)</u> Hierbei werden die Differentialgleichungen, mit denen die zeitkontinuierlichen Systeme beschrieben sind, z.B. im Hinblick auf eine digitale Simulation oder eine digitale Regelung,möglichst genau und äquivalent durch Differenzengleichungen ersetzt.

<u>Zu d)</u> Nachdem eine geschlossene Lösung von Differentialgleichungen mit zeitveränderlichen Parametern nur in wenigen Fällen angegeben werden kann, ist die Approximation zeitvarianter Systeme durch zeitinvarianter Modelle eine erhebliche Vereinfachung. Der Grundgedanke dieser Reduktion besteht darin, das zeitvariante System in einem bestimmten, beschränkten Zeitintervall durch ein im Sinne eines gewählten Gütekriteriums bestes zeitinvariantes Modell zu beschreiben.

<u>Zu e)</u> Die bisher betrachteten Modellvereinfachungen führten schrittweise zu immer einfacheren Systembeschreibungen, die allerdings bei entsprechend komplexen Prozessen zu linearen, zeitinvarianten Modellen sehr hoher Ordnung führen, deren regelungstechnische Behandlung damit entsprechend aufwendig ist. Man hat daher schon sehr früh versucht, die genauen Modelle hoher Ordnung durch einfachere Modelle niedrigerer Ordnung zu ersetzen, die nur noch die wesentlichen dynamischen Systemeigenschaften beschreiben. Die entwickelten Verfahren lassen sich prinzipiell in drei Gruppen unterteilen:

● <u>Verfahren mit optimaler Modellanpassung</u>

Hierzu wird das Originalsystem hoher Ordnung durch ein Modell niedrigerer Ordnung ersetzt, indem die unbekannten Parameter des vereinfachten Modelles in optimaler Weise angepaßt werden. Dabei wird von typischen Systemcharakterisierungen in Zeit- und Frequenzbereich wie Impuls- oder Sprungantwort, Übertragungsfunktion, zeitlichen Momenten, usw. ausgegangen, die für Originalsystem und reduziertes Modell bestimmt und miteinander verglichen werden.

● <u>Verfahren mit Reihenentwicklung</u>

Bei diesen Verfahren wird eine systembestimmende Funktion wie z.B. die Übertragungsfunktion oder das Betragsquadrat des Frequenzganges in eine Reihe entwickelt. Das reduzierte Modell bestimmt sich dann aus den führenden Gliedern der Reihenentwicklung. Im Gegensatz zu den optimalen Methoden wird damit prinzipiell ein Abbruch-Approximationsfehler eingeführt, der zu Abweichungen zwischen Originalsystem und Modell im stationären Zustand führen kann.

● Modale Reduktionsverfahren

Das Prinzip dieser Methoden besteht darin, nur die wichtigsten Zustände des Originalzustandsvektors im reduzierten, handlicheren Ersatzmodell zu berücksichtigen. Dazu wird das Originalmodell in Zustandsraumdarstellung durch eine Transformation auf Jordan-Normalform gebracht und die für die wesentlichen Systemzustände dominanten Eigenwerte ausgewählt. Das reduzierte Modell wird dabei so festgelegt, daß ein möglichst einfacher, aber physikalisch sinnvoller Zusammenhang zwischen den Eingangsgrößen und den Meß- und Regelgrößen entsteht. Zur Unterscheidung können die folgenden Kriterien herangezogen werden:

- übergeordnete Bedeutung gewisser Systemgrößen (z.B. Regelgrößen, die einen gewünschten Zeitverlauf haben sollen),
- meßbare Systemgrößen,
- kritische Systemgrößen, die unbedingt beachtet werden müssen, usw..

Der Begriff des bezüglich der wesentlichen Systemzustände dominanten Eigenwertes stellt bei diesen Verfahren ein besonderes Problem dar.

Zusammenfassend für die analytischen Modellreduktionsverfahren muß angemerkt werden, daß die Frage nach einer problemgerechten Modellvereinfachung, d.h. die Frage, ob der auf Grund des reduzierten Modelles konzipierte Regler im Zusammenwirken mit der tatsächlichen Regelstrecke die gewünschten Eigenschaften erreicht, allgemein nur sehr schwierig zu beantworten ist.

6. Zusammenfassung

Es sollte gezeigt werden, wie wichtig die modellhafte Vorstellung für die Entwicklung von Wissenschaft und Technik ist. Dabei wurde angedeutet, wie man zu einer leistungsfähigen Modellvorstellung gelangen kann. Sehr wesentlich für die unmittelbare Umsetzung des Erkannten in geeignete Strukturen ist die zielgerichtete Vereinfachung technischer Systeme, wobei der Durchblick durch das Systemverhalten gewährleistet sein sollte.

7. Literatur

[1] BÄR, W., Simulation kontinuierlicher technischer Systeme, Habilitationsschrift, Universität Erlangen-Nürnberg (1982).

[2] GWINNER, K., Modellbildung technischer Prozesse unter besonderer Berücksichtigung der bei der Regelung und Überwachung benötigten Modellvereinfachung, PDV-E 51 (1975).

[3] MÜLLER, R., Projektierung von Automatisierungsanlagen, VEB Technik, Berlin (1980).

HYBRIDE SIMULATION EINES HYDRAULISCHEN LINEARANTRIEBS MIT ZUSTANDSREGELUNG

Heinz Bültges, Aachen

Zusammenfassung. Gegenstand des Beitrags ist Teil einer Untersuchung zum Entwurf von Lageregelungen für hydraulische Linearantriebe, die mit dem Ziel durchgeführt wurde, allgemein anwendbare Regelungskonzepte zu finden und zunächst an simulierten Modellen zu erproben. Das hier benutzte Modell basiert auf Daten eines servoventilgesteuerten Hydraulikzylinders. Aus verschiedenen Gründen wurde die Untersuchung auf einem Hybridrechner durchgeführt. Dabei wird das Modell des Linearantriebs analog und die Regelung digital simuliert. Die Eigenschaften des Linearantriebs und der Einfluß der Regelung wird anhand einiger ausgewählter Beispiele demonstriert.

Summary. Subjekt of this contribution is part of an investigation to design position controllers for hydraulic drives. The aim of the contribution is to find generally applicable controller-concepts and to test their properties on simulated models. The characteristics of the model used are such of a hydraulic-cylinder with a servo-walve as actuator. For several reasons investigations were carried out on a hybrid computer. The model was set up on an analog computer whereas the controller was implemented on a digital computer. The properties of the drive and the performance of the controller are demonstrated in a few characteristic examples.

1. Einführung

Hydraulische Linearantriebe werden in vielen Bereichen der Automatisierungstechnik wegen ihrer hohen Stelleistung eingesetzt. Aufgrund ihrer charakteristischen schwachen Systemdämpfung führen Konzepte mit einschleifigen Regelkreisen nur zu unbefriedigenden Regelergebnissen. Das Ziel der beabsichtigten Untersuchung ist daher, Regelungskonzepte für Linearantriebe zu entwerfen und zunächst an simulierten Modellen zu erproben.

Das hier benutzte Modell basiert auf Daten eines servoventilgesteuerten Hydraulikzylinders, der wegen seiner Länge von ca. 6 m erheblich von üblichen Linearantrieben abweicht (Bild 1).

Der Linearantrieb ist Bestandteil eines Schmiedemanipulators. Er besteht aus einem Hydraulikzylinder mit einseitig herausgeführter Kolbenstange und starrer Lastankopplung sowie starrer Zylinderaufhängung. Reibkräfte im Zylinder werden nur als Coulomb'sche Reibung berücksichtigt, weil diese im normalen Betriebsbereich dominieren. Andere Störeinflüsse werden zu einer Störkraft zusammengefaßt, die an der Kolbenstange angreift.

Zur Steuerung des Zylinders wird ein einfaches Servoventil mit Zweikantensteuerung verwendet. Dabei wird nur der Volumenstrom der linken Zylinderkammer vom Servoventil beeinflußt. Die rechte Zylinderkammer ist unmittelbar mit dem Versorgungssystem

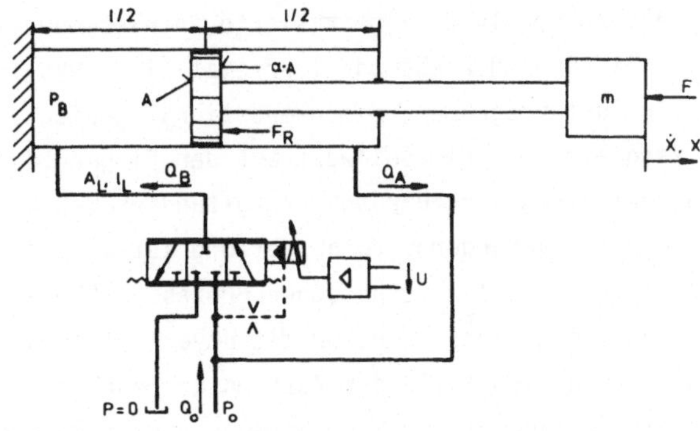

Bild 1: Servoventilgesteuerter Zylinderantrieb

verbunden. Eine Steuerung des unsymmetrischen Zylinderantriebs ist wegen der unterschiedlich wirksamen Kolbenflächen möglich.

2. Zustandsregelungen

Ziel der eingangs erwähnten Untersuchung ist, Regelungen mit Zustandsreglern und Zustandsbeobachtern zu entwerfen und zu erproben /F1/, /W1/. Den Signalflußplan des zugrunde liegenden linearen Gesamtsystems zeigt Bild 2. Darin repräsentiert das Teil-

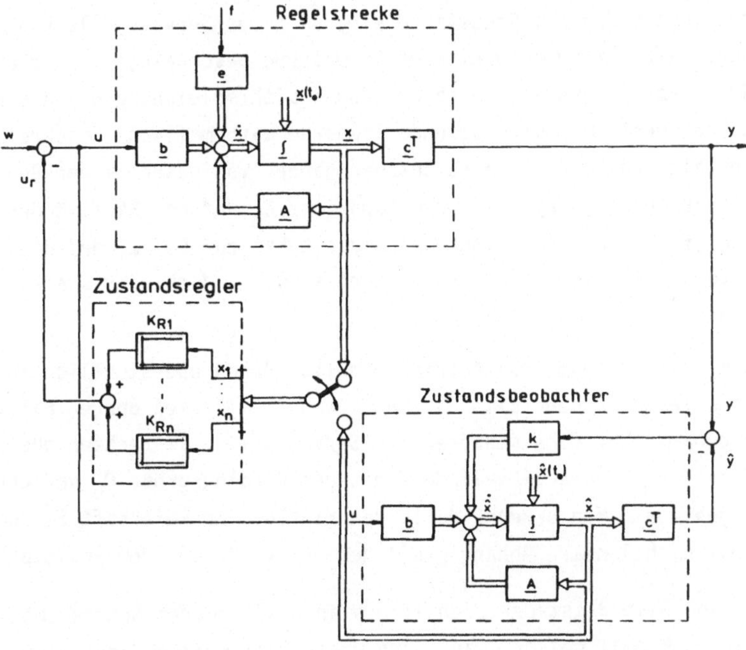

Bild 2: Zustandsregelung mit Beobachter

system "Regelstrecke" das zu regelnde, linearisierte Antriebsmodell, das bei der Simulation durch das nichtlineare Antriebsmodell ersetzt wird. Das Teilsystem "Zustandsregler" bildet aus allen Zustandsgrößen, die proportional gewichtet werden, ein Stellsignal, das nach dem Vergleich mit dem Sollwert auf den Eingang der Regelstrecke gegeben wird. Durch die gewichtete Rückführung der Zustandsgrößen kann man bei linearen Systemen die Dynamik beliebig verändern. Voraussetzung ist allerdings die Verfügbarkeit aller Zustandsgrößen. Bei vielen technischen Prozessen können die Zustandsgrößen zwar definiert, aber häufig nicht oder nur mit unvertretbar hohem Aufwand gemessen werden. Will man auf die Vorteile der Zustandsgrößenrückführung trotzdem nicht verzichten, so müssen die Zustandsgrößen über einen sogenannten Zustandsbeobachter geschätzt werden (Bild 2). Darunter versteht man ein Modell des zu regelnden Prozesses, das aus meßbaren Signalen die nicht meßbaren Zustandsgrößen rekonstruiert, die dann statt der tatsächlichen Zustandsgrößen zur Regelung verwendet werden.

3. Aufbau der Simulation

Für den hydraulischen Linearantrieb wurde ein mathematisches Modell abgeleitet, das das Verhalten des Servoventils und des Hydraulikzylinders unter den vorgegebenen Randbedingungen relativ genau beschreibt /B1/, /K1/, /K2/. Für das statische Verhalten des Servoventils mit Nullüberdeckung (Bild 1) gilt unter Berücksichtigung von Blenden nach Bernoulli und unter Vernachlässigung einiger Nebeneffekte für den Volumenstrom ein quadratisches Durchflußgesetz. Die Dynamik des Servoventils kann man in guter Näherung durch ein Verzögerungselement 2. Ordnung beschreiben. Das Übertragungsverhalten des Hydraulikzylinders ist durch die Kontinuitätsgleichung und die Newton'sche Bewegungsgleichung bestimmt. Die zugrunde liegende mathematische Beschreibung des Linearantriebs enthält drei nichtlineare Zusammenhänge. Von wesentlicher Bedeutung ist dabei die positionsabhängige hydraulische Kapazität C_h und der Einfluß der Coulomb'schen Reibkraft F_R. Die Positionsabhängigkeit hat zur Folge, daß die dynamischen Kennwerte des Hydraulikzylinders nicht konstant sind, sondern sehr stark von der Kolbenposition abhängen.

Die mathematischen Gleichungen des Antriebsmodells können übersichtlich in einem Signalflußplan dargestellt werden (Bild 3). Man erkennt im linken oberen Bildteil die statischen und dynamischen Eigenschaften des Servoventils. Im rechten oberen Bildteil ist das Modell des Hydraulikzylinders mit der Eingangsgröße Q_B und der Ausgangsgröße X abgebildet. Man erkennt darin den Einfluß der Reibkraft F_R, der Störkraft F sowie die nichtlineare Abhängigkeit des Drucks P_B von der Position X.

Im unteren Teil von Bild 3 ist der Signalflußplan des linearen Antriebsmodells dargestellt. Zu diesem Modell gelangt man, wenn die nichtlinearen Modellgleichungen für eine fest vorgegebene Position X_A - auch Arbeitspunkt genannt - linearisiert und nur noch Abweichungen davon betrachtet werden.

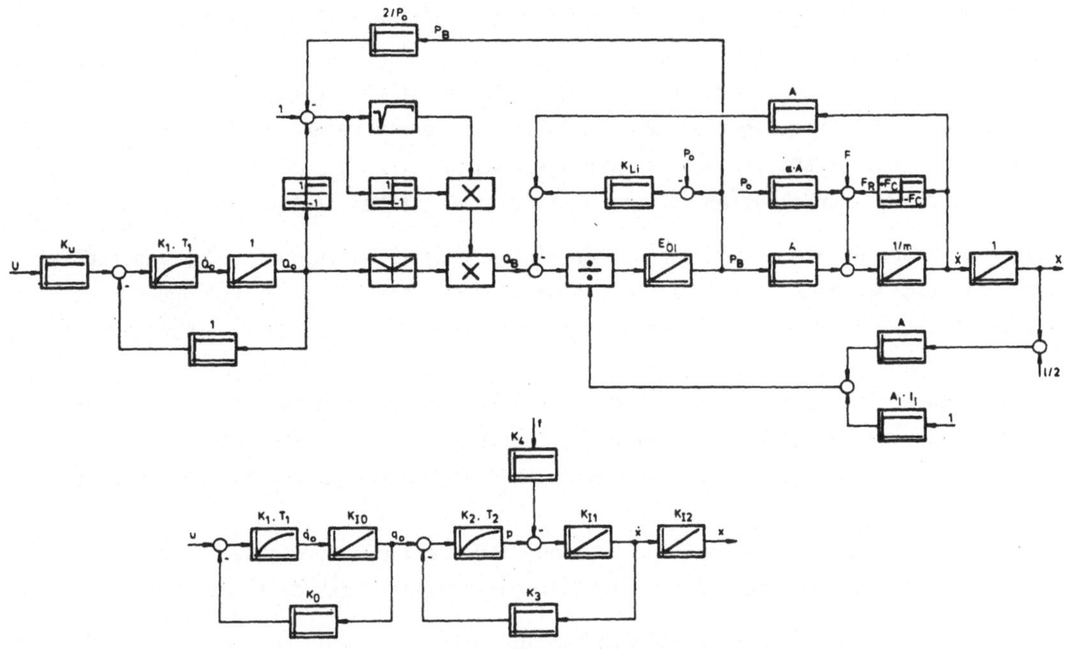

Bild 3: Lineares und nichtlineares Antriebsmodell

Zur Zustandsregelung solcher linearer Systeme gibt es in der Regelungstheorie systematisch anwendbare Entwurfsverfahren, die streng genommen auch nur für diese linearen Systeme das gewünschte Regelverhalten liefern. Weil technische Systeme fast immer nichtlinear sind, muß man prüfen, ob und inwieweit Zustandsregelungen, die für lineare Systeme entworfen wurden, auf nichtlineare Systeme übertragen werden können, ohne daß das Regelverhalten deutlich von dem des linearen Systems abweicht. Dabei soll zunächst vorausgesetzt sein, daß die Reglerkoeffizienten nicht adaptiert, sondern im gesamten Regelbereich konstant gehalten werden.

Die genannten Überlegungen gelten in gleicher Weise auch für den Entwurf von Zustandsbeobachtern. Man wird sicher nicht erwarten können, daß die Schätzwerte der Zustandsgrößen immer exakt mit den tatsächlichen übereinstimmen. Die Auswirkungen auf das Regelverhalten werden bei der Diskussion der Ergebnisse noch deutlich werden.

Wird in Bild 2 das Teilsystem "Regelstrecke" durch das in Bild 3 oben dargestellte nichtlineare Antriebsmodell ersetzt, erhält man den Signalflußplan, der der Erprobung der linearen Zustandsregelungen zugrunde liegt. Man erkennt dann, daß wahlweise die am nichtlinearen Antriebsmodell gemessenen oder die vom Zustandsbeobachter geschätzten Zustandsgrößen an den Zustandsregler übertragen werden. Bild 2 macht auch die Problematik der anzuwendenden Simulationstechnik deutlich. Grundsätzlich kann die Simulation analog oder digital durchgeführt werden. Aus den folgenden Gründen scheint aber eine analoge Simulation des Antriebsmodells vorteilhaft zu sein:

- die Modellgleichungen, insbesondere die der Nichtlinearitäten, sind leicht zu programmieren,
- die Genauigkeit der Untersuchung von etwa 0,01% ist völlig ausreichend,
- alle physikalischen Signale - auch die zur Regelung verwendeten Zustandsgrößen - können leicht erfaßt und auf einem Plotter dargestellt werden,
- das zu simulierende System ist ein kontinuierlich arbeitendes.

Diese gleichen Gründe gelten ebenso für eine analoge Simulation des Zustandsreglers und des Zustandsbeobachters. Darüber hinaus müssen aber folgende Bedingungen berücksichtigt werden, die für eine digitale Simulation der Zustandsregelung zu sprechen scheinen:

- der Entwurf von Zustandsregler und Zustandsbeobachter kann aufgrund komplizierter Berechnungsverfahren nur mit dem Digitalrechner durchgeführt werden,
- die Parameter von Zustandsregler und Zustandsbeobachter müssen häufig geändert werden,
- die anfallenden Datenmengen sind so groß, daß sie zunächst digital zwischengespeichert werden müssen, so daß ein Digitalrechner eingesetzt werden muß.

Die obigen Betrachtungen führten dazu, daß zur Simulation eine hybride Technik angewandt wurde. Dabei wird das Antriebsmodell auf einem Analogrechner und die Zustandsregelung auf einem Digitalrechner simuliert.

Den organisatorischen Aufbau der Simulation stellt Bild 4 dar. Die Simulation arbeitet interruptgesteuert und wird vom Digitalrechner überwacht. Die 4 Tasks bearbeiten folgende Teilaufgaben:

- Task DATEN: Lesen und interpretieren von Daten, die zur Durchführung der Simulation benötigt werden.
- Task SIMVOR: Vorbereitung der Simulation und Berechnung der gewählten Regler- und Beobachterkoeffizienten.
- Task ABTAST: Start und Überwachung der Simulation.
- Task SIMEND: Berechnung verschiedener Gütekriterien und wahlweise Speicherung aller Simulationsdaten; Ausgabe einer Simulationsdokumentation.

Zur Steuerung eines einwandfreien Simulationsbetriebs ist auf dem Analogrechner noch eine umfangreiche Logikschaltung aufgebaut. Sie unterstützt im wesentlichen die Überwachungsaufgabe des Digitalrechners und steuert die Integrierer des Analogrechners. Wegen der begrenzten Rechengeschwindigkeit des Digitalrechners muß die Simulation um den Faktor 50 langsamer durchgeführt werden. Simuliert werden Übergangsvorgänge von 1 s Dauer, die in der Simulation dann 50 s lang dauern.

4. Ergebnisse

Einige Ergebnisse der Simulation sind in den Bildern 5a und 5b dargestellt. Sie demonstrieren grundlegende Eigenschaften von linearen Zustandsregelungen, die ohne

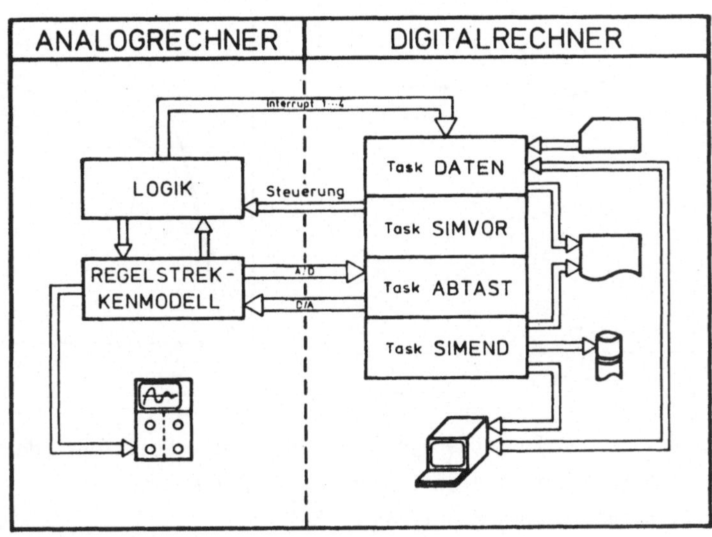

Bild 4: Simulationsaufbau

Adaption oder Modifikation am nichtlinearen Antriebsmodell gewonnen wurden.

In den Kurven 1 und 3 von Bild 5a, das Ergebnisse von Zustandsregelungen ohne Beobachter zeigt, kann man eine gute Übereinstimmung der Position x des linearen und des nichtlinearen Modells ohne Reibung erkennen. Im Vergleich dazu weist die Kurve 2 auf die negative Eigenschaft des Antriebsmodells mit Reibung hin. Die Abweichung der Position x vom gewünschten Sollwert ist so groß, daß die Zustandsregelung die vorgegebenen Spezifikationen nicht erfüllt.

In Bild 5b sind die Ergebnisse für Zustandsregelungen des nichtlinearen Modells mit Reibung dargestellt. Die Kurve 1 ist identisch mit der Kurve 2 von Bild 5a. Die Kurve 3 spiegelt den Einfluß des Arbeitspunktes auf die Regelung wieder. Obwohl die Regelung für den Arbeitspunkt X_{A1} = 2,7 m entworfen worden ist, liefert sie auch am Arbeitspunkt X_{A2} = -0,9 m einen brauchbaren Verlauf der Position x. Für die Regelabweichung infolge Reibung gilt das weiter oben Gesagte.

Werden die Zustandsgrößen von einem linearen Zustandsbeobachter geschätzt und zur Regelung verwendet, dann ergibt sich ein zunächst nicht erwarteter Verlauf der Position x, wie ihn die Kurve 2 von Bild 5b zeigt. Er ist charakteristisch für alle untersuchten Regelungen und demonstriert, daß Zustandsregelungen mit durch Beobachter geschätzten Zustandsgrößen allgemein bessere Ergebnisse liefern als Zustandsregelungen mit gemessenen Zustandsgrößen.

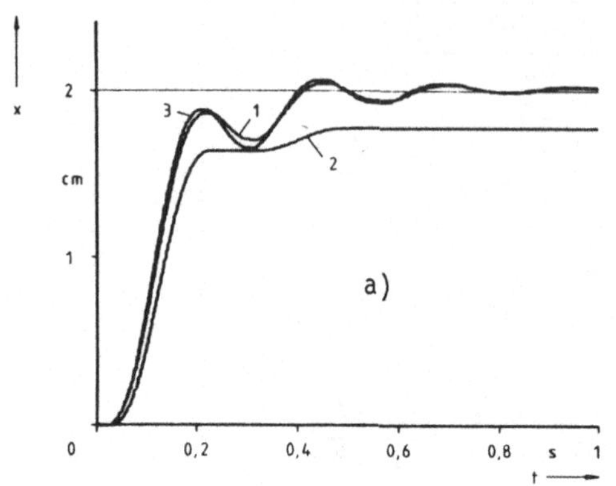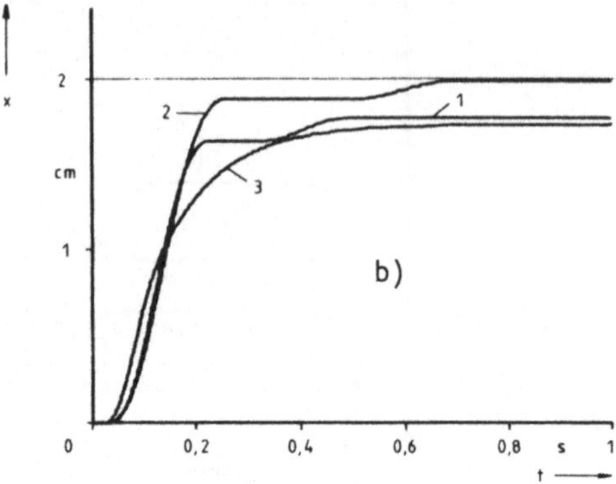

Bild 5: Ergebnisse der Zustandsregelungen für kleine Positionsänderungen

    a) ohne Beobachter, Arbeitspunkt X_{A1} = 2,7 m

        1: nichtlineares Modell ohne Reibung

        2: nichtlineares Modell mit Reibung

        3: lineares Modell

    b) nichtlineares Antriebsmodell mit Reibung

        1: Arbeitspunkt X_{A1} = 2,7 m ohne Beobachter

        2: Arbeitspunkt X_{A1} = 2,7 m mit Beobachter

        3: Arbeitspunkt X_{A2} = -0,9 m, ohne Beobachter

5. Zusammenfassung

Zusammenfassend kann festgestellt werden, daß die aufwendige hybride Simulation des hydraulischen Linearantriebs mit Zustandsregelung grundlegende Erkenntnisse in der Behandlung schwach gedämpfter Systeme aufgezeigt hat. Darüber hinaus wurde dargestellt, daß die hybride Simulationstechnik ein guter Kompromiß zur Lösung der vorgegebenen Aufgabe zu sein scheint. Die Untersuchungen werden mit dem Ziel fortgesetzt, weitere Aussagen zur Zustandsregelung schwach gedämpfter Linearantriebe zu gewinnen.

6. Literatur

/B1/ Backé, W.: Servohydraulik. Umdruck, Institut für hydraulische und pneumatische Antriebe und Steuerungen, RWTH Aachen, 1979.

/F1/ Föllinger, O.: Regelungstechnik. 2. Auflage, Elitera Verlag Berlin, 1978.

/K1/ Korte, R.: Modellbildung eines langen, servoventilgesteuerten Hydraulikzylinders. Studienarbeit am Institut für Regelungstechnik der RWTH Aachen, 1981.

/K2/ Korte, R.: Entwurf einer Lageregelung für einen langen Hydraulikzylinder mittels hybrider Simulation. Diplomarbeit am Institut für Regelungstechnik der RWTH Aachen, 1981.

/W1/ Wierschem, T.: Entwurf von Lageregelungen für schwach gedämpfte Antriebe. Dissertation RWTH Aachen, 1980.

DYNAMISCHES VERHALTEN VON LUFTERHITZERN
- MODELLBILDUNG UND SIMULATION

Gerhard Franck, Aachen

Herbert Schmachtenberg, Oslo

Zusammenfassung. Für wasserbeheizte, mischungsgeregelte Kreuzstromwärmeübertrager in Klimaanlagen, die als kontinuierliche, nichtlineare, zeitinvariante Systeme mit verteilten Parametern beschrieben werden können, wird ein Modell in Form von Frequenzgängen und ein vereinfachtes Modell im Zeitbereich angegeben. Ausgehend von Konstruktionsdaten einer großen, ausgeführten Anlage werden beide Modelle digital simuliert und durch ihre Übergangsfunktionen dargestellt. Mehrere Vereinfachungsstufen liefern ein einfaches Ersatzmodell genügender Genauigkeit; die dabei notwendigerweise auftretenden Fehler werden diskutiert.

Summary. Water-heated crossflow heatexchangers in air-conditioning plants are described as continuous time, nonlinear, time invariant systems with distributed parameters. A frequency response model and a simplified model of the plant will be introduced. The results of digital simulations with specific data of a large plant are presented. Several reduction steps yield a very simple model with sufficient accuracy. Resulting errors will be discussed.

1. Einführung

Zur Reduzierung des Energieverbrauchs von Lüftungs- und Klimaanlagen ist eine flexible Betriebsführung notwendig. Damit verbunden sind häufig wechselnde Betriebszustände mit Übergangsvorgängen zwischen aufeinanderfolgenden Betriebspunkten, die nur dann sicher gesteuert und ausgeregelt werden können, wenn die vorhandenen Kenntnisse zur Dynamik und Statik einzelner Aggregate durch genauere aber handhabbare theoretische Modelle ergänzt werden.

Am Beispiel eines großen wasserbeheizten mischungsgeregelten Kreuzstromwärmeübertragers, der als kontinuierliches, nichtlineares, zeitinvariantes System mit verteilten Parametern beschrieben werden kann, wird der Weg der Modellbildung mit ersten Vereinfachungsstufen vorgestellt. Die digitale Simulation wird von der Simulationsmethode bis zu Ergebnissen in Form von Übergangsfunktionen beschrieben. Unterschiedliche Anwendungsmöglichkeiten des simulierten Modells werden aufgezeigt und am Beispiel der Bestimmung eines sehr einfachen Ersatzmodells dargestellt.

2. Anlagenbeschreibung

Die Aufheizung von Frischluft in Lüftungs- und Klimaanlagen erfolgt häufig mit dem in Bild 1 dargestellten Lufterhitzer der Betriebsart "Mischungsregelung". Mit dem Mischventil wird die Temperatur Θ_{WE} in der Zuflußleitung durch Mischen von heißem Vorlaufwasser mit kälterem Rücklaufwasser gestellt.

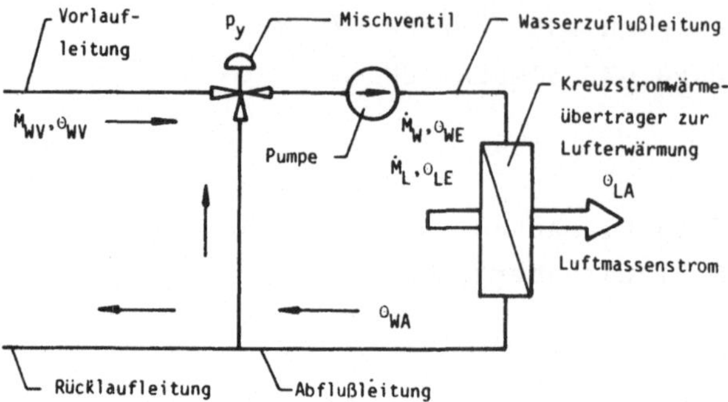

Bild 1: Anlagenschema des Lufterhitzers

Bei ausgeführten Großanlagen wird die Dynamik der gesamten Regelstrecke entscheidend durch die langen Wasserwege (Zu- und Abflußleitung, Wärmeübertrager) bestimmt. Der hier untersuchte Lufterhitzer hat eine Nennleistung von 167 kW bei einem Luftvolumenstrom von 27.000 m^3/h, einem Kanalquerschnitt von 1,45 x 1,76 m^2 und einer Bautiefe von nur 0,16 m.

3. Modellbildung

Aus dem allgemeinen Anlagenschema, Bild 1, folgt der in Bild 2 dargestellte Signalflußplan für kleine Abweichungen von einem beliebigen Arbeitspunkt.

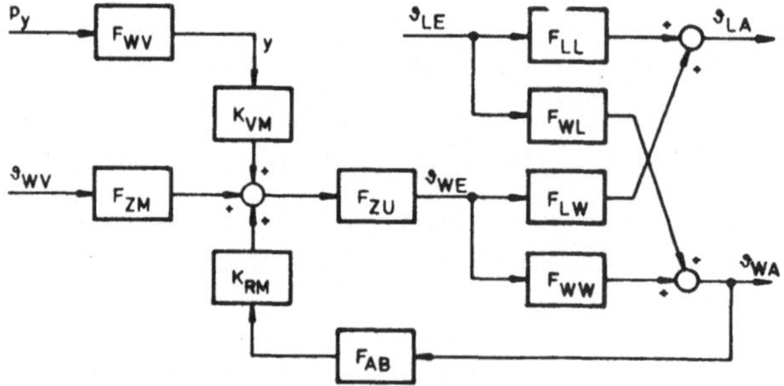

Bild 2: Signalflußplan des Lufterhitzers

Das linearisierte Übertragungsverhalten wird durch ein Frequenzgangmodell beschrieben /1/. Die Herleitung der Frequenzgänge, die verschiedene Konstruktions-, Betriebs- und Stoffdaten verknüpfen, erfolgt in /2/.

Im folgenden wird nur das sogenannte Stellübertragungsverhalten behandelt. Es beschreibt das dynamische Verhalten der Luftaustrittstemperatur als Antwort auf eine Änderung des Mischungsverhältnisses und ist damit unabhängig von einer speziellen Ventilkennlinie, der Dynamik des Ventilantriebs und der Wasserbeschleunigung in der Vorlaufleitung. Das Mischungsverhältnis beim jeweiligen Arbeitspunkt (Index o) gibt den Quotienten von zufließendem zum zirkulierenden Wassermassenstrom an

$$Y_0 = \frac{\dot{M}_{WVo}}{\dot{M}_{Wo}} \cdot \qquad (1)$$

Der Einfluß des Mischungsverhältnisses y auf die Luftaustrittstemperatur ϑ_{LA} enthält als besonderes Merkmal eine positive Rückkopplung der Wasseraustrittstemperatur ϑ_{WA} mit arbeitspunktabhängigem Übertragungsbeiwert K_{RM} (Bild 2). Neben der Rückkopplung wird das dynamische Verhalten hauptsächlich durch die Frequenzgänge F_{LW} und F_{WW} geprägt. Die Frequenzgänge der Zu- und Abflußleitungen F_{ZU}, F_{AB} haben die gleiche Struktur wie F_{WW}.

Der Frequenzgang F_{WW} beschreibt das Übertragungsverhalten zwischen der Temperatur des ein- und austretenden Wassers des Wärmeübertragers.

$$F_{WW} = e^{-C} \qquad (2)$$

$$C = \tau \cdot \psi_L + j\omega T_{tW} + \frac{j\omega T_{tW1}}{1+j\omega T_R} - (j\omega)^2 K_2 \qquad (3)$$

Der Frequenzgang F_{WW} ist in Bild 3 als Reihenschaltung von Teilfrequenzgängen dargestellt. Dabei enthält der Teilfrequenzgang

$$F_{Wt} = e^{-\tau\psi_L} \cdot e^{-j\omega T_{tW}} \qquad (4)$$

den Übertragungsbeiwert und die Wasserlaufzeit,

$$F_{W1} = e^{-\frac{j\omega T_{tW1}}{1+j\omega T_R}} \qquad (5)$$

die thermische Rohrwandankopplung und

$$F_{W2} = e^{-\omega^2 K_2} \qquad (6)$$

beschreibt die Durchmischung des Wassers in Strömungsrichtung.

Aus Bild 3 ist erkennbar, daß die Amplitudengänge von F_{W1} und F_{W2} sowie die Phasengänge φ_{W1} und φ_{Wt} im interessierenden Bereich niedriger Frequenzen ähnlich sind. Damit kann näherungsweise der Frequenzgang F_{W1} durch

$$F_{W1}^* = e^{-j\omega T_{tW1} - \omega^2 T_R T_{tW1}} \qquad (7)$$

beschrieben werden. Durch Zusammenfassung der Parameter

$$T_{tW}^* = T_{tW} + T_{tW1} , \qquad K_2^* = K_2 + T_R T_{tW1} \qquad (8)$$

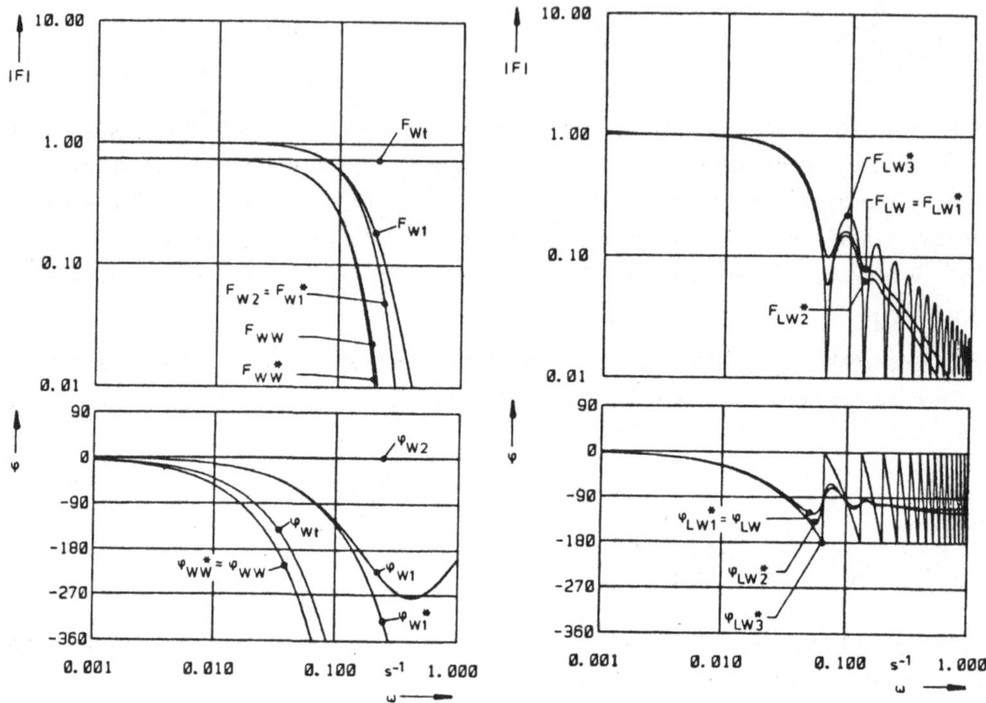

Bild 3: Teil- und Gesamtfrequenzgänge
zu F_{WW} und Näherung F_{WW}^{*}

Bild 4: Frequenzgang F_{LW} und Näherungslösungen

kann der Frequenzgang F_{WW}^{*} nun als Reihenschaltung von Totzeit (Parameter T_{tW}^{*}) und Durchmischung (Parameter K_{2}^{*}) aufgefaßt werden, d.h. es gilt

$$C \approx C^{*} = \tau \cdot \psi_L + j\omega T_{tW}^{*} - (j\omega)^{2} K_{2}^{*}. \tag{9}$$

Der Frequenzgang F_{LW} beschreibt das Übertragungsverhalten zwischen eintretender Wasser- und austretender Lufttemperatur und enthält u.a. den Frequenzgang F_{WW} und im Nenner die Funktion C.

$$F_{LW} = \frac{\psi_L}{1+j\omega T_{RW}} \cdot \frac{1-e^{-C}}{C} \cdot e^{-j\omega \frac{T_{tL}}{2}} \tag{10}$$

Eine erste Näherung F_{LW1}^{*} ergibt sich, wenn man die Laufzeit der Luft (Parameter T_{tL}) vernachlässigt und die Funktion C durch C^{*} (Gl. (9)) ersetzt. Auch die zweite Ver- einfachung F_{LW2}^{*}, bei der mit dem Übertragungsbeiwert $K_{WW} = 1$ bzw. $\tau \cdot \psi_L = 0$ gerechnet wird, führt zu vergleichsweise geringen Fehlern (Bild 4). Erst die dritte Näherung F_{LW3}^{*}, bei der die Zeitkonstante T_{RW} und der Parameter K_{2}^{*} vernachlässigt werden, zeigt größere Abweichungen. Der Frequenzgang F_{LW3}^{*} beschreibt einen Integrator mit begrenzter Integrationszeit, wie er aus Abtastregelkreisen bekannt ist

$$F_{LW3}^{*} = \phi \, \frac{1 - e^{-j\omega T_{tW}^{*}}}{j\omega T_{tW}^{*}} \, . \tag{11}$$

4. Simulation

Mit den Näherungslösungen zu den Teilfrequenzgängen F_{WW} und F_{LW} kann das Übertragungsverhalten der gesamten Anlage einfach im Zeitbereich beschrieben und digital simuliert werden. Zum Stellübertragungsverhalten zwischen Mischungsverhältnis y und gemessener Luftaustritttemperatur p_x erhält man den in Bild 5 dargestellten Signalflußplan. Die Frequenzgänge F_{ZU} und F_{AB} der Rohrleitungen sind in gleicher Weise vereinfacht wie der Frequenzgang F_{WW} /2/.

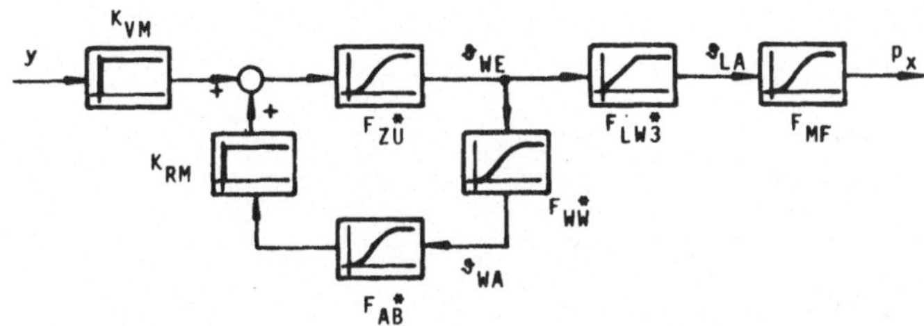

Bild 5: Signalflußplan zum vereinfachten Modell des Lufterhitzers

Die Rücktransformation der Frequenzgänge F_{WW}^{*} (entsprechendes gilt für F_{ZU}^{*} und F_{AB}^{*})
und F_{LW3}^{*} liefert die Gewichtsfunktionen

$$g_{WW}^{*}(t) = e^{-\tau \psi_L} \cdot \frac{1}{\sqrt{\pi K_2^{*}}} \cdot e^{-\frac{(t - T_{tW}^{*})^2}{K_2^{*}}} \tag{12}$$

und

$$g_{LW3}^{*}(t) = \begin{cases} \dfrac{\phi}{T_{tW}^{*}} & \text{für } 0 < t < T_{tW}^{*} \\[2mm] 0 & \text{für } T_{tW}^{*} < t \, , \end{cases} \tag{13}$$

die für $t < 0$ Null sind.

Um den Aufwand für die Untersuchungen gegenüber dem für die Modellbildung im angemessenen
Rahmen zu halten, wurde eine blockweise, digitale Simulation gewählt, bei der die
Ausgangssignale eines jeden Übertragungblockes durch diskrete Faltung des zugehörigen
Eingangssignals mit der Gewichtsfunktionsfolge berechnet wurden /3/. Die Rückführung
der Wassertemperatur auf den Mischungspunkt (Bild 5) führt zu keiner algebraischen
Schleife, da durch die Totzeiten in den Übertragungsblöcken zu F_{WW}^{*}, F_{ZU}^{*} und F_{AB}^{*} zu
jedem Simulationszeitpunkt bekannte Signale vorliegen.

Die Gewichtsfunktion $g_{WW}^*(t)$ (bzw. $g_{ZU}^*(t)$, $g_{AB}^*(t)$) muß nur im Bereich $0 < t < 2T_{tW}^*$ durch eine zeitdiskrete Folge angenähert werden. Die Abtastzeit ist um ca. zwei Größenordnungen kleiner als die dominierenden Zeitkennwerte (z.B. T_{tW}^*).

Bild 6 zeigt die normierten Übergangsfunktionen der Wassertemperaturen ϑ_{WE}, ϑ_{WA}, der mittleren Luftaustrittstemperatur ϑ_{LA} und der gemessenen Luftaustrittstemperatur p_x bezüglich einer sprungförmigen Änderung des Mischungsverhältnisses y. Charakteristisch für den mischungsgeregelten Lufterhitzer ist der mitkoppelnd wirkende Wasserkreislauf, der sich im treppenförmigen Verlauf der Temperaturen ϑ_{WE}, ϑ_{WA}, ϑ_{LA} ausdrückt, während die durch die Messfühlerdynamik verschliffene Temperatur p_x diesen Verlauf nicht aufweist.

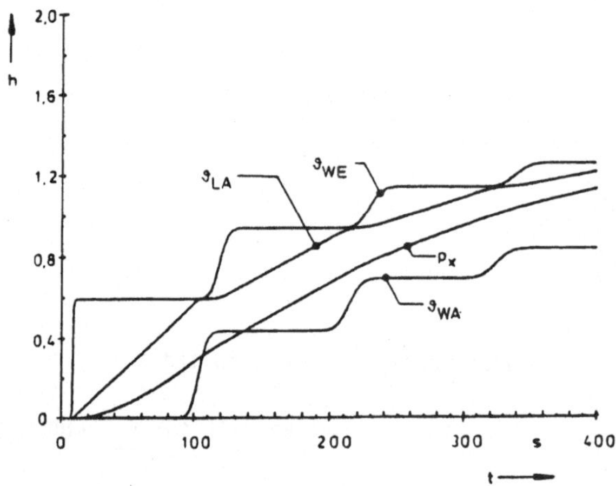

Bild 6: Übergangsfunktionen der Temperaturen ϑ_{WE}, ϑ_{WA}, ϑ_{LA}, p_x

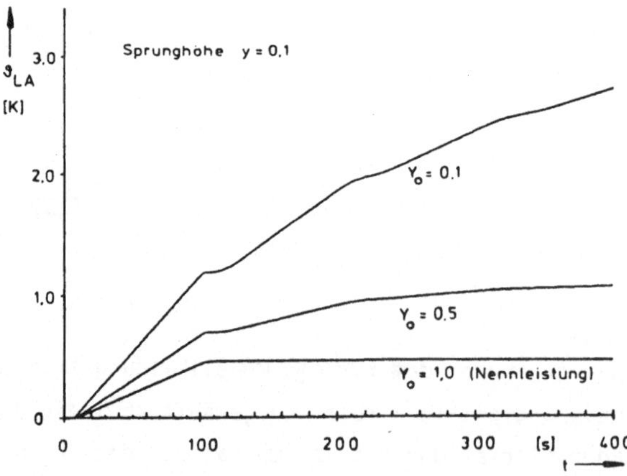

Bild 7: Übergangsfunktionen der Luftaustrittstemperatur für verschiedene Arbeits-
        punkte Y_o

Die Auswirkung der Nichtlinearität der Anlage auf das dynamische Verhalten bei Arbeitspunktänderungen zeigt Bild 7. Bei einem Mischungsverhältnis $Y_0 = 1$ erreicht die Luftaustrittstemperatur nach einem Wasserumlauf ihren stationären Endwert. Mit abnehmendem Mischungsverhältnis nimmt die Anzahl der notwendigen Wasserumläufe zur Erreichung der stationären Endwerte stark zu, d.h. die Temperaturregelstrecke ist wesentlich langsamer geworden.

5. Vereinfachtes Ersatzmodell

In den durchgeführten digitalen Simulationen zeigte sich, daß zur einfachen und schnellen Abschätzung der Regelstreckendynamik die in Bild 5 dargestellten Übertragungsblöcke zum Wasserkreislauf und zum Wärmeübertrager (Frequenzgang F_{LW3}^*) durch das Ersatzmodell

$$\hat{F}_S = \frac{K}{1 + j\omega T_g} \cdot e^{-j\omega T_u} \tag{14}$$

angenähert werden können (Bild 8). Für den Übertragungsbeiwert K erhält man

$$K = \frac{\phi \cdot \tau}{Y_0 + a(1-Y_0)} \cdot \frac{\Theta_{LAN} - \Theta_{LEN}}{Y_0 + \phi \cdot \tau(1-Y_0)} \cdot \tag{15}$$

Aus Bild 8 folgt für die Zeitkonstante T_g die arbeitspunktabhängige Beziehung

$$T_g = \frac{T_{tW}^*}{Y_0 + \phi \cdot \tau(1-Y_0)} \tag{16}$$

und als Ersatztotzeit ist die Totzeit der Zuflußleitung

$$T_u = T_{tZ\ddot{U}}^* \tag{17}$$

zu wählen.

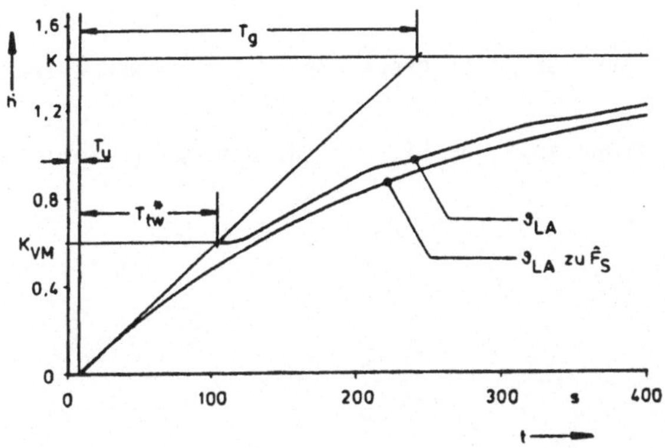

Bild 8: Übergangsfunktion des vereinfachten Ersatzmodells

6. Zusammenfassung

Ein theoretisch ermitteltes Modell, das die Dynamik von mischungsgeregelten Kreuzstrom-wärmeübertragern der Lüftungs- und Klimatechnik beschreibt, wird nach ersten Vereinfachungen digital simuliert. Diese Simulation ist geeignet, Auswirkungen konstruktiver Maßnahmen auf die Dynamik zu beurteilen sowie verbesserte Regel- und Steuerungskonzepte zu entwerfen und zu testen. Als Beispiel der Anwendung der digitalen Simulation wird die Bestimmung eines sehr einfachen Ersatzmodells beschrieben. Für zahlreiche praktische Anwendungsfälle der Steuerung und Regelung von Lüftungs- und Klimaanlagen liefert dieses Ersatzmodell eine ausreichend genaue Beschreibung der Anlage.

7. Formelzeichen und Indizes

Formelzeichen:

a	Auslegungskennwert
F	Frequenzgang
g	Gewichtsfunktion
j	imaginäre Einheit
K	Übertragungsbeiwert
K_2	Kennwert Wasserdurchmischung
$\dot{M}$	Massenstrom
p_y	Stelldruck
T	Zeitkonstante
T_t	Totzeit
t	Zeit
Y, y	Mischungsverhältnis
α	Wärmeübertragungskoeffizient
Θ, ϑ	Temperatur
ω	Kreisfrequenz
ϕ, τ, ψ_L	Kennwerte des Wärmeübertragers

Indizes:

AB	Abfluß
L	Luft
LA	Luftaustritt
LE	Lufteintritt
MF	Meßfühler
N	Betriebspunkt bei Nennleistung $(Y_0=1)$
o	Betriebspunkt
R	Rohr
RM	Mischventil, Rücklauf
VM	Mischventil, Vorlauf
W	Wasser
WA	Wasseraustritt
WE	Wassereintritt
WV	Wasservorlauf
ZM	Mischventil, Störgröße
ZU	Zufluß

8. Literatur

/1/ Schmachtenberg, H.: Ein Frequenzgangmodell zum dynamischen Verhalten mischungsgeregelter Kreuzstromwärmeübertrager. Heizung-Lüftung-Haustechnik (1982), in Vorbereitung.

/2/ Schmachtenberg, H.: Zum dynamischen Verhalten großer Kreuzstromwärmeübertrager. Dissertation, TH Aachen 1981.

/3/ Stearns, S.D.: Digitale Verarbeitung analoger Signale. R. Oldenbourg Verlag München, Wien 1979.

SIMULATION VON ZUSTANDSBEOBACHTERN

Manfred Köhne und Erwin Hasenjäger

Universität Siegen

Zusammenfassung: Entwurf, Realisierung und Einsatz von Zustandsbeobachtern verlangen
Informationen über die Beobachterdynamik. Diese lassen sich insbesondere bei *nichtlinearen* und *adaptiven* Beobachtern nur durch Simulation gewinnen. Ausgewählte, einfache Beispiele zeigen, wie notwendig und vorteilhaft Simulationsstudien für die
Beobachtersynthese sind.
Im ersten Teil dieses Beitrags wird der Entwurf *nichtlinearer* Beobachter für *polynomische* Systeme behandelt, die durch Zustandsgleichungen beschreibbar sind, die außer
linearen Termen auch bilineare und quadratische Terme enthalten. Die allgemeine
Struktur *polynomischer* Beobachter wird vorgestellt; die Wahl der noch freien Beobachterparameter erfolgt durch Simulation.
Lineare oder polynomische Systeme *mit unbekannten Parametern* lassen sich durch *erweiterte* mathematische Modelle polynomischer Struktur beschreiben. Polynomische Beobachter sind deshalb auch zur kombinierten Zustands- und Parameterschätzung einsetzbar.
Der Entwurf solcher *adaptiver* Beobachter wird im zweiten Teil dieser Arbeit anhand
von Beispielen aus der Populationsdynamik und der Antriebstechnik gezeigt.

Summary: Design, implementation and application of state observers demand informations
about the observer dynamics. These informations can only be obtained by simulation,
especially in the case of *nonlinear* and *adaptive* observers. Several examples demonstrate the necessity and the advantage of simulation for solving the observer design
problem.
The first part of this paper is concerned with methods of designing *nonlinear* observers for *polynomic* systems, which can be modeled by state equations with linear, bilinear, and quadratic terms. The general structure of *polynomic* observers is introduced and simulation serves as a useful tool to determine the final observer parameters.
Linear or polynomic systems *with unknown parameters* can be described by *extended*
mathematical models with polynomic structure. Therefore, polynomic observers can be
applied for a combined estimation of states and parameters. The second part of this
paper demonstrates the design of this kind of *adaptive* observers by examples of
population dynamics and driving systems.

1. Einführung

Zur Überwachung dynamischer Systeme oder zur Realisierung von Zustandsregelkonzepten

benötigt man meist den gesamten Systemzustand $\underline{x}(t)$. *Luenberger-Beobachter* [1,2] er-

lauben, aus wenigen meßbaren Ausgangsgrößen $\underline{y}(t)$ den vollständigen Zustandsvektor $\underline{x}(t)$

oder einzelne Zustandsgrößen $x_i(t)$ zu rekonstruieren bzw. zu schätzen. Allerdings muß

das mathematische Modell des Systems bekannt sein. Außerdem wird die Kenntnis der Ein-

gangsgrößen $\underline{u}(t)$ und die Beobachtbarkeit des Systems vorausgesetzt. Unter diesen Vor-

aussetzungen ist die Beobachtersynthese zunächst nur für *lineare* Systeme mit *konzen-

trierten* Parametern durchführbar.

In den Arbeiten [3] und [4] wird gezeigt, wie die Beobachtertheorie auf Systeme mit *verteilten* Parametern und auf spezielle *nichtlineare* Systeme, wie z. B. chemische Reaktoren, ausgedehnt werden kann. Eine geschlossene Theorie der Beobachtersynthese für nichtlineare Systeme existiert jedoch bisher nicht [5]. Lediglich für *bilineare* Systeme, die sowohl technische als auch sozio-ökonomische, biologische oder ökologische Prozesse beschreiben, wurden in den letzten Jahren Beobachteralgorithmen entwickelt, die sich mit vertretbarem Aufwand realisieren lassen [6 - 8].

Hier wird eine erweiterte Klasse nichtlinearer Systeme betrachtet, deren Zustandsgleichungen außer *linearen* und *bilinearen* Termen auch *quadratische* Terme enthalten und die deshalb als *polynomische* Systeme (2. Ordnung)bezeichnet werden [9]:

$$\underline{\dot{x}} = A_0\underline{x} + B_0\underline{u} + B(\underline{u})\underline{x} + Q(\underline{x})\underline{x} \ ,$$
$$\underline{y} = C\underline{x} \ , \qquad \underline{x}(0) = \underline{x}_0 \ , \tag{1}$$

wobei $\underline{x}(t)$, $\underline{y}(t)$ und $\underline{u}(t)$ im allgemeinen n-, m- und p-dimensionale Vektoren sind. Die Ausgangsgleichung wird *linear* angenommen. Die Matrizen A_0 und B_0 sind konstant und beschreiben den linearen Teil des Systems, während $B(\underline{u})$ und $Q(\underline{x})$ in der Form

$$B(\underline{u}) = \sum_{i=1}^{p} u_i B_i \ , \qquad Q(\underline{x}) = \sum_{j=1}^{n} x_j Q_j \tag{2}$$

darstellbar sind. Sie bilden zusammen mit dem Zustandsvektor $\underline{x}$ die *bilinearen* und *quadratischen* Anteile des Systems (1):

$$B(\underline{u})\underline{x} = \sum_{i=1}^{p} u_i B_i \underline{x} = \underline{b}(\underline{u},\underline{x}) = \underline{\tilde{b}}(\underline{x},\underline{u}) = \sum_{j=1}^{n} x_j \tilde{B}_j \underline{u} = \tilde{B}(\underline{x})\underline{u}$$
$$Q(\underline{x})\underline{x} = \underline{q}(\underline{x},\underline{x}) \quad \text{entsprechend.} \tag{3}$$

Dynamische Prozesse aus verschiedenen Anwendungsgebieten lassen sich durch polynomische Zustandsgleichungen dieser Art beschreiben. Das wird später anhand von Beispielen aus der Populationsdynamik, der Fluiddynamik und der Antriebstechnik gezeigt.

Aufgabe eines Zustandsbeobachters ist es, für ein gegebenes System (1) aus den bekannten Eingangssignalen $\underline{u}(t)$ und den gemessenen Ausgangssignalen $\underline{y}(t)$ eine *Schätzung* oder *Rekonstruktion* $\underline{\hat{x}}(t)$ des nicht direkt meßbaren Zustands $\underline{x}(t)$ vorzunehmen, wobei von einem unbekannten Anfangszustand $\underline{x}_0$ auszugehen ist (sonst könnte $\underline{x}(t)$ aus (1) berechnet werden).

2. Entwurf polynomischer Zustandsbeobachter

Setzt man *globale Beobachtbarkeit* [5] des Systems (1) voraus, so läßt sich ein *Zustandsbeobachter vollständiger Ordnung* entwerfen, der folgende Struktur hat [9]:

$$\dot{\underline{\hat{x}}} = A_0\underline{\hat{x}} + B_0\underline{u} + B(\underline{u})\underline{\hat{x}} + Q(\underline{\hat{x}})\underline{\hat{x}} - \hat{G}(\underline{\hat{x}},\underline{u},\underline{y})(\underline{\hat{y}}-\underline{y}) \; ,$$

$$\underline{\hat{y}} = C\,\underline{\hat{x}} \; , \qquad \underline{\hat{x}}(0) = \underline{\hat{x}}_0 \; . \tag{4}$$

Die Gewichts- oder Rückführmatrix $\hat{G}$ des Ausgangsfehlers $\underline{\hat{y}}-\underline{y}$ ist noch frei wählbar; es wird lediglich angenommen, daß $\hat{G}$ im allgemeinsten Fall sowohl von $\underline{\hat{x}}$ als auch von $\underline{u}$ und $\underline{y}$ abhängt. Damit ist eine Verallgemeinerung gegenüber früheren Arbeiten [4 - 8] möglich, wie weiter unten gezeigt wird.

Das System (4) mit beschränkten Eingangsgrößen $\underline{u}(t)$ wird ein *Zustandsbeobachter* des polynomischen Systems (1) und $\underline{\hat{x}}(t)$ wird die *Schätzung* des Zustands $\underline{x}(t)$ genannt, wenn unabhängig von $\underline{u}(t)$ und $\underline{\hat{x}}_0$ gilt:

$$\lim_{t\to\infty} \|\underline{\hat{x}}(t) - \underline{x}(t)\| = \lim_{t\to\infty} \|\underline{e}(t)\| = 0 \; . \tag{5}$$

Mit $\underline{e} = \underline{\hat{x}} - \underline{x}$ wird hier der *Zustands*schätzfehler bezeichnet. Der *Ausgangs*schätzfehler lautet dann $\underline{\hat{y}} - \underline{y} = C(\underline{\hat{x}}-\underline{x}) = C\underline{e}$. Der Beobachter (4) bzw. die Schätzung heißt *asymptotisch*, wenn eine Konstante λ_0 existiert, so daß gilt:

$$\|\underline{e}(t)\| \leq \|\underline{e}_0\| \exp(-\lambda_0 t) \; , \quad t \geq 0 \; , \tag{6}$$

wobei $\underline{e}(t)$ einer Fehlerdifferentialgleichung genügt, die sich unmittelbar aus der Differenz der Gleichungen (4) und (1) ergibt:

$$\dot{\underline{e}} = A_0\underline{e} + B(\underline{u})\underline{e} + Q(\underline{\hat{x}})\underline{\hat{x}} - Q(\underline{x})\underline{x} - \hat{G}(\underline{\hat{x}},\underline{u},\underline{y})C\underline{e} \; . \tag{7}$$

Berücksichtigt man die Beziehung $Q(\underline{\hat{x}})\underline{\hat{x}} - Q(\underline{x})\underline{x} = Q(\underline{e})\underline{\hat{x}} + Q(\underline{\hat{x}})\underline{e} - Q(\underline{e})\underline{e}$ und definiert die Matrix $P(\underline{\hat{x}})$ durch $Q(\underline{e})\underline{\hat{x}} = \tilde{Q}(\underline{\hat{x}})\underline{e} = P(\underline{\hat{x}})\underline{e}$, so kann der unbekannte Zustand $\underline{x}$ aus (7) eliminiert und die Fehlergleichung einfacher geschrieben werden. Wählt man außerdem eine *polynomische* Wichtung des Ausgangsfehlers

$$\hat{G}(\underline{\hat{x}},\underline{u},\underline{y}) = G_0 + G(\underline{\hat{x}}) + H(\underline{u}) + L(\underline{\hat{y}}-\underline{y}) \tag{8}$$

mit der konstanten Matrix G_0 und den in [9] und [15] vorgeschlagenen Matrizen

$$G(\underline{\hat{x}}) = \sum_{i=1}^{n} \hat{x}_i G_i \; , \qquad L(\underline{\hat{y}}-\underline{y}) = \sum_{k=1}^{m} (\hat{y}_k - y_k)L_k = L(C\underline{e}) \; , \qquad H(\underline{u}) = \sum_{j=1}^{p} u_j H_j \; , \tag{9}$$

dann lautet die Differentialgleichung des Zustandsschätzfehlers

$$\dot{\underline{e}} = [A_0 - G_0 C]\underline{e} + [P(\underline{\hat{x}}) + Q(\underline{\hat{x}}) - G(\underline{\hat{x}})C]\underline{e} + [B(\underline{u}) - H(\underline{u})C]\underline{e}$$
$$- [Q(\underline{e}) + L(C\underline{e})C]\underline{e} \; , \qquad \underline{e}(0) = \underline{e}_0 = \underline{\hat{x}}_0 - \underline{x}_0 \; . \tag{10}$$

Somit ist die Beobachtersynthese für polynomische Systeme der Form (1) auf die Wahl der Matrizen G_0, G, H und L zurückgeführt worden. Die Freiheiten bei der Wahl der Struktur und der Elemente dieser Matrizen werden so genutzt, daß die *Stabilität* der

Fehlergleichung bzw. die Konvergenz (5) der Schätzung gewährleistet ist. Außerdem wird eine *Reduktion* oder gar eine *Eliminierung* der Abhängigkeit des Fehlers $\underline{e}$ vom Beobachterzustand $\hat{\underline{x}}$ und vom Eingangsvektor $\underline{u}$ angestrebt [9,15]. Wesentlich für die Synthese polynomischer Beobachter ist nicht nur die Berücksichtigung der polynomischen Systemstruktur (1) in der Beobachtergleichung (4), sondern auch die polynomische Wichtung des Ausgangsfehlers $C\underline{e}$ durch die Gewichtsmatrix $\hat{G}$ der Form (8). Dies soll ein sehr einfaches Beispiel verdeutlichen.

<u>Beispiel 1:</u> Begrenztes Wachstum einer Population

Die Differentialgleichung des begrenzten Wachstums einer Population ist das einfachste Beispiel eines polynomischen Systems der Form (1):

$$\dot{x}(t) = [a-bu(t)-qx(t)]x(t) \ , \qquad x(0) = x_0 = ? \ . \tag{11}$$

Angenommen, die Populationsgröße $x(t)$ ist meßbar ($y = x$), so besteht eigentlich keine Notwendigkeit, einen Beobachter für dieses System zu entwerfen. Analog zu linearen Systemen [2] ist dieses triviale Beispiel jedoch geeignet, die Synthese eines polynomischen Beobachters zu erläutern. Nach (4) hat ein solcher Beobachter die Struktur

$$\dot{\hat{x}}(t) = [a-bu(t)-q\hat{x}(t)]\hat{x}(t) - [g_0+g\hat{x}(t)+hu(t) + le(t)]e(t) \ , \qquad \hat{x}(0) = \hat{x}_0 \ . \tag{12}$$

Der Schätzfehler $e = \hat{x} - x$ genügt der Differentialgleichung

$$\dot{e}(t) = [(a-g_0)-(2q+g)\hat{x}(t)-(b+h)u(t)+(q-1)e(t)]e(t) \ , \tag{13}$$

die sich zur asymptotisch stabilen Gleichung

$$\dot{e}(t) = -\lambda_0 e(t) \ , \qquad \lambda_0 > 0 \ , \qquad e(0) = e_0 \neq 0$$

vereinfacht, wenn folgende Beobachterparameter gewählt werden:

$$g_0 = a+\lambda_0 \ , \quad g = -2q \ , \quad h = -b \ , \quad \text{und } 1 = q \ .$$

Mit der vorgeschlagenen *polynomischen* Wichtung (8) anstelle der sonst üblichen linearen oder bilinearen Wichtung bei nichtlinearen Systemen [4-8], ist sowohl die *asymptotische Stabilität* als auch eine *vollkommene Eliminierung* der Abhängigkeit des Fehlers e von $\hat{x}$ und u erreicht worden. Infolgedessen konvergiert die Schätzung $\hat{x}$ gegen x, wobei es gleichgültig ist, mit welchem Anfangszustand $\hat{x}_0$ der Beobachter beginnt und welches Eingangssignal $u(t)$ vorliegt. Man beachte: Wegen des *quadratischen* Terms qx^2 in (11) ist die *quadratische* Fehlerrückführung le^2 in (12) unbedingt erforderlich, um das gewünschte Ergebnis zu erzielen.

In diesem sehr einfachen Beispiel ist noch eine analytische Lösung des Syntheseproblems möglich. Im allgemeinen Fall wird man lediglich die Struktur des Beobachters

durch analytische Untersuchungen festlegen können. Bei der Wahl der Parameter ist man
auf Simulationsstudien angewiesen. Das zeigt folgendes Beispiel.

<u>Beispiel 2:</u> Lorenz-Modell eines chaotischen Systems

Das *Lorenz-Modell* [17] der deterministischen Beschreibung einer zweidimensionalen,
rotierenden und erwärmten Flüssigkeit ist ein Beispiel für ein polynomisches System
dritter Ordnung (n = 3) ohne Anregung ($\underline{u} = \underline{0}$):

$$\underline{\dot{x}}(t) = A_0\underline{x}(t) + x_1(t)Q_1\underline{x}(t) \quad ,$$

$$y(t) = \underline{c}^T\underline{x}(t) \quad , \quad \underline{x}(0) = \underline{x}_0 \tag{14}$$

$$\text{mit } A_0 = \begin{bmatrix} -1 & 1 & 0 \\ 27 & -1 & 0 \\ 0 & 0 & 0 \end{bmatrix}, \quad Q_1 = \begin{bmatrix} 0 & 0 & 0 \\ 0 & 0 & -1 \\ 0 & 1 & 0 \end{bmatrix}, \quad \underline{c}^T = [0 \quad 0 \quad 1] .$$

Das dynamische Verhalten dieses Systems ist im Bild 1a wiedergegeben. Man erkennt
deutlich die *nichtperiodischen* Schwingungen mit veränderlicher Frequenz. In der Systemtheorie wird solches Verhalten als *chaotisch* bezeichnet.

Man kann zeigen, daß dieses chaotische System global beobachtbar ist, wenn $x_3(t)$ gemessen wird. Der polynomische Beobachter zur Schätzung des gesamten Zustandsvektors
mit Hilfe dieser Messung hat nach (4) folgende Struktur:

$$\underline{\dot{\hat{x}}}(t) = A_0\underline{\hat{x}}(t)+\hat{x}_1(t)Q_1\underline{\hat{x}}(t)-[\underline{g}_0+\hat{x}_1(t)\underline{g}_1][\hat{x}_3(t)-x_3(t)] \tag{15}$$

mit den Wichtungsvektoren

$$\underline{g}_0^T = [g_{01}, g_{02}, g_{03}] = [50, \quad 0, \quad 100] \quad ,$$

$$\underline{g}_1^T = [g_{11}, g_{12}, g_{13}] = [\,0, \quad 5, \quad 2] \quad . \tag{16}$$

Diese Struktur ergibt sich aus einer Stabilitätsanalyse, die gewählten Parameter sind
das Ergebnis einer Simulationsstudie. Dazu wurde sowohl das System (14) als auch der
Beobachter (15) mit der blockorientierten Simulationssprache THT-SIM (entwickelt von
Mitarbeitern der Technischen Hochschule Twente in Enschede, Holland) auf einem Prozeß-
rechner DEC PDP 11/23 simuliert. Die wesentlichen Ergebnisse mit den optimierten
Parametern (16) zeigen die Bilder 1b bis 1d.

In diesem speziellen Beispiel ist keine *quadratische* Fehlerrückführung in (15) erforderlich, da das System (14) nur *bilinear* bezüglich der einzelnen Zustandsgrößen ist,
denn die Matrix Q_1 enthält keine von Null verschiedenen Diagonalelemente. Allein mit
einer *konstanten* Wichtung ($\underline{g}_1 = \underline{0}$) ist jedoch auch in diesem Falle keine befriedigende
Konvergenz der Schätzung zu erzielen. Das zeigt Bild 1e: hier wurden die Elemente
$g_{0i} = 20$ gewählt (i = 1,2,3).

Im allgemeinen muß die Stabilität der Beobachter- und Fehlergleichungen (4) und (7) nachgewiesen werden (z.B. mit Hilfe der direkten Methode von Ljapunow [18] oder der Methode von Aiserman), was jedoch bei Systemen höherer Ordnung sehr schwierig (oder nahezu unmöglich) ist. Deshalb wird hier vorgeschlagen, die grundsätzliche *Stabilisierbarkeit* und weitgehende *Entkopplung* des Systems (4) und (7) durch die Struktur (8) der Gewichtsmatrix $\hat{G}$ zu gewährleisten. Die Elemente der Matrix G_0 ergeben sich z.B. aus der Forderung, daß die Matrix $F_0 = A_0 - G_0 C$ des linearen Teils der Fehlergleichung (7) Eigenwerte mit *negativem* Realteil haben muß, damit wenigstens für *kleine* Anfangsfehler $\underline{e}_0$ asymptotische Stabilität gewährleistet ist. Die endgültige Wahl der Beobachterparameter und die Überprüfung der Stabilität bei *großen* Anfangsfehlern erfolgt dann durch Simulationsstudien (wie im Beispiel 2).

3. Entwurf adaptiver Zustandsbeobachter mit polynomischer Struktur

Sind nicht alle Elemente der Systemmatrizen A_0 und B_0 bekannt, so können polynomische Beobachter auch zur kombinierten *Parameter- und Zustandsschätzung* eingesetzt werden. Man nimmt z.B. an, das reale System habe die Systemmatrix A, deren unbekannte Elemente zu einem Parametervektor $\underline{a}$ zusammengefaßt werden. Zur Modellbildung und zur Beobachtersynthese wird von einer bekannten (aber möglicherweise falschen) Matrix A_0 ausgegangen, deren Parametervektor mit $\underline{a}_0$ bezeichnet wird. Führt man nun den Vektor der Parameterabweichungen $\underline{\delta} = \underline{a}_0 - \underline{a}$ ein, so läßt sich die polynomische Zustandsgleichung (1) erweitern:

$$\begin{bmatrix} \underline{\dot{x}} \\ \underline{\dot{\delta}} \end{bmatrix} = \begin{bmatrix} A_0 & 0 \\ 0 & 0 \end{bmatrix} \begin{bmatrix} \underline{x} \\ \underline{\delta} \end{bmatrix} + \begin{bmatrix} B_0 \\ 0 \end{bmatrix} \underline{u} + \begin{bmatrix} B(u) & 0 \\ 0 & 0 \end{bmatrix} \begin{bmatrix} \underline{x} \\ \underline{\delta} \end{bmatrix} + \begin{bmatrix} Q(\underline{x}) & \Delta(x) \\ 0 & 0 \end{bmatrix} \begin{bmatrix} \underline{x} \\ \underline{\delta} \end{bmatrix}$$

Mit dem neuen Zustandsvektor $\underline{z}^T = [\underline{x}^T, \underline{\delta}^T]$ lautet das *erweiterte* polynomische System

$$\underline{\dot{z}} = \overline{A}_0 \underline{z} + \overline{B}_0 \underline{u} + \overline{B}(\underline{u})\underline{z} + \overline{Q}(\underline{z})\underline{z} \quad ,$$

$$\underline{y} = [C \quad 0] \underline{z} = \overline{C}\underline{z} \quad , \qquad \underline{z}(0) = \underline{z}_0 \quad . \tag{17}$$

Damit ist die Synthese eines adaptiven Beobachters auf den Entwurf eines polynomischen Beobachters zurückgeführt worden; vorausgesetzt, das erweiterte System (17) ist beobachtbar. Auch beim Entwurf *adaptiver* Zustandsbeobachter hat sich die Simulation als wirkungsvolles Werkzeug erwiesen, wie die folgenden Beispiele zeigen.

Beispiel 3: Begrenztes Wachstum mit unbekannter Zuwachsrate

Bei positiver, aber dem Betrage nach unbekannter Zuwachsrate a > 0 wird der Modellfehler $\delta = a_0 - a$ eingeführt, wobei a_0 der gewählte Modellparameter ist. Das erweiterte System lautet dann

$$\begin{bmatrix} \dot{x} \\ \dot{\delta} \end{bmatrix} = \{ \begin{bmatrix} a_0 & 0 \\ 0 & 0 \end{bmatrix} + u \begin{bmatrix} -b & 0 \\ 0 & 0 \end{bmatrix} + x \begin{bmatrix} -q & 1 \\ 0 & 0 \end{bmatrix} \} \begin{bmatrix} x \\ \delta \end{bmatrix}$$

oder entsprechend Gleichung (17):

$$\dot{\underline{z}} = [\overline{A}_0 + u\overline{B} + x\overline{Q}]\underline{z}$$

$$y = [1 \quad 0]\underline{z} = \underline{\overline{c}}^T\underline{z} \quad , \quad \underline{z}(0) = \underline{z}_0 \quad . \tag{18}$$

Der *adaptive* Beobachter hat die *polynomische* Struktur (4) und kann analog zu (12) geschrieben werden:

$$\dot{\hat{\underline{z}}} = [\overline{A}_0 + u\overline{B} + \hat{x}\overline{Q}]\hat{\underline{z}} - [\underline{g}_0 + \hat{x}\underline{g} + u\underline{h} + (\hat{x}-x)\underline{l}](\hat{x}-x) \quad . \tag{19}$$

Die Wichtungsvektoren lauten nach der bereits beschriebenen Entwurfsstrategie (Stabilität und Entkopplung):

$$\underline{g}_0 = \begin{bmatrix} \lambda_0 + a_0 \\ k\lambda_0 \end{bmatrix} , \quad \underline{g} = \begin{bmatrix} -2q \\ -k^2 \end{bmatrix} , \quad \underline{h} = \begin{bmatrix} -b \\ 0 \end{bmatrix} , \quad \underline{l} = \begin{bmatrix} q \\ 0 \end{bmatrix} \quad ,$$

wobei die Parameter $\lambda_0 > 0$ und $k > 0$ noch frei wählbar sind. Sie werden bei der Simulation variiert. Bild 2 zeigt z.B. die Ergebnisse für $\lambda_0 = k = 1$. Es sind jeweils die Schätzungen $\hat{x}(t)$ und $\hat{\delta}(t)$ zusammen mit $x(t)$ und δ dargestellt, um die Konvergenz des Beobachters beurteilen zu können.

Im Bild 2a ist $a_0 = a = 0,8$ gewählt worden. Es wird der reine Zustandsschätzvorgang demonstriert. Allerdings wird hierbei auch die Dgl. des geschätzten Parameters $\hat{\delta}$ über den Zustandsschätzfehler $e = \hat{x} - x$ angeregt, so daß es vorübergehend zu Abweichungen vom wirklichen Wert $\delta = 0$ kommt. Die Bilder 2b und 2c zeigen den kombinierten Schätzvorgang für $\delta = 0,3$ und $\delta = -0,2$. Der Fall 2d unterscheidet sich von 2c nur durch ein zusätzliches periodisches Eingangssignal $u(t) = 0,5 \, (1 + \cos \omega t)$, mit dem die Leistungsfähigkeit des Entwurfsverfahrens bei beschränkter Eingangsgröße demonstriert wird.

Nach der gleichen Methode kann ein adaptiver Beobachter mit polynomischer Struktur für das Lorenz-Modell des Beispiels 2 entworfen werden, wenn z.B. der Parameter $a_{21} = 27$ der Matrix A_0 in Gleichung (14) nicht genau bekannt ist. Auch bei *linearen* Systemen ist das Entwurfsverfahren anwendbar, weil diese bei unbekannten Parametern in polynomische Systeme übergehen, wie das letzte Beispiel zeigt.

Beispiel 4: Schwingungsfähiges Antriebssystem

Ein Antriebssystem, bestehend aus Motor, Getriebe und Last (Motorträgheitsmoment J_1, Getriebesteifigkeit c und Lastträgheitsmoment J_2, s. Skizze), mit dem Zustandsvektor

$$\underline{x}^T = [\phi_1/J_1 \quad \dot{\phi}_1 \quad \phi_2/J_1 \quad \dot{\phi}_2] \quad ,$$

läßt sich durch folgende Zustandsdifferentialgleichung beschreiben [14]:

$$\underline{\dot{x}}(t) = \begin{bmatrix} 0 & a_0 & 0 & 0 \\ -a_1 & 0 & a_1 & 0 \\ 0 & 0 & 0 & a_0 \\ a_2 & 0 & -a_2 & 0 \end{bmatrix} \underline{x}(t) + \begin{bmatrix} 0 \\ a_0 \\ 0 \\ 0 \end{bmatrix} u(t)$$

$$\underline{y}(t) = \begin{bmatrix} 0 & 1 & 0 & 0 \\ 0 & 0 & 1 & 0 \end{bmatrix} \underline{x}(t) \quad , \quad \underline{x}(0) = \underline{x}_0 \tag{20}$$

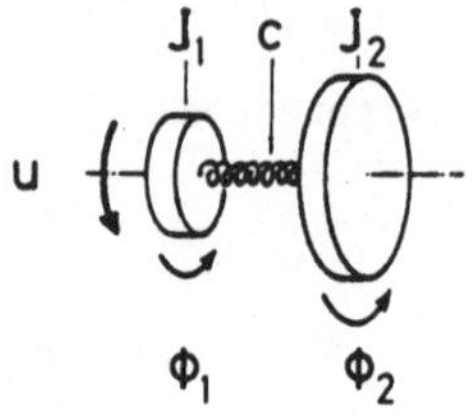

mit den Parametern $a_0 = 1/J_1$, $a_1 = c$, $a_2 = cJ_1/J_2$. Häufig sind c und J_2 bzw. a_1 und a_2 nicht genau bekannt, deshalb werden die Modellfehler $\delta_1 = a_{10} - a_1$ und $\delta_2 = a_{20} - a_2$ eingeführt, wobei a_{10} und a_{20} wieder die Entwurfsparameter sind. Mit dem Zustandsvektor $\underline{z}^T = [x_1 \ x_2 \ x_3 \ x_4 \ \delta_1 \ \delta_2]$ lautet das erweiterte System:

$$\underline{\dot{z}}(t) = \overline{A}_0 \underline{z}(t) + [x_1(t) - x_3(t)]\overline{Q}\underline{z}(t) + \overline{b}_0 u(t)$$

$$\underline{y}(t) = \overline{C}\underline{z}(t) \quad , \quad \underline{z}(0) = \underline{z}_0 \quad . \tag{21}$$

Dieses System ist *bilinear* bezüglich der Zustandsvariablen und kann deshalb als spezielle Form des polynomischen Systems (17) angesehen werden. Nach den Entwurfsrichtlinien erhält der adaptive Beobachter folgende Struktur:

$$\underline{\dot{\hat{z}}} = \overline{A}_0 \underline{\hat{z}} + (\hat{x}_1 - \hat{x}_3)\overline{Q}\underline{\hat{z}} + \overline{b}_0 u - [G_0 + (\hat{x}_1 - \hat{x}_3)G_1 + (\hat{x}_2 - \hat{x}_4)G_2](\underline{\hat{y}} - \underline{y}) \tag{22}$$

$$\text{mit} \quad G_0^T = \begin{bmatrix} 0 & g_{02} & g_{03} & g_{04} & \vdots & 0 & 0 \\ 0 & 0 & g_{07} & 0 & \vdots & 0 & 0 \end{bmatrix} \quad ,$$

$$G_1^T = \begin{bmatrix} 0 & \vdots & g_{15} & 0 \\ & \vdots & 0 & 0 \end{bmatrix} \quad , \qquad G_2^T = \begin{bmatrix} 0 & \vdots & 0 & 0 \\ & \vdots & 0 & g_{26} \end{bmatrix} \tag{23}$$

Insgesamt sechs Parameter sind ausreichend, die Konvergenz der Schätzung zu erreichen. Die optimalen Werte werden zweckmäßig wieder durch Simulationsläufe ermittelt. Dabei hat es sich als vorteilhaft erwiesen [15], g_{03} und g_{04} nicht konstant zu wählen, sondern sie in Abhängigkeit von $\hat{\delta}_1$ und $\hat{\delta}_2$ bzw. von den geschätzten Systemparametern $\hat{a}_1 = a_{10} - \hat{\delta}_1$ und $\hat{a}_2 = a_{20} - \hat{\delta}_2$ nachzuführen:

$$G_0^T = G_0^T(\underline{\hat{\delta}}) = \begin{bmatrix} 0 & g_{02} & -a_0\hat{a}_2/\hat{a}_1 & -g_{02}\hat{a}_2/\hat{a}_1 & \vdots & 0 & 0 \\ 0 & \hat{a}_1 & g_{07} & 0 & \vdots & 0 & 0 \end{bmatrix} \tag{24}$$

Auf diese Weise wird erreicht, daß die Einflüsse der geschätzten Modellfehler $\hat{\delta}_1$ und $\hat{\delta}_2$ auf die Ausgangsfehler $e_2 = \hat{x}_2 - x_2$ und $e_3 = \hat{x}_3 - x_3$ *separiert* werden. Dadurch läßt sich die Dynamik des adaptiven Beobachters verbessern. Um den Einsatz dieses

Beobachters im geschlossenen Regelkreis zu demonstrieren, wird eine Zustandsrück-
führung

$$u(t) = \underline{k}^T\underline{\hat{x}}(t) = [0 \quad k_2 \quad 0 \quad k_4]\underline{\hat{x}}(t) \tag{25}$$

simuliert, die eine (bewußt schwach gewählte) Dämpfung der auftretenden Schwingungen
bewirkt. Die Simulations-Parameter der im Bild 3 gezeigten Simulationsergebnisse sind:

$$a_0 = a_{10} = a_{20} = 1 \; , \quad a_1 = 1{,}5 \; , \quad a_2 = 0{,}5 \; , \quad k_2 = k_4 = 0{,}1 \; ,$$

$$g_{02} = g_{07} = 3 \; , \quad g_{15} = 0{,}5 \; , \quad g_{26} = 0{,}35 \; .$$

Daraus ergeben sich die Parameterabweichungen $\delta_1 = a_{10} - a_1 = -0{,}5$ und
$\delta_2 = a_{20} - a_2 = 0{,}5$, die von den Schätzungen $\hat{\delta}_1$ und $\hat{\delta}_2$ nach einer relativ kurzen Adap-
tionszeit erreicht werden (Bild 3a).

Beim adaptiven Beobachter polynomischer Struktur wird - ähnlich wie beim adaptiven
Beobachter mit *Phasendetektion* [14] - der Phasenfehler infolge der Parameterabweichung
zwischen Strecke und Beobachter ausgewertet. Dieser Phasenfehler läßt sich jedoch erst
im eingeschwungenen Zustand eindeutig den Parameterabweichungen zuordnen. Deshalb wird
die Adaption erst nach Abklingen der Anfangsfehler eingeschaltet (Bild 3a). Diese Vorgehensweise ist möglich, weil die Adaption nicht für die Parameter a_i, sondern für die
Abweichungen von den angenommenen Werten $\delta_i = a_{0i} - a_i$ durchgeführt wird. Folglich beginnt zuerst die *Zustandsschätzung* mit falschen, aber nicht völlig unrealistischen
Parameterwerten; anschließend erfolgt die *Adaption* zur Beseitigung der verbliebenen
Schätzfehler, die nur von Parameterfehlern herrühren können. Die Bilder 3b - 3c zeigen
die Zustandsschätzungen $\hat{x}_1$ und $\hat{x}_4$ sowie die Zustandsschätzfehler e_2 und e_3. In allen
Fällen ist nach 4 bis 5 Schwingungsperioden der gesamte Schätzvorgang bis auf geringe
Abweichungen abgeschlossen.

4. Zusammenfassung

Diese Arbeit zeigt anhand von vier Beispielen aus der Populationsdynamik, der Fluiddynamik und der Antriebstechnik die *Notwendigkeit der Simulation* beim Entwurf von
polynomischen und adaptiven Beobachtern. Analytische Untersuchungen erlauben nur die
Vorgabe der Beobachter*struktur*, die endgültigen Beobachter*parameter* werden im Laufe
der Simulation festgelegt. *Polynomische Beobachter* stellen eine Verallgemeinerung
der bilinearen Beobachter [6 - 8] dar. Als *adaptive Beobachter* können sie sowohl für
polynomische als auch für lineare Systeme eingesetzt werden. Der Realisierungsaufwand
gegenüber den bisher üblichen adaptiven Beobachtern für lineare Systeme [10 - 13] ist
erheblich geringer. Bereits die Schätzung zweier unbekannter Parameter bereitet nach
der in [12] favorisierten Methode erhebliche Schwierigkeiten [13]. Deshalb wurden in
[14] speziell für schwingungsfähige Systeme *adaptive Beobachter mit Phasendetektion*

vorgeschlagen. Nach ähnlichem Prinzip arbeiten die hier vorgestellten *adaptiven Beobachter polynomischer Struktur*, deren Entwurf allerdings ohne Simulation nicht möglich ist. Dies wird jedoch wegen des erheblich geringeren Realisierungsaufwandes, der guten Konvergenz und wegen der i.a. auch bei linearen Systemen (zur Kontrolle der Rechnung) üblichen Simulation nicht als Nachteil angesehen.

Zukünftige Arbeiten sind der Synthese polynomischer und adaptiver Beobachter für *Systeme höherer Ordnung* gewidmet, wie sie z.B. zur Antriebsregelung von Radioteleskopen oder Parabolantennen [16] notwendig sind. Außerdem wird - entsprechend der linearen Theorie [3] - eine Verallgemeinerung der Ergebnisse für *Systeme mit verteilten Parametern* angestrebt.

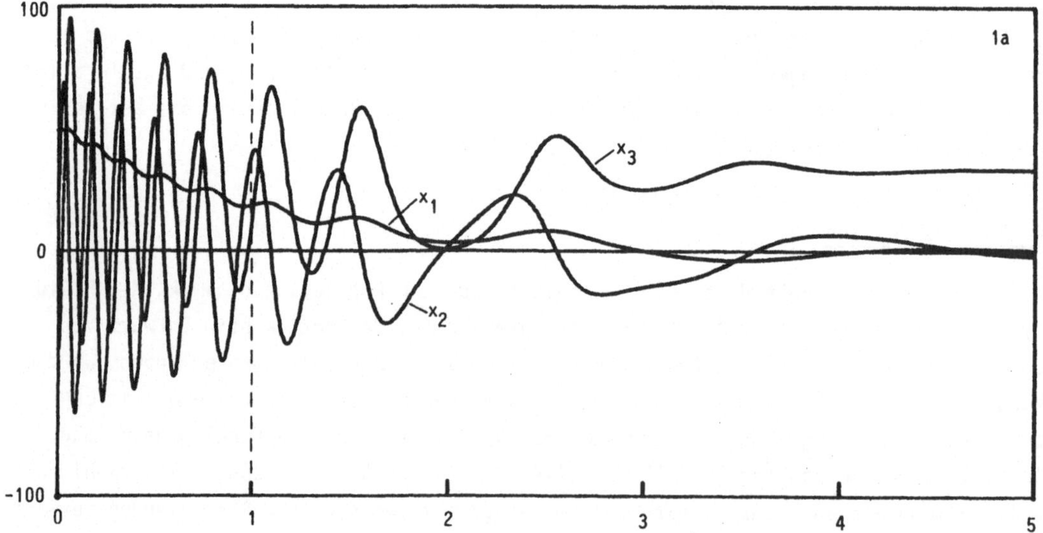

Bild 1a: Dynamisches Verhalten des chaotischen Systems (14).

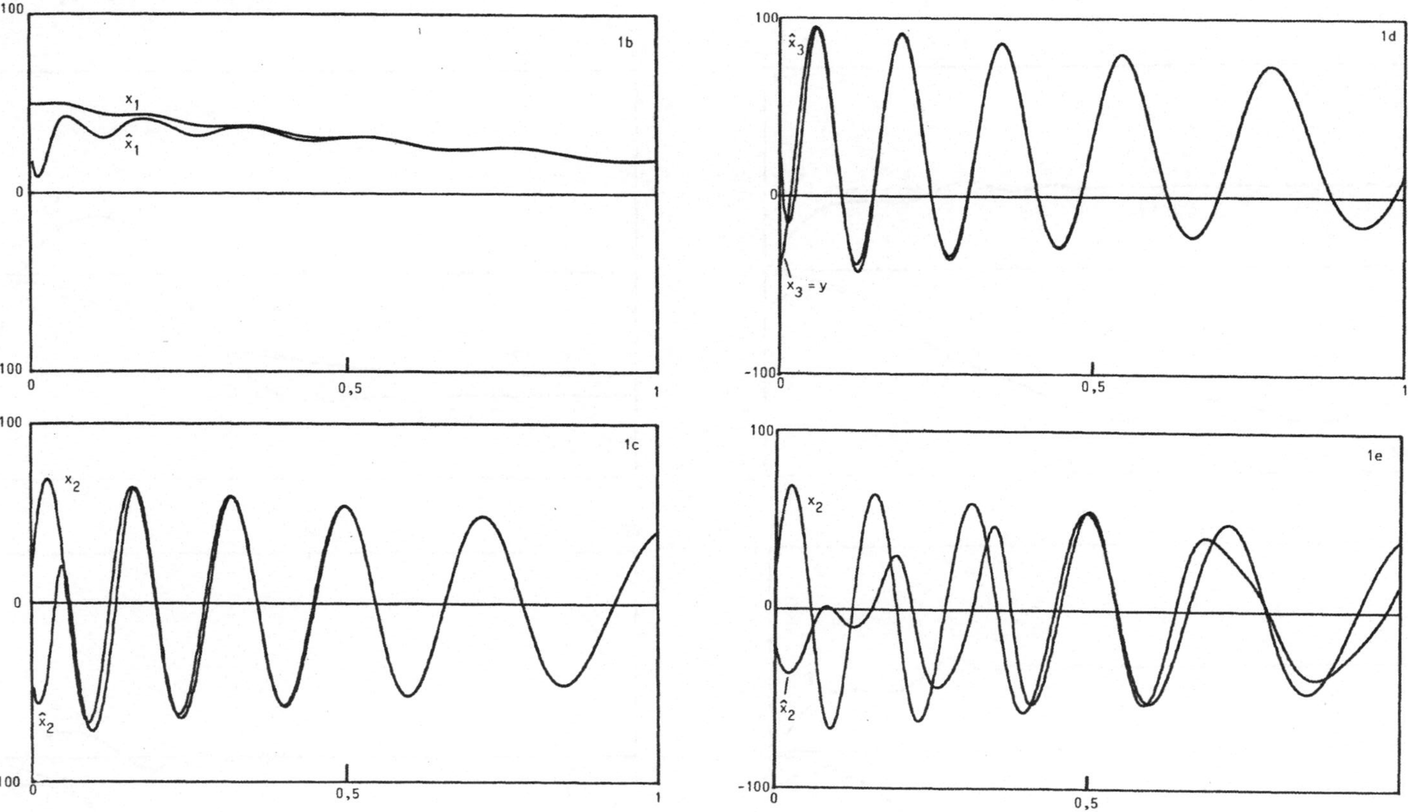

<u>Bild 1</u>:   Polynomischer Beobachter für das chaotische System (14) aus Beispiel 2.
Zustandsschätzung (1b - 1d), Beobachter mit linearer Wichtung zum Vergleich (1e).

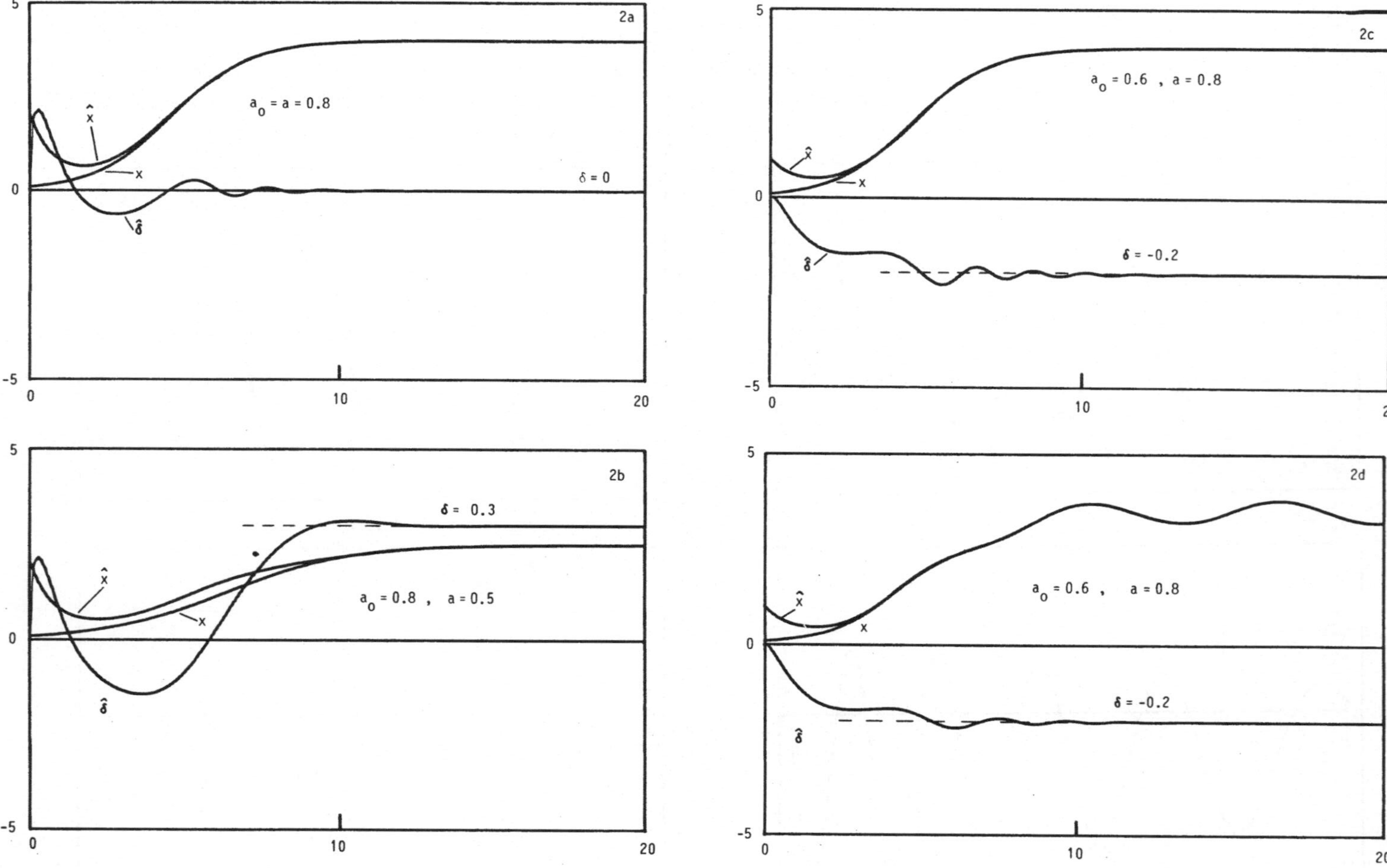

Bild 2: Adaptiver Beobachter polynomischer Struktur für das populationsdynamische System (18) aus Beispiel 3. Zustandsschätzung (2a), Zustands- und Parameterschätzung (2b - 2d).

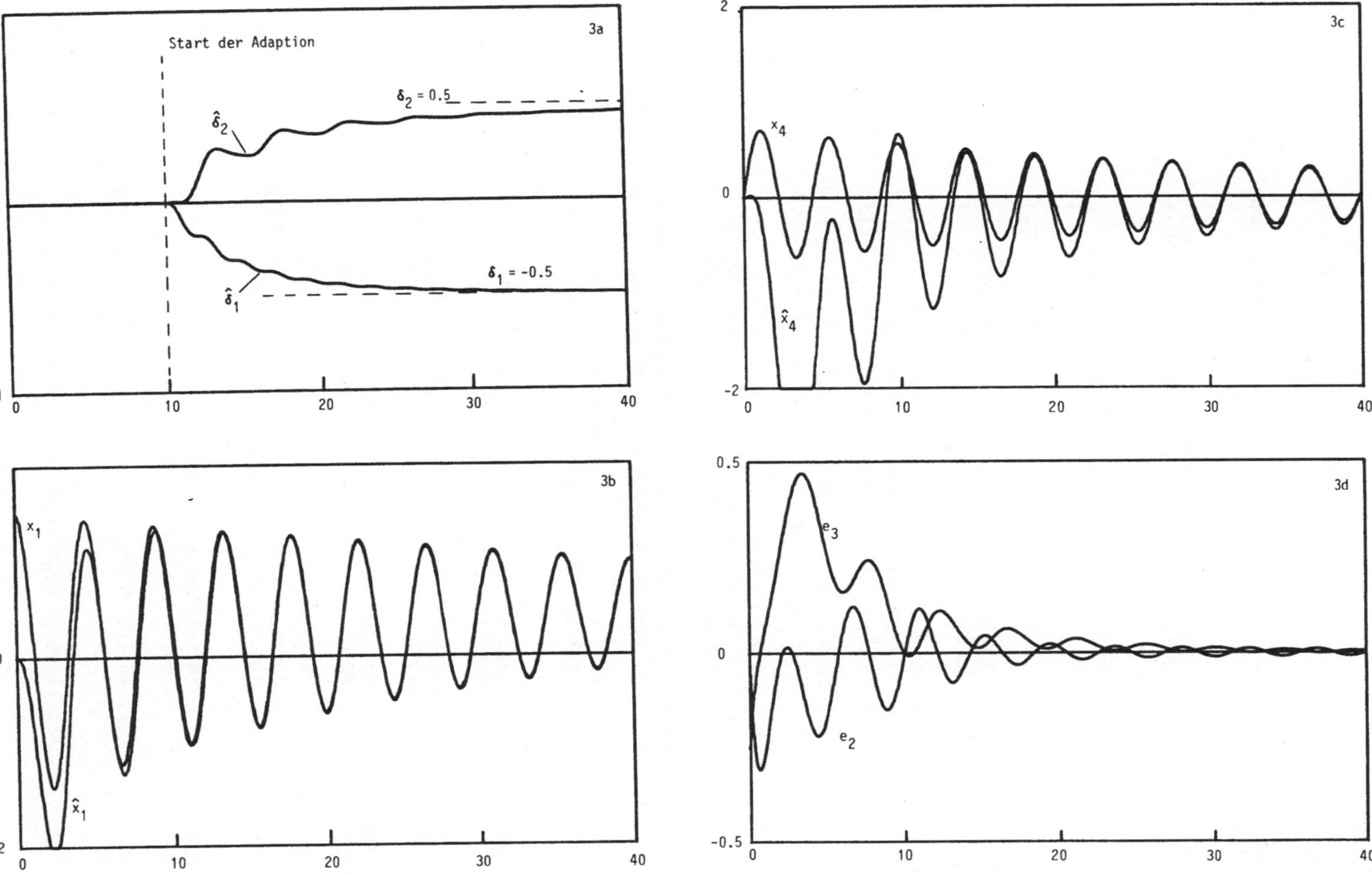

Bild 3: Adaptiver Beobachter für das Antriebssystem (21) aus Beispiel 4. Parameterschätzung (3a), Schätzung der nicht meßbaren Zustandsgrößen (3b und 3c), Ausgangsschätzfehler (3d).

5. Literatur

[1] Luenberger, D.G.: An Introduction to Observers. IEEE Trans. Aut. Control,
     AC-16, 1971, S. 596 - 602.

[2] Luenberger, D.G.: Introduction to Dynamic Systems. Theory, Models, and
     Applications. Wiley, New York, 1979, S. 300 - 315.

[3] Köhne, M.: Zustandsbeobachter für Systeme mit verteilten Parametern - Theorie
     und Anwendung. Fortschrittberichte der VDI-Zeitschriften, Reihe 8, Nr. 26,
     VDI-Verlag, Düsseldorf, 1977.

[4] Zeitz, M.: Nichtlineare Beobachter für chemische Reaktoren, Fortschrittberichte
     der VDI-Zeitschrift Reihe 8, Nr. 27, VDI-Verlag, Düsseldorf, 1977.

[5] Zeitz, M.: Nichtlineare Beobachter, Regelungstechnik 27 (1979) S. 241 - 249.

[6] Williamson, D.: Observation of Bilinear Systems with Application to Biological
     Control. Automatica 13 (1977) S. 243 - 254.

[7] Furusho, J., Kanoh, H. und Masubuchi, M.: Observers for Bilinear Distributed
     Parameter Processes. Proceedings of the 2nd IFAC Symposium "Control of Distri-
     buted Parameter Systems", Pergamon Press, Oxford, 1978, S. 219 - 229.

[8] Derese, I. und Noldus, E.: Application of Lyapunov's Method to the Design of
     Bilinear Control Loops with Observers. Regelungstechnik 29 (1981) S. 96 - 102.

[9] Köhne, M.: Synthesis and Simulation of State Observers for Polynomic Systems
     in Population Dynamics. Contribution to the Joint Workshop on "Feedback and
     Synthesis of Linear and Nonlinear Systems", Bielefeld 1981.

[10] Carrol, R.L. und Lindorff, D.P.: An Adaptive Observer for Single-Input Single-
     Output Linear Systems. IEEE Trans. Automatic Control, AC-18, 1973, S. 428 - 434.

[11] Lüders, G. und Narendra, K.S.: Stable Adaptive Schemes for State Estimation and
     Identification of Linear Systems. IEEE Trans. Automatic Control, AC-19, 1974,
     S. 841 - 847.

[12] Kreisselmeier, G.: Adaptive Observers With Exponential Rate of Convergence.
     IEEE Trans. Automatic Control, AC-22, 1977, S. 2 - 8.

[13] Schmidt, U.: Ein adaptiver Beobachter für einen Brückenkran. Regelungstechnik
     28 (1980) S. 304 - 310.

[14] Hasenjäger, E.: Design and Simulation of Adaptive Observers for Vibrating
     Systems. Int. J. of Modelling and Simulation Vol. 2 (1982) S. 33 - 38.

[15] Hasenjäger, E. und Köhne, M.: Modeling and Simulation - Valuable Tools of Non-
     Linear and Adaptive Observer Synthesis. Contribution to the 10th IMACS World
     Congress on Systems Simulation and Scientific Computation, Montreal, Canada,
     1982.

[16] Hasenjäger, E.: Zustandsregler und Beobachter für Antennenantriebe. Regelungs-
     technik 29 (1981) S. 351 - 356 und 386 - 390.

[17] Lorenz, E.N.: Deterministic Nonperiodic Flow. J. Atmos. Sci., Vol. 20 (1963)
     S. 130 - 141.

[18] Föllinger, O.: Nichtlineare Regelungen II. Oldenbourg, München, 3. Aufl. 1980,
     S. 137 ff.

SIMULATION ORGANISATORISCHER ABLÄUFE MIT CAPSIM[1]

Volker Brandenburg, Helmut Krcmar, Saarbrücken

Zusammenfassung:

Der Einsatz zentraler Datenverarbeitungssysteme verursacht vielfältige organisatorische Auswirkungen. Sie spiegeln sich vor allem in Änderungen der Ablaufstruktur wieder. Der Einsatz von Computer-am-Arbeitsplatz-Systemen hat Gestaltungsmöglichkeiten wie Abteilungsstrukturierung, Arbeitsstrukturierung oder Dialogstrukturierung zur Folge. Die Analyse der dann auftretenden Veränderungen wird durch eine Simulation der Abläufe unterstützt. Ein Werkzeug zur benutzerfreundlichen Durchführung solcher Simulationen stellt das Softwaresystem CAPSIM dar.

Summary:

The use of decentralised data processing results in a wide variety of organisational changes. A main part of these changes can be identified in the alteration of work flows. The use of computer assisted functions at the work place offers ways of organisational design like department reorganisations, work structuring or dialogue design. The analysis of such alternatives can be supported by simulation models of the work flow. The software system CAPSIM supports the simulation through a user-oriented interface, a flexible dialogue and adequate commands.

1. Einleitung

Die Entwicklung der Hardware-Elemente von Informationssystemen ist durch einen besonders raschen technischen Fortschritt gekennzeichnet. Ein Zeichen dafür sind die Miniaturisierung der Schaltkreise und die Fortentwicklung der Speichertechnik. Die Entwicklungen haben in den vergangenen Jahren zu stark fallenden Hardware-Preisen geführt.

Dieser Preisverfall führt zu zwei Tendenzen. Zum einen führt die technische Entwicklung zu grundlegend neuen Anwendungsgebieten der Informationstechnik. Als Beispiele sind u.a. Netzwerkkonzepte und neue Kommunikationstechnologien zu nennen. Zum anderen sollen weitere betriebliche Aufgaben in computergestützten Informationssystemen erfüllt werden.

Dabei zeigt sich die Krise batch-orientierter Systeme. Diese Krise wird verstärkt durch die heute den Fachabteilungen zur Verfügung stehenden Informationen über die Einsatzmöglichkeiten des Computers am Arbeitsplatz.

---

[1] CAPSIM wurde seit 1978 am IWi Institut für Wirtschaftsinformatik an der Universität des Saarlandes unter der Leitung von Herrn Prof. Dr. A.-W. Scheer entwickelt.

Bezeichnenderweise war die Diskussion um die Wirkungen und Möglichkeiten des Datenverarbeitungseinsatzes in Unternehmen von Beginn der 60er bis Mitte der 70er Jahre von der Zentralisierungsthese geprägt. Im Zusammenhang mit den beschriebenen Tendenzen wurden ab Mitte der 70er Jahre die Möglichkeiten dezentraler Nutzungsform der Datenverarbeitung zu wichtigen Fragenstellungen.

Das unternehmerische und öffentliche Interesse am Datenverarbeitungseinsatz resultiert auch aus der wachsenden Bedeutung des administrativen Bereichs als Rationalisierungsreserve. Man schätzt den Produktivitätszuwachs in Werkstätten in den vergangen 10 Jahren zehnmal höher ein als im Büroereich. Auch aufgrund dieser Tatsache wird eine weiter steigende Anzahl von Terminals im Verwaltungs- und Bürobereich vorhergesagt. Heute sind in der Bundesrepublik ca. 100.000 Terminals installiert. 1990 wird mit einem Bestand von 200.000 Terminals gerechnet /1/. Das starke Interesse an Computer-am-Arbeitsplatz Systemen zeigt auch die Auswertung einer 1978 vom Institut für Wirtschaftsinformatik (IWi) durchgeführte Umfrage unter den 650 umsatzstärksten Unternehmen der Bundesrepublik. 93,4% der befragten Unternehmen hatten ein CAP-System bereits eingeführt oder planten dies /2/.

2. Computer-am-Arbeitsplatz - Abgrenzung und Fragestellung

Aus der Sichtweise der Unternehmungen wurden durch die sinkenden Hardwarepreise, neue Geräte und die fortschreitende Entwicklung von Netzwerkkonzepten für die Datenverarbeitung die Möglichkeiten dezentraler Nutzungsformen zur zentralen Fragestellung. Im Mittelpunkt einer entscheidungsorientierten betriebswirtschaftlichen Betrachtung stehen die Gewinnung möglicher Gestaltungsalternativen und deren Bewertung.

Längere Zeit wurde die Diskussion um die Dezentralisierung durch unklare Begriffe eher behindert. Heute bezeichnet "Distributed Processing" oder "Distributed Data Processing" die technische Seite des Computereinsatzes, insbesondere von Netzwerken. Der Begriff "Computer-am-Arbeitsplatz (CAP)" stellt dagegen auf die Benutzerorientierung und Nutzung der DV ab.

Die Nutzungsform CAP ist dadurch gekennzeichnet, daß die Kompetenzen zur Entwicklung, zur Pflege und zum Betrieb eines computergestützten Informationssystems somit bei den Arbeitsplätzen in den Fachabteilungen und damit bei den Benutzern liegen, daß es möglich ist, den Computer als ein flexibles Instrument zur Unterstützung der arbeitsplatzindividuell organisierten Aufgabendurchführung einzusetzen bzw. dies so empfunden wird /3/. Wesentlich für CAP-Systeme sind dabei der direkte Zugriff des Sachbearbeiters zu benötigten Informationen und die benutzerorientierte Gestaltung eines computergestützten Aufgaben- und Informationssystems (vgl. Abb. 1.).

o   Bildschirmarbeitsplatz

o   des Sachbearbeiters

o   mit direktem Zugriff zu benötigten Informationen

o   als benutzerorientiert gestaltetes, computergestütztes

o   Aufgaben- und Informationssystem

Abb. 1:   Kennzeichnung von CAP-Systemen

Bei der Gestaltung von CAP-Systemen entstehen umfangreiche Fragestellungen. Mögliche Fragestellungen sind insbesondere

- Wie beeinflußt ein CAP-System die Durchlaufzeit von Geschäftsvorfällen?
- Wie verhält sich die zeitliche Belastung einer Arbeitsplatzgruppe durch verschiedene Tätigkeiten?
- Bis zu welchem Umfang bilden sich Warteschlangen bei der Erledigung der Aufgabe?
- Welche Zeit- und Mengenanteile haben bestimmte Vorgänge an den einzelnen Arbeitsplätzen?

Diese Fragen können bei einer entsprechenden Abbildung der Struktur und der Abläufe im Unternehmen quantitativ untersucht werden, wenn Aussagen wie Durchlaufzeiten, Wartezeiten und Auslastungsgrade ermittelt werden können. Diese Daten können dann als quantitative Grundlage einer weiterführenden CAP-Analyse in Hinsicht auf arbeitsgestalterische und kostenrelevante Aspekte dienen. Darüberhinaus kann bei entsprechender Modellierung ex-ante eine Untersuchung an einem konzipierten CAP-System durchgeführt werden.

3. Gestaltungsmöglichkeiten von CAP-Systemen

Die aufgeführten Fragen zeigen auch, daß Auswirkungen des CAP-Einsatzes unterschiedliche Teile der Organisation oder der Aufgabenerfüllung treffen. Dies kann die Menge der von einer Abteilung zu erfüllenden Aufgaben sein oder die Zeit, die zur Erfassung und Prüfung eines Auftrags an einem Arbeitsplatz benötigt wird.

Die betroffenen organisatorischen Einheiten lassen sich hierarchisch in mehreren Ebenen anordnen. Dabei wird zwischen Aufbau- und Ablauforganisation unterschieden. In absteigendem Detaillierungsgrad geordnet ergeben sich dann mehrere Ebenen (vgl. Abb. 2.).

o   Geschäftsvorfalls   - Abteilungs-   - Ebene

o   Tätigkeits   - Arbeitsplatzgruppen-   - Ebene

o   Arbeitsschritt   - Arbeitsplatz-   - Ebene

Abb. 2: Ebenenkonzept für die Untersuchung von CAP-Systemen

Mit diesem Ebenenkonzept lassen sich die Auswirkungen der CAP-Einführung konkreter und differenzierter untersuchen. Insbesondere können die Gestaltungsmöglichkeiten bei der Einführung solcher Systeme den Ebenen zugeordnet werden. In Abhängigkeit von der von der Unternehmensleitung oder dem Benutzer bestimmten Veränderungsebene lassen sich die zur Verfügung stehenden Alternativenräume abschätzen. Eine Übersicht über die zur Verfügung stehenden Gestaltungsmöglichkeiten gibt Abb. 3.

o   klassische Ergonomie: -   Arbeitsplatzgestaltung
                                  -    Arbeitsumfeldgestaltung
o   funktionale Ergonomie: -   Dialogform
                                  -    Dialoggestaltung
                                  -    Systemzuverlässigkeit und -verfügbarkeit
o   Arbeitsstrukturierung: -   Stellenbildung
                                  -    Arbeitserweiterung
                                  -    Arbeitsbereicherung
                                  -    Gruppenautonomie
                                  sowie
                                  -    Sachbearbeiter - Dateneingabe
                                  -    Anstoß durch den Dialogprozeß
o   Abteilungsstrukturierung   -   electronic-mail-Systeme/
     und Aufgabenintegration: -   Kommunikationssysteme

Abb. 3: Übersicht über die Gestaltungsmöglichkeiten bei CAP-Systemen

Während die Maßnahmen der klassischen Ergonomie ausschließlich auf der Arbeitsschritt-Arbeitsplatz-Ebene eingesetzt werden, können mit Hilfe der funktionalen Ergonomie Gestaltungen auf der Tätigkeits-Arbeitsplatzgruppen-Ebene und der Arbeitsschritt-Arbeitsplatz-Ebene erfolgen.

Dagegen setzen die Maßnahmen der Arbeitsstrukturierung zunächst auf der Geschäftsvorfalls-Abteilungs-Ebene an, sind jedoch in Grenzen auf der Tätigkeits-Arbeitsplatzgruppen-Ebene ebenfalls anwendbar. Besonders bei der letztgenannten Maßnahmen-Gruppe eröffnet CAP erweiterte Gestaltungsmöglichkeiten.

Diese große Anzahl möglicher Maßnahmen oder Maßnahmengruppen zeigt die Notwendigkeit entsprechender Analysewerkzeuge bei einer umfassenden Organisationsgestaltung. Diese Werkzeuge müssen dem Organisator die Konzentration auf die eigentliche organisatorische Aufgabe erleichtern.

4. Simulation mit CAPSIM

Das Verfahren der Simulation ist ein geeignetes Verfahren, um organisatorische Abläufe zu modellieren. Es setzt jedoch für die Anwendung beispielsweise genaue Kenntnisse der verwendeten Computersimulationssprache voraus. Soll die Konzentration auf das organisatorische Gestaltungsproblem erhalten bleiben, so muß aus der Sicht des Benutzers der Modellierungsaufwand verringert werden.

Daher wurde am Institut für Wirtschaftsinformatik (IWi) seit 1978 das Software-System CAPSIM als Werkzeug für die Analyse der gezeigten Veränderung entwickelt /4/ (vgl. detaillierter im gleichen Band: CAPSIM -Computer am Arbeitsplatz Simulation -ein Hilfsmittel zur Gestaltung wirtschaftlicher CAP-Systeme) /5/.

CAPSIM zeichnet sich dadurch aus, daß ein Benutzer mit wenigen Kommandos ein zu analysierender CAP-System erfassen, modellieren und simulieren kann. Dem Benutzer steht dazu eine komfortable Dialog-Schnittstelle zur Verfügung. Über sie wird zunächst die Beschreibung des betrachteten Ablaufs sowie die dazugehörigen aktuellen Daten im Dialog mit dem Rechner eingegeben. Der Dialogablauf geht benutzergeführt vonstatten. Bei der Entwicklung des System CAPSIM wurde auf die Probleme der Datengewinnung besonders eingegangen. Die für das System erforderlichen Daten sind erhebbar und es stehen entsprechende Verfahren zur Verfügung.

Nach der vollständigen Eingabe der Daten, die vom Rechner überprüft wird, kann der Benutzer über Kommandos die Simulation anstoßen. In CAPSIM ist ein Programmgenerator enthalten. Dieser erzeugt aufgrund einer Aufbereitung der Eingabedaten ohne Benutzereingriffe ein Simulationsprogramm in der Sprache FORTRAN, das auf GPSS-F-II-CAPSIM zugreift.

Das Simulationsprogramm wird beim Simulationslauf ebenfalls automatisch mit den im ersten Schritt eingegebenen aktuellen Daten wie jeweilige Bedienzeit für Vorgänge etc. versorgt. Erst die Auswertung der Simulationsergebnisse erfolgt wieder benutzergesteuert. Dabei können im Dialog die einzelnen Auswertungselemente selbst (wie z.B. Längen der Warteschlangen, Anteil der Nulldurchgänge, Auslastungsgrad) und der Zeitpunkt, innerhalb der simulierten Zeit, der für ihre Berechnung gewählt werden soll, vom Benutzer eingegeben werden.

Das Softwaresystem CAPSIM reduziert daher den Aufwand des Benutzers für die Modellierung des Problems, die Erstellung des Simulationsprogrammes sowie für die rechentechnische Abwicklung auf wenige Kommandos. Der Benutzer kann sich auf die Alternativengewinnung, die Datengewinnung und die Auswertung der Ergebnisse konzentrieren.

5. Ergebnisse

Der Einsatz dezentraler Datenverarbeitung, insbesondere von CAP-Systemen, weist eine Vielzahl von Gestaltungsmöglichkeiten auf. Wesentlichen neue mit der Einführung von Dialogen verknüpften Möglichkeiten ergeben sich für die unterschiedlichen Formen der Arbeitsstrukturierung. Darüber hinaus existieren weitere Freiheitsgrade der CAP-Systemgestaltung.

Der Umfang möglicher Gestaltungen von CAP-Systemen macht eine ex-ante-Ermittlung von Auswirkungen der einzelnen Maßnahmen erforderlich. Bei Betrachtung der ablauforganisatorischen Auswirkungen solcher Maßnahmen bietet sich die Simulation als Verfahren für die quantitative Abschätzung an. Um den gesamten Aufwand zur Durchführung solcher Simulationen zu verringern und um die Konzentration des Benutzers auf Alternativengewinnung, Datengewinnung und Auswertung zu erleichtern, wurde das Softwaresystem CAPSIM entwickelt.

LITERATUR

/1/ Stahlknecht, P.; Prognosen für den DV-Bereich - Überblick und kritische Betrachtung, in: angewandte informatik, 22. Jg., 1980, Heft 4, S. 133 - 140.

/2/ Scheer, A.-W., Brandenburg, V., Krcmar, H.; Fünf Thesen zur Wirtschaftlichkeitsrechnung von EDV-Systemen - Ausweg durch Simulation, in: Online-adl-Nachrichten, 1978, Nr. 10, S. 792 - 796.

/3/ Scheer, A.-W., Brandenburg, V., Krcmar, H.; Entwicklung eines Systems zur Analyse der Auswirkungen des Distributed Processing auf Tätigkeitsprofile und Arbeitsabläufe - Zwischenbericht -, Saarbrücken 1978, S. 13.

/4/ Scheer, A.-W., Brandenburg, V., Krcmar, H.; CAPSIM - Computer-am-Arbeitsplatz-Simulation, in: Veröffentlichungen des Instituts für Wirtschaftsinformatik (Hrsg.: A.-W. Scheer), Heft 14, 2. Auflage, Saarbrücken 1980.

Scheer, A.-W., Brandenburg, V., Krcmar, H.; Entwicklung eines Systems zur Analyse der Auswirkungen des Distributed Processing auf Tätigkeitsprofile und Arbeitsabläufe - Abschlußbericht -, Saarbrücken 1982 (zugleich: Dokumentation und Benutzerhandbuch von CAPSIM).

/5/ Brandenburg, V., Krcmar, H.; CAPSIM - Computer-am-Arbeitsplatz-Simulation, Ein Hilfsmittel zur Gestaltung wirtschaftlicher CAP-Systeme, im gleichen Band.

NUTZUNG DER LEISTUNGSSIMULATION ZUR DEFINITION VON
ANFORDERUNGEN BEI VERTEILTEN DATENBANKEN

Siegfried Florek, Berlin

Zusammenfassung. Performance Analyse und Anforderungsdefinition können
vom Anwender bisher kaum miteinander verknüpft werden. Auf dem ersten
Gebiet unternimmt man jedoch große Anstrengungen, um durch Modellierung,
Leistungssimulation und Bewertung die Unsicherheit bei Entscheidungen
zu verringern. Andererseits hat man gerade bei der Anforderungsdefinition große Schwierigkeiten, zu bewerten, was man fordert. Deshalb wird
zur erleichterten Bewertung von Leistungszielen ein Vorschlag zur an-
wenderfreundlichen Bündelung von Leistungssimulation und Anforderungsdefinition vorgestellt und an einem Beispiel aus dem Bereich der Verteilten Datenbanken erläutert.

1. Ausgangssituation

Aus der Sicht des <u>Requirements Engineering</u> sind folgende Aktivitäten
erforderlich, um eine Anforderungsbeschreibung zu erstellen:

1. Erhebung, Beschreibung, Dokumentation und Fortschreibung der
   Anforderungen aller Beteiligten

2. Auswertung der Anforderungsbeschreibungen nach verschiedenen
   Kriterien sowie Dokumentation der Auswertungen

3. Prüfung von Alternativen zur Vorbereitung von Entscheidungen.

Analoge Aktivitäten müssen zur <u>Performance Analyse</u> erfolgen:

1. Erfassung, Validation und Dokumentation der Simulationsparameter

2. Experimententwurf, Durchführung der Simulation, Validation
   sowie Dokumentation der Ergebnisse

3. Experimentauswertung zur Vorbereitung von Entscheidungen.

Bei dieser Nebeneinanderstellung der konzeptionell erforderlichen
Schritte erweist sich die Performance Analyse als eine bei der Anforderungsdefinition möglichst zu integrierende Aktivität. Von einer Integration sind vor allem folgende Vorteile zu erwarten:

o Vermeiden einer separaten Leistungsanalyse-Dokumentation,

o Prüfbarkeit der Konsistenz von Anforderungen und
  Simulationsparametern   und

o Benutzen von toolunabhängigen und methodisch abgesicherten
  Beschreibungsmitteln.

Nachfolgend werden "Zielnetze" als Grundlage für einen integrationsfähigen Rahmen vorgestellt und exemplarisch für ein existierendes Lei-
stungssimulations-Instrument (POSID /Bi79/) angewendet.

2. Zielnetze als Grundlage für einen Lösungsansatz

Grundlage für den Aufbau eines integrationsfähigen Rahmens ist die Wahl
von geeigneten Strukturkonzepten (/Sc82/) und Sprachmitteln, welche die
gewünschte Bündelung unterstützen. Die Sprachkonzepte müssen dazu

o vollständig und eindeutig sein bzgl. der zur Performance
  Simulation benötigten Informationselemente   und

o verständlich sein für die Experten bei der Anforderungsdefinition.

Eine Untersuchung existierender Sprachmittel hinsichtlich dieser Kriterien zeigt, daß spezielle Parametersprachen für Simulationsinstrumente
i.a. nicht der zweiten Forderung genügen. Deshalb scheint eine Anrei-
cherungsstrategie für diese Sprachen nicht als ratsam, wenn man eine
Lösung anstrebt, in der beide Forderungen vereinbart werden. Vielmehr
ist von vorliegenden halbformalen Anforderungssprachen auszugehen, die
sich so anreichern lassen, daß die gut verständlichen Anforderungsspezifikationen in vollständige und eindeutige Ausdrücke der nach außen
nicht sichtbaren Simulations-Parametersprache transformiert werden
können.

An anderer Stelle (/Fl81a/) sind _Zielnetze_ als Ergebnis dieser Strategie ausführlich begründet und eingeführt worden. Es lassen sich hier nur
kurz die Grundlagen und wichtigsten Spracheigenschaften zusammenfassen.

Grundlagen

Die von PETRI (z.B./Pe77/) entwickelte Netztheorie hat sich als ein
mächtiges Instrument zur Analyse, zum Design und zur Simulation bei
Informationssystemen erwiesen. Sie beruht darauf, daß die Elemente von

Systemen in zwei disjunkte Mengen aufgeteilt werden, deren Zusammenhang durch eine Relation zwischen den Elementen beschrieben wird.

Deshalb wurden Zielnetze so entwickelt, daß sie aus zwei Arten von Komponenten bestehen: Bewertungskomponenten und Informationskomponenten.
Diese Komponenten bilden eine Präzedenzstruktur und sind schrittweise
verfeinerbar.

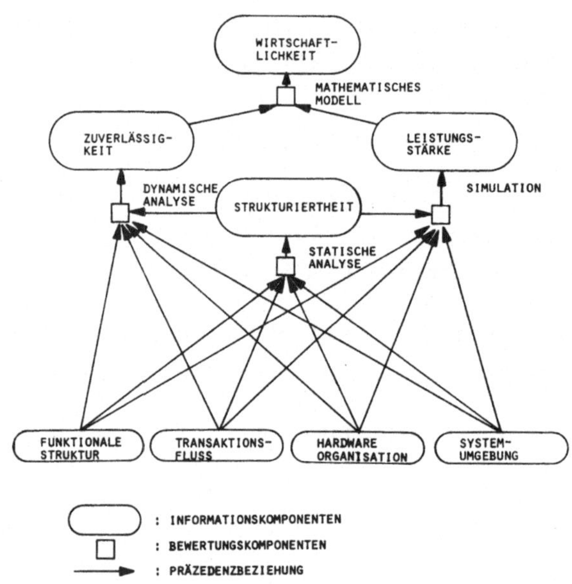

<u>Abb. 1:</u> Exemplarische anwenderspezifische Zielstruktur

Bewertungskomponenten sind Informationsverarbeitungseinheiten zur Ermittlung eines Zielertrages (im Beispiel: versehen mit den Namen
'Dynamische Analyse', 'Statische Analyse', 'Simulation' und 'Mathematisches Modell', vgl. Abb. 1).

Bei den Informationen sind zu unterscheiden beliebige Informationseinheiten, die ein Produktziel darstellen (hier bezeichnet mit den Namen
'Zuverlässigkeit', 'Wirtschaftlichkeit', 'Leistungsstärke' und 'Struk-
turiertheit'), von standardmäßig vorgesehenen Informationseinheiten,
die einen Spezifikationstyp darstellen (im Beispiel: 'Funktionale
Struktur' (F), 'Transaktionsfluß' (T), 'Hardware Organisation' (H) und
'Systemumgebung' (U), vgl. Abb. 1). Hervorzuheben ist, daß alle Komponenten sowie das Zielnetz selbst gemäß den spezifischen Anwenderwün-
schen verfeinerbar sind. Die Beschreibungsmittel wurden dabei in An-

lehnung an ISAC (/Lu79/,/St79/) gewählt.

3. Durchführung und Anwendung der Verknüpfung von Anforderungs- definition und Leistungssimulation

Der vorgestellte Sprachrahmen bietet die Möglichkeit zur Einbündelung des POSID-Instruments, da sich die auf Formularen angegebenen Anforderungen in Simulationsparameter umformen lassen.

3.1 Umformungsschritte

Aus den Angaben zur Anforderungsdefinition wird ein Netz aus Warteschlangen und Bedienungsstationen aufgebaut, welches den gemäß dem Lastprofil generierten stochastischen Auftragsstrom abarbeitet. Dazu werden automatisch nur die benötigten Zielnetz-Spezifikationen (vgl. Abschn. 2 und Abb. 1) selektiert und schrittweise in die vom Simulator erwarteten Eingabeparameter transformiert. Im einzelnen erfolgen die Schritte:

1. Ableitung der Konfigurationsspezifikation
2. Ableitung der Systemauftragsspezifikation
3. Ableitung des Lastprofils
4. Ableitung der Datenverteilung
5. Ableitung der Steuerungsinformation.

Zu 1:
Aus den ACTIVE und PASSIVE RESOURCE Angaben (Bereich H) wird das Warteschlangennetz abgeleitet. Durch die Zuordnung der Ressourcen zu physischen Stellen (DISTRIBUTED STRUCTURE, Bereich U) kann auch die Verteilungsstruktur abgeleitet werden.

Zu 2:
Auf der Grundlage der PATH und ACTIVITY Formulare (Bereich T bzw. F) werden Spezifikationen zum Transaktionsablauf gewonnen und in die von POSID benötigte Eingabeform gebracht.

Zu 3:
Das Lastprofil wird aus den tabellarisch aufgebauten SOURCE und SIGNAL Formularen (Bereich U) entnommen.

Zu 4:
Die Datenverteilungsinformationen werden ebenfalls den SOURCE und SIGNAL Formularen (Bereich U) entnommen, so daß die bei einer Transaktion be-

teiligten physischen Stellen ermittelt werden können.

Zu 5:

Die benötigte POSID Steuerungsinformation befindet sich auf den
INDICATOR Formularen für die Zielstruktur (Bereich Z) und wird entsprechend selektiert und umgeformt.

Eine Anwendung des eingebündelten POSID Instruments zur Entscheidungs-
unterstützung bei der Anforderungsdefinition für Verteilte Datenbanken
zeigt das Beispiel im folgenden Abschnitt.

3.2 Entscheidungshilfen

Oft wird erst beim System- oder Akzeptanztest bemerkt, daß bereits die
Anforderungsdefinition fehlerhaft war (vgl. /Da77/). Dies liegt daran,
daß die Intuition versagt, wenn es darum geht, die Konsistenz und Ein-
haltbarkeit von komplexen Anforderungen zu bewerten. Entscheidungshilfen sollen deshalb dem Experten abgesichertere Entscheidungen erlauben.

Ein Beispiel für die Unterstützung bei der Bewertung von Anforderungen
für Verteilte Datenbanken ist die Simulation für Anforderungsspezifikationen:

```
 SIMULATICNSDAUER (SEC):      0.0 --> 150.0

 AUSWERTUNGSZEIT (SEC):       0.0 -->  9C.0
:-----------------------------------------------------------------:
:TRANS KNO : TRANS            Z E I T E N    IN SEK               :
:-TYP   TEN : -ZAHL MITTELWERT  STD.ABW. MINIMAL MAXIMAL:
:----------:------------------------------------------------------:
 : EAF    1 :     3        5.93      1.37     4.94      7.86 :
 : EAE    3 :     4        4.99      1.16     4.32      7.01 :
 : EAE    4 :     3        5.70      0.41     5.16      6.16 :
 : EAF  *** :    10        5.49      1.15     4.32      7.86 :
 : SKE    2 :     3        9.98      0.9C     9.34     11.25 :
 : SKE    5 :     1        9.39      0.0C     9.39      9.39 :
 : SKE  *** :     4        9.83      0.82     9.34     11.25 :
 : EAL    1 :     9        1.70      0.01     1.70      1.74 :
 : EAL    3 :    10        1.74      0.CS     1.70      2.00 :
 : EAL  *** :    19        1.72      0.07     1.70      2.00 :
 : ***  *** :    33        3.85                              :
:-----------------------------------------------------------------:
```

<u>Abb. 2:</u> Ergebnismaske bei der eingebündelten Leistungssimulation

Hier wurden auf der Grundlage von Anforderungsspezifikationen (incl.
Mengengerüst, Topologie, Transaktionsabläufen) für die Banktransaktions-
typen EAE (= Ein-/Auszahlungen, entfernt), SKE (= Sparkontenvorgänge,
entfernt) und EAL (= Ein-/Auszahlungen, lokal), die in einem ausgewählten Simulationsintervall aufgetretene Transaktionszahl, die mitt-

lere Antwortzeit, die Streuung und beobachteter minimaler und maximaler
Wert ermittelt, wobei die Ergebnisse von POSID nach verschiedenen Knoten (hier Bankfilialen) aufgeschlüsselt sind (vgl. Abb. 2). So können
durch Anwendung des Simulationsinstruments POSID Widersprüche zwischen
den Anforderungen des Anwenders zur Konfiguration, zur Topologie und
zum Mengengerüst und Zielvorstellungen frühzeitig aufgedeckt werden.

4. Zusammenfassung

Der Versuch der Einbettung eines existierenden Leistungssimulationsin-
struments in ein Instrumentarium zur Anforderungsdefinition (/Fl81b/)
führte zu folgenden Ergebnissen:

Die Leistungssimulation kann nun auch vom Nicht-Simulationsexperten auf
einer problemorientierten Sprachschnittstelle angesprochen werden, ohne
daß eine Änderung des POSID Instruments erforderlich geworden wäre. Damit bietet sich eher die Möglichkeit, schon in frühen Phasen des Pro-
blemlösungsprozesses Leistungsbewertungen durchzuführen.

Mit den Zielnetzen wurde ein abgesicherter Sprachrahmen auf der Grundlage der Netztheorie entwickelt. Zielnetze ermöglichen eine realistische begleitende Bewertung, da die Erträge der Zielgrößen abhängig von
der Verfeinerung und Synthese der Spezifikationen ermittelt werden.
Ein solches zielgerichtetes Vorgehen bei der Entwicklung der Anforderungen scheint unbedingt ratsam und könnte als Zielorientiertes Spezifizieren bezeichnet werden.

Schließlich ist der entwickelte Rahmen so allgemein gehalten, daß in
Zukunft versucht werden kann, andere existierende Simulationsinstrumente in ähnlicher Weise einzubündeln und zu nutzen.

5. Literaturangaben

/Bi79/   BIEBER, J., FLOREK, S.
            "A Performance Tool for Design and Installation Support
            of Distributed Database Systems"
            Proc. 1. Conf. on Distributed Computing Systems,
            Huntsville, Alabama 1979

/Da77/   DAVIS, C.G.
            "The Software Development System"
            IEEE Trans. on SE, Vol. SE3, No.1, 1977

/Fl81a/   FLOREK, S.
            "Modellierung, Messung und Bewertung von Anforderungen zur
            Unterstützung von Planung, Entwurf und Betrieb von Infor-
            mationssystemen"
            Diss., Berlin 1981

/Fl81b/   FLOREK, S., SCHNEIDER, H.-J.
           "Zielgerichtetes und regelgesteuertes Problemlösen mit der
           Requirements Engineering Methodologie IBIS"
           Interner CIS-Bericht Nr. 6/81, Institut für Angewandte
           Informatik, TU Berlin

/Lu79/   LUNDEBERG, M.
           "A Systematic Approach to Information Systems Development"
           Information Systems 4 (1&2) 1979

/Pe77/   PETRI, C.A.
           "Modelling as a Communication Discipline"
           in: Beilner, H., Gelenbe, E. "Measuring, Modelling
           and Evaluating Computer Systems", North-Holland 1977

/Sc82/   SCHMIDT, B.
           "Systemanalyse und Modellbildung"
           1. Symposium Simulationstechnik,
           26. - 28.4.1982, Erlangen

/St79/   STÜBEL, G.
           "ISAC - eine formale Methode zur rechnergestützten
           Beschreibung von Betriebsabläufen"
           in: Mayr, H.C., Meyer, B.E. "Formale Modelle für
           Informationssysteme", Informatik-Fachberichte 21,
           Springer 1979

EIGNUNG DER SIMULATIONSSPRACHE SLAM-II ZUR MODELLIERUNG UND SIMULATION GROSSER TRANSPORTSYSTEME

André Graber und François E. Cellier, Zürich

Zusammenfassung. Seit 1980 ist das netzwerkorientierte Simulationspaket SLAM erhältlich. Es eignet sich besonders für die diskrete Simulation, ist aber auch für gemischt kontinuierliche und diskrete Systeme geeignet. SLAM wurde seither von vielen Forschungsgruppen für eine Vielzahl verschiedenartiger Simulationsprobleme erfolgreich verwendet. SLAM-II ist die momentan erhältliche Version dieser Software. Dieses Simulationssystem wurde von der Firma Pritsker & Associates, Inc. Indiana USA entwickelt und stellt zweifellos einen Meilenstein in der Entwicklung topologischer Simulationssoftware dar. Diese Studie behandelt die Anwendung von SLAM auf ein sehr grosses Industrieprojekt, die Simulation des internen Transports in einem Lagerhaus. Das Ziel der Arbeit ist die kritische Analyse der Eignung von SLAM für diesen Typus Problem, dessen Vorzüge zu zeigen, sowie auch dessen Beschränkungen aufzudecken. Damit hoffen wir, künftigen Anwendern einige Kriterien für die Softwareevaluation zur Verfügung zu stellen.

Summary. Since 1980, the new network-oriented simulation language SLAM, primarily useful for discrete system simulation but also applicable to combined continuous and discrete system simulation, is available, and since then has been successfully applied by many Research Groups to a large variety of simulation problems. SLAM-II is the currently available version of this software. This simulation system which was developed by Pritsker & Associates, Inc. certainly is a mile stone in topological simulation software development. This paper discusses a very large industrial application of SLAM, namely the simulation of the internal transport in a store house. The aim of this paper is to critically analyse the aptitude of SLAM for the modeling of such types of systems, to show its advantages, and to outline its limitations. By these means, we hope to provide future potential users of SLAM with a decision aid for software selection.

1. Einführung

Dieser Bericht beschreibt die Modellierung des internen Transportsystems eines Lagerhauses, wie es von Digitron AG, einer Schweizer Firma, welche Transportroboter und die dazugehörigen Transportsysteme herstellt, projektiert wurde. Der interne Warenfluss zwischen 8 vollautomatischen Hochregallagern, 6 bemannten Verpackungsstationen, 4 Ausgangs- und einer Eingangsstation wird von ca. 12 Robotern bewältigt, welche einem starren Streckennetz folgen. Dieses Problem wurde mit SLAM-II simuliert.

Die wichtigsten Ziele dieser Simulation waren, zu bestimmen :

1) wie viele Roboter benötigt werden, um einen gegebenen Warenfluss zu bewältigen,
2) welches die optimale Zuordnung der Roboter an die Arbeitsaufträge ist, und
3) wie die Roboter optimal durch das System geleitet werden.

Das Modell kann als ein System mit vier hierarchischen Stufen betrachtet werden (hier in der Reihenfolge von der tiefsten zur höchsten beschrieben):

1) Bewegung der Roboter,
2) Mechanismus der Streckenblockreservation,
3) Zuteilung der Wegstrecken an Roboter,
4) Zuteilung der Roboter an Arbeitsaufträge.

Die unterste Stufe ist anwendungsabhängig und deshalb nicht von allgemeinem Interesse für den Simulationsspezialisten. Hingegen präsentieren sich die Stufen 2 bis 4 recht allgemein und werden darum ausführlicher behandelt. Ersetzt man in der bisherigen Beschreibung das Wort 'Roboter' durch das Wort 'Zug', so kann man unmittelbar sehen, dass die zweite Stufe der Hierarchie eins zu eins auf diese modifizierte Situation übertragen werden kann. Die Stufe 3 wäre zumindest auf grosse Bahnhöfe anwendbar. Hingegen wäre Stufe 4 nicht anwendbar, da diese während der Ausarbeitung des Fahrplanes und somit "off-line" stattfindet. Ersetzt man andererseits das Wort 'Roboter' durch 'Taxi', so ist die zweite Stufe der Hierarchie aus klar ersichtlichen Gründen nicht übertragbar, hingegen sind die Stufen 3 und 4 wieder eins zu eins anwendbar.

Es ist nicht unsere Absicht, obiges Projekt bis ins Detail zu behandeln, da dies für den Leser nicht von direktem Interesse ist. Hingegen wollen wir die Fähigkeiten und Beschränkungen von SLAM-II aufzeigen, die Erfahrungen beschreiben, die wir beim Modellieren dieses Grossprojektes gewonnen haben. Da diese diskutierte Problematik allen Transportsystemen zu eigen ist, hoffen wir, mit unserem Beitrag künftigen potentiellen Softwarebenützern eine Entscheidungshilfe bei der Frage anbieten zu können, ob sich SLAM-II für die Modellierung ihres eigenen Transportsystems eignet oder nicht.

2. Roboterbewegungen

Da die Roboter mit konstanter Geschwindigkeit herumfahren, war es am einfachsten (und am kostengünstigsten), die Roboterbewegungen diskret zu modellieren (im Gegensatz zu einer Lösung mit einem Satz von Differentialgleichungen). Ein Roboter, der einen Netzwerkknoten verlässt, beginnt eine Aktivität von bestimmter Dauer. Diese setzt sich zusammen aus einer eventuellen Beschleunigungszeit, der Zeit um die Distanz bis kurz vor den Folgeknoten zurückzulegen, wo entschieden wird, ob der Roboter mit konstanter Geschwindigkeit durchfahren kann oder anhalten muss. Im letzten Fall kommt noch eine Verzögerungszeit dazu. Diese Aktivitätsdauer wurde in FORTRAN in der Funktion USERF (= USER Function) codiert, welche von SLAM-II an den entsprechenden Stellen aufgerufen wird.

3. Blockreservation

Nun wollen wir den einfachsten aller Fälle, den 'TRANSITSTOPP' betrachten. Dies ist ein Knotenpunkt des Streckennetzes ohne irgendwelche Auf- oder Abladeeinrichtung, also ein Punkt, durch den der Roboter nur durchfährt. Im Folgenden wird der vom Auftraggeber eingeführte Begriff 'Stopp' für Knotenpunkte des Transportstreckennetzes verwendet, wobei der Begriff 'Knoten' für die SLAM Netzwerkknoten verwendet wird. Diese Unterscheidung ist sinnvoll, da ein Stopp durch mehrere SLAM-Knoten dargestellt wird. In einem Transitstopp kann ein Roboter zum Anhalten gezwungen werden, falls die nächste zu befahrende Strecke momentan von einem anderen Roboter belegt ist. Fig. 1 zeigt einen solchen Transitstopp, der mit SLAM-II Netzwerkelementen modelliert wurde.

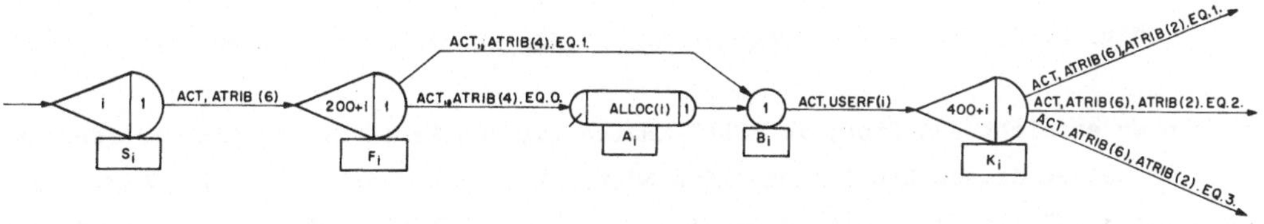

Fig. 1: SLAM Netzwerk für einen Transitstopp

Fig. 2 zeigt den eigentlichen Programmcode für den speziellen Transitstopp Nr. 17. Man beachte insbesondere, wie die Stoppnummer (17) im Code als Teil der Labelbezeichnungen und der Filenummern auftritt, was in der allgemein gehaltenen Zeichnung Fig. 1 durch 'i' dargestellt wurde.

Jeder durch das Netzwerk fahrende Roboter besitzt mehrere Attribute (ATRIB-Vektor), in welchen u.a. der Status (beschäftigt, unbeschäftigt) und der Zielstopp des Roboters gespeichert sind. Zum besseren Verständnis des Beispiels seien hier kurz die Attribute 6, 4 und 2 erklärt. ATRIB(6) enthält die Zeit, die benötigt wird, um das nächste Wegstück zurückzulegen. Mit ATRIB(4) kann festgestellt werden, ob die nächste Wegstrecke reserviert werden konnte (=1), oder ob der Roboter anhalten muss, um auf die Reservation zu warten. ATRIB(2) enthält den sogenannten Richtungscode. Dieser Code bezeichnet längere Streckenabschnitte und dient bei Kreuzungen als Abzweigungskriterium.

Einige Transitstopps sind als sogenannte Dispositionsstopps ausgebildet, das sind Orte, in denen unbeschäftigten Robotern ein Arbeitsauftrag zugeteilt werden kann (Stufe 4). Zu jenem Zeitpunkt werden auch die Attribute neu gesetzt (Status, Arbeitsauftrag, Zielstopp u.a.).

```
;
;*******************************************************************
;                        STOPP NR 017                            *
;*******************************************************************
 S017 EVENT,17,1;                         BETRITT STOPP 017
      ACT,ATRIB(6);                       FAEHRT ZUM STOPP
 F017 EVENT,217,1;                        BEFREIT VORHERIGEN STOPP
      ACT,,ATRIB(4).EQ.1.,B017;           NAECHSTER BLOCK RESERVIERT
      ACT,,ATRIB(4).EQ.0.,A017;           NAECHSTER BLOCK BESETZT
 A017 AWAIT(17),ALLOC(17),,1;             WARTET AUF NAECHSTEN BLOCK
 B017 GOON,1;
      ACT,USERF(17);                      VERLAESST STOPP 017
 K017 EVENT,417,1;                        GIBT STOPP 017 FREI
      ACT,ATRIB(6),ATRIB(2).EQ.1.,S018;   GEHT ZU STOPP 018
      ACT,ATRIB(6),ATRIB(2).EQ.2.,S031;   GEHT ZU STOPP 031
      ACT,ATRIB(6),ATRIB(2).EQ.3.,S063;   GEHT ZU STOPP 063
```

Fig. 2: SLAM Netzwerk Programmsegment für den Transitstopp Nr. 17

Der Roboter erreicht den Stopp im EVENT-Knoten mit dem Label Si (In Fig. 1 für den Knoten 17 heisst dieses Label sinngemäss S017). Zu diesem Zeitpunkt ruft SLAM-II die Subroutine EVENT mit dem Ereigniscode i auf. Dieser EVENT-Knoten stellt das Interface vom Netzwerk mit den hierarchischen Stufen 1 und 2 zu den höheren Stufen 3 und 4 dar.

In der Subroutine EVENT wird die Zeit bestimmt, die der Roboter benötigt, um bis zum Zentrum des Stopps zu fahren, welche in ATRIB(6) gespeichert wird. Sie hängt davon ab, ob die nächste Wegstrecke reserviert werden konnte; wenn nicht, so bedeutet dies, dass der Roboter abbremsen muss.

Nach ATRIB(6) Zeiteinheiten trifft der Roboter im Zentrum des Stopps ein. Im SLAM-II Netzwerk ist dies der Knoten mit dem Label Fi. Nun ruft SLAM-II wieder EVENT auf, diesmal aber mit dem Ereigniscode (200+i). Alle vorgängigen Wegstrecken werden zurückgegeben (möglicherweise mit der Ausnahme des gerade vorherigen Stopps (i-1), der in einigen Fällen reserviert bleiben muss, da einige der Stopps zu nahe beieinander liegen, als dass auf beiden Stopps [(i-1) und i] gleichzeitig je ein Roboter parkiert sein könnte).

Obwohl SLAM-II ein _Netzwerkelement FREE_ enthält, um Resourcen zurückzugeben, muss in unserer Anwendung · von EVENT aus die _Subroutine FREE_ aufgerufen werden, um die Wegstrecke zurückzugeben. Der Grund dafür ist, dass die Anzahl zurückzugebender Blöcke variieren kann, und dass das FREE Netzwerkelement nur auf den Namen des Blockes nicht jedoch auf dessen Nummer Bezug nehmen kann, wie dies von uns aus Modularitätsgründen gefordert wurde. Wir wollen nicht näher auf dieses Detail eingehen, als um zu zeigen, dass diese Unschönheit von SLAM-II kein Problem bietet, sondern auf einfache Art und Weise umgangen werden kann. Dies gilt für SLAM-II ganz allgemein.

Kann die folgende Wegstrecke nicht reserviert werden, so wird der Roboter unverzüglich (der Platz für die Aktivitätsdauer ist leer) in den AWAIT Knoten mit dem Label Ai transferiert. Der Roboter wartet in diesem Knoten bis alle benötigten Wegstrecken verfügbar sind. Dies geschieht durch wiederholtes Aufrufen der Subroutine ALLOC (allocate), und zwar bis alle Wegstrecken gleichzeitig verfügbar sind; erst dann werden sie reserviert. Der Aufruf von ALLOC ist in dem Fall unvermeidbar, wo mehrere Strecken gleichzeitig beansprucht werden. Dies kann nicht sequentiell erfolgen, da sonst Deadlocksituationen auftreten können.

Wurden einem Roboter seine benötigten Wegstrecken zugeteilt, so fährt er durch den GOON Knoten (dieser entspricht einem FORTRAN CONTINUE). Die Dauer der folgenden Aktivität wird in der Funktion USERF gerechnet und steht in dem Feld, wo bis anhin ATRIB(6) stand. Der EVENT Knoten mit dem Label Ki und dem Ereignisknoten (400+i) befindet sich 25 cm nach dem Zentrum des Stopps; es ist der Ort, wo der eben verlassene Stopp freigegeben wird.

Die Fahrzeit zum nächsten Knoten zu steht wieder in ATRIB(6), und der Richtungscode ATRIB(2) dient als Verzweigungskriterium. Der Roboter wird nun in den nächsten Stopp zum EVENT Knoten mit dem Label A(i+1) fahren, womit wir wieder am Anfang sind.

Dies ist kurz zusammengefasst die Funktionsbeschreibung des einfachen Transitstopps. Die Lade-, Entlade- und Hochregallagerstopps sind bei gleicher Struktur etwas komplexer. Sie enthalten zwischen den Knoten mit den Labels Fi und Ai einige zusätzliche Zweige.

Auch die bemannten Verpackungsstationen konnten problemlos durch SLAM-II Netzwerkelemente modelliert werden.

Das Netzwerk besteht aus ca. 120 Stopps, was ungefähr 3000 Zeilen Netzwerkbeschreibung entspricht.

4. Zuteilung der Fahrtwege an die Roboter

Das Dispositionsproblem enthält viel sequentielle Logik, welche durch die SLAM-II Netzwerksprache nur schlecht ausgedrückt werden kann. Aus diesem Grunde wurde die Dispositionslogik in FORTRAN programmiert. Das Interface von dieser zum Netzwerk bilden die EVENT Knoten mit den Labels Si.

Der Richtungscode, den jeder Roboter als Attribut [ATRIB(2)] mit sich trägt, muss zumindest beim Zuordnen der Arbeitsaufträge neu gesetzt werden. Dies ergibt den kürzesten Weg zum Zielstopp. Wenn diese Wegstrecke aber sehr stark befahren wird, kann ein längerer Weg zeit-kürzer sein. Dazu muss dann aber in jedem Stopp der Richtungscode neu bestimmt werden. Dies geschieht durch Auslesen des Richtungscodes aus einem topologischen Datenfile, das die Netzwerkstruktur enthält, so dass zwischen zwei beliebigen Stopps der Richtungscode neu bestimmt werden kann.

Die Disposition ist zum gegenwärtigen Zeitpunkt nocht statisch, d.h. die Dichte des Verkehrs wird bei der Suche nach alternativen Wegen noch nicht berücksichtigt. Wohl aber ist jede dazu notwendige Information vorhanden. Das Programm ist ausserdem so modular aufgebaut, dass die jetzt verwendete Dispositionssubroutine einfach durch eine intelligentere ausgetauscht werden kann.

5. Zuordnung von Robotern an Arbeitsaufträge

Es gibt grundsätzlich zwei verschiedene Zuordnungsalgorithmen. Der eine besteht darin, dass ein Arbeitsauftrag einen unbeschäftigen Roboter sucht, während der andere die unbeschäftigten Roboter Arbeit suchen lässt. Der zweite Algorithmus wurde von uns verwendet, da dieser auch in den realen Anlagen zur Anwendung gelangt. Die untätigen Roboter fahren andauernd in einem zentralen Kreis um die Stopps, bei denen Arbeit anfallen kann, und fragen in den Dispositionsstopps nach Arbeit. Das Interface von der Arbeitszuweisung zum Netzwerk ist wiederum durch die EVENT Knoten gegeben. Da die Arbeitszuweisung auch in einer separaten (zum jetzigen Zeitpunkt noch sehr einfach gehaltenen) Subroutine erfolgt, kann diese wie im oben diskutierten Dispositionsproblem einfach durch eine komplexere Subroutine ersetzt werden.

6. Kritische Beurteilung von SLAM II

Array Begrenzungen: SLAM-II ist in FORTRAN programmiert. Daraus resultiert eine Begrenzung der Grösse von Systemparametern (z.B. Anzahl Zustandsvariabeln, Resourcen u.a.). Da diese Begrenzungen in keinem der uns zur Verfügung stehenden Dokumente aufgeführt sind (wir mussten sie aus dem Programmlisting herauslesen!), haben wir uns entschlossen, die Grenzen in Tab. 1 aufzuführen.

```
+-------------------------------------+----------+
| SLAM-II Menge                       | Grösse   |
|-------------------------------------+----------|
| Anzahl Differentialgleichungen      | 100      |
| Anzahl Zustandsbedingungen          | 25       |
| Anzahl ENTRY Knoten                 | 25       |
| Anzahl Gates                        | 25       |
| Anzahl Recourcen                    | 75       |
| Anzahl Histogramme                  | 50       |
| Anzahl Zellen (in Histo.)           | 500      |
| Anzahl COLCT Statistiken            | 50       |
| Anzahl zeitintegrierter Stat.       | 50       |
| Anzahl Attribute                    | 100      |
| Anzahl Files                        | 100      |
| Anzahl Plots                        | 10       |
| Anzahl abhängiger Var. pro Plot     | 10       |
| Anzahl Zufallszahlengeneratoren     | 10       |
| Anzahl Aktivitäten                  | 100      |
| Anzahl Knoten                       | 500      |
| Anzahl Serviceaktivitäten           | 50       |
| Anzahl globaler Variabeln           | 100      |
+-------------------------------------+----------+
```

Tab. 1: Grössenbegrenzungen von SLAM-II

Für unsere Anwendung mussten wir 7 der 18 Bereiche vergrössern (z.B. benötigten wir 750 Aktivitäten). Es war eine positive Ueberraschung zu sehen, dass diese Begrenzungen im SLAM Sourceprogramm nur in Form von Arraydimensionierungen auftreten, während im übrigen der Wert der Begrenzung in einer Variabeln abgespeichert ist, welche nur an einer Stelle im Programm ein Wert zugewiesen erhält (keine expliziten Referenzen in DO-loops, etc.). Auf diese Weise konnten die notwendigen Aenderungen in nur wenigen Stunden vorgenommen werden, und die vergrösserte Version von SLAM-II lief auf Anhieb.

__Ausdruckskraft der Sprache__: Die Simulation wurde von einem Studenten in den acht Wochen durchgeführt, die ihm für seine Diplomarbeit zur Verfügung standen. Die Tatsache, dass ein so grosses Projekt von einem Studenten, der keine Erfahrung mit SLAM hatte, in so kurzer Zeit erfolgreich bearbeitet werden konnte, spricht besser als irgend eine theoretische Analyse für die Leichtigkeit, mit der SLAM-II zur Modellierung verwendet werden kann. Wir begegneten keinerlei Problemen, die Komponenten unseres Transportsystems durch SLAM-II Elemente auszudrücken. Dies wäre bei Verwendung eines Softwaresystems wie Q-GERT oder GPSS, welches nicht über solch ein flexibles FORTRAN Interface verfügt, bestimmt nicht der Fall gewesen.

<u>Fehlersuche</u>: Es war zu erwarten, dass ein Programm dieser Grössenordnung zunächst einige Fehler aufweist. Netzwerkfehler waren dank dem gut verständlichen Tracing sehr einfach zu finden, und wurden ausnahmslos durch den Studenten selbst eruiert. Hingegen waren die FORTRAN Fehler sehr viel schwieriger zu beheben und bedurften einiger Nachteinsätze des betreuenden Assistenten (!). Einige Ueberraschungen boten die von FORTRAN-Teilen aus aufgerufenen Prozessinteraktionssubroutinen, die zuweilen schwer verständliche Einträge ins Tracing erzeugten.

<u>Zuordnung von Resourcen</u>: Die ursprüngliche Version von SLAM, wie in [4] beschrieben, erlaubt keine <u>gleichzeitige</u> Zuordnung von Resourcen in einem Knoten. Eine solche Möglichkeit ist aber essentiell, wenn Deadlocksituationen vermieden werden sollen. Nehmen wir an, dass zwei Resourcen mit Kapazität 1 gleichzeitig von zwei Transaktionen benötigt werden. Wenn jede Transaktion eine der Resourcen alloziert hat, dann werden beide Transaktionen für ewige Zeit auf die zweite Resource warten. In unserem Projekt trat dieser Fall dann auf, wenn aus verschiedenen Richtungen kommende Roboter gleichzeitig eine komplexe Kreuzung reservieren wollten, welche durch mehrere Resourcen modelliert wurde. Die einzige Lösung dieses Problems lag darin, mit einem einzigen, ununterbrechbaren Befehl mehrere Resourcen zu belegen. SLAM-II [3] beinhaltet diese Möglichkeit, indem von einem AWAIT Knoten aus die in FORTRAN zu schreibende Subroutine ALLOC aufgerufen werden kann, in welcher der Benützer spezifiziert, welche Resourcen gleichzeitig reserviert werden sollen. Dabei wird keine Resource reserviert, solange nicht alle benötigten Resourcen gleichzeitig verfügbar sind. Neben diesem in SLAM nun gelösten Problem der Resourcenzuteilung bleiben die "üblichen" Unschönheiten der Resourcenverwaltung, wie diese im begleitenden Bericht [5] diskutiert werden. So können Resourcen freigesetzt werden, die nie zuvor reserviert worden sind; auch können Transaktionen das System verlassen ohne ihre Resourcen zurückzugeben (eine nette Art, sterbende Millionäre zu simulieren, die ihr Geld auf einem Nummernkonto einer Schweizer Bank hinterlassen!).

<u>Ausführungseffizienz</u>: Es ist noch zu früh, die Effizienz von SLAM-II mit derjenigen anderer Sprachen zu vergleichen, da das Projekt noch nicht weit genug fortgeschritten ist. Eines kann aber jetzt schon gesagt werden: Die Kompilationszeit wächst enorm mit anwachsender Netzwerksgrösse. In unserem Beispiel mit ca. 3000 Zeilen Netzwerkbeschreibung wurden in einer CDC CYBER Maschine über 120 Sec. CPU Zeit zur Kompilation des Netzwerkes benötigt. Dies wäre akzeptabel, wenn es eine Möglichkeit gäbe, das kompilierte Netzwerk zu speichern, wie z.B.:

SAVE,8*

um die Netzwerkbeschreibung auf Band 8 zu speichern, und

LOAD,8*

um sie wieder von Band 8 zu lesen.   Man bedenke, dass die Dispositionslogik in
FORTRAN geschrieben ist. Es wäre somit durchaus sinnvoll, an ein und demselben Netzwerk verschiedene Dispositionsstrategien auszutesten.   Leider ist diese Möglichkeit
zur Zeit nicht gegeben.

<u>Macro Möglichkeit</u>:   Im Gegensatz zu Q-GERT verfügt SLAM bis heute nicht über einen
Macromechanismus.   In grossen Netzwerken ist aber diese Möglichkeit von einiger Bedeutung, da Netzwerke sehr oft aus vielen gleichartigen, komplexen Elementen bestehen, wie in unserer Anwendung die Stopps. Eine solche Möglichkeit erlaubt, wenn sie
sorgfältig ausgeführt ist (was z.B. in Q-GERT nicht der Fall ist, da Macros in jener
Sprache keine formalen Parameter aufweisen können), eine modularere hierarchische
Strukturierung des Models.   In unserem Falle entschieden wir uns zur Entwicklung
eines (relativ kurzen) PASCAL Programms, welches aus 4 Netzwerkelementen (wie dem
diskutierten Transitstopp) sowie einem Datenfile, das die topologische Netzwerkstruktur enthält, die Netzwerkbeschreibung generiert.   Dies schien uns weniger aufwendig als die Verwendung einer allgemeinen Macrosprache (wie z.B. ML/1 [1]), die
oft eine schwerfällige Macrodefinition erfordert.   (Eine solche Problemlösung wäre
dennoch ebenfalls gangbar gewesen, wie z.B. in [2] diskutiert.)

<u>Speicherplatzbedarf</u>:   Auch eine Macromöglichkeit würde dennoch nicht alle Probleme
lösen. Zur Ausführung unseres Programms benötigten wir 240000 Speicherplätze (oktal)
in unserer CYBER Maschine, womit wir beinahe an der oberen Limite des zur Verfügung
stehenden Speichers arbeiten mussten. (ECS hätte verwendet werden können, hätte aber
weitgehende Aenderungen der SLAM-II Software bedingt.) Das Betriebssystem unserer
CYBER ist zweifellos veraltet, da es über keine virtuelle Speicherplatzzuteilung
verfügt. (Weder auf unserer VAX noch auf der IBM 3033 wären wir auf solche
Beschränkungen gestossen.) Um eine gute Ausführungseffizienz zu erhalten, könnte es
aber auch dort sinnvoll sein, den Speicherplatzbedarf zu reduzieren.   Dies könnte
u.a. dadurch geschehen, dass man einen Roboter immer wieder durch denselben Stopp
fahren liesse.   Allerdings müsste man dazu noch grössere Teile des Netzwerkes in
FORTRAN programmieren, und könnte im Extremfall die Netzwerkbeschreibung ganz weglassen. (Man beachte, dass schon in der gegenwärtigen Lösung die meisten Netzwerkelemente Schnittstellen zu FORTRAN Subroutinen sind.) Dies bedeutet aber <u>nicht</u>, dass
dadurch die Netzwerkbeschreibung unnötz würde. Auch in diesem Fall hätte uns SLAM-II
durch seine Netzwerkstruktur geholfen, die Software zu strukturieren.   Diese Unterstützung bei der Modellierung darf nicht unterschätzt werden.   Wir sind überzeugt,
dass der Student ohne das Hilfmittel SLAM-II keine Chance gehabt hätte, in der
kurzen Zeit von 8 Wochen auch nur irgenwohin zu gelangen.

<u>Hierarchische Strukturen</u>: Wie in Fig. 1 ersichtlich, ist es in diesem Model nicht einfach, die hierarchischen Stufen (1 und 2) voneinander zu trennen. Auch die Stufen 3 und 4 wurden in zwei parallelen statt in hierarchisch strukturierten Subroutinen implementiert. Die Tendenz, hierarchische Strukturen zu verschmieren, ist der Problemlösung mit Netzwerkmodellierung eigen. In einem anderen Projekt wurde die prozessorientierte Sprache MODULA-II (eine PASCAL Erweiterung) verwendet, um eine Modelleisenbahnanlage zu steuern. Dabei konnte die hierarchische Struktur der Prozesse: Zug, Fahrplan, Blockreservation und Disposition in der Software erhalten bleiben.

<u>Allgemeiner Ueberblick</u>: Alle bisher erhältlichen transaktionsorientierten Simulationspakete (wie z.B. GPSS-V oder Q-GERT) sind viel zu unflexibel, um komplexe Systeme, wie man sie in der Industrie antrifft, klar und verständlich zu modellieren. Von SLAM-II glauben wir, dass es das erste System ist, das flexibel genug ist, um darin grosse Industrieprozesse aller Art überzeugend modellieren zu können. Auch wenn die endgültige Software (wie in unserem Fall) auf grosse Teile in FORTRAN programmierter Subroutinen zurückgreift, rechtfertigt die Unterstützung, die SLAM-II bei der Modellierung bietet, bei weitem den Overhead, der einem Allzweckprogramm notgedrungenermassen zu eigen ist.

<u>Verdankungen</u>

Wir möchten dem Auftraggeber (Digitron AG) für die hoch interessante praktische Anwendung und für die gute Unterstützung während der Ausführung des Projektes unseren Dank aussprechen. Auch sind wir den Herren Dr. Hazeghi und Benninger vom Institut für Operations Research an der ETH für ihre Unterstützung und Zusammenarbeit bei diesem Projekt verbunden.

REFERENZEN

----

[1] Brown P. J.: "Macro Processors and Techniques for Portable Software", John Wiley, 1975.

[2] Cellier F. E.: "Macro-Handler for Simulation Packages Using ML/I", Proceedings des achten AICA Kongresses über Simulation of Systems, (Ed: L. Dekker), North-Holland Publishing Company, S. 515 - 521, (1976).

[3] Duket S. D., O'Reilly J. J. und Hannan R. J.: "SLAM-II, Enhanced Simulation

Capabilities", Pritsker and Associates, Inc., P. O. Box 2413, West Lafayette, IN 47906, 1981.

[4] Pritsker A. A. B. und Pedgen C. D.: "Introduction to Simulation and SLAM", Halsted Press (John Wiley) und Systems Publishing Corporation, 1979.

[5] Rimvall M. und Cellier F. E.: "GASP-VI: Ein Simulationspaket für prozess-orientierte gemischt kontinuierliche und diskrete Simulation", (gleicher Band).

[6] Wirth N.: "MODULA-II". Interner Bericht Nr. 36, Institut für Informatik, ETH-Zentrum, CH-8092 Zürich, Schweiz.

ZUR SIMULATION DER DYNAMIK VON MEHRKÖRPERSYSTEMEN

Willi Kortüm, Oberpfaffenhofen

Zusammenfassung: Nach einer Einführung in die Problematik der Dynamik mechanischer Mehrkörpersysteme (MKS) und ihrer steigenden Bedeutung für die Technik, z. B. bei Raumfahrzeugen, bodengebundenen Transportsystemen und Robotern, wird ein Überblick über den Stand der Simulationsarbeiten auf diesem Gebiet gegeben. Ein wesentliches Ziel der Abteilung Mehrkörperdynamik in der DFVLR ist die Schaffung geeigneter Software zur Simulation, Auslegung und Beurteilung von MKS. In diesem Beitrag werden die bei der DFVLR entwickelten Programmsysteme und ihre bisherigen Anwendungen, insbes. auf bodengebundene Transportsysteme vorgestellt. Die grundlegende, sich aus der Anwendung ableitende Konzeption für den Aufbau solcher Simulationsmodelle und -programme wird erläutert. Anschließend wird über laufende und künftige Aufgaben berichtet.

Summary. Following an introduction into the problems of multibody system (MBS) dynamics and their increasing importance for technology, e. g. spacecraft, ground transportation systems and robotics, a survey of the state-of-the-art of the simulation tools in this field is given. An important goal of the group of Multibody Dynamics at DFVLR is the design and implementation of appropriate software for simulating, designing and evaluating MBS. The programs developped at DFVLR as well as their applications with emphasis on ground transportation systems are presented. The basic concept of such simulation-models and -programs as it follows from application requirements is described. Finally, some current activities and future tasks are reported.

1. Definition und Problematik mechanischer Mehrkörpersysteme

Technische *Mehrkörpersysteme* (MKS, englisch: multibody systems, MBS) gewinnen ständig an Bedeutung. Man versteht darunter mechanische Systeme, die sich aus mehreren (endlich vielen) <u>masse- bzw. trägheitsbehafteten Körpern</u> zusammensetzen. Diese können bewegliche Teile, starre oder elastische Körper, Rotoren oder Kreisel sein. Die Körper sind untereinander verbunden durch starre (in bestimmten Richtungen sehr steife) oder nachgiebige Verbindungen, z. B. Federn, Dämpfer, sog. passive, oder geregelte Stellglieder (Aktuatoren), sog. aktive Koppelelemente. Die Verbindungen können mechanische Komponenten, aber auch elektromechanische, hydraulische, pneumatische oder magnetische Realisierungen sein.

Typische *Beispiele* für Mehrkörpersysteme sind Satelliten und Raumfahrzeuge, Abb. 1, Magnetschwebebahnen, Abb. 2, Rad/Schiene Fahrzeuge, Abb. 3, Flugzeuge einschl. ihrer Fahrwerke, Abb. 4. Aber auch Kraftfahrzeuge, Hubschrauber, Maschinen, Prüfstände, Zentrifugen, Industrieroboter, und sogar Lebewesen sind als mechanische MKS beschreibbar, sofern ihre Bewegungsdynamik analysiert werden soll.

Diese Systeme werden immer aufwendiger und teurer; um Verluste, Umweltbelastungen und Gefahrenquellen - etwa unerwünschte Schwingungen - zu vermeiden, möchte man bei

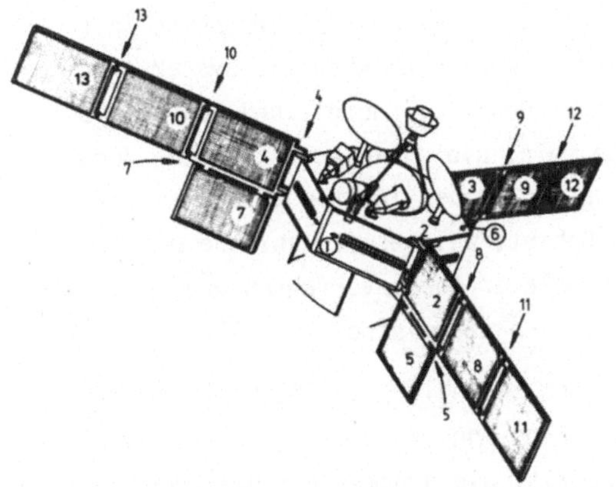

Abb. 1: Satellit Symphonie (Panelentfalten)

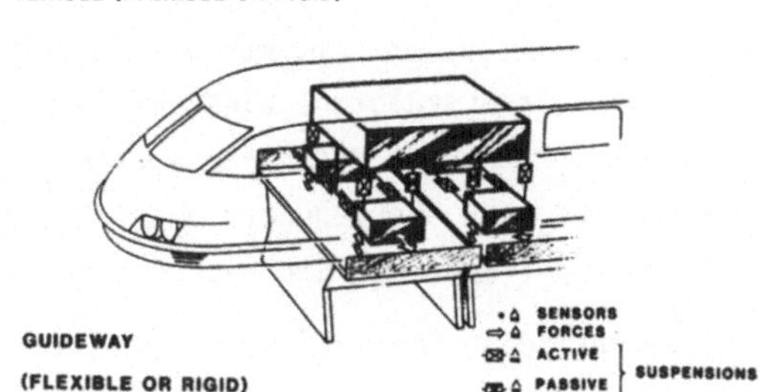

Abb. 2: Magnetschwebebahn (Fahrzeug-Fahrweg-Wechselwirkung)

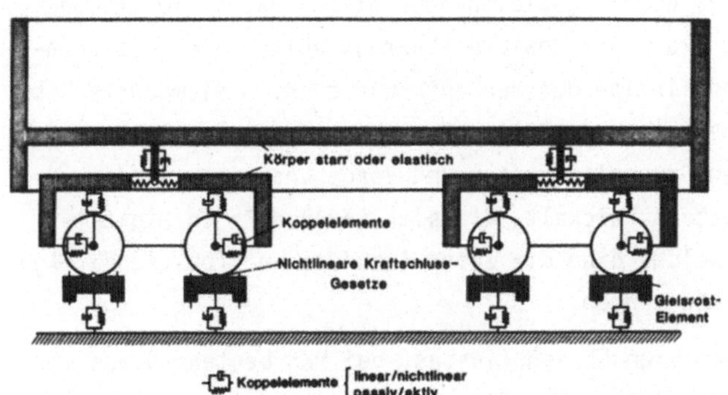

Abb. 3: Ersatzmodell für ein Rad/Schiene Fahrzeug

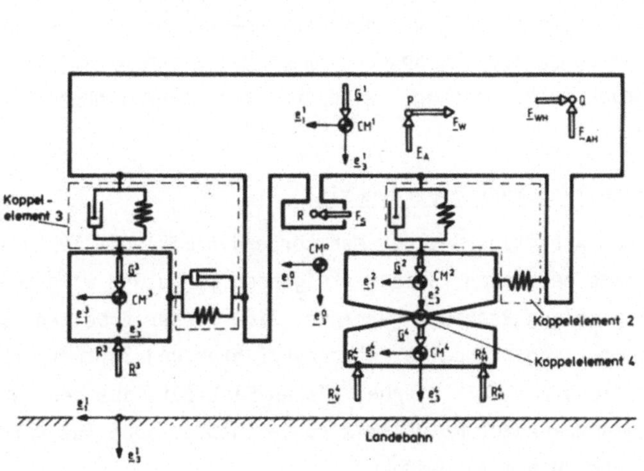

Abb. 4: Ersatzmodell für Untersuchung des Flugzeuglandestoßes

solchen Anlagen oft vor der technischen Realisierung bzw. vor der Erprobung in theoretischen Berechnungen, sog. *Simulationsmodellen*, Aufschluß über das Systemverhalten bekommen. Auch um bei der Auslegung den Aufwand, Gewicht, Energie und Verschleiß niedrig halten zu können, muß man in der Lage sein, die dynamischen Grenzen durch Rechenmodelle auszuloten. Diese Forderungen hatten in den letzten 15 Jahren dem Gebiet der *Dynamik von Mehrkörpersystemen*, ein Gebiet, welches mechanische mit regelungstechnischen Überlegungen unter Nutzung komplexer Rechenverfahren und deren Realisierung auf modernen Großrechnern verbindet, eine stürmische Entwicklung gebracht.

Ein wesentlicher Fortschritt in der rechnerischen Behandlung und Simulation von MKS war die Erarbeitung von *Formalismen*, die, ausgehend von einem *mechanischen Ersatzmodell* des technischen (oder biologischen) Objekts, die dynamischen Bewegungsgleichungen (gewöhnliche nichtlineare Differentialgleichungssysteme) per Computer erzeugen können.

Ausgangsbasis für die Aufstellung der Bewegungsgleichungen bilden dabei die Grundgesetze der Mechanik, wie Impuls- und Drallsatz sowie die daraus ableitbaren Gleichungen nach *Newton und Euler* bzw. Grundprinzipe der Mechanik wie z. B. D'Alembert'sches, Hamilton Prinzip und die sich daraus ergebenden Gleichungen von *Lagrange*. Diese früher sozusagen von Hand anzuwendenden Grundgleichungen und Vorgehensweisen wurden zu Rechenvorschriften (Algorithmen) weiterentwickelt, die sich ihrerseits in Digitalrechner-Programme umsetzen lassen, welche dann die zeitaufwendige und fehleranfällige Prozedur der Gleichungsaufstellung übernehmen.

Diese Entwicklung, die in vielen komplexen Fällen (insbes. bei MKS bestehend aus vielen Einzelkörpern) die Aufstellung der Bewegungsdifferentialgleichungen praktisch überhaupt erst durchführbar machte, wurde insbesondere durch Aufgabenstellungen aus der Raumfahrt, [1], gefördert. Ohne Übertreibung kann gesagt werden, daß hier die Anforderungen der Raumfahrt mit den Möglichkeiten moderner Großrechner zu einem Entwicklungsschub in dem ansonsten als abgeschlossen geltenden Gebiet der Mechanik führten. Für diese Richtung in der Mechanik wird auch die Kennzeichnung "Computer Mechanik" häufig verwendet.

2. Aufgaben einer Abteilung Mehrkörperdynamik

Bei der DFVLR wird das Arbeitsgebiet der Mehrkörperdynamik seit 1975 im Institut für Dynamik der Flugsysteme betrieben; seiner steigenden Bedeutung wird seit 1981 durch Gründung einer Fachabteilung Rechnung getragen. Ziel dieser Arbeiten ist die Erarbeitung geeigneter mathematischer Modelle, Rechenverfahren und Software zur Simulation, Auslegung und Beurteilung von MKS. Hierbei müssen Fachleute aus den Gebieten Mechanik, Regelungstechnik und angewandter Mathematik sowie insbes. auch aus der Datenverarbeitung und Informatik eng zusammenarbeiten.

Die Produkte dieser Abteilung sind Rechenverfahren und Programmsysteme, welche vorwiegend eingesetzt werden, um das dynamische Verhalten komplexer mechanischer Systeme durch konstruktive Gestaltung, Parameteroptimierung und regelungstechnische Mittel in gewünschter Weise zu verändern.

Im weiteren werden die in der Abteilung entwickelten Programmsysteme vorgestellt. Dabei wird anhand eines Repräsentanten, dem FADYNA-System, die grundlegende, sich aus dem Anwendungszweck ableitende Konzeption für den Aufbau solcher Simulationsmodelle erläutert. Die bisherigen Hauptanwendungen der Arbeiten lagen auf dem Gebiet der Dynamik schneller spurgeführter Fahrzeuge (Rad/Schiene und Magnetschwebetechnik). Erste Arbeiten laufen zur Untersuchung der Fahrwerksdynamik bei Flugzeugen (Landestoß, Rollbetrieb). Zukünftige Anwendungsgebiete werden insbes. bei der KFZ-Technik und bei Robotern gesehen.

Aufgrund der Bearbeitung vielfältiger Anwendungsfälle und der direkten Zusammenarbeit mit den industriellen Nutzern, die ihre konkreten Forschungs- und Entwicklungsarbeiten im Vordergrund sehen, haben sich einige sehr wesentliche Zusatzforderungen an die MKS-Programme ergeben:

1. *Koppelelemente:* Neben dem eigentlichen MKS Formalismus muß es möglich sein, Kopplungen zwischen den Bauteilen, z. B. Aufhängungen, Federungsysteme, aktiv geregelte Stellglieder, und nichtlineare Elemente in einfacher Weise zu berücksichtigen. Optionen für diese sog. *Koppelelemente* nehmen deshalb neben dem MKS-Formalismus einen breiten Raum ein.

2. *Lösungsverfahren* für die sich ergebenden Systemgleichungen im Zeit- und Frequenzbereich müssen bereitgestellt werden.

3. *Auswerteverfahren* zur Darstellung und Beurteilung der Simulationsergebnisse müssen ebenso integraler Bestandteil der Simulationssoftware sein.

3. Übersicht über den Stand von MKS-Formalismen und -Programmen

Um einen Überblick über existierende MKS-Formalismen und den Stand der zugehörigen Rechenprogramme zu gewinnen, ist eine systematische Einteilung hilfreich; hier wird eine Systematik nach folgenden Gesichtspunkten vorgeschlagen:

I. <u>Starrkörper MKS</u>: Es werden nur die Starrkörperfreiheitsgrade berücksichtigt; große Relativbewegungen sind zulässig.

II. <u>Elastische MKS</u>: Zusätzlich zu den großen Lagebewegungen der starren Körper werden kleine elastische Auslenkungen einiger oder aller Körper zugelassen.

III. <u>Lineare MKS</u>: Es werden nur kleine Abweichungen von einer Nominallage oder einer Nominalbewegung zugelassen.

IV. <u>Spezialentwicklungen</u>: Für eine Reihe von Problemstellungen gibt es Spezialentwicklungen, die aber hier nicht systematisch erfaßt werden sollen.

Weitere wichtige Unterscheidungsmerkmale für MKS sind:

- *ihre Topologie,* d. h. die Anordnung der Verbindungen; man unterscheidet Ketten,

Baumstruktur und geschlossene Schleifen, sh. Abb. 5.

- das *mechan. Prinzip* zur Aufstellung der Bewegungsgleichungen, z. B. nach Newton/
Euler bzw. Lagrange.

- die Art der *Darstellung der Gleichungen: Linear* oder *nichtlinear; numerisch* oder
analytisch (*algebraisch* genannt); *Zeitbereich* (Dgln) oder *Frequenzbereich* (Frequenzgänge); übrigens können vollständig linearisierte MKS auch mit Finite Elemente
Programmen simuliert werden.

- die Art der *Verbindungen: Starre* (rufen Zwangsbedingungen hervor) oder *nachgiebige*
(rufen eingeprägte Kräfte und Momente hervor) Verbindungen; *passive* Koppelelemente oder *aktiv geregelte* Stellglieder; "*statische*" oder "*dynamische*" Elemente,
letztere erfordern zusätzliche Dgln zur Charakterisierung ihrer Kraftgesetze; *lineare* oder *nichtlineare* Elemente; Verbindungen, in denen nur *rotatorische* oder auch
translatorische Freiheitsgrade erlaubt sind.

<u>Abb. 5:</u> Klassifizierung von MKS

Die folgenden Tabellen 1, 2 und 3 enthalten die wichtigsten uns bekannten MKS-Programme gemäß der vorgeschlagenen Einteilung; die einzelnen Spalten geben stichwort-
artig wichtige Zusatzinformationen. Weitere Einzelheiten kann man der angeführten
Literatur entnehmen, wobei insbesondere auf die beiden Übersichtsartikel [3, 4] hin-
gewiesen sei.

Abschließend soll noch betont werden, daß alle Rechenprogramme zur Simulation von
MKS - soweit bekannt - reine *Digitalrechner-Programme* sind; einige Gründe hierfür
sind:

- Die Systemordnung n (= Zahl der Dgln 1. Ordnung bzw. 2 × Zahl der Freiheitsgrade)
ist oft recht hoch: nicht selten ist n = 200 und größer.

- Die Dgln fallen am Ende des MKS-Formalismus in der *Form* an.

$$M\ (\underline{y},\ t)\ \ddot{\underline{y}} = \underline{R}\ (\underline{y},\ \dot{\underline{y}},\ t)$$

und die Massenmatrix M muß, ggf. bei jedem Integrationsschritt numerisch invertiert werden.

- *Komplexe Nichtlinearitäten* (insbesondere nichtlineare Kraftgesetze z. B. beim Rad/ Schiene Kontakt, aber auch die Vielzahl der trigonometrischen Beziehungen bei nicht- linearer Kinematik) lassen sich nicht oder nur ungenau am Analogrechner darstellen.
- *Auswerteprogramme* zur Beurteilung der Stabilität, des Fahrkomforts, der Sicherheit etc. sind typischerweise digital.
- Ein wesentlicher Aspekt bei MKS besteht darin, leicht die Auswirkungen von *System- änderungen* analysieren zu können; diese *Flexibilität* ist nur mit den Formalismen in Digitalprogrammen möglich.
- Die Entwicklung von MKS-Programmen ist aufwendig, deshalb besteht der Anspruch auf *Portabilität*, damit sie an vielen Stellen unabhängig einsetzbar werden.

4. Aufbau und Anwendung der bei der DFVLR entwickelten MKS-Programme

Bei der DFVLR sind bisher zwei Programmsysteme für MKS entwickelt worden:

- das Programm FADYNA (sh. Tab. III),
- das Programm MULTIBODY (sh. Tab. I).

Im folgenden sollen beide kurz vorgestellt werden; desweiteren werden einige Anmer- kungen zu einem in der Entwicklung befindlichen Programm MEDUSA (sh. Tab. I) gemacht, zu dem das DV-Konzept in einem eigenen Vortrag [4] präsentiert wird.

Das Programm FADYNA, [5 - 9]

FADYNA (= <u>Fa</u>hr<u>dyna</u>mik) ist entstanden aus Anforderungen, die aus der Magnet-Schwebe- technik resultierten. Hier wurde eine Arbeitsgemeinschaft ASIMO (<u>A</u>rbeitsgruppe <u>Si</u>mu- lations <u>Mo</u>dell) gegründet, die die Spezifikationen für ein allgemein einsetzbares Programm für die Fahrzeug-Fahrweg-Dynamik von Magnetschwebefahrzeugen auf elastischen Fahrwegen festlegen und Testmodelle und -parameter bereitstellen sollte; die Koordi- nation der ASIMO und die zentrale Programmentwicklung lagen bei der DFVLR. Ein we- sentlicher Gesichtspunkt war, daß mit dem resultierenden Programmsystem Gesamtsimu- lationen nicht nur für Fahrzeuge der EMS- (= <u>e</u>lektro<u>ma</u>gnetisches <u>S</u>chweben), sondern auch der EDS-Technik (= <u>e</u>lektro<u>d</u>ynamisches <u>S</u>chweben), jeweils für verschiedene - noch nicht eindeutig festgelegte - Fahrzeug- und Fahrwegvarianten durchgeführt werden sollten. Es sollte weiterhin geprüft werden, in welchem Umfang Simulationen für Rad/ Schiene Fahrzeuge mit abgedeckt werden können. Diese herausfordernde Aufgabenstel- lung führte auf das in der Tabelle 4 zusammengestellte Leistungsspektrum der ge- forderten Programmsubstanz.

Programm (Sprache)	Autor/Institution	Merkmale	Bemerkungen	Anwendung
WECP (FORTRAN IV)	Farell & Newton/ Westinghouse	R/W-Formalismus Baumstruktur	nur rotatorische Freiheitsgrade Urversion R/W	RAE-1 Satellit
NBODY I - III (FORTRAN V)	Hooker & Margulies/ Lockheed	"R/W-H/M" Formalismus Baumstruktur	keine rel. Translation, Familie von Programmen (sh. auch P-NBODY)	Gravitations stabilisierte Satelliten
NN (FORTRAN IV)	Wittenburg/ TU-Karlsruhe + Daimler Benz	R/W-Formalismus Baumstruktur	Spezialprogramm (11 Körper)	Mensch im Fahrzeug (Unfallsituation)
MULTIBODY (FORTRAN IV)	Schwertassek/ DFVLR	R/W-Formalismus Baumstruktur	relative Translationen + Rotationen geschlossene Schleifen, in Bearbeitung	Symphonie Satellit Flugzeug-Fahrwerk
NEWEUL (FORTRAN IV)	Schiehlen & Kreuzer/ Uni Stuttgart	Algebraische Methode, geschlossene Schleifen	Symbolische Behandlung der Gleichungen	u.a. Kraftfahrzeuge

<u>Tabelle 1:</u> I: Formalismen und Programme für starre Mehrkörpersysteme
(R/W = Roberson/Wittenburg)

Programm (Sprache)	Autor/Institution	Merkmale	Bemerkungen	Anwendung
UFSSP (FORTRAN IV)	Ness & Farrenkopf/ TRW	Elastische Endkörper Baumstruktur	keine relativen Translationen Control Option	GEOS, Skylab
RMS --- P-NBody (FORTRAN V)	Ho/ Lockheed	Elastische Kette ---------------- Elastische Endkörper Baumstruktur	keine relativen Translationen ---------------- Perturbation Method	Space Shuttle Remote ------ Skylab
MBDY (FORTRAN V) --------- N-BOD	Fleischer/ JPL Frisch/NASA	Starre Baumstruktur + elastische Endkörper " (teilweise)	keine relativen Translationen keine relativen Translationen	Mariner Venus/Mercury, Spacecraft ------------ Skylab
DISCOS (FORTRAN IV)	Bodley/ Martin-Marietta	Alle Körper flexibel geschlossene Schleifen	Gleichungsaufbau nach Lagrange; sehr universell, aufwendig	keine Informationen vorhanden

<u>Tabelle 2:</u> II: Formalismen und Programme für elastische Mehrkörpersysteme

Programm (Sprache)	Autor/Institution	Merkmale	Bemerkungen	Anwendung
LINDA ----------- LINSYS (FORTRAN IV)	Knothe & Kik/ TU Berlin Mauer/ MAN-NT	Lineare Starrkörper MKS	Bezugssystem: Inertial, kleine Schwingungen	Rad/Schiene Fahrzeuge Zentrifugen
APLDYN (PL/I)	Daily et. al./ J. Hopkins Universität	Starrkörper ("Finite Elemente") auch elastische Balken	Bezugssystem: Inertial; Fahrzeug-Fahrweg-Wechselwirkung	Fahrzeuge
FADYNA (FORTRAN IV)	Duffek, Wallrapp et. al./ DFVLR	Starre + elastische Körper, aktive Koppelelemente, nichtlineare Koppelelemente	Fahrzeug-Fahrweg-Wechselwirkung, Kurvenfahrt, Auswerteverfahren	MAGLEV, Rad/Schiene, Panzer, Schiffsantrieb, Nutzfahrzeuge, Rollprüfstand
MEDUSA (PL/I-FORTRAN IV)	Wallrapp, Schuster et. al. DFVLR, AK ZFF II	sh. FADYNA + Rad/Schiene-Module	DV-Konzept sh. eigener Vortrag	Dialogprogramm in Entwicklung

<u>Tabelle 3:</u> III: Formalismen und Programme für lineare Mehrkörpersysteme

<u>Körper</u>

* Beliebige Anzahl starrer Körper jeweils bis zu 6 Freiheitsgraden
* Kinematische Zwangsbedingungen zwischen den Teilkörpern
* Elastische Teilkörper

<u>Verbindungen</u>

* Koppelelemente (statisch, dynamisch)
* Aktive Systeme einschl. Stellglieddynamik
* Nichtlineare Kennlinien

<u>Fahrbahnen</u>

* Aufgeständerte elastische Fahrwege (vertikal, lateral, Torsion) mittels Modalanalyse
* Fahrbahnwelligkeiten

<u>Betriebsfälle</u>

* Geradeausfahrt, V = const.
* Kurvenfahrt, Geschwindigkeitsprofile

<u>Auswertungen</u>

* Zeitverlauf, Kennzahlen
* Stabilität
* Fourieranalyse
* Fahrkomfort
* Frequenzgänge

<u>Tab. 4:</u> Leistungsspektrum des Programms FADYNA (geforderte Spezifikationen)

Vor der Programmerstellung wurden eine Reihe von Vorstudien und Recherchen angestellt, die folgendes Bild ergaben:

- Analog- bzw. Hybridrechner Simulationen scheiden, außer ggf. für einfache Entwurfssimulationen, aus.

- Finite-Element Programme müßten außerordentlich umgearbeitet und erweitert werden; es empfiehlt sich, sie unverändert als Vorlauf- bzw. Nachlaufprogramm zu verwenden.

- Allgemeine MKS-Programme der Kategorie I und II standen nicht zur Verfügung; ihre Entwicklung in diesem Rahmen erschien zu risikoreich (Zeitbedarf, Behandlung elastischer Teilkörper, geschlossene Schleifen) und auch entbehrlich, da lineare MKS-Formalismen bei spurgeführten Fahrzeugen ausreichend sind.

- Vorgängerprogramme der Kategorie III und Spezialprogramme, sofern zu dem Startzeitpunkt bekannt bzw. verfügbar, waren unzureichend (elastische Fahrzeugkörper, elastische Fahrwege, aktive Koppelelemente, Kurvenfahrt etc. fehlten).

Aufgrund dieser Fakten wurde ein von Grund auf neues generell einsetzbares Programmsystem bei der DFVLR entwickelt. Die Grundstruktur von FADYNA, die die charakteristische Dreiteilung

- Gleichungsaufbau

- Gleichungslösung

- Auswerteroutinen

besitzt, ist in Abb. 6 angegeben. Weitere Details findet man in der angegebenen Literatur, insbes. [6] gibt einen raschen Überblick über Aufbau, Leistungsumfang und Anwendungsbeispiele. Einige programmtechnische Aufgaben seien hier noch tabellarisch genannt:

<u>Sprache:</u>	FORTRAN IV, Level H
<u>Rechner:</u>	AMDAHL 470 V6, IBM 3081 Betriebssystem MVS Siemens 7665 VAX Betriebssystem VMS TR 440
<u>Umfang:</u>	ca. 36 000 Sätze
<u>Speicher:</u>	Problemabhängig, i. A. $\leq$ 1 M-Byte
<u>Rechenzeit:</u>	Problemabhängig, typisch (Amdahl): Gleichungsaufbau: 10 sec Setup : 50 sec Integ : 1 : 10 Evalue : 10 sec
<u>Eingabe:</u>	Karten, Files
<u>Ausgabe:</u>	Listings, Plots, Files

<u>Tab. 5:</u>   DV-Angaben zum Programm FADYNA

Programmierungstechnisch interessiert noch, daß

- mit einem Vorlauf die Dimensionierung der problemabhängigen Felder, welche zunächst mit Pseudonamen vorbesetzt sind, vorgenommen wird,
- in einem sog. "Setup-Block" nur die FORTRAN Subroutinen geschrieben werden, die man in einem konkreten Simulationsfall benötigt,
- Zusatzterme (z. B. benutzerspezifische Nichtlinearitäten) per Datenkarten eingebracht werden können.

Für die Lösung der zumeist *zeitvariablen* und *nichtlinearen* Dgln stehen verschiedene numerische Integrationsverfahren (Runge-Kutta, Adams etc.) zur Verfügung. Verfahren mit konstanter Schrittweite haben sich bei der Fahrzeug-Fahrweg-Dynamik bewährt, wobei die Schrittweite entweder vom Benutzer vorgegeben oder auf Wunsch vom Programm ermittelt wird. Schrittweitenkorrekturen, um an Unstetigkeitsstellen anzuhalten, können vom Programm vorgenommen werden.

Das Programm FADYNA wurde bei der DFVLR vielfach eingesetzt, bspw.

- zur Simulation von Magnetschwebefahrzeugen der EMS- und EDS-Technik,
- Rad/Schiene Technik: Stabilität des Geradeauslaufs, dynamischer Bogenlauf, Antriebsstrang des Rollprüfstandes,
- verschiedene KFZ-Modellierungen.

FADYNA wurde bisher an 14 weiteren Stellen (Industrie, Institute, Hochschulen) implementiert und wird dort u. a. eingesetzt zur Analyse von PKW-Schwingungen, Bremssystemen und Schiffsantrieben sowie bei Nutz- und Kettenfahrzeugen.

Das Programm MULTIBODY, [10]

Als Nebenlinie wurde die Entwicklung eines nichtlinearen MKS-Programms nach dem Formalismus von Roberson und Wittenburg, [1] verfolgt. Als Motivationen für diese Entwicklung sind zu nennen

- Überprüfung der Grenzen des linearen MKS,
- Schaffung einer Programmsubstanz für Anwendungsfälle mit großen Relativbewegungen.

Die derzeitige Ausbaustufe, bisherige Anwendungen, weitere Einsatzmöglichkeiten und vorgesehene Erweiterungen sind tabellarisch im folgenden aufgelistet:

<table>
<tr><td>

<u>Derzeitige Ausbaustufe von MULTIBODY:</u>

- Systeme mit Baumstruktur
- Körper starr
- Zulässige relative Bewegungsmöglichkeiten sind Kombinationen aus
  - Rotationen mit 1 FHG
  - Translationen mit 1, 2 oder 3 FHG
  - Rotationen mit 3 FHG
  - Gekoppelte Bewegungen mit 1 FHG

<u>Bisherige Anwendungen:</u>

- Panelentfalten Symphonie
- Testbeispiel Pendelkette
- Landestoß Airbus A 300

<u>Weitere Einsatzmöglichkeiten:</u>

- Entfalten von Leichtbaustrukturen
- Ausfahren von Manipulatorarmen
- Aufklappen von Antennen
- Dynamik bei großen Relativbewegungen

<u>Vorzusehende Ausbaustufen:</u>

- Elastische Körper
- Geschlossene Schleifen
- Weitere Bewegungsmöglichkeiten

</td></tr>
</table>

<u>Tab. 6:</u>   Allgemeine Angaben zum Programm MULTIBODY

Die Abb. 7 zeigt ein Flußdiagramm des Programmsystems MULTIBODY; für Einzelheiten sei auf [10] verwiesen. Einige charakteristische Programmdaten sind der Tab. 7 zu entnehmen.
Eine der zukünftigen Aufgaben im Zusammenhang mit MULTIBODY ist ein Vergleich mit NEWEUL, siehe Tab. 1, bei dem Vor-, Nachteile bzw. jeweiliges günstigstes Anwendungsspektrum geklärt werden sollen.

5. Laufende und geplante Arbeiten

Laufende Arbeiten

Schwerpunktsmäßig wird derzeit am Ausbau des *dialogfähigen* Programms MEDUSA gearbeitet, mit dem insbesondere die DV-technischen Restriktionen von FADYNA verbessert werden; für Einzelheiten sei auf den nachfolgenden Beitrag [4] verwiesen.

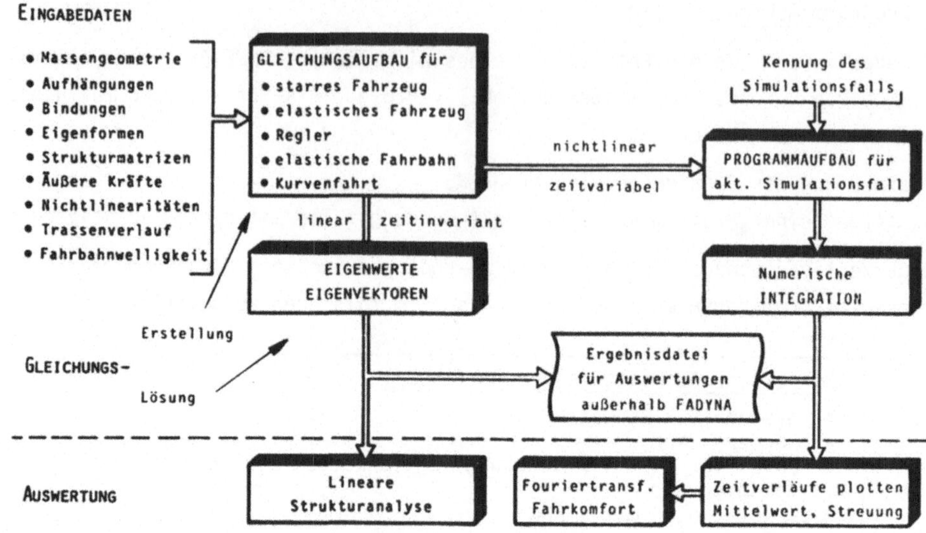

Abb. 6: Strukturbild des MKS-Programmsystems FADYNA

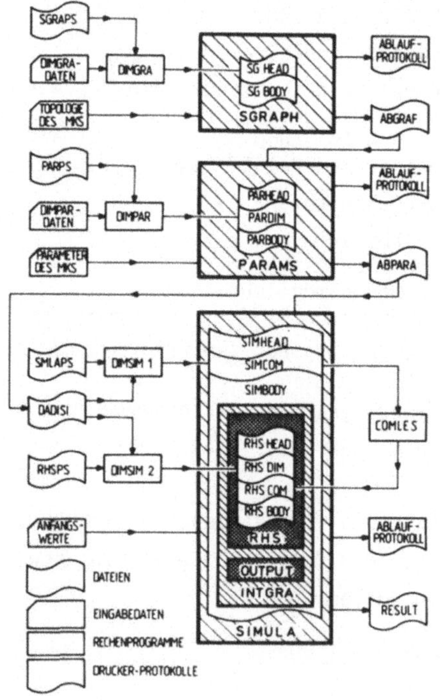

Abb. 7: Grobflußplan des MKS-Programmsystems MULTIBODY

<u>Sprache:</u>	FORTRAN IV, Level H
<u>Rechner:</u>	AMDAHL 470 V6 IBM 3081 CDC-Cyber
<u>Umfang:</u>	ca. 25 000 Sätze
<u>Speicher:</u>	Problemabhängig i. a. < 1Mb
<u>Rechenzeit:</u>	Auf AMDAHL 470 V6 $\frac{\text{Simulationszeit}}{\text{Echtzeit}}$: • für Panelentfalten Symphonie: 5 • für Landestoß Airbus: 25
<u>Eingabe:</u>	Karten, Übergabefiles
<u>Ausgabe:</u>	Listings, Files, Plots

<u>Tab. 7:</u>   DV-Angaben zum Programm MULTIBODY

Im Vordergrund der Anwendung von MEDUSA steht derzeit die Rad/Schiene Technik; insgesamt sind auch eine Reihe von Modellerweiterungen gegenüber FADYNA vorgesehen; siehe Tab. 8.

<u>Modellerweiterungen</u>

Elastische Strukturen
• Exaktere Näherungen des linearen MKS
• Kopplung (Zwischenprozeduren) zu FEM Programmen
• Nichtlineare Koppelelemente in elast. Strukturen
• Stabzugverfahren

<u>Koppelelemente</u>

• Palette techn. Koppelelemente
• Erweiterung der aktiven Elemente
• Verarbeitung der Zwangsbedingungen
• Standard- Nichtlinearitäten (sh. CSMP, ACSL)

<u>Kontaktmechanik</u>

• Berührphysik Rad/Schiene
(• Reifenmodelle)

<u>Tab. 8:</u>   Modellpalette für Programm MEDUSA

<u>Zukünftige Arbeiten</u>

Aus heutiger Sicht zeichnen sich folgende zukünftige Aufgaben ab:

<u>MKS-Formalismen:</u>
- Vergleich der numerischen mit den analytischen Methoden,

- geschlossene Schleifen und elastische Teilkörper bei nichtlinearen MKS.

<u>Numerik</u>
Verfahren zur Analyse und Synthese nichtlinearer und stochastischer Systemdynamik.

<u>DV-seitig</u>
Entwicklung von Auslegungsstrategien unter Einsatz der Computer Graphic.

<u>Anwendungen</u>
Erschließung neuer Anwendungsbereiche wie Kraftfahrzeuge, Flugzeuge im Bodenkontakt, Roboter.

6. Schrifttum

[1] Roberson, R. E.; Wittenburg, J.
"A Dynamical Formalism for an Arbitrary Number of Interconnected Rigid Bodies, with Reference to the Problem of Satellite Attitude Control", Proc. 3rd IFAC Congress London 1966, Vol. I, Book 3, Paper 460.

[2] Roberson, R. E.
"On Computer-Oriented Dynamic Modelling of Spacecraft: Historical Evaluation of Eulerian Multibody Formalism since 1750", preprint XXVIII IAF Congress, Prag 1977.

[3] Meirovitch, L.
"Dynamics of Spacecraft Structures", in: Shock and Vibration Computer Programs. Reviews and Summaries; ed. W. & B. Pilkey. The Shock and Vibration Information Center, US Dept. of Defense, 1975.

[4] Schuster, W.; Wallrapp, O.
"DV-Konzept eines interaktiven integrierten Programms zur Simulation mechanischer Systeme", Vortrag ASIM'82, 1. Symposium Simulationstechnik, Erlangen, 26.-28.4.82.

[5] Duffek, W.; Federl, U.; Kortüm, W.; Lehner, M.; Richter, R.; Wallrapp, O.
"FADYNA ein Programmsystem zur Rechnersimulation der Fahrzeug-Fahrweg-Dynamik spurgeführter Verkehrssysteme - Systemdynamische Grundlagen -"
DFVLR IB A 552-78/14

[6] Duffek, W.; Kortüm, W.; Wallrapp, O.
"A General Purpose Program for the Simulation of Vehicle Guideway Interaction Dynamics", Proc. 5th VSD - 2nd IUTAM Symposium, Vienna, Sept. 1977, Swets & Zeitlinger, S. 104 ff.

[7] Kortüm, W.; Lehner, M.; Richter, R.
"Multibody Systems Containing Active Elements: Algorithmic Generation of Linearized System Equations, System Analysis and Order-Reduction", Proceedings of the IUTAM Symposium on the Dynamics of Multibody Systems, München 1977, (Springer Verlag 1978).

[8] Richter, R.; Jaschinski, A.
"Coupling and Order-Reduction of Combined Linear State-Space and Multibody Systems with Application to the Dynamics of a Wheel-Rail Vehicle", Proceedings of the 6th IAVSD-Symposium, Berlin Sept. 1979, Swets & Zeitlinger, S. 408 ff.

[9] Duffek, W.; Jaschinski, A.
"Efficient Implementation of Wheel-Rail Contact Mechanics in Dynamic Curving", Proceedings of the 7th IAVSD-Symposium, Cambridge Sept. 1981, Swets & Zeitlinger S. 441 ff.

[10] Schwertassek, R.;
"Der Roberson/Wittenburg-Formalismus und das Programmsystem MULTIBODY zur Rechnersimulation von Mehrkörpersystemen", DFVLR-FB 78-08

DV-KONZEPT EINES INTERAKTIVEN INTEGRIERTEN
PROGRAMMS ZUR SIMULATION MECHANISCHER SYSTEME

Wolfang Schuster und Oskar Wallrapp, Oberpfaffenhofen

Zusammenfassung. Bei der Simulation mechanischer Systeme erweisen sich digitale Rechenprogramme mit interaktiven und integrierten Eigenschaften als besonders leistungsfähig
und benutzerfreundlich. Solche Programme erfordern jedoch ein sorgfältig ausgearbeitetes Datenverarbeitungskonzept, welches hauptsächlich im Benutzerkomfort begründet
ist. Ausgehend von den Anforderungen wird die Realisierung des DV-Konzepts für MEDUSA
(Programm für Mehrkörperdynamik und Systemanalyse) vorgestellt. Explizit wird auf die
für den Benutzer transparente Dialogstruktur eingegangen und die für die Les- und
Wartbarkeit des Programms wichtige Datenorganisation erläutert. Abschließend werden
Regeln der Codierung (strukturierte Programmierung) sowie angewandte Entwicklungswerkzeuge aufgezeigt.

Summary. For the simulation of mechanical systems, digital computer programs with
interactive and interdependent properties proved to be extremely productive and user
friendly. Such programs demand a carefully developed concept of data processing
respecting primarily the facility of utilization. Starting by describing the requirements, the realization of the concept of data processing of MEDUSA (a program for
multibody dynamics and system analysis) is presented. The structure of the program's
dialog part, as well as the data organisation, which was developed under the aspect
of facilitating the readability and the maintenance of the program, are explicitely
discussed. The paper is concluded by describing the coding rules (structured coding)
and the tools used for program development.

1. Einleitung

In der Forschung und Entwicklung von Fahrzeugen, Flugzeugen und Maschinenanlagen,
kurz mechanische Systeme genannt, ist es aus Kosten- und Zeitgründen unerläßlich,
das dynamische Verhalten anhand von Modellen zu simulieren. Für Entwurfs- und Aus-
legungsrechnungen lassen sich dazu auf den leistungsfähigen digitalen Rechenanlagen
komplexe Simulationsprogramme einsetzen. Integrierte Programme sind in sich abgeschlossen und umfassen die Dateneingabe, die Gleichungserstellung, die Gleichungslösung und die Ausgabe von Ergebnissen. In neuerer Zeit geht der Trend zu interaktiven Programmen, so daß auch Entwicklungsingenieure ohne große Einarbeitung mit diesen
Programmen umgehen können.

Wegen der universellen Einsetzbarkeit und dem hohen Benutzerkomfort ist ein sorgfältig ausgearbeitetes Datenverarbeitungskonzept (DV-Konzept) unbedingt erforderlich. In
dieser Arbeit wird ein DV-Konzept vorgestellt, das nach den oben genannten Gesichtspunkten entwickelt wurde, ohne dabei die Programmportabilität zu verletzen. Nach der
Definition der Anforderungen (Abschnitt 2) wird die Realisierung (Abschnitt 3) ausführlich erläutert. Abschließend werden Werkzeuge zur Programmentwicklung (Abschnitt
4) aufgezeigt.

2. Anforderungen an das DV-Konzept aus der Sicht des Benutzers

Den Komfort eines Programmes erkennt man an der Art der Datenein- und Datenausgabe.
Hier liegt der direkte Kontakt zum Benutzer vor, der nach dem Stand der Technik realisiert sein sollte. Die Programmteile der Gleichungsgenerierung und Gleichungslösung
sind Rechenalgorithmen, bei denen die Rechenschnelligkeit und -genauigkeit von Bedeutung sind. Somit stellen die Programmteile Dateneingabe und -ausgabe die Hauptanfor-
derungen an ein DV-Konzept, die wie folgt lauten:

- Arbeitsweise schwerpunktsmäßig im *Dialog*
- Ein vollständiges in sich abgeschlossenes (*integriertes*) Programm mit einheitli-
  cher Bedienung in allen Simulationsphasen
- Thematisch übersichtliche und strukturierte Gliederung in Simulationsabschnitte
  mit Wahlmöglichkeit
- Benutzung des Programms mit möglichst geringen Vorkenntnissen durch ausführliche
  Dialog- und Hilfstexte
- Überprüfung aller Eingaben auf syntaktische und physikalisch logische Korrektheit
  sowie Überprüfung der Geometrie eines mechanischen Systems mittels graphischer
  Darstellung
- Keine wiederholte Eingabe von Modellparametern identischer Bauteile
- Gezielte Änderung von Modellparametern statt Neueingabe
- Definierte Unterbrechung des Programmlaufs an jeder Stelle mit der Möglichkeit
  einer späteren Fortsetzung
- Kontrolle und Steuerung des logisch richtigen Programmdurchlaufs
- Ständige Kontrolle des Simulationsstands durch gegliederte Druckausgabe ohne der
  Notwendigkeit eines neuen Rechenlaufs

Bei der DFVLR wird ein Programm für Mehrkörperdynamik und Systemananlyse (*MEDUSA*) ent-
wickelt, das diesen Anforderungen genügt. Zusätzlich fließt in die Entwicklung das
Problem der Portabilität mit ein, wenn als Zielrechner zunächst IBM/MVS-kompatible
Maschinen, CDC/NOS und Digital VAX/VMS zu sehen sind.

3. Realisierung im Programm MEDUSA

3.1 Programmstruktur

Die Wahlmöglichkeit der Simulationsabschnitte vom Benutzer erfordert eine für ihn
verständliche und fein gegliederte Programmstruktur. Dies ist gewährleistet durch
die Einführung von fünf Programmebenen

- *Verteiler*   : Manual zur Auswahl von einzelnen Simulationsabschnitten
- *Hauptroutine* : Programmteil eines Simulationsabschnittes
- *Modulgruppe* : Für den Benutzer kleinste erkennbare physikalische Einheit
- *Modul*   : Kleinste physikalisch logische Programmeinheit
- *Routine*   : Programmteil im Sinne der höheren Programmiersprachen

Wie aus der obigen Definition der Ebenen zu erkennen ist, reicht die Sichtweite des
Benutzers vom Verteiler bis zur Modulgruppe. Diese Ebenen zeichnen sich bei der Dateneingabe wie bei der Datenausgabe durch die Namen der Hauptroutinen und Modulgruppen aus. Im Verteiler kann der Benutzer die Hauptroutinen auswählen, worauf diese
dann in sich sequentiell ablaufen. Befindet man sich im Änderungsmodus, so ist es
möglich, einzelne Modulgruppen zu überspringen. Programmtechnisch gesehen, besteht
jede Hauptroutine aus den 3 Prozeduren

* Bereitstellung aller bisher vorhandenen Daten zu Beginn eines Programmlaufs
* Eingabe von Modellparametern und/oder Ablauf von Rechenalgorithmen
* Erstellung eines Ausgabeprotokolls am Drucker oder Plotter.

Diese Aufgabenteilung bietet die Möglichkeit, einzelne Prozeduren leicht zu ersetzen,
um z. B. ein anderes Druckerbild zu gestalten.

3.2 Datenorganisation

3.2.1 Programminterne Datenstrukturen

Für den programminternen Datentransport über die Parameterliste werden sogenannte Datenblöcke geschaffen. Sie fassen logisch in Beziehung stehende Variable und Felder
zusammen, die im Programm vorwiegend in der Gesamtheit benötigt werden. Eine
Modulgruppe erzeugt im allgemeinen einen oder mehrere Datenblöcke, die sofort auf
den Datenspeicher elementweise ausgegeben werden (Bild 1). Dadurch ist eine hohe Sicherheit bezüglich eines ungewollten Abbruchs, z. B. Stromausfall, sichergestellt.

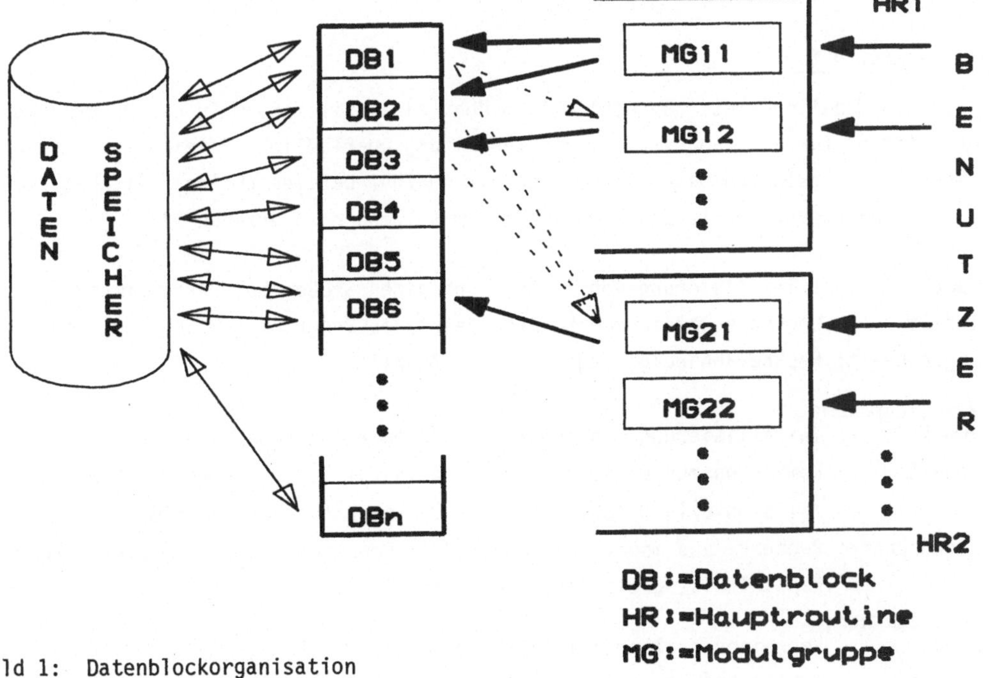

Bild 1:   Datenblockorganisation

Geht man nun davon aus, daß eine Hauptroutine aus mehreren Modulen besteht, so ergeben sich Abhängigkeiten dadurch, daß viele Module die Werte von vorhergehenden Datenblöcken benötigen. Dies läßt sich in *Abhängigkeitsmatrizen* der Datenblöcke abspeichern. Überträgt man die Abhängigkeit der Module auf die Ebene der Hauptroutinen, so entsteht eine Abhängigkeit der Hauptroutinen untereinander. Hierfür wird ebenfalls eine *Abhängigkeitsmatrix* definiert.

3.2.2 Programmablaufsteuerung

Aufgrund der Benutzereingaben bzw. der Erzeugung der Datenblöcke und der Auswahl der Hauptroutinen generiert sich das Programm folgende *Ablaufkennungen:*
für jede Hauptroutine:

- Stand der Simulation bezüglich eines Modells (Hauptroutine nicht durchlaufen, teilweise durchlaufen, vollständig richtig durchlaufen)
- Belegung der Datenblöcke innerhalb eines Programmlaufs (Datenblöcke nicht belegt, belegt)

für jeden Datenblock:

- Belegung mit Werten (nicht belegt, teilweise belegt, vollständig korrekt belegt, nicht benötigt).

Ändert der Benutzer das Simulationsmodell, so erfolgt eine Zwangsführung durch das Programm mit Hilfe der Abhängigkeitsmatrizen und der Ablaufkennungen. Die Folge ist, daß ein relativ sicherer Programmdurchlauf mit Rückmeldung bezüglich des Simulationsstands gewährleistet ist. Es ist nicht möglich, z. B. eine Hauptroutine mit einem inkonsistenten Datensatz zu durchlaufen

3.2.3 Dateistruktur

Während die Modellparameter ausschließlich über einen Bildschirm in das Programm gelangen, ist es für die längerfristige Datenhaltung unerläßlich, Dateien zu benutzen. Die Menge aller externen Daten teilt sich auf in fünf Dateien (Files) [1], [2], vgl. Bild 2, deren Zweck, Inhalt und Eigenschaft im folgenden zu ersehen sind:

- *Startsatz*
  Zweck   : Initialisierung von rechnerabhängigen Größen beim Programmstart
  Inhalt   : Logische Dateinummern; Arbeitsart des Programms; Maschinengenauigkeit
  Eigenschaft: Rechnerabhängig; sequentieller Zugriff.

- *Benutzerparameter*
  Zweck   : Initialisierung von programminternen rechnerunabhängigen Größen
  Inhalt   : Kommandos zur Dialogsteuerung; physikalische Fehlerschranken; maximal sinnvolle Dimensionen; Katalog mechanischer Modelle
  Eigenschaft: Rechner- und modellunabhängig; vom Benutzer änder- und erweiterbar; kapitelweise gegliedert; sequentieller Zugriff.

- *Modellkatalog*
  Zweck   : Verzeichnis aller Simulationsmodelle
  Inhalt   : Nummer und Benennung des Simulationsmodells; Bearbeiter; Datum der

Kreierung und des letzten Zugriffs; Programmversion

Eigenschaft: Interne rechnerunabhängige Struktur; Gültigkeitsbereich nur für eine Installation; direkter Zugriff

- *Text- und Formatdatei*

Zweck : Reduzierung des Programmcodes durch Auslagerung aller Texte; Textänderung ohne Programmeingriff; Standardisierung von Texten, Generierung von wiederkehrenden Elementen

Inhalt : Dateikopf mit internen Zeigern, Texte in fünf Kategorien aufgeteilt
  - Eingabeaufforderungstexte, Titel der Hauptroutinen und Modulgruppen
  - Hilfstexte, Legende
  - Fehlertexte mit 4 Stufen
  - Druckerprotokolltexte
  - allgemeine Texte

Eigenschaft: Interne rechnerunabhängige Struktur; modellunabhängig; Identifizierung der Texte durch Nummern; Eintrag der Texte in lesbarer Form überwiegend als FORTRAN-Formate; direkter Zugriff

- *Interface- und Ausgabedatei*

Zweck : Zentraler Datenspeicher bezüglich eines Simulationsmodells

Inhalt : Aufteilung in drei Bereiche
  - Dateikopf mit internen Zeigern und einem Inhaltsverzeichnis über alle Datenfelder
  - Datenteil mit den einzelnen Datenfeldern für Benutzereingaben, Zwischen- und Endergebnisse
  - ein Satz für Formatumwandlungen, z. B. Umwandlung einer Gleitkommazahl in Text

Eigenschaft: Interne rechnerunabhängige Struktur; lesen, schreiben, löschen von normalen und dünnbesetzten Feldern vom Typ Integer, Real oder Text in formatierter und/oder binärer Form; direkter Zugriff.

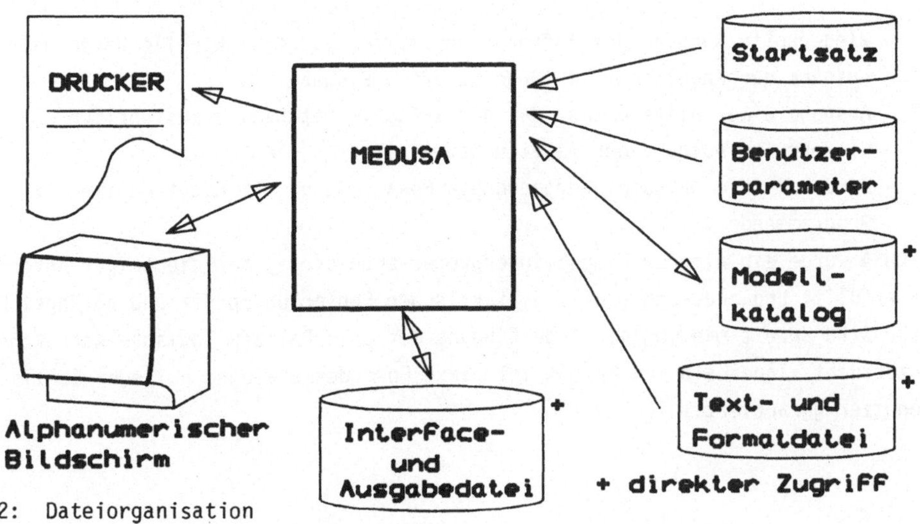

Bild 2: Dateiorganisation

Bei der Übergabe des Programms an ein anderes Betriebssystem ist nur der Inhalt des Startsatzes auszuwechseln.Möchte man die Dialogsprache ändern (z. B. englische Texte), so ist die vorhandene Text- und Formatdatei durch eine andere zu ersetzen. Bei der Kreierung eines neuen Simulationsmodells, ist es notwendig, eine neue Interface- und Ausgabedatei bereitzustellen, wobei es hier möglich ist, ein "ähnliches Modell" zu kopieren. Durch Änderung der entsprechenden Teile im nächsten Programmlauf, ist damit ein neues Modell leicht zu erzeugen.

3.2.4 Benutzerdateneingabe

Für jede Datenzeile, die vom Benutzer angefordert wird, erfolgt eine Aufforderung, in der die erwarteten Werte kurz erläutert werden. Diese Aufforderung ist ein ein- oder mehrzeiliger Text, der eine Liste von Werten oder eine Menge von Auswahloptionen beschreibt. Der Benutzer hat bei der Eingabe einer Datenzeile prinzipiell drei Möglichkeiten:

- Eingabe einer *leeren Zeile*
- Eingabe von *Datenwerten*
- Eingabe von *Kommandos* zur Dialogsteuerung

Die Eingabe einer leeren Zeile hat zur Folge, daß die Vorbelegungen aller angeforderten Variablen erhalten bleibt. Die Angabe von Datenwerten erfolgt nach den Regeln der listengesteuerten Eingabe, d. h.

- keine vordefinierten Eingabefelder; dies bedeutet eine Trennung der Werte durch Blank (Space) oder Komma, und
- gültige Datentypen sind Integer, Real und Text.

Die Eingabe einer Gleitkommagröße kann im E-, F- oder D-Format entsprechend den FORTRAN-Konventionen vorgenommen werden. Text wird mit Stringapostrophen eingegeben und kann auf seine Länge hin abgeprüft werden. Mit den folgenden zusätzlichen Kommandos innerhalb einer Datenzeile kann der Benutzer den Dialog in gewisser Weise beeinflussen:

"A" - Wiederholte Ausgabe des Aufforderungstextes für die aktuelle Datenzeile
"E" - Ausgabe der Regeln zur listengesteuerten Eingabe
"H" - Ausgabe eines Hilfstextes, der die aktuelle Datenzeile ausführlich erklärt
"W" - Wiederholte Ausgabe der letzten Datenzeile
"Z" - Zurück in die nächste übergeordnete Ebene (Modul --> Hauptroutine --> Programmende).

Für MEDUSA wurde ein eigener Eingabeinterpreter entwickelt, der die obigen Anforderungen erfüllt, und zudem noch alle syntaktischen Fehler überprüft und abfängt. Des weiteren wird soweit wie möglich jede Eingabe auf physikalisch logische Korrektheit hin untersucht. Innerhalb von MEDUSA ist diese Form des Dialoges an jeder Stelle für den Benutzer garantiert.

3.3 Codierung

3.3.1 Verarbeitung von Feldern

Um dem Anwender während der Simulation möglichst hohe Handlungsfreiheit zu gewährleisten, muß im Programm, aufgrund seiner Größe, eine dynamische Bearbeitung von Feldern möglich sein. Die Aufgabenstellung verlangt es, daß ein Feld an beliebiger Stelle im Programm bereitgestellt, vergrößert, verkleinert oder gelöscht werden kann, siehe Bild 3. Für eine Lösung dieses Problems bietet sich hier als höhere Programmiersprache nur PL/1 mit der Speicherklasse CONTROLLED an. Diese erlaubt eine vollständige Kontrolle über den Speicherplatz von Feldern und eine Übergabe mittels Parameterliste an andere Programmteile.

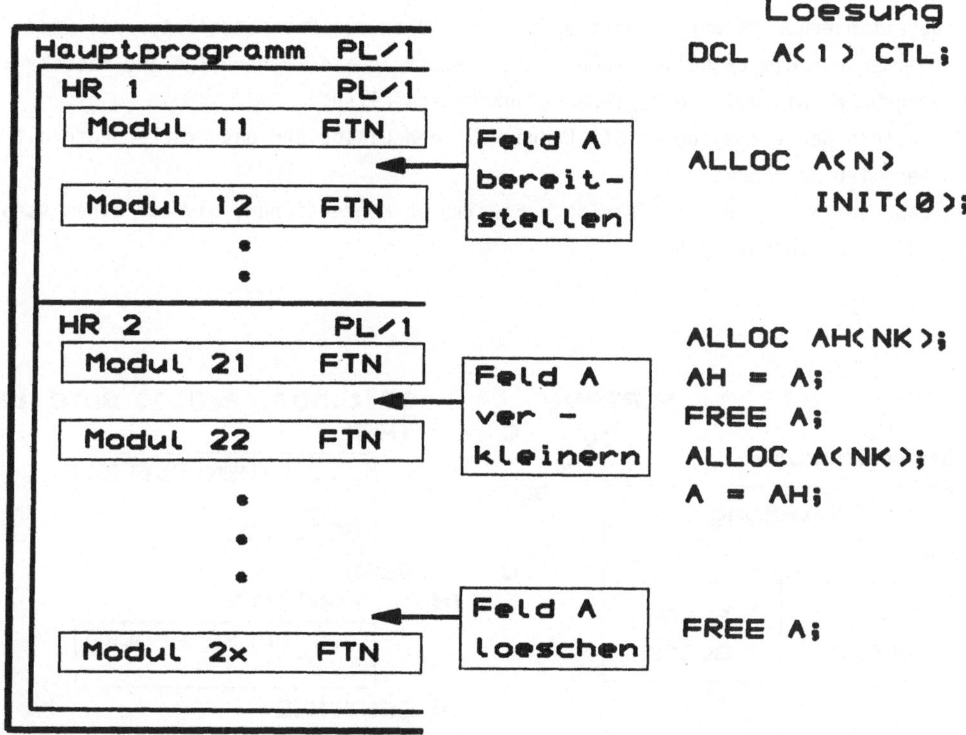

Bild 3: Verarbeitung von Feldern

Wie aus Bild 3 zu ersehen ist, wird bei MEDUSA eine *Sprachmischung* PL/1-FORTRAN verwendet, wobei PL/1 lediglich das Rahmenprogramm umfaßt. Alle physikalischen Module sind ausschließlich in FORTRAN geschrieben. Mit Hilfe der Sprachmischung werden zwei Grundübel von FORTRAN umgangen

* die dynamische Bearbeitung von Feldern, und
* unterschiedliche Feldgrößen im Hauptprogramm und den Routinen mit der damit verbundenen kritischen Wertübergabe.

3.3.2 Regeln zur Codierung

Für die Umsetzung der Theorie in den Programmcode werden einige Regeln vorgegeben [3], z. B.

* Programmentwurf und Codierung nach den *Regeln der strukturierten Programmierung*. Dies bedeutet eine Darstellung der Programmsubstanz in Form von Struktogrammen, die direkt in FORTRAN umsetzbar sind, vgl. Bild 4.
* Ausführliche Kommentierung in der Quelle in zwei Teilen
    a) im Programmkopf, welcher in kurzer Form über Zweck, Bearbeiter, Parameter- bzw. Commonblockversorgung und durch zusätzliche Hinweise informieren soll,
    b) durch Erläuterungen im Programmrumpf entsprechend den Blöcken im Struktogramm.
* Verwendung der Sprachen PL/1 und FORTRAN so weit wie möglich im Umfang der DIN-Norm, so daß die Portabilität in bezug auf die Zielrechner erhalten bleibt.
* Programminterner Datentransport erfolgt nur über die Parameterliste. Bei Feldern ist immer nur die aktuelle Größe nötig. Selbst lokale Felder sind aus Speicherplatzgründen bis auf die PL/1-Ebene durchzuschleifen.
* Einhaltung der vorgegebenen Strukturen für den Dialog und das Druckerprotokoll im gesamten Programm.
* Vergabe von Namen für Routinen nach bestimmten Konventionen, die auf einem strukturellen Aufbau basieren.

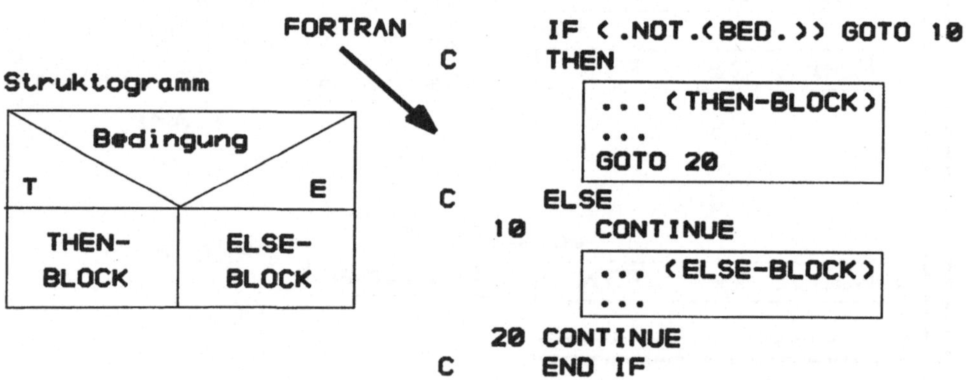

Bild 4: Beispiel zur Codierung

Mit Hilfe dieser Regeln wird die *Lesbarkeit* und damit auch die *Wartbarkeit* des Programms erheblich erhöht. Außerdem ist es jedem engagierten Benutzer möglich, sich schnell und sicher in die Quellenprogramme einzuarbeiten.

4. Werkzeuge für die Programmentwicklung

4.1 Textbearbeitungsprogramm

Prinzipiell ist es möglich, die Text- und Formatdatei von MEDUSA mit jedem normalen
Editor zu bearbeiten. Für den Programmentwickler ist es jedoch äußerst mühsam, die
FORTRAN-Formate für den Dialog und für das Druckerprotokoll auf diese Weise einzu-
tragen. Die DFVLR hat deshalb ein *Textbearbeitungsprogramm* entwickelt, welches das
Eintragen, Ändern, Löschen und Drucken von Texten im Full-Screen-Modus (Bildschirm-
maske) ermöglicht.

Seine Merkmale sind:

* strukturierte Dialogführung entsprechend den Textkategorien über Auswahlmanuale
* Eintrag des Textes, so wie er später erscheinen soll
  (bei Druckerprotokolltexten können bis zu 132 Zeichen/Zeile durch Verschieben der
  Bildschirmmaske ausgenutzt werden)
* Generierung und damit Standardisierung von verschiedenen Strukturelementen, wie
  z. B. Fehlermeldungen, Umrahmungen
* Platzhalter für Werte durch symbolische Formate
  z. B.   ƏƏƏ   --> I3
       ##.###### --> 1PD9.2

Als Vorteile des Programms sind zu nennen:

* einfacher Aufbau von Dialogtexten und Druckbildern
* kein Abzählen und Austesten; keine Formatfehler
* Eintragbild entspricht dem Bild der Ausgabe.

4.2 Quellenbearbeitungsprogramm

Zur Lösung von verschiedenen Problemen, die sich bei der Auslieferung von MEDUSA in
bezug auf unterschiedliche Rechner ergeben, wurde ein *Programm zur Bearbeitung von
FORTRAN-Quellen* entwickelt. Die Anwendung des Programms setzt voraus, daß bestimmte
Steuersätze als Kommentar in die Quelle eingefügt sind. Man kann nun mit den Optionen

* verschiedene Grade der *Kommentierung*
* Beeinflussung der *Genauigkeitsstufe*
* Zielquelle mit oder ohne *Testausdrucke*

sich eine gewünschte Zielquelle auswählen. Mit der Umsetzung wird zusätzlich eine
Statistik über die Quellen erstellt, die einen groben Überblick bezüglich der Quanti-
tät der Kommentierung gibt.

5. Zusammenfassung

Bei der Simulation mechanischer Systeme geht in neuerer Zeit die Entwicklung zu interaktiven integrierten Programmen, deren Benutzerkomfort besonders hoch bewertet
wird. Ein ähnlicher Trend ist bei den Finite-Elemente-Programmen zu beobachten.

Interaktive integrierte Programme erfordern ein gut ausgearbeitetes DV-Konzept. Als Beitrag hierzu wird in dieser Arbeit, ausgehend von den vom Benutzer definierten *Anforderungen*, die Realisierung des DV-Konzepts für das Programm MEDUSA zur Mehrkörperdynamik und Systemanalyse vorgestellt. Dabei wird die *Dialogstruktur* erläutert, die für den Benutzer transparent ist und ihm einen wahlfreien Zugriff zu den einzelnen Simulationsabschnitten gestattet. Das umfangreiche Paket der *Datenorganisation* wird in die Abschnitte der internen Datenstrukturen, Programmablaufsteuerungen, Dateistruktur und der Benutzereingabedaten gegliedert und ausführlich behandelt. Dadurch ist eine hohe Les- und Wartbarkeit des Programms gewährleistet. Abschließend werden *Richtlinien zur Codierung* von MEDUSA vorgestellt und *Programme zur Text- und Quellenbearbeitung* als Entwicklungswerkzeuge präsentiert. Anhand der bisherigen Erfahrungen mit dem Programm MEDUSA hat sich das erarbeitete DV-Konzept als vorteilhaft erwiesen.

6. Schrifttum

[1] Beier K.-P.
     DINAS, Systemsoftware für das rechnergestützte Entwerfen und Konstruieren -
     Einführung und Überblick.
     Technische Universität Berlin, April 1987

[2] CAD-Bericht
     Integrierte Programmsysteme
     Gesellschaft für Kernforschung mbH, Karlsruhe, Sept. 1975

[3] GES Infoteach Trainingspackage Serie
     Band 2: Strukturierte Programmierung
     GES mbH, Bereich DV-Training, Allansbach

[4] Deutsche Normen DIN 66027
     Programmiersprache FORTRAN
     Beuth Verlag, Berlin, Januar 1975

[5] Wirth N.
     Systematisches Programmieren
     B.G.Teubner, Stuttgart, 1972

Simulation und Bewertung von Verkehr
in signalgesteuerten Stadtstraßennetzen

G. Stegemann, W. Ameling

Lehrstuhl für Allgemeine Elektrotechnik und Datenverarbeitungssysteme
Rogowski-Institut für Elektrotechnik
Rheinisch-Westfälische Technische Hochschule Aachen
Schinkelstraße 2, 5100 Aachen

Es wird ein Modell zur Simulation von Verkehr in signalgesteuerten
Stadtstraßennetzen beliebiger Struktur beschrieben, das Untersuchungen und eine Bewertung des Verkehrsablaufes in diesen Netzen ermöglicht.
Das Netz wird spurgenau durch gerichtete Strecken abgebildet. Es
werden Algorithmen zur Simulation der Ein- und Ausfahrt der Fahrzeuge an den Netzrändern, des Anfahrvorganges, des Folge- und Spur-
wechselverhaltens der Fahrzeuge und der gegenseitigen Beeinflussung
von verschiedenen Verkehrsströmen im Kreuzungsbereich angegeben. Unter Verwendung dieser Algorithmen wurde ein Programmsystem für digitale Rechenanlagen entwickelt. Zur Beurteilung des Verkehrsablaufs
in dem Netz werden u.a. die Verlustzeit und die Anzahl der Halte der
Fahrzeuge in den Strecken und in dem gesamten Netz sowie die Rück-
staulängen in den einzelnen Spuren der Strecken ermittelt. Mit Hilfe
des Modells wird exemplarisch die Festzeitsignalsteuerung an einem
Knotenpunkt und die koordinierte Signalsteuerung in einem Teilnetz
der Stadt Aachen untersucht.

1. Einleitung

Es ist eine allgemein bekannte Tatsache, daß der Ausbau der Verkehrswege in den letzten Jahren mit der Zunahme des Verkehrsaufkommens
nicht Schritt halten konnte. Der Ausbau der innerstädtischen Ver-
kehrsnetze ist wegen der vorhandenen Bebauung nur beschränkt möglich
- und vielleicht auch nicht erstrebenswert.

Es ist daher eine dringliche Aufgabe, die bestehenden Verkehrswege
optimal zu nutzen. Dies kann einerseits durch eine günstige bauliche
Gestaltung der Verkehrswege und andererseits durch geeignete verkehrs-
lenkende Maßnahmen - insbesondere durch die Steuerung des Verkehrs
mit Hilfe von Lichtsignalanlagen - erreicht werden [1].

Die Erprobung von Maßnahmen bei der Verkehrsraumgestaltung und die
Untersuchung verkehrslenkender Maßnahmen sind aus finanziellen Gründen und wegen der damit verbundenen Risiken und Behinderungen für
den Verkehrsteilnehmer im allgemeinen nicht im Verkehrsnetz möglich
oder zumindest problematisch.

Als Alternative bietet sich die Möglichkeit an, den Verkehrsablauf
durch ein Modell zu beschreiben und die Untersuchungen mit Hilfe des

Modells durchzuführen. Die grundsätzliche Vorgehensweise ist in Bild 1 dargestellt.

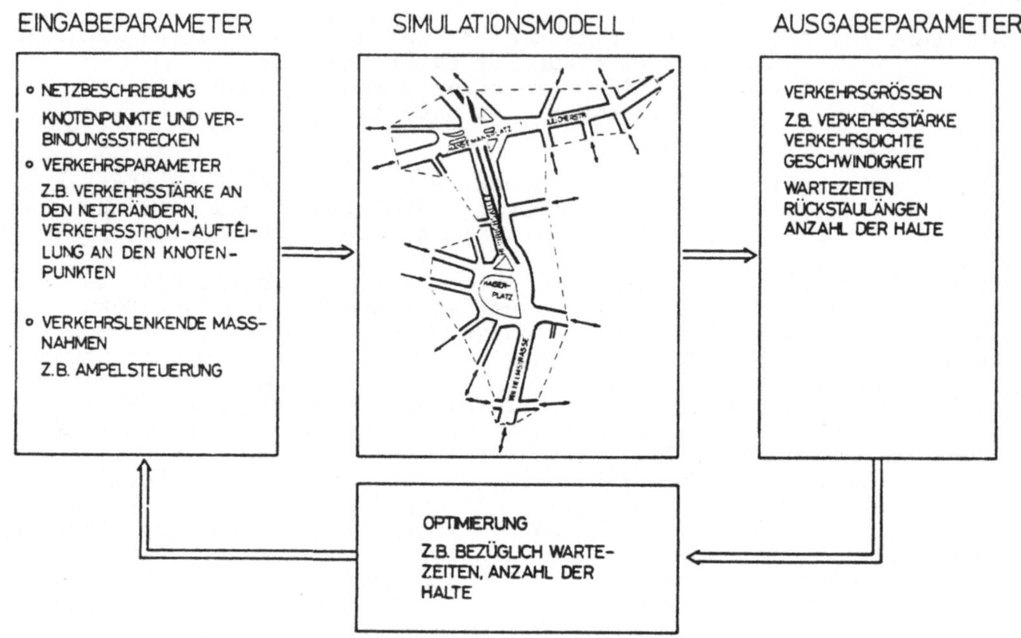

Bild 1: Schematische Darstellung der Verkehrssimulation

Das zu untersuchende Verkehrsnetz wird durch die Angabe von Parametern, welche die Netzstruktur, die Verkehrssituation und die verkehrslenkenden Maßnahmen beschreiben, in einem Modell nachgebildet.

Ausgabeparameter des Modells sind die den Verkehr beschreibenden Größen und Bewertungsgrößen, welche die Verkehrsqualität erfassen. Durch systematische Änderung der Eingabeparameter kann der Verkehrsablauf in dem untersuchten Netz optimiert werden.

2. Das Simulationsmodell

2.1 Das Simulationsverfahren

Als Simulationsverfahren wird für das Modell die sogenannte Raumsimulation angewendet. Hierbei wird in festen Zeitintervallen der Ort der Fahrzeuge im Verkehrsnetz bestimmt.

2.2 Topologie und Geometrie des Netzes

Ein Straßenverkehrsnetz besteht grob betrachtet aus Knotenpunkten (Kreuzungen), die durch Straßen miteinander verbunden sind. Vernachlässigt man Überholvorgänge von Fahrzeugen unter Benutzung der Fahrbahnen für den Gegenverkehr - sie beeinflussen den Verkehrsablauf im innerstädtischen Bereich nur unwesentlich - so läßt sich das Verkehrsnetz topologisch durch einen gerichteten Graphen darstellen. Dabei besteht der Graph aus einer Menge Z gerichteter Kanten oder Strecken, einer Menge K von Knoten und einer Inzidenzabbildung, die den Strecken $z \in Z$ geordnete Knotenpaare $(k_1, k_2) \in K \times K$ zuordnet, wobei die Ordnung in den Elementen der Knotenpaare durch die Richtung des Verkehrsflusses entlang der Strecke bestimmt ist.

Ein Verkehrsknotenpunkt kann jedoch nicht im mathematischen Sinne als punktförmig angesehen werden. Vielmehr ist es für eine hinreichend exakte Simulation des Verkehrsablaufs unerläßlich, die Verkehrswege im Kreuzungsbereich in die Betrachtung einzubeziehen.

Bild 2 zeigt den Graphen eines einfachen Netzes mit zwei Kreuzungen.

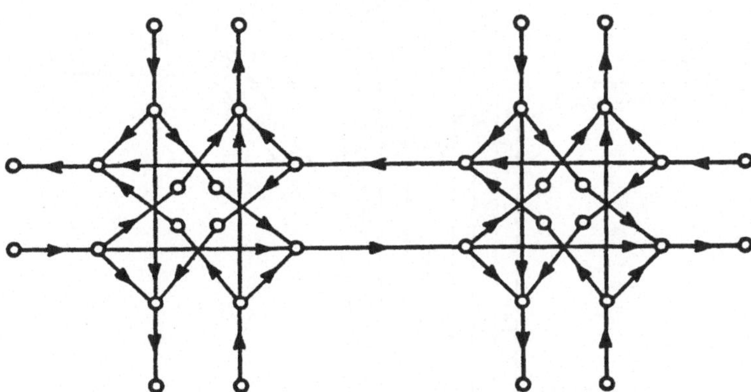

__Bild 2__: Gerichteter Graph eines einfachen Netzes unter Berücksichtigung der Verkehrswege im Kreuzungsbereich

Die Knoten an den Rändern des Netzes stellen Quellen und Senken dar, d.h. Knoten, an denen Fahrzeuge in das Netz einfahren bzw. aus dem Netz ausfahren.

Jede Strecke dieses Graphen besteht aus einer oder mehreren Spuren. Bild 3 zeigt am Beispiel einer Kreuzung die dadurch erreichbare spurgenaue Abbildung der Verkehrswege. Zur besseren Übersicht sind nur die Abbiegestrecken der im Bild von oben und unten an die Kreuzung herangeführten Strecken eingetragen. Jede Strecke ist durch eine Streckennummer (groß gedruckte Zahlen in Bild 3) gekennzeichnet. Jede Strecke kann sich im Modell in vier mögliche Fahrtrichtungen r (klein gedruckte Zahlen) verzweigen. Die Topologie eines beliebigen Netzes wird durch die Zuordnung der Nummern A_r der nachfolgenden Strecken zu einer Strecke beschrieben.

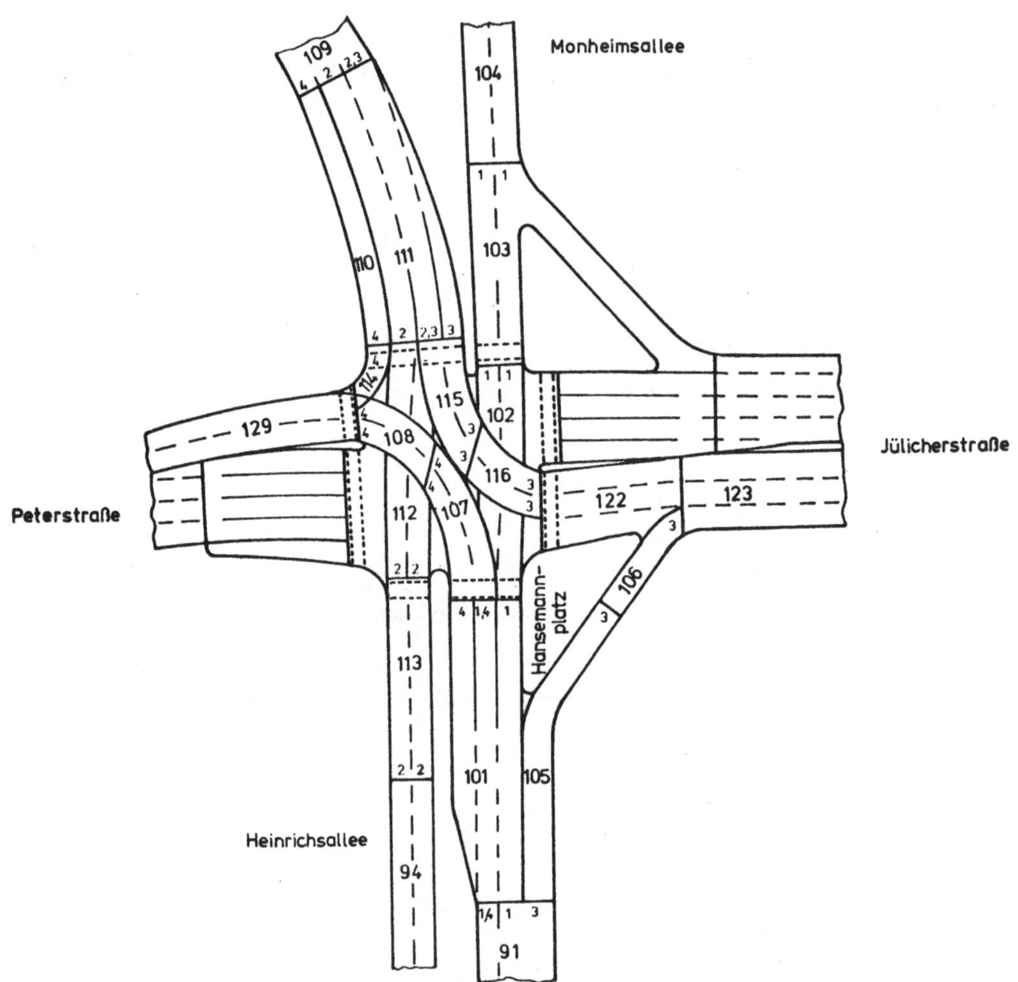

<u>Bild 3</u>: Spurgenaue Abbildung der Verkehrswege am Beispiel des Hansemann-Platzes, Aachen

Jede Spur einer Strecke ist implizit durch eine relative Spurnummer s gekennzeichnet. Die Zuordnung der Spuren aneinandergrenzender Strecken zueinander geschieht dadurch, daß jeder Spur s je Fahrtrichtung r zwei Anschlußspurnummern $R_{i,r,s}$ zugeordnet werden, worin i = 1, 2 der Index der ersten bzw. zweiten Anschlußspur ist.

An dieser Stelle sei schon erwähnt, daß ferner zur Beschreibung des
Spurverhaltens der Fahrzeuge jeder Spur indizierte logische Variable
$S_{s,r}$ zugeordnet werden, die angeben, ob die Spur s in die Fahrtrichtung r führt oder nicht.

Die geometrische Beschreibung des Netzes wird auf die Angabe der Länge
und der Spurenanzahl der Strecke beschränkt. Andere geometrische Daten,
wie z.B. Spurenbreite, Kurvenradius und Steigung, gehen nur indirekt
über die geeignete Wahl anderer, verkehrstechnischer Parameter in die
Simulation ein.

2.3 Beschreibung der Verkehrssituation

Die Beschreibung der zu simulierenden Verkehrssituation muß mit Hilfe
von Kenngrößen geschehen, die möglichst unabhängig von den verkehrslenkenden Maßnahmen sind und die bei den üblichen Verkehrserhebungen erfaßt werden.

Geeignete Größen in diesem Sinne sind die Verkehrsstärken der an den
Netzrändern zu- und abfließenden Verkehrsströme und die Abbiegeranteile
der Verkehrsströme an den Knotenpunkten bezüglich der möglichen Fahrtrichtungen.

Bei gegebener Verkehrsstärke q lassen sich die Zeitlücken, mit denen
die Fahrzeuge in den Quellen und Senken den Netzrand passieren, nach
folgender Gleichung bestimmen:

$$\Delta t_1 = \Delta t_{1min} + (\Delta t_{1min} - \frac{1}{q}) \cdot \ln R$$

worin Δt_{1min}: Mindestzeitlücke, q: Verkehrsstärke,

   R   : Zufällige Zahl, die im Intervall (0,1] gleichver-
        teilt ist.

Zu dieser Gleichung gelangt man, wenn man die Wahrscheinlichkeitsdichte
von Zeitlücken durch eine um die Mindestzeitlücke verschobene Exponentialverteilung approximiert.

Die Aufteilung eines Verkehrsstromes auf die Teilströme der Fahrtrichtungen r mit den Verkehrsstärken q_r läßt sich, wie bereits erwähnt,
durch die Abbiegeranteile f_r beschreiben. Es gilt:

$$q_r = f_r \cdot q$$

und

$$\sum_r f_r = 1$$

Den Fahrzeugen werden bei der Einfahrt in das Netz und in bestimmte
Strecken, die weit vor der nächsten Verzweigung liegen, Fahrtrichtungen r zugeordnet. Die Zuordnung wird stochastisch vorgenommen. Ein
Fahrzeug erhält diejenige Fahrtrichtung r, für die bei kleinstem r
gilt:

$$\sum_{i=1}^{r} f_i \geq R$$

worin R eine zufällige Zahl ist (siehe oben).

2.4 Simulation der Fahrzeugbewegung

Im Modell wird der Verkehrsablauf mikroskopisch durch die Bewegung der
einzelnen Fahrzeuge simuliert. Dennoch basieren die Algorithmen zur Beschreibung der Fahrzeugbewegung auf einer makroskopischen Betrachtung
des Verkehrsablaufs. Das erweist sich als notwendig, weil eine detaillierte Betrachtungsweise, die vom einzelnen Fahrzeug, dem Fahrer und
seinen Reaktionen ausgeht, für die Simulation in größeren Straßennet-
zen zu aufwendig ist. Zudem werden Schwierigkeiten, die sich bei der
Verifizierung mikroskopischer Modelle auf Grund der großen Anzahl von
Elementen, Relationen und Parametern ergeben, vermieden.

Ein Fahrzeug ist in dem Modell zu jedem Zeitpunkt gekennzeichnet
- bezüglich des Ortes durch die Entfernung vom Streckeneingang
  und die von ihm benutzte Spur,
- durch seine aktuelle Geschwindigkeit,
- durch die ihm zugewiesene Fahrtrichtung.

2.4.1 Das Spurverhalten der Fahrzeuge

Das Spurverhalten der Fahrzeuge ist durch zwei Einflüsse bestimmt:

1) Jeder Fahrer versucht, eine bestimmte gewünschte Geschwindigkeit
   beizubehalten. Fährt er in seiner Spur auf ein langsamer fahren-
   des Fahrzeug zu, so wird er einen Spurwechsel vornehmen.

2) Jedes Fahrzeug muß sich vor einer Verzweigung in die seiner Fahrtrichtung entsprechende Spur einordnen.

Zur Beschreibung des Spurverhaltens werden in jeder Strecke drei Bereiche unterschieden (siehe Bild 4):

(1) Weit vor der nächsten Verzweigung ein Bereich je Spur freier Spu-
    renwahl;

(2) je Spur ein Einordnungsbereich, der sich bei einem Rückstau in der
    Spur entgegen der Fahrtrichtung ausdehnt;

(3) ein fahrtrichtungsgebundener Bereich, in dem kein Spurwechsel mög-
    lich ist (auf der Straße ist dieser Bereich durch ausgezogene wei-
    ße Linien markiert).

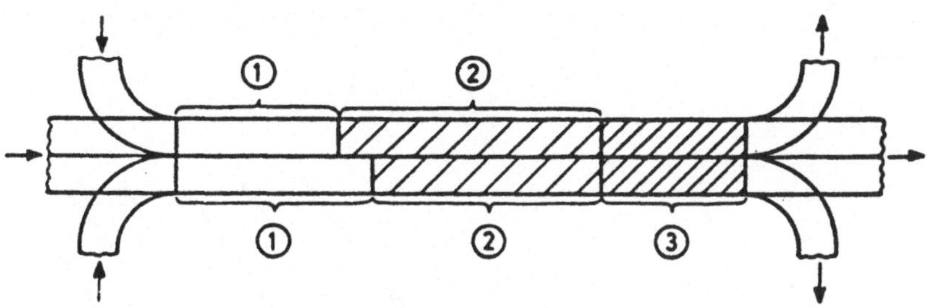

(1) Bereiche freier Spurwahl
(2) Einordnungsbereiche
(3) Fahrtrichtungsgebundener Bereich

__Bild 4__: Einteilung einer Strecke in Bereiche

Es wurde bereits erwähnt, daß sowohl den Spuren als auch den Fahrzeugen Fahrtrichtungen zugeordnet werden. Ob nun ein Fahrzeug einen Spurwechsel vorzunehmen hat, bzw. in welche Spur es wechseln darf, kann
entsprechend der folgenden logischen Gleichung entschieden werden:

$$M_{s,r} = S_{s,r} + \overline{E}_s \cdot \bigvee_{i=1}^{n_{Sp}} (S_{i,r} \cdot \overline{E}_i),$$

worin die Variablen folgendermaßen definiert sind:

$M_{s,r}$: Ein Fahrzeug mit der Fahrtrichtung r darf die Spur s
           am betrachteten Ort befahren;

$S_{s,r}$: Die Spur s führt in die Fahrtrichtung r;

E_s : Der betrachtete Ort in der Spur s liegt im Einord-
        nungsbereich der Spur;

n_{Sp} : Anzahl der Spuren der Strecke

2.4.2 Das Geschwindigkeits- und Folgeverhalten der Fahrzeuge

Rückstaubildung und Anfahrvorgang

Im Bild 5 ist die Rückstaubildung und der Anfahrvorgang in einem Weg-
Zeit-Diagramm dargestellt. Es sei s = A der Ort einer Lichtsignalanlage
mit Haltelinie. Die Ampel zeige für Zeiten $t \leq \tau$ "rot". Die Fahrzeuge
nähern sich der Haltelinie, verzögern, und es bildet sich ein Rückstau
aus. Dieser Vorgang wird im Modell gemäß der dünn ausgezogenen Linien
durch das Auffahren mit unverminderter Geschwindigkeit und abruptem

Halt angenähert. Auf die Wartezeiten der Fahrzeuge vor der Ampel hat
dies keinen wesentlichen Einfluß. Jedes auf den Stau auffahrende Fahrzeug verlängert die Rückstaulänge um die mittlere Aufstellänge l_o;
diese ist von der Verkehrszusammensetzung (Fahrzeuge verschiedener
Art) abhängig.

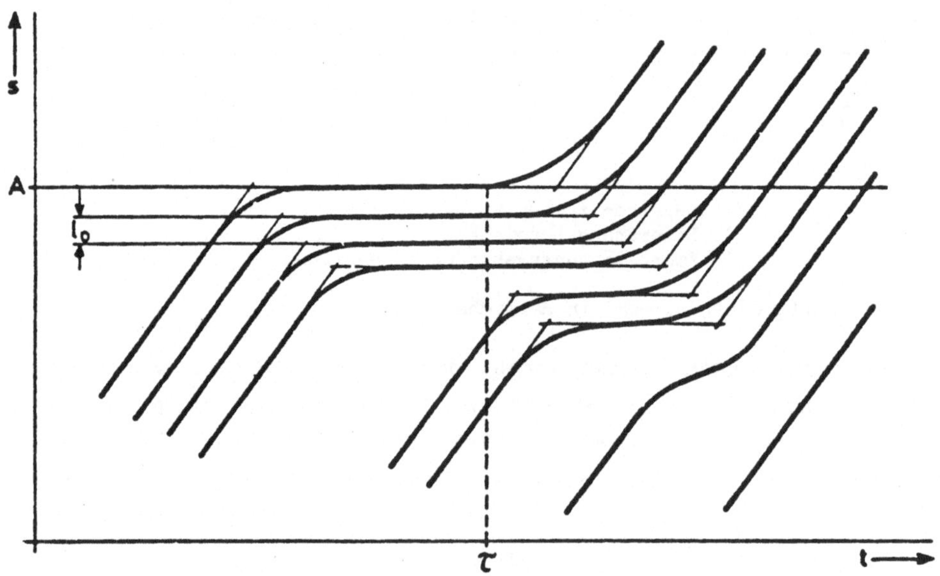

Bild 5: Staubildung und Stauauflösung dargestellt im Weg-Zeit-Diagramm

Zur Berücksichtigung der Verlustzeiten, die beim Beschleunigen der
Fahrzeuge bis zur gewünschten Endgeschwindigkeit entstehen, wird der
Anfahrvorgang der Fahrzeuge gemäß einer im realen Verkehr ermittelten
Geschwindigkeit-Zeit-Abhängigkeit nachgebildet. Diese ist u.a. ebenfalls von der Verkehrszusammensetzung abhängig. Die Endgeschwindigkeit eines unbehinderten Fahrzeugs wird durch die mögliche bzw. er-
laubte Höchstgeschwindigkeit bestimmt, die jeder Strecke zugeordnet
ist.

Das Folgeverhalten der Fahrzeuge

Zur Beschreibung des Folgeverhaltens der Fahrzeuge wird von der makroskopischen Beziehung zwischen der mittleren momentanen Geschwindigkeit v
und der Verkehrsdichte k ausgegangen.

Die durchgezogene Linie in Bild 6 gibt diese Beziehung nach einer Messung von COERS [2] wieder. Da im innerstädtischen Bereich die Geschwin-

digkeit begrenzt ist, ist die Geschwindigkeit für geringe Verkehrsdich-
ten unabhängig von der Verkehrsdichte konstant.

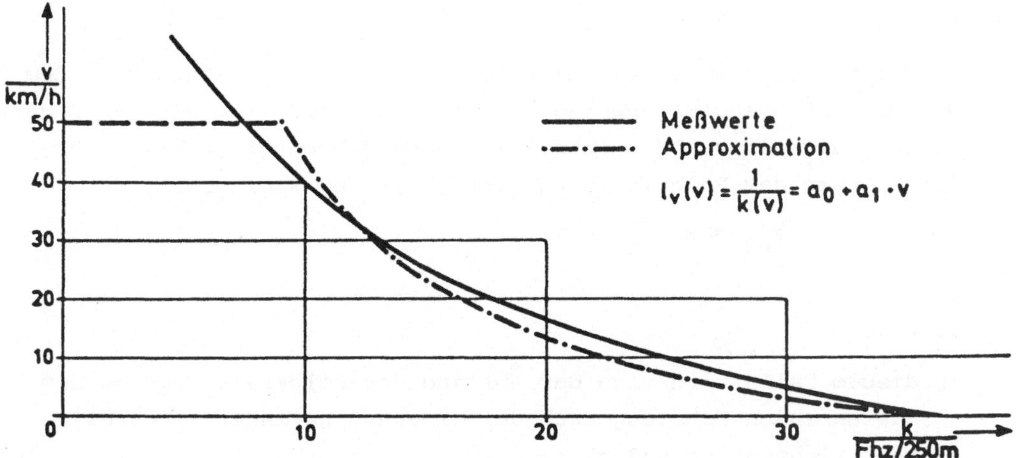

$$l_v(v) = \frac{1}{k(v)} = a_0 + a_1 \cdot v$$

Bild 6: Mittlere momentane Geschwindigkeit v in Abhängigkeit von
der Verkehrsdichte k

Der Reziprokwert der Verkehrsdichte k stellt die mittlere virtuelle
Fahrzeuglänge dar:

$$l_v(v) = \frac{1}{k(v)} \ .$$

Als virtuelle Fahrzeuglänge l_v bezeichnet man in der Verkehrstechnik
den Abstand zwischen den Vorderkanten von zwei aufeinanderfolgenden
Fahrzeugen in Abhängigkeit von der Geschwindigkeit v.

Es soll nun angenommen werden, daß ein Fahrzeug 1 im Modell zu einem
bestimmten Zeitzyklus bereits seinen Fahrweg zurückgelegt hat, wie
dies im Bild 7 dargestellt ist.

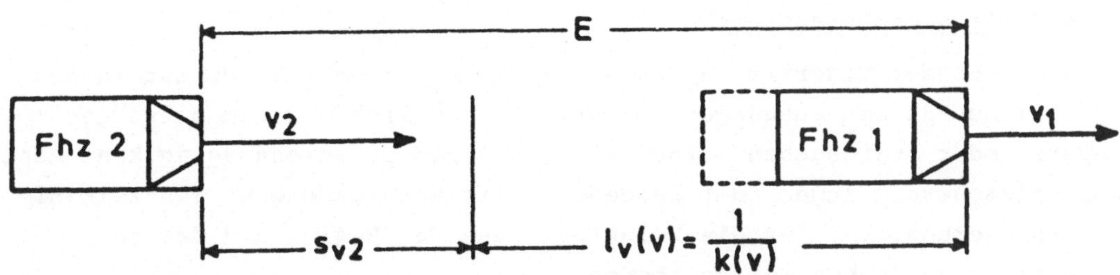

$$l_v(v) = \frac{1}{k(v)}$$

Bild 7: Zur Bestimmung des Fahrweges eines Folgefahrzeugs

Bei der Bestimmung des möglichen Fahrweges des Folgefahrzeugs 2 in Abhängigkeit von der Entfernung E und den Geschwindigkeiten v_1 und v_2 der Fahrzeuge sind zwei Fälle zu unterscheiden:

1) $v_2 \geq v_1$

In diesem Falle wird das Folgefahrzeug seine Geschwindigkeit dem des vorausfahrenden anpassen, der Abstand wird sich also nach der Geschwindigkeit v_1 des vorausfahrenden Fahrzeugs richten. Für den Fahrweg des Folgefahrzeugs innerhalb der Zykluszeit gilt:

$$s_{v2} = E - l_v(v_1)$$

2) $v_2 < v_1$

In diesem Falle wird sich der Abstand des Folgefahrzeugs zu dem vorausfahrenden Fahrzeug nach der eigenen, geringeren Geschwindigkeit richten, so daß gilt:

$$s_{v2} = v_2 \cdot T_z = E - l_v(v_2),$$

worin T_z die Zykluszeit ist. Zur Bestimmung von v_2 bzw. s_{v2} muß die Abhängigkeit der virtuellen Fahrzeuglänge von der Geschwindigkeit durch eine analytische Funktion beschrieben werden. Für das Modell wurde der lineare Ansatz

$$l_v(v) = a_o + a_1 \cdot v$$

gewählt (siehe Bild 6). Hierin kann a_o als mittlere Aufstellänge des Fahrzeugs und a_1 als Reaktionszeit des Fahrers interpretiert werden. Für den Fahrweg des Folgefahrzeugs ergibt sich damit:

$$s_{v2} = \frac{E - a_o}{\dfrac{a_1}{T_z} - 1}$$

2.4.3 Die Signalsteuerung

Ein steuernder Eingriff in den simulierten Verkehrsablauf ist in dem Modell nur an den Ausgängen der Strecken möglich, in dem diese gesperrt oder freigegeben werden können. Jedem Streckenausgang kann eine Signalsteuerung zugeordnet werden. Realisiert wurde eine Festzeit-Signalsteuerung, bei der die Umlaufzeit und der Beginn und das Ende der Sperrzeit angegeben werden können.

2.4.4 Sonstige Einflüsse auf den Verkehrsablauf

Es würde den Rahmen dieses Beitrages sprengen, auf alle Einzelheiten der Modellalgorithmen einzugehen. Hierzu muß auf [5] verwiesen werden.

Zwei weitere Einflüsse auf den Verkehrsablauf, die im Modell berücksichtigt werden, sollen noch kurz genannt werden:

Linksabbieger im Kreuzungsbereich haben dem Gegenverkehr Vorfahrt zu gewähren. Im Modell wird der Streckenausgang der linksabbiegenden Strecke gesperrt, wenn die Zeitlücke im Gegenverkehr kleiner als eine Grenzzeitlücke ist, die Linksabbiegern zum Passieren des Gegenverkehrs ausreicht.

Auch die Berücksichtigung des Fußgängerverkehrs im Kreuzungsbereich, dem Abbieger Vorfahrt zu gewähren haben, wird auf die Sperrung und Freigabe der Ausgänge von den Abbiegerstrecken zurückgeführt. Es wird davon ausgegangen, daß die Fußgänger an signalgesteuerten Überwegen die Fahrbahn pulkartig überqueren und deshalb der abbiegende Fahrzeugverkehr für eine bestimmte Zeit anhalten muß.

2.4.5 Das Simulations-Programmsystem

Unter Verwendung der oben beschriebenen Modellansätze wurde ein Programmsystem entwickelt, das die Simulation des Verkehrsablaufs in beliebig strukturierten Verkehrsnetzen ermöglicht. Es ist in der problemorientierten Programmiersprache FORTRAN geschrieben und wurde auf einer Rechenanlage TR440 zum Einsatz gebracht. Anlagenspezifische Komponenten können jedoch beim Einsatz des Systems auf anderen Rechenanlagen mit minimalem Aufwand abgeändert werden. Der Datenbestand wurde so konzipiert, daß das System auch auf Rechnern mit einer Wortlänge von 16 Bit zur Anwendung gelangen kann.

Die Darstellung des zu simulierenden Netzes erfolgt durch die Angabe der verkehrstechnisch relevanten Daten der Strecken und der zur topologischen Beschreibung des Netzes benötigten Daten, die ebenfalls den Strecken zugeordnet sind. Wegen der Größe der hierbei anfallenden Datenmengen wurde die Dateneingabe von dem eigentlichen Simulationsprogramm getrennt. Das Bedienungsprogramm BEDI liest die Daten in beliebigen Teilmengen von Lochkarten ein, führt Plausibilitätskontrollen durch und protokolliert die Daten in übersichtlicher Form. Es verwaltet sowohl die statischen als auch die dynamischen Daten des Programmsystems, transferiert sie auf Dateien und macht sie so dem Simulationsprogramm SIMU zugänglich. In Bild 8 ist eine Übersicht über das Pro-

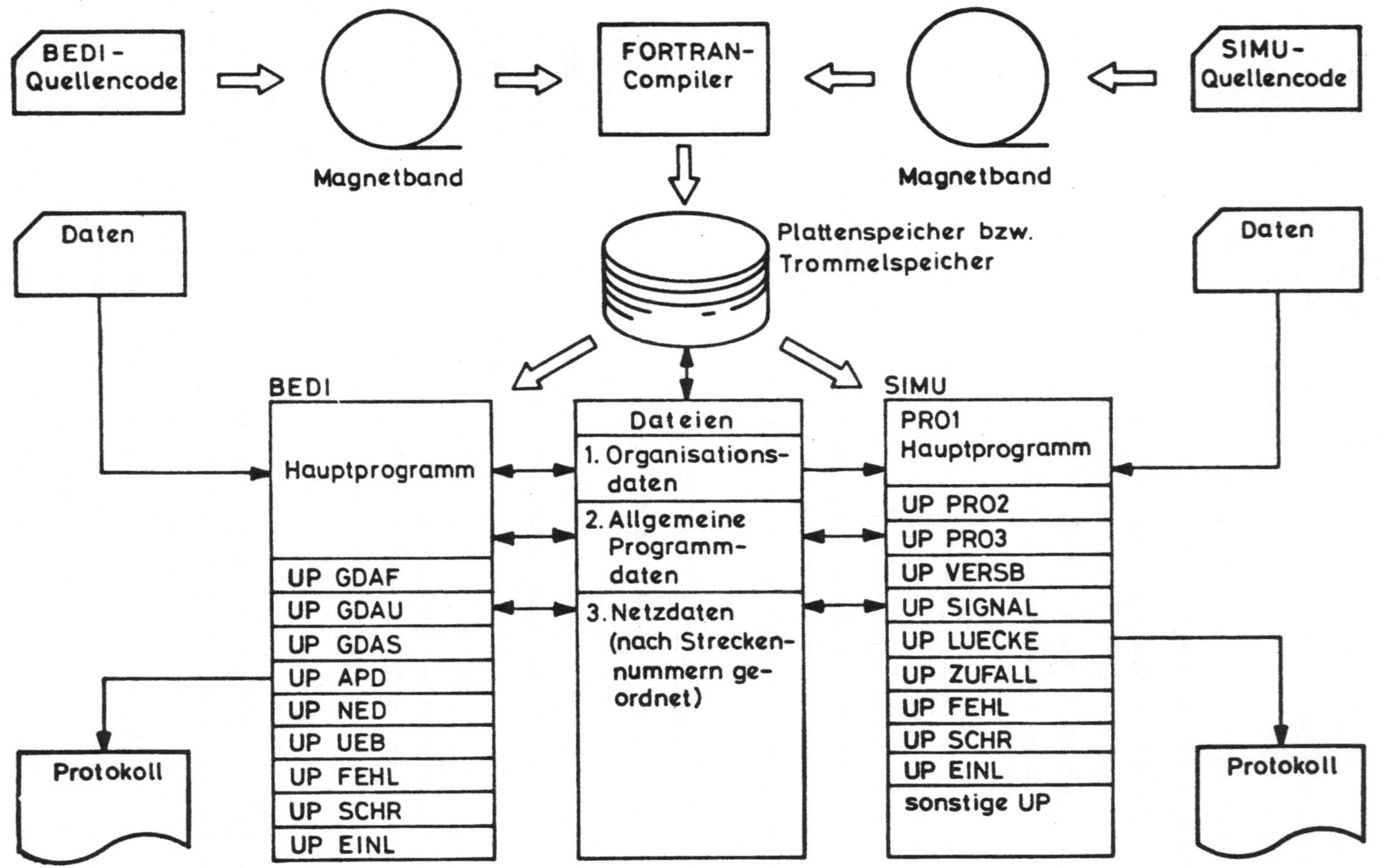

Bild 8: Übersicht über das Simulations-Programmsystem

grammsystem dargestellt. Einige Daten, die beim jeweiligen Simulationsexperiment zu verändern sind, werden von SIMU direkt eingelesen (u.a.
Daten der Lichtsignalsteuerung). Die Bestimmung des Verkehrszustandes
im simulierten Verkehrsnetz erfolgt bezüglich der Simulationszeit in
äquidistanten Zeitpunkten. Das Simulationsprogramm SIMU protokolliert
die angeforderten Bewertungsdaten eines Simultaionsexperimentes, auf
die im nächsten Abschnitt eingegangen wird.

3. Bewertung des Verkehrsablaufs

Im Folgenden sollen die Größen angegeben werden, die es gestatten, die
Verkehrsqualität in dem simulierten Netz quantiativ zu erfassen.

In der Verkehrstechnik häufig benutzte Bewertungsgrößen, die auch dem
vorliegenden Modell entnommen werden können, sind:

- Verlustzeit t_v

    Sie ist die Zeitdifferenz zwischen der idealen Reisezeit eines Fahr-
    zeugs von einem Ausgangs- zu einem Zielort und der tatsächlichen Rei-
    sezeit. Bei der Ermittlung der idealen Reisezeit wird davon ausgegan-
    gen, daß das Fahrzeug stets mit maximal möglicher bzw. zulässiger Ge-
    schwindigkeit fährt.

- Anzahl der Halte n_H

    Die Anzahl der Halte der Fahrzeuge kann als Maß für den Fahrkomfort,
    die Verkehrsflußglättung und die Wirtschaftlichkeit der Fahrweise
    angesehen werden.

- Rückstaulänge l_{St}

    Sie ist die Entfernung von der Haltelinie an einer Lichtsignalanlage
    bis zur Hinterkante des letzten Fahrzeugs, das zum Halten gekommen ist.

- Behinderungszeit t_b

    Sie ist eine Linearkombination aus der Verlustzeit und der Anzahl
    der Halte:

$$t_b = t_v + c \cdot n_H .$$

    Die Konstante c ist willkürlich wählbar und wird meist zu 4 s bis 8 s
    gesetzt.

Diese und weitere Daten können vom Simulationsprogramm für beliebige
Strecken und für das gesamte Netz je Zykluszeit oder Umlaufzeit der
Lichtsignalanlagen ausgegeben werden. Zusätzlich läßt sich je Zyklus-
zeit von beliebigen Strecken der Ausdruck eines Streckendiagramms an-
fordern, das den Ort, die Geschwindigkeit und die Fahrtrichtung der
Fahrzeuge angibt.

Als Bewertungsmaß B wurde vom Verfasser (siehe [5]) zur quantitativen
Erfassung der Verkehrsqualität in dem untersuchten Teilnetz definiert:

$$B = \frac{\Delta t_b}{\Delta n_e} = \frac{t_b(k \cdot T_z) - t_b(j \cdot T_z)}{n_e(k \cdot T_z) - n_e(j \cdot T_z)}$$

worin $\quad t_b \quad$: Behinderungszeit (siehe oben)

$\qquad\quad n_e \quad$: Anzahl der in das Teilnetz eingefahrenen Fahrzeuge

$\qquad\quad T_z \quad$: Zykluszeit der Simulation

$\qquad\quad j,k \quad$: $\in \mathbb{N}, \quad k > j$

Das Bewertungsmaß B bezieht also die Behinderungszeit auf die Anzahl
der in das Netz eingefahrenen Fahrzeuge während eines vorgegebenen Be-
wertungszeitraumes $k \cdot T_z - j \cdot T_z$.

4. Anwendungsbeispiele

Die Anwendungsmöglichkeiten des Programmsystems sollen im Folgenden anhand von Beispielen gezeigt werden.

4.1 Untersuchung der Festzeit-Signalsteuerung eines Knotenpunktes

Am Beispiel eines Knotenpunktes wurden drei bekannte Entwurfsverfahren
für festzeitgesteuerte Signalprogramme miteinander verglichen. Das Si-
gnalprogramm mit dem besten Ergebnis hinsichtlich des Verkehrsablaufs
wurde mit Hilfe des Simulationsmodells optimiert und schließlich die
Parameterempfindlichkeit des optimierten Signalprogramms untersucht.

Die Kreuzung ist in Bild 9 dargestellt. Die Zahlenwerte geben die Verkehrsstärken für die verschiedenen Fahrtrichtungen in Fahrzeugen pro
Stunde an. Der Knotenpunkt wurde zweiphasig gesteuert, d.h. es wurden
jeweils die Zufahrten 1 und 3 sowie 2 und 4 freigegeben.

Die Tabelle in Bild 10 gibt die Ergebnisse für die Parameter der Signalsteuerung sowie das mit Hilfe des Simulationsmodells ermittelte
Bewertungsmaß B wieder. Hierin ist T_u die Umlaufzeit, t_{gr1} und t_{gr2}
sind die Freigabezeiten für die Phasen 1 und 2, t_{gv1} und t_{gv2} sind die
Freigabezeitverkürzungen um welche die Zufahrten 1 bzw. 3 ($t_{gv2} > 0$
bzw. $t_{gv1} < 0$) und die Zufahrten 2 bzw. 4 ($t_{gv2} > 0$ bzw. $t_{gv2} < 0$) eher
gesperrt werden, um so den Linksabbiegern im Gegenverkehr die Möglichkeit zum ungehinderten Abbiegen zu geben.

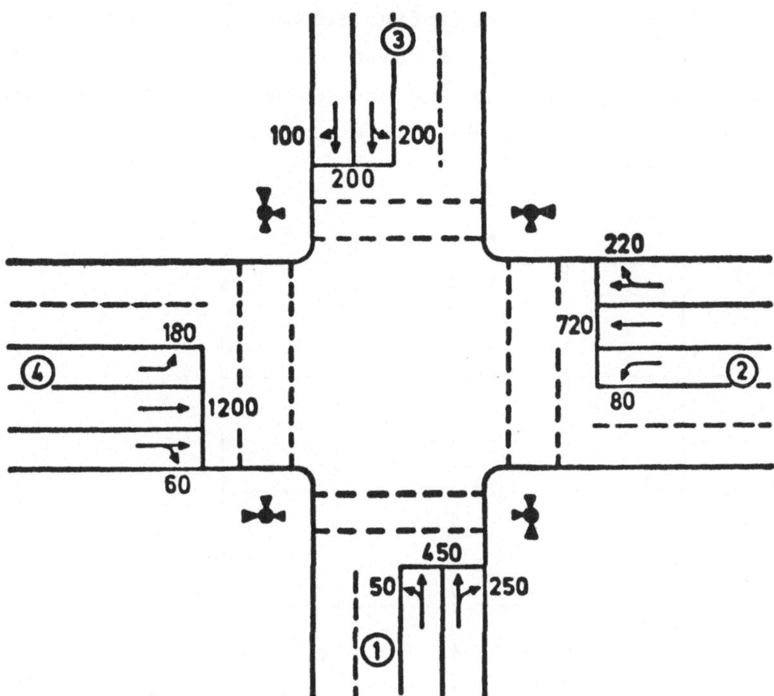

Bild 9: Untersuchter Knotenpunkt

	$\dfrac{T_u}{s}$	$\dfrac{t_{gr1}}{s}$	$\dfrac{t_{gr2}}{s}$	$\dfrac{t_{gv1}}{s}$	$\dfrac{t_{gv2}}{s}$	$\dfrac{B}{s/\text{Fhz}}$
Zeitbedarfsverfahren (RILSA [4])	52	13	22	–	–	59,26
Verfahren nach KRELL [3]	100	33	50	–	–	69,16
Verfahren nach WEBSTER [7]	69	19	33	–	–	63,56
Optimierung (Simulationsmodell)	51	14	21	–4	+5	57,94

Bild 10: Ergebnisse für die Parameter der Lichtsignalsteuerung

Wie man sieht, weichen die Ergebnisse der drei Verfahren zum Teil beträchtlich voneinander ab. Die Optimierung mit Hilfe des Modells wurde, ausgehend von den Daten nach dem Zeitbedarfsverfahren, mit einem Verfahren durchgeführt, das sich kurz als iteratives, achsenparalleles Suchverfahren mit veränderlicher Schrittweite charakterisieren läßt. Die erreichte Verbesserung ist allerdings unbedeutend.

Im weiteren wurde die Parameterempfindlichkeit des optimierten Signalprogramms untersucht, d.h. die relative Änderung des Bewertungsmaßes
bei einer Änderung der Parameter gegenüber den optimalen Werten. Die
Bilder 11a und 11b geben zwei Beispiele wieder:

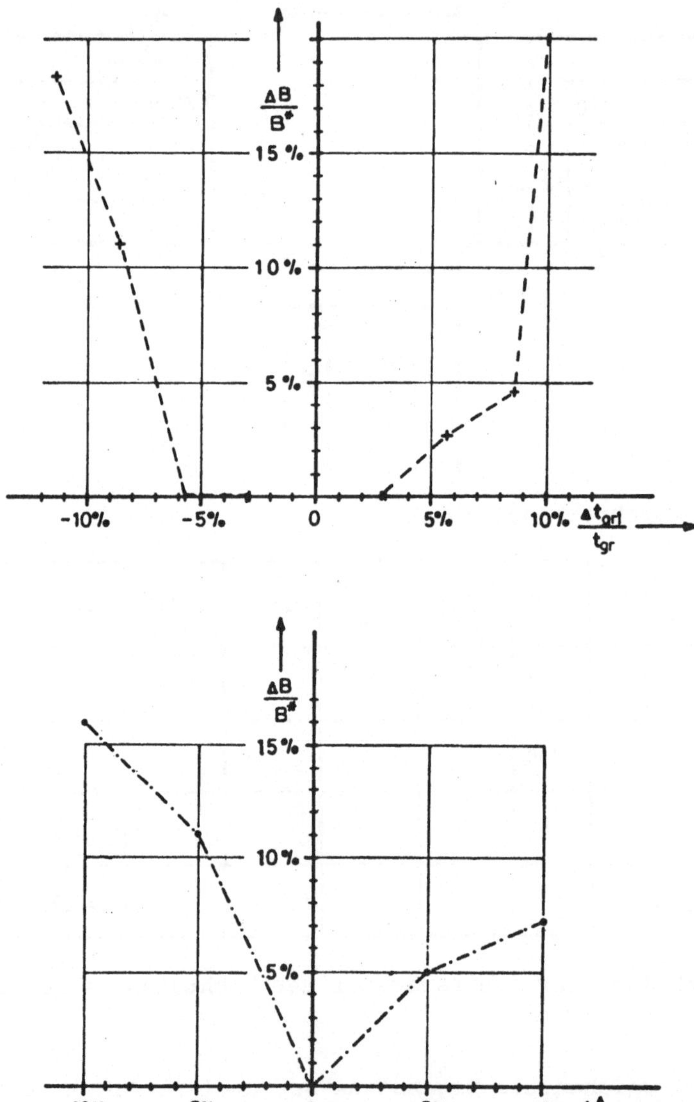

<u>Bild 11</u>: Parameterempfindlichkeit der Signalsteuerung
   a) bei Änderung der Freigabezeit t_{gr1} bezogen auf
      die Summe der Freigabezeiten
   b) bei Änderung des Verkehrsaufkommens A

4.2 Untersuchung der koordinierten Signalsteuerung eines Teilnetzes

Der Einsatz des Simulations-Programmsystems soll nun noch am Beispiel der koordinierten Lichtsignalsteuerung ("grüne Welle") eines Teilnetzes der Stadt Aachen demonstriert werden.

In Bild 12 ist der Lageplan des Teilnetzes, das von der Normaluhr (Knoten K2) über den Kaiserplatz bis zum Hansemann-Platz (Knoten K7) reicht, und ein Signalplan in einem Weg-Zeit-Diagramm darstellt. Auf der Ordinatenachse ist der Weg s und auf der Abszissenachse die Zeit t aufgetragen. Die waagerechten Linien geben den Ort der Lichtsignalanlagen an den Knotenpunkten und das Signalbild in Abhängigkeit von der Zeit wieder. Eine Doppellinie ohne Mittelstrich charakterisiert die Freigabezeit, die Doppellinie mit Mittelstrich die Sperrzeit. Auf die spurgenaue Wiedergabe dieses Teilnetzes muß in diesem Beitrag aus Platzgründen verzichtet werden.

Die Lichtsignalanlagen werden bei einer koordinierten Signalsteuerung so geschaltet, daß Fahrzeuge zu bestimmten Zeiten den Straßenzug mit einer vorgegebenen Geschwindigkeit passieren können, ohne anhalten zu müssen. Im Weg-Zeit-Diagramm wird dies durch die sogenannten "Freigabezeitbänder" für die eine und die andere Fahrtrichtung dargestellt.

Mit Hilfe des Simulationsmodells wurde geprüft, welcher von zwei möglichen Signalplänen (S3 und S4) sich besser zum Einsatz in der abendlichen Hauptverkehrszeit eignet. Das Verkehrsaufkommen in dem Teilnetz beträgt zu dieser Zeit etwa 10300 Fahrzeuge je Stunde.

In Bild 13 sind tabellarisch einige Daten des Simulationsexperimentes und als Ergebnis die ermittelten Bewertungsmaße für die beiden Signalpläne zusammengestellt.

Der Verkehrsablauf ist beim Signalplan S3 um 21 % besser als beim Signalplan S4. Eine derartige Untersuchung hätte im realen Verkehr zu beträchtlichen Behinderungen geführt und wäre nur mit großem meßtechnischen, finanziellen und zeitlichen Aufwand durchführbar gewesen. Demgegenüber ist der Aufwand für die Simulationsexperimente gering einzuschätzen.

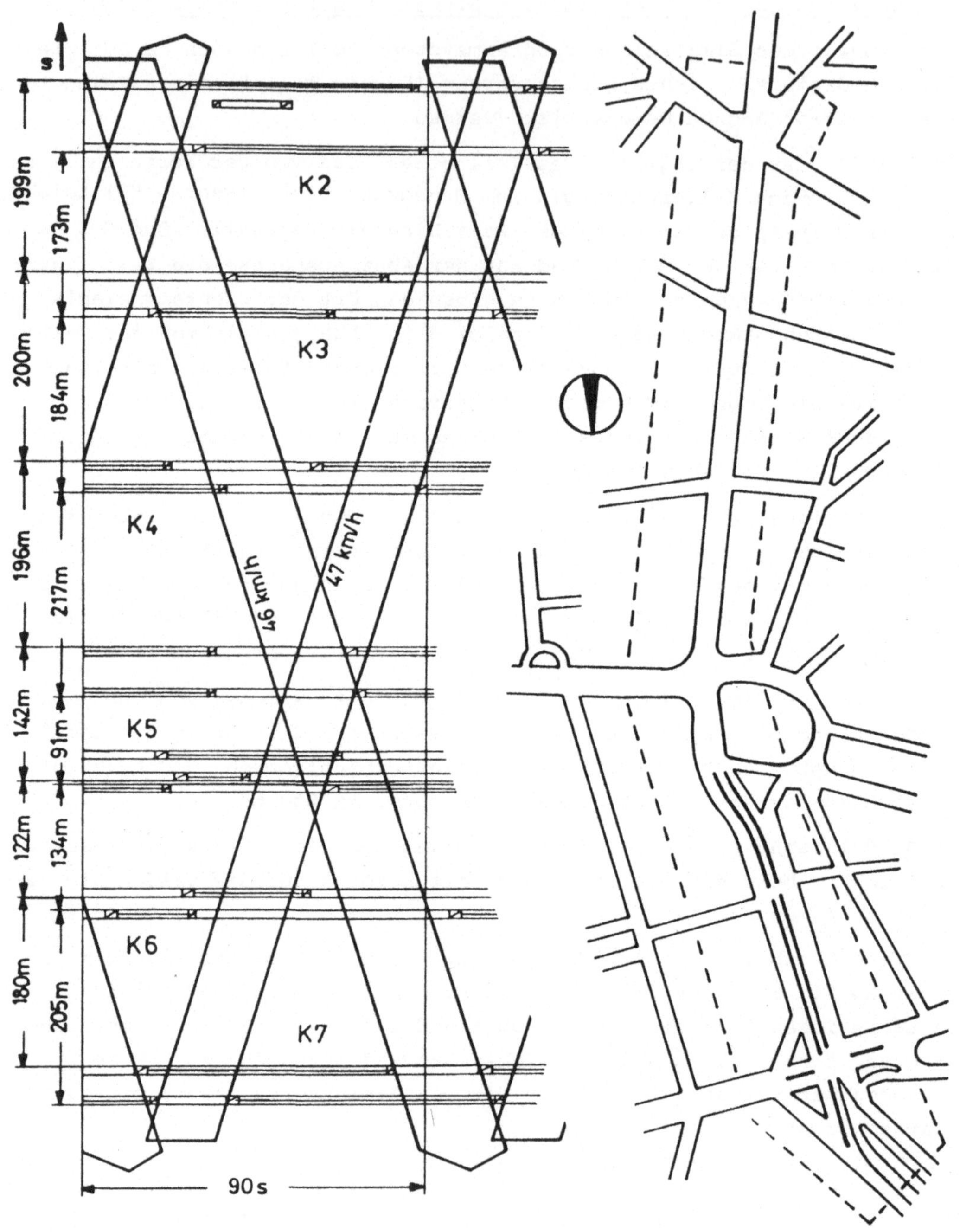

Bild 12   Koordinierte Signalsteuerung, Signalplan S3

Simulationszeit:		990 s		
Bewertungszeit:	von	550 s	bis	990 s
Rechenzeit je Simulationslauf (TR440):		3561 s		
Verkehrsaufkommen:		10300 Fhz/h		

Signalplan	Umlaufzeit $T_u/$ s	Bewertungsmaß $B/\frac{s}{Fhz}$
S3	90	108,82
S4	110	131,98

<u>Bild 13:</u>   Daten der Untersuchung der koordinierten Lichtsignal-steuerung des Teilnetzes nach Bild 12

5. Schlußbemerkung

Abschließend sei festgestellt, daß der Einsatz des Simulations-Programmsystems immer dann ökonomisch und sinnvoll ist, wenn die zu untersuchende Problemstellung die vielfältigen Einflüsse auf den Verkehrsablauf - die im Modell berücksichtigt werden - in die Untersuchung mit einbezieht. Der Einsatzschwerpunkt muß daher in der Überprüfung verkehrstechnischer Maßnahmen gesehen werden, die an Stelle der finanziell aufwendigen und mit Behinderungen und Risiken für den Verkehrsteilnehmer verbundenen Untersuchung am realen Objekt mit Hilfe des Modells durchgeführt wird.

<u>Literatur</u>

[1]   Ameling, W.: Verkehrsabhängige Signalsteuerung in der Stadt Aachen. Lehrstuhl für Allg. Elektrotechn. u. Datenverarbeitungssysteme der RWTH Aachen. Bericht für die Stadt Aachen (1969).

[2]   Coers, H.G.: Grundlegende Ergebnisse mikroskopischer Untersuchungen des Verkehrsflusses nach dem räumlich-zeitlichen Prinzip. Die Straße, 10.Jg., (1970), Heft 8. S. 420 - 427.

[3]   Krell, K.: Die Bemessung signalgesteuerter Straßenknoten ohne Iteration. Forschungsarbeiten aus dem Straßenwesen. Kirschbaum Verlag, Bad-Godesberg,(1962), Heft 53.

[4]   Richtlinien für Lichtsignalanlagen (RILSA): Forschungsgesellsch. für das Straßenwesen, Köln, Arbeitsgr. Verkehrsführung u. Verkehrssicherheit, Ausgabe 1977.

[5]   Stegemann, G.: Simulation und Bewertung von Verkehr in signalgesteuerten Stadtstraßennetzen. Dissertation, Fakultät f. Elektrotechn. der RWTH Aachen (1979).

[6]   Webster, F.V.: Traffic signal settings. Road Research Techn. Paper No.39, London. H.M. Stationary Office (1958), 45 Seiten.

Simulation von Systemkomponenten in Realzeitsystemen

K.H. Sturm

Technische Universität Berlin, Institut für Fermentation und Brauwesen
und
Versuchsanstalt für Datenverarbeitung und Prozeßtechnik

Zusammenfassung. Ausgehend von Methoden zur formalen Beschreibung von Systemen wird ein Konzept entwickelt, das es ermöglicht, Systemkomponenten auf zweckdienlichen Abstraktionsebenen durch Zustandsgraphen zu beschreiben und zu modellieren.
Im weiteren wird aufgezeigt, daß das Modell durch einen Soll-Ist-Vergleich geeignet ist, die Fehlererkennung durchzuführen, um die Verfügbarkeit des Realzeitsystems zu erhöhen.
Abschließend wird ein zugeordnetes Modul zur Simulation und Fehlererkennung sowie eine praktische Modell-Entwurfsmethode vorgestellt.

Summary. Basing consideration on methods for formally describing systems, a concept is hier developed which will enable system components to be described and modelled by graphs of state on suitable levels of abstractions.
It is then shown that by comparsion of actual and reference values the model is suitable for detecting faults in order to increase the availability of the realtime system.
In conclusion, a related module for simulation and fault detection as well as a practical model designing method is presented.

Einleitung

Im Zusammenhang mit einer System- und Sprachentwicklung für verfahrenstechnische Prozesse (1) entstand das vorliegende Konzept zur Simulation von Systemkomponenten SK mit dem Ziel, die Verfügbarkeit von Realzeitsystemen (Abb. 1) durch eine automatische Fehlererkennung zu erhöhen.

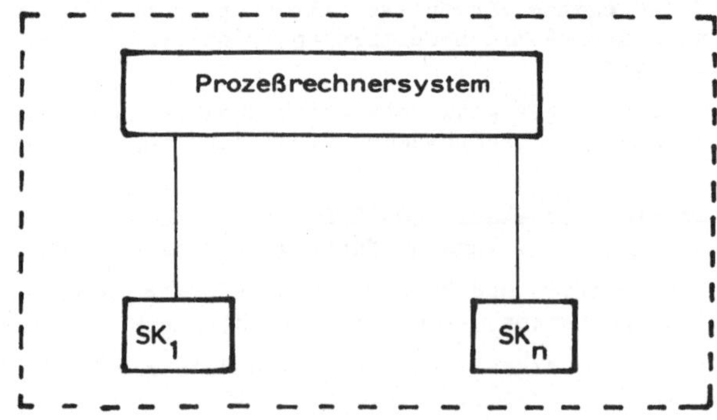

Abb. 1   Realzeitsystem

Ausgehend von der Tatsache, daß die Zuverlässigkeit der Systemkomponenten im technischen Prozeß (z. B. Ventile, Antriebe usw.) in Relation zum Rechnersystem bedeutend kleiner ist, sollte die Fehlererkennung durch einen Soll-Ist-Vergleich erfolgen, mit der Besonderheit, daß der jeweilige Sollwert aus einem Software-Modell abgeleitet wird, daß auf dem gleichen Prozeßrechnersystem läuft.

Im Hinblick auf die zunehmende Bedeutung der Zuverlässigkeit und Fehlererkennung (2,3,4), sollte dabei eine allgemeine formale und einfache Methode entwickelt werden, die es ermöglicht, diskrete Zustände von Systemkomponenten auf zweckdienlichen Abstraktionsebenen zu beschreiben und zu modellieren.

1. Formale Methode

Ausgehend von dieser Anforderung kann aufgezeigt werden, daß es einige formale Methoden gibt, die geeignet sind, Beziehungen und/oder Übergänge von Objekten schrittweise zu beschreiben.

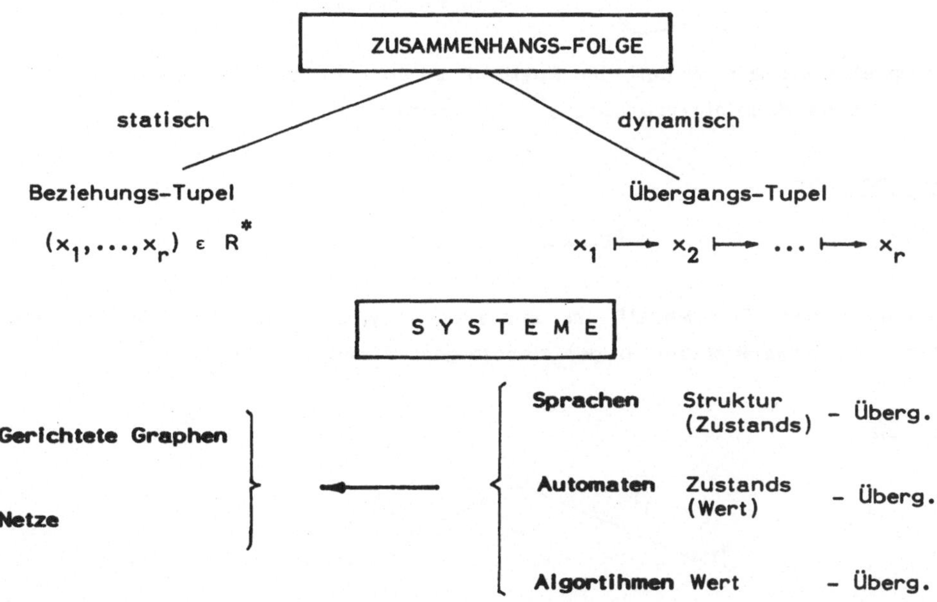

$$(x_1,\ldots,x_r) \in R^*$$

$$x_1 \longmapsto x_2 \longmapsto \ldots \longmapsto x_r$$

In dem vorliegenden Fall wurden für die theoretische Untersuchung dieser Problemstellung Input-Output-Maschinen $M = (I,O,S,f,h)$ verwendet (5), die hier in dieser Arbeit durch markierte Zustandsgraphen repräsentiert werden.

Definition 1.1

Ein markierter Zustandgraph ist ein Viertupel

$$Z = (S, E, I) \text{ mit}$$

$$(S, E) \text{ Graph, } E \subset S \times S$$
$$m: \quad E \longrightarrow I \text{ Markierungsfunktion}$$
$$E_m := \{[e, i] \mid e \in E, i \in I, i = m(e)\}$$

S   eine endliche Menge von Zustandknoten

I   eine endliche Menge von Eingabemarkierungen

E_m eine endliche Menge von eingabemarkierten Überführungskanten.

1.1 Grundstrukturen

Nachfolgend werden die wesentlichen Grundstrukturen eines Zustandsgraphen für die Modellbildung interpretiert.

Schleife

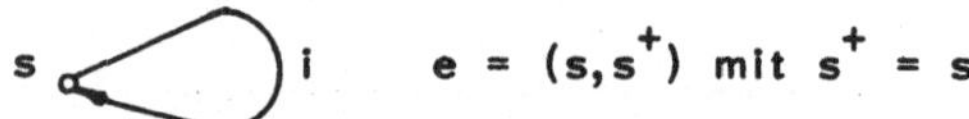

$$e = (s, s^+) \text{ mit } s^+ = s$$

Interpretation: Ein Modell im Zustand s wird unter der Markierung i in den gleichen Nachfolgerzustand $s^+ = s$ überführt.

Linearer Übergang

Interpretation: Ein Modell im Zustand s wird unabhängig von irgend einer Eingabemarkierung in den Nachfolgerzustand s^+ überführt.

Verzweigung

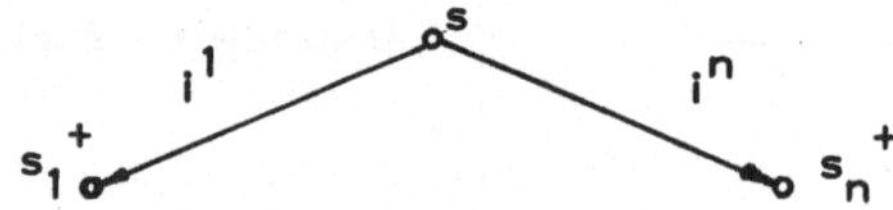

Interpretation: Ein Modell im Zustand s wird unter der Eingabemarkierung i_j in den Nachfolgerzustand s_j^+ überführt.

!   Ist ein i nicht eindeutig definiert, so handelt es sich um eine nichtdeterministische mehrdeutige Zustandsüberführung.

<u>Vereinigung</u>

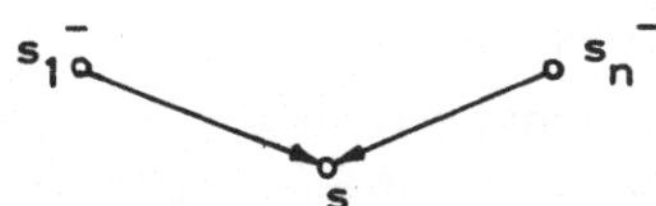

Interpretation: Ein Modell wurde unter der Markierung i, ausgehend von einem Vorgängerzustand s_j^- in den Zustand s überführt.

2. Modellbildung

Ausgehend davon, daß das Modellkonzept in einer einfachen Weise Übergangszusammenhänge durch Zustandgraphen abbilden soll, werden nachfolgend einige Definitionen eingeführt sowie nichtdeterministische Eigenschaften analysiert, die durch Verschmelzungen abstrahiert werden.

Das Zustandsverhalten einer Systemkomponente SK ist allgemein gekennzeichnet durch folgende Eigenschaften:

a) Der Zustand s eines Systems ist unter einer definierten (Eingabe-) Bedingung zeitlich unbegrenzt haltbar.

b) Der Zustand eines Systems ist unter keiner (Eingabe-) Bedingung haltbar, d. h., die Überführung in einen Nachfolgerzustand $s^+ \neq s$ erfolgt notwendigerweise innerhalb eines endlichen Zeitintervalls.

Übertragen auf das Zustandsmodell wird die erste Eigenschaft als "stabiler" Zustand definiert.

<u>Definition 2,1</u>

Ein Zustand eines Modells wird als <u>stabil</u> bezeichnet, wenn zu s eine Schleife e = (s,s) existiert.

Viele technische Systeme, die nach außen eine deterministisches Verhalten anzeigen, weisen oft auf einer unteren Feinebene nichtdeterministische Eigenschaften auf.
D. h., es existiert hier mindestens eine Verzweigung mit nicht eindeutigen Markierungen, so daß die Zustandsüberführung mehrdeutig ist. Für diese Systemkomponenten wird folgende Vereinbarung getroffen.

<u>Vereinbarung 2,1</u>

Wenn das System beschrieben werden kann durch einen Zustandsgraphen $Z = (S,E,I)$ und das nichtdeterministische Verhalten definiert ist durch einen zusammenhängenden zyklenfreien Teilgraphen $Z' = (S',E',I')$ von Z, so daß gilt:

1.) Es existiert genau ein Eintrittsknoten s^e inzident zu $e = (s,s^e) \in E/E'$

2.) Es existiert genau ein Austrittsknoten s^a inzident zu $e = (s^a,s) \in E/E'$

dann wird von einem <u>partiellen Nichtdeterminismus</u> in Z gesprochen und die Ein- und Austrittsknoten als Rand $R = \{ s^e, s^a \}$ von Z' bezeichnet.

Um derartige nichtdeterministische Systemstrukturen für die Modellbildung zu vereinfachen, wird ein Verschmelzungshomomorphismus (6) eingesetzt, der es ermöglicht, den Teilgraphen durch eine Kante zu ersetzen.

<u>Definition 2,2</u>

Sei Z' ein zusammenhängender Teilgraph von Z mit $|E'| > 1$, dann wird unter einer K2-Verschmelzung die Ersetzung von Z' durch zwei adjazente Knoten bzw. durch eine Kante verstanden.

<u>Beispiel 2,1</u>

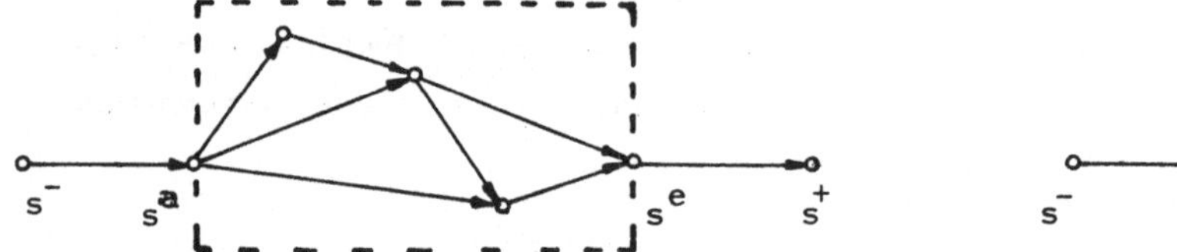

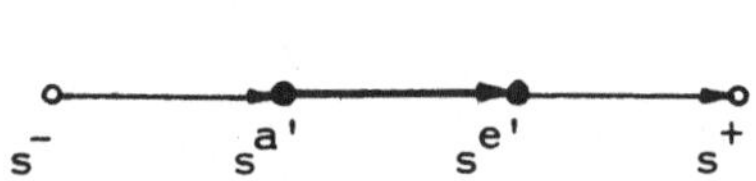

Nach Vereinbarung 2,1 existieren für den zugeordneten Teilgraphen hinreichende Bedingungen für die Erreichbarkeit (7) der Randelemente von s^a nach s^e, so daß nach Definition 2.2 das folgende Lemma abgeleitet werden kann.

<u>Lemma 2,1</u>

Jedes partiell nichtdeterministische Zustandsmodell Z kann durch eine Verschmelzung von Teilgraphen Z' in ein deterministisches Zustandsmodell $Z^\wedge$ überführt werden.

Anmerkung:
Die Verschmelzung von Zustandsgraphen Z' von Z zu einem Zustandsgraphen $Z^\wedge$ kann unabhängig von der Vereinbarung 2,1 auch für deterministische Systemstrukturen verwendet werden.

2.1 Defekts

Allgemein haben Systemkomponenten die unangenehme Eigenschaft, daß quasi zu jedem Zustand stcchastische Störungen –Defekts– auftreten können, so daß selbst streng deterministische Systeme im Störungsfall mehrdeutige Zustandsüberführungen aufweisen.

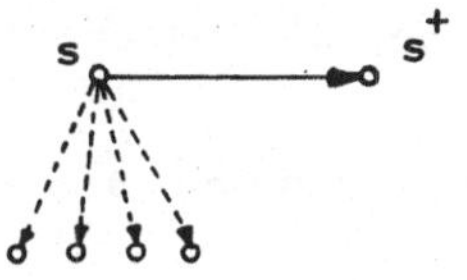

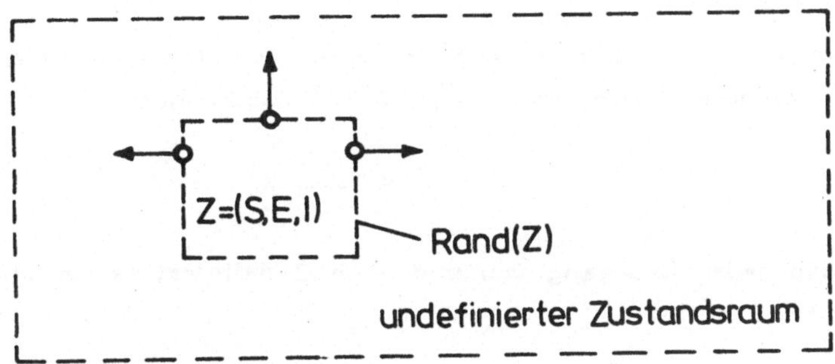

Abb. 2   Defekts

Vorbetrachtung:

Sei Z ein zugeordnetes Zustandsmodell einer SK, dann kann jeder Störungsfall interpretiert werden, als eine Überschreitung der Systemgrenzen (Rand) in einen undefinierten Zustandsraum.

Abb. 3   Undefinierter Zustandsraum

Ohne gleich zu jedem Zustand die zugeordneten Defekts zu bestimmen, die dann geeignet sind, eine sinnvolle und eventuell eindeutige Fehleranalyse durchzuführen, soll für die Modellbildung ein gemeinsamer Fehlerknoten vereinbart werden.

Vereinbarungen 2.1, 1–3

1.) Jedes Zustandsmodell Z wird um einen gemeinsamen Fehlerknoten F ergänzt, der alle Defekt-Zustände der Systemkomponente repräsentiert.

2.) Der Rand R von Z ist definiert durch die Menge der Eintrittszustände R$^-$ und durch die Menge der Austrittszustände R$^+$, bzw. es wird der allgemeine Fall R(Z) = S angenommen.

3.) Jedes Randelement $r \in R(Z)$ ist inzident zu einer eindeutig markierten Fehlerkante e_f.

Eine Problematik, die bereits in die Behandlung von Ausnahmefällen (8) eingeht, ist die definierte Rückführung des Zustandsmodells aus dem Fehlerzustand F, nachdem die Systemstörung beseitigt ist.

Bei vielen technischen SK in Realzeitsystemen ist diese Rückführung definiert durch Wiedereintrittszustände. Die beiden häufigsten Anwendungsfälle sind:

1. Vorausgegangener Austrittszustand $s \in R(Z)$ ist gleichzeitig der Wiedereintrittszustand in Z,
   ===> es existiert eine Kantenfolge $w = (s,F,s)$

2. Jedem Austrittszustand $s \in R(Z)$ ist ein systemunkritischer Wiedereintrittszustand $s_u \in S$ zugeordnet
   ===> es existiert eine Kantenfolge $w = (s,F,s_u)$

Vereinbarung 2.1,4

Jedem Austrittszustand $s^- \in R^-(Z)$ eines Zustandsgraphen Z wird ein eindeutiger Wiedereintrittszustand $s^+ \in R^+(Z)$ zugeordnet:

$$R^- \longrightarrow R^+$$

so daß jeder Übergang von und nach Z definiert ist durch eine Kantenfolge $w = (s^-,F,s^+)$.

Damit sind notwendige und hinreichende Bedingungen definiert, um Systemkomponenten durch deterministische Zustandsmodelle:

$$Z = (S,E,I)$$

formal zu beschreiben.

Beispiel 2.1,1

Übertragen auf eine Systemkomponente "Stern-Dreieck-Motor" kann das um den Fehlerknoten erweiterte Modell als Graph mit Zustandwerten aus einer Wahrheitstabelle wie folgt dargestellt werden (s. Abb. 4).
Die Auswahl von Zuständen und Übergängen für die Modellbildung erfolgt nach Relevanz der Systemzustände. Eine Praktische Entwurfsmethode wird unter Punkt 4 behandelt.

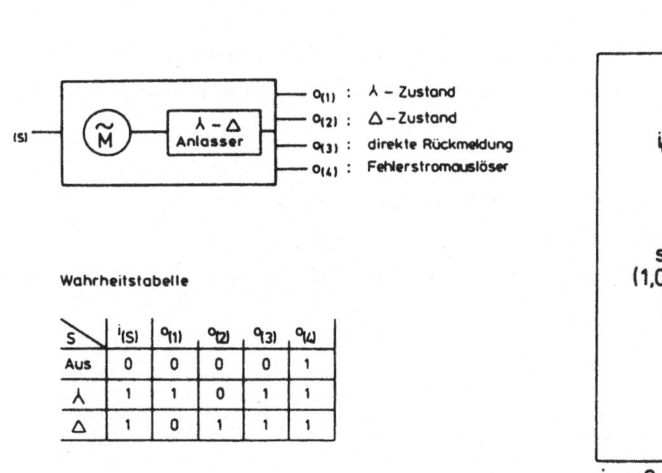

S	$i_{(S)}$	$o_{(1)}$	$o_{(2)}$	$o_{(3)}$	$o_{(4)}$
Aus	0	0	0	0	1
λ	1	1	0	1	1
Δ	1	0	1	1	1

Abb. 4   Zustandsgraph mit Fehlerknoten.

3. Simulation und Fehlerkennung

Nachfolgend wird ein Modul definiert, daß die Überführung vorgegebener Systemkomponenten SK durch zugeordnete Zustandsmodelle simuliert sowie die Fehlererkennung durchführt und es wird eine geeignete Datenstruktur zur Initialisierung der Zustandsmodelle aufgezeigt.

Ausgehend davon, daß die Fehlererkennung realisiert wird durch einen Soll-Ist-Zustandsvergleich zwischen Zustandsmodell und der realen Systemkomponente

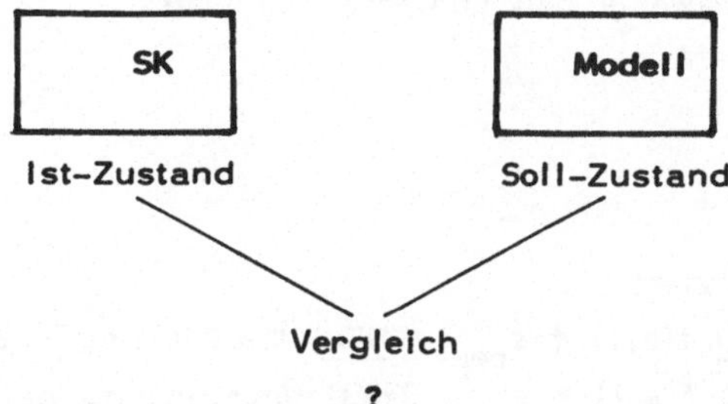

ist noch zu präzisieren unter welchen zeitlichen Bedingungen, ein Modellzustand in einen Nachfolgerzustand überführt wird.

3.1 Zeitbedingungen

Unter der Voraussetzung, daß alle initialisierten Zustandsänderungen innerhalb einer endlichen Zeit in einen Nachfolger s^+ überführt werden müssen, unterscheiden wir folgende Fälle:

1.) direkte und unmittelbare Zustandüberführungen mit $t^+ = \emptyset$,

2.) Zustandsüberführung innerhalb einer endlichen Zeit $t^+ > \emptyset$,

3.) Zustandsüberführung nicht vor einer endlichen Zeit t^- und nicht nach einer endlichen Zeit t^+ mit $0 < t^- < t^+$.

Vereinbarung 3.1,1

Jeder Zustandüberführung wird ein Zeitintervall $< t^+, t^- >$ zugeordnet.

Anmerkungen:

– Die Zeitwerte sind dem realen System mit einem ausreichenden Sicherheitsfaktor anzupassen.

– Sind für t^-, t^+ keine Eintragungen vorgenommen, so gilt der Wert $\emptyset$

– Die Zeitintervalle können in einem Zustandsgraphen durch zeitgewichtete Überführungskanten wie folgt dargestellt werden.

$$s \;\circ\!\!\!-\!\!\!-\!\!\!-\!\!\!-\!\!\!-\!\!\!-\!\!\!\longrightarrow\!\!\!\circ\; s^+$$
$$< t^-, \; t^+ >$$

3.2 Algorithmus

Unter den vorangegangenen Bedingungen kann nun ein Kontrollalgorithmus definiert werden, der gültige Zustände und Defekts im Vergleich mit dem Zustandsmodell und der realen SK überwacht, das Modell laufend aktualisiert und bei Nichteinhaltung der Sollwerte den Fehlerfall auslöst.

Algorithmus:

.
.
.

IF Zustandsmodell aktiviert

    THEN IF $t^+ = \emptyset$ AND $f(s,i) \neq s_{real}$ THEN Überführung_nach_F   FI

    ELSE IF $t^- = \emptyset$ AND $f(s,i) = s_{real}$ THEN Überführung_nach_s^+ FI

IF

.
.
.

Anmerkung:

Als Hinweis sei hier vermerkt, daß das Modul bei Zustandsänderungen von Systemkomponenten per Interrupt aktiviert wird.

3.3 Datenstruktur

Um nicht für jeden Anwendungsfall Algorithmen für die Modellierung zu entwik-keln, wurde eine Datenstruktur für die Systemkomponenten entworfen, so daß die zugeordneten Zustandsmodelle generiert werden können.

```
mode   Zustandsmodell    = struct   (. bit aktiv,
                                        int timer,
                                        bit timer_on,
                                        ref Zustandsdaten s_index);

mode   Zustandsdaten     = struct   ( int Zustand,
                                        bit stabil,
                                        ref [] Verzweigung Knoten);

mode   Verzweigung       = struct   ( int input_index,
                                        int time⁻,
                                        int time⁺,
                                        ref Zustandsdaten Nachfolger);
```


4. Entwurfsmethode

Abschließend wird eine Entwurfsmethode vorgestellt, die aufbauend auf dem vorangegangenen theoretischen Hintergrund die praktische Handhabung dieser Ergebnisse aufführt.

Die Modellierung von Systemkomponenten setzt voraus, daß eine "geeignete Abstraktion" gefunden wird, die eine vorgegebene Systemstruktur in ein deterministisches Zustandsmodell transformiert.

Ansatz:

Eine geeignete Abstraktion ist gegeben durch eine Auswahlfunktion g, die die für die Fehlererkennung von SK notwendigen Zustände auswählt

$$g: \quad S(SK) \longrightarrow S'$$

<u>Bedingungen an die Auswahlfunktion g:</u>

- alle stabilen Zustände werden abgebildet
- nichtdeterministische Zustandsüberführungen werden als nichtwahrnehmbare Zustandsänderungen interpretiert und durch time-out Mechanismen überwacht
- Defekts werden in einem gemeinsamen Fehlerknoten F abgebildet
- für die Rückführung aus dem Fehlerfall wird mindestens ein Wiedereintrittszustand definiert.

<u>Voraussetzungen an die Systemkomponenten:</u>

- die nicht ausgewählten Zustände sind (on-line) erfaßbar
- nichtdeterministische Zustandsüberführungen, die für eine Interpretation notwendig sind, werden in deterministische überführt (hardwaremäßig)
- alle instabilen Zustandsübergänge werden in einer endlichen Zeit ausgeführt.

Abschließend sei erwähnt, daß die Auswahlfunktion ein vergröbertes Systemmodell von jeder SK realisiert, das ebenso abgeleitet werden kann durch den von Perl beschriebenen Erreichbarkeitshomomorphismus (7), und daß an einer Modellerweiterung zur Integration komplexerer Systemstrukturen (9) gearbeitet wird.

Literatur

1. Sturm, K.H.: System- und Sprachentwicklung für verfahrenstechnische Prozesse. in Wössner, H.: Programmiersprachen und Programmentwicklung. Informatik Fachberichte 53, Springer-Verlag, Berlin 1982, S. 191-207

2. Kopetz, H.: Software-Zuverlässigkeit. Carl Hanser Verlag, München 1976

3. Dal Cin, M.: Fehlertolerante Systeme: Modelle d. Zuverlässigkeit, Verfügbarkeit, Diagnose u. Erneuerung. Teubner Studienbücher, Stuttgart 1979

4. Schneeweiss, W.G.: Zuverlässigkeitstheorie: Methoden zur Beurteilung der Zuverlässigkeit technischer Systeme. Datakontext-Verlag, Köln 1980

5. Sturm, K.H.: Hierarchisches Interpretatives Virtuelles Objektorientiertes Maschinen-System z. Steuerung verfahrenstechn. Prozesse. Diss. TUBerlin 79

6. Perl, J.: Graphentheorie: Grundlagen und Anwendungen. Studien-Texte, Akademische Verlagsgesellschaft Wiesbaden, 1981

7. Perl, J.: Erreichbarkeitshomomorphismen auf Graphen. Osnabrücker Schriften zur Mathematik, Reihe P, Heft 15, Uni Osnabrück, Fachb. Mathematik 1980

8. Gramm, D.: Exception Handling. in Sturm, K.H.: Sprachbeschreibung SYS 2000. Versuchsanstalt für Datenverarbeitung und Prozeßtechnik Berlin, Bericht 82/1, März 1982

9. Perl, J.: Übertragung des Markierungsbegriffs auf vergröberte Petri-Netze. Osnabrücker Schriften zur Mathematik, Reihe M, Heft 3, Uni Osnabrück, Fachb. Mathematik 1980

INTERAKTIVE GRAPHISCHE SIMULATION ELEKTRISCHER NETZWERKE MIT DEM SANDRA - PROGRAMMSYSTEM

Djamshid Tavangarian   Klaus Waldschmidt

Dortmund

Kurzfassung. Ein interaktives graphisches Simulationsverfahren wird für die Spezifi-kation, Berechnung, Dokumentation und Darstellung von Strukturen elektrischer Netz-werke auf der Basis eines Netzwerkflußgraphen beschrieben. Für die Simulation analo-ger Netzwerke wird der Signalflußgraph zugrunde gelegt. Die digitalen Schaltungen wer-den mit Hilfe des Steuerflußgraphen bearbeitet. Weiterhin können mit dem Programmsy-stem Kombinationen beider Schaltungstypen als hybride Netzwerke simuliert werden. Die Simulation hybrider Netzwerke wird durch Einführung von Modellen für die Kopplungs-elemente beider Netzwerktypen ermöglicht.

Abstract. An interactive graphical method is described for the specification, simu-lation, documentation, and description of the structures of electrical networks by means of networt flow graphs. The signal flow graph is used for the simulation and deseription of analog networks. The digital sequential circuits can be simulated with the help of control flow graphs. The programsystem allows also the simulation and development of the combination of both circuit types as hybrid circuits suppor-ted by tow interface programs. The interface programs consist of the model of boolean controlled switches and comparators for the exchange of signal values beetween the program groups for analog and digital networks.

1. Einleitung

Die Realisierung komplexer Schaltungen ist heute ohne den Einsatz von wirkungsvollen Simulations- und Entwurfshilfen nicht denkbar. Diese Hilfsmittel werden zur Spezifi-kation, Untersuchung, Berechnung und Dokumentation der zu realisierenden elektroni-schen Schaltungen eingesetzt.

Ein modernes Netzwerksimulationssystem erfordert die Fähigkeit des interaktiven und dezentralen Einsatzes. Der Dialogverkehr wird durch Implementierung zusätzlicher gra-phischer Komponenten zur Darstellung der Netzwerkstrukturen vereinfacht. Insbesondere können die für eine Simulation notwendigen Eingaben, Durchführung der Berechnungen so-wie die Ausgaben der Simulationsergebnisse wirkungsvoll und benutzerorientiert gestal-tet werden.

Weiterhin erfordern die Entwicklungen auf dem Gebiet der Halbleitertechnologie neue Wege zur Simulation großer Netzwerke, die als integrierte Schaltungen zu realisieren sind. Eine gemeinsame Simulation der analogen und digitalen Schaltungskomponenten eines Netzwerkes in einem Programmsystem zeichnet sich als eine Alternative aus und erlaubt die Simulation großer Netzwerke mit bedeutenden Vorteilen hinsichtlich der Simulationszeit und Speicherbedarf. Diese Vorteile kommen insbesondere bei den dezen-

tralen Kleinrechneranlagen zur Geltung, die im allgemeinen eine niedrige Rechengeschwindigkeit und Speicherumfang gegenüber den großen Anlagen der Rechenzentren aufweisen.

In diesem Beitrag wird mit dem SANDRA-Programmsystem ein modulares Simulationskonzept
vorgestellt, das alle Anforderungen erfüllt, die von einem modernen Simulationssystem
elektrischer Netzwerke verlangt werden.

2. Netzwerksimulatoren

Die Simulationsprogramme elektrischer Netzwerke werden in unterschiedlichen Entwurfs-
phasen der Netzwerkentwicklung eingesetzt. In Abbildung 1 ist eine Zusammenstellung
der meistverwendeten Netzwerkanalyseprogramme und deren Aufteilung im Hinblick auf
ihre Realisierungsgrundlage angegeben. Das Diagramm verdeutlicht weiterhin jeweils
den Einsatzbereich der Simulationsprogramme sowie die benötigten Simulationszeiten
der einzelnen Gruppen.

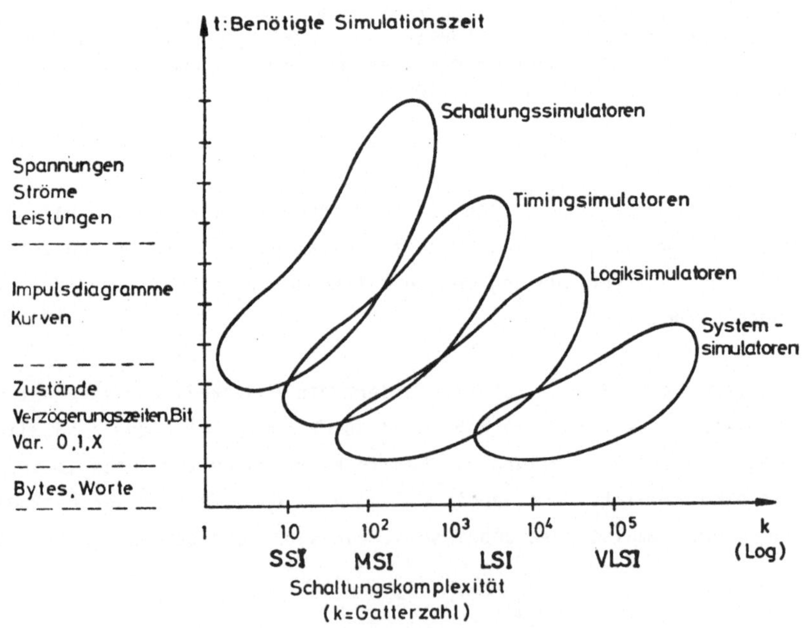

Abbildung 1: Zusammenstellung der Netzwerksimulatoren

Die im Diagramm (Abb. 1) angegebenen Simulationsprogramme bilden vier Gruppen:

a.) Schaltungssimulatoren sind Simulationsprogramme, die die elektrischen Netzwerke mit konzentrierten bzw. verteilten Schaltkreiselementen (wie Widerstände R, Kondensatoren C, Spulen L, elektrische Spannungs- und Stromquellen U, I u.s.w.) erfassen und als analoge Schaltungen simulieren /1/. Hier werden für die Elemente algebraische Modelle eingeführt. Unterschiedliche Verfahren werden sowohl für die Aufstellung der Netzwerkgleichungen (z. B. Knotenpotentialanalyse oder Methoden der Zustandsgleichungen) als auch zur Berechnung der Netzwerkgleichungen zugrunde gelegt, wie sie z. B. die Methoden der linearen Algebra oder Iterationsmethoden darstellen. Die Schaltungssimulatoren werden zur Berechnung der Spannungen, Ströme und Leistungen elektrischer Netzwerke sowohl im Zeit- als auch im Frequenzbereich eingesetzt.

b.) Timingssimulatoren sind Programme, die speziell für die Analyse des zeitlichen Verhaltens eines elektrischen (digitalen) Netzwerkes eingesetzt werden /2, 3/.

Eine Simulation wird nach den Analyseverfahren analoger Netzwerke durchgeführt. Es werden jedoch für komplexe Netzwerkteile und nichtlineare Elemente Tabellen eingeführt, die die Eingangs-/Ausgangsfunktion der Teilnetzwerke nachbilden. Dadurch wird eine Reduktion der tatsächlich im Netzwerk vorhandenen Knoten erreicht. Die auftretenden Ströme und Spannungen im Netzwerk können jedoch bei der Simulation bis zu 20 % Fehler aufweisen.

Solche Programme finden ihren Einsatz vorwiegend bei der Simulation digitaler Schaltungen, da hier besonders das zeitliche Verhalten der Schaltungskomponente von Interesse ist.

c.) Logiksimulatoren sind Simulationsprogramme, die für eine Simulation des logischen und zeitlichen Verhaltens digitaler Netzwerke eingesetzt werden /4/. Eine Simulation im Zeitbereich erfolgt in festen oder variablen Zeitinkrementen, die jeweils durch Gatterlaufzeiten der Schaltung bestimmt werden. Die Ermittlung der logischen und zeitlichen Ergebnisse der Ausgangssignale wird durch Variation logischer Zustände der Eingangssignale vorgenommen.

Diese Programme werden am häufigsten zur Simulation digitaler Schaltungen in Gatterebene eingesetzt, d. h. sie erfordern zur Durchführung einer Simulation die Erfassung einzelner Logikgatter des Netzwerkes mit den zugehörigen Anstiegs-, Abfall- und Verzögerungszeiten sowie deren Lastfaktoren. Die booleschen Variablen einer Schaltung können die Werte 0, 1 und x annehmen, wobei x als redundant gilt.

d.) Simulationsprogramme, die eine Analyse der logischen und zeitlichen Funktionen komplexer Schaltungen bis zur Systemebene erlauben. Bei diesen Simulationsprogrammen werden meistens die Konzepte der Register-Transfer-Methoden und Sprachen eingesetzt /4, 5/. Diese Simulationsprogramme gewinnen in letzter Zeit an Bedeutung, da sie die Simulation sehr großer digitaler Schaltungen (VLSI) erlauben.

Ein wesentlicher Vorteil der Logiksimulatoren (Programme der Gruppen c und d) gegenüber der unter a beschriebenen Programme liegt in ihrer Wirtschaftlichkeit im Bezug auf die CPU-Zeit und Speicherbedarf. Dadurch unterscheiden sich auch die Grenzen der Schaltungsgröße bei beiden Verfahren. Während die Grenzen der Schaltungsgröße einer analogen Schaltung für eine Simulation bereits bei einigen hundert Elementen erreicht werden, können digitale Schaltungen simuliert werden, die bis zu mehreren Tausend Gatterfunktionen beinhalten.

Der Vorteil der Programme für die Simulation analoger Schaltungen liegt in ihrer relativ exakten Berechnung elektrischer Größen einer Schaltung. Sie sind nicht ersetzbar, wenn analoge Schaltungen, wie Verstärkerschaltungen oder analoge Filterschaltungen, im Zeit- oder Frequenzbereich zu simulieren sind.

Außerdem werden diese Programme für die Berechnung der Modelle eingesetzt, die dann in den Programmen für Logiksimulation oder Timingsimulation eingesetzt werden.

Eine Alternative zu den beschriebenen Programmen stellt ein Simulationsprogramm dar, das in der Lage ist, Netzwerke zu simulieren, die sowohl analoge als auch digitale Schaltungskomponenten beinhaltet. Dabei kommen die Vorteile beider Verfahren voll zur Geltung und die Programme ergänzen sich gegenseitig.

Durch die Kombination beider Verfahren als ein hybrider Simulator wird darüberhinaus der Einsatzbereich des Programmes erweitert, so daß komplexe hybride Netzwerke wie sie z. B. die Interface-Schaltungen (Digital/Analog bzw. Analog/Digital-Umsetzer) oder die Schalter-Kapazitäts-Filter darstellen. Die Effizienz eines solchen hybrieden Simulators kann bedeutend erweitert werden, wenn er beide Netzwerktypen nach gleichem Konzept auf interaktiver graphischer Basis verarbeitet. Die graphischen Hilfsmittel des Programmes sollen die Darstellung und Untersuchung der Netzwerkstrukturen ermöglichen.

3. Der Flußgraph als ein Simulationshilfsmittel

Die Beschreibung der analogen und der digitalen Netzwerke nach dem gleichen Konzept führte zu der Auswahl der Flußgraphen im realisierten Programmsystem.

Ein Flußgraph ist die topologische Darstellungsform eines physikalischen Systems aufgrund simultaner Systemgleichungen.

Eine Simulation kann für analoge Netzwerke mit Hilfe des Signalflußgraphen /6/ durchgeführt werden. Die Simulation digitaler Netzwerke wird mit Hilfe des Steuerflußgraphen /7, 8/ durchgeführt. Die Elemente beider Graphen sind Knoten und gerichtete sowie gewichtete Zweige zwischen den Knoten. Tabelle 1 zeigt eine Zusammenstellung beider Graphen mit den zugehörigen Gleichungssystemen sowie die Graphen für jeweils eine Gleichung des Gleichungssystems.

Signalflußgraph	Steuerflußgraph
Gleichungssysteme:	
$x_l = \sum\limits_{k=1}^{n} a_{kl}\cdot x_k + \sum\limits_{j=1}^{q} b_{jl}\cdot r_j$	$z_l^{t+1} = \bigvee\limits_{k=1}^{n}(a_{kl}^t \wedge z_k^t)\vee \bigvee\limits_{j=1}^{q}(b_{jl}\wedge r_j)$
$l = 1,2,\ldots i \ldots n$	$l = 1,2,\ldots i,\ldots n$
Ausgangsgleichungen:	
$y_l = \sum\limits_{k=1}^{n} c_{kl}\cdot x_k + \sum\limits_{j=1}^{q} d_{jl}\cdot r_j$	$y_l^t = \bigvee\limits_{k=1}^{n}(c_{kl}^t \wedge z_k^t)\vee \bigvee\limits_{j=1}^{q}(d_{jl}\wedge r_j)$
$l = 1,2,3\ldots m$	$l = 1,2,3\ldots m$
Dabei sind:	
x_k: Abh. Variablen des Systems (z.B. Knotensp., Zweigströme eines elektrischen Netzwerkes)	z_l^{t+1}: Folgezustände des Steuerwerkes
r_k: Unabh. Variablen	z_k^t : Zustände des Steuerwerks
a_{kl}: Koeffizienten der abh. Variablen	r_j : Boolesche Quellen
b_{kl}: Koeffizienten der unabh. Variablen	a_{kl}^t: Übergangsbedingungen
y_l: Ausgangsfunktionen des Netzwerkes	b_{jl}: Koeffizienten der booleschen Quellen
c_{kl}: Koeffizienten der abh. Var.	y_l^t: Ausgangsfunktionen des Steuerwerks
d_{jl}: Koeffizienten der unabh. Var.	c_{kl}^t: Ausgangsbedingungen
	d_{jl}: Koeffizienten der booleschen Quellen
Graphdarst. eines Knoten:	
Gleichung eines Knoten:	
$x_i = \sum\limits_{k=1}^{n} a_{ki}\cdot x_k + \sum\limits_{j=1}^{q} b_{ji}\cdot r_j$	$z_i^{t+1} = \bigvee\limits_{k=1}^{n}(a_{ki}^t \wedge z_k^t)\vee \bigvee\limits_{j=1}^{q}(b_{ji}\wedge r_j)$

Tabelle 1: Gegenüberstellung des Signal- und des Steuerflußgraphen

Die Knoten eines Signalflußgraphen stellen die abhängigen (x_1, x_k) bzw. die unabhängigen (r_j) Variablen eines Systems dar. Die abhängigen Variablen eines Netzwerkes sind die Knotenspannungen, Zweigströme, Zweigspannungen u.s.w.. Die unabhängigen Variablen des Netzwerkes werden durch Spannungs- und Stromquellen repräsentiert. Die Abhängigkeiten zwischen den Variablen des Netzwerkes werden durch die Zweige des Graphen mit den jeweiligen Transmittanzen als Admittanzen, Impedanzen, Strom- oder Spannungsverstärkungen beschrieben.

Die Knoten eines Steuerflußgraphen stellen die Zustände (z_1, z_k) sowie die booleschen Quellen (r_j) eines digitalen Netzwerkes dar. Die Zweige des Graphen geben die Übergänge zwischen den Knoten mit den entsprechenden Übergangsbedingungen an. Die Übergangsbedingungen werden durch die Eingangsvariablen des Netzwerkes gebildet. Die booleschen Quellen sind die weiteren Eingangssignale des Systems. Während die Übergangsbedingungen nur Übergänge in Abhängigkeit der früheren Zustände des digitalen Steuerwerks auslösen können, findet durch die Aktivierung der Eingangssignale, die jeweils eine boolesche Quelle darstellen, ein Übergang zu dem zugehörigen Zustand statt, unabhängig davon, in welchem Zustand das Steuerwerk sich befand.

Beide Graphen werden durch einen Satz simultaner Gleichungen (Zustandsgleichungen und Ausgangsgleichungen) beschrieben.

Mit den aufgestellten Gleichungen für analoge und digitale Netzwerke werden die topologischen Analogien bei der Beschreibung beider Netzwerktypen mit Hilfe des Signalflußgraphen und des Steuerflußgraphen hergestellt.

Die angegebenen Gleichungen (Tab. 1) bilden die mathematische Grundlage bei der Realisierung des SANDRA-Programmsystems.

4. Aufbau des Programmsystems

Das SANDRA-Programmsystem (Simulation of analog networks and digital reprogrammable assembled circuits) ist ein interaktives graphisches Programmsystem, das zur Simulation und Entwurf elektrischer Netzwerke mit Hilfe des Netzwerkflußgraphen eingesetzt werden kann.

Mit dem Programmsystem können analoge Netzwerke sowohl im Zeitbereich (transiente Analyse) als auch im Frequenzbereich (Frequenzanalyse) berechnet werden. Eine Simulation der digitalen Steuerwerke insbesondere der Mikroprogrammsteuerwerke wird im Zeitbereich durchgeführt.

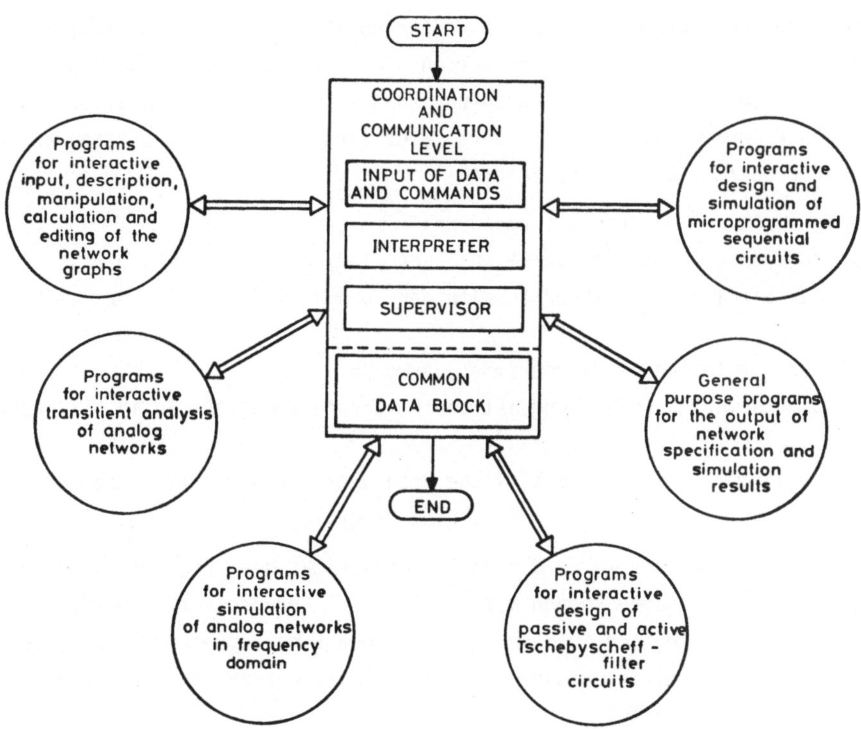

<u>Abbildung 2:</u> Aufbau des Programmsystems

Das Programmsystem besteht aus mehreren Programmgruppen, die über eine Kommunikations- und Koordinationsebene miteinander verbunden sind (Abb. 2). Während in der Kommunikationsebene die Abwicklung der Datenflüsse organisiert ist, wird in der Koordinationsebene die Steuerung der Programmflüsse bewerkstelligt.

Die Kommunikation bezieht sich sowohl auf die Arbeit mit dem Programmsystem für die Durchführung einer Simulation als auch auf die weiteren Programmteile untereinander. Die Eingaben einer Simulation werden in einem Interpreter-Programm entschlüsselt und die notwendigen Informationen für die Koordinationsebene bereitgestellt.

Die Eingaben zur Simulation können in zwei Formen erfolgen. Sie können entweder vollständig in alpha-nummerischer Form, die weitgehend formatfrei organisiert ist, oder auch teilweise in graphischer Form durch den Graphen erfolgen.

Während und nach den Eingaben werden die Kriterien für den Ablauf einer Simulation aufgestellt. In der Koordinationsebene werden die aufgestellten Informationen bearbeitet und die notwendigen für die Durchführung des gewünschten Simulationspfades erforderlichen Programmschritte ausgeführt. Hier wird auch die Interaktion zwischen den einzelnen Programmgruppen organisiert.

Die Programmgruppen des Programmsystems sind:
- Programme zur Darstellung, Manipulation eines Flußgraphen am Bildschirm,
- Programme zur Simulation analoger Schaltungen sowohl im Zeit- als auch im Frequenzbereich,
- Programme zur Simulation Mikroprogrammsteuerwerke,
- Programme zum Entwurf passiver und aktiver Filterschaltungen, die in /11/ behandelt worden sind sowie
- allgemeine Programme, die als zusätzliche Programme die Simulationsarbeit des Anwenders unterstützen (z. B. FFT-Progr., Plot-Progr. u.s.w.).

Mit dieser Organisationsform wurde die volle Modularität des Programmsystems erreicht. Die einzelnen Programmgruppen können aus dem Programm herausgenommen werden und als jeweils selbständige Einheiten in Verbindung mit den Eingabeprogrammen eingesetzt werden. Es können auch weitere Programme hinzugenommen werden, ohne daß die Gesamtkonzeption geändert werden muß.

Die Kommunikation zwischen den Programmen erfolgt mit Hilfe von Interfaceprogrammen. Die Interfaceprogramme dienen zur Datenumwandlung zwischen den Programmgruppen. Teilweise beinhalten sie auch Modelle zu Signalumwandlungen. Die zuletzt genannten Interface-Programme ermöglichen die Simulation hybrider Netzwerke.

4.1 Programmgruppe zur Bearbeitung des Flußgraphen

Die erste Programmgruppe des Programmsystems führt die interaktive Eingabe, Manipulation, Berechnung und Darstellung eines Netzwerkflußgraphen am Bildschirm durch. Die graphische Darstellung und Simulation eines Netzwerkes mit dem Flußgraphen kann mit Hilfe eines graphischen Sichtgerätes durchgeführt werden. Es dient als Endgerät für die Kommunikation zwischen Benutzer und Rechner. Der Aufbau des Graphen am Bildschirm erfolgt mittels einfacher geometrischer Symbole, die im wesentlichen aus Rechtecken, Dreiecken und geraden Linien bestehen. Die Auswahl dieser einfachen geometrischen Elemente rechtfertigen den Einsatz eines graphischen Sichtgerätes mit geringer Auflösung.

Bei den graphischen Eingaben kann ein Netzwerkflußgraph am Bildschirm erstellt und anschließend das Netzwerkverhalten simuliert werden. Die Simulationskommandos können über die vom Programm am Bildschirm als ein Menü-Feld generierten Tastenfelder eingegeben werden (oberste Zeile in den Figuren in Abb. 3). Eine Zusammenfassung der Ein- und Ausgabearten eines Graphen in Verbindung mit Graphgröße ist in Abb. 3 angegeben.

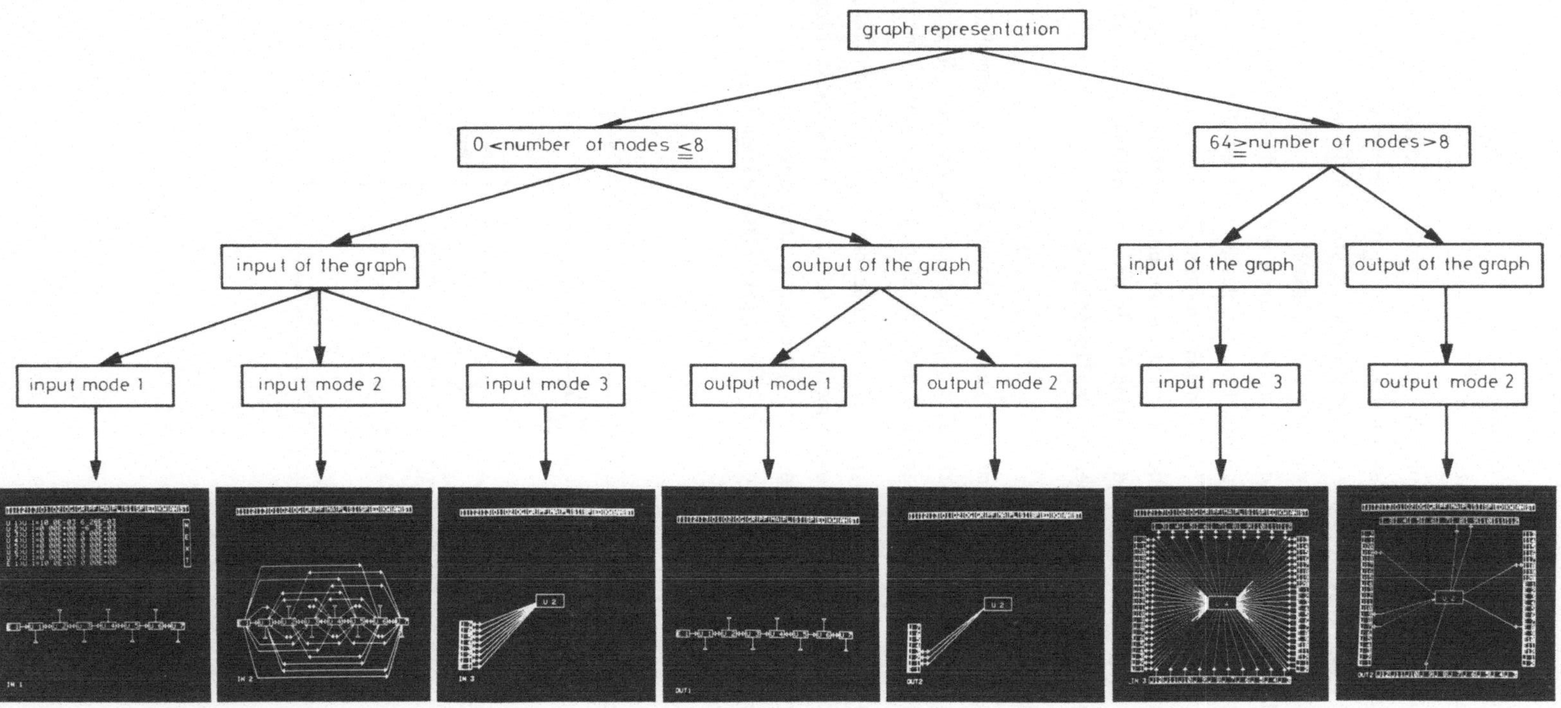

Abbildung 3: Ein- und Ausgabearten eines Flußgraphen am Bildschirm

Zur Darstellung eines Graphen auf dem Bildschirm unterscheidet das Programm zwei
Graphgrößen:

- Graphen, die bis zu 8 Knoten enthalten
- Graphen, die bis zu 64 Knoten enthalten

Für den ersten Fall werden <u>alle</u> Knoten und Zweige des Graphen in einem Bild dargestellt. Für Graphen mit mehr als 8 Knoten wird ein <u>Ausschnitt</u> des Graphen in einem
Bild dargestellt. Ein beliebiger Knoten des Graphen wird ausgewählt und in der Mitte
des Bildes abgebildet. Alle Übergänge zwischen dem ausgewählten Knoten und allen anderen Knoten werden dann in einem Bild dargestellt. Durch ein vollständiges Bild
wird eine Zeile und eine Spalte des durch den Graphen dargestellten Gleichungssystems wiedergegeben. Drei Eingabearten (1, 2 und 3) wurden für den interaktiven
Aufbau bzw. die Eingabe und Modifikationen der Parameter und Daten der Graphkomponenten realisiert. Zwei Ausgabearten (1 und 2) wurden für die Durchführung der Manipula-
tionen und Berechnungen der Graphkomponenten realisiert.

4.2 Simulation analoger Schaltungen

Diese Programmgruppen des Programmsystems erlauben die Simulation analoger Schaltungen sowohl im Zeit- als auch im Frequenzbereich. Zur Berechnung analoger Netzwerke
werden die Methoden der Knotenpotentialanalyse und des Signalflußgraphen kombiniert.

Zur Aufstellung der Netzwerkgleichungen nach der Methode der Knotenpotentialanalyse
wird das Modell eines allgemeinen Zweiges eingeführt. Der allgemeine Zweig (Abb. 4)
beinhaltet ein passives Element (R, L oder C), gesteuerte Stromquellen (i_i, i_u), gesteuerte Spannungsquellen (u_i, u_u) sowie Strom- und Spannungsquellen (u_g, i_g), die
konstant oder zeitvariant sein können.

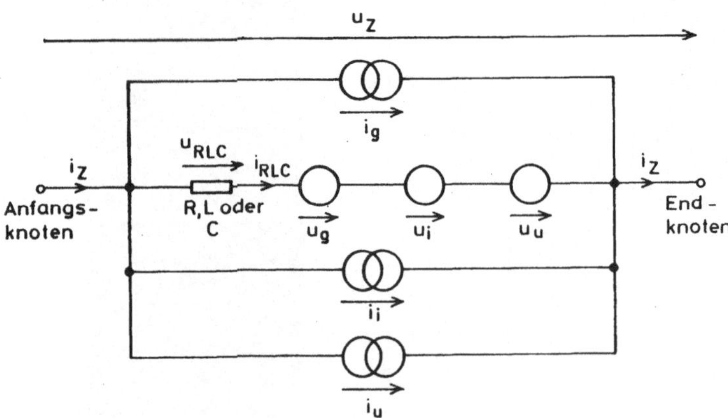

<u>Abbildung 4:</u> Ein allgemeiner Zweig

515

Nach der Methode der Knotenpotentialanalyse erhält man für ein Netzwerk die allgemeine Beziehung für die Berechnung der Knotenspannungen:

$$\underset{\sim}{A}\ \underset{\sim}{Y}_K\ \underset{\sim}{A}^T\ \underline{U}_K = \underset{\sim}{A}\ \underset{\sim}{Y}_K\ \underline{U}_g - \underset{\sim}{A}\ \underline{I}_g \tag{1}$$

Die Vektoren und Matrixen der Gleichung sind:

$\underset{\sim}{A}\ $: Inzidenzsubmatrix des Netzwerkes, die die Topologie des Netzwerkes beschreibt.

$\underline{U}_K$: Vektor der Knotenspannungen als abhängige Variablen des Systems

$\underset{\sim}{Y}_K$: Knotenadmittanzmatrix, die sowohl die Admittanzen als auch die Koeffizienten
der gesteuerten Quellen des Netzwerkes enthält.

$\underset{\sim}{A}^T$: Transponierte Matrix $\underset{\sim}{A}$

$\underline{U}_g, \underline{I}_g$: Vektor der Spannungs- bzw. Stromquellen des Netzwerkes als unabhängigen Variablen des Systems.

Mit der Berechnung der Knotenspannungen können alle weiteren Größen des Netzwerkes
berechnet werden.

Für die Darstellung des Signalflußgraphen ist jedoch eine Umformung dieses Gleichungssystems notwendig. Diese Umformung wird durch die Addition der beiden Seiten des
Gleichungssystems mit dem Vektor $\underline{U}_K$ und anschließende Auflösung des Gleichungssystems
nach $\underline{U}_K$ erreicht:

$$\underline{U}_K = (\underset{\sim}{1} + \underset{\sim}{A}\ \underset{\sim}{Y}_K\ \underset{\sim}{A}^T)\ \underline{U}_K - \underset{\sim}{A}\ \underset{\sim}{Y}_K\ \underline{U}_g + \underset{\sim}{A}\ \underline{I}_g \tag{2}$$

Das Gleichungssystem (2) wird zur Darstellung des Signalflußgraphen und Berechnung
des Netzwerkes zugrunde gelegt.

Für die Simulation der Netzwerke im Zeitbereich (transiente Analyse) werden die Speicherelemente (Kapazitäten und Induktivitäten) durch äquivalente Ersatzbilder ausgedrückt. Bei einem Netzwerk, das aus linearen Elementen besteht erhält man nach dem
Verfahren der Knotenpotentialanalyse ein lineares Gleichungssystem. Das Verfahren
liefert ein nichtlineares Gleichungssystem, wenn das Netzwerk nichtlineare Elemente
enthält. Bei der Betrachtung eines kleinen Zeitintervalls können jedoch die nichtlinearitäten der Ströme und Spannungen vernachlässigt und die Gleichungen des Netzwerkes als ein lineares Gleichungssystem betrachtet werden. Die Lösung dieses Gleichungssystems für einen Zeitpunkt t liefert die Ergebnisse für eine Ausgabe der gewünschten
Resultate zu diesem Zeitpunkt sowie die Elemente der äquivalenten Ersatzbilder der
Speicherelemente für den nächsten Zeitpunkt u.s.w..

Für die Simulation linearer elektrischer Netzwerke im Frequenzbereich wird ebenfalls
das Gleichungssystem (2) zugrunde gelegt. Hierbei werden die Größen $\underline{U}_K$, $\underline{U}_g$, $\underline{I}_g$ und $\underset{\sim}{Y}_K$
der Gleichung durch komplexe Werte repräsentiert.

Die Simulation wird in einem Frequenzbereich zwischen $F_{Anf.}$ bis F_{Ende}, der in mehreren
aufeinanderfolgenden Stützstellen aufgeteilt ist, durchgeführt. Die Stützstellen können

in additiver oder in multiplikativer Form von $F_{Anf.}$ beginnend ermittelt werden. Die multiplikative Form wird zur Darstellung der Ergebnisse im logarithmischen Maßstab (Bodediagramm) benutzt.

4.3 Simulation der Mikroprogrammsteuerwerke

Eine weitere Programmgruppe des Programmsystems wird zur Simulation mikroprogrammierter Steuerwerke im Zeitbereich eingesetzt. Die Mikroprogrammsteuerwerke (Abb. 5) haben in letzter Zeit durch die Entwicklung der Halbleiterbausteine an Bedeutung gewonnen. Bei einem Mikroprogrammsteuerwerk wird der kombinatorische Teil des Steuerwerkes mit Speichern realisiert. Die Steuerwerkszustände werden in einem Register zwischengespeichert. Die Vorteile der Mikroprogrammsteuerwerke liegen in ihrer Flexibilität für etwaige Änderungen und Ergänzungen der Systemeigenschaften. Außerdem besteht die Möglichkeit der Standardisierung des Aufbaus. Damit wird eine rechnergestützte Realisierung der Schaltung durch automatische Programmierung der Speicherbausteine erreicht.

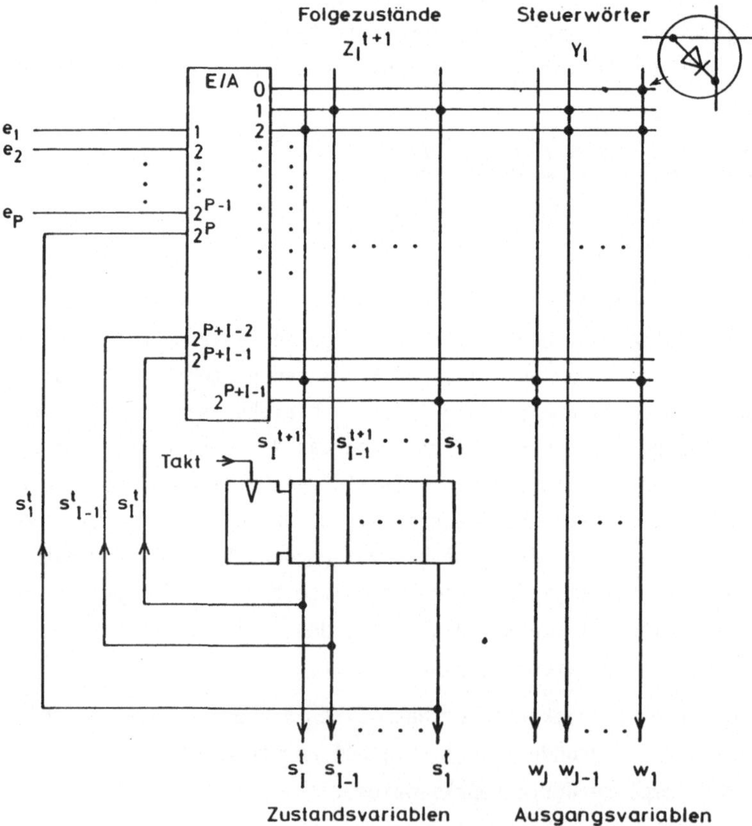

Abbildung 5: Aufbau eines Mikroprogrammsteuerwerkes

Zur Berechnung der Mikroprogrammsteuerwerke wird im Programm von einer modifizierten Form der Steuerwerksgleichungen der Tabelle 1 ausgegangen. Die modifizierte Form dieser Gleichungen werden durch die Elimination der booleschen Quellen erreicht /8/:

Zustandsgleichungen:

$$Z_1^{t+1} = \bigvee_{k=1}^{n} (f_{k1} \wedge Z_k^t) \; ; \; 1=1,2,3\ldots n \tag{3}$$

Ausgangsgleichungen:

$$Y_1^t = \bigvee_{k=1}^{n} (g_{k1}^t \wedge Z_k^t); \; 1 = 1,2,3\ldots m \tag{4}$$

Die Modifikation der Gleichungen bewirkt, daß bei der Realisierung des Steuerwerkes, jeweils nur eine Matrix für Zustands- und Ausgangsgleichungen zu berücksichtigen ist. Die ermittelten Gleichungen gelten für ein Steuerwerk mit n inneren Zuständen und m Ausgangsgleichungen.

Die Realisierung des Steuerwerkes mit p Eingangssignalen als ein Mikroprogrammsteuerwerk erfordert die Beschreibung der Matrixelemente f_{k1} und g_{k1} in jeweils ihrer ausgezeichneten disjunktiven Normalform.

Es sind:

$$f_{k1} = \bigvee_{i=1}^{2^p} (C_i \wedge M_i) \; ; \; \begin{array}{l} k = 1,2,\ldots n \\ 1 = 1,2,\ldots n \end{array} \tag{5}$$

und

$$g_{k1} = \bigvee_{i=1}^{2^p} (C_j \wedge M_j) \; ; \; \begin{array}{l} k = 1,2,3\ldots n \\ 1 = 1,2,3\ldots m \end{array} \tag{6}$$

Hierbei sind sowohl M_i als auch M_j die Minterme der p Eingangsvariablen. C_i und C_j geben an, welche dieser Minterme in den Matrixelementen f_{k1} bzw. g_{k1} enthalten sind, d. h.

C_i, C_j = 1, wenn der zugehörige Minterm M_i in f_{k1} bzw M_j in g_{k1} enthalten ist.

C_i, C_j = 0, wenn der zugehörige Minterm M_i in f_{k1} bzw. M_j in g_{k1} nicht enthalten ist.

Die Minterme treten verteilt in den Elementen f_{k1} und g_{k1} auf. Es muß jedoch gewährleistet sein, daß die Bedingungen

$$\bigvee_{1=1}^{n} f_{k1} = 1 \; , \; k = 1,2,3\ldots n \tag{7}$$

als boolesche Summe aller Elemente einer Spalte der Übergangsmatrix (Gl. 3) erfüllt ist, d. h. alle Minterme der Eingangsvariablen müssen einmal (Gl. 8) und nur einmal (Gl. 9) in jeder Spalte der Übergangsmatrix auftreten:

$$\bigwedge_{k=1}^{n} (\bigvee_{1=1}^{n} f_{k1})= 1 \tag{8}$$

$$\bigvee_{k=1}^{n} (f_{ki} \wedge f_{kj}) = 0 \begin{cases} i = 1,2,\ldots n-1 \\ j = i+1,\ldots n \end{cases} \tag{9}$$

Mit den beiden Bedingungen sind die Eindeutigkeit, d. h. die Vollständigkeit (Gl. 8) und die Widerspruchsfreiheit (Gl. 9) eines Steuerwerkes sichergestellt.

Diese Bedingungen auf dem Steuerflußgraphen übertragen bedeutet, daß die Eindeutigkeit des Graphen erfüllt ist, wenn von jedem Knoten (Zustand) verlassende Zweige existieren, deren Übergangswerte eine boolesche Summe gleich "1" bilden, ohne daß die gleichen Übergangsbedingungen von dem betrachteten Knoten zu unterschiedlichen Knoten des Graphen führen.

Im Programmsystem werden die angegebenen Kriterien für die Zustände des Steuerwerks berücksichtigt und automatisch bei der Simulation überprüft. Die Simulation beginnt mit der Eingabe des Steuerflußgraphen und den Parametern des Steuerwerks. Unter Parameter werden z. B. die Deklaration der Eingangssignale, Simulationszeit, Laufzeiten der Bausteine u.s.w. verstanden. Der Graph kann entweder interaktiv am Bildschirm aufgebaut werden oder in einer formatfrei organisierten alpha-nummerischen Form eingegeben werden.

Für die Eingangssignale und das Taktsignal des Steuerwerkes werden zeitvariante Generatoren zugrunde gelegt, die durch ihre Spannungswerte charakterisiert sind. Zusätzliche Spannungswerte U_{high} = "1" und U_{Low} = "0" für die logischen Zustände der Signale sowie $U_{schwell}$ als Spannungspegel für die Übergangsbestimmung boolescher Zustände werden herangezogen. Damit ist es möglich, Systeme sowohl mit unterschiedlichen Eigenschaften als auch in positiver oder negativer Logik zu simulieren.

Die Lösung der Steuerwerksgleichungen (Gl. 3 und 4) liefert das Mikroprogramm zur Simulation und Realisierung des Steuerwerkes. Die Simulationsergebnisse werden in Form von Impulsdiagrammen oder auch Tabellen ausgegeben. Nach einer Simulation können die Eingaben modifiziert und neue Simulationsläufe durchgeführt werden. Eine Optimierung des Steuerwerkes ist ebenfalls möglich /9/.

5. Simulation hybrider Netzwerke

Die Simulation hybrider Netzwerke wird im Programmsystem mit Hilfe des Signalflußgraphen bzw. Steuerflußgraphen sowie der Programmgruppen für transiente Analyse analoger Netzwerke und der Simulation digitaler Steuerwerke im Zeitbereich durchgeführt. Während die Darstellung der Flußgraphen für beide Schaltungsteile eines hybriden Netzwerkes mit dem Graphprogramm erfolgt, sind für den Datenaustausch zwischen den Programmen der analogen und der digitalen Programmgruppen Interfaceprogramme eingesetzt.

Die Interface-Programme beinhalten Modelle, die die Umwandlung der durch die Kopplung beider Netzwerktypen entstandenen Signale übernehmen.

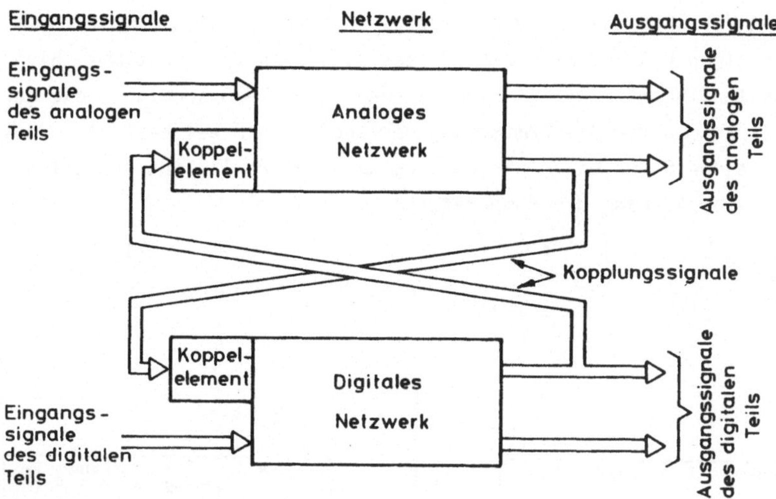

Abbildung 6: Blockschaltung eines hybriden Netzwerks

Abbildung 6 zeigt die Blockschaltung eines Netzwerkes, das aus analogen und digitalen Teilschaltungen besteht. Die Teilnetzwerke verfügen jeweils über Ein- und Ausgangssignale. Weitere Signale stellen die Verbindung der beiden Netzwerkteile über
Koppelelemente dar. Die Koppelelemente können unterschiedlicher Art sein. Sie können sowohl einfache Formen (z. B. galvanische Kopplung) als auch komplexe Formen
(z. B. Komparator, Schmitt-Trigger u.s.w.) aufweisen.

Die eingesetzten Modelle zur Simulation einer Signalübertragung zwischen den beiden
Netzwerktypen beinhalten jeweils zwei Teile. Der eine Teil stellt einen festen vom
Benutzer in seiner Konstellation unveränderbaren Teil des Modells dar. Der weitere
Teil ist ein vom Benutzer programmierbarer Teil. Er kann diesen Teil beliebig nach
seinen Erfordernissen gestalten.

Die Modellierung in dieser Art erlaubt dem Benutzer einerseits mit dem festen einfachen Modellteil schnell eine Übersicht über die Funktion der zu simulierenden hybriden Schaltung zu gewinnen, da das einfache Modell kaum zur Erhöhung der Eingaben
und der Simulationszeit beiträgt, andererseits ist der Benutzer in der Lage komplexe
Kopplungselemente für unterschiedliche Applikationen zu definieren und zu untersuchen.

In Abbildung 7 sind die Modelle der Kopplungselemente jeweils mit den zugehörigen
Teilen angegeben. Zur Kopplung des analogen zum digitalen Netzwerkteil wird der
Spannungswert eines Knoten der analogen Teilschaltung, der als Eingangssignal des
digitalen Teils durch das Modell umgewandelt werden soll, durch die äquivalente boolesche Größe ersetzt und dem Steuerwerksprogramm mitgeteilt.

Dieser Vorgang der Signalwandlung erfolgt durch einen idealen Komparator mit zwei Eingängen. An einen Eingang wird das für den digitalen Teil bestimmte Signal angelegt. Der zweite Eingang wird mit einer Spannungsquelle beschaltet, die den Wert einer Schwellspannung für die Ermittlung der logischen Pegel besitzt. Ein Vergleich zwischen den beiden Signalen am Eingang des Komparators liefert den entsprechenden logischen Pegel am Ausgang des Komparators:

$$U_e - U_{schwell} = 0 \text{ V} \qquad A = \text{"1"} \tag{10a}$$

$$U_e - U_{schwell} \quad 0 \text{ V} \qquad A = \text{"0"} \tag{10b}$$

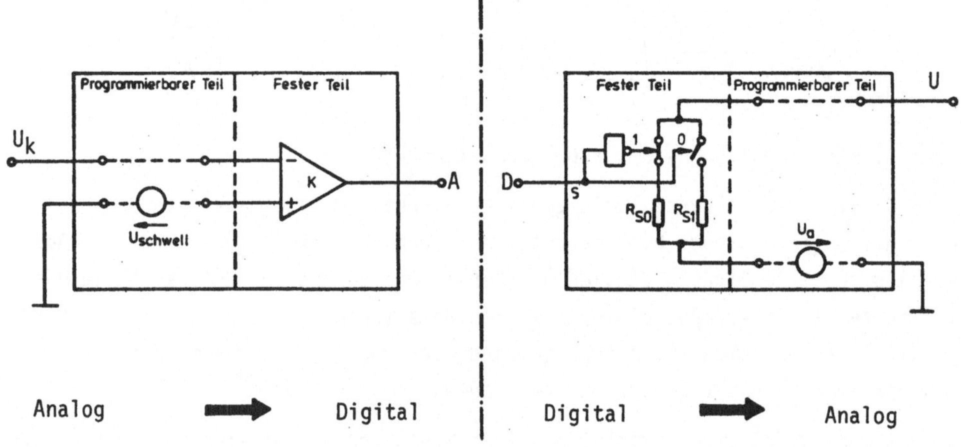

<u>Abbildung 7:</u> Modelle der Kopplungselemente für hybride Netzwerke

Für die Umwandlung eines digitalen Signals in ein analoges Signal werden Schalter eingesetzt. Das Grundmodell besteht aus zwei idealen Schaltern sowie zwei Widerständen R_{so} und R_{s1}. Sie stellen jeweils die Übergangswiderstände im gesperrten bzw. im leitenden Zustand dar, wobei R_{so} R_{s1} gilt. Ein binäres Steuersignal s (s =o oder 1) steuert die beiden Schalter, die komplementär zueinander arbeiten.

Für das Modell erhält man die algebraische Modellgleichungen als

$$I_s = \frac{s}{R_{s1}} + \frac{1-s}{R_{so}} \cdot U_s \tag{11}$$

oder $\quad I_s = Y_s \cdot U_s \tag{12}$

mit $\quad Y_s = \frac{s}{R_{s1}} + \frac{1-s}{R_{so}} \tag{13}$

Dabei sind I_s der Strom, U_s die Spannung und Y_s die Admittanz entlang des Modellelements.

Die angegebene Modellgleichung (Gl. 12) wird bei der Aufstellung der Gleichungen des Netzwerkes mit den Schaltern nach dem Verfahren der Knotenpotentialanalyse zugrunde gelegt. Dabei wird der Schalter als ein Element mit der ermittelten Admittanz Y_s berücksichtigt.

Unter Betrachtung der Schalterzustände (Schaltersteuersignale s) erhält man bei der Analyse eines Netzwerkes mit mehreren Schaltern im Zeitbereich abschnittweise unterschiedliche Gleichungssysteme, die durch die Konstellation der Schalter ermittelt werden. D. h. im allgemeinen können für ein Netzwerk, das n Schalter beinhaltet, 2^n unterschiedliche Gleichungssysteme bei der Simulation notwendig sein, da durch die Zustände der n Schalter 2^n unterschiedliche Netzwerkkonfigurationen entstehen.

Für die Steuerung eines Schalters können sämtliche Signale eines (oder mehrerer) digitalen Steuerwerkes sowie jede beliebige Knotenspannung eines analogen Netzwerkes herangezogen werden. Die Schalter können sowohl als Schließer als auch als Öffner (negierte Steuerung) eingesetzt werden. Das Modell des Schalters erlaubt dem Anwender den vielfältigen Einsatz dieses Ersatzbildes (z. B. Generierung unterschiedlicher Funktionen durch stückweise lineare Approximation mit Hilfe der Schalter).

6. Beispiele

Für eine Demonstration der Leistungsfähigkeit des Programmsystems werden einige Beispiele angegeben. Als erstes Beispiel diene ein Digital/Analog-Umsetzer mit MOS-Transistoren als gewichtete Konstantstromquellen und als Schalter für die Steuerung des Digitalwortes (Abb. 8). Das Ergebnis der Simulation ist als Zeitdiagramm der Ausgangsspannung der Schaltung (Ausgang des Operationsverstärkers) in Abb. 9 angegeben.

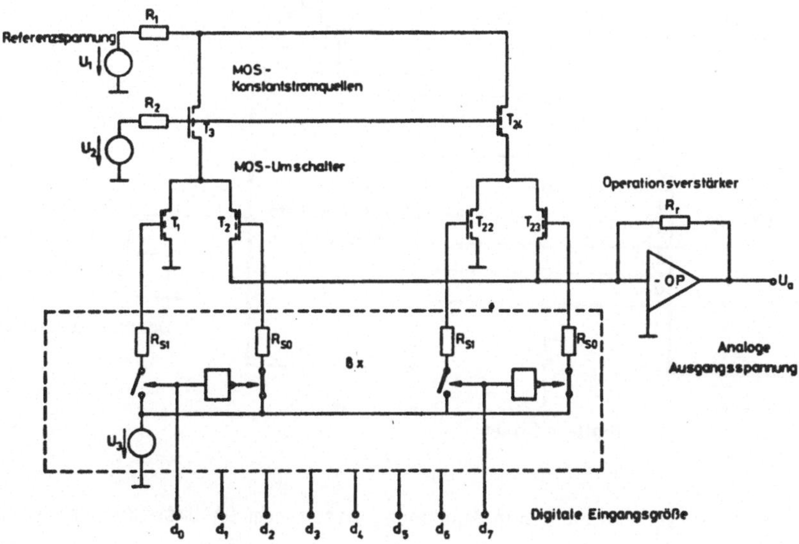

Abbildung 8: Schaltung eines DA-Umsetzers

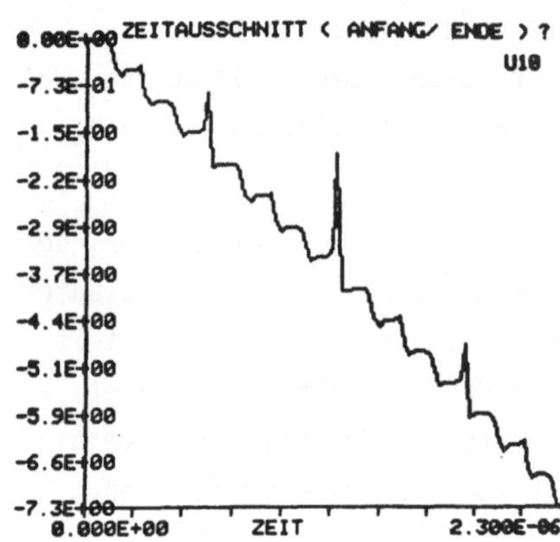

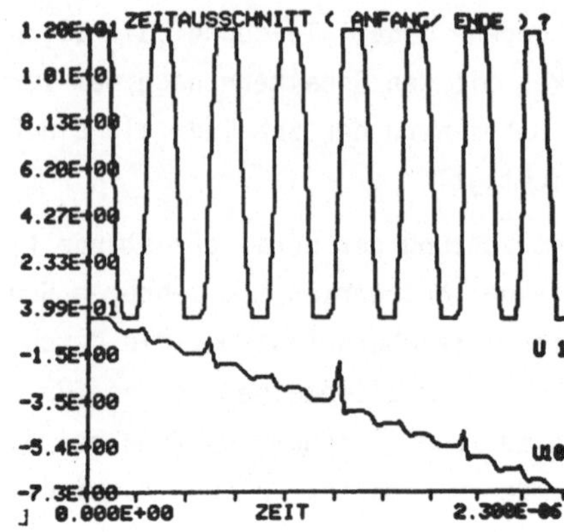

Abbildung 9: Simulationsergebnisse des DA-Umsetzers in Abb. 8

Als ein weiteres Beispiel sei das Konzept eines DA-Umsetzers angegeben, der durch einen Zähler gesteuert wird. Der Vorwärts-Rückwärtszähler wird als Funktionsgenerator zur Erzeugung digitaler Größen eingesetzt (Abb. 1o).

Abbildung 11a stellt die Simulationsergebnisse des digitalen Teils dieser Anordnung dar. Die obere Kurve der Abbildung 11b zeigt den Verlauf des LSB-Signals nach der Umwandlung in ein analoges Signal durch das eingesetzte Kopplungsmodell. Die unten angegebene Kurve stellt die Ausgangsspannung des DA-Umsetzers für 3 Bit in zwei Zählperioden (vorwärts und rückwärts) des Zählers dar.

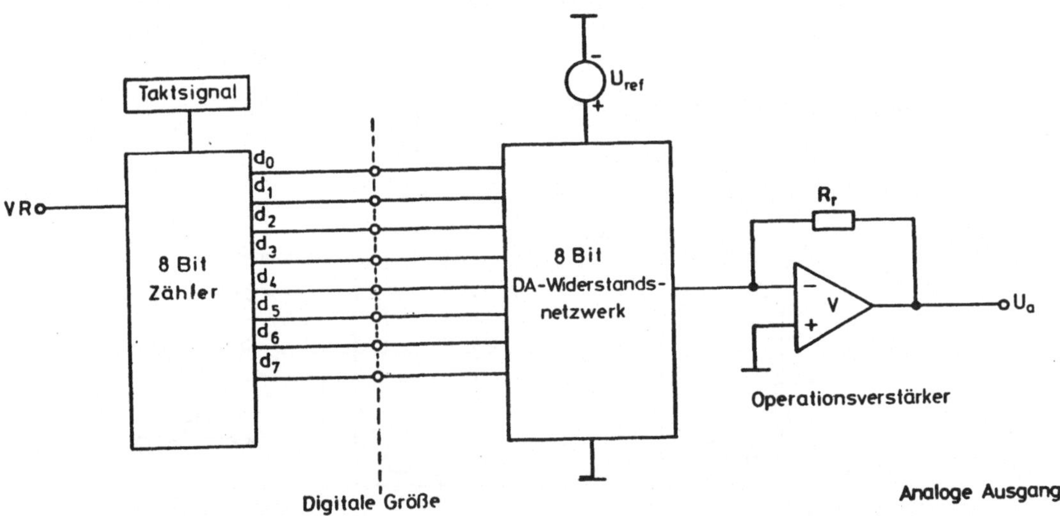

Abbildung 1o: Blockschaltung einer Anordnung mit einem DA-Umsetzer und einem Zähler als Funktionsgenerator zur Steuerung des DAU's

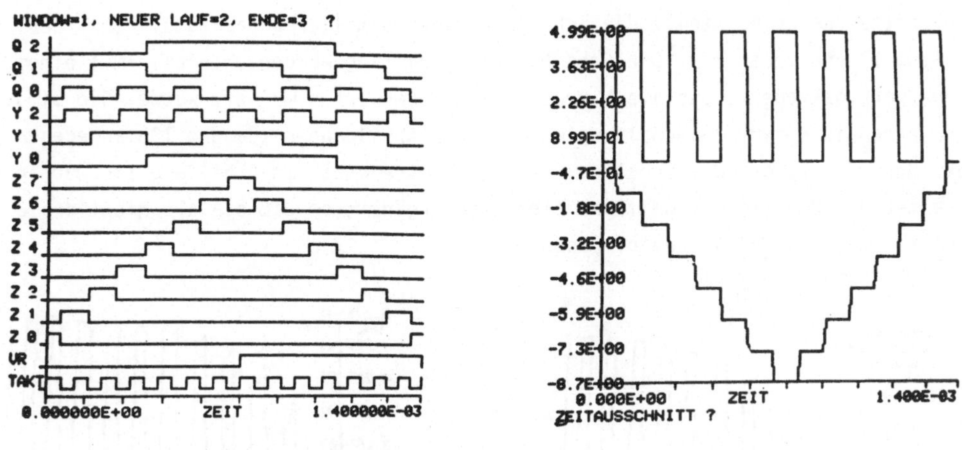

a.)   b.)

Abbildung 11: Simulationsergebnisse der Schaltung in Abb. 1o

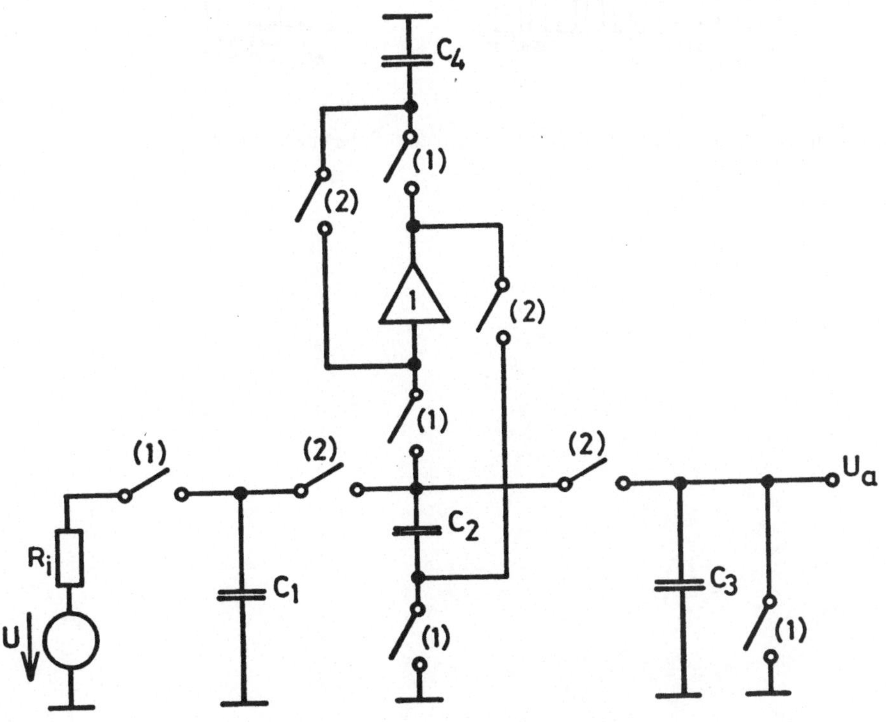

Abbildung 12: Schaltung eines Schalter-Kapazitätsfilters

Ein drittes Beispiel stellt die Schaltung eines Schalter-Kapazitätsfilters dar, die
in Abb. 12 angegeben ist. Die Schalter der Schaltung werden ebenfalls mit einem
Steuerwerk gesteuert, das als Mikroprogrammsteuerwerk simuliert wurde. Die Simula-
tionsergebnisse für die Schaltung wird in den Abbildungen 13a und 13b angegeben. In
Abbildung 13a wurden die Schalter als ideal betrachtet. In Abbildung 13b wurden für
Schalter die Modelle mit weiteren Elementen ergänzt; so daß sie als nichtideale
Schalter die Ergebnisse beeinflussen.

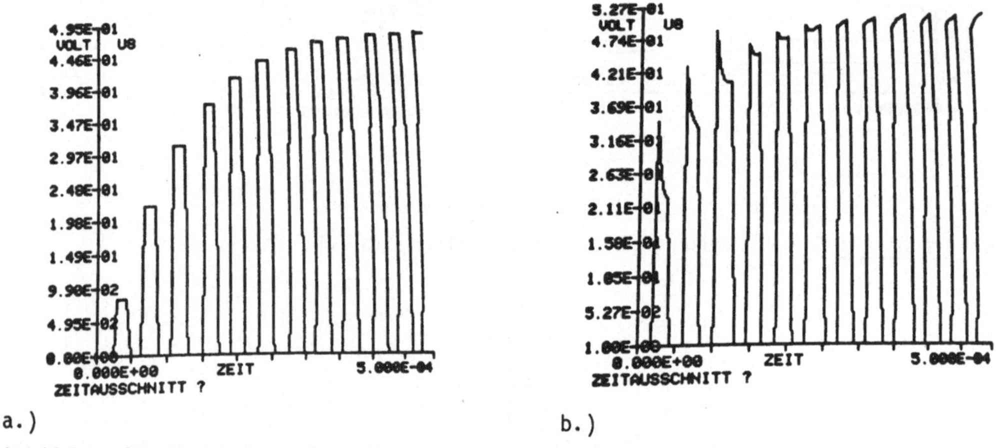

Abbildung 13: Ergebnisse der Simulation der Schaltung in Abb. 12

7. Literatur

[1] Calahan, D.A.   Rechnergestützter Schaltungsentwurf
                            R. Oldenbourg Verlag, München, 1973

[2] Fan, S.P.   MOTIS-C. A new Circuitsimulator for MOS-LSI circuits
                            Proc. IEEE Int. Symp. CAS, 1977

[3] Boyle, G.R.   SIMPIL - A Simulation Program for Injection Logic
                            Proc. IEEE Symp. on Circuit and System, 1978

[4] Musgrave, G.   Computer-Aided Design of Digital Electronic Circuits
                            and Systems
                            North-Holland Publishing Company, Amsterdam, 1979

[5] Lewin, D.   Computer Aided Design of Digital Systems
                            Crane Russak, New York, 1977

[6] Mason, S.J.   Feedback Theory - Some properties of Signal Flow Graphs
                            Proc. IRE, Vol. 41, Sep. 1953

[7] Waldschmidt, K.   Schaltungen der Datenverarbeitung
                            B.G. Teubener, Stuttgart, 1980

[8] Tavangarian, D.   Ein Programmsystem zur interaktiven graphischen Analyse
                            elektrischer Netzwerke
                            Diss. der Abt. ET, Universität Dortmund, 1980

[9] Fähnrich, R.,   Approach to Automatic Minimization and Realization
    Waldschmidt, K.   of Microprogrammed Control Units
                            EUROMICRO 1981, Paris
                            North-Holland Publishing Company, Amsterdam, 1981

EINSATZ UND AUFBAU VON BETRIEBSSYSTEMMODELLEN
FÜR KIENZLE-RECHNER

Wilhelm Walter, Villingen-Schwenningen

Zusammenfassung. Vorgestellt wird der Aufbau des MTOS-Betriebssystemmodells für KIENZLE-Rechner der Serie 9000. Dabei wird zunächst auf
den Modellansatz (Dreikomponentenansatz) näher eingegangen und die
einzelnen Moduln erläutert. Der Schwerpunkt liegt dabei auf der Definition
der Anwenderlast, welche aus naheliegenden Gründen systemunabhängig,
also auf einer logischen Ebene zu beschreiben ist. Es wird eine einfache
Beschreibungssprache (synthetischer Assembler) vorgestellt, der die
Formulierung von synthetischen Programmen gestattet. Schließlich wird
auf die Modellbenutzung eingegangen und der Einsatz des Modells in
Planung, Entwicklung und Vertrieb aufgezeigt.

Summary. The structure of the MTOS Operating System model for KIENZLE-
Computers (Series 9000) is presented. The method of modeling (three
component structure) is explained and the individual modules are discussed. The main emphasis is thereby placed upon the definition of the
application workload, which for obvious reasons has to be described
system-independently, i.e. on a logical level. A simple description
language (synthetic assembler) is presented which allows the formulation
of synthetic programs. Finally, the use of the model in planning,
development and marketing is shown.

1. Einleitung

1.1. Zielsetzung

Die Komplexität heutiger Rechensysteme erfordert in zunehmendem Maße
den Einsatz neuer Methoden und Verfahren, die es ermöglichen, gesicherte
Leistungsaussagen über derart komplexe Gebilde zu erhalten.

Simulationsmodelle sind dabei ein geeignetes Werkzeug, insbesondere im
Bereich der Datenverarbeitung, da man es hier nicht mehr mit einem
Einzelprodukt zu tun hat, dessen Leistung bekannt ist. Vielmehr handelt
es sich bei den heutigen DV-Anlagen um komplizierte Systeme, deren
Leistung von vielen Faktoren abhängig ist. Die Wechselbeziehung der
Systemkomponenten untereinander sind von komplizierter Art und Weise
und daher vom Menschen nur schwer zu erfassen und zu durchschauen. Die
Korrelationsfähigkeit des Menschen ist überfordert.

Ein Modell bildet ein reales oder geplantes System auf einem Rechner nach und gestattet die Beantwortung der unterschiedlichsten Fragen. Ziel ist die intensive Nutzung des Modells während aller Phasen der Lebensdauer eines Produkts.

Im folgenden wird das MTOS-Betriebssystemmodell für KIENZLE-Rechner der Serie 9000 beschrieben, dessen Aufbau erläutert und kurz auf den Modelleinsatz eingegangen. Um dem Modell ein möglichst großes Benutzerspektrum zu erschließen muß es dem Anwender möglich sein, mit einfachen aber ausreichenden Hilfsmitteln seinen Anwendungsfall zu beschreiben, ohne daß auf ein bestimmtes Systemverhalten Rücksicht genommen werden muß. Erreicht wird dies durch synthetische Programme, wobei als Implementierungshilfsmittel ein synthetischer Assembler zur Verfügung steht, in welchem solche Programme geschrieben werden können. Insbesondere kommerzielle Anwendungen, aber auch alle andere Anwendersoftware läßt sich synthetisch beschreiben.

Das MTOS-Betriebssystemmodell findet seine Anwendung in Planung, Entwicklung und Vertrieb. Es erlaubt Leistungsaussagen bei den unterschiedlichsten Konfigurationen und Anwenderlasten, ermöglicht eine gezielte Schwachstellenanalyse und Hinweise auf Systemverbesserungen.

1.2. Leistung eines Rechensystems

Die Leistung eines Rechensystems wird im wesentlichen durch die folgenden vier Komponenten bestimmt:

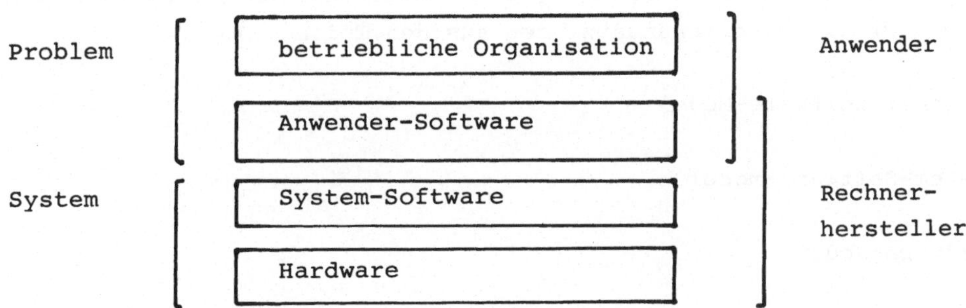

Bild 1.1. Leistungsbestimmende Komponenten eines Rechensystems

Alle Komponenten bzw. ihr Zusammenwirken untereinander bestimmen die Leistung eines Rechensystems. Beispielsweise kann eine "ungünstige" betriebliche Organisation auch ein "gutes" System so beeinflussen, daß die Leistungsfähigkeit insgesamt unbefriedigend ist.

Während der Anwender für die betriebliche Organisation meistens selbst
verantwortlich ist, (fest vorgegeben) so sind die anderen drei
Komponenten von Bedeutung für den Rechnerhersteller. Aus der Sicht des
Rechnerhersteller zur Leistungsbeurteilung des Systems genügt es also,
die drei Komponenten

Anwender-Software, System-Software und Hardware

zu betrachten, insbesondere deswegen, weil sich die Struktur der
betrieblichen Organisation in der Anwender-Software wiederspiegelt.

Anwenderseitig wird die Leistung eines Rechensystems im kommerziellen
Bereich bestimmt durch Antwortzeiten (Reaktionszeit des Systems) oder
durch Angabe der Transaktionen, die während einer bestimmten Zeitdauer
durchgeführt werden können. Von Seiten des Systems interessieren die
Auslastungsgrade von Systemkomponenten, um so Schwachstellen aufspüren
zu können und damit Hinweise für erfolgversprechende Tunigmaßnahmen
zu geben.

2. Das MTOS-Betriebssystemmodell für KIENZLE-Rechner der Serie 9000

2.1. Dreikomponentenansatz zur Beschreibung von Rechensystemen

Die Komplexität von Rechensystemen erfordert einen weitgehend modularen
Ansatz bezüglich der Bildung von Simulationsmodellen. Hierbei bietet sich
eine Aufteilung der Modellkomponenten in der Art und Weise an, wie man
auch reale Systeme abgrenzen kann und die,wie in (1.2.) gezeigt, die
Leistungsfähigkeit eines Rechensystems bestimmen. Es ergibt sich der
bekannte Dreikomponentenansatz, der aus den Teilmoduln

- Anwender-Software-Modul

- System-Software-Modul

- Hardware-Modul

besteht. Dabei ist auf eine weitgehende Unabhängikeit der Teilmoduln
zu achten. Die Vorteile eines solchen Modellansatzes liegen im wesentlichen in der Verteilung/ Reduktion der Komplexität auf abgeschlossene
Einheiten. Dies macht sich in allen Phasen, wie Modellerstellung,
Implementierung, Test, Wartung sowie der Experimentdurchführung positiv
bemerkbar.

2.1.1. Der System-Software-Modul

Der System-Software-Modul ist die Nachbildung des MTOS-Betriebssystems und damit wichtiger Modellbestandteil. Die wichtigsten Komponenten dieses Moduls sind.

- TASK-Management
- FILE-Management
- MEMORY-Management
- DEVICE-IO.

TASK-Management

Mit Hilfe eines Betriebssystemautomaten (Bild 2.1.) und diversen Warteschlagen wird das Zustandsverhalten der Anwendertasks nachgebildet.

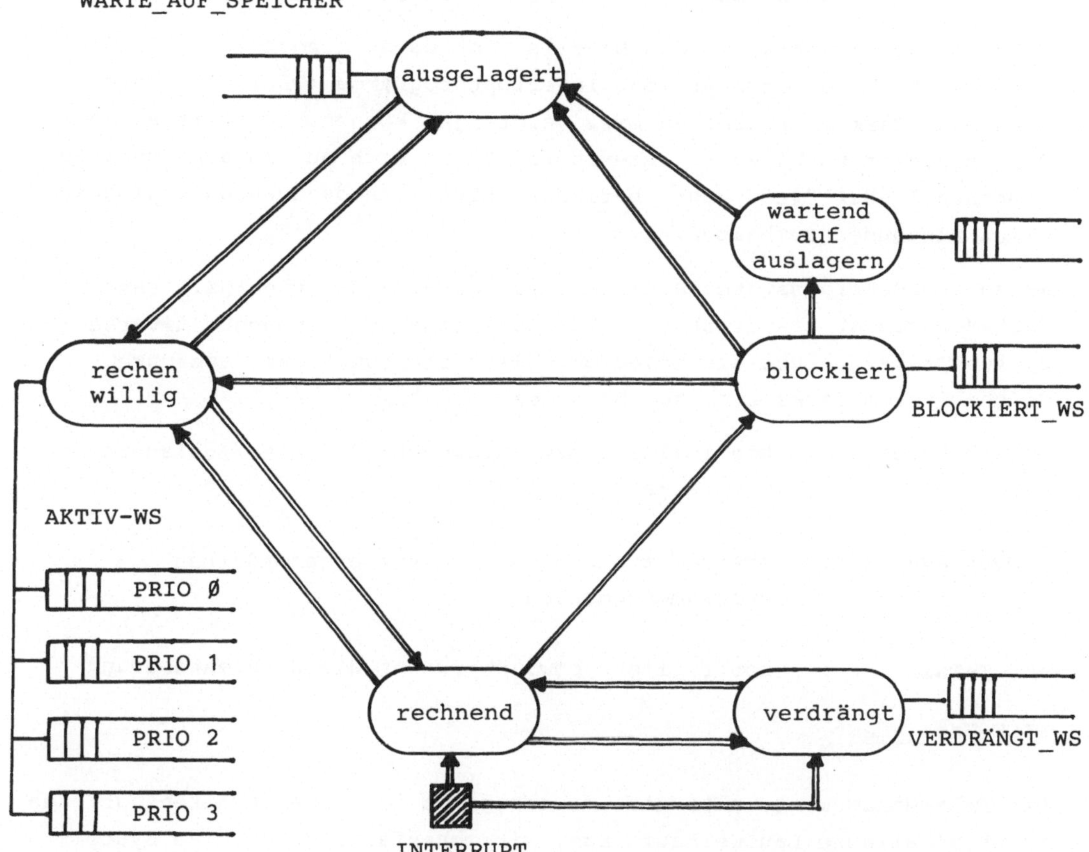

Bild 2.1. MTOS-Betriebssystemautomat

Eine Anwendertask wird dem System bekanntgemacht, indem sie auf die WARTE_AUF_SPEICHER Warteschlange gesetzt wird. Eine Systemtask stellt anschließend den benötigten Speicherbereich zur Verfügung und ordnet diese prioritätsgerecht in die Reihe der rechenwilligen Tasks ein.

Der TASK_SCHEDULER, eine weitere wichtige Unterkomponente des TASK-Managements, wählt aus der Warteschlange der rechenwilligen TASKS diejenige aus, welche den Prozessor als nächste belegen darf.

Nach Ablauf der Zeitscheibe wird die rechnende Task wieder in die Warteschlange der rechenwilligen Tasks eingereiht. Tasks, die IO (Bildschirm, Platte) durchführen, setzen zu diesem Zweck einen Kern-Aufruf ab und werden anschließend in den Zustand "Blockiert" versetzt. Ist der IO-Auftrag durchgeführt, so werden diese wieder deblockiert.

Wird für eine einzulagernde Task Speicher benötigt (Aufgabe des MEMORY-Managements) so erlauben komplizierte Strategien das zweitweise Auslagern von Tasks (Entzug des Betriebsmittels Arbeitsspeicher).

Neben dieser "Task-Welt" des Modells gibt es auch noch eine "INTER-RUPT-Welt". Dies bedeutet, daß Interruptprogramme (DSR) eine gerade rechnende Task unterbrechen bzw. verdrängen können, um somit selbst den Prozessor zu belegen. Interrupts können sich nur in den Zuständen "rechnend" oder "verdrängt" befinden. Eine Task dagegen darf sich in allen Zuständen aufhalten.

Neben dem Betriebssystemautomaten und Task-Scheduler enthält das Task-Management als dritte leistungsbestimmende Komponente diverse System-Tasks, welche die unterschiedlichsten Funktionen ausführen. Solche System-Tasks sind zum Beispiel:

- Task-Loader   kontrolliert bzw. überwacht das Ein-/Auslagern
                       von Tasks

- Overlay-Loader   überwacht das Nachladen von angeforderten
                       Programmsegmenten

- DDT-Task   kontrolliert bzw. überwacht die Gerätesteuerung

- FILE-Management

Das File-Management, also die Umsetzung von logischen Plattenzugriffen in physikalische Laufwerkaufträge, wird ebenfalls durch eine System-Task realisiert. Hierbei ist es möglich, daß im System gleichzeitig mehrere dieser Tasks aktiv sind und sich die Arbeit teilen.

- <u>MEMORY</u>-<u>Management</u>

Da bei bestimmten Konfigurationen auch der verfügbare Speicher eine
Rolle spielt,(ein-/auslagern von Tasks) und dies natürlich auch die
Systemleistung entscheidend beeinflußt, war es notwendig, die
relevanten Teile der Speicherverwaltung zu modellieren. Die wichtigsten
Speicheranforderungen sind:

- Programmsegmente
- Datensegmente
- File-Puffer-Bereiche.

Die Speicherverwaltung arbeitet im wesentlichen auf zwei Datenstrukturen, welche auch im Modell Verwendung finden.

a) Freispeicher-Liste

Hier werden alle freien Speicherbereiche in einer linearen Liste
verkettet. Bei einer Speicheranforderung wird zunächst nachgesehen,
ob noch ein Element mit genügend Platz vorhanden ist. Ist dies der
Fall, so wird der freie Bereich reserviert, d.h. aus der Frei-Liste
ausgekettet.

b) TOL-Liste (Time-Ordered-List)

Alle benutzten Speicherbereiche werden in der TOL-Liste verkettet.
Dabei handelt es sich um eine nach der Zeit geordneten Liste, d.h.
das zuletzt benutzte Element steht am Anfang der Liste. Am Listenende
befindet sich der Speicherbereich auf den am längsten nicht mehr
zugegriffen wurde.

Wird nach auszulagernden Speicherbereichen gesucht, so wird die
TOL-Liste vom Ende her durchlaufen, wobei ein entsprechender
Algorithmus festlegt, ob der Speicherbereich ausgelagert werden darf.

- <u>DEVICE-IO</u>

Für alle Peripherie-Geräte existieren - falls notwendig - Interrupt-
Programme, welche die Gerätesteuerung durchführen.

2.1.2. Der Hardware-Modul

Im Hardware-Modul werden die Funktionen des Prozessors und der Peripherie
(Bildschirme, Drucker, Platten) nachgebildet. Das Modell erlaubt die
Verwendung aller Prozessoren der Serie 9000, also vom System 9022 bis
hin zum System 9088. Hierbei wird für jeden Prozessor ein bestimmter
Zeitfaktor berechnet, welcher dann die Grundlage für das durchzuführende
Experiment darstellt. Bildschirme, Drucker und Plattensysteme sind als
einzelne Moduln im Modell hinterlegt und werden je nach Benutzerangabe
zu der speziellen Anwenderkonfiguration zusammengestellt.

2.1.3. Der Anwender-Software-Modul

Die Lastkomponente des Rechensystems ist der Anwender-Software-Modul.
Da hier die Problemwelt des Anwenders mit der Welt des Rechensystems
zusammentrifft, ist auf eine klare Schnittstelle zu achten. Die
Beschreibung der Anwender-Software muß problembezogen sein, d.h. es
wird angegeben, "was" das Rechensystem durchführen soll. Für das "Wie"
ist dann das System zuständig. Die Definition von Anwenderlasten spielt
damit auch für die Modellierung von Bestriebssystemmodellen die
entscheidende Rolle.

2.1.3.1. Anforderungen an Anwender-Software-Modelle

Um das Werkzeug "Modellbildung" hierbei erfolgreich einsetzen zu können,
müssen bestimmte zeitliche Randbedingungen eingehalten werden. Auch ein
ausgefeiltes Modell nützt nichts, wenn es nicht in vernünftig kurzer
Zeit zur Verfügung steht. Übertragen auf die Erstellung von Anwender-
Software-Modellen bedeutet dies, daß es dem Benutzer möglich sein muß,
mit einfachen Hilfsmitteln seinen Anwendungsfall zu beschreiben, ohne
daß er auf ein bestimmtes Systemverhalten Rücksicht nehmen muß.
"Vernünftige Zeit" heißt, daß innerhalb weniger Tage das Anwenderprogramm
definiert und implementiert werden kann, und die notwendigen Simulationen
bzw. Auswertungen durchgeführt werden.
Um dieses Ziel zu erreichen, sind folgende Forderungen zu erfüllen:

- saubere Schnittstelle zwischen Anwender-Software-Modul und System,
- problembezogenes, systemunabhängiges Beschreibungsverfahren, welches
  sich auch auf andere Problemstellungen (Rechnernetze) übertragen läßt,
- Beschreibungsverfahren einfach und leicht verständlich.

Ebenso wichtig wie nötig ist die Vollständigkeit des Beschreibungs-
verfahrens, d.h. einem Anwender muß es möglich sein, mit den zur
Verfügung stehenden Funktionen sein Problem zu beschreiben. Zumindest
bei den in der Praxis häufigsten Anwendungen muß diese Forderung
erfüllt sein. Außerdem sollte es ohne größere Schwierigkeit möglich sein,
neue Funktionen einzufügen. Im folgenden wird ein solches Beschreibungsverfahren vorgestellt, welches die Definition und Implementierung von
Anwender-Software-Modellen erlaubt.

2.2. Synthetische Programme zur Beschreibung von Anwender-Software

2.2.1. Definition von synthetischen Programmen

Unter einem synthetischen Programm versteht man ein Programm, welches
aus wenigen Grundbausteinen zusammengesetzt wird. Im Gegensatz dazu
steht das reale Programm, welches eine Komposition der Maschinenbefehle
darstellt. Bei der Modellbildung hat man immer die Möglichkeit, das
reale Programm auf Maschinenbefehlsebene zu simulieren. In der Praxis
verbietet sich dieses Vorgehen jedoch aus Effizienzgründen. Eine
Simulation von zu planender Software ist auf dieser Ebene ohnehin nicht
möglich. Es erscheint daher sinnvoll, durch Abstraktion und Klassen-
bildung zu einem synthetischen Programm zu gelangen.
So ist es z.B. für das Systemverhalten oder für Antwortzeiten unwichtig,
welche Befehle die CPU gerade bearbeitet. Entscheidend ist allein die
Tatsache, daß Rechenzeit benötigt wird, so daß man sicherlich eine Klasse
bzw. Funktion CPU-ZEIT bilden kann. Weitere Klassen werden demzufolge
Bildschirm-EA, Platten-EA sein. Alle Grundfunktionen sind mit Parameter
steuerbar, wobei auch statistische Verteilungen angegeben werden können.
Mit Hilfe dieser Grundfunktionen sowie Anweisungen zur Steuerung des
Kontrollflusses z.B. durch Zustandsgraphen sowie entsprechender Para-
metereinstellung lassen sich alle Anwenderprogramme synthetisch
beschreiben.

2.2.2. Beispielprogramm

In Bild 2.2. ist ein Zustandsgraph für ein synthetisches Programm angegeben, welches ein Erfassungsprogramm mit viel Ausgabe und wenig Eingabe
darstellt. Zu Beginn des Programms wird eine Datei geöffnet, am Ende
geschlossen. Die Erfassung eines Beleges z.B. wird aufgeteilt in die

Funktionen: schreiben auf Bildschirm, lesen vom Bildschirm, CPU-Zeit
sowie FILE_ZUGRIFF. Gemessen wird dabei die Systemantwortzeit pro Beleg.

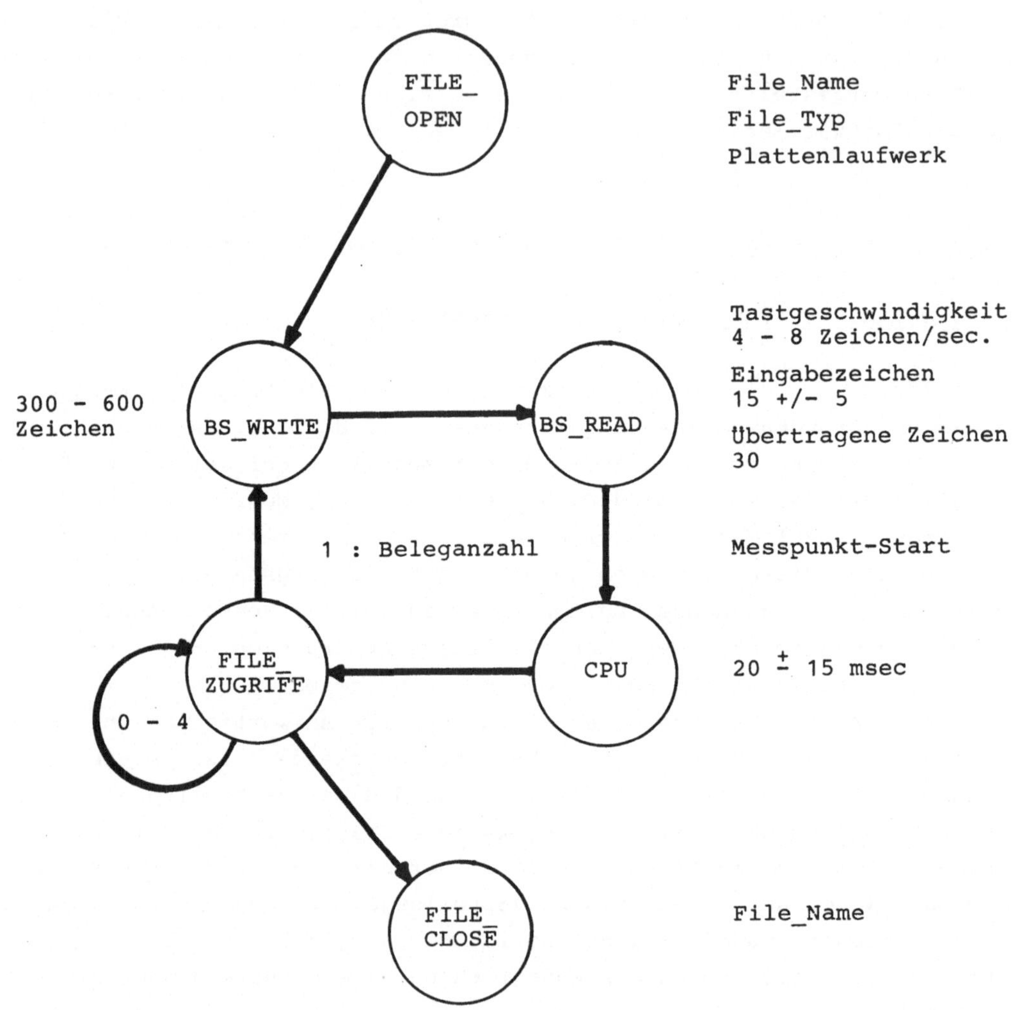

Bild 2.2. Dialog-Erfassungsprogramm

3. Definition einer einfachen Assemblersprache zur Definition von synthetischen Programmen (SYNTHETISCHER ASSEMBLER)

Um die Definition bzw. Implementierung von synthetischen Programmen
für das MTOS-Betriebssystemmodell zu erleichtern, wurde eine einfache
Assemblersprache entworfen. Somit kann der Benutzer auf einfache Art
und Weise sein Problem unabhängig vom System formulieren und in das
Modell einbringen.

3.1. Sprachbeschreibung

3.1.1. Datenstrukturen

Als Datenstruktur stehen dem Benutzer lediglich ZÄHLER und TABELLEN
zur Verfügung.
ZÄHLER sind zum einen temporäre Speicher für Ereignisse oder Messwerte,
zum anderen kann mit ihrer Hilfe auch die notwendige Kontrollstruktur
des Zustandsgraphen realisiert werden.
Tabellen benötigt man zur Aufnahme und statistischen Verarbeitung von
Meßwerten, wie z.B. Antwortzeiten.
Sowohl Zähler als auch Tabellen können in drei Varianten auftreten:
- TASK-bezogen   Die Datenstruktur ist nur für die jeweilige Anwender-
                    Task definiert und zugreifbar (lokal).

-PROGRAMM-bezogen   Die Datenstruktur ist dem (synthetischen) Programm
                    zugeordnet, d.h. alle Anwendertasks,die dieses
                    Programm bearbeiten, können auf die Datenstruktur
                    zugreifen.

- GLOBAL   Die Datenstruktur ist global definiert und kann von
                    allen Anwendertasks benutzt werden.

Die Sprache erlaubt zur Erleichterung der Programmierung die Verwendung
symbolischer Adressen.
Die TIME-Anweisung ermöglicht dazu noch das Abfragen der Simulationszeit,
die mit Hilfe arithmetischer Befehle weiterverarbeitet werden kann.

3.1.2. Befehlsklassen des synthetischen Assemblers

Vier unterschiedliche Befehlsklassen stehen dem Anwender zur
Beschreibung seines Problems zur Verfügung.

a) <u>AKTIONS-Befehle</u>

Hierbei handelt es sich um echte synthetische Befehle, d.h.
Anweisungen, die die Anwendertask systemseitig ausführen muß.
(siehe Tabelle 3.1.)

b) <u>KONTROLL-Befehle</u>

Mit ihrer Hilfe wird die Kontrollstruktur des synthetischen
Programms realisiert, d.h. keine Anweisungen an das System,
sondern an das Steuerprogramm (siehe Tabelle 3.2.).

c) <u>TABELLEN-Befehle</u>

Befehle zur Manipulation von Tabellen.
(siehe Tabelle 3.3.)

d) <u>ZÄHLER-Befehle</u>

Befehle zur Manipulation von Zählern.
(siehe Tabelle 3.4.)

Befehl	Funktion
BS_TAST	Laden der Tastatur (Tastgeschwindigkeit, Eingabezeichen)
BS_WRITE	Schreiben auf Bildschirm
BS_READ	Lesen vom Bildschirm
CPU	CPU-Zeit
FILE_OPEN	Öffnen einer Datei
FILE_CLOSE	Schließen einer Datei
FILE_ZUGRIFF	Dateizugriff
PRINT	Drucken
OVERLAY	Nachladen von Programmsegmenten
PAUSE	PAUSE der Anwendertasks

<u>Tabelle 3.1.</u> Aktionsbefehle

Befehl	Funktion
GOTO	Sprung zur angegebenen Adresse
CALL	Unterprogrammsprung
RET	Unterprogrammrücksprung
IF	Programmverzweigung
STOP	Beenden des Programms

Tabelle 3.2. Kontrollbefehle

Befehl	Funktion
TAB	Definition einer Tabelle
LÖSCHE	Löschen einer Tabelle
MESSE	Messwert in Tabelle eintragen
SHOW	Ausgabe einer Tabelle
MESSE_EIN	Globales Meßsystem einschalten

Tabelle 3.3. Tabellenbefehle

Befehl	Funktion
LOAD	LADEN von Werten in Zähler
ADD	Addition von Zählern
SUB	Subtrahieren von Zählern
MULT	Multiplizieren von Zählern
DIV	Dividieren von Zählern

Tabelle 3.4. Zählerbefehle

3.2. Beispiel

In Bild 3.1. ist das synthetische Programm von (2.2.2.) angegeben.

```
;**********************************************
;     DIALOG-BEISPIEL-PROGRAMM
;
;**********************************************
;     - VIEL AUSGABE
;     - WENIG EINGABE
;
;---------------------------------------------------

;******** ZAEHLER DEFINITIONEN ********************

BEL_ZAEHLER        =     ZT2
VORLAUF            =     ZT1
MERKER             =     ZF1
MESS_ZEIT          =     ZT3

;******* TABELLEN DEFINITIONEN *******************

ANTWORTZEIT        =     TP1

;********* START HAUPTPROGRAMM *******************


          SP_PROG           100,PL
          SP_DAT            50,PL

          TAB               ANTWORTZEIT,99,100,0,PROG
          BS_TAST           10,20,GLEICH,4,8,GLEICH,UEBERLAPPT
          LOAD              VORLAUF,5
          LOAD              BEL_ZAEHLER,0

          FILE_OPEN         1,1,GLEICH,FILE1,SEQ,1,4,LOKAL

BELEG     BS_WRITE          300,880,GLEICH
          IF                MERKER,=,1,MESSE
          IF                BEL_ZAEHLER,<,5,MESSE_N
          MESSE_EIN
          LOAD              MERKER,1
          GOTO              MESSE_N

MESSE     SUB               MESS_ZEIT,TIME,MESS_ZEIT
          MESSE             ANTWORTZEIT,MESS_ZEIT

MESSE_N   BS_READ           30,30,GLEICH
          LOAD              MESS_ZEIT,TIME
          CPU               5,35,GLEICH
          FILE_ZUGRIFF      0,4,GLEICH,FILE1,SEQ,1,1,GLEICH
          ADD               BEL_ZAEHLER,BEL_ZAEHLER,1
          IF                BEL_ZAEHLER,=,10,ENDE
          GOTO              BELEG

ENDE      SHOW              ANTWORTZEIT
          FILE_CLOSE        ,,,FILE1
          STOP              GLOBAL
@
```

Bild 3.1. Dialog-Erfassungsprogramm (Synthetischer Assembler)

4. Einsatz des MTOS-Betriebssystemmodells

4.1. Modellbenutzung

Die Benutzung des MTOS-Betriebssystemmodells gliedert sich in vier
Punkte:

1. Erstellen der benötigten synthetischen Programme (Bild 4.1.)

Ist der Ablauf eines Anwenderprogramms z.B. mit Hilfe eines Zustandsgraphen synthetisiert worden, so muß dieser anschließend in ein
synthetisches Assemblerprogramm umgesetzt werden. Das Programm wird
mit Hilfe eines Text-Editors erstellt und danach mit dem Über-
setzerprogramm des synthetischen Assemblers in eine maschinen-
orientierte Zwischensprache übersetzt, auf welche das Simulationsmodell später zugreift. Beim Übersetzungsvorgang wird bereits eine
Überprüfung auf syntaktische Fehler durchgeführt.

2. Experimenterstellung (Bild 4.1.)

Liegen alle für ein Experiment benötigten synthetischen Programme
in übersetzter Form vor, so kann der Anwender anschließend mit Hilfe
eines Dialogprogramms (Experimentersteller) sein spezielles
Simulationsexperiment oder gar eine ganze Experimentserie zusammen-
stellen. Alle variablen Modellteile müssen genau spezifiziert werden.
So muß z.B. für den Hardware-Modul der Prozessortyp und auch das
Plattensystem angegeben werden. Das vollständige Experiment wird
dann in einer Experimentdatei hinterlegt.

3. Experimentdurchführung (Bild 4.2.)

Das MTOS-Betriebssystemmodell stellt sich vor der eigentlichen
Simulationsphase die benötigten Module zusammen. Aus der angegebenen
Experimentdatei werden Anwender-Software-Modul, Hardware-Modul und
der variable Teil des SystemSoftware-Moduls benutzerspezifisch
generiert. Danach wird das Experiment gestartet und durch den
System-Software-Modul überwacht. Zur Abarbeitung der synthetischen
Anwenderprogramme steht ein synthetischer Interpreter zur Verfügung,
welcher taskbezogen die entsprechenden Bestriebsystemanforderungen
generiert.
Das Einschalten eines Programmtrace erlaubt das effiziente Austesten
der synthetischen Programme (Modell ist Laufzeitsystem).
Alle wichtigen Simulationsergebnisse werden in einer Ergebnisdatei
hinterlegt und können nach dem Lauf weiterverarbeitet werden.

4. Experimentauswertung

Für die graphische Aufbereitung der Simulationsergebnisse stehen
umfangreiche Graphikroutinen zur Verfügung.

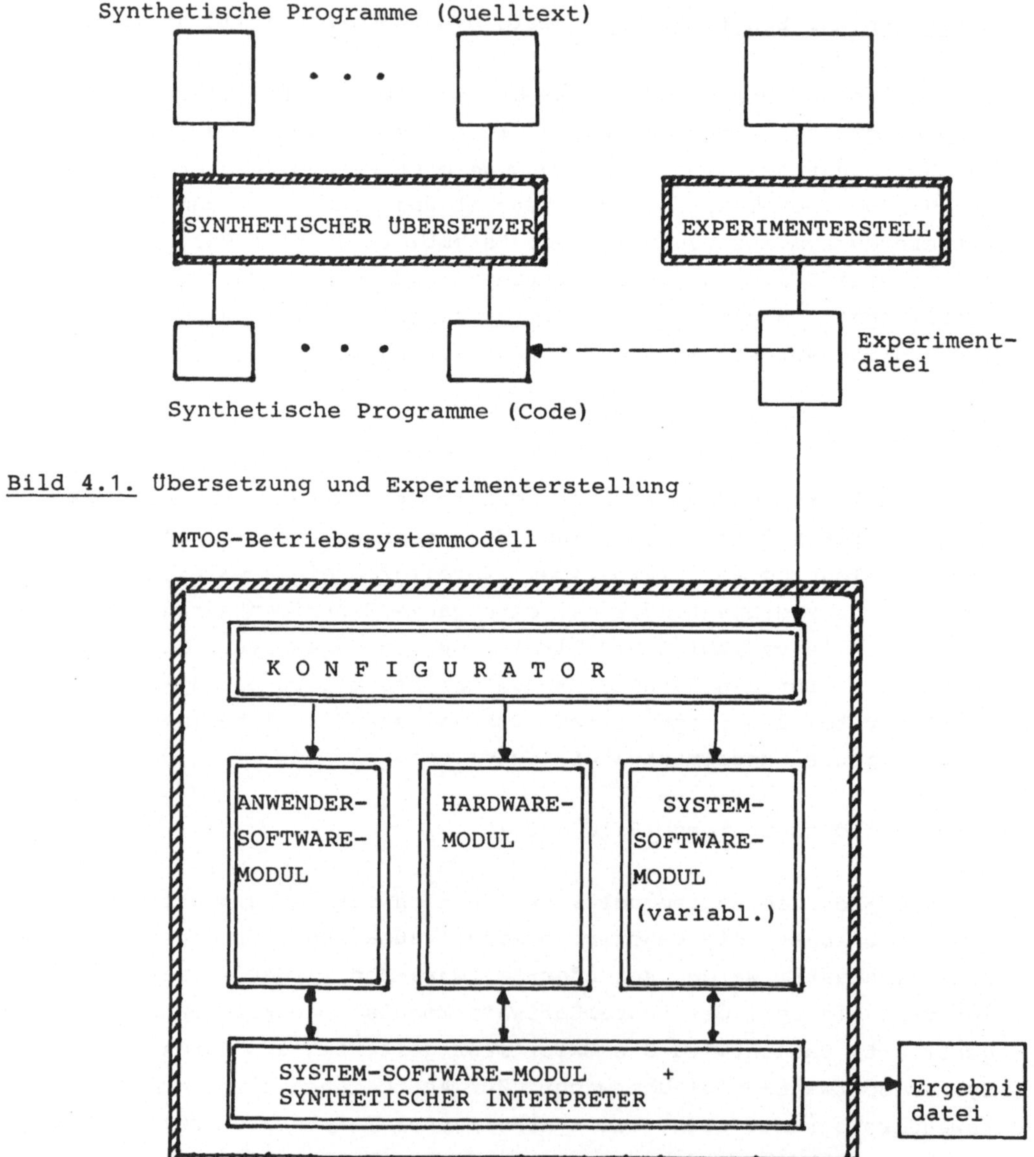

Bild 4.1. Übersetzung und Experimenterstellung

Bild 4.2. Experimentdurchführung

Durch die Trennung des Programmablaufs in Experimenterstellung und
Experimentdurchführung existiert eine klare Schnittstelle zwischen
der Beschreibung von Anwender-Software und dem Rechensystem.
Anwenderbezogen und gesteuert durch das synthetische Programm können
beliebige Zeiten, wie Systemantwortzeiten, Tastatursperrzeiten und
das Auftreten von beliebigen Ereignissen ermittelt werden.
Systembezogen liefert das Modell die Auslastung der einzelnen Komponenten
(CPU, Platten, Leitungen, ...), eine ausführliche Statistik über die
einzelnen Anwendertasks sowie eine genaue Aufschlüsselung der verbrauchten CPU-Zeit.

4.2. Modellanwendung

Das MTOS-Betriebssystemmodell findet seinen Einsatz in Planung,
Entwicklung und Vertrieb für die Rechnerfamilie KIENZLE 9000 und
erlaubt die Simulation sämtlicher zur Verfügung stehenden bzw.
geplanten Mitglieder (9022 - 9088).
In der Planung bzw. Entwicklung stehen bei der Modellanwendung solche
Gesichtspunkte, wie Untersuchung nach optimaler Konzeption, Varianten-
analyse und Leistungsanalyse vor der Implementierung im Vordergrund.
Im Vertrieb findet es seinen Einsatz zur Projektunterstützung, System-
projektierung aber auch für Engpaßanalysen zur Systemoptimierung und
der Untersuchung von alternativen Lösungsmöglichkeiten.

4.3. Weitere Aktivitäten

Die positiven Erfahrungen mit dem Modell, insbesondere die Beschreibung
der Anwenderlast durch synthetische Programme (synthetischer Assembler),
machen einen Ausbau dieses Konzepts notwendig.
Neben der Weiterpflege des MTOS-Modells richtet sich das Hauptaugenmerk auf die Implementierung von Modellen für Rechnernetze. Es ist
anzustreben, auch hier die Anwenderlast synthetisch mit den gleichen
Hilfsmitteln zu beschreiben. Synthetische Programme sind damit in den
unterschiedlichsten Modellen einsetzbar, die Lastbeschreibung für
alle Modelle ist die Gleiche.

Literaturangaben

(1) Walter, Wilhelm
    c/o Kienzle Apparate GmbH, Villingen-Schwenningen

    "Synthetische Anwenderprogramme für Betriebssystemmodelle"

Affeld, K., Prof.Dr.	Universitäts-Klinikum Charlottenburg, Forschungshaus, Spandauer Damm 130, 1000 Berlin 19
Akyildiz, J.F.	Universität Erlangen-Nürnberg, Institut für mathematische Maschinen und Datenverarbeitung IV Martensstr. 3, 8520 Erlangen
Ameling, W., Prof.Dr.	Lehrstuhl für Allgemeine Elektrotechnik und Datenverarbeitungssysteme, Rogowski-Institut für Elektrotechnik, RWTH Aachen, Schinkelstr.2, 5100 Aachen
Bär, W., Dr.habil	Universität Erlangen-Nürnberg, Institut für Regelungstechnik, Cauerstr. 7, 8520 Erlangen
Bausch, I., Dr.	Control Data GmbH, Berg-am-Laimstr.47, 8000 München 80
Behr, J.-P.	Phillips GmbH Forschungslaboratorium Hamburg Vogt-Kölln-Str. 30, 2000 Hamburg 54
Bell, R. K.	Universität Erlangen-Nürnberg, Regionales Rechenzentrum Martensstr. 3, 8520 Erlangen
Berger, F.	Technische Universität Wien, Hybrid Rechenzentrum, Gusshausstr. 27, A-1040 Wien
Berheide, W.	Forschungsinstitut für Antropotechnik Königsstr. 2, 5307 Wachtberg-Werthoven
Bolch, G., Dr.	Universität Erlangen-Nürnberg, Institut für mathematische Maschinen und Datenverarbeitung IV Martensstr. 3, 8520 Erlangen
Breuer, R., Dr.habil	Max-Planck-Institut für Plasmaphysik 8046 Garching
Bültges, H.	RWTH Aachen, Institut für Regelungstechnik Sommerfeldstr. 54, 5100 Aachen
Buschmann, H.	Universität Hannover, Regionales Rechenzentrum, Wunstdorferstr. 14, 3000 Hannover
Cellier, F., Dr.	ETH Zürich, Fachgruppe für Automatik, Physikstr. 3, CH-8092 Zürich
Düchting, W., Prof.Dr.	Universität Siegen, Institut für Regelungstechnik, Hölderlinstr. 3, 5900 Siegen 21
Eickholz, W.	Nixdorf Computer AG, Abt. ES 16, Pontanusstr. 55, 4790 Paderborn
Fastenbauer, M.	TU Wien, Institut für Praktische Informatik Argentinierstr. 8, A-1040 Wien
Fischer, G.	KMK Kreutz&Mayr, Gesellschaft für Datentechnik mbH, Herrenstr. 18, 7500 Karlsruhe 1
Florek, S., Dr.	TU Berlin, Kurfürstendamm 202, 1000 Berlin 15
Franck, G.	RWTH Aachen, Institut für Regelungstechnik, Sommerfeldstr. 54, 5100 Aachen
Fuss, H., Dr.	GMD Bonn, Institut für Informations System Forschung (ISF), Postfach 1240, 5205 St. Augustin 1
Geiger, A.	Städtisches Klinikum, Flurstr.17, 8500 Nürnberg
Goller, M., Dr.	Universität Erlangen-Nürnberg, Institut für mathematische Maschinen und Datenverarbeitung IV Martensstr. 3, 8520 Erlangen

Grossmann, U., Dr.	Max-Planck-Institut für Systemphysiologie Rheinlanddamm 201, 4600 Dortmund 1
Hauser, G.	Universität Erlangen-Nürnberg, Institut für mathe- matische Maschinen und Datenverarbeitung IV Martensstr. 3, 8520 Erlangen
Hellmold, K.-U.	Universität Erlangen-Nürnberg, Institut für mathe- matische Maschinen und Datenverarbeitung IV Martensstr. 3, 8520 Erlangen
Hoffmann, O., Dr.	Neurochirurgische Universitätsklinik Klinikstr. 29, 6300 Gießen
Kleinert, W., Dr.	TU Wien, Hybrid Rechenzentrum Gusshausstr. 27, A-1040 Wien
Köhne, M., Prof.Dr.	Universität Siegen, Institut für Mechanik und Regelungstechnik, Paul-Bonatz-Str. 9-11, 5900 Siegen
Kolb., F., Dr.	Universität München, Pettenkoferstr.12, 8000 München
Kortüm, W., Dr.	DFVLR, Forschungsbereich Flugmechanik 8301 Oberpfaffenhofen/Wessling
Krcmar, H.	Universität Saarbrücken, Institut für Wirtschafts- informatik, Im Stadtwald, 6600 Saarbrücken 11
Mayr, H.C., Dr.	Universität Karlsruhe, Institut für Informatik II Postfach 6380, 7500 Karlsruhe 1
Möller, D., Dr.	Universität Bonn, Physiologisches Institut Nussallee 11, 5300 Bonn
Mresse, M., Dr.	Universität Zürich, Institut für Informatik Sumatrastr. 30, CH-8035 Zürich
Nagel, H.	Universität Erlangen-Nürnberg, Institut für mathe- matische Maschinen und Datenverarbeitung IV Martensstr. 3, 8500 Erlangen
Pabst., G.	Universität Ulm, Klinische Physiologie Oberer Eselsberg, 7900 Ulm
Pfeilsticker, A.	Deutsches Krebsforschungszentrum Brentanostr. 20, 6148 Heppenheim
Reichl, J., Prof.Dr.	Universität Hohenheim, Institut für Tierernährung Emil-Wolff-Str. 10, 7000 Stuttgart 70
Richter, H.A., Dr.	RWTH Aachen, Abt. Pathologie der Medizinischen Ein- richtungen, Goethestr. 27, 5100 Aachen
Rucker, W.	Universität Erlangen-Nürnberg, Institut für mathe- matische Maschinen und Datenverarbeitung IV Martensstr. 3, 8520 Erlangen
Schaback, R., Prof.Dr.	Universität Göttingen, Institut für numerische und angewandte Mathematik, Lotzestr.16, 3400 Göttingen
Schmid, W., Dr.	Daimler-Benz AG, Abt A1DT, Postfach 226, 7032 Sindelfingen
Schmidt, A., Dr.	Städtisches Klinikum, Flurstr. 17, 8500 Nürnberg
Schmidt, B., Prof. Dr.	Universität Erlangen-Nürnberg, Institut für mathe- matische Maschinen und Datenverarbeitung IV Martensstr. 3, 8520 Erlangen
Schmidt, E., Dr.	Dallingerstr. 1, 8500 Nürnberg 40

Schubert, H.	DFVLR, Institut für Dynamik der Flugsysteme 8031 Oberpfaffenhofen/Wessling
Schuster, W.	DFVLR, Forschungsbereich Flugmechanik 8031 Oberpfaffenhofen/Wessling
Solar, D.	TU Wien, Hybrid Rechenzentrum Gusshausstr. 27-29, A-1040 Wien
Stark, L., Prof.,M.D.	University of California, Dept. of Physiological Optics, Berkeley, Ca. 94720, USA
Sturm, K.H., Dr.	TU Berlin, Institut für Fermentation und Brauwesen Seestr. 13, 1000 Berlin 65
Tavangarian, D., Dr.	Universität Dortmund, Abt. Elektrotechnik Postfach 500500, 4600 Dortmund 50
Tettweiler, W.	Regerstr. 19, 8032 Gräfelfing
Vester, F., Prof.Dr.	Studiengruppe für Biologie und Umwelt Nussbaumstr. 14, 8000 München 2
Walter, W.	Kienzle-Apparate GmbH, Prinz Eugen Str. 20 7730 Villingen-Schwenningen
Wittek, E.	TU Wien, Hybrid Rechenzentrum Gusshausstr. 27-29, A-1040 Wien
Zangemeister, W., Dr.habil	Neurologische Universitätsklinik Martinistr. 52, 2000 Hamburg 20